Español para el bilingüe

Marie Esman Barker
University of Texas at El Paso
formerly
Supervisor of High School Foreign Languages
El Paso Public Schools

National Textbook Company
a division of NTC *Publishing Group* • Lincolnwood, Illinois USA

1996 Printing

Published by National Textbook Company, a division of NTC Publishing Group.
©1985, 1977 by NTC Publishing Group, 4255 West Touhy Avenue,
Lincolnwood (Chicago), Illinois 60646-1975 U.S.A.
Manufactured in the United States of America.
Library of Congress Catalog Card Number: 76-126095

6 7 8 9 0 VL 9 8 7 6

Prefacio

Español para el bilingüe se propone servir a los maestros y alumnos en la enseñanza y el estudio de la lengua española. También es un libro para todas aquellas personas de habla hispana que se encuentran en los Estados Unidos de América y que desean refrescar o ampliar sus conocimientos de la lengua española.

Contiene, en términos generales, lo que llamaríamos técnica literaria; es decir, los conocimientos esenciales que se necesitan para comprender el origen, la estructura y las características de las obras literarias así como los elementos que las componen.

Este libro contiene una variedad de lecturas: pasajes escritos por la autora, fragmentos de libros de texto usados en la América Latina y además, ejemplos de la literatura española e hispanoamericana. Las lecturas seleccionadas reflejan las tradiciones y costumbres de un pueblo e intentan interpretar sus pensamientos, sus ideas y sus sentimientos.

También se encontrará incluído el estudio de la gramática española y un extenso número de ejercicios escritos especialmente para los alumnos de habla hispana que han hecho sus estudios en inglés. Los ejercicios incluyen las cuatro partes principales de la gramática española: la pronunciación de las palabras, su origen, su uso en la oración y la forma de escribirlas correctamente.

Leyendo las selecciones y estudiando la gramática española que se presenta en este libro se espera que el propósito del mismo sea logrado.

Introduction

Antes de principiar el estudio de este libro y su contenido la autora
ve conveniente hacer las siguientes aclaraciones tocante a la naturaleza del idioma, sus dialectos y las comunidades idiomáticas.

Cada cultura desarrolla un idioma que cubre sus propias necesidades. La cultura de cada pueblo lo dicta.

Cada idioma es adecuado a su cultura. La cultura del Suroeste de
los Estados Unidos, por ejemplo, dicta el idioma de esa región.

No debemos hacer juicios valorativos sobre los idiomas.

Un idioma expresa muy bien su cultura y no muy bien otra cultura.

El que prefiere un idioma prefiere la cultura de ese idioma.

Ningún idioma es más lógico que otro.

Ningún idioma es más expresivo que otro.

Ningún idioma es más hermoso que otro.

Un idioma es lógico y expresivo cuando a los que lo hablan les
sirve como medio ideal para expresar su cultura.

Toda persona que vive dentro de las mismas fronteras geográficas
y que habla el mismo idioma vive en una comunidad idiomática. Por
ejemplo, los Estados Unidos es una comunidad idiomática inglesa;
el norte de Nuevo México o el sur de Texas son comunidades idiomáticas inglesas y españolas. Pero no todos los que hablan inglés en los
Estados Unidos lo hablan igual; tampoco el español. Dentro de una
familia idiomática existen regiones dialectales y en una región dialectal
se habla un dialecto. Todos los dialectos de un idioma pertenecen a
ese idioma. Todo es dialectal y por lo tanto todo dialecto tiene derecho
a existir porque representa la cultura de donde viene.

Un dialecto deja de ser dialecto y se convierte en otro idioma
cuando otros dialectos del mismo idioma ya no lo entienden.

Hay dialectos regionales y sociales. El dialecto de más prestigio
social es el dialecto de la clase educada.

El alumno durante toda su escuela debe saber que existe una forma
de lenguaje educado, que debe practicarlo y aprenderlo pero que no
se le puede obligar a que lo use. El proceso educativo significa que el
alumno puede y tiene la oportunidad de aprenderlo. He aquí, pues,
las ideas de la autora.

Si en el texto del libro parece haberse hecho juicios valorativos sobre el dialecto, se le suplica al lector que tome en cuenta el propósito citado en el párrafo anterior.

Permissions

I wish to thank the following for permission to reproduce the extracts, short stories, essays, poems listed below:

From papers read at the First Annual Conference of the Southwest Council for Bilingual Education, "Teaching Language to my Students" by the late and beloved James R. Burton, with his permission.

From *Hispania*, 1959, "La lengua: crisol de la cultura" by Sabine R. Ulibarri, U. of New Mexico, Albuquerque, N. M., with his kind permission.

From *33 Cuentos Mexicanos*, 1963, "Un castigo" by Felipe Sánchez Murgía, and "La muerte tiene permiso" by Edmundo Valadés, with permission from the publisher, Porrúa Hnos., México, D. F.

From *Platero y Yo*, 1960 edition, "Platero," "El eco," "El eclipse," "Judas," y "El moridero" by permission of Editorial Losada, Buenos Aires, Argentina.

From *Leyendas Chihuahuenses*, "El grillito sin guía" with kind permission of the author, Lic. Clemente Bolio, Cd. Juárez, Chih., México.

From Pgs. 64–67, *Nuestro Mundo a Través de las Edades* by Nathaniel Platt and Muriel Drummond, © Prentice-Hall, Inc., Englewood Cliffs, N. J. Reprinted with permission.

From *Geografía Moderna de México*, 1963, pages 10–13, 39–40, 43, 57–58, 90, 110, 128–9, by Jorge L. Tamayo with permission from the author and Editorial Trillas, México, D. F.

From the 1965 *NDEA Spanish Institute*, University of Arizona, Tucson, a list of vocabulary in Spanish-English for spatial explorations, with permission from Dr. Charles Olstad, Director.

From a collection of *Cuentos Clásicos para Niños*, 1923, Mexican Ministry of Education, in translation, "Superioridad," and "En las playas" de Rabindranat Tagore.

From page 414 *Modern Spanish* by Dwight L. Bolinger et al, © 1960 by Harcourt, Brace and World, Inc., and reprinted with their permission.

From *Matemáticas: Primer Curso*, pp. 248–255, by Henderson and Pingry, with permission from McGraw Hill Book Co., and Editorial Novaro, México, D. F.

From *Civismo*, pages 71–2, 108–9, 123–25, 133, 148–9, by A. López and J. González, with their permission and that of Editorial Progreso, México, D. F.

From *La risa, la carne, la muerte*, "El hombre de la barba negra" by Eduardo Zamacois, 1930, Madrid.

From *Agua fuerte*, "El crimen de la Calle de la Perseguida" by Armando Palacio Valdés, 1921, Madrid.

From *La lengua española a través de selectos autores de México* by Dr. María Edmée Alvarez Z., "El caramelo" by Angel de Campo, "Poema del gran momento" by José Díaz Bolio, and "Navidad en las montañas" by Ignacio Manuel Altamirano, with the kind permission of Dr. Alvarez.

ÍNDICE DE MATERIAS

PREFACIO   III

INTRODUCTION   V

1   EL LENGUAJE   1
Doña Marina: La Malinche   1
La lengua como medio de comunicación   2
LA ORTOGRAFÍA   4
El alfabeto español, el nombre de sus letras y sus combinaciones.
PRONUNCIACIÓN   8
Algunos vicios de la lengua oral.
EL SILABEO   10

2   EL HABLA DEL BILINGÜE   13
Teaching Language to My Students, *James R. Burton*   13
El caramelo, *Angel de Campo*   18
EL ACENTO   20
PRONUNCIACIÓN   23
Algunos vicios de la lengua oral con las *d* y *c.*

3   EL DESARROLLO DE UNA LENGUA   27
La lengua: crisol de la cultura, *Sabine R. Ulibarrí*   27
A Tale of the Old West   34
LA PUNTUACIÓN   40
Los signos de puntuación. Las mayúsculas y minúsculas.
PRONUNCIACIÓN   43
Las acentuaciones viciosas de la lengua oral.
El uso acertado de las letras *a* y *e.*   44

4   LA LENGUA CAMBIA CON EL TIEMPO   46
Barbarismos   46
Poema del gran momento, *José Díaz Bolio*   49
En las playas, *Rabindranat Tagore*   50
Superioridad, *Rabindranat Tagore*   51
LA CONCORDANCIA DEL SUSTANTIVO Y SU CALIFICATIVO   51
La concordancia del sustantivo y su calificativo. El artículo.
El género. El número. El apócope del artículo. El artículo con
prendas de vestir y partes del cuerpo, títulos y nombres de
sitios o lugares.
LA CONJUNCIÓN   58
Su uso acertado en la oración.

5   LA LENGUA CULTA   59
La enseñanza   59
La muerte tiene permiso, *Edmundo Valadés*   60
EL ADJETIVO CALIFICATIVO   68
El adjetivo calificativo. Los grados de comparación. Los
comparativos de adjetivos irregulares. El significado de las
dobles formas de algunos adjetivos según su lugar en la
oración.
PRONUNCIACIÓN   70
El uso acertado de las letras *i, e.*

6   LA LENGUA ESCOLAR   75

Relación de estudios   75

El crimen de la calle de la Perseguida,
Armando Palacio Valdés   77

EL POSESIVO   86
El adjetivo posesivo y su lugar en la oración. Otros modos
de indicar pertenencia o propiedad. El pronombre posesivo
y su lugar en la oración.

LOS DEMOSTRATIVOS   87
El adjetivo y el pronombre demostrativos, su lugar en la
oración y sus formas neutras.

LOS PRONOMBRES   89
El pronombre personal y su oficio en la oración como
complemento reflexivo, directo, indirecto y de preposiciones.
La combinación de complementos. El lugar del complemento
en relación al verbo.

7   MATEMÁTICAS   92

David aplica las matemáticas, *Henderson y Pingry*   92

Términos matemáticos   95

EL VERBO   98
El verbo, el modo y el tiempo.

EL TIEMPO PRESENTE   99
El tiempo presente del indicativo y del subjuntivo con sus
terminaciones correspondientes para verbos regulares.

PRONUNCIACIÓN   100
Las formas correctas de verbos regulares terminados en *ir*.

8   HISTORIA   103

Los mayas, aztecas, e incas de la antigua América crean
una civilización, *Platt y Drummond*   103

Términos de exploraciones espaciales   108

EL IMPERATIVO   110
El imperativo, sus formas, su acentuación con complementos.
El uso acertado del mandato vicioso con *se*.   113

PRONUNCIACIÓN
El uso acertado de las vocales *o, e, u*.

9   CIENCIAS NATURALES   116

Ciencias naturales   116

El grillito sin guía, *Clemente Bolio*   123

EL INFINITIVO   130
El participio presente regular e irregular. El participio
pasado regular e irregular. Los verbos que tienen dos formas
para expresar el participio pasado. Las formas correctas de
vicios con infinitivos y participios.

PRONUNCIACIÓN   136
El uso acertado de la *y;* también de la *ll*.

10 CIVISMO   141

Explicaciones y comentarios sobre temas constitucionales
de México, *López and González*   141

Expresiones parlamentarias   149

LA CLASIFICACIÓN DE VERBOS   152
La clasificación de verbos con irregularidades. Los radicales
en el presente.

PRONUNCIACIÓN 155
Las formas correctas y viciosas de ciertos verbos
y en este tiempo.

11 GEOGRAFÍA 163

Geografía de México, *Jorge L. Tamayo* 163
Un castigo, *Felipe Sánchez Murguía* 170
PRONUNCIACIÓN 180
Los verbos ortográficos y sus cambios.
PRONUNCIACIÓN Y ORTOGRAFÍA 181
Las formas correctas de los vicios en esta clase de verbos.

12 VOCABULARIO DE LA TÉCNICA MODERNA 185
El computador electrónico 185
Términos útiles para viajar 187
CLASIFICACIÓN DE VERBOS 190
Los verbos irregulares y sus formas correctas en el tiempo
presente.
PRONUNCIACIÓN 192
Las formas correctas de los verbos que terminan en *er* e *ir*.

13 FIESTAS 205
La Navidad en las montañas, *Ignacio Manuel Altamirano* 205
EL TIEMPO PASADO 209
El tiempo pasado del indicativo. El pretérito, su conjugación
de verbos regulares, irregulares, radicales y ortográficos.
PRONUNCIACIÓN 211
Las formas correctas de sus vicios más comunes.

14 FILOSOFÍA 222
Selecciones de Platero y Yo, *Juan Ramón Jiménez* 222
Refranes 226
PRONUNCIACIÓN 229
El uso acertado de las letras *f, j.*
EL TIEMPO PASADO 230
El tiempo imperfecto, su conjugación de verbos regulares y
sus únicas tres formas irregulares.
PRONUNCIACIÓN 231
Las formas correctas de sus vicios más comunes.
PRONUNCIACIÓN 240
El uso acertado de la *h.*

15 HÉROES 243
Isabel: Patrocinadora de Cristóbal Colón 243
Elfego Baca 249
EL TIEMPO PASADO 258
El tiempo pasado del subjuntivo, sus dos formas, su
conjugación de verbos regulares e irregulares.
PRONUNCIACIÓN 260
Las formas correctas de las formas viciosas de los verbos
en el subjuntivo pasado.
PRONUNCIACIÓN 264
El uso acertado de las letras *g, b.*

16 LAS COSTUMBRES   267
    Las bodas   267
    Una invitación   269
    EL TIEMPO FUTURO   270
    El tiempo futuro para expresar acción futura del verbo. El
    futuro también expresa posibilidad. La conjugación del futuro
    de verbos regulares e irregulares. Otro modo de expresar
    acción futura del verbo.
    EL TIEMPO CONDICIONAL   272
    El condicional, su conjugación y su uso en la oración.
    PRONUNCIACIÓN   273
    Las formas correctas de los verbos viciosos de estos tiempos.

17 El HUMOR   275
    Breves del humor latinoamericano   275
    A reir   280
    LOS VERBOS AUXILIARES   284
    Los verbos auxiliares, su conjugación y su uso acertado
    en la oración.
    PRONUNCIACIÓN   285
    El *haber* impersonal, y las formas correctas de las formas
    viciosas de ese verbo.
    LOS TIEMPOS PROGRESIVOS   287
    La conjugación de los tiempos progresivos.
    PRONUNCIACIÓN   288
    El uso acertado de las letras *j, s.*

18 DEPORTES   290
    Recortes de la Página Deportiva   290
    El Cordobés   296
    LAS ORACIONES CONDICIONALES   299
    Las oraciones condicionales en el indicativo y el subjuntivo.
    Las oraciones con *tal vez, ojalá.*
    PRONUNCIACIÓN   301
    El uso acertado de las letras *r, l, m, t.*

19 COMPASIÓN   305
    El hombre de la barba negra, *Eduardo Zamacois*   305
    LAS ORACIONES PRINCIPALES Y LAS SUBORDINADAS   311
    EL PLEONASMO   313

20 CORRESPONDENCIA   320
    Modelos de cartas   320
    LAS ORACIONES NEGATIVAS   323
    Las palabras negativas en la oración.
    LAS PREPOSICIONES   325
    Algunos verbos que se usan con preposiciones.
    PRONUNCIACIÓN   326
    El uso acertado de la *n.*

21 POESÍA SELECTA   328
    Poesía lírica   328
    Poesía filosófica y narrativa   332

Doña Marina: La Malinche

En tiempos de la Conquista de México, los españoles afrontaron un complicado problema lingüístico. Por la gran falta de intérpretes que tenían, solían a veces capturar a los indios, a quienes sometían a un curso intensivo de español para que así les sirvieran de intérpretes, sólo para darse cuenta de que de nada podían servirles porque hablaban lenguajes indígenas diferentes a los que les hacían falta.

De valor incalculable para los españoles fueron intérpretes como la famosa Doña Marina, mejor conocida como La Malinche. Camino a México, ésta fue obsequiada a Cortés por uno de los jefes pueblerinos como una mercancía de poco valor. Esta gran dama se convirtió en fiel compañera y amante de Cortés. Era de ascendencia noble, de inteligencia superior, de buena crianza, de dignidad en su manera de comportamiento, y de una belleza singular—seguramente se hubiera distinguido entre las más hermosas mujeres de aquella época. Además hablaba náhuatl—por ser su idioma natal; maya—por haberlo aprendido en Tabasco; y español—por ser la lengua de Cortés.

Los embajadores de Moctezuma hablaban náhuatl—el idioma que en el inmenso territorio dominado por los mexicanos desempeñó un papel semejante al latín en el Imperio Romano. Sin el conocimiento de esa

1

lengua, a Cortés no le hubiera sido posible avanzar con éxito por esa vasta área. He aquí donde La Malinche reveló su discreta inteligencia, insospechada en una mujer indígena que pudo regalarse como una baratija, pues sirvió para organizar un sistema de traducciones que habría de funcionar con éxito a lo largo de la Conquista.

En las palabras de Fernando Benítez, "La ruta de Hernán Cortés," La Malinche:

Supo emplear el argumento decisivo, la palabra convincente donde antes fallaron los españoles ignorantes de los sutiles mecanismos del alma indígena. El talento diplomático de Cortés—sus mejores victorias fueron siempre diplomáticas—encuentra un valioso auxiliar en Marina, al grado de que se los ve identificados formando una sola persona, en la que Cortés fuera el pensamiento y Marina la palabra que le da forma.

Actividades

A. Prepárense a dar una breve definición oral a las siguientes palabras:

solían	crianza	maya
sometían	comportamiento	dominado
indígenas	fiel	éxito
incalculable	insospechada	fallaron
obsequiada	baratija	sutiles
ascendencia	náhuatl	desempeñó

B. Prepárense a expresar sus ideas sobre el tema principal de esta lectura.

C. ¿En qué forma puede compararse el latín al náhuatl?

D. Busquen en la biblioteca más datos sobre La Malinche y prepárense a dar sus informes ante la clase.

LECTURA B

La lengua como medio de comunicación

El lenguaje es instintivo en el hombre quien se sirve de él para comunicarse con sus semejantes. El lenguaje puede ser mímico, o sea a base de gestos del rostro o movimientos de las manos. Puede ser de señales convenidas que dan a entender algo. Y también puede ser fonético, es decir, a base de sonidos de la voz humana. Es este último, el medio de que en general se vale el hombre para formar palabras y así expresar con ellas sus pensamientos, sentimientos y acciones. A este sistema de comunicación se le llama *la lengua.*

La lengua o el idioma nacional es el nombre que se le da al lenguaje que hablan todos los habitantes de un país. El idioma oficial de cualquier país no se habla con la misma corrección por todos sus habitantes; el pueblo usa el idioma con pronunciación, expresiones y modismos propios de ellos; las personas cultas emplean pronunciación correcta y vocablos castizos.

Las palabras del idioma que se transmiten por el oído forman la lengua oral; dentro de ella se considera la lengua popular y familiar, con las variaciones que los regionalismos introducen en ella. Cuando las palabras se transmiten por medio de signos gráficos, forman la lengua escrita. Se considera dentro de la lengua escrita la lengua culta, usada por las personas de cierto nivel cultural, y la lengua literaria, usada por los buenos escritores en sus obras. Generalmente se considera más correcta la lengua oral cuando más se aproxima a la lengua escrita que nos ofrece modelos para el uso correcto de las palabras.

De las formas, que por su generalidad y corrección, va adoptando la lengua para servir a la expresión de las personas cultas, se extraen las reglas que constituyen la base para el *estudio* o *ciencia de la lengua,* que es la gramática. El estudio de ella es indispensable para adquirir un mínimo de facilidad en la expresión oral y escrita. Esa habilidad sólo puede adquirirse con la lectura constante de quienes se expresan bien, y con la práctica continua de ejercicios.

La lengua, además de ser el medio que nos sirve para manifestar lo que pensamos, sentimos o queremos, usada en forma artística, constituye una de las bellas artes: la literatura. En sus páginas inolvidables, los escritores de todas las épocas han dejado sus emociones, sus anhelos, y sus inquietudes. Al leerlas, tal vez podamos descubrir alguna nueva emoción que nos ayude a interpretar nuestra propia personalidad.

Actividades

A. Basándose en la lectura, escriban las oraciones siguientes llenando los espacios.
   1. Para hablar cualquier idioma, es necesario que éste sea ....
   2. El hombre se sirve de las palabras para expresarse. A este sistema se le llama ....

3. El idioma oficial de un país .... con la misma corrección por todos sus habitantes.
4. Las palabras se transmiten por dos medios ....
5. Generalmente se considera más correcta la lengua oral cuando ....
6. Las reglas de gramática se extraen de ....
7. La literatura nos proporciona ....

B. Expresen el sentimiento del poeta:

En este mundo traidor,
Nada es verdad ni mentira;
Todo es según el color
Del cristal con que se mira.

Ramón Campoamor
español, 1817–1901

1. ESTUDIO DE LA LENGUA

La ortografía

1a. La ortografía y sus elementos componentes.

La ortografía es la parte de la gramática que nos enseña a escribir bien las palabras. Es una ciencia cuyo estudio abarca las siguientes ramas: el alfabeto y sus elementos componentes; la sílaba y la división silábica de las palabras en la escritura; el acento escrito y oral de las palabras; y los signos de puntuación.

1b. El alfabeto español.

Desde luego los alumnos que se preparan a seguir este libro ya conocen bien el abecedario. Se ha incluido en esta obra para que lo repitan, aprendan el nombre de sus letras en español, y se ejerciten en el uso de él.

El alfabeto o abecedario español está formado por letras o signos que representan los sonidos. Se dice que es un idioma fonético porque éstos representan con mayor exactitud y más específicamente la escritura que los de otros idiomas. Cuando en inglés, por ejemplo, se desconoce la pronunciación de una palabra, hay que acudir al diccionario; en español basta conocer su deletreo y las reglas generales del acento.

La palabra alfabeto o abecedario es el nombre que se le da a la serie de las letras de un idioma. La palabra *alfabeto* proviene de las primeras letras griegas: alfa y beta. *Abecedario* se deriva de las primeras letras latinas: a, be, ce, de; el abecedario o el alfabeto español sigue el orden del alfabeto latino. El alfabeto español consta de treinta letras.

4

1c. El alfabeto con el nombre de sus letras.

a	(a)	j	(jota)	r	(ere)
b	(be, be grande)	k	(ka)	rr	(erre)
c	(ce)	l	(ele)	s	(ese)
ch	(che)	ll	(elle)	t	(te)
d	(de)	m	(eme)	u	(u)
e	(e)	n	(ene)	v	(uve, b chica)
f	(efe)	ñ	(enye)	w	(doble *v* o doble *u*)
g	(ge)	o	(o)	x	(equis)
h	(hache)	p	(pe)	y	(i griega o ye)
i	(i)	qu	(cu)	z	(zeta o seta)

1d. Las letras *ch, rr, k, ñ, qu, y, w.*

Las letras formadas con signos dobles: *ch, ll, rr* son letras que se consideran *sencillas* y *no dobles.* La *k* se emplea en voces o palabras de procedencia extranjera y que no se usa con mucha frecuencia fuera de algunas palabras muy comunes como: kilómetro, kilogramo, kismet, etc. La *ñ*, que tuvo su origen en la combinación de la *n* con la *y* en la escritura antigua, sigue pronunciándose como la combinación *ny*: antaño, ermitaño, mañana, etc. La *q* siempre se escribe con *u*, y la *u* siempre es muda, es decir, no se pronuncia. La *w* no pertenece a la escritura española pero se incluye para representar los sonidos de ciertas palabras de origen anglosajón como: Hugo Wast, Wáshington, etc.

1e. Las consonantes y combinaciones de sonidos *b-v, j-g, r, ge-gue-güe, ll-y, x, h, s-z.*

Las consonantes y combinaciones de sonidos que estudiar . . .

b – tu*bo*	(pipe)	ge – *ge*nte	(people)
v – tu*vo*	(had)	gue – *gue*rra	(war)
j – *j*inete	(rider)	güe – ver*güe*nza	(shame)
g – *g*itano	(gypsy)	ll – (sauce) *ll*orón	(weeping willow)
r – *r*osal	(rosebush)	y – *y*a	(already now)
r – ca*r*idad	(charity)	x – fle*x*ión	(ks) (flection)
r – su*r*	(south)	x – Ta*x*co	(s) (Taxco)
r – habla*r*	(to speak)	x – Te*x*as	(j) (Texas)
		*h – *h*acer	(to do or make)
		s – ca*s*a	(house)
		z – ca*z*a	(hunts)

*siempre muda

1f. Letras que se doblan en español.

Entre las consonantes se encuentran algunas que son fáciles de confundirse con otras cuando se combinan con ciertas vocales, pues forman sonidos idénticos a otros que se escriben en forma diferente. Aunque su

5

número es reducido, éstas ocurren en la lengua con tanta frecuencia que es preciso estudiarlas por separado. He aquí la lista de las más comunes; tomen nota de la *h*, que siempre es muda.

Las letras que se doblan en español son cc, ee, aa, oo.

a*cc*ión	cr*ee*r	Is*aa*c	c*oo*perar
le*cc*ión	l*ee*r		c*oo*rdinación
dire*cc*ión	prov*ee*r		

En español las letras *no se* doblan con *excepción* de éstas.

Ejercicio 1

A. Contesten estas preguntas.
1. ¿Cuáles de las letras son de origen extranjero?
2. ¿Cuáles de las letras no se encuentran en el abecedario inglés?

B. De la Lectura A, hagan una lista de las siguientes:
1. palabras escritas con letras del mismo sonido
2. palabras con letras mudas
3. palabras escritas con *g*
4. palabras con letras dobles.

C. Escriban las palabras del ejercicio anterior en orden alfabético.

D. Escriban dos palabras propias que correspondan a cada uno de los grupos del ejercicio B.

E. En grupos de tres o cuatro alumnos, hagan un crucigrama sencillo para presentarlo ante la clase. He aquí un ejemplo:

1. como taza	V	A	S	O
2. pájaros	A	V	E	S
3. que le falta agua	S	E	C	O
4. un animal (plural)	O	S	O	S

F. Tomen nota de la aplicación de las reglas a la lista siguiente de palabras —unas homófonas—que quiere decir que son palabras de *casi* el mismo sonido pero de distinta escritura y diferente significado—y otras que no:
1. Lean cada palabra con su significado
2. Escriban cada palabra y subrayen los sonidos iguales pero escritos de distinto modo
3. Formen una lista de palabras sacadas de la Lectura B que tengan estas combinaciones
4. Hagan una lista de palabras escritas con "x."

b – baca (parte superior de un carruaje, destinada a los equipajes)
v – vaca (hembra del toro; dinero que se juega en común)
c – cauce (conducto por donde corre agua)
s – cause (de causar)
z – azar (casualidad)
s – asar (someter un manjar al fuego)
x – sexta (ordinal que sigue inmediato en orden al quinto)
s – cesta (canasto de mimbre)
ga – bogar (remar)
ja – bojar (medir el perímetro de una isla, cabo o porción saliente de la costa)
gua – aguar (mezclar agua con vino u otro licor)
jua – ajuar (conjunto de muebles y ropa de uso común en la casa)
gue – guerra (toda especie de lucha y combate)
güe – güera (rubia)
je – jera (abroda, jornal)
h – hablando (de hablar)
– ablando (de ablandar)
y – leyes (reglas, normas constante e invariables)
– lees (de leer)
ll – pillo (dícese del pícaro que no tiene crianza ni buenos modales)
– pío (devoto, inclinado a la piedad)
ll – gallo (macho de la gallina)
– gayo (alegre, vistoso)
r – perito (sabio, experimentado en una ciencia o arte, hábil, práctico)
rr – perrito (cuadrúpedo, doméstico carnívoro que se distingue por su olfato, inteligencia y lealtad al hombre, forma diminutiva)

G. Busquen las palabras desconocidas en el diccionario y después de saber su significado, prepárense a tomar las siguientes oraciones en forma de dictado.

1. Afortunadamente para nosotros, nuestra vaca nos ganó la lotería.
2. Jugando al azar uno no siempre sale afortunado.
3. El pillo siguió el cauce del río.
4. A la orilla se puso a asar un gallo robado.
5. El mago, gayo y hábil, convirtió la baca del carruaje en lomo de vaca.
6. Las leyes las modifican los peritos.
7. La guerra contra las güeras la iniciaron las pelirrojas.
8. La acción de dar gracias es un rito antiguo.
9. Se requiere algo de coordinación para poner todas estas palabras en esta lección.
10. No puedo creer que San Vicente no haya querido a Isaac.
11. Hay que cooperar con la ley.
12. No hay mala acción que no cause remordimiento.
13. Quiere la sexta cesta en su lugar.

14. Mientras ablando la masa, tráeme una taza.
15. Se encontraron bogando en el agua.
16. Jamás ganarás un ajuar aguando vino.
17. La güera quiso cocer el pavo.
18. Por caridad de Dios, no pronuncien la *h* del verbo hacer.
19. Al sur de la frontera, en México, Xochimilco y Oaxaca son dos sitios de interés para el turista.
20. Su reflexión en el espejo le causó risa.

H. Tomen en forma de dictado.
1. El agua corre, inútil, mientras los ahuehuetes mueren de sed.— *F. Monterde*
2. Es la lección eterna del bosque . . .—*F. Monterde*
3. Al tocar esta tierra, la nieve de las cumbres se ha trocado en gardenias.—*F. Monterde*

2. ESTUDIO DE LA LENGUA

Pronunciación

2a. Algunos vicios generales de la lengua oral.

Dentro de la expresión oral del hispano aparecen vicios como los siguientes:

se dice:	no se dice:
cr*e*o que	cr*o* que
*au*nque	*a*nque
allí está	*ay ta*
para	*pa*
para mí	*pa* mí
pará*lisis*	pará*lis*
¡*qué hú*bole!	¡*cúbole*!
agua	*a*wa
tigre	*tígue*re
*ciu*dad	*sui*dad

¿A qué podrán atribuirse?

El alumno podrá notar que en algunos casos es más fácil pronunciar las palabras en esa forma. Y en todo caso esta forma de hablar parece ser inevitable. Pero esto es fácil de comprender. Acostumbrado a oir varias de estas formas en el ambiente familiar en que vive, no puede evitar la imitación de ellas. Esto es natural y propio—mientras el alumno permanezca en ese ambiente. Sin embargo, al principiar el estudio formal de la lengua española, el alumno debe comprender que estas formas, que ante la gente de los países de habla hispana representan falta de cultura y de educación, deben evitarse y suplantarse con las formas más apropiadas. Nuestra meta debe ser la de refinar el español que ya conoce y habla, hasta el punto de llegar a poder expresarse en una forma más moderna y correcta.

Ejercicio 2

A. Para repetir. Escuchen y repitan, por favor:

1. Aunque venga, no le vamos a decir nada.
2. Allí está Petra.
3. Creo que es así.
4. No es para nosotros. Es para la compañía aceitera.
5. ¿Adónde va?—Va para allá.
6. ¿Es para ti?—No, para mí no es.
7. —¡Qué húbole!—dice Carlos.
8. Su mamá tiene parálisis.
9. No quiero tomar agua.
10. Dicen que se escapó un tigre.
11. Ciudad Juárez es una ciudad fronteriza.

B. Para sustituir. Escuchen y repitan la frase. Después hagan los cambios necesarios en la oración.

Modelo: —Aunque venga, no le vamos a decir nada.—(llame)
—Aunque llame, no le vamos a decir nada.—(grite)
—Aunque grite, no le vamos a decir nada.—
Ahora sigan haciéndolos de la misma forma.

1. Aunque venga, no le vamos a decir nada. (llame, grite, pague, entre, quiera, insista)
2. Allí está Petra. (Juan, Luisa, Pepe y Roberto, Margarita, Lupe y María, las muchachas, los profesores)
3. Creo que es así. (se visten, son, caminan, se mueven, vienen, hablan)
4. No es para nosotros. Es para la compañía aceitera. (minera, algodonera, petrolera, ferrocarrilera, maderera, cigarrera)
5. ¿Adónde va?—Va para allá.—(corre, mira, grita, llama, escribe, tira)
6. ¿Es para ti?—No, para mí no es.

él?	él
ustedes?	nosotros
usted?	mí
ellos?	ellos
ella?	ella
mí?	ti

7. —¡Qué húbole!—dice Carlos. (escribe, deletrea, grita, borra, dijo, gritó)
8. Su mamá tiene parálisis.
   A su mamá le dio
   Su mamá padece de
   Su mamá sufre de
   Su mamá tiene
   A su mamá no le dio
9. No quiero tomar agua. (calentar, traer, vender, regar, tirar, ensuciar)
10. Dicen que se escapó un tigre. (exhibió, soltó, vendió, mató, pintó, compró)

11. Ciudad Juárez es una ciudad fronteriza. (limpia, grande, vieja, antigua, limítrofe, norteña)

C. Para escribir:
1. Escriban el ejercicio A.
2. Escriban las oraciones siguientes escogiendo la frase o palabra correcta.
   a. (Cro que, Creo que) las muchachas no van juntas.
   b. ¿(Pa qué, Para qué) las quieres ver?
   c. (Pa, Para) darles un disco.
   d. ¡(Cúbole, Qué húbole) Juana!
   e. ¿Dónde (stá, está, tá) María?
   f. Hace rato la vi que iba (pa llá, para allá).
   g. Quiero darle este disco que se llama (*El tíguere loco*, *El tigre loco*).
   h. A todos los muchachos de la (siudad, suidad, ciudad) les gusta esa pieza.
   i. (Ay tá, Ay stá, Allí está) el dinero. Vamos a tomar una Coca Cola.
   j. Yo prefiero tomar (awa, agua).

3. ESTUDIO DE LA LENGUA

El silabeo

3a. La clasificación de las vocales.

Las vocales fuertes son *a*, *e*, *o*; las débiles son *i*, *u*. Estas se convierten en fuertes cuando llevan acento escrito.

fuertes	débiles		débiles con acento
c*a*sa	cas*i*		Lil*í*
n*e*ne	l*u*na	*pero*	Lul*ú*
f*o*co			hac*í*a

3b. Las sílabas en las palabras.

Pronuncien despacio las palabras siguientes y noten el número de pausas que hacen:

norteamericanos	nor te a me ri ca nos
inteligencia	in te li gen cia
origen	o ri gen
extranjero	ex tran je ro
rodeo	ro de o
fiesta	fies ta
imprenta	im pren ta
observar	ob ser var
inscrito	ins cri to
iglesia	i gle sia

El número de pausas corresponde al número de sílabas de la palabra. Al dividir las palabras en sílabas una consonante va entre dos vocales; dos consonantes juntas se separan.

3c. La división de palabras en sílabas.

Las combinaciones *bl*, *cl*, *fl*, *gl*, *ple*, *br*, *fr*, *gr*, *pr* no se separan.

A *na*	dig *ni* dad	ca *ble*	co *bre*
e *ne* ro	co*s* to	an *cla*	co *fre*
i *l*us tre	a*c* to	a *fl*i gir	re *cre* o
I *s*a bel	o*r gu* llo so	g*lo* bo	*fr*es co
e *le* mento		*pl*an cha	*gr*i to

Otras combinaciones que no se separan son *dr*, *tr*, *ns*, *bs*; tampoco se separan si forman parte de un grupo de tres o más consonantes; sin embargo *ns*, *bs* sí se separan si aparecen solas:

*tr*as to	i*ns t*in to	o*b s*e sión
*dr*a ma	tra*ns p*or te	i*n s*o len te
cua *dr*o	o*bs tr*uc ción	a*b s*o lu to
as *tr*o	o*bs c*u ro	i*n s*ul to

3d. La división de diptongos y triptongos.

Los diptongos—la unión de dos vocales en una sílaba—y los triptongos—la unión de tres vocales en una sílaba—*no* se separan:

b*ai* le	fe *ria*	G*uay* mas
2	2	3
des pre *ciáis*		a pre *ciáis*
3		3

3e. La división de palabras compuestas.

Las palabras compuestas se separan según sus elementos componentes:

in/can sa ble   re/pre sen ta do
an te/o jos   lim pia/bo tas

Ejercicio 3

A. Pronuncien correctamente, haciendo las debidas pausas:

cae, caerán	cohete, cohetería
golpear, golpeando	acordeón, peor
crear, creación	Coahuila, Cuauhtémoc, Coatepec
Beatriz, teatro	Rafael, Rafaelito, Micaela
león, lealtad	almohada, ahorita
maestro, maestrito	lavaojos, semieje, maniobra
campeón, campeonato	cariancho, cumpleaños, pelirroja

B. Dividan las palabras anteriores en sílabas.

C. Lean correctamente:

conoceríais leeríais buey Uruguay Camagüey Cuautla
¿Cuáles tienen diptongo? ¿Cuáles triptongo?

D. Lean con claridad y en forma correcta:
1. Beatriz siempre trae cohetes al teatro.
2. En Coahuila, Micaela ganó el campeonato de maestritas.
3. Las peores almohadas caerán sobre el acordeón.
4. Al golpear a Rafael, el maestro pelirrojo y cariancho dio fin a su labor.
5. Salió de Coyoacán a Cuautla y después se embarcó al Uruguay en el Puerto de Camagüey.

E. Dividan estas palabras en sílabas por escrito:

1. abandonar	11. cuita	21. triunfo
2. biblioteca	12. idea	22. bohemio
3. cabras	13. aptitud	23. dinámico
4. silabeo	14. follaje	24. natural
5. quehacer	15. naufragio	25. institución
6. ejemplar	16. griega	26. peregrino
7. favorable	17. tenis	27. crédulo
8. ingenioso	18. sudadera	28. anteojos
9. reproche	19. pliegue	29. buey
10. feria	20. friolento	30. Asia

Capítulo **2** *El habla del bilingüe*

Teaching Language to My Students

The student who learned Spanish in his home and English in school, or perhaps in part from relatives and playmates, possesses a great linguistic gift. He speaks with a fluency and understands with a readiness which years of "foreign language" study can scarcely impart. The Hispano has a firm foundation of aural comprehension and expression in both languages which the Anglo student struggles hard to achieve. The Hispano, however, is confronted with his own problems. This text attempts to present and to help him overcome the difficulties he has with Spanish, and the following article describes an experiment made to help such pupils meet and conquer the obstacles facing them in English.

Assuming that Tennyson was correct in his observation that man is a part of all that he has met, then the pragmatic deduction follows in the field of language that a person is the victim of all that he has heard. If one enlarges this trend of thought somewhat and includes the cultural, economic, sociological, perhaps even psychological, implications that are inseparably associated with language, then the extent to which we may be the victims of all that we have heard is appalling. This seems patently true of the El Paso *chicano.*

Chicano may be to some people a controversial term, to others merely an unfamiliar one. As employed here (and the justification for using it is the fact that my students employ it normally and habitually) the word means the American citizen of Mexican ancestry. Paired with it, possibly its opposite in a sense, is the term *gabacho*, probably most easily defined in a series of negatives. It means the English-speaking person who is not a chicano, not a Negro, and not an oriental. Neither word as employed in ordinary discourse has either a derogatory denotation or connotation.

There seems little doubt that the chicano has been the victim of all that he has heard. In the home and the community he has listened to Spanish, or what passes for Spanish on the border, mixed with English, or what passes for English on the border. The impact of the other factors associated with language already cited can easily leave him with a distorted, perhaps even schizophrenic, concept of the world in which he has to make a living.

His experiences in the public schools are hardly more felicific. There is considerable truth to the remark that the chicano goes to school in English and lives in Spanish. He may encounter the harshness of a rule that penalizes him for using the only language he can speak normally and comfortably. Linguistically he may be the victim of a chicano teacher whose accent ranges from the elusive to the phony to the atrocious. He may be equally the victim of some gabacho teacher with no knowledge of Spanish whose pronunciation of his name is so wretched that the chicano quickly develops a protective callousness warmed only by the comforting grace of a cosmic sense of humor. By such a person he is probably reminded constantly that he has an accent, but the gabacho too often has neither the training to tell him how to correct his accent nor the warm desire to help him solve his language problem.

In the cultural, sociological and other areas, the awful possibilities are limitless. The few examples cited in this paper are fortunately atypical but do occur with distressing frequency. He may encounter the missionary type who is going to brainwash him into becoming a sound American citizen as if he had ever been anything else! From the other side he may run into what my students refer to as the "poor Mexican" type: the one who peddles a brand of bleak passivity brewed out of his own impotent bitterness which fossilizes around the notion that the chicano is permanently behind the eight ball in a gringo society. Or he may have the utter misfortune to run afoul of the professional Mexican (note carefully: not chicano) with the messianic complex, who is dedicated to the mission of leading *la raza* into the promised land. From my own experience with this Mexican Moses, by *la raza* he never means the human race, and his idea of the promised land is about as nebulous as my own pathetic notions of outer space. Though the student may have no personal cognizance of the other figures in the educationist hierarchy, there is also the administrator who is nervously aware that a language problem exists, but who usually comforts himself with the idea that, like the poor, it has been with us always, or that maybe with time, it will just go away.

Speech X at Jefferson High School is one approach to our bilingual situation in El Paso. Despite its appellation it is not a speech course nor an English course in the traditional sense; basically it is a language course. Its sole objective is to help the student speak an accentless, idiomatic English. It is predicated on the idea that the student is already essentially English speaking, for by the time he reaches high school the average chicano's English vocabulary vastly exceeds his Spanish vocabulary. No magic formula is invoked, and no miracles are expected. In the true sense, I think it fair to say that the teacher is incidental to the course; literally the student gets out of the course what he puts into it, for speaking a language, like dying, is something each does for himself.

Speech X is roughly divided into three sections with about equal time during the year devoted to each. The limited time allotted today precludes more than a hasty survey of each, and the first section will be dealt with more extensively than the other two.

Section one deals with sounds and the pronunciation of American English. The basic teaching device for this part of the course is those symbols of the International Phonetic Alphabet which experience has dictated are adaptable for this purpose. The symbols are employed purely as a means of giving the student a visual device by which to identify a sound and the teaching of phonetics in detail *per se* is not a major objective.

The consonant sounds of English are considered first, beginning with the paired consonant sounds, specifically with the *s* and *z* sounds, which are common to both English and Spanish. Incidentally, although any chicano can make them effortlessly and flawlessly, these are the two most troublesome consonant sounds for him to master in spoken English. The more obvious confusion resulting from the substitution of the *ts* for the *s* sound, the earnest student easily corrects once he begins to develop an acute language ear—basically one of the chief objectives of the course. As each sound is introduced, it is tagged as being relatively common to both languages, strictly non-Spanish, or, rather rarely since Spanish phonetics are not essentially a part of the course, non-English. Outstanding in the latter category is that elusive Spanish consonant which is neither the *b* nor *v* of English, and which gabachos butcher so brutally in their blubbering rendition of a Spanish word such as *hablábamos*. That the lack of the English *v* in Spanish can be a real problem to the chicano is pointedly illustrated by the statement once made to me by a person who confessed to having more trouble with his *bowels* than his consonants. It is easy to hear *juniform*, *Jankee*, or *jesterday*, and conversely, *yump*, *yust*, or *yail*. When I once protested a student's saying *jesterday*, he remonstrated: "But, Mr. Burton, you know I don't *jusually* say *jesterday*."

If the consonant sounds can be a problem, the vowels can be a nightmare—usually are. The analysis of vowel sounds is always prefaced with the vigorous admonition that the chief trouble the chicano has with English vowels is not failing to pronounce them correctly, but pronouncing them too correctly and too precisely. It is necessary to dwell on the fact that he must be able to hear distinctly both the primary and secondary stress employed in English, particularly the American variety, and then be prepared to slur the unstressed vowel sounds. The phonetic symbols can here be employed most effectively because they can also be used to indicate stress or the lack of it. It is relatively easy for the earnest student to master the vowel sounds that are stressed and distinctly enunciated, but only experience and a trained ear make it possible for him to handle the unstressed sounds natively.

The same pattern is followed with the vowels as with the consonants by identifying them as being relatively common to both languages or otherwise. It takes some concentrated effort, but students determinedly master such statements as "Each itches" or "She should choose cheese." By far the most difficult vowel sound for the chicano is the heavily diphthongized so-called long *e* of English. Long after he is sure of himself with the other vowel sounds, the chicano with a sensitive ear remains unsure of this one. As an example of a combination of this sound plus a stress pattern which is the reverse of Spanish, consider the chicano pronunciation of T.V. This can also be a matter of concern to the gabacho uninitiated into the mysteries of chicano English. I distinctly remember the gabacho who hurried across the hall to tell me in some distress what a girl in his class had just said to him when she made an urgent request for his passboard. I had to explain to him that the girl had merely asked if she could go back to P.E. and get her books.

The second part of the course is devoted to structure and patterning.

16

Of necessity it involves a considerable amount of comparative structure. It is necessary to explain to the student, for instance, why statements such as "This is the first time I ever see this" or "Buy me a ticket" (i.e., from me) sound alien to an English ear. Formal grammar is taught, but always judiciously. Once the student begins to see the practical value of such terms as noun or verb expression or equivalent, structural linguistics begins to make sense to him immediately. I think I can best illustrate this fact by narrating an experience when I was called upon to give an extended demonstration before the English teachers of the local high schools. The students taking part were quite familiar with various exercises in patterning. I had set up a pattern that called for a compound subject, a verb, a direct object, and a prepositional phrase in a modifying capacity. Though I knew fundamentally I could trust the students to come through valiantly, I was momentarily disconcerted when I asked one of the boys to give me his version to discover that he was, he said, employing a verb expression where I had visualized a verb and direct object. He virtually broke up the session by his version: "My dog and cat kicked the bucket in the alley."

A scant glance at the third section of the course will have to suffice. Broadly speaking, it involves all the problems that go into speaking English that sounds like English, including rhythm, intonation, sentence stress, interpretation, etc., plus considerable attention to semantics. It involves rapid -fire dictation, choral reading, impromptu speaking, etc. It further involves on a once a week basis the combining of my class with Mr. Mendoza's advanced Spanish classes for a rough session of interpreting with him on one side of the desk and me on the other, each anxious to pounce on an error in either language. By the end of the year the students have become vicious, if impersonal, critics of each other, and the student who takes the floor to speak to them is literally facing his linguistic moment of truth.

James R. Burton

Actividades

A. Expliquen la filosofía citada de Tennyson. ("I am part of all that I have met." "Ulysses," 1842)

B. Den un ejemplo personal de esa filosofía.

C. Busquen el significado de las palabras "cognado" y "modismo" en el diccionario.

D. Hagan una lista escrita de diez cognados en español y diez en inglés.

E. Hagan una lista escrita de cinco modismos.

F. ¿Cuáles deben ser los objetivos principales de los estudiantes de *Speech X*?

LECTURA B:

El caramelo

En un cornete azul de cristal de Bohemia, un dulce de fino y perfumado caramelo soñaba con festines y se lamentaba.

La mesa del comedor estaba en desorden; dispersas sobre el arrugado mantel las migajas de pan, volcadas las copas con heces de vino, las cáscaras de las frutas enroscándose, las moscas revolando sobre los platos untados de salsa, inspeccionando las hojas de los cuchillos oxidadas por el jugo de las naranjas, o libando gotas de miel en las cucharas . . .

Todo indicaba un festín concluido, y aquel caramelo, que parecía un rubí, estaba triste. ¡Lo habían olvidado en un juguete de tocador!

—Yo— decía —estaba predestinado para ser feliz; unos labios rojos como yo, al besarme, sentirían toda la dulzura que encierro y mi mayor placer sería que me astillaran unos perlados dientes. Esa es mi suerte de caramelo aristocrático . . .

—Conque después de salir del molde de la dulcería francesa; después de haber sido expuesto en un aparador de grandes cristales; de ser deseado por tantos ricos (porque ningún pobre se acerca a un luciente escaparate temiendo que lo declaren ladrón); después de haber visto tantos coches, tantas sedas, estar sepultado en una cajita de raso, ser regalado en Año Nuevo por un novio! Voy a envejecer aquí, a blanquearme como una cabeza canosa . . . ¡Eso es horrible! Yo tengo títulos; y si no soy feliz, ¿por qué será? Pero, (olfateando) ¿qué huele tan mal?

cornete: cuerno

dispersas: tiradas

heces: sobras
revolando: revolteando

libando: probando

juguete de tocador: instrumentito

escaparate: "ventana" de una tienda

olfateando: oliendo

18

—Yo— dijo asomándose debajo de la mesa y con voz
tímida una charamusca; —yo, que he sido arrojada por
el hijo del portero en esa alfombra; yo, que soy feliz.

—¿Tú? (admiradísimo). Explícame eso: ¿tú, feliz?
(con voz burlona); ¿tú, miserable indio de la raza de
los dulces? ¿tú, hijo del plebeyo piloncillo?

—Yo soy feliz; mira . . .

—Hazme favor de no tutearme, que no somos iguales.

—Yo, mire usted (humillada), soy feliz; no porque se
me exponga en luciente escaparate, como usted dice;
mi hogar es una mesilla grasienta, donde me codeo con
las pepitas tostadas, la habas, los garbanzos y arve-
jones, las alegrías y pepitorias; jamás atraigo las
miradas de los poderosos. ¿Quién se va a fijar en la
mujer harapienta que me vende? Pero el niño, el pobre
niño del pueblo, me encuentra al alcance de un centavo;
al ir al colegio él me compra, me acaricia, me encierra
en su bolsa desteñida, junto a la rota pizarra y al
silabario deshojado; y si usted viera, con qué placer
endulzo sus pesares infantiles cuando, burlando de la
vigilancia del bilioso y flaco dómine, me muerde y son
disputados mis pedazos por los que no me poseen!
¡Y cómo me cambian por pizarras y canicas! Después,
disuelta, muero, sí; pero bajo a la tumba sin causar
mal y arrojada por la naturalísima ley de la digestión;
pero usted, dulce rico, ¡cuesta tan caro! Jamás sabrá
lo que es ser comido por hambrientos labios; ¡eso es
indescriptible! Cuando sea usted engullido y apenas
saboreado por cansados paladares, causará dolores, lo
detestarán y un médico ordenará que una purga barra
con su personalidad dañosa . . .

Un poeta democrático, el grillo, que opina que los
versos son algo como los caramelos para el espíritu,
exclamó: —¡Claro! Por eso yo no le canto, sino al
pueblo . . .

Angel de Campo

charamusca: dulce barato

plebeyo: persona que no
es noble

arvejón: chícharos
alegría: sésamo
pepitoria: dulce de
cacahuates

silabario: libro de lectura

dómine: maestro

19

Actividades

A. En su opinión, ¿cuáles serían las características personales del autor de una fantasía como EL CARAMELO?

B. Aprendan a deletrear en voz alta las palabras siguientes:

azul	inspeccionado	haber
Bohemia	hojas	huele
dulce	cuchillos	he sido
soñaba	oxidadas	humillada
arrugado	jugo	garbanzos
migajas	estaba	atraigo
volcadas	feliz	desteñida
heces	dulzura	ley
	mayor	

C. ¿Cuál es la idea principal de esta lectura? ¿Están ustedes de acuerdo? Defiendan su punto de vista.

4. ESTUDIO DE LA LENGUA

El acento

4a. La clasificación del acento.

En cada palabra hay una sílaba sobre la cual cargamos la pronunciación. A este fenómeno se le da el nombre de *acento*.

En español existen dos clases de acento. Cuando va escrito, se le llama acento *escrito* u *ortográfico*, y cuando no va escrito, se le llama acento *tónico* o *hablado*.

4b. El acento tónico con las palabras agudas, llanas y esdrújulas.

Todas las palabras españolas llevan acento escrito o tónico, y se dividen en tres grupos; se llaman *agudas* si llevan el acento en la última sílaba; se llaman *llanas* si lo llevan en la penúltima y esdrújulas si lo llevan en la antepenúltima sílaba.

agudas	llanas	esdrújulas
me *nú*	*Sán* chez	*miér* co les
ca *fé*	*fá* cil	*vá* mo nos
na *riz*	*crá* ter	me *tró* po lis
co *mer*	*man* ta	*Mé* xi co
pla ta *nal*	*jue* go	*lás* ti ma
	lin do	

4c. El acento escrito con las palabras agudas, llanas y esdrújulas.

El acento escrito generalmente se aplica a las agudas que terminan en vocal o en *s, n*; a las llanas que terminan en consonante que no sea *n, s*; y a todas las esdrújulas.

agudas	llanas	esdrújulas
Jo *sé*	*lá* piz	*lás* ti ma
des *pués*	*ál* bum	*cá* lla te
co ra *zón*	a *zú* car	es *drú* ju la
ru *bí*	ca *rác* ter	

4d. El acento escrito con los diptongos y triptongos; adjetivos y adverbios; palabras interrogativas y exclamativas.

Los diptongos y triptongos se deshacen al escribirse el acento sobre la vocal débil; los adverbios terminados en *mente* van acentuados del mismo modo que el adjetivo del cual provienen; las palabras interrogativas y exclamativas cuando se usan para expresar preguntas o admiraciones llevan acento también.

diptongos y triptongos	adjetivos y adverbios	palabras interrogativas o exclamativas	
R*a ú*l	fácil	¿cuándo?	¡cuándo!
m*a í*z	fácilmente	¿qué?	¡qué!
b*a ú*l	áspero	¿quién?	¡quién!
po e s*í a*	ásperamente	¿cuál?	¡cuál!
co no c*í a*	*feliz	¿cuánto?	¡cuánto!
	*felizmente	¿cómo?	¡cómo!
		¿dónde?	¡dónde!

*Si el adjetivo no lleva acento escrito, tampoco lo lleva el adverbio.

4e. El acento escrito con formas verbales y palabras que cambian de número con el acento.

Las formas verbales, si llevan acento, lo conservan aunque se le agregue el pronombre al final; las formas verbales sin pronombres al *añadírseles* las sílabas, *requieren* acento escrito; algunas palabras cambian de número cuando lo adquieren, o lo pierden.

formas verbales con pronombres	formas verbales sin pronombres	algunas palabras que cambian de número
se arro*jó*>arro*jóse**	quiten quíten*se*	lec*ción* lec*ci*ones
les can*tó*>can*tóles**	calla cálla*te*	jar*dín* jar*di*nes
me ca*lló*>ca*llóme**	lleven lléven*los*	cor*tés* cor*te*ses
se for*mó*>for*móse**	mandar mandár*selos*	joven j*ó*venes
	dame dáme*las*	orden *ó*rdenes
		ex*a*men ex*á*menes

¿Cuáles son llanas? ¿agudas? ¿esdrújulas? ¿Cuándo cambian?

*Estas formas aparecen en la literatura.

4f. El acento escrito con infinitivos, pretéritos y monosílabos.

Por último, tomemos *las Nuevas Normas de la Real Academia*. Según éstas, se suprime el acento ortográfico en las terminaciones de infinitivos: huir, oir, reir, sonreir, etc. También se suprime en los pretéritos de palabras de una sílaba: di, vi, fue, etc. Sin embargo, el acento ortográfico se debe emplear sobre ciertas palabras de una sílaba o más para distinguirlas de otras de igual escritura pero de distinto significado:

el	tu	te	este	animo	rio	hacia	como
él	tú	té	esté	ánimo	río	hacía	¿cómo?

Las reglas fundamentales del acento han sido presentadas en este capítulo. Ahora le corresponde al alumno la tarea de estudiarlas a fondo, aprenderlas bien y aplicarlas debidamente a la escritura correcta de la lengua española.

Ejercicio 4

A. Contesten estas preguntas:

1. ¿Qué es un diptongo? Den tres ejemplos.
2. ¿Cuáles son las vocales débiles?
3. ¿Qué efecto tiene el acento escrito sobre la vocal fuerte de un diptongo? Den tres ejemplos.
4. ¿Qué efecto tiene en el caso de la vocal débil? Den tres ejemplos.
5. Las palabras se clasifican según la sílaba acentuada. Den los nombres de cada grupo con varios ejemplos de cada uno.
6. ¿Cuáles llevan acento escrito?
7. ¿En qué caso se añade el acento escrito a una forma verbal?
8. ¿En qué forma se acentúan los adverbios procedentes de adjetivos?

B. A estas palabras agudas, pónganles acento escrito si lo necesitan:

aca	feroz
bajar	gramatical
campeon	hare
detras	invadio
biologia	juventud

C. A estas palabras llanas, pónganles acento si lo necesitan:

llegada	revolver (pistola)
marmol	servicio
Nuñez	util
ocupan	viernes
protege	yugo

D. A estas palabras esdrújulas, pónganles acento porque ¡todas lo necesitan!:

algebra	cientifico	examenes	heroe	kilometro
barbaro	discipulo	fabrica	indice	lastima

E. A estas palabras con diptongos, pónganles acento donde se necesite:

aceite	imperio
bahia	maiz
caido	neutro
fuego	seis
heroismo	reirse

F. Busquen estas palabras en el diccionario:

él, el	éste, este, esté
tu, tú	ésta, esta, está
sí, si	mas, más
se, sé	aquél, aquel
ése, ese	hacía, hacia, Asia

G. De la Lectura B, párrafo número tres, hagan una lista de palabras agudas, llanas, y esdrújulas con diptongos.

H. Apliquen el punto número 5, ESTUDIO DE LA LENGUA, a la Lectura B.

5. ESTUDIO DE LA LENGUA

Pronunciación

5a. El ritmo en la lectura.

Sin duda es de interés para el estudiante observar el ritmo que lleva la pronunciación de las palabras españolas, pues como hemos observado en los ejemplos anteriores, casi cada sílaba requiere la misma duración de tiempo para decirse. El ritmo del silabeo español es generalmente constante. ¡Cuántas veces no habrán oído la queja, común entre el americano de habla inglesa que el español se habla a una velocidad muy rápida! ¡Y que por eso no puede aprender a hablarlo con facilidad! ¡No es nada de eso! Lo que sucede es que espera encontrar el mismo ritmo de pronunciación del inglés en español. Las sílabas inglesas por lo general son más largas y las palabras llevan el acento en la parte inicial:

responsi*bi*lity	oblig*a*tion
responsabili*dad*	obliga*ción*

Por el contrario, las sílabas españolas suelen ser cortas y las palabras generalmente llevan el acento en la parte final. Habituado al ritmo inglés, entonces, el americano de habla inglesa cree oir hablar el español a una velocidad rapidísima porque espera el acento al principio de la palabra, ¡y breves sílabas! Pronuncien estas palabras:

*na*tural	*e*lephant
natur*al*	ele*fante*

En efecto, ¿cuáles se pronuncian con mayor rapidez? ¿Notan alguna otra diferencia?

En la lectura oral, igual que en el habla, hay que llevar el ritmo de la lengua. Debemos aprender a pronunciar las palabras correctamente, enunciar con claridad, frasear con exactitud, leer con el énfasis adecuado y apreciar el ritmo y el sonido.

Ahora que ya saben esto, hagan un esfuerzo por hablar y leer el español, al igual que el inglés, en forma más atinada, dándole la expresión propiamente suya.

5b. La comprensión en la lectura.

En la lectura hay que apreciar estos detalles que nos ayudan a comprender mejor una obra: el ambiente, la época, y el lugar donde se llevan a cabo los sucesos.

6. ESTUDIO DE LA LENGUA

Pronunciación

6a. El uso acertado de la *d*.

El alumno debe pronunciar todas las sílabas con claridad y evitar el "comerse" sonidos en medio o al final de las palabras. Ejemplos de la letra *d*:

se dice	no se dice
cari*dad*	cari*dá*
ciu*dad*	ciu*dá*
cui*dado*	cui*dao*
*do*nde	'*onde*
Gua*dala*lupe	*Gual*upe

6b. El uso acertado de la *c*.

También hay que pronunciar palabras como las siguientes con cuidado de no "comerse" la *c*:

se dice	no se dice
oc*tavo*	o*tavo*
Vic*toria*	Vi*toria*
Víc*tor*	Ví*tor*

Estas palabras *no* llevan *c*, aunque sí la llevan en *inglés:*

se dice	no se dice
distrito	distric*to*
distinto	distinc*to*

24

Ejercicio 6

A. Para repetir:
1. ¿Dónde están los discos?
2. Ten cuidado con el perro.
3. ¿Los puso Guadalupe afuera?
4. Por caridad de Dios, espérate.
5. La vida del soldado está en peligro.
6. Los niños siempre tienen sed.
7. Pásame el listón colorado, por favor.
8. Todavía les falta dinero.

B. Para contestar según el modelo:

Modelo:
—¿Qué dices?— (¿Dónde están los discos?)—
　　　　　　　—Que dónde están los discos.—
1. ¿Qué dices? (Ten cuidado con el perro.)
　　　Que tengas cuidado con el perro.
2. ¿Qué dices? (Los puso Guadalupe afuera.)
　　　Que los puso Guadalupe afuera.
3. ¿Qué dices? (Por caridad de Dios, dale dinero.)
　　　Que por caridad de Dios le des dinero.
4. ¿Qué dices? (La vida del soldado está en peligro.)
　　　Que la vida del soldado está en peligro.
5. ¿Qué dices? (Los niños siempre tienen sed.)
　　　Que los niños siempre tienen sed.
6. ¿Qué dices? (Pásame el listón colorado.)
　　　Que me pases el listón colorado.
7. ¿Qué dices? (¿Dónde están los vestidos?)
　　　Que dónde están los vestidos.

C. Para cambiar según el modelo:

Modelo:

(Tener caridad)　　　　　　　—¡Ten caridad!—
1. (Llamar a Guadalupe)
2. (Tener cuidado)
3. (Decirme dónde)
4. (Respetar al soldado)
5. (No comer todavía)
6. (Comprar el colorado)
7. (Decirme si tienes sed)
8. (Tener caridad)

D. Para repetir:
1. ¿En cuál lección van?
2. Vamos en la octava.
3. Busco una dirección.
4. ¿La de Víctor?
5. No, la de Victoria.
6. Vive en el Distrito Federal.
7. No, su nueva dirección es distinta.
8. Hoy hay elección de candidatos.
9. Creo saber la lección.
10. Dame el octavo.
11. ¿En qué distrito viven?
12. Este dibujo es distinto.

E. Para buscar en el diccionario:

                     lección   lesión

F. Para repetir según el modelo:
Modelo:
—¿Qué lección se saben?—
—¿Qué lecciones se saben?—
1. ¿Cuál lección se saben?
2. Hoy se celebra la victoria.
3. No sé la dirección.
4. Hoy no hay elección de candidatos.
5. ¿En cuál distrito viven tus amigos?
6. Dame el octavo.
7. Aquel dibujo es distinto.

G. Para pluralizar:
Modelo:
—¿Qué dirección te sabes?—
—¿Qué direcciones te sabes?—
1. ¿Qué lección se sabe?
2. Hoy se celebra la victoria.
3. No sé la dirección.
4. Hoy no hay elección de candidatos.
5. ¿En cuál distrito viven tus amigos?
6. Dame el octavo.
7. Aquel dibujo es distinto.

H. Para contestar:
Modelo:
—¿Escribe bien?—
—Escribe sin cuidado alguno.—
1. ¿Lleva bien la dirección?
2. ¿Responde bien por sus acciones?
3. ¿Lee bien sus lecciones?
4. ¿Celebraron bien su victoria?
5. ¿Las reparten bien por el distrito?

26

La lengua: crisol de la cultura

crisol: vaso para fundir metales

La lengua misma es la mejor conductora de esencias y valores culturales. En el momento en que el niño empieza a aprender la lengua de sus padres, en ese mismo momento, empieza la iniciación en el culto, en los ritos y las ceremonias de la tribu, de la casta. Por la lengua el niño penetrará instintivamente en el espíritu, en la verdad, y en el misterio del pueblo que habla esa lengua.

Cuando se va la lengua, se lleva todo lo demás. Esto precisamente es la crisis espiritual de las minorías en los Estados Unidos. Van perdiendo su lengua natal y van descubriendo que van perdiendo una cierta conciencia de su propia existencia a la vez, que van perdiendo algo de su polarización vital, algo de su identidad. Se encuentran un tanto desarraigadas, un tanto desorientadas. Con la desaparición de la lengua han desaparecido también las atalayas culturales por las cuales su pueblo había dirigido la trayectoria de su existencia a través de los siglos. Con la desaparición

polarización: conjunto de características personales

atalayas: torre o altura de observación
trayectoria: camino que sigue una cosa

de la lengua ha desaparecido toda una manera de ser que se ha venido forjando desde el principio de la historia. Mientras no se forje una nueva conciencia, una nueva manera de ser a través y por la nueva lengua adquirida, estas minorías quedarán desorientadas.

En español decimos que "El que habla dos lenguas vale por dos." Vale por dos porque, en efecto, es dos personas con distintas maneras de enfocar la vida, la realidad y la muerte. Cada una de sus lenguas es el molde del pensamiento, del ser, de un pueblo. Un modo peculiar de interpretar los fenómenos. Cada lengua es una visión peculiar y única del mundo. Toda la historia de un pueblo está sintetizada en su lengua. Es la novela en que un pueblo ha depositado sus risas y sus llantos, sus triunfos, sus fracasos, sus aspiraciones y sus desilusiones, sus actitudes, sus pensamientos, sus prejuicios, sus creencias. La lengua es la corriente vital que une al individuo a una cultura, a una historia, a una realidad vital. La lengua le da nombre y calidad al individuo. Cada lengua es tan única que la traducción es imposible. "Me gustan las mujeres" no se puede traducir al inglés. Cada lengua tiene su lógica y su activación internas que son imposibles de verter a otra lengua.

La lengua lleva en sí lo que un pueblo es. La lengua inglesa nos revela lo que es el pueblo inglés. Desde el principio de su historia este pueblo ha marchado constante y consistentemente hacia el socialismo, y el proceso ha culminado en nuestro tiempo en la democracia socializante de Inglaterra y los demás países de habla inglesa. El lema para estos pueblos ha sido y es: "el mayor bien para el mayor número." El individuo ha rendido su hegemonía al bienestar social. La familia es el grupo social más pequeño. Compuesto de varios individuos que difieren a un jefe, que históricamente ha sido el padre (aunque en nuestros días esto se puede discutir). La familia entra en un grupo social mayor, que llamaremos el distrito, que también tiene su jefe. El distrito entra en la ciudad que también tiene su alcalde. La ciudad en el condado. El condado en el

forjar: formar (el metal)

enfocar: analizar, estudiar

sintetizar: combinar varios elementos en un todo complejo

fracaso: mal éxito

verter: traducir a otro idioma

lema: tema

hegemonía: autoridad

alcalde: presidente municipal

28

estado. El estado en la federación, cada uno con su jefe. Todo muy bien organizado y regulado.

Este proceso social se da de igual manera en la lengua del pueblo inglés. La palabra es el grupo social que corresponde a la familia, y aquí también los individuos difieren a la mayoría y a un jefe. Por ejemplo, la palabra no es "in-ter-EST-ing" sino "interesting." La palabra entra en la frase, el siguiente grupo social, y cada frase tiene su palabra clave. La frase entra en el párrafo, que también tiene su frase clave, generalmente la primera. El párrafo en el capí- **clave:** llave
tulo, el capítulo, en el libro. Un socialismo lingüístico perfecto. A veces esto puede llevarse a un extremo absurdo en el habla popular: "Did you eat yet, Joe?," "Not yet, did you?" becomes "Jeet jet Jo?," "Nojet, jew?" La puntuación es ordenada, regular y práctica como es la vida del pueblo inglés.

Echemos ahora la mirada sobre España. Si hay una sola palabra que se acerque a definir la vida social y pública española, esa palabra tendría que ser: *anarquismo*. Hispanoamérica heredó porciones libe- **anarquismo:** doctrina
rales de esa anarquía. La historia de estos pueblos es política que desconoce una historia de guerra civil y de conflicto social y la autoridad político. Ni el individuo ni los grupos han querido someter nunca sus derechos personales a ninguna jerarquía. Los individuos se han alzado tradicional- **jerarquía:** orden,
mente por encima de todas las disciplinas, y la verdad categoría milenaria hispana ha sido y sigue siendo el desorden **milenario:** muy antiguo
público.

Lo mismo ocurre en su lengua. Cada sonido, cada palabra, cada frase, es decir, cada individuo, demanda y recibe atención particular. Vean ustedes la palabra que notamos antes en inglés: "IN–TE–RE–SAN–TE." ¿Se puede ser más individualista? La puntuación española es igualmente anarquista, como lo es el pueblo hispano.

El pueblo francés es un pueblo culto, intelectualista, elegante, exquisito, bien ordenado. Su lengua refleja esas mismas características. Los italianos tienen el cuerpo lleno de música y su lengua es una sinfonía.

Para demostrar la lealtad que tiene la lengua al espíritu de su pueblo examinemos lo que ocurre en un solo punto de vista, la actitud hacia el tiempo:

en español el reloj ANDA;
en inglés el reloj CORRE;
en francés el reloj MARCHA;
en alemán el reloj FUNCIONA.

Vamos a acercarnos a la lengua española aún más a ver que hallamos de herencia cultural, de latido humano en ella. Bien conocido es el subjetivismo español y que el español funciona impulsiva y emocionalmente. ¿Qué otra cosa es el subjuntivo sino una postura subjetiva y personal frente a la realidad? Existe solamente en la mente del individuo, y este tiene el derecho de valorar y calificar la realidad según sus propios sentimientos. El subjuntivo va desapareciendo cada vez más de las lenguas modernas pero en el español sigue tan fuerte como siempre.

latido: pulsación

subjetivismo: tendencia de ver las cosas por medio del individualismo

¿Qué otra cosa es el uso tan aferrado del reflexivo en español sino un acercarse, un personalizar, un abrazar las acciones? Vean la distancia que hay entre "Murió mi padre" a "Se me murió mi padre," y el verdadero impacto emocional que abraza "Se me murió mi padre." Véase también la actitud individualizante de "Me gradúo en junio." Aquí el individuo se da la responsabilidad y el crédito, y ¿por qué no? También ocurre lo contrario: "Se me cayó el libro." Aquí se rechaza la responsabilidad y se le echa la culpa al libro.

aferrado: obstinado

El empleo del diminutivo en español es un alterar de la realidad que nos circunda, modificarla según nuestro propio diseño. *Chico* es ya, un diminutivo. *Chiquito* no quiere decir que el objeto es más pequeño, pero ya lleva mayor carga emocional. *Chiquitito* ya ha embalmado al objeto de valores personales. El diminutivo es verdaderamente una visión personal de la realidad.

diseño: dibujo

La lengua española refleja la realidad religiosa del pueblo. Nótense la gran cantidad de expresiones religiosas que brotan del pensamiento hispano a la lengua, como: "Dios mío, Ojalá, Válgame Dios, Ave María Purísima, hablar cristiano, vaya con Dios." La

palabra "Dios" no es mala palabra en español. No hay eufemismos en la lengua para Dios. En inglés no nos atrevemos a decir "¡My God!" Nos vemos obligados a decir "¡My gosh!"

eufemismo: modo de expresar con suavidad menos franca

El carácter individualista del español se manifiesta en fórmulas como: "Yo me llamo Juan." Es decir, mi nombre es lo que yo quiero que sea. "Nos ponemos el sombrero"; cada uno se pone el suyo.

El humor español sale a la vista en palabras como "salsipuedes" (blind alley), "aguafiestas" (party pooper), "hazmerreir" (laughingstock), "trotaconventos" (matchmaker). Lo satírico hispano se hace patente en los nombres que se les da a los médicos, por ejemplo: "matasanos," "matavivos," "sangrías." "To take an oath" es "protestar" en español. Me veo obligado a hacerlo pero no tiene que gustarme. El tacaño es "codo duro."

Los tabúes hispanos están en la lengua. Hay que andar con mucho tiento con las palabras padre, madre, hijo, pan, que por ser tan sagradas, se prestan a la blasfemia. Es curioso ver también las evasiones que hay para mujer preñada: se dice que "está en estado interesante," que "está encinta," que "está embarazada," que "está gorda." Al acto de parir se le llama "dar a luz."

Se halla la sensualidad del hispano en expresiones como: disfrutar el momento, gozar de la vida, saborear la conversación, y hasta sufrir un examen.

sensualidad: goce de los placeres de los sentidos

La cordialidad y cortesía tradicionales españolas nos abrazan con expresiones como: "mi casa es suya," "a sus órdenes," "servidor de usted," "mande usted."

El español proyecta el ser y lo identifica con la naturaleza. Dice: "amanecí en el campo." "Voy a anochecer trabajando." La "a" personal les da calidad de persona, les da identificación a las personas y a los objetos: "Amo a María." "Amo a la naturaleza."

Ser y estar, el pretérito y el imperfecto, la voz pasiva, el "tú" y el "usted" alternan, modelan, animan el mundo y le dan un carácter y una fisionomía peculiarmente hispana.

fisionomía: aspecto de la cara

Decimos en español que "Entre el hombre y el oso cuanto más feo más hermoso." ¿No es de admirar el genio de una cultura que se conduele tanto por sus individuos que les proporciona una salida y un con- **proporcionar**: dar, proveer suelo semejante? Nosotros los feos le estaremos eternamente agradecidos a la cultura y a la lengua españolas.

La lengua española nos da un retrato íntimo y personal del pueblo español, y nos pone en contacto con la interioridad escondida de su alma. Penetrar, sumergirse en la lengua española es entrar en el secreto, es entrar en la vida misma, es entrar en la intimidad española.

Sabine R. Ulibarrí

Actividades

A.   Contesten estas preguntas:

1.   ¿Cuándo empieza el niño a iniciarse en la cultura de sus antepasados?

2.   ¿En qué consiste la crisis espiritual de las minorías de los Estados Unidos?

3.   Expliquen el dicho "El que habla dos lenguas vale por dos."

4.   ¿Cómo es el pueblo inglés?

5.   ¿Cuál es la palabra que mejor describe la vida social y política de España?

6.   ¿Cuál de las dos palabras "interesting" o "interesante" es la más individualista?

7.   ¿Cómo es el francés? ¿El italiano? ¿El ruso?

8.   Expliquen las cuatro oraciones acerca del reloj.

9.   ¿Por qué perdura el subjuntivo en el español y no en el inglés?

10.   ¿Qué es un diminutivo? ¿Un aumentativo? Den dos o tres ejemplos de cada uno.

11.   ¿Qué significa la palabra "tabú"? ¿Cuáles son unos de esta época y este país?

12.   ¿Están ustedes de acuerdo con las ideas del doctor Ulibarrí?

A Tale of the Old West

A living language is a changing language. Words drop out of use and are declared obsolete. New words are coined and find their way into the dictionary. Many new words are borrowed from the language of neighboring peoples.

The majority of the words in Spanish are of Latin origin. For six hundred years Spain was one of the most important provinces of the Roman Empire. The Latin of soldier and merchant, in the main, supplanted the languages of the Iberian Peninsula. With the invasion of Spain by the Goths, words of Germanic origin were added, and after 711 A.D. when the Moors swept over Spain, Arabic terms further enriched Spanish.

Changes in vocabulary are by no means restricted to ancient or medieval times. In recent years English nomenclature for modern inventions has served as the basis for such new words as "refrigerador eléctrico" or "helicóptero."

The similarity of a word in Spanish and English may mean both are of Latin origin or that a word has been taken by one people or the other, perhaps changed a bit, and so adapted to fit the pronunciation and grammar of the second language. When a people live in close proximity to one another there is greater interchange of vocabulary. Many such words become acceptable, others do not. Usually the latter are words invented by a speaker who does not know the correct word. If there is already a word in good usage, a newly fabricated substitute rarely becomes correct. As there are in common use such Spanish words as "ejército," "Navidad," and "población," the hispanicized English equivalents "arme," "Crismas," and "populación" are not acceptable and are to be avoided.

Not only has Spanish borrowed from English, the reverse is also true. The vocabulary of the ranch country of the Southwest is particularly rich in such terms.

An attempt has been made to weave into the following melodramatic story fifty or sixty Spanish words which are now commonly used in English. How many of them do you recognize as originally Spanish? Make a list, excluding proper nouns, and then check your list against the one found at the end of this reading. Can you add other words to the list?

The sun was setting behind the sierra as Bob, on his pinto horse, rode fence across the mesa, which formed a part of the Tobosa Ranch. The sudden howl of a distant coyote drew Bob's attention to the ridge on his left where a line of ocotillo stood silhouetted against the sky. As he wound his way through the mesquite, he could see the white walls of the adobe hacienda with the ristras of red chile hanging from the vigas.

After unsaddling, Bob slipped the morral on his horse and took the saddle into the shed. He hung up his spurs and chaps. While his horse was finishing the maize, he threw alfalfa to the remuda in the corral.

The palomino colt shied and kicked at the other horses. Bob thought to himself, "I'll break that bronco yet. He'll make a fine present for Dolores."

On the way to the bunkhouse, he took the morral off his horse and turned him into the corral. As he walked in, he threw his sombrero on a chair and shouted to the cook, "Let's have those frijoles and enchiladas pronto! I'm as hungry as a lobo wolf."

Supper finished, Bob took his guitar and strolled over to the house of the patron, Miguel Gonzáles, who was a descendant of one of the early Spanish dons. Bob followed the moonlit path through the back gate into the patio and began to strum a few bars of "La Paloma." Dolores, lovely in her azure lace mantilla which accented the blue of her eyes, slipped out of the house to join Bob under the ramada.

They talked softly for a few minutes, then Bob asked, "Why doesn't your father want us to get married?" Dolores hesitated and then replied, "My father doesn't know you; he thinks you're just another drifting vaquero."

"I suppose he wants you to marry some gay caballero in a serape!" Bob sarcastically answered and then more seriously questioned Dolores, "What can I do to prove myself to him?"

Suddenly they heard the galloping hoofbeats of an approaching rider followed by loud, excited voices. Bob and Dolores rushed into the house and learned from the conversation between Señor Gonzáles and the foreman that a man from the line camp had reported that the main herd of cattle in the south bosky had been stolen by rustlers.

Bob offered his services to help track down the rustler only to receive a scornful look from the rancher. Without answering Bob, Dolores's father told the foreman to round up the boys.

"But the boys aren't back from the rodeo."

"Okay, we'll pick them up at the arena and organize a posse."

Downhearted because the boss had not asked for his help, Bob bade Dolores a quick good-night and wandered down to the corral. He stood looking through the fence at the horses when suddenly he noticed that the favorite mustang of Mr. Gonzáles was gone. Bob thought to himself, "I wonder how he got out?"

The tall, lanky cowboy took his lariat, lassoed his horse, threw on his saddle, cinched up and rode out of the corral. He turned Ol' Paint toward town and after crossing the arroyo he pulled out his tobacco pouch and rolled a cigarette. Without any real interest, he let his eyes

follow a paisano as he crossed the road. He felt he had lost Dolores and he didn't care what happened to him now. Bob saw the dim lights of the Indian pueblo across the Rio Grande and knew he was approaching La Posta. He rode around to the back of the cantina to tie up his horse. Standing nearby were four strange horses and the boss's mustang, all tired and lathered. His suspicions aroused, he hobbled each horse, then sauntered into the cantina. Seated at a table in the far corner were five dusty men playing poker. Bob stood at the bar and ordered tequila.

While Bob was waiting for his drink, the barmaid returned from carrying more whiskey to the strangers.

"Those men over there sure think they're tough hombres. The more they drink the more they brag about having stolen a herd of cattle. They're spoiling for a fight, and I can see we're going to have to call the sheriff."

"We're going to need him all right. Run across the plaza and fetch 'im now."

As the girl hurried out the door, one of the strangers struggled to his feet, threw down his cards and exclaimed, "Let's get out of here, compadres, before Gonzáles gets on our trail."

The others finished their drinks before staggering out of the door. Bob, drawing his gun, followed them outside. As they mounted, Bob yelled, "Just a minute, amigos! Stay right where you are now and reach for the sky!"

The sheriff burst through the back door. "What's goin' on here?" After looking the men over, he congratulated Bob. "Good work, son. These buckeroos are wanted in every state in the Southwest. Why, I've got their pictures posted all over my office. You got a reward comin'. Let's get these rustlers over to the calaboose. But, how'd you happen to have a gun on 'em?"

Bob explained that he suspected the men of rustling his boss's cattle because of the mustang and the talk the barmaid had overheard. The sheriff grimly promised to get the truth out of the gang.

One man was muttering to another, "I told you it was plumb loco to take that horse. We wuz doin' all right with the cows hidden in the chaparral."

Hours later, the cattle located and everyone back at the ranch too excited yet for sleep, Bob sat with Dolores in the parlor making plans for their marriage and calculating how much of a herd they could buy with the reward money. Mr. Gonzáles beamed on them, and he, too, made plans. What a big fiesta he would give after the wedding! He began to yawn and contentedly thought that tomorrow being Sunday he could take a long siesta in the afternoon. His eyes closed, his head dropped forward, and then suddenly straightened. Was that a kiss he had heard? Bob and Dolores met his startled glance with a smile.

Words borrowed from Spanish

adobe	cañón	hombres
adiós	chaparral	hasta la vista
alfalfa	chaps (chaparreras)	lariat (la reata)
amigo	chili (chile)	lassoed (lazar)
amor	chorizo	lobo
arroz (con pollo)	cinched (cinchar)	maize (maíz)
arroyo	compadres	mantilla
bosky (bosque)	conquistador	mañana
bronco	corral	mariachi
burro	coyote	matador
buckeroo (vaquero)	dons (don)	mecate
caballo	enchiladas	menudo
caballero	fiesta	mesa
café	frijoles	mesquite
calaboose	fritos	morral
camino	gracias	mustang (mesteño)
cantina	guitar (guitarra)	nixtamal
casa	hacienda	ocotillo
olé	poncho	sierra
olla	pueblo	siesta
paint (caballo pinto)	ramada	sombrero
padre	refritos	sopa (de arroz, etc.)
paisano	rebozo	taco
palo (alto, verde, etc.)	remuda	tequila
palomino	ristras	tobacco (tabaco)
patio	Río (Grande,	tobosa
patrón	Colorado, etc.)	tortilla
piñata	rodeo	tostada
pinto	señor	vaquero
plaza	serape (sarape)	vigas
pronto	sí	

La puntuación

7a. La puntuación y sus signos.

Esta es la última parte de nuestro estudio de la ortografía. Nos enseña el modo de puntuar la escritura, y el modo de escribir las palabras—con mayúsculas o minúsculas.

Los signos de puntuación con sus nombres respectivos están a continuación:

.   punto, punto y seguido, punto final
,   coma
:   dos puntos
;   punto y coma
¿ ? signos de interrogación
¡ ! signos de admiración o exclamación
-   guión
— raya
" " comillas
( ) paréntesis

7b. Observaciones sobre la puntuación de un párrafo.

En la lectura que sigue, tomen nota de la puntuación:

La composición

P.	Profesor	S.	Señor Sullivan
R.	Señor Rogers	A.	Señor Andersson
CA.	Señor Carman	CI.	Señorita Ciruti

P. Hace tres o cuatro días que les hablé sobre la derivación. Hoy vamos a considerar otro fenómeno lingüístico muy interesante: la formación de vocablos nuevos mediante la composición, o yuxtaposición de dos palabras para designar un concepto nuevo. Consideren las palabras compuestas de un verbo y un sustantivo. El verbo *matar* es bastante común en esta clase de compuestos. Por ejemplo: la palabra *matacán* indica que se trata de un objeto para matar los canes: es una clase de veneno que se da a los perros—es decir, si no le gustan a uno los perros. ¡Ja-ja-ja! (La clase ríe también, aunque de una manera un poco forzada.)—Bueno, señor Sullivan, ¿qué es un matacandelas?

S. Pues es un objeto que sirve para extinguir las candelas.

P. Muy bien.—¿Y qué es un matafuego?—¿Señor Rogers?

R. Un objeto para extinguir el fuego.

P. Bien.—Señor Andersson: ¿Qué es un matamoscas?

A. Es un instrumento para matar las moscas.

P. Bueno, bueno. Y hay otros. Todos conocemos la palabra matasanos, un médico de poca competencia que mata aun a los sanos. Un matasiete, o matamoros, es un valentón o fanfarrón. Un matapolvo es una lluvia ligera, o llovizna. Etc. . . .

Observaciones sobre la puntuación del párrafo anterior:

- Noten el uso del punto y seguido al fin de todas las oraciones.
- Noten el uso de la coma, que es igual que en inglés. También el punto y coma.
- Noten el uso del punto final.
- Los signos de admiración y de interrogación se usan igual que en inglés, pero en pares para indicar el principio y el fin de la frase u oración.
- Los dos puntos se usan para citar palabras exactas de otra persona.
- El guión, o raya, que se usa también para citar las palabras exactas de otra persona; también en casos de explicación.
- Las comillas se pueden usar como en inglés.
- El guión no se usa con palabras como en inglés. (matasanos, matacán, etc.)

7c. El uso acertado de mayúsculas y minúsculas.

Para escribir correctamente, es necesario también aprender a usar las letras mayúsculas y minúsculas. Vuelvan otra vez a leer el párrafo "La composición." Noten que las mayúsculas

- van al principio de cada oración
- van al principio de un título
- se usan con los nombres propios.

También se usan con:

- nombres geográficos,
  Wáshington, el Océano Pacífico, Europa
- palabras que se usan para referirse a Dios y a la Virgen,
  "¡Ave María Purísima!"
- días de fiesta religiosos o nacionales,
  el Cuatro de Julio, Semana Santa, el 16 de Septiembre
- abreviaturas,

Ud. o Vd.	usted	Srta., Srita	señorita
Ing.	ingeniero	D., Dn.	don
Sr.	señor	Prof.	profesor
Sra.	señora	Dr.	doctor

7d. Las palabras que en contraste con el inglés no llevan mayúscula.

Hay que recordar que en español, a diferencia del inglés, no se escriben con mayúscula:

- títulos: el doctor López, la profesora Nájera
- los nombres de los meses del año: enero, febrero, etc.

- ni los días de la semana: el domingo, martes, etc.
- ni las palabras que se derivan del nombre de un país o ciudad: Rusia—ruso, Chihuahua—chihuahuense (persona)—chihuahueño (perro)
- ni los nombres de partidos políticos: *Republican* – republicano.

7e. El primer renglón de cada párrafo se sangra.

Den vuelta a la Lectura A. ¿Qué notan en la escritura de cada párrafo? En español hay que sangrar el primer renglón de cada párrafo.

Ejercicios

A. Escriban las oraciones siguientes en forma correcta poniendo los signos de puntuación y las letras mayúsculas en su lugar:
   1. cuando sono la campana
   2. ten cuidado roberto no te vayas a caer
   3. a todos nos gusta bailar y cantar menos a luis juan y pedro
   4. a mi me parece que no es asi y a ti
   5. la profesora dijo saquen lapiz y papel porque van a tomar una prueba
   6. no puedo salir a la noche le dijo maria a carlos
   7. cual de los dos quieres pregunta
   8. contesta quiero el mas grande
   9. no necesitamos azucar dijo luis sino leche pan y mantequilla
   10. cuanto cuesta el boleto

B. Pongan los signos de puntuación y letras mayúsculas donde vayan:
   1. a la srta gomes no le gusta nadar en el golfo de baja california
   2. a que hora llego el doctor asomoza
   3. el ingeniero miramontes salio candidato panista
   4. has leido el continental
   5. en mexico se le hizo una novena a la guadalupana
   6. cada domingo sale al campo
   7. hablan uds ruso pregunto mariano
   8. los señores polacos contestaron que no
   9. el diez de mayo es el dia de la madre
   10. cuidado sr. gutierrez

C. Escriban un breve párrafo que describa a Dolores, la novia de Bob, en la Lectura B.

D. Prepárense a tomar el dictado de varios párrafos sacados de la Lectura A.

E. Rotulen objetos en el salón.

F. Escriban (2) consejos, (6) letreros de aviso, y (2) dichos para ponerlos en la sala de clase.

42

8. ESTUDIO DE LA LENGUA

Pronunciación

8a. Las acentuaciones viciosas de la lengua oral.

Muchas veces en el habla popular se escuchan palabras acentuadas y pronunciadas incorrectamente:

se dice:		no se dice:
maíz		maiz
país		pais
teléfono	¿Por qué?	telefón
maestro		maistro
Eloísa		Eloisa

Ejercicio 8

A. Para repetir y pronunciar:

maíz, país, raíz, teléfono, caído, distraído, maestro, Eloísa, carácter, caracteres, leído, creído, mendigo, océano, Telésforo

B. Para repetir:
1. El maíz es necesario en la alimentación.
2. Cada país tiene su industria.
3. El teléfono es indispensable en el comercio.
4. La práctica hace al maestro.
5. Eloísa es nombre propio de origen griego.
6. El Océano Pacífico queda al oeste.
7. La papa es una raíz.
8. El autor se llama Telésforo.

C. Para contestar:

Modelo: —El teléfono es indispensable en el comercio.—
   —¿Qué es indispensable en el comercio?—
   —El teléfono es indispensable en el comercio.
1. El maíz es necesario en la alimentación.
   ¿Qué es necesario en la alimentación?
2. Cada país tiene su industria.
   ¿Qué tiene cada país?
3. El teléfono es indispensable en el comercio.
   ¿Qué es indispensable en el comercio?
4. El maestro sirve de modelo.
   ¿Quién sirve de modelo?
5. Eloísa es nombre propio de origen griego.
   ¿Cuál nombre propio es de origen griego?
6. El Océano Pacífico queda al oeste.
   ¿Qué queda al oeste?
7. La papa es una raíz.
   ¿Qué es la papa?
8. El autor se llama Telésforo.
   ¿Cómo se llama el autor?

Pronunciación

9a. El uso acertado de la *a*.

Para aprender a hablar y a escribir el español en forma más correcta y moderna, se han clasificado los vicios de vocabulario—inclusive los barbarismos—para estudiarlos según su clasificación. Estas palabras no llevan *a* al principio:

se dice:	no se dice:
bajar	abajar
según	asegún
figurarse	afigurarse
levantarse	alevantarse
luego	aluego

Sin embargo estas palabras sí la llevan:

se dice:	no se dice:
ahogar	hogar
ahora, ahorita	hora, horita
ahumado	humado

9b. El uso acertado de la *e*.

En palabras como éstas hay que pronunciar la *a* o la *e* con claridad y no confundir la una con la otra.

se dice:	no se dice:
*e*ntonces	*a*ntonces
hoj*a*lata	hoj*e*lata
m*e*cánico	m*a*cánico
r*a*surarse	r*e*surarse

9c. Otras palabras que llevan *a*.

Estas palabras se deben pronunciar con *a*.

se dice:	no se dice:
añ*a*dir	añ*i*dir
tr*a*je, tr*a*jo	tr*u*je, tr*u*jo

Ejercicio 9

A. Lean despacio y con claridad estas palabras haciendo las pausas debidas: bajar, según, figurarse, levantarse, luego, ahogar, ahora, ahorita, ahumado, entonces, hojalata, mecánico, rasurarse, añadir, traje, trajo.

B. Den el significado de las palabras.

C. ¿Cómo se dice en español . . .?

1. right now
2. according to
3. to add
4. I brought

5. then (2 ways)
6. to imagine
7. to take down
8. to shave

D. Lean el párrafo que sigue. Escríbanlo en forma correcta. Después prepárense a tomarlo de dictado.

He leido en el ultimo numbero de "La Macanica Moderna" que hoy dia es facil trabajar la hojelata. Se me afigura que mas en antes no era asi. Asegun la revista, es tan sencilla la operacion que uno puede hacer el trabajo mientras se resura. No truje la revista a la escuela pero horita voy a casa y antonces me la traigo para que la veas. La tengo encima de una mesa humada por la chimenea de mi casa.

4 *La lengua cambia con el tiempo*

Barbarismos

"Barbarismo" se define como vicio o defecto del lenguaje que consiste en pronunciar o escribir mal las palabras, o en emplear vocablos impropios. Aquí vamos a tratar de los "barbarismos" que caracterizan el habla del hispano en la región suroeste de nuestro país.

Como ya se ha dicho, el pueblo de habla hispana de nuestro país aún conserva la lengua y las costumbres que llevan por herencia. Algunos las conservan desde los siglos XVI, XVII, y XVIII cuando los exploradores y conquistadores las trajeron consigo de España. Y otros, desde el siglo XIX, cuando México ganó su independencia y grandes números de mexicanos empezaron a emigrar hacia el Norte. Ese movimiento ha seguido y aún continua en el siglo XX. Estos emigrantes, y otros de países como Cuba y Puerto Rico—han traído consigo la lengua y la cultura española de su época.

Los que han conservado el vocabulario antiguo de sus bisabuelos, se dice que emplean "arcaísmos"; estas personas generalmente han vivido en regiones aisladas del resto de la comunidad española y no han tenido contacto alguno con los cambios que toda lengua sufre a través de los años. Los otros conservan y emplean palabras típicas de las regiones de donde vienen o de donde procedieron sus antepasados. Entre este grupo se encuentran varios niveles de conocimiento de la lengua. Entre más recién llegados de México, Cuba o Puerto Rico, parece ser más contemporánea su lengua. Sin embargo, no hay que pensar que todo inmigrante trae consigo un nivel culto porque desgraciadamente no es así.

En todo grupo se encuentran algunos cuyo conocimiento del vocabulario español no es muy amplio y quienes, debido a esto, han optado por formar palabras nuevas al hispanizar palabras inglesas, dándoles significado español. Muchos de estos no saben bien ni el inglés ni el español, y suelen mezclar palabras, significados, letras, etc.

Aún hay otros, muy pocos afortunadamente, cuyo contacto con la lengua contemporánea ha sido con el elemento corriente de la sociedad hispana y que por medio de ellos han asimilado palabras o expresiones no dignas del habla de la gente decente.

Debido a la gran variedad de procedencias del elemento hispano en nuestro país, es casi imposible hacer una lista de barbarismos que incluya todas las palabras que todos conozcan. Se le pide al lector tomar esto en cuenta y recordar que en esta obra se ha incluido una lista extensa de barbarismos pero aún así, no es tan extensa como para incluir todas las palabras conocidas en todo y cada rincón geográfico donde radican individuos de habla hispana. La lista abarca las palabras más comunes y conocidas. Estas se han clasificado para poder estudiarlas más fácilmente, y se estudiarán en grupos. Se le sugiere al alumno que añada a su propia lista cuantas palabras se hayan omitido.

BARBARISMOS

Error	Corrección	Traducción
ambasador	el embajador	ambassador
armi	el ejército	army
baquiar, beguiar	ir para atrás, retroceder	to go back
	hacer ir para atrás	to back
bil	cuenta	bill
bloque	cuadra	city block
bonche	manojo	bunch, handful
breca	freno	brake
craquiar	cuartear, quebrar	to crack
chainear	dar lustre, embolar	to shine
champeón	campeón	champion
cherife	alguacil mayor	sheriff
chequear	revisar, calificar	to check (a trunk); grade (a paper)
choque	tiza, gis	chalk
chusar, chusiar	escoger	to choose
daime	diez centavos	dime

dipo	estación	station depot
escuela alta	escuela secundaria, escuela superior	high school
espeletear, espeliar	deletrear	to spell
estraiquiar	pegar, ponchar	to strike or to strike out
gasolín	gasolina	gasoline
grábol	grava	gravel
greve, greive	salsa	gravy
huachar, guachar	mirar, ver	to look, see, watch
inspectar	inspeccionar	to inspect
juila	bicicleta	bicycle
magazín	revista	magazine
mecha	cerillo, fósforo	match
mistiar	perder, faltar	to miss, lose
nicle	cinco centavos	nickel
parquear	estacionar	to park
peni	centavo	cent
pichar	tirar	to pitch
pompa	bomba	pump
populación	población	population
puchar	empujar	to push
pul	billar, influencia	pool, billiards; influence
quechar	coger	to catch
rula	regla	ruler
sainear	firmar	to sign
saxofón	saxófono	saxophone
taipiar	escribir a máquina	to type
telefón	teléfono	telephone

Actividades

A. Esta canción estuvo muy de moda entre 1950 y 1960—se canta al son de "La cucaracha."

LOS INDITOS

Nuestro México se agringa,
olvidando el español,
pisoteando arteramente,
nuestra rancia tradición.
Los muchachos dicen "quís mi,"
las muchachas dicen "O quey, boy,"
y en lugar de Santos Reyes,
ya nos llega "Santo Clos."
La naranja ahora es "oranche,"
los helados son "ais crim,"
y lo que antes eran vistas,
ahora les dicen "films."

Ya los bailes ya son "dancings,"
y meriendas son "tis,"
y en lugar de los albures,
todos juegan solo "Brich."
Ya todos los inditos se quieren agringar,
y para estar güeritos se van a oxigenar,
y los tipos agringados,
ahora bailan puro "swing."
A un pambazo con chorizo,
se le llama ahora "jat dog,"
y a un merengue con agua y hielo,
se le dice ya "jai bol."
Adiós, México querido,
de Cuauhtémoc y Cortés,
ya en lugar de mole de olla,
comeremos "Jam an' eggs."

B. Contesten estas preguntas:
1. ¿Están ustedes de acuerdo? 2. ¿Pueden adivinar las palabras inglesas? 3. ¿Influye mucho nuestro país en otras partes del mundo? Prepárense a discutir este tema en la clase.

Poema del gran momento

La vida toda es el momento. La vida debe hacerse un gran momento, un gran momento apasionado.

Cuando se va por los caminos y se encuentra una flor, una flor perfumada y solitaria en medio del campo, siempre es bueno detener el paso y doblarse hasta ella para gustar su perfume, para cogerla con suavidad entre las manos, como se toma tan sólo a una flor, para comprender el misterio de su belleza extraña y para que nos haga sentir el latido de la vida que se mece con el viento, sobre la tierra pura.

Y cuando al subir por la montaña se encuentra a un caminante que va camino abajo, será siempre mejor detenerlo para preguntarle hacia dónde lo lleva la vida, para fijar nuestra mirada en su mirada, y penetrar la belleza que hay en los ojos de todo caminante; para que nos cuente de su pasado triste y de su pasado feliz para que podamos sentir la emoción de otras vidas que no son las nuestras.

Entonces, al buscar en todas las cosas la belleza del gran momento, habremos hecho grande nuestra existencia. E iremos por las ciudades y las montañas aún más felices quizá que la diosa Ix-Miatzil, sintiendo y comprendiendo todo lo que veamos.

Todo esto alcanzaremos si procuramos hacer de la vida un gran momento apasionado.

José Díaz Bolio

Ix-Miatzil: diosa maya de la sabiduría

En las playas

En las playas de todos los mundos se reunen los niños. El cielo infinito se encalma sobre sus cabezas; el agua impaciente se alborota. En las playas de todos los mundos, los niños se reunen, gritando y bailando.

Hacen casitas de arena y juegan con las conchas. Su barco es una hoja seca que botan, sonriendo, en la profundidad. Los niños juegan en las playas de todos los mundos.

No saben nadar; no saben echar la red. Mientras el pescador de perlas se sumerge por ellas, y el mercader navega en sus navíos, los niños cogen piedrecillas y vuelven a tirarlas. Ni buscan tesoros ocultos ni saben echar la red.

El mar se alza, en una carcajada, y brilla pálida la playa sonriente. Olas asesinas cantan a los niños baladas sin sentido, igual que una madre que meciera a su hijo en la cuna. El mar juega con los niños, y, pálido, luce la sonrisa de la playa.

En las playas de todos los mundos se reunen los niños. Rueda la tempestad por el cielo sin caminos, los barcos naufragan en el mar sin rutas, anda suelta la muerte, y los niños juegan. En las playas de todos los mundos se reunen, en una gran fiesta, todos los niños.

Rabindranat Tagore

Superioridad

Madre, tu niña es una tonta. ¡Qué ridícula y qué simple es la pobre! ¡No sabe distinguir entre las luces de la calle y las estrellas! Si jugamos a comer chinitas, se cree que son comida de verdad, y quiere comérselas. Si le doy mi libro y le digo que tiene que aprender el *a, be, ce,* rompe las hojas y se ríe alegremente como si hubiera hecho una gran cosa. La riño, entonces, enfadado, moviendo la cabeza, y le digo que es muy mala . . . Y vuelve a reir, y le parece un juego muy gracioso. Todo el mundo sabe que papá no está aquí; pero si yo, jugando, grito: "¡Papá!" vuelve la cabeza como una loca y cree que papá está con nosotros. Cuando les doy clase a los borricos que trae la lavandera para cargar la ropa, y le digo a tu niña, que yo soy el maestro, se pone a gritar sin razón y me llama: ¡Dada, **dada:** hermano mayor Dada!" Luego, quiere coger la luna. Le dice a *Ganesa* (nombre de un dios de la India), *Gonasa* y se le figura que es una gracia. Madre, tu niña es una tonta. ¡Qué simple y qué ridícula es!

Rabindranat Tagore

Actividades

A. Prepárense a dar en una oración o dos el tema principal de cada uno de estos tres ensayos.

B. Organicen sus propias ideas respecto a esos temas y prepárense para darlas ante la clase.

C. Siguiendo "Superioridad" como modelo, escriban un ensayo sustituyendo a algún familiar de ustedes en el lugar de la hermanita del autor, y cambiando las cosas simples y ridículas que hace ella por otras que hace su familiar.

10. ESTUDIO DE LA LENGUA

La concordancia

10a. La concordancia de género y número del sustantivo y su calificativo.

Todo sustantivo lleva el mismo género y número que las palabras que lo califican: artículos y adjetivos. A esto se le da el nombre de *concordancia.*

10b. La clasificación del artículo.

El artículo nos indica el género y número del sustantivo:

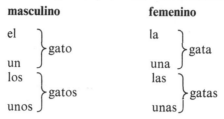

masculino	femenino
el ⎫	la ⎫
⎬gato	⎬gata
un ⎭	una ⎭
los ⎫	las ⎫
⎬gatos	⎬gatas
unos ⎭	unas ⎭

10c. La clasificación del género de palabras terminadas en *a, o* y sus excepciones.

El género se refiere al masculino *el, un, los, unos gato*[s] y al femenino *la, una, las, unas gata*[s]. Por lo general si la palabra termina en *a* es femenina y si en *o* es masculina. Pero hay excepciones y éstas hay que aprendérselas de memoria:

Palabras terminadas en *a* que *no* son del género femenino son de origen griego y aunque terminan en *a* son masculinas.

el día	el clima	el programa
el mapa	*el ⎫	el sistema
el sofá	*la ⎭ cometa	el tema
el tranvía	el drama	el telegrama
	el idioma	
	el lema	
	el panorama	
	el planeta	
	el poema	

*En inglés, el cometa es "comet," la cometa es "kite."

También las palabras que se refieren a oficios masculinos son masculinas aunque terminen en *a*:

el artista	el novelista
el atleta	el patriota
el cura	el pirata
el dentista	el poeta
el espía	el propagandista
el fantasma	

En algunos de estos oficios, si se quiere decir que una mujer lo desempeña, se puede emplear *la*:

la artista		la espía
	la dentista	
la atleta		la novelista

10d. El artículo *el* con las palabras compuestas y las que principian con *a, ha.*

El artículo *el* se usa con las palabras compuestas. Y también con palabras que principian en *a* o *ha* acentuada para evitar el mal sonido:

el abrelatas (can opener)	el acta	el arma	el hambre
el sacapuntas (pencil sharpener)	el agua	el alma	el hacha
el quitasol (umbrella)	el ala	el arpa	el habla
el rompecabezas (jigsaw puzzle)	el ave	el arte	

10e. El número.

El número denota si se trata de una o más personas o cosas, es decir, si es singular y plural. Fíjense cómo se forma con estas palabras.

Estudien los ejemplos:

singular	plural
gato	gatos
mesa	mesas
cuadro	cuadros
biblioteca	bibliotecas
rubí	rubíes
bambú	bambúes
jabalí	jabalíes

¿Cómo se forma el plural de estas palabras?

singular	plural
papá	papás
mamá	mamás
sofá	sofás
té	tés
pie	pies

¿Y de éstas?

singular	plural
la tesis	las tesis
el brindis	los brindis
el tenis	los tenis
el lunes (martes, miércoles, jueves, viernes)	los lunes (martes, miércoles, jueves, viernes)

Seguramente se han dado cuenta de que el singular forma la base del plural, y que con las palabras:

- terminadas en vocal sin acento, el plural se forma añadiéndoles *s*: mesa – mesas

- terminadas en vocal—con excepción de *e*: pie – pies, café – cafés, y las palabras papá – papás, mamá – mamás, sofá – sofás—el plural se forma añadiéndoles *es*: rubí – rub*íes*

- de formas idénticas en el singular y plural no hay ningún cambio: el tenis, los tenis

Además de estas reglas, hay que aprender otra que trata del cambio de ortografía de palabras terminadas en *z*. La *z* se convierte en *c* al agregársele *es*. Ejemplos:

singular	plural
pez	peces
vez	veces
lápiz	lápices
raíz	raíces
alcatraz	alcatraces

10f. El artículo *el* y su apócope.

El artículo *el* se combina con *a* y con *de* para formar *al* y *del*. Aunque oralmente hay otras combinaciones que se hacen, éstas son las únicas que se hacen por escrito.

>Juan se va *al* salón.
>Me gusta el color *del* sofá.

10g. El uso acertado del artículo *el*.

El artículo se usa con prendas de vestir, partes del cuerpo o parientes:

>Me voy a poner *los* zapatos.
>(los míos, ¡naturalmente!)
>¿Traes *las* orejas limpias?
>(las tuyas, ¡naturalmente!)
>Yo soy *la* prima de Alejandro.
>(su prima, ¡desde luego!)

También se usa con el título o nombre de una persona o lugar de quien se habla:

>*El Monumento a Benito Juárez* es un lugar céntrico.
>No veo *la torre de la Catedral*.
>*El licenciado* Apodaca tiene la palabra.
>¡Llamen *al doctor López*!

Pero cuando a las personas se les habla directamente se dice:

>—Doctor López ¿cómo está el paciente?—
>—Licenciado Apodaca, usted tiene la palabra.—

Ejercicio 10

A. Formen el plural oralmente:

nopal, quelite, chofer, papalote, néctar, comité, locuaz, pie, héroe, flor, toronjil, cuestión, té, violín, joven, mitad, avestruz, cebú, peroné, ají, diez, disfraz, tulipán, alhelí, dermis, iris, baúl, faz.

B. Busquen el significado de las palabras desconocidas en el diccionario.

C. Escriban las formas plurales de las palabras del ejercicio A.

D. Saquen todas las palabras femeninas y masculinas de la Lectura "Poema del gran momento."

E. Saquen las palabras singulares y plurales de la Lectura "En las playas."

F. Hagan crucigramas con:
1. cinco palabras terminadas en *a no* femeninas
2. cuatro palabras masculinas terminadas en *a*
3. cinco palabras compuestas
4. cinco palabras que principien en *ha* o *a* acentuada.

G. Formen el plural de estas palabras: cruz, brindis, corazón, papá, papa, catedral, iris, sacapuntas, abrelatas, orador, universidad, club, nopal, dólar, coyote, lunes, libro, mapa, ave, idioma.

H. Formen el femenino de: profesor, general, director, autor, compositor, gobernador.

I. Formen el femenino de: conde, príncipe, actor, rey, hombre, padre, gallo, caballero, caballo, marido.

J. Den el plural de las palabras de los ejercicios H, I.

K. Escriban una oración con cada grupo de palabras:

1. Hidalgo	2. dentista	3. pirata
cura	bajarse	disparar
ser	tranvía	arma
patriota	acercarse	matar
México	limpiabotas	ave

4. secretario	5. turista	6. astrónomo
acta	componer	aprender
escribir	poema	medir
colocar	clima	área
pisapapeles	Florida	planeta

L. Para leer y repetir:

papá	papás	rubí	rubíes
mamá	mamás	jabalí	jabalíes
sofá	sofás	bambú	bambúes
café	cafés	colibrí	colibríes
té	tés	cantú	cantúes
pie	pies	cebú	cebúes

M. Para repetir:
1. Ayer mi papá vio a los papás de Lupe.
2. El café que se toma en los cafés no siempre es bueno.
3. En los tés sociales casi nunca se sirve té.
4. De todos los sofás, mi sofá favorito es el de mi abuelita.
5. Esta mesa no mide un pie de alto sino dos pies.
6. Mi mamá, como las demás mamás, es mujer noble.

N. Para sustituir:
1. Ayer mi papá vio a los papás de Lupe.
   (invitó, convidó, trajo, siguió)
2. El café que se toma en los cafés no siempre es bueno.
   (vende, sirve, toma, usa, utiliza)
3. En los tés sociales, casi nunca se sirve té.
   (danzantes, culturales, musicales, sociales)
4. De todos los sofás, mi sofá favorito es el de mi abuelita.
   (tía, mamá, prima, vecina, abuelita)
5. Esta mesa no mide un pie de alto sino dos pies.
   (silla, cómoda, caja, hielera, estufa)
6. Mi mamá, como las demás mamás, es mujer noble.
   (buena, trabajadora, afanosa, recatada, honesta)

Ñ. Para repetir:
1. El rubí es una piedra preciosa.
2. Necesitan un jabalí en el zoológico.
3. El mueble está hecho de caña de bambú.
4. El colibrí no es como la gaviota.
5. El tabú prohibe comer o tomar algo.

O. Para pluralizar:
1. El rubí es una piedra preciosa.
2. Necesitan un jabalí en el zoológico.
3. El mueble está hecho de caña de bambú.
4. El colibrí no es como la gaviota.
5. El tabú prohibe comer y tomar algo.

P. Para pluralizar:
1. El brindis es parte de fiestas familiares.
2. El lunes reparten el periódico semanal.
3. El tenis de mi hermano ni suela tiene.
4. La tesis del doctor se comprobó fácilmente.
5. Esa novela de radio se pasa el jueves.

Q. Para sustituir:
1. No hablan el idioma de ese país.
   aquí.
   allí.
   los indios.
   los rusos.
   los antepasados.
2. El problema le parece muy difícil a él.
   fácil
   duro
   delicado
   extraño
   largo

3. ¿Hiciste un papel en el programa del viernes?
   ¿Participaste
   ¿Dirigiste
   ¿Preparaste
   ¿Oíste
4. No entendemos bien el programa.
   el problema.
   el drama.
   el idioma.
   el sistema.
   el telegrama.
5. Me encanta el panorama.
   el clima.
   el tema.
   el lema.
   el poema.
   el programa.
6. ¿En qué motel se alojó el artista?
   el espía?
   el atleta?
   el turista?
   el dentista?
   el novelista?
7. Este es el día del aniversario.
   el mapa de España.
   el sofá que querías.
   el tranvía que tomamos.
8. ¿Está escrita el acta?
   helada   – agua?
   quebrada   – ala?
   compuesta – arma?
   medida   – área?
   mohosa   – hacha?
9. Anda buscando el abrelatas.
   el cortalápiz.
   el rompecabezas.
   el pisapapeles.
   el limpiabotas.

R. De la lectura A saquen las oraciones en que se encuentre el artículo *el* y su apócope.

S. Para traducir y escribir:
   1. Are your ears clean?
      (hands, face, feet, arms, teeth, neck, fingers)
   2. I'm going to put on my shoes.
      (earrings, ring, dress, socks, hose, coat, boots)

3. I'm Alejandro's cousin.
   (mother, father, teacher (masc.), sister, girl friend, neighbor (fem.), pal)

T. Para repetir y cambiar:

* Modelos:

Repitan: —Aquí está el licenciado Apodaca.
—Pase usted, licenciado Apodaca.—
—Aquí está el doctor López.
—Pase usted, doctor López.—

Aquí está el padre Nájera.
(el profesor Urrutia, el reverendo obispo, los señores Dávila, la señora Gutiérrez, los señores profesores, el señor García, la señorita Peña, el ingeniero López)

11. ESTUDIO DE LA LENGUA

La conjunción

11a. El uso acertado de las conjunciones *y, o.*

Las palabras *y*, como en el primer ejemplo, y la *e* del segundo tienen el mismo significado. ¿Por qué se cambia la *y* en el segundo ejemplo? Lo mismo sucede con la *o* y con la *u* de los ejemplos que siguen. La *y* está reemplazada por la *e* para evitar el mal sonido que resulta al empezar la siguiente palabra con *i*. Lo mismo le sucede a la *o*. Aprendan a hacer estos cambios.

Lean los siguientes ejemplos:

Siempre es bueno detener el paso *y* doblarse hasta ella.

E iremos por las ciudades y las montañas más felices que la diosa Ix-Miatzil . . .

Han formado palabras nuevas al hispanizar voces *o* frases inglesas . . .

Uno *u* otro, me es igual.

Ejercicio 11

A. Traduzcan al español las siguientes frases, empleando la conjunción apropiada:
1. There are traffic lights (semáforos) right and left.
2. Are you planning to go tomorrow or today?
3. One or the other is the same to me.
4. I like your father's words and ideas.
5. Send us seven or eight hamburgers (hamburguesas).
6. They'll be leaving town around September or October.
7. Is the shop (la tienda) for women or men?
8. The host and guests dined in the banquet room of the hotel.
9. Is the telephone out of order or busy?
10. Cotera and Sons is a coffee firm (compañía).
11. She wants to drive up to the church and go on her knees to the altar.

58

Capítulo 5 *La lengua culta*

La enseñanza

No hay grupo humano, por primitivo que éste sea, que no sienta la necesidad de transmitir a las nuevas generaciones todo el conocimiento que posee. Todos educan a sus hijos, desde los padres de tribus salvajes hasta los de civilizaciones avanzadísimas. El problema de transmitir todo lo que saben se dificulta cuando se trata de hacer de la educación un medio de progreso y superación. Tan pronto como el hombre se cree capaz de superarse a sí mismo y a sus antepasados, se gana la batalla contra el estancamiento individual y nacional. La idea de que cada generación puede mejorar y superarse a sí misma no es común entre los pueblos del mundo, y así es como hablamos del subdesarrollo de ciertos países.

En la antigüedad los hombres recibían su educación de acuerdo con su casta. Rara vez eran capaces de exceder los límites de su nacimiento. Nacían y morían dentro de la misma clase social de una sociedad sumamente estratificada. Con la llegada del cristianismo se inició la lucha por el concepto de la igualdad del hombre ante Dios y ante sus semejantes. El enfoque cristiano de la vida formuló el principio y la necesidad de la enseñanza universal. Sin embargo, mucho nos ha costado y nos seguirá costando el ser iguales ante nuestros semejantes.

Hacer llegar la enseñanza a todos es una meta universal que aún no se ha alcanzado. Siglo tras siglo las circunstancias históricas, económicas y sociales han impedido el desarrollo de la educación formal para las masas. Es obvio que los cambios vertiginosos de las técnicas modernas de comunicaciones han dado un gran ímpetu a este movimiento educativo.

Todo el mundo tiene derecho a tener los conocimientos fundamentales para poder derrotar al enemigo de toda la humanidad: el atraso técnico, la ignorancia, la miseria y la intolerancia . . .

La característica sobresaliente del hombre culto es su modo de hablar y de emplear el lenguaje. A primera vista el lenguaje de una persona que se sirve de palabras y expresiones viciosas, mejor dicho, de barbarismos, nos parece mal educada. Justo o no, un hombre al conocer a otro lo juzga según su modo de hablar.

Claro que no debiéramos censurar a nadie por su falta de educación. El hombre puede ser honrado, bondadoso y de gran inteligencia. Sólo nos damos cuenta de que él se encuentra en circunstancias no ventajosas y a veces en el poder de hombres mejor instruidos que él pero sin conciencia. El cuento que va a continuación, "La muerte tiene permiso," sirve para ilustrar esta trágica situación.

Actividades

A. Contesten estas preguntas:
1. ¿Qué y cómo les enseñaban los padres primitivos a sus hijos?
2. ¿Por qué es difícil hacer de la educación un medio de progreso y superación?
3. ¿Cuáles son unas de las características de los países subdesarrollados?
4. ¿Qué quiere decir "una sociedad sumamente estratificada"?
5. ¿Por qué les enseñaban a leer y a escribir español los padres misioneros a los indios del Nuevo Mundo?
6. ¿Cuáles son las características de una persona culta, bien educada?
7. ¿Cómo es que la educación a veces sirve de protección contra las tretas de los estafadores (los que se apoderan del bien ajeno por medio de engaños)?
8. ¿Cuáles son las ventajas principales de estar bien educado?

LECTURA B

La muerte tiene permiso

Sobre el estrado, los ingenieros conversan, ríen. Se **estrado:** plataforma golpean unos a otros con bromas incisivas. Sueltan **incisivo:** cortante chistes gruesos cuyo climax es siempre áspero. Poco a poco su atención se concentra en el auditorio. El tema de su charla son ahora esos hombres, ejidatarios congregados en una asamblea y que están ahí abajo, frente a ellos.

—Sí, debemos redimirlos. Hay que incorporarlos a nuestra civilización, limpiándolos por fuera y enseñándolos a ser sucios por dentro . . .

—Es usted un escéptico, ingeniero. Además pone usted en tela de juicio nuestros esfuerzos, los de la Revolución.

—¡Bah! Todo es inútil. Estos son irremediables. Están podridos en alcohol, en ignorancia. De nada ha servido repartirles tierras.

—Usted es un superficial, un derrotista, compañero. Nosotros tenemos culpa. Les hemos dado las tierras, y ¿qué? Estamos ya muy satisfechos. ¿Y el crédito, los abonos, una nueva técnica agrícola, maquinaria, van a inventar ellos todo eso?

El presidente, mientras se atusa los enhiestos bigotes, observa tras sus gafas, inmune al floreteo de los ingenieros. Cuando el olor animal, terrestre, picante, de quienes se acomodan en las bancas, cosquillea su olfato, saca un paliacate y se suena la nariz ruidosamente. El también fue hombre de campo. Pero hace ya mucho tiempo. Ahora, de aquello, la ciudad y su posición sólo le han dejado el pañuelo y la rugosidad de sus manos.

Los de abajo se sientan con solemnidad, con el recogimiento del hombre campesino que penetra en un recinto cerrado, la asamblea o el templo. Hablan parcamente y las palabras que cambian dicen de cosechas, de lluvias, de animales, de créditos. Muchos llevan sus itacates al hombro, cartucheras para combatir el hambre. Algunos fuman, sosegadamente, sin prisa, con los cigarrillos como si les hubieran crecido en la propia mano.

Otros, de pie, recargados en los muros laterales, con los brazos cruzados sobre el pecho, hacen una tranquila guardia.

El presidente agita la campanilla y su retintín diluye los murmullos. Primero empiezan los ingenieros. Hablan de los problemas agrarios, de la necesidad de

ejidatario: habitante de un pueblo (ejido) que posee sus terrenos en común

escéptico: incrédulo, cínico

tela de juicio: procedimiento judicial

derrotista: el que desespera la victoria

atusar: alisar, arreglar
enhiesto: erguido, levantado
floreteo: acto de adornar con flores

olfato: sentido de oler

paliacate: pañuelo grande

rugosidad: arrugas

parcamente: escasamente, poco

itacate: provisiones de boca que lleva un indio
sosegadamente: tranquilamente

muro: pared

61

incrementar la producción, de mejorar los cultivos. Prometen ayuda a los ejidatarios, los estimulan a plantear sus necesidades.

plantear: presentar, declarar

—Queremos ayudarlos, pueden confiar en nosotros. Ahora, el turno es para los de abajo. El presidente los invita a exponer sus asuntos. Una mano se alza, tímida. Otras la siguen. Van hablando de sus cosas: el agua, el cacique, el crédito, la escuela. Unos son directos, precisos; otros se enredan, no atinan a expresarse. Se rascan la cabeza y vuelven el rostro a buscar lo que iban a decir, como si la idea se les hubiera escondido en algún rincón en los ojos de un compañero o arriba, donde cuelga un candil.

cacique: jefe

atinar a: acertar, lograr

rostro: cara

candil: lámpara de aceite

Allí, en un grupo, hay cuchicheos. Son todos del mismo pueblo. Les preocupa algo grave. Se consultan unos a otros: consideran quién es el que debe tomar la palabra.

—Yo crioque Filipe: sabe mucho. . . .

—Ora, tú Juan, tú hablaste aquella vez. . . .

No hay unanimidad. Los aludidos esperan ser empujados. Un viejo, quizá el patriarca, decide:

—Pos que le toque a Sacramento . . .

Sacramento espera.

—Andale, levanta la mano . . .

La mano se alza, pero no la ve el presidente. Otras son más visibles y ganan el turno. Sacramento escudriña al viejo. Uno, muy joven, levanta la suya, bien alta. Sobre el bosque de hirsutas cabezas pueden verse los cinco dedos morenos, terrosos. La mano es descubierta por el presidente. La palabra está concedida.

escudriñar: inquirir

hirsuto: cabelludo

terroso: sucio de tierra

—Orale, párate.

La mano baja cuando Sacramento se pone en pie. Trata de hallarle sitio al sombrero. El sombrero se transforma en un ancho estorbo, crece, no cabe en ningún lado. Sacramento se queda con él en las manos. En la mesa hay señales de impaciencia. La voz del presidente salta, autoritaria, conminativa:

conminativo: amenazador

—A ver ése que pidió la palabra, lo estamos esperando.

Sacramento prende sus ojos en el ingeniero que se

halla a un extremo de la mesa. Parece que sólo va a dirigirse a él; que los demás han desaparecido y han quedado únicamente ellos dos en la sala.

—Quiero hablar por los de San Juan de las Manzanas. Traimos una queja contra el Presidente Municipal que nos hace mucha guerra y ya no lo aguantamos. Primero les quitó sus tierritas a Felipe Pérez y a Juan Hernández, porque colindaban con las suyas. Telegrafiamos a México y ni nos contestaron. Hablamos los de la congregación y pensamos que era bueno ir al Agrario, pa la restitución. Pos de nada valieron las vueltas ni los papeles, que las tierritas se le quedaron al Presidente Municipal. *colindar: tocar*

Sacramento habla sin que se alteren sus facciones. Pudiera creerse que reza una vieja oración, de la que sabe muy bien el principio y el fin.

—Pos nada, que como nos vio con rencor, nos acusó quesque por revoltosos. Que parecía que nosotros le habíamos quitado sus tierras. Se nos vino entonces con eso de las cuentas; lo de los préstamos, siñor, que dizque andábamos atrasados. Y el agente era de su mal parecer, que teníamos que pagar hartos intereses. Crescencio, el que vive por la loma, por ai donde está el aguaje y que le intelige a eso de los números, pos hizo las cuentas y no era verdá: nos querían cobrar de más. Pero el Presidente Municipal trajo unos señores de México, que con muchos poderes y que si no pagamos nos quitaban las tierras. Pos como quien dice, nos cobró a la fuerza lo que no debíamos ... *rencor: resentimiento* *dizque: dice que*

Sacramento habla sin énfasis, sin pausas premeditadas. Es como si estuviera arando la tierra. Sus palabras caen como granos al sembrar.

—Pos luego lo de mi'ijo, siñor. Se encorajinó el muchacho. Si viera usté que a mí me dio mala idea. Yo lo quise detener. Había tomado y se le enturbió la cabeza. De nada me valió mi respeto. Se fue a buscar al Presidente Municipal, pa reclamarle ... Lo mataron a la mala, que dizque se andaba robando una vaca del Presidente Municipal. Me lo devolvieron difunto, con la cara destrozada ... *encorajinarse: encorajarse, enojarse*

La nuez de la garganta de Sacramento ha temblado. Sólo eso. El continúa de pie, como un árbol que ha afianzado sus raíces. Nada más. Todavía clava su mirada en el ingeniero, el mismo que se halla al extremo de la mesa.

afianzar: poner firme

—Luego, lo del agua. Como hay poca, porque hubo malas lluvias, el Presidente Municipal cerró el canal. Y como se iban a secar las milpas y la congregación iba a pasar mal año, fuimos a buscarlo; que nos diera tantita agua, siñor, pa nuestras siembras. Y nos atendió con malas razones, que por nada se amuina con nosotros. No se bajó de su mula, pa perjudicarnos . . .

Una mano jala el brazo de Sacramento. Uno de sus compañeros le indica algo. La voz de Sacramento es lo único que resuena en el recinto.

—Si todo esto fuera poco, que lo del agua, gracias a la Virgencita, hubo más lluvias y medio salvamos las cosechas, está lo del sábado. Salió el Presidente Municipal con los suyos, que son gente mala y nos robaron dos muchachas. Como nos tomaron desprevenidos, que andábamos en la faena, no pudimos evitarlo. Se alborotó la gente de a deveras, que ya nos cansamos de estar a merced de tan mala autoridad.

alborotarse: emocionarse, rebelarse

Por primera vez, la voz de Sacramento vibró. En ella latió una amenaza, un odio, una decisión ominosa.

—Y como nadie nos hace caso, que a todas las autoridades hemos visto y pos no sabemos dónde andará la justicia, queremos tomar aquí providencias. A ustedes— y Sacramento recorrió ahora a cada ingeniero con la mirada y la detuvo ante quien presidía, —que nos prometen ayudarnos, les pedimos su gracia para castigar al Presidente Municipal de San Juan de las Manzanas. Solicitamos su venia para hacernos justicia por nuestra propia mano . . .

providencia: prevención, acción

venia: permiso

Todos los ojos auscultan a los que están en el estrado. El Presidente y los ingenieros, mudos, se miran entre sí. Discuten al fin.

auscultar: como poner el oído en el pecho para escuchar el latido del corazón

—Es absurdo, no podemos sancionar esta inconcebible petición.

—No, compañero, no es absurda. Absurdo sería

dejar este asunto en manos de quienes no han hecho nada, de quienes han desoído esas voces. Sería cobardía esperar a que nuestra justicia hiciera justicia; ellos ya no creerían nunca más en nosotros. Prefiero solidarizarme con estos hombres, con su justicia primitiva, pero justicia al fin; asumir con ellos la responsabilidad que me toque. Por mí, no nos queda sino concederles lo que piden.

—Pero somos civilizados, tenemos instituciones; no podemos hacerlas a un lado.

—Sería justificar la barbarie, los actos fuera de la ley.

—¿Y qué peores actos fuera de la ley que los que ellos denuncian? Si a nosotros nos hubieran ofendido como los han ofendido a ellos; si a nosotros nos hubieran causado menos daños que los que les han hecho padecer, ya hubiéramos olvidado una justicia que no interviene. Yo exijo que se someta a votación la propuesta.

—Yo pienso como usted, compañero.

—Pero estos tipos son muy ladinos, habría que averiguar la verdad. Además, no tenemos autoridad para una petición como ésta.

ladino: astuto, listo

Ahora interviene el Presidente. Surge en él el hombre del campo. Su voz es inapelable.

inapelable: irremediable, inevitable

—Será la asamblea la que decida. Yo asumo la responsabilidad.

Se dirige al auditorio. Su voz es una voz campesina, la misma voz que debe haber hablado allá en el monte, confundida con la tierra, con los suyos.

—Se pone a votación la proposición de los campesinos de San Juan de las Manzanas. Los que estén de acuerdo en que se les dé permiso para matar al Presidente Municipal, que levanten la mano . . .

Todos los brazos se tienden a lo alto. También los de los ingenieros. No hay una sola mano que no esté arriba, categóricamente aprobando. Cada dedo señala la muerte inmediata, directa.

—La asamblea da permiso a los de San Juan de las Manzanas para lo que solicitan.

Sacramento, que ha permanecido en pie, con calma,

termina de hablar. No hay alegría ni dolor en lo que dice. Su expresión es sencilla, simple.

—Pos muchas gracias por el permiso, porque como nadie nos hacía caso, desde ayer el Presidente de San Juan de las Manzanas está difunto.

Edmundo Valadés

Actividades

A. Contesten estas preguntas:
   1. ¿A qué han venido los ingenieros a San Juan de las Manzanas?
   2. ¿Qué quiere decir un ingeniero con las palabras "limpiándolos por fuera y enseñándolos a ser sucios por dentro"?
   3. En la opinión de uno de los ingenieros, ¿por qué están los ejidatarios "podridos en alcohol, en ignorancia"?
   4. ¿Cómo es el Presidente?
   5. ¿Qué hacen los campesinos mientras esperan?
   6. Al principio, ¿de qué problemas hablan los ejidatarios?
   7. ¿Quiénes hacen errores gramaticales tales como "crioque," "pos," "traimos," etc.? ¿Por qué no habla así el Presidente que antes era hombre de campo?
   8. ¿Cómo nos dice el autor que Sacramento está avergonzado? ¿Y los que hablaron antes?
   9. ¿Contra quién trae Sacramento la queja?
   10. ¿Cuál fue el primer delito del Presidente Municipal?
   11. ¿Qué hicieron las víctimas y sus amigos? ¿Con qué resultado?
   12. ¿Cómo defraudó el Presidente Municipal a los campesinos con lo de las cuentas?
   13. ¿Qué comparación figurativa emplea Valadés para describir el modo de hablar de Sacramento?
   14. ¿Al contar qué tragedia se emociona el campesino? ¿Qué había pasado?
   15. ¿Qué es la queja tocante al agua?
   16. ¿Cuál fue el peor de todos los crímenes del Presidente Municipal?
   17. ¿Qué oyen los ingenieros en la voz de Sacramento al hablar de este ultraje?
   18. ¿Qué solicitan los ejidatarios?
   19. Antes que sea sometida la propuesta a votación, ¿cuáles son las opiniones que se expresan?
   20. Expliquen el significado del título, "La muerte tiene permiso."

B. Escójanse de los estudiantes de la clase cinco o seis que puedan presentar una discusión sobre los ejidos de México. Busquen en la biblioteca informes sobre el fondo histórico precolombino de ellos, las bases constitucionales para la expropiación de los latifundios, las ventajas y desventajas de este sistema agrario, y la situación actual.

Conviene que sea presidente del comité uno de los miembros y que estén listos todos para contestar preguntas de la clase después de la presentación de los datos. Hablen en español, si les es posible; si no, en inglés.

C. Escriban el relato de Sacramento empleando palabras no viciosas.

12. ESTUDIO DE LA LENGUA

El adjetivo

12a. La definición del adjetivo calificativo.

El adjetivo califica al sustantivo en la misma forma que en inglés. Pero, en español el adjetivo va de acuerdo con el género y número del sustantivo que califica:

> Hubo mal*as* lluvi*as*.
> En él latió un*a* amenaz*a* ominos*a*.
> Se atusa *los* bigot*es* enhiest*os*.

12b. Los grados de comparación.

En español el adjetivo como en inglés, también tiene tres grados de comparación: el positivo, el comparativo y el superlativo.

Positivo: califica nada más.

> Penetra en un recinto *cerrado*.
> Usted es un compañero *incrédulo*.

Comparativo: compara.

> Los campesinos estaban *más callados* que los ingenieros.

Superlativo: cuando se exagera una cualidad.

> El indio era *el más bajo* de estatura *o*
> El indio era *bajísimo* de estatura.

¿Cómo se forma el grado comparativo?
¿De qué dos modos se forma el superlativo?

12c. El comparativo de *bueno, malo, grande, pequeño, alto, bajo.*

Los siguientes adjetivos tienen formas especiales para expresar el grado comparativo:

positivo	comparativo
bueno	mejor
malo	peor
grande	mayor
pequeño	menor
alto	superior
bajo	inferior

12d. El significado de *bueno, malo* **y** *grande* **según su lugar en la oración.**

Estos adjetivos, *bueno, malo* y *grande*, cambian el sentido del sustantivo que califican según el lugar que llevan en la oración:

No es *buen* Presidente Municipal.	He is *not a good* Mayor.
	(emphasis)
No es Presidente Municipal *bueno*.	He is not a good, or alright Mayor.
	(emphasis)
Es un *mal* individuo.	He is a *bad* fellow.
Es un individuo *malo*.	He is a nasty or mean fellow.
Parece ser un *gran* estafador.	He seems to be a *great* swindler.
Parece ser un estafador *grande*.	He seems to be a big swindler.

12e. Cambios de ortografía y significado de *alguno, ninguno, primero, tercero* **y** *cualquier* **según su lugar en la oración.**

Esperaba encontrarlo en *algún* rincón.
No había *ningún* campesino que no se quejaba.
En *primer* lugar, nos quitó las tierras.
Al *tercer* esfuerzo, triunfó.
A *cualquier* campesino que pide la palabra, se la dan.

Estos adjetivos, que terminan en *o* la pierden cuando van ante el sustantivo. Sin embargo, cambian de sentido:

ante el sustantivo:		después del sustantivo:	
algún	alguna	alguno(s)	alguna(s)
ningún	ninguna	ninguno(s)	ninguna(s)
primer	primera	primero(s)	primera(s)
tercer	tercera	tercero(s)	tercera(s)

Estudien los siguientes modelos:
Dame *cualquier* libro.
Pásame *cualquier* flor.
Dame *cualesquier* libros.
Pásame *cualesquier* flores.
Dame un libro *cualquiera*.
Pásame una flor *cualquiera*.
Dame unos libros *cualesquiera*.
Pásame unas flores *cualesquiera*.

Fíjense que este adjetivo solamente tiene cuatro formas.
Ante el sustantivo, masculino o femenino:

singular	plural
Dame *cualquier* libro.	Dame *cualesquier* libros.
Pásame *cualquier* flor.	Pásame *cualesquier* flores.

Después del sustantivo, masculino o femenino:

singular	plural
Dame un libro *cualquiera*.	Dame unos libros *cualesquiera*.
Pásame una flor *cualquiera*.	Pásame unas flores *cualesquiera*.

Ejercicio 12

A. Escriban oraciones propias con los siguientes sustantivos usando el grado positivo de cualquier adjetivo para calificarlos:

1. hombres	4. vez	7. metas	10. educación
2. enfoque	5. clase	8. facultad	11. aprendizaje
3. problema	6. miseria	9. situación	12. subdesarrollo

B. Ahora cambien los adjetivos de la parte A al comparativo haciendo los cambios correspondientes en las oraciones.

C. Ahora cambien los adjetivos de la parte B al superlativo haciendo los cambios correspondientes en las oraciones.

D. Escriban oraciones propias con los siguientes adjetivos y sustantivos, haciendo que los adjetivos vayan ante los sustantivos que califican:

1. bueno, presidente	6. buena, madre
2. mala, noticia	7. buenos, consejos
3. grandes, damas	8. malos, estafadores
4. grande, elefante	9. buenas, vacaciones
5. malo, doctor	10. grandes, filósofos

E. En las oraciones de la parte A, cambien los adjetivos para que sigan al sustantivo que califican.

F. Escriban diez oraciones propias con los siguientes adjetivos:

1. mayores	7. anterior	13. alguna
2. menor	8. mal	14. primeras
3. gran	9. ningunas	15. cualquier
4. peores	10. primeros	16. cualesquier
5. pequeñas	11. tercer	17. cualquiera
6. inferiores	12. algún	18. cualesquiera

G. De la tercera página de la lectura B hagan una lista de los adjetivos según su grado de comparación y de formas irregulares.

13. ESTUDIO DE LA LENGUA

Pronunciación

13a. El uso acertado de la *e*.

La *e* no se pronuncia como *i*.

se dice:		no se dice:	
*d*ecir	noch*e*	*d*icir	noch*i*
*d*espués	anoch*e*	*d*ispués	anoch*i*
*p*edir	lech*e*	*p*idir	lech*i*
*e*legir	divertirse	*e*ligir	div*i*rtirse
*e*ncontrar	despedirse	*i*ncontrar	d*i*sp*i*dirse

león	dirección	l*i*on	dir*i*cción
ma*e*stro	d*e*spertar	ma*i*stro	d*i*spertar
s*e*rvir	man*e*jar	s*i*rvir	man*i*jar
señor	pel*e*ar	s*i*ñor	pel*i*ar
lín*e*a	enseñar	liñ*a*	ens*i*niar

13b. El uso acertado de la *e* y de la *i* en combinación.

La *ie* debe pronunciarse con claridad para no dar la impresión de que se *han comido* la *i*. Lean y pronuncien bien estas palabras:

se dice:	**no se dice:**
m*i*edo	m*e*dio
c*i*encia	c*e*ncia
exper*i*encia	exper*e*ncia
obed*i*encia	obed*e*ncia
pac*i*encia	pac*e*ncia
conc*i*encia	conc*e*ncia
apar*i*encia	apar*e*ncia

13c. El uso acertado de la *i*.

La *i* se pronuncia bien y con cuidado de no dar la impresión de que se ha dicho *e*:

se dice:		**no se dice:**	
cr*i*atura	med*i*cina	cr*e*atura	med*e*cina
h*i*storia	r*i*dículo	h*e*storia	r*e*dículo
m*i*smo	pol*i*cía	m*e*smo	pol*e*cía
pr*i*vilegio	dec*i*dir	pr*e*vilegio	dec*e*dir
rec*i*bir	cop*i*ar	rec*e*bir	cop*e*ar

Estas palabras no llevan *i*:

se dice:	**no se dice:**
baraj*a*r	baraj*i*ar
bostez*a*r	bostez*i*ar
trot*a*r	trot*i*ar
enseñ*a*r	ensen*i*ar

Tampoco éstas llevan *i*:

se dice:	**no se dice:**
dij*e*ra	dij*i*era
dij*e*ron	dij*i*eron
traj*e*ron	traj*i*eron
d*e*ntista	d*i*entista
v*e*jez	v*i*ejez
r*e*cio	r*i*eso
s*e*tecientos	s*i*etecientos

Ejercicio 13

A. Para repetir:
1. Está tan turbada que no sabe qué decir.
2. ¿Quién disparó el balazo anoche?
3. ¡Cómo no la voy a querer después de tantos años!
4. Van a pedir la mano de Hortensia esta noche.
5. Pásame la leche, por favor.
6. Nadie lo va a elegir para ningún puesto por presumido.
7. Ya es muy noche para encontrar la dirección.
8. El novio de Luisa viene a despedirse porque sale para Europa.
9. Nos van a despertar con mañanitas.
10. Se dice que el león es el rey de la selva.
11. El Día del Maestro se celebra en México durante el mes de mayo.
12. No sabe manejar.
13. En todo restaurante se acostumbra servir a menores.
14. Señor, hágame el favor de no pelear en esta casa.
15. Me van a enseñar a cortar la línea telefónica.

B. Para sustituir:
1. Está tan turbada que no sabe qué decir. (tan dormida, tan enojada, tan triste, tan avergonzada, tan asustada)
2. ¿Quién disparó el balazo anoche? (prendió el candil, puso el letrero, trajo la música, hizo la cena, fue al cine)
3. ¡Cómo no la voy a querer depués de tantos años! (saber, aprender, cantar, bailar, recitar)
4. Esta noche van a pedir la mano de Hortensia. (el carro, los refrescos, unos discos, ese favor, la tarea)
5. Pásame la leche, por favor. (Cómprales, danos, sírveme, caliéntales, tráeme)
6. Nadie lo va a elegir para ningún puesto por presumido. (enamorado, tonto, feo, perezoso, gordo)
7. Es muy noche para encontrar la dirección. (es algo tarde, es muy temprano, está muy nublado, está muy oscuro, es muy tarde)
8. El novio de Luisa viene a despedirse porque sale para Europa. (vuelve para su tierra, va a ingresar al ejército, sale de vacaciones, se va de viaje, vuelve a la universidad)
9. Nos van a despertar con mañanitas. (por teléfono, con gallo, por la ventana, a la puerta, con música)
10. Se dice que el león es el rey de la selva. (un animal feroz, carnicero, enorme, de grandes fuerzas, que tiene garras)
11. El Día del Maestro se celebra en México durante el mes de mayo. (Panamá, Ecuador, Cuba, Venezuela, Honduras)
12. No sabe manejar. (quiere, va a aprender, piensa aprender)
13. En todo restaurante se acostumbra servir a menores. (café, comedor, nevería, cafetería, cocina)

14. Señor, hágame el favor de no pelear en esta casa. (señora, señorita, Juan, Doña Flora, Sr. López)
15. Me van a enseñar a cortar la línea telefónica. (flores, hacer canastas, echar tortillas, bailar, esquiar en agua)

C. Para repetir:
1. La pobre criatura no tiene cama en que dormir.
2. Nerón es uno de los personajes más notables de la historia universal.
3. El Río Bravo forma parte de la línea divisoria entre dos países.
4. Aquel automóvil y el mío son del mismo modelo y del mismo año.
5. El voto es un privilegio del ciudadano y no un derecho.
6. Acabamos de recibir un telegrama dándonos la buena noticia.
7. Todo su trabajo es original pues no le gusta copiarle nada a nadie.
8. Mañana se va a decidir ese asunto.
9. La medicina moderna nos proporciona lo más eficaz contra las infecciones.
10. No te pongas esa minifalda porque vas a hacer el ridículo.
11. Llamó a la policía cuando se dio cuenta del robo.
12. No lo debes juzgar por su apariencia.
13. La ciencia contemporánea está muy avanzada.
14. Le subieron de sueldo por la experiencia que tiene en ese trabajo.
15. ¡Ten paciencia, mujer!
16. La iglesia nos enseña la obediencia.
17. Es un hombre sin conciencia.
18. ¡No tengas miedo, Juan!

D. Para sustituir:
1. La pobre criatura no tiene casa en que vivir. (cama en que dormir, comida que comer, dinero que gastar, parientes que visitar, lugar en que sentarse)
2. Nerón es uno de los personajes más notables de la historia universal. (Wáshington, Bolívar, Franklin, Platón, Sócrates)
3. El Río Bravo forma parte de la línea divisoria entre dos países. (los Pirineos, los Alpes, los Andes, el Río Colorado, el Lago Superior)
4. Aquel automóvil y el mío son del mismo modelo y del mismo año. (carro, bicicleta, motocicleta, aeroplano, lancha)
5. El voto es un privilegio del ciudadano y no un derecho. (del pueblo, de cada quién, de toda persona, de cada individuo, de toda la gente)
6. Acabamos de recibir un telegrama dándonos la buena noticia. (la triste noticia, el pésame, los datos que buscábamos, el número del boleto, el informe)
7. Todo su trabajo es original pues no le gusta copiarle nada a nadie. (novedoso, interesante, diferente, muy personal, algo nuevo)
8. Mañana se va a decidir ese asunto. (al rato, a la noche, dentro de ocho días, a la tarde, pasado mañana)

9. La medicina moderna nos proporciona lo más eficaz contra las infecciones. (los dolores de cabeza, la sinusitis, las anginas, los dolores de muelas, las heridas)
10. No te pongas esa minifalda porque vas a hacer el ridículo. (panón [*pant dress*], traje de baño, blusa, sombrero, brazalete)
11. Llamó a la policía cuando se dio cuenta del robo. (rapto, asesinato, crimen, incendio, robo)
12. No lo debes juzgar por su apariencia. (golpear, culpar, insultar, menospreciar, querer, despreciar)
13. La ciencia contemporánea está muy avanzada. (médica, técnica, química, biológica, electrónica)
14. Le subieron el sueldo por la experiencia que tiene. (aumentaron, disminuyeron, quitaron 10%, dieron mejor, van a subir)
15. ¡Ten paciencia, mujer! (hombre, hija, mamá, tía, Clarita)
16. La iglesia nos enseña la obediencia. (manda, inculca, demuestra, enseña, muestra)
17. Es un hombre sin conciencia. (mujer, bandido, ratero, señora, criminal)
18. ¡No tengas miedo, Juan! (muñequita, hijo, muchachos, Lupe, Juan)

E. Lean el siguiente párrafo en voz alta; escríbanlo en forma correcta. Después prepárense a tomarlo en dictado.

Desde que yo era una creatura, mis padres me enseniaron la obedencia, y las buenas costumbres. Es un previlegio recebir estos consejos hoy dia. Yo mesmo he realizado de que lo que con pacencia se aprende de chico, es la mejor cencia para vivir bien y no hacer el rediculo. Las aparencias engañan. La experencia tambien nos ensenia a no copear los malos ejemplos. Esta es pura moraleja.

F. Lean el párrafo siguiente en voz alta; escríbanlo en forma correcta. Después prepárense a tomarlo en dictado.

Mañana temprano tengo cita con el dientista. Se me afigura que voy a ver a un lion. El maistro dice que tomando lechi se evitan los problemas de la dentadura. Pero dispues en la viejez, ¿sera lo mismo? Ahora vale mas irme a acostar. Anochi no dormi bien y mañana no quiero bosteciar delante de ese siñor. Asi tambien dispierto temprano. Buenas nochis.

Capítulo **6** *La lengua escolar*

Relación de estudios

Escuela Secundaria Federal de Ciudad Juárez, Ciudad Juárez, Chih.
Certifica: Que en los libros de actas y documentos que forman parte
del archivo de esta oficina a su cargo, aparece que el joven
Enrique López cursó y fue aprobado en las asignaturas que
a continuación se expresan en las fechas y con las calificaciones que se anotan:

Horas a la semana	Materias	Calificaciones
	PRIMER AÑO	
5 Hs.	Matemáticas 1er. Cs. (Aritmética)	7 Siete
3 Hs.	Ciencias Biológicas 1er. Cs.	6 Seis
3 Hs.	Geografía 1er Cs. (Física)	8 Ocho
3 Hs.	Historia Universal 1er Cs.	8 Ocho
4 Hs.	Lengua y Lit. Castellanas 1er Cs.	9 Nueve
3 Hs.	Inglés 1er Cs..	8 Ocho
3 Hs.	Educación Cívica 1er Cs..	7 Siete
2 Hs.	Educación Musical 1er Cs.	8 Ocho
2 Hs.	Dibujo 1er Cs. (Imit.)	9 Nueve
2 Hs.	Educ. Física e Instrucción Premilitar 1er Cs.	7 Siete
4 Hs.	Talleres 1er Cs..	10 Diez
2 Hs.	Historia de México 1er Cs..	10 Diez

SEGUNDO AÑO

4 Hs.	Matemáticas 2° Cs. (Alg., y Geom.)	6 Seis
4 Hs.	Física	6 Seis
3 Hs.	Ciencias Biológicas 2° Cs.	7 Siete
2 Hs.	Geografía 2° Cs. (Humana)	6 Seis
2 Hs.	Historia Universal 2° Cs..	10 Diez
3 Hs.	Etimologías 1er Cs.	6 Seis
3 Hs.	Lengua y Lit. Castellanas 2° Cs.	7 Siete
3 Hs.	Educación Cívica 2° Cs.	7 Siete
1 Hs.	Educación Musical 2° Cs.	6 Seis
3 Hs.	Dibujo 2° Cs. (Geométrico)	6 Seis
2 Hs.	Educ. Física e Instrucción Premilitar 2° Cs. .	7 Siete
2 Hs.	Inglés 2° Cs.	6 Seis
4 Hs.	Talleres 2° Cs.	7 Siete

TERCER AÑO

. . . .

. . . .

Esta constancia ampara veinticinco materias aprobadas de Segunda Enseñanza. Escala de Calificaciones de 1 a 10. Mínima aprobatoria 6. Nulo si lleva raspaduras o enmendaduras.

El director
Prof. Leopoldo Garza Ramos

Actividades

A. Contesten en forma de informe ante la clase:

1. ¿Qué tipo de sistema de enseñanza existe en México—y por lo general, en toda Latinoamérica? ¿Cómo se sabe, juzgando por la relación de estudios?
2. En México se dedican los estudiantes a sus estudios y por lo general no se preocupan por actividades no muy relacionadas a sus estudios. ¿Cómo difieren de los estudiantes norteamericanos? ¿Cómo se sabe juzgando por la relación de estudios?
3. ¿Cuántas materias cursó Enrique el primer año de secundaria? ¿El segundo?
4. ¿Cuáles son las asignaturas de ustedes?
5. ¿Cómo es que un estudiante mexicano puede cursar más materias que un norteamericano?
6. ¿Cómo se traduce del inglés al español "transcript"? ¿Pueden Uds. adivinar qué palabras españolas significan "failed," "passed," "subjects," and "grades" or "marks"?

7. ¿Qué quieren decir en inglés: dibujo, talleres, física, etimologías, educación física, educación cívica, mínima aprobatoria, raspaduras, director?
8. ¿Qué idioma extranjero cursa Enrique? ¿Qué nota sacó el primer año? ¿Y el segundo?

B. Preparen un informe en español sobre el sistema de enseñanza en Latinoamérica.

LECTURA B

El crimen de la calle de la Perseguida

—Aquí donde usted me ve soy un asesino.

asesino: que mata

—¿Cómo es eso, don Elías?— pregunté riendo, mientras le llenaba la copa de cerveza.

Don Elías es el individuo más bondadoso, más sufrido y disciplinado con que cuenta el Cuerpo de Telégrafos; incapaz de declararse en huelga, aunque el director le mande cepillarle los pantalones.

—Sí señor . . .; hay circunstancias en la vida . . ., llega un momento en que el hombre más pacífico . . .

—A ver, a ver; cuente usted eso— dije picado de curiosidad.

—Fue en el invierno del setenta y ocho. Había quedado excedente por reforma y me fui a vivir a O . . . con una hija que allí tengo casada. Mi vida era demasiado buena: comer, pasear, dormir. Algunas veces ayudaba a mi yerno, que está empleado en el Ayuntamiento, a copiar las minutas del secretario.

minutas: apuntes

Cenábamos invariablemente a las ocho. Después de acostar a mi nieta, que entonces tenía tres años y hoy es una moza gallarda, rubia, metida en carnes, de esas

metida en carnes: gordita

que a usted le gustan (yo bajé los ojos modestamente y bebí un trago de cerveza), me iba a hacer la tertulia a doña Nieves, una señora viuda que vive sola en la calle de la Perseguida, a quien debe mi yerno su empleo. Habita una casa de su propiedad, grande, antigua de un solo piso, con portalón oscuro y escalera de piedra.

Solía ir también por allá don Gerardo Piquero, que
había sido administrador de la Aduana de Puerto Rico
y estaba jubilado. Se murió hace dos años el pobre.   jubilado: retirado
Iba a las nueve y media. En cambio, a las diez y media
en punto levantaba tiendas, mientras yo acostumbraba
a quedarme hasta las once o algo más.

Cierta noche me despedí, como de costumbre, a
estas horas. Doña Nieves es muy económica, y se trata
a lo pobre, aunque posee hacienda bastante para   hacienda: plata
regalarse y vivir como gran señora. No ponía luz
alguna para alumbrar la escalera y el portal. Cuando   portal: zaguán
don Gerardo o yo salíamos la criada alumbraba con el
quinqué de la cocina desde lo alto. En cuanto cerrá-
bamos la puerta del portal, cerraba ella la del piso y
nos dejaba casi en tinieblas; porque la luz que entraba   tinieblas: oscuridad
de la calle era escasísima.

Al dar el primer paso sentí lo que se llama vul-
garmente un cale; esto es, me metieron con un fuerte   cale: golpe
golpe el sombrero de copa hasta las narices. El miedo
me paralizó y me dejé caer contra la pared. Creí
escuchar risas, y un poco repuesto del susto me saqué
el sombrero.

—¿Quién va?— dije dando a mi voz acento formidable y amenazador.

Nadie respondió. Pasaron por mi imaginación
rápidamente varios supuestos. ¿Tratarían de robarme?   pilluelo: pillo
¿Querrían algunos pilluelos divertirse a mi costa?
¿Sería algún amigo bromista? Tomé la resolución de
salir inmediatamente, porque la puerta estaba libre.
Al llegar al medio del portal, me dieron un fuerte
azote en las nalgas con la palma de la mano, y un
grupo de cinco o seis hombres me tapó al mismo
tiempo la puerta. —¡Socorro!— grité con voz apagada,
retrocediendo de nuevo hacia la pared. Los hombres
comenzaron a brincar delante de mí, gesticulando de
modo extravagante. Mi terror había llegado al colmo.

—¿Dónde vas a estas horas, ladrón?— dijo oun de
ellos.

—Irá a robar a algún muerto. Es el médico— dijo otro.

Entonces cruzó por mi mente la sospecha de que estaban borrachos, y recobrándome, exclamé con fuerza:

—¡Fuera, canalla! Dejadme paso o mato a uno.

Al mismo tiempo enarbolé el bastón de hierro que me había regalado un maestro de la Fábrica de Armas y que acostumbraba a llevar por las noches. *enarbolé: levanté*

Los hombres, sin hacer caso, siguieron bailando ante mí y ejecutando los mismos gestos desatinados. Pude observar a la tenue claridad que entraba de la calle que ponían siempre por delante uno como más fuerte o resuelto, detrás del cual los otros se guarecían:

—¡Fuera!—volví a gritar, haciendo molinete con el bastón. *haciendo molinete: girando el bastón en el aire*

—¡Ríndete, perro!— me respondieron, sin detenerse en su baile fantástico.

Ya no me cupo duda: estaban ebrios. Por esto y porque en sus manos no brillaba arma alguna, me tranquilicé relativamente. Bajé el bastón, y procurando dar a mis palabras acento de autoridad, les dije:

—¡Vaya, vaya; poca guasa! A ver si me dejáis paso. *guasa: chiste*

—¡Ríndete, perro! ¿Vas a chupar la sangre de los muertos? ¿Vas a cortar alguna pierna? ¡Arrancarle una oreja! ¡Sacarle un ojo! ¡Tirarle por las narices!

Tales fueron las voces que salieron del grupo en contestación a mi requisitoria. Al mismo tiempo avanzaron más hacia mí. Uno de ellos, no el que venía delante, sino otro, extendió el brazo por encima del hombro del primero y me agarró de las narices y me dio un fuerte tirón que me hizo lanzar un grito de dolor. Di un salto de través porque mis espaldas tocaban casi a la pared, y logré apartarme un poco de ellos, y alzando el bastón, lo descargué ciego de cólera sobre el que venía delante. Cayó pesadamente al suelo sin decir ¡ay! Los demás huyeron. *requisitoria: solicitud*

Quedé solo y guardé anhelante que el herido se quejase o se moviese. Nada; ni un gemido, ni el más leve movimiento. Entonces me vino la idea de que pude matarlo. El bastón era realmente pesado, y yo he tenido toda la vida la manía de la gimnasia. Me

apresuré, con mano temblorosa, a sacar la caja de cerillas y encendí un fósforo . . .

No puedo describirle lo que en aquel instante pasó por mí. Tendido en el suelo, boca arriba, yacía un hombre muerto. ¡Muerto, sí! Claramente vi pintada la muerte en su rostro pálido. El fósforo me cayó de los dedos y quedé otra vez en tinieblas. No le vi más que un momento, pero la visión fue tan intensa que ni un pormenor se me escapó. Era corpulento, la barba negra y enmarañada, la nariz grande y aguileña; se vestía de blusa azul, pantalones de color y alpargatas; en la cabeza llevaba boina negra. Parecía un obrero de la fábrica de armas, un armero, como allí suele decirse.

aguileña: nariz delgada y corva
alpargatas: guaraches

Puedo afirmarle, sin mentir, que las cosas que pensé en un segundo, allí, en la oscuridad, no tendría tiempo a pensarlas ahora en un día entero. Vi con perfecta claridad lo que iba a suceder. La muerte de aquel hombre divulgada en seguida por la ciudad; la policía echándome mano; la consternación de mi yerno, los desmayos de mi hija, los gritos de mi nietecita; luego la cárcel, el proceso arrastrándose perezosamente al través de los meses y acaso de los años; la dificultad de probar que había sido en defensa propia; la acusación del fiscal llamándome asesino, como siempre acaece en estos casos; la defensa de mi abogado alegando mis honrados antecedentes; luego la sentencia de la Sala absolviéndome quizá, quizá condenándome a presidio.

De un salto me planté en la calle y corrí hasta la esquina; pero allí me hice cargo de que venía sin sombrero y me volví. Penetré de nuevo en el portal, con gran repugnancia y miedo. Encendí otro fósforo y eché una mirada oblicua a mi víctima con la esperanza de verle alentar. Nada; allí estaba en el mismo sitio, rígido, amarillo, sin una gota de sangre en el rostro, lo cual me hizo pensar que había muerto de conmoción cerebral. Busqué el sombrero, metí por él la mano cerrada para desarrugarlo, me lo puse y salí.

Pero esta vez me guardé de correr. El instinto de conservación se había apoderado de mí por completo, y me sugirió todos los medios de evadir la justicia. Me

ceñí a la pared por el lado de la sombra, y haciendo el **ceñir:** pegado a
menor ruido con los pasos doblé pronto la esquina de
la calle de la Perseguida, entré en la de San Joaquín y
caminé la vuelta de mi casa. Procuré dar a mis pasos
todo el sosiego y compostura posibles. Mas he aquí **sosiego:** calma
que en la calle de Altavilla, cuando ya me iba serenando,
se acerca de improviso un guardia del Ayuntamiento.

—Don Elías, ¿tendrá usted la bondad de decirme...?
No oí más. El salto que di fue tan grande, que me
separé algunas varas del esbirro. Luego, sin mirarle, **esbirro:** policía
emprendí una carrera desesperada, loca, a través de
las calles. Llegué a las afueras de la ciudad y allí me
detuve jadeante y sudoroso. Acudió a mí la reflexión. **jadeante:** agitado
¡Qué barbaridad había hecho! Aquel guardia me
conocía. Lo más probable es que viniese a preguntarme
algo referente a mi yerno. Mi conducta extravagante le
había llenado de asombro. Pensaría que estaba loco;
pero a la mañana siguiente, cuando se tuviese noticia
del crimen, seguramente concebiría sospechas y daría
parte del hecho al juez. Mi sudor se tornó frío de
repente.

Caminé aterrado hacia mi casa y no tardé en llegar
a ella. Al entrar se me ocurrió una idea feliz. Fui
derecho a mi cuarto, guardé el bastón de hierro en el
armario y tomé otro de junco que poseía, y volví a
salir. Mi hija acudió a la puerta sorprendida. Inventé
una cita con un amigo en el Casino, y, efectivamente,
me dirigí a paso largo hacia este sitio. Todavía se
hallaban reunidos en la sala contigua al billar unos
cuantos de los que formaban la tertulia de última hora.
Me senté al lado de ellos, aparenté buen humor, estuve
jaranero en exceso y procuré por todos los medios que **jarana:** diversión
se fijasen en el ligero bastoncillo que llevaba en la
mano. Lo doblaba hasta convertirlo en un arco, me
azotaba los pantalones, lo blandía a guisa de florete,
tocaba con él la espalda de los tertulios para pre-
guntarles cualquier cosa, lo dejaba caer al suelo. En
fin, no quedó nada que hacer.

Cuando al fin la tertulia se deshizo y en la calle me
separé de mis compañeros, estaba un poco más

sosegado. Pero al llegar a casa y quedarme solo en el cuarto, se apoderó de mí una tristeza mortal. Comprendí que aquella treta no serviría más que para agravar mi situación en el caso de que las sospechas recayesen sobre mí. Me desnudé maquinalmente y permanecí sentado al borde de la cama larguísimo rato, absorto en mis pensamientos tenebrosos. Al cabo el frío me obligó a acostarme.

treta: broma

No pude cerrar los ojos. Me revolqué mil veces entre las sábanas, presa de fatal desasosiego, de un terror que el silencio y la soledad hacían más cruel. A cada instante esperaba oir aldabonazos en la puerta, y los pasos de la policía en la escalera. Al amanecer, sin embargo, me rindió el sueño; mejor dicho, un pesado letargo, del cual me sacó la voz de mi hija:

letargo: cansancio

—Que ya son la diez, padre. ¡Qué ojeroso está usted! ¿Ha pasado mala noche?

—Al contrario, he dormido divinamente— me apresuré a responder.

No me fiaba ni de mi hija. Luego añadí afectando naturalidad:

—¿Ha venido ya *El Eco del Comercio*?

—¡Anda! ¡Ya lo creo!

—Tráemelo.

Aguardé a que mi hija saliese, y desdoblé el periódico con mano trémula. Recorrílo todo con ojos ansiosos sin ver nada. De pronto leí en letras gordas: *El crimen de la calle de la Perseguida*, y quedé helado por el terror. Me fijé un poco más. Había sido una alucinación. Era un artículo entitulado *El criterio de los padres de la provincia*. Al fin, haciendo un esfuerzo supremo para serenarme, pude leer la sección de gacetillas, donde hallé una que decía:

Suceso Extraño

Los enfermos del Hospital Provincial tienen la costumbre censurable de servirse de los alienados pacíficos que hay en aquel manicomio para diferentes comisiones, entre ellas la de transportar los cadáveres a la sala de autopsia. Ayer noche cuatro dementes, desempeñando este servicio, encontraron abierta la puerta del patio que da acceso al parque de San Ildefonso y se fugaron por ella, llevándose el cadáver. Inmediatamente que el señor administrador del Hospital tuvo noticia del hecho, despachó varios emisarios en su busca, pero fueron inútiles sus gestiones. A la una de la madrugada se presentaron en el Hospital los mismos locos, pero sin el cadáver. Este fue hallado por el sereno de la calle de la Perseguida en el portal de la señora doña Nieves Menéndez. Rogamos al señor decano del Hospital Provincial que tome medidas para que no se repitan estos hechos escandalosos."

Dejé caer el periódico de las manos, y fui acometido de una risa convulsiva que degeneró en ataques de nervios.

—¿De modo que había usted matado a un muerto?

—Precisamente.

Armando Palacio Valdés

Actividades

A. Contesten estas preguntas:
1. ¿A qué hora se terminaba la visita?
2. ¿Por qué no quería doña Nieves poner la luz en el portal?
3. ¿Era muy pobre esta señora?
4. ¿Desde dónde alumbraba la criada con el quinqué de la cocina?
5. ¿Cómo podía don Elías encontrar la salida en las tinieblas?
6. ¿Quién le tiró de las narices a don Elías?
7. ¿Qué hizo don Elías cuando sintió el dolor?
8. ¿Por qué dio la víctima un salto de través?
9. ¿Cómo se defendió don Elías?
10. ¿Qué resultó del golpe?
11. ¿Qué hizo don Elías al llegar a casa?
12. ¿Por qué estaba sorprendida su hija?
13. ¿Qué pretexto usó don Elías para explicar su salida?
14. ¿Todavía quedaban algunos miembros en el club?
15. ¿Qué motivo tenía don Elías en ir al Casino?
16. ¿Durmió bien don Elías aquella noche?
17. ¿Por qué estaba tan aterrado?
18. ¿A qué hora se durmió al fin?
19. ¿Qué le despertó la mañana siguiente?
20. ¿Confesó don Elías que había dormido mal?

B. Escojan la frase apropiada para completar el sentido de la oración:
1. Para ayudarse al andar, la gente vieja se sirve de: (una tertulia, un bastón, un suceso).

2. En las tinieblas no se veía ni aún: (hacer gimnasia, encender un fósforo, arrancar una oreja).
3. Se conocen los muertos por su: (boina negra, barba enmarañada, rostro pálido).
4. Al recoger el sombrero metí por él la mano para: (desarrugarlo, identificarlo, serenarme).
5. Cuando se recorre el periódico con ojos ansiosos, es señal de: (buscar una mala noticia, no saber leer, preferir las letras gordas).
6. Se encierran los dementes en: (la sala de autopsia, el parque público, un manicomio).
7. El que se halla rodeado de hombres que bailan y ríen, gesticulando de modo extravagante, creerá que: (están borrachos, son guardias civiles, vienen del infierno).
8. Mi yerno es: (el esposo de mi hermana, el hijo de mi tía, el marido de mi hija).
9. En una situación peligrosa es natural gritar: (¡A ver, a ver!, ¡Socorro!, ¡Ríndete, perro!).

14. ESTUDIO DE LA LENGUA

El posesivo

14a. La definición del adjetivo posesivo.

Además de los adjetivos calificativos, igual que en inglés, en español hay otras dos clases de adjetivos: los posesivos—que demuestran propiedad o pertenencia—y los demostrativos que nos enseñan el lugar del sustantivo en relación con las personas gramaticales.

14b. El adjetivo posesivo y su lugar en la oración.

Estudien estos ejemplos:

El libro *mío* es azul.	O	*Mi* libro es azul.
Perdió las plumas *suyas*.		Perdió *sus* plumas.
El potrillo *suyo* era pequeño.		*Su* potrillo era pequeño.
Los hermanos *tuyos* llegaron a la estancia.		*Tus* hermanos llegaron a la estancia.
Hay que respetar a los padres *nuestros*.		Hay que respetar a *nuestros* padres.

Los posesivos son éstos, cuando van *después* del sustantivo:

mío – mía	nuestro – nuestra
míos – mías	nuestros – nuestras
tuyo – tuya	vuestro – vuestra
tuyos – tuyas	vuestros – vuestras
suyo – suya	suyo – suya
suyos – suyas	suyos – suyas

86

Los posesivos son éstos cuando van *ante* el sustantivo:

mi	nuestro – nuestra
mis	nuestros – nuestras
tu	vuestro – vuestra
tus	vuestros – vuestras
su	su
sus	sus

14c. La preposición *de* indica propiedad.

La preposición *de* también se usa para mostrar propiedad o pertenencia en español:

El potrillo *del* niño.
Los loritos *de* mis hijos.

14d. El pronombre posesivo.

Estos posesivos se pueden usar con el artículo también para indicar propiedad o pertenencia. Cuando se usan así, se dice que son *pronombres posesivos*, pues toman el lugar del nombre o sustantivo (libros, perro).

Los (libros)*suyos* no están aquí.
¡No maltrates *al* (perro) *mío!*

15. ESTUDIO DE LA LENGUA

Los demostrativos

15a. El adjetivo demostrativo.

Los adjetivos demostrativos también llevan el género y número de los sustantivos que modifican en la oración, y son:

singular	plural
este, esta	estos, estas
ese, esa	esos, esas
aquel, aquella	aquellos, aquellas

No llevan acento escrito cuando se usan con sustantivos.
Estudien estos ejemplos:

Este lorito vale diez pesos.
¿Quieres esa piel de tigre?
Aquel potrillo le gusta al niño.
Los muchachos prefieren estas plumas que traigo yo.

15b. Los pronombres demostrativos.

Estos llevan acento escrito cuando van solos. Estudien estos ejemplos:
Ese (lorito) vale diez pesos.
¿Quieres *ésa* (piel de tigre)?
Al niño le gusta *aquél* (lorito).
Los alumnos prefieren *ésta* (pluma) que traigo yo.

15c. Los pronombres demostrativos neutros.

Además de estos demostrativos, hay otra forma de género neutro, es decir, que no es ni femenina ni masculina y se usa cuando se habla de algo no definido o determinado, y que no se puede calificar ni con el masculino ni con el femenino. Estos son los demostrativos de género neutro:
¿Qué es *esto*?
Eso no me parece bien.
Vino a decirme *aquello* del chisme.
Estas formas neutras se usan por sí solas y no llevan acento escrito.

Ejercicio 15

A.   Traduzcan al español, empleando las formas apropiadas de los adjetivos posesivos:

After his new feathers grew out, Pedrito joined the family again. Everyone was surprised because he didn't speak a word. The next day after his return, though, he flew to his master's shoulder and there he told him all that had happened to him:

"The tiger tried to fool me into thinking he was my friend. Our friendship really meant I was his next meal. Although I managed to escape with my life, I lost all my beautiful feathers. Now, you (tú) and I must go find him. Bring your rifle along. I'm sure you will get your tiger skin."

And so it was that Pedrito and his owner went back into the forest where soon they found their hateful enemy. Their revenge came when Pedrito's master killed the tiger with all his bullets.

B.   Ahora subrayen todos los adjetivos posesivos. Después de hacer esto, cámbienlos a pronombres posesivos haciendo los cambios correspondientes.

C.   Cambien los adjetivos posesivos del Ejercicio A por demostrativos.

D.   Cambien los adjetivos demostrativos del Ejercicio C por pronombres demostrativos haciendo los cambios correspondientes.

E.   Escriban oraciones propias con cada adjetivo posesivo y demostrativo; después con cada pronombre posesivo y demostrativo.

F.   Escriban oraciones propias usando los demostrativos neutros.

G.   De la Lectura B hagan una lista de posesivos.

H.   De la Lectura B hagan una lista de demostrativos.

16. ESTUDIO DE LA LENGUA

Los pronombres

16a. La definición del pronombre.

Cuando hablamos de pronombres, nos referimos a esas palabras que toman el lugar del nombre o sustantivo; ya hemos estudiado los pronombres posesivos y demostrativos. Ahora vamos a estudiar los personales.

16b. El pronombre personal en la oración.

Los pronombres personales son las palabras que representan a las personas gramaticales:

Yo no puedo destrozar sus esperanzas.
Tú debieras haber tenido más cuidado.
Usted se fue a cazar el tigre.
Ella no pudo hacer más por él.
El era feliz con su potrillo.
Nosotros jamás esperábamos volver a verlo.
Vosotros sabéis el gusto que nos dio.
Ustedes nos traerán la piel.
Ellas comprenden la vanidad del lorito.
Ellos corrieron detrás del estanciero.

Los pronombres correspondientes a la primera persona son: *yo* y *nosotros*; a la segunda persona: *tú*, *usted*, (*vosotros), *ustedes*; a la tercera persona: *él, ella, ellos, ellas.*

*Vosotros se usa en España como plural de *tú*; muchas veces esta forma también se encuentra en discursos y en obras literarias. Sin embargo en nuestro estudio de gramática española, *ustedes* será la forma que se empleará para el plural de *usted* y de *tú*. Además de las formas para las personas gramaticales, existen otros pronombres que desempeñan diferentes oficios en la oración.

16c. Los pronombres y su oficio en la oración como reflexivos, complementos directos e indirectos y complementos de preposiciones.

Persona Gramatical	Reflexivos
1a. (yo)	*Me* baño a diario.
(nosotros)	*Nos* bañamos a diario.

Complemento directo
Me invitan a ir.
Nos invitan a ir.

Complemento indirecto
Me regalaron una piel.
Nos regalaron una piel.

Complemento de preposiciones
Es para *mí.*
¿Vas *conmigo*?
Es para *nosotros.*
¿Vas con *nosotros*?

2a.

(tú)
(usted)
(ustedes)

Reflexivos
Te bañas a diario.
Se baña a diario.
Se bañan a diario.

Complemento directo
Te invitan a ir.
Le, la, lo invitan a ir.
Les, las, los invitan a ir.

Complemento indirecto
Te regalaron una piel.
Le regalaron una piel.
Les regalaron una piel.

Complemento de preposiciones
Es para *ti.*
¿Van *contigo*?
Es para *usted.*
¿Van con *usted*?
Es para *ustedes.*
¿Van con *ustedes*?

3a.

(él)
(ella)
(ellos)
(ellas)

Reflexivos
Se baña a diario.
Se baña a diario.
Se bañan a diario.
Se bañan a diario.

Complemento directo
Lo, la invitan a ir.
Los, las invitan a ir.

Complemento indirecto
Le, le regalaron una piel.
Les, les regalaron una piel.

Complemento de preposiciones
Es para *él.*
¿Van con *él*?
Es para *ella.*
¿Van con *ella*?
Es para *ellos.*
¿Van con *ellos*?
Es para *ellas.*
¿Van con *ellas*?

16d. La combinación de dos complementos en la tercera persona.

Hay que tomar nota de que en español, cuando se usan juntos los complementos directo e indirecto en la tercera persona, *le* o *les* se convierte en *se* para evitar el mal sonido de "Le las regalaron . . ." etc.
Estudien estos ejemplos:

> *Se* las regalaron a las muchachas.
> *Se* la mandaron pedir a María.
> *Se* las piden a los señores.
> *Se* los venden a Juan a buen precio.
> *Se* los van a tocar a ustedes.
> *Se* lo ofrecen a usted por cortesía.

¿Cuáles son los complementos directos? ¿Indirectos?

16e. El lugar de los complementos en relación al verbo.

Fíjense en que todos los complementos se escriben junto con el verbo cuando lo siguen y por separado cuando lo preceden. Cuando van juntos pronombre y verbo muy a menudo se necesita un acento ortográfico en la sílaba del verbo que lleva el énfasis. Si es necesario, repasen las reglas del acento del Capítulo 2.
Estudien estos ejemplos:

> Quiero que me lo prestes.
> Préstamelo.
> No me lo prestes.
> Me lo quiere prestar.
> Quiere prestármelo.
> Me lo está prestando.
> Está prestándomelo.

Ejercicio 16

A. De la Lectura A saquen todos los pronombres personales y clasifíquenlos según su oficio en la oración: personas gramaticales, pronombres reflexivos, complementos directos e indirectos, y complementos de preposiciones. También tomen nota de los complementos que cambian para evitar el mal sonido.

B. Escriban una oración con:
1. cada pronombre reflexivo.
2. cada complemento directo.
3. cada complemento indirecto.
4. cada complemento de preposiciones.

C. Escriban oraciones con cada forma de la tercera persona empleando el complemento directo e indirecto en cada una.

David aplica las matemáticas

El presupuesto de David

La primera semana que David repartió periódicos, se divirtió mucho. Fue tres veces al cine, tomó dos helados al día y gastó dinero en el tiro al blanco.

David necesitaba un par de zapatos de gimnasia para poder jugar en el equipo de básquetbol, pero no tenía dinero para comprarlos. Entonces pensó en el dinero que había malgastado y dijo: "Lo que necesito es hacer un plan para distribuir mi dinero. Si hubiera sido más cuidadoso en mis gastos, hubiera podido comprar algunas cosas que realmente necesito."

El plan de David

Ahorros	15%
Necesidades (escuela, ropa, almuerzo)	50%
Diversiones (cine, helados, etc.)	20%
Otros	15%

Problemas

1. David proyectó guardar el 15% de su pago de cada semana en una cuenta de ahorros en el banco. Si gana $90.00 pesos a la semana, ¿cuánto ahorrará?

2. ¿Qué parte de los $90.00 pesos gasta David en diversiones?

3. Por fin David compró sus zapatos de gimnasia a $39.80 pesos. ¿Cuánto le quedó para cubrir sus otros gastos?

4. David ganó $90.00 pesos a la semana durante un año. Ahorró el 15%. ¿Cuánto ahorró en un año?

5. David quiere para repartir sus periódicos una nueva bicicleta. Le faltan $485.00. ¿Cuántas semanas debe ahorrar todo su dinero dedicado a diversiones para poder comprarla?

6. Andrés decidió seguir el mismo plan que David, pero gana diferentes sumas cada semana, haciendo diferentes trabajos.

   Averigüen cuánto ahorra Andrés cada semana cuando gana estas cantidades:

   Primera semana $56.40.
   Segunda semana $68.90.
   Tercera semana $101.39.
   Cuarta semana $73.80.

7. Gabriela gana cierta cantidad de dinero semanalmente cuidando niños. Ahorra el 45% de lo que recibe. ¿Cuánto ahorra Gabriela cuando gana las siguientes cantidades?

a. $40.00 pesos	e. $43.00 pesos
b. $35.00 pesos	f. $48.00 pesos
c. $57.00 pesos	g. $ 9.00 pesos
d. $64.00 pesos	h. $13.00 pesos

La contabilidad de David

Una parte muy importante del plan de David era llevar un registro minucioso del dinero que ganaba y del que gastaba o ahorraba. Un registro como éste se llama *contabilidad*. Una contabilidad se lleva en dos columnas. En la que se muestra a continuación se ha colocado a la izquierda todo lo que David ganó o recibió, y a la derecha todo lo que gastó durante el mes de enero.

Contabilidad de enero

1 de enero Efectivo	$ 12.00	4 de enero Cuenta de ahorro	$ 13.50	A
2 de enero Por Reparto de periódicos a la semana	90.00	8 de enero Juego de básquetbol	8.00	D
5 de enero Cortar césped	5.00	9 de enero Peluquería y baño	12.50	O
9 de enero Por Reparto de periódicos a la semana	90.00	11 de enero Pasajes de autobús	20.00	N
16 de enero Por Reparto de periódicos a la semana	90.00	14 de enero Zapatos nuevos	98.00	N
20 de enero Cortar césped	5.00	15 de enero Juego de básquetbol	7.50	D
23 de enero Por Reparto de periódicos a la semana	90.00	19 de enero Patines	90.00	D
30 de enero Por Reparto de periódicos a la semana	90.00	22 de enero Cine	7.00	D
		25 de enero Cuenta de ahorro	60.00	A
		26 de enero Cine	7.00	D
		27 de enero Peluquería y baño	12.50	O
		30 de enero Almuerzos	105.00	N

Total:	$472.00		$441.00
Feb. 1 Efectivo en caja:	$ 31.00	Enero 31 Efectivo en caja:	$ 31.00
		Total:	$472.00

Observen que $472.00 y $31.00 aparecen en ambas columnas de contabilidad. Los contadores llevan sus libros de esta manera. El total de Egresos más el efectivo en caja debe ser igual al total de Ingresos. Si no concuerda el balance, es decir, si los totales son diferentes, el contador sabe que ha cometido un error.

David escribió una letra en su contabilidad, seguida de cada cantidad gastada o ahorrada. Usó las letras *A, N, D, O. A* significa dinero ahorrado, *N*, dinero para necesidades, *D* para diversiones, y *O* para otros gastos. Luego, David hizo una tabla como la siguiente, para las cantidades que gastó en cada partida de su presupuesto. Le sirvió para saber cuánto había dedicado a cada partida.

Presupuesto desglosado

Ahorro (A)	Necesidades (N)	Diversiones (D)	Otros (O)
$13.50	$ 20.00	$ 8.00	$12.50
60.00	98.00	7.50	12.50
	105.00	90.00	
		7.00	
		7.00	
$73.50	$223.00	$119.50	$25.00

Problemas

1. ¿Cuál fue la cantidad total de ingresos en enero?
2. ¿Cuál fue el total de egresos en enero?

3. El presupuesto de David señalaba para ahorro el 15% de sus ingresos. ¿Qué tanto por ciento de sus ingresos ($460.00) ahorró?

4. Las necesidades de David, incluyendo pasajes de autobús para ir a la escuela, sumaban $223.00. ¿Se ajustó David a su presupuesto? ¿Qué tanto por ciento es $223.00 del ingreso total ($460.00)?

5. David proyectó gastar en diversiones el 20% de sus ingresos. ¿Cuánto de más o de menos gastó de esta cantidad?

LECTURA B

Términos matemáticos

aritmética
álgebra
geometría
trigonometría

número
cifra
conjuntos
unidad
conjunto nulo
conjuntos equivalentes
conjuntos idénticos
unión de conjuntos

sumar
restar
multiplicar
dividir
más
menos
resolver
redondear números
equivaler
comprobar
calcular
averiguar
llevar

1/2   un medio (la mitad)
1/3   un tercio (la tercera parte)
1/4   un cuarto (la cuarta parte)
2/3   dos tercios
3/4   tres cuartos
4/5   cuatro quintos
9/16 nueve dieciseisavos
7/20 siete veintavos
1/50 un cincuentavo
28/75 veintiocho setentaicincoavos

números decimales
punto decimal
décimos, centésimos, milésimos

medición, medida
medir
anchura, ancho
longitud, largo
altura, alto
espesor, grosor
área
perímetro
diámetro
radio
circunferencia
volumen

veces
promedio
respuesta
solución
dígito

suma, adición
resta
multiplicación
división

números enteros
fracciones comunes, propias
números mixtos, impropios
numerador
denominador
números primos
factores
máximo común divisor
interés
tasa de interés
capital (el)
hipoteca
préstamo
monto
costo
plazo
abono
ganancia
pérdida

fórmula
centímetro
metro
kilómetro
kilogramo, kilo
litro
círculo
cuadrado
rectángulo
triángulo
líneas curvas, rectas, paralelas

regla
cinta métrica
compás (el)
transportador (el)
grado

gráfica
escala

notación binaria
números binarios
base dos
símbolo
computadoras electrónicas de alta
    velocidad

Números cardinales

1 uno	6 seis	11 once	16 dieciséis, diez y seis
2 dos	7 siete	12 doce	17 diecisiete, diez y siete
3 tres	8 ocho	13 trece	18 dieciocho, diez y ocho
4 cuatro	9 nueve	14 catorce	19 diecinueve, diez y nueve
5 cinco	10 diez	15 quince	20 veinte
	10 diez		100 ciento, cien
	20 veinte		200 doscientos (-as)
	30 treinta		300 trescientos
	40 cuarenta		400 cuatrocientos
	50 cincuenta		500 quinientos
	60 sesenta		600 seiscientos
	70 setenta		700 setecientos
	80 ochenta		800 ochocientos

```
90 noventa                        900 novecientos
100 ciento, cien                  1000 mil (miles de)
            21 veintiuno, veinte y uno
            22 veintidós, veinte y dos
            33 treinta y tres
            44 cuarenta y cuatro
            2,000 dos mil
            3,000,000 tres millones (de)
            cien libros
            cien mil habitantes
            ciento cincuenta dólares
            centenares de años
            miles de turistas
            millones de pesos
            1812 mil ochocientos doce
```

Números ordinales

primero	1°, 1er, 1a	primero,	primer,	primera
segundo	2°, 2a	segundo,		segunda
tercero	3°, 3er, 3a	tercero,	tercer,	tercera
cuarto	4°, 4a	cuarto,		cuarta
quinto	5°, etc. . . .		etc. . . .	
sexto	6°			
séptimo	7°			
octavo	8°			
noveno	9°			
décimo	10°			

Actividades

A. Aprendan a deletrear los números cardinales y ordinales.

B. ¿Cuáles son las fechas aproximadas de los siguientes acontecimientos históricos?
    Destrucción del Imperio Romano
    Invasión de España por los árabes
    Carta Magna de Inglaterra
    Descubrimiento de América
    Guerra Civil de los E.E. U.U. A.A.
    Revolución Francesa
    Primera Guerra Mundial
    Segunda Guerra Mundial
    Guerra de Corea

C. ¿Cómo se expresan en español estos términos ingleses?

to subtract	empty (null) set
decimal point	to equal
common fractions	addition
average	denominator
equivalent sets	electronic computer
hundredths	times
algebra	radius
parallel lines	compass
width	binary numbers
protractor	percent

D. Refiriéndose a la lista de "Términos matemáticos," hagan diez problemas originales.

E. Resuelvan en la pizarra y den explicaciones en español de unos de los problemas anteriores preparados por los alumnos de la clase.

F. Escriban cinco frases cortas empleando los siguientes números ordinales: quinta, décimo, tercer, tercera, las cinco primeras.

17. ESTUDIO DE LA LENGUA

El verbo

17a. Definición del verbo:

El verbo es una palabra que se define igual que en inglés. En español el verbo es más variable pues lo hacen cambiar el modo (mood), el tiempo (tense), el número (number) y la persona (person).

17b. La clasificación del modo.

Los cuatro modos del verbo son: el indicativo, el imperativo, el subjuntivo y el infinitivo.

Indicativo: afirma o niega la acción en una forma absoluta.

María habla bien el inglés.

Imperativo: expresa mandato, ruego, o exhortación.

¡Hable bien el inglés, María!

¡Habla bien el inglés, Juan!

¡Hablemos bien el inglés, compañeros!

Subjuntivo: expresa la acción como un deseo o una posibilidad y siempre depende del otro verbo, (duda) al cual se enlaza con la palabra que.

Juan duda que María hable bien el inglés.

Infinitivo: infinitivo y dos participios.

hablar—infinitivo (nombre del verbo)

hablando—(participio presente)

hablado—(participio pasado)

17c. La clasificación del tiempo.

De estos modos, el indicativo y el subjuntivo cada uno tiene tres tiempos: el presente, el pasado, y el futuro y sus tiempos compuestos.

El tiempo del verbo se refiere a la época o momento en que se hace o sucede lo que el verbo significa.

17d. Lo que indica la terminación del verbo.

La terminación del verbo nos indica la persona (yo, tú, él, nosotros etc.) y el número.

Ejemplos:

comemos—indica la primera persona del plural.
llevan—indica la tercera persona del plural.
lava—indica la tercera persona del singular.
viajan—indica la tercera persona del plural.
estudio—indica la primera persona del singular.
telefoneas—indica la segunda persona del singular.

18. ESTUDIO DE LA LENGUA

El tiempo presente

18a. El tiempo presente del indicativo.

En el presente nos referimos a lo que está sucediendo en el momento o época en que hablamos. Estos son ejemplos del presente del modo indicativo, pues afirman o niegan la acción del verbo en forma real y absoluta:

La familia no *se pasea* por el parque.
Empieza la temporada de lluvias.
El sol *sale* temprano.

18b. La conjugación de los verbos regulares en el presente indicativo.

Para formar el presente del indicativo se toma la raíz del verbo y se le agregan estas terminaciones:

ar tom—	er com—	ir viv—
o	o	o
as	es	es
a	e	e
amos	emos	imos
an	en	en

18c. El tiempo presente del subjuntivo.

Estos son ejemplos del presente del modo subjuntivo pues expresan la acción (se pasee, empiece, salga) como un deseo o una posibilidad y se ligan al otro verbo (es, dudan, van) con la palabra *que*.

Es raro *que* la familia no *se pasee* por el parque.

Dudan *que* ya *empiece* la temporada de lluvias.

No van a ir, a pesar de *que* el sol *salga* temprano.

18d. La conjugación de los verbos regulares en el presente subjuntivo.

Para formar el presente del subjuntivo a la raíz del verbo se le añaden las siguientes terminaciones:

ar	er	ir
tom—	com—	viv—
e	a	a
es	as	as
e	a	a
emos	amos	amos
en	an	an

Fíjense bien en que ninguna forma lleva acento escrito.

Ejercicio 18

A. De la Lectura 6B, saquen diez afirmaciones de actos en el tiempo presente del indicativo. ¿Cuáles son sus terminaciones? ¿Y sus raíces (el infinitivo sin el *ar*, *er*, o *ir*)?

B. De la Lectura 7A saquen tres verbos regulares de cada conjugación y escriban todas sus formas.

C. De la Lectura 6B saquen diez ejemplos de actos en el tiempo presente del subjuntivo. ¿Cuáles son sus terminaciones? ¿Y sus raíces? ¿Cuál es la diferencia en el uso del presente en el indicativo y el subjuntivo?

D. Den el presente subjuntivo de los verbos conjugados en el presente indicativo.

E. ¿En qué modo están los verbos de letra cursiva? ¿Por qué?
  1. *Tengo* que hacer mi tarea.
  2. ¿Qué quieres que te *traigan*?
  3. *Es* fácil hablar bien.
  4. ¿De dónde *vienen*?
  5. Dudo que *sepa* darnos ese informe.
  6. ¡Ojalá que *llueva* a la noche!
  7. Tal vez *llegue* temprano.
  8. ¿Para cuándo *piensan* casarse?
  9. Me *pide* que le *pese* esos tomates.
  10. Te *ruego* ir.

F. Escriban oraciones en que:
  1. un verbo varíe de acuerdo con cada una de las personas gramaticales.
  2. cinco verbos expresen sucesos reales de la época en que vivimos.
  3. cinco verbos que expresen acción como deseo o posibilidad y cuya acción depende del otro verbo al cual se liga con *que*.

19. ESTUDIO DE LA LENGUA

Pronunciación

19a. Las formas correctas y las viciosas de los verbos terminados en *ir*.

La tentación de cambiar el orden de las letras en la primera persona del plural es el problema principal de estos verbos.

se dice:	**no se dice:**
vivimos	vivemos
escribimos	escribemos
recibimos	recibemos
decidimos	decidemos
decimos	dicemos

Apréndanse a pronunciar estas formas bien.

Ejercicio 19

A. Para repetir:
1. Aquí vivimos.
2. Aunque vivamos lejos, iremos a misa todos los domingos.
3. Vivimos cerca de mi tía.
4. Tal vez vivamos hasta los cien años.
5. Todavía no nos decidimos a fincar casa.

B. Para sustituir:
1. Aquí vivimos. (Allá, Por aquí, En esta cuadra, En ese apartamiento, Por esta calle)
2. Quiere que vivamos con mi tía. (Espera, Es necesario, Dudo, No importa, Es difícil)
3. ¿Dónde dices que vives? Mi mamá y yo vivimos aquí. (allá, por aquí, en esta cuadra, en ese apartamiento, por esta calle)
4. Aunque vivamos lejos iremos a misa los domingos. (al cine, a la tertulia, al té, al ateneo, al campo)
5. Tal vez vivamos hasta cien años. (el siglo 21, el fin del mundo, los cincuenta años, el año 1990, el fin del siglo 20)
6. Hace cincuenta años que vivimos juntos en este pueblo. (escribir novelas, decir mentiras, recibir visitas, decidir vivir, servir al público)
7. Todavía no nos decidimos a fincar casa. (buscar casa, rentar casa, comprar casa, alquilar casa, adquirir casa)
8. No podemos decidir el asunto. (el problema, el tema, la cuestión, el detalle, el punto)
9. Ya que decidamos el asunto les avisamos. (el problema, el tema, la cuestión, el detalle, el punto)

C. Para traducir:
Modelo:
  She knows that we live here. Sabe que vivimos aquí.
1. She knows that we receive presents here. (write letters, come every day, decide everything, say the truth, ask for forgiveness)
Modelo:
  I like it where we live. Me gusta donde vivimos.
2. I like it where we live. (we receive our company, we ask for help, we say it's pretty, we come to study, we decide what to do)

Los mayas, aztecas e incas de la antigua América crean una civilización

En el pluvioso Yucatán del trópico y en México meridional, se levantan las ruinas de grandes ciudades antiguas, moradas de los indios mayas. En Yucatán, como en Guatemala y Honduras, todavía subsisten lo que antaño fueron templos y pirámides mayas, que el nativo miraba con religioso temor. Lejana hacia el norte está la capital de otra civilización india, la de los aztecas. Hacia el sur, en las montañas de los Andes peruanos, un tercer pueblo americano antiguo, los incas, construyó grandes fortificaciones y palacios desde los cuales defendió su poderoso imperio.

Había numerosos pueblos indios mucho menos civilizados, entre éstos los indios Pueblo del suroeste de los Estados Unidos. Pero, al igual que en el Medio y en el Extremo Oriente, el hombre levantó también en las Américas civilizaciones antiguas. Ignoramos cuán remotas sean éstas y de dónde vinieron sus fundadores. Se cree que inmigraron a la América del Norte, hace no menos de diez mil años, adentrándose en Alaska por lo que hoy es el Estrecho de Bering.

pluvioso: lluvioso
meridional: sud, del sur
morada: casa, domicilio
subsistir: permanecer

ignorar: no saber

Semejanza de las civilizaciones de los mayas, los aztecas y los incas. Los antiguos mayas, aztecas e incas se asemejaban entre sí en muchos aspectos. Vivían en comunidades, algunas de las cuales eran verdaderas grandes ciudades. No dependían de la caza y la pesca para vivir, sino que sembraban frutos y regaban los campos. Su principal cultivo era el maíz. Pero no sólo dieron al mundo este grano, sino también el tomate, la fresa, la calabaza, el cacahuate (maní) y la piña. Sus instrumentos y armas eran principalmente de piedra pulida. Cada una de estas civilizaciones tenía un gobierno encabezado por un jefe tribal hereditario. Había orfebres que trabajaban el oro y la plata, y alfareros y tejedores expertos. Adoraban múltiples dioses, y trataban de propiciar su buena voluntad con frecuentes sacrificios. Gran parte de estas antiguas civilizaciones fue destruida por los conquistadores españoles, como Cortés y Pizarro, en el siglo XVI.

asemejarse: parecerse

orfebres: joyeros

alfareros: hacen objetos de barro
propiciar: aplacar, desenojar

Diferencias entre las civilizaciones maya, azteca e incaica. Los mayas fomentaron el progreso de las artes y las ciencias. La civilización maya floreció del año 500 al 700 de nuestra era, y luego nuevamente alrededor del año 1000; pero estaba ya en franca decadencia cuando Colón descubrió América en 1492. La clase sacerdotal erudita poseía conocimientos nada comunes de astronomía, matemáticas y cirugía. Hacia el año 300 a. de J. C., había hecho un calendario de sorprendente exactitud, y escrito obras de historia y de poesía, de las cuales sólo quedaron muy pocas. Todavía no hemos descifrado la mayor parte de los escritos pictográficos mayas.

fomentar: adelantar, dar impulso a

erudito: persona que tiene instrucción enciclopédica

a. de J. C.: antes de Jesucristo

La escultura maya es notable. La prolija decoración de templos y palacios, es semejante a la de Angkor Vat en Indochina. El moblaje maya, de piedra tallada, es también muy interesante. Los arquitectos construían grandes pirámides, con escaleras que conducían a los altares en la cúspide. Los ingenieros fueron muy hábiles en estas construcciones, así como en la de carreteras, puentes y embalses. Parece que los únicos instrumentos de que disponían eran de piedra. Las

prolijo: esmerado o decorado con exceso

moblaje: conjunto de muebles

cúspide: cumbre

embalse: acción de meter en balsas

guerras civiles y las epidemias contribuyeron a destruir esta prometedora civilización. Aun los mayas que vivían en la época de Cortés, sabían muy poco de sus antecesores.

Los aztecas practicaban ritos bárbaros. La civilización azteca de México era una extraña mezcla de costumbres bárbaras y prácticas civilizadas. Hacia 1300 de nuestra era, los aztecas emigraron del norte y conquistaron los pobladores originales de la nueva región, llamados Toltecas. En el lugar que hoy ocupa la ciudad de México, construyeron los aztecas la capital de su gran imperio. Situada en dos islas de un lago, la espléndida ciudad se comunicaba con tierra firme por dos puentes. Para abastecerse de agua tenían un sistema de acueductos.

Aguijoneados por el deseo de congraciarse con sus dioses, los aztecas vivían en continua guerra a fin de hacer prisioneros para sacrificarlos en los altares en la cima de sus templos. Después del sacrificio, los sacerdotes y guerreros solían comer carne de sus víctimas. Los prisioneros más afortunados eran hechos esclavos. El emperador azteca, Moctezuma II, señoreaba una unión poco centralizada de tribus indias que comerciaban entre ellas y hablaban un idioma común. Los conquistadores españoles, al mando de Cortés, quedaron maravillados al descubrir que los aztecas tenían pisos de mármol y paredes cubiertas de policromados tapices. Los aztecas, enriquecidos por los tributos y el comercio, construyeron jardines zoológicos, fuentes y baños lujosos. Se divertían con representaciones, danzas, canciones y juegos atléticos. Cada población señalaba un día de la semana para el mercado, cuando los traficantes vendían su fino paño de algodón, rica alfarería y joyería. Los agricultores traían tomates, frijoles y maíz; y los artesanos vendían finos espejos de piedra, navajas y armas.

Los aztecas, como sus predecesores los mayas, de quienes parecen haber aprendido mucho, tenían un sistema de numeración y un calendario solar bastante exacto. Su pictografía en colores se ha preservado en

aguijonear: picar, estimular

sacerdote: oficiante de un culto religioso

señorear: dominar, gobernar

policromado tapiz: paño de varios colores para adornar las paredes

traficante: comerciante

pieles, papel y tela de algodón, así como también en piedra.

Es difícil creer que tan poderoso imperio se desplomara ante el esfuerzo de un puñado de hombres mandados por Cortés. Las envidias y rencores entre las tribus que señoreaba Moctezuma, rompieron probablemente la unidad necesaria para resistir el empuje de los conquistadores españoles. Además, la supersticiosa creencia de que el blanco y barbudo Cortés era un semidiós, debilitó el ánimo de muchos. Los soldados de Cortés despojaron la capital de sus riquezas en oro y plata, y destruyeron los templos, las pirámides y los documentos tan necesarios para entender aquella civilización.

Los incas instituyeron una especie de socialismo. La imaginación de Pizarro, aventurero español que había sido porquerizo en su juventud, se inflamó con las leyendas de tesoros increíbles del país de los incas. Con un puñado de hombres acometió la hazaña de conquistar el antiguo Perú. Hacia 1535 había sojuzgado este poderoso Imperio del Nuevo Mundo, que incluyó una vez a Colombia, Ecuador, Perú, Bolivia y el norte de Chile. Desde su palacio de Cuzco, en lo que es hoy Perú, en las alturas de los Andes, el soberano incaico tenía poder de vida o muerte sobre sus millones de súbditos, quienes veían en él algo más que un monarca. Los incas adoraban al sol en ceremonioso culto, y creían que sus emperadores eran descendientes del sol. Escasos eran los derechos de que gozaba aquel pueblo, que vivía dedicado al servicio del emperador. Magníficas vías de comunicación y puentes facilitaban a éste la fiscalización continua de la lealtad y probidad de sus funcionarios. Las arcas del palacio estaban repletas de los impuestos y tributos del oro y la plata de las minas. Raros eran los crímenes en el vasto Imperio, pues se castigaba a los delincuentes con inaudito rigor.

La agricultura estaba estrictamente reglamentada. Toda la tierra pertenecía al gobierno. Los agricultores usaban abonos, y se valían del riego y de la labranza en terrazas para mayor rendimiento de los campos.

desplomarse: caer

rencor: resentimiento

porquerizo: el que guarda puercos o marranos

sojuzgar: dominar

soberano: monarca

súbdito: persona sujeta a superior

fiscalización: inspección

arca: caja de madera

inaudito: nunca oído, monstruoso

abono: fertilizante

106

Las cosechas de los incas incluían, además del ubicuo maíz, las papas y el algodón. La llama, semejante al camello aunque más pequeña, se usaba como bestia de carga, y su fina lana servía para hacer vestidos. El gobierno exigía que cada obrero se atuviera a su trabajo. Esta férrea disposición se aplicaba a tejedores, metalistas, alfareros y labradores. Era un régimen de esclavitud aceptada.

ubicuo: hallado en todas partes

Pese a la aparente eficacia de aquella dictadura los incas no tuvieron un sistema de escritura, ni usaron la moneda, ni lograron un alto desarrollo de las artes. El único método de contar que conocían era el de hacer nudos en una cuerda. Los palacios y fortificaciones se caracterizaban más por la solidez y la enormidad que por la belleza. Los individuos tenían escasa oportunidad de desarrollar la iniciativa, según es corriente en las democracias. ¿Cómo hubiera podido esperarse otra cosa si todo el mando se centralizaba en el emperador? Cuando Pizarro puso preso al emperador y lo decapitó, no quedó nadie con experiencia para dictar órdenes, y el Imperio se derrumbó como una casa de naipes.

pese a: a pesar de

Platt y Drummond

Actividades

A. Contesten estas preguntas:
1. ¿Dónde desarrollaron los mayas su gran civilización?
2. ¿Qué edificios todavía quedan como prueba de la alta cultura de estos indios?
3. ¿Dónde vivían los aztecas? ¿Los incas?
4. ¿Qué tribus, menos civilizadas, ocupaban el suroeste de lo que en la actualidad es los Estados Unidos?
5. ¿Cómo se dice en español el *Middle East*? ¿*Far East*?
6. Según se cree, ¿de dónde emigraron los indios de Norte América?
7. ¿Cómo se asemejaban entre sí los antiguos mayas, aztecas e incas?
8. ¿Por qué ofrecían frecuentes sacrificios a sus múltiples dioses?
9. ¿Quién era Hernán Cortés? ¿Francisco Pizarro?
10. ¿Cuándo floreció la civilización maya?
11. ¿A qué clase pertenecían los indios de mayores conocimientos?
12. ¿Cómo se dice *B.C.* en español, de dos modos? ¿*D.C.* en inglés? (Se emplean A.C. y D.C. para decir *Antes de Cristo* y *Después de Cristo*.)

13. ¿Qué obras de los matemáticos, arquitectos, ingenieros, etc. demuestran el progreso de la civilización maya?
14. ¿Quiénes fueron los pobladores originales del gran Valle de México?
15. ¿Dónde fundaron los aztecas su capital, Tenochtitlán?
16. ¿Qué tenían para abastecerse de agua?
17. ¿Cómo conseguían los aztecas suficientes víctimas para sacrificarlos en sus altares?
18. ¿Qué clase de gobierno tenían?
19. ¿Cómo eran los palacios de los nobles?
20. ¿Cómo se divertían los indios?
21. ¿Qué cosas se vendían en los mercados?
22. ¿En qué materiales se ha preservado la pictografía de los mayas y aztecas?
23. ¿Cómo se puede explicar la derrota de los aztecas por un puñado de españoles?
24. ¿Qué países de la actualidad fueron una vez parte del Imperio de los Incas?
25. ¿Hacia qué año se apoderó Pizarro del Imperio?
26. ¿A quién adoraban los Incas?
27. ¿Dónde quedaba la capital incaica?
28. ¿Cómo es que se puede decir que los incas vivían bajo una especie de socialismo?
29. ¿Cuáles eran algunos de los hechos más admirables de los incas?
30. ¿Cuál era el mayor defecto de su sistema político y económico?

LECTURA B

Términos de exploraciones espaciales

1. a missile	1. un proyectil
2. a rocket	2. un cohete
3. rocketry	3. cohetería
4. the trajectory	4. la trayectoria
5. a hole in the middle	5. un hoyo en medio
6. horsepower	6. Levy, *Present Day Spanish*: el caballo de vapor es la unidad que expresa la potencia de una máquina
7. thrust-pounds	7. libras de empuje
8. the first stage	8. la primera etapa
9. spaceship	9. nave espacial
10. it fires again	10. vuelve a incendiar
11. satellite; applied satellite	11. el satélite; un satélite de aplicación

12.	to put in orbit	12.	poner en órbita, colocar en órbita
13.	to launch	13.	lanzar, levantar el vuelo
14.	the launching site	14.	lanzamiento
15.	the load	15.	la carga
16.	manned vehicle	16.	nave tripulada
17.	to predict the weather	17.	pronosticar el tiempo
18.	electronic equipment	18.	equipo electrónico
19.	over the polar zone	19.	sobre el área polar
20.	it turns around	20.	se voltea
21.	a delicate control system (guiding)	21.	un sistema de guía delicado
22.	solar cells	22.	células solares
23.	a system of propulsion	23.	un sistema de propulsión
24.	free flight	24.	vuelo libre
25.	craters on the moon	25.	cráteres en la luna; lunares
26.	to simulate the surface of the moon	26.	simular la superficie de la luna
27.	a project designed to	27.	un proyecto designado para
28.	weightlessness; gravity	28.	ingravidez; gravedad
29.	long lasting flight	29.	vuelo de larga duración
30.	to unite one capsule with another	30.	unir una cápsula con otra nave
31.	astronauts	31.	astronautas
32.	retrorocket	32.	retrocohete
33.	mounted	33.	montada
34.	to bounce off	34.	rebotar
35.	to turn around the earth	35.	girar alrededor del mundo
36.	to establish a trajectory	36.	establecer una trayectoria
37.	igniting motor	37.	motor encendedor
38.	solid fuel, liquid fuel	38.	combustible sólido, líquido
39.	to land	39.	aterrizar
40.	astronomical observatory	40.	observatorio astronómico
41.	loss of calcium	41.	pérdida de calcio
42.	stereoscopic photographs	42.	fotografías estereoscópicas
43.	moon travelers	43.	selenautas, selenes
44.	spatial flights	44.	vuelos espaciales
45.	Lunar Flight of Apollo 11 (to Mars)	45.	vuelo lunar de Apollo 11 (marcial, a Marte)
46.	capsule	46.	cápsula
47.	Cape Kennedy	47.	Cabo Kennedy
48.	Atlas-Centaur Rocket	48.	Cohete Atlas-Centauro
49.	Sea of Tranquility	49.	Mar de la Tranquilidad
50.	Moon landing	50.	alunizaje

Actividades

A. Escriban en español un diálogo original o propio de ustedes empleando cuantas más de estas palabras posibles.

Ejemplo (en inglés):
> I represent NASA, an agency devoted to the development of spatial explorations. Its objectives are for scientific investigations and for national defense. Here are some models I brought along to show you . . . etc.

B. Contrasten la vida cotidiana en tiempo de los incas con la de la actualidad.

20. ESTUDIO DE LA LENGUA

El imperativo

20a. El imperativo.

El *modo imperativo* impera o hace mandatos directamente a una o más personas: nosotros, tú, usted y ustedes. Tiene solamente un tiempo, el presente.

20b. La exhortación.

Estudien estos modelos:
> *Cantemos* ese himno.
> No *vayamos* a ese templo.

La exhortación es el mandato de nosotros; se forma de la primera persona del plural del presente del subjuntivo (*cantemos, vayamos*).

20c. El mandato de *tú*.

El mandato de *tú* se forma en el afirmativo con la 3a persona del singular del presente del indicativo (él lee); en el negativo con la 2a persona del singular del presente del subjuntivo (tú hables):
> Ahora *lee* tú, Juan.
> ¡No *hables* tanto, Juan!

20d. El mandato de *usted*.

El mandato de *usted* se forma con la 3a persona del singular del presente del subjuntivo (usted pase, usted no pase):
> *Pase* adelante, Sr. López.
> No *pase* por allí, Sr. López.

20e. El mandato de *ustedes*.

El mandato de *ustedes* se forma con la 3a persona del plural del presente del subjuntivo (ustedes pasen, vayen):
> *Pasen* ustedes adelante, señores.
> No *vayan* a pagar esa multa, señores.

20f. El acento en el imperativo con reflexivos.

Estos mandatos siguen las mismas reglas que los demás verbos. Pero, ¿qué cambio le notan a los primeros dos ejemplos? ¿Por qué creen que sea necesario? Estos mandatos también siguen las reglas del acento.
Fíjense en estos ejemplos:

Afirmativo	**Negativo**
Sent*émonos*	No nos sentemos
Bañ*émonos*	No nos bañemos
Cáll*ate*, Juan	No te calles, Juan
Leván*tate*, María	No te levantes, María
Sién*tese*, Sr. López	No se siente, Sr. López.
Quí*tese* el sombrero	No se quite el sombrero
Pár*ense* todos, por favor	No se paren todos, por favor
Acués*tense* ya	No se acuesten todavía

20g. El imperativo con dos complementos.

Lean y estudien estos ejemplos:

Mandatos Afirmativos	**Mandatos Negativos**
Sí, tráemelo	No, no me lo traigas
Sí, léemelo	No, no me lo leas
Sí, créemelo	No, no me lo creas
Sí, óyemelo	No, no me lo oigas
Sí, házmelo	No, no me lo hagas
Sí, dímelo	No, no me lo digas
Sí, pónmelo	No, no me lo pongas

Fíjense en que al agregársele los pronombres se siguen las reglas del acento ortográfico.

20h. La forma correcta y la viciosa del mandato con *se.*

En el caso de *siéntense, háganse, etc.* . . . hay que fijarse en que el pronombre *se* va al final del mandato:

se dice:	**no se dice:**
Siénten*se*	Siénten*sen* ni
	siénte*sen*
Hágan*se*	Hágan*sen* ni
	hága*sen*

Cuidado de no cambiar el lugar de la *n.*

Ejercicio 20

A. Estudien estas frases escogidas al azar de "Sangre y Arena" por Blasco Ibáñez (Español, 1867–1928). Después escríbanlas de dictado.
1. Vino, ni probarlo: la botella permanecía intacta ante él.
2. Había que conservarse sereno.
3. Este mal recuerdo no le impresionaba.

4. Vagos temores parecían emerger del fondo de su ánimo, haciéndole dudar de sí mismo.
5. No podía entretenerse en la mesa.
6. Este les respondía anteponiendo el "don" a sus nombres.
7. Aproximándose a los tiempos presentes, temblaban de emoción.
8. Siéntese y tome algo.
9. Fueron despidiéndose los admiradores.
10. Se dispuso a subir a su cuarto.
11. Juanillo, bésale la mano al padrino.
12. Exhibirse de bautizo era una de las consecuencias de su gloria.
13. ¡Con las ganas que tengo de verte matar!
14. ¡Chócale la mano! No se enfada.
15. Al hablarle de sus miserias solicitaban una limosna.
16. ¡Dejadme!
17. Con permiso, dispénsame.
18. ¡Mucha suerte! ¡Que le vaya a usted bien!
19. ¡Descúbrete!
20. Me la quito . . . pero es al muerto.
21. ¡No la tires!— gritaron miles de voces.
22. ¡Sentarse!— gritaban los más prudentes.
23. Tomó otras banderillas y las clavó.
24. Le volvió la espalda, alejándose poco a poco.
25. Le decían golpeándole los hombros —Has estado muy bueno.

B. Escriban diez exhortaciones afirmativas propias.

C. Escriban diez mandatos afirmativos propios con cada uno de los pronombres tú, usted, ustedes.

D. Cambien los ejercicios de B y C a la forma negativa.

E. Den los cuatro mandatos afirmativos de estos verbos:

ponerse	sentarse	dormirse	levantarse
verse	acostarse	callarse	recargarse
irse	pararse	caerse	hacerse

F. Ahora den los negativos del ejercicio E.

G. Para repetir:

Modelo:

—¿Quieres traerla? —Tráesela tú. —

¿Quieres leerla? (verla, oírla, hacerla, ponerla, traerla, leerla, tocarla, decirla)

H. Para traducir:
1. Modelo:
Bring it to him, please.
Tráiganselo por favor.
(Lend it to him,
Buy it for him,
Take it to him,
Write it for him,
Put it for him,
Ask him for it,
Read it to him.)
2. Modelo:
I'm going to see them.
Voy a verlos.
I'm going to give them. (to write them, to lend them, to read to them, to believe them, to help them)

21. ESTUDIO DE LA LENGUA

Pronunciación

21a. El uso acertado de las vocales *o* y *u*.

La *o* se pronuncia con claridad en las primeras tres palabras, y la *u* en vez de *o* en la última.

se dice:	no se dice:
alm*oh*ada	alm*u*ada
c*oh*ete	c*u*ete
d*o*rmido	d*u*rmido
j*u*ventud	j*o*ventud

21b. El uso acertado de las vocales *o* y *e*.

En las primeras dos palabras la *o* se pronuncia con cuidado de que no parezca ser *e*; la tercera siempre se pronuncia con *e*.

se dice:	no se dice:
*o*scuro	*e*scuro
s*o*mos	s*e*mos
p*e*ro	p*o*ro

21c. El uso acertado de la *e* y *u*.

Siempre se dice n*e*blina, con *e*.

se dice:	no se dice:
n*e*blina	n*u*blina

21d. El uso acertado de *ue* y *o*.

En las primeras dos palabras siempre se pronuncia la *ue*. Las dos últimas nunca se pronuncian sin la *o*.

se dice:	no se dice:
p*ue*s	p*o*s, p*u*s, o p*o*s'*n*
h*ue*le	*o*le, *ho*le
*o*rfanato	*hue*rfanato
n*o*vecientos	n*ue*vecientos

21e. La *u* no se suprime.

Siempre se dice grad*ua*rse, con *ua*.

se dice:	no se dice:
grad*ua*rse	grad*a*rse

Ejercicio 21

A. Para repetir:
1. Pásame una almohada, por favor.
2. Me asusté con el trueno de los cohetes.
3. Cállate, por favor, que el bebé está dormido.
4. La juventud de hoy no es muy diferente a la de otros tiempos.
5. Me gusta el color verde claro, pero no el oscuro.
6. Somos amigos desde hace muchos años.
7. Comprendo lo que quieres hacer, pero ¿de dónde vas a sacar el dinero?
8. Cuando se levanta la neblina, el valle presenta un espléndido panorama.
9. Créemelo que te entiendo, pues por algo somos cuates.
10. Este queso no huele muy bien.
11. En un orfanato viven niños sin padres.
12. Allá por el año novecientos diez mis abuelos llegaron a este país.
13. En México y otros países latinoamericanos se acostumbra a graduarse de la primaria a fines de sexto año.

B. Para sustituir:
1. Pásame una almohada, por favor. (Dame, Alzame, Véndeme, Réntame, Alquílame, Guárdame)
2. Me asusté con el trueno de los cohetes. (Me dio miedo, Me desmayé, Me dolió la cabeza, Me alarmé, Palidecí)
3. Cállate, por favor, que el bebé está dormido. (la niña, los niños, mi abuelita, tu papá, los enfermos, las gemelas)
4. La juventud de hoy día no es muy diferente a la de otros tiempos. (parecida, igual, diversa, desigual, semejante)
5. Me gusta el color verde claro, pero no el oscuro. (azul, amarillo, gris, lila, anaranjado, rosa)

6. Somos amigos desde hace muchos años. (la niñez, mil novecientos sesenta, la primaria, el jardín de niños, el primer año de secundaria, el año pasado)
7. Comprendo lo que quieres hacer, pero, ¿de dónde vas a sacar el dinero? (el permiso, el terciopelo, la madera, la plata, la pintura, el barniz, los resortes)
8. Cuando se levanta la neblina el valle presenta un espléndido panorama. (las montañas, el río, el océano, el mar, los montes, la llanura, la cuenca del río)
9. Créeme que te entiendo, pues por algo somos cuates. (hermanos, amigos, primos, gemelos, parientes)
10. Este queso no huele muy bien. (requesón, carne, leche, tacos, rompope, pollo, tamales)
11. En un orfanato viven los huérfanos. (niños sin padres, sin protección de sus padres, sin amor de sus padres adoptivos, con hermanitos de familia)
12. Allá por el novecientos diez mis abuelos llegaron a este país. (mis papás nacieron, mis tíos entraron, mis bisabuelos vinieron, mis padres se casaron, mis hermanos mayores nacieron)
13. En México y otros países latinoamericanos se acostumbra graduarse de primaria a fines de sexto año. (Guatemala, Cuba, España, Panamá, Colombia, Chile, Venezuela)

C. Lean el párrafo siguiente. Escríbanlo en forma correcta. Después prepárense a tomarlo de dictado.

Todos los dias paso por el huerfanato que queda a la vuelta de mi casa. En los dias de fiesta alli prenden muchos cuetes. Me hace recordar los dias de mi propia niñez cuando huelo el olor de la polvora. Alla por el año de mil nuevecientos doce eso mismo me causaba panico; en la escuridad de la noche yo hundia mi cabeza en la almuada hasta quedarme durmida. Ahora veo la alegria de los chiquios y todo me parece un sueño. Es verdad que la joventud es como la nublina, porque las dos se esfuman tan pronto.

Capítulo **9** *Ciencias naturales*

LECTURA A

Ciencias naturales

La biología y sus aplicaciones

Desde los tiempos de la antigüedad el hombre ha tenido que conocer las plantas y los animales, tanto porque son indispensables para su vida como porque le es preciso protegerse de los daños que algunos de ellos pueden causarle.

Estos conocimientos poco a poco se ampliaron y catalogaron hasta constituir la biología moderna, con todas las complicadas técnicas que se emplean en su investigación y estudio, y las múltiples especialidades en que se ha dividido.

Algunos de los pueblos aborígenes que habitaban lo que hoy es la república de México, habían alcanzado conocimientos biológicos sólidos no sólo en la parte teórica sino también en sus aplicaciones. Basta mencionar que estos pueblos habían logrado desarrollar cultivos como el del maíz o el del frijol, que habían domesticado animales tan útiles como el guajolote y que conocían perfectamente las cualidades medicinales de muchas plantas.

Los europeos trajeron a nuestro suelo los conocimientos biológicos acumulados en el Viejo Continente, aportados, en su mayoría, por las civilizaciones griega y romana y extendidos después por toda la gran cuenca del Mediterráneo.

aportar: contribuir

cuenca: cavidad por donde corre el agua

Durante la Edad Media, siglos VI al XV, las ciencias en general, y entre ellas las biológicas, sufrieron un estancamiento debido a causas muy diversas que impedían y dificultaban las investigaciones científicas.

Desde la época histórica que se conoce con el nombre de "Renacimiento," y que empieza a mediados del siglo XV, en las diversas ciencias se produjo un vigoroso avance que continuó cada día mayor, hasta llegar al estado en que hoy se encuentran.

En la actualidad los países más avanzados de la tierra conocen la importancia que el conocimiento biológico tiene para todos sus habitantes y, por eso, la enseñanza de la biología, en distintas formas y grados se incluye en los diversos niveles escolares, pues se considera que la formación del ciudadano no estaría completa si no tuviera una idea clara de la Naturaleza y de las relaciones de la humanidad con los demás seres que la rodean.

En todos los países del mundo existen innumerables centros de investigación en el campo de la biología, y en México se ha desarrollado mucho esta rama en los últimos años.

Los que en México quieren dedicarse al estudio de la biología pueden obtener su preparación profesional en distintos sitios: el Departamento de Biología de la Facultad de Ciencias de la Universidad Nacional, el Departamento de Biología de la Escuela Normal Superior o de la Escuela Nacional de Ciencias Biológicas del Instituto Politécnico—en la capital—o en otros planteles semejantes que existen ya en diversos estados.

plantel: escuela

Escuelas como la de Agricultura, de Medicina, de Veterinaria, etc., aunque no preparan profesionistas de tipo específico en biología, basan sus enseñanzas en los conocimientos biológicos. Cada uno de estos establecimientos, tomados sólo como ejemplos, trabaja en un campo determinado, pero todos pueden considerarse de carácter biológico. Al estudiante que le guste el estudio de la biología puede encontrar estímulo y valiosas informaciones si se interesa por las labores que en ellos se desarrollan.

El agua y su importancia en la vida del hombre

Sabemos que el agua entra en la formación del cuerpo humano en grandes proporciones, pues llega al 70 y hasta el 80% de su peso total, y que además desempeña papel importante en las funciones digestivas, circulatorias, excretorias y en la regulación de su temperatura.

El hombre elimina de modo constante y regular grandes cantidades de agua con el aire espirado, con el sudor o la transpiración de la piel, con la orina y con las evacuaciones fecales. Cuando se trabaja, se hace ejercicio, o cuando el ambiente es caliente y seco, aumenta la eliminación del agua por el sudor y la respiración; cuando se come algo salado, azucarado o de otras materias muy solubles, que pasan a la sangre, se necesita tomar más agua para restablecer el equilibrio. La sangre toma el agua de los tejidos, los cuales se deshidratan y esto produce una marcada sensación de sed.

tejidos: carne, parte sólida del cuerpo
deshidratar: perdar agua

Las pérdidas normales de agua son compensadas por la que se toma y la que contienen casi todos los alimentos, pero con mayor abundancia la leche, los caldos, jugos y frutas jugosas.

El agua para la alimentación se llama agua potable; para poder decir que es potable debe poseer las siguientes características: 1ª, ser sin color y transparente en cantidades reducidas, aunque pueda ser algo azulada en grandes masas; 2ª, ser completamente sin olor, tanto en sus fuentes de origen, como después de algunos días de estar guardada; 3ª, tener sabor fresco y agradable; 4ª, contener una pequeña proporción de sales minerales disueltas, no más de medio gramo por litro; 5ª, no tener exceso de restos orgánicos ni materias en descomposición, 1 o 2 miligramos de materia orgánica por litro es el máximo tolerable; 6ª, no estar contaminada por bacterias o gérmenes que puedan provocar enfermedades.

tolerable: se puede aguantar

Las aguas de los charcos, estanques o lagunas tienen a veces olores desagradables que hacen patente la peligrosa existencia en ellas de materias en putrefacción. Las aguas turbias, o cuando tienen color por ligero que sea, generalmente no son potables, pues contienen casi siempre sustancias dañinas.

patente: evidente

putrefacción: estado podrido

dañino: dañoso

Las aguas con frecuencia contienen carbonatos, yeso u otras sales; estas aguas llamadas "duras," no son completamente potables y tampoco son muy apropiadas para la limpieza del hogar, porque descomponen el jabón, impiden que haga espuma y producen su precipitado en coágulos blancos. En Durango y otras regiones de México, donde existen minas de ciertos minerales, el agua se carga de sustancias que disminuyen su potabilidad y causan algunos trastornos, entre los cuales el más común y notable es el ennegrecimiento de los dientes. La transparencia de las aguas no es un carácter que asegure su potabilidad, pues los gérmenes no se ven a simple vista ni enturbian el agua.

precipitado: separación

A las malas condiciones de las aguas que tomamos se debe una gran porción de las enfermedades y de la mortalidad del pueblo mexicano. Las aguas frescas, limonadas, helados y paletas que se venden en las calles suelen estar preparadas sin limpieza ni precauciones sanitarias, por lo cual constituyen un serio peligro para la salud.

Entre los problemas sanitarios de primordial importancia que México debe resolver está el de la dotación de agua potable a toda la población, cuestión en la que se van realizando grandes progresos.

primordial: urgente
dotación: dar

La célula

Durante muchos años los biólogos han estudiado los organismos directamente y sin ayuda del microscopio. De esta manera llegaron a conocer la forma de sus partes externas y sus órganos internos, pero nada sabían de su estructura microscópica. Esto se debía a que no tenían aparatos que aumentaran el poder visual del hombre. Con la invención del microscopio, se abrieron amplios horizontes al campo de la investigación y pronto los investigadores descubrieron la célula.

Tuvo el honor de este descubrimiento el físico inglés Robert Hooke que, en el año 1665, al observar con el microscopio cortes delgados de corcho, notó que estaban formados por una gran cantidad de pequeñas cavidades que se parecen a las celdillas de un panal de abejas, por lo que les dio el nombre de "células"—del latín que quiere decir pequeña cavidad. En realidad el tejido del corcho está formado por células muertas reducidas por la secreción.

Este descubrimiento fue el punto de partida de muchísimos trabajos que han sido llevados a cabo posteriormente. Pronto varios investigadores observaron las células en diferentes vegetales y animales. Diversos biólogos habían observado dentro de la célula una sustancia viscosa a la que no dieron importancia. En 1835, Dujardin, estudiando los protozoarios, indicó que es en esa materia viscosa, refringente y homogénea, donde reside la vida y la designó con el nombre de sarcoda, que después Purkinje substituyó por el de protoplasma.

protozoarios: animales unicelulares
viscosa: blanda, húmeda
refringente: que refleja

En 1831, Robert Brown, al estudiar la epidermis de las orquídeas, encontró dentro de las células un corpúsculo redondo y refringente al que llamó "núcleo" y demostró que su presencia era constante y de suma importancia en todas las células.

epidermis: membrana

corpúsculo: cuerpo pequeño

Posteriores investigaciones en las que intervinieron varios distinguidos sabios, dieron a conocer las demás partes de las células, como las vacuolas, los plastosomas, el centrosoma, las reservas, las partes del núcleo, etc.

Muchos estudios sobre vegetales y animales demostraron la existencia constante de las células. Por eso se estableció la teoría celular. Esta fue presentada por primera vez por el botánico Schleiden en 1838 para los vegetales. Después el ilustre zoólogo Teodoro Schwann la generalizó a los animales. La teoría celular estableció que todos los organismos, desde los más pequeños y sencillos hasta los más grandes y complicados estaban formados de células y que la célula era la unidad anatómica y fisiológica más pequeña conocida.

Algunas ideas antiguas acerca del origen de los seres

Si en la actualidad se admite la unidad de origen sin ninguna discusión, éste no era el caso en épocas pasadas en las que dominaron las ideas de la generación espontánea de los organismos, y se negaba que muchos de ellos procedieran de otros semejantes.

dominar: sobresalir
generación: producción
proceder: originarse

Los griegos creían que los animales se originaban del agua y de las materias orgánicas en putrefacción; decían que las anguilas nacían del limo en descomposición, y las abejas y otros insectos, de la putrefacción de las carnes de los animales.

anguila: pez
limo: moho, fango

Durante la Edad Media estas ideas estuvieron muy difundidas, al extremo que se llegaron a considerar como verdades. Así se afirmaba que el agua engendraba los peces, que la madera al pudrirse daba origen a los gusanos, éstos a las mariposas y de éstas, a su vez, procedían los pájaros, etc., etc.

difundidas: esparcidas, creídas

Actividades

A. Busquen los cognados que corresponden a estas palabras inglesas:

1. biology	26. polytechnic institute
2. indispensable	27. diverse
3. subsistence	28. stimulus
4. to occasion	29. elimination
5. to systematize	30. soluble
6. technique	31. equilibrium
7. investigation	32. to dehydrate
8. multiple	33. organic
9. specialty	34. to contaminate
10. aboriginal	35. frequent
11. to inhabit	36. ostensible
12. solid	37. to consume
13. theoretical	38. mortality
14. to domesticate	39. population

15. curative	40. theory
16. European	41. biologist
17. Mediterranean	42. external
18. Middle Ages	43. structure
19. approximately	44. to augment
20. Renaissance	45. horizon
21. epoch	46. cavity
22. formation	47. point of departure
23. concept	48. to observe
24. Nature	49. complicated
25. humanity	50. organic matter

B. Los que han estudiado o están estudiando actualmente la biología podrán hacer fácilmente una lista escrita traduciendo los siguientes términos del inglés al español. Y los que no, con algo de esfuerzo, podrán encontrarlos en algún buen diccionario.

1. branch of learning	16. microscope
2. digestive functions	17. cell
3. circulatory	18. physicist
4. tissue	19. alveolus, sacs
5. colorless	20. protozoan
6. odorless	21. protoplasm
7. mineral salts	22. epidermis
8. gram	23. corpuscle
9. bacteria	24. nucleus
10. germ	25. centrosome
11. calcium carbonate	26. botanist
12. magnesium	27. zoologist
13. gypsum	28. origen of the species
14. beds, deposits	29. spontaneous generation
15. organism	30. facts

C. Contesten las siguientes preguntas:

1. ¿Por qué ha tenido el hombre que conocer las plantas y los animales?
2. ¿Qué conocimientos biológicos tenían algunos de los pueblos aborígenes de las Américas?
3. ¿De qué civilizaciones antiguas vinieron los conocimientos biológicos de los europeos?
4. ¿Cómo se llama la época histórica cuando se inició un interés reanudado en las ciencias naturales?
5. ¿Dónde pueden obtener su preparación profesional los que quieran dedicarse al estudio de la biología?
6. ¿Qué carreras están basadas en la enseñanza de conocimientos biológicos?
7. ¿Qué por ciento del cuerpo humano es agua?
8. ¿Qué produce la sensación de sed?

9. ¿Qué quiere decir "agua potable"?
10. ¿Qué cualidades debe poseer el agua potable?
11. ¿Qué aguas se llaman "duras"?
12. ¿Por qué no es la transparencia de las aguas característica de su potabilidad?
13. ¿Cómo es que las limonadas, helados y paletas que se venden por las calles constituyen un serio peligro para la salud?
14. Se les aconseja a los turistas americanos que emprenden viajes a Europa o a la América Latina que sólo beban agua purificada. ¿Cómo sabemos que el autor de este artículo de biología está enterado del problema en México?
15. ¿Qué abrió amplios horizontes al campo de la investigación?
16. ¿Qué observó el físico inglés?
17. ¿Dónde reside la vida?
18. ¿Qué es la teoría celular?
19. ¿Qué creían los griegos acerca del origen de los animales?
20. Según las ideas erróneas de la Edad Media, ¿de qué insectos procedían los pájaros?

LECTURA B

El grillito sin guía

El grillo que conocemos comúnmente, es el grillo doméstico, animalito de unos tres centímetros de longitud, con largas antenas, en las que tiene el sentido del tacto; y el sentido del oído está localizado en sus **tacto:** sentido de tocar largas y fuertes patas traseras, las que también le sirven—a los machos—para frotarlas en los élitros o alas **élitros:** alas truncas anteriores y producir lo que se llama técnicamente en lenguaje de entomólogos, la estridulación, que los profanos llamamos canto. Es un insecto de aspecto serio y distinguido: parece un señor importante enfundado en su casaca negra rojiza, con su alto cuello **enfundado:** metido duro bien planchado y sus grandes ojos, que de grandes parecen estar cubiertos por gruesas antiparras; sus **antiparras:** anteojos antenas completan el cuadro fingiendo largos y bien enrollados bigotes a la vieja usanza de mandarines o filósofos chinos. La ciencia moderna lo clasifica entre los ortópteros, o sea los insectos de alas rectas, membranosas y plegadizas, enfundadas en otras gruesas queratinosas que las protegen, y lo considera altamente perjudicial a la economía doméstica, por los grandes destrozos que hace de las prendas de vestir con sus fuertes y bien armadas mandíbulas que todo lo cortan.

Este animalito se encuentra extendido por todo el orbe y está adaptado a vivir en todos los climas y latitudes.

Los franceses lo llaman *grillon* y más ordinariamente *cri-cri*; de allí el nombre escogido por Gabilondo Soler para su Grillito Cantor de las ingenuas y deliciosas canciones para niños, que difunde la Radio X.E.W. de la Ciudad de México.

La población oriental culta, les da otro destino. En efecto, sabemos que sus sonidos musicales son varios tonos más altos que los del mundo occidental, y lo que para nosotros constituyen estridencias, para ellos son embelesantes notas musicales. Como el canto del grillo está compuesto de notas agudas, de allí que lo consideran armonioso, y por ello los encierran en unas artísticas jaulitas hechas de pequeños tubitos de plata que sirven de tubos de resonancia que amplifican el canto, con lo que se deleitan y entretienen con un cantor de poca paga.

Como nuestro egregio músico don Julián Carrillo autor de la *Teoría del Sonido 13*, basa ésta en el uso de notas altísimas y discordantes tonos, bien podría reforzar su Orquesta del Sonido 13 con unos trece grillitos cantores encerrados en sendas jaulitas de cristal de Bohemia para que la sonoridad de éste ayude a la voz de tan incansables músicos.

Muchas gentes creen que es de buen agüero que un grillo se pose sobre la persona, porque ésta recibirá algún regalo o fortuna.

Nuestro lenguaje ha hecho honor a los grillos usándolos en dichos, tales como: "Andar de grillos," o sea, ocuparse en cosas inútiles. "Cantar como un grillo," se dice del que canta sin gracia y sin modulación ninguna, y en frase de caló, "Cantar el grillo" significa sonar el dinero.

En muchos casos más ha de haber prestado servicios

a la Humanidad este insecto, pero ella no se los reconoce, o ingrata como siempre, los ha olvidado. Hojeando viejos y amarillentos papelotes, me encontré uno interesante e histórico que les voy a relatar.

Por real cédula expedida a principios del año del Señor, de 1527, el Emperador Carlos I de España y V de Alemania, nombró a Pánfilo de Narváez para conquistar y gobernar las provincias que están desde el Río de Las Palmas hasta el Cabo de La Florida, y de entre los oficiales que lo acompañarían, nombró a don Alvar Núñez Cabeza de Vaca por tesorero y por alguacil mayor. Partieron a 17 días del mes de junio del propio año, del puerto de Sant Lúcar de Barrameda y vía Isla de Santo Domingo, llegaron a Santiago de Cuba y después de muchas peripecias, naufragaron y Cabeza de Vaca en unión de Alonso del Castillo Maldonado, Andrés Dorantes y un negro alárabe, natural de Zamora, llamado Estebanico, estuvieron en calidad de esclavos en poder de los indios Criks de la familia Muskoki con los que pasaron grandes hambres, desempeñaron labores duras de día y parte de las noches; después fueron curanderos, con lo que recibieron mayores favores y consideración, y por último, tras de seis años de cautiverio, pudieron seguir tierra adentro y recorrieron lo que hoy es el sur de los Estados Unidos; descubrieron el Río Misisipí, el más grande de la América del Norte; descubrieron el bisonte americano, las vacas corcovadas, la planta llamada mezquite, que llamaron mezquiquez, y después de presenciar horrores y de saber que de los demás miembros de la expedición, quedaron el portugués carpintero y marinero Alvaro Fernández; un tal Méndez; otro llamado Figueroa, natural de Toledo; un Astudillo, natural de Zafra; por de estos, quienes se alejaron rumbo fijo, supieron de otros llamados Sierra, Diego López, Corral Palacios y Gonzalo Ruiz, que fue tal la necesidad en que se encontraron "que se comieron los unos a los otros, hasta que quedó uno solo, que por ser solo no hubo quien se lo comiese. De este caso se alteraron tanto los indios y hubo entre ellos tan gran escándalo,

cédula: documento

peripecias: accidentes
naufragar: irse a pique en el agua una embarcación

cautiverio: estado de esclavitud

bisonte: rumiante parecido al búfalo

que sin duda si al principio ellos lo vieran, los mataran y todos nos viéramos en grande trabajo," según con sus propias palabras lo dice Cabeza de Vaca.

Esa desgraciada expedición concluyó en Sinaloa, habiendo atravesado Cabeza de Vaca y sus esforzados compañeros de océano a océano por las regiones más áridas y difíciles y sin elementos de ninguna especie ni armas, ni tan siquiera ropas, ya que durante años anduvieron completamente en cueros, según nos lo cuenta el propio conquistador.

De allí se dirigieron a la Ciudad de México donde descansaron dos meses y salieron para España, a la que llegó Cabeza de Vaca en 1537 y en 1540 fue nombrado Adelantado y Gobernador del Río de la Plata, en virtud de los disturbios que hubo en que perdió la vida el anterior Gobernador Don Pedro de Mendoza.

Cabeza de Vaca salió con cuatrocientos soldados, muchos bastimentos, pilotos y marineros que en dos naos y una carabela y otra que los esperaba en las Canarias, partieron del puerto de Cádiz el 2 de noviembre de 1540, habiendo tenido que llegar de arribada forzosa a la Isla de Santiago, que es una de las islas de Cabo Verde, de clima malsano y mal puerto, porque como su fondo es rocoso, las aristas de las peñas destruyen los cabos de las áncoras y fácilmente se sueltan los navíos, con gran peligro. En esa época en dicha isla se hacían los tratos de esclavos negros y por ello el dinero era muy abundante "y les daban cada doblón por veinte reales."

Una vez compuesta la avería de la nao capitana que los hizo llegar de arribada forzosa a la Isla de Santiago, reaprovisionados de carne, otros bastimentos y cien botas de agua, zarparon para América y cuando ya habían pasado la línea equinoccial, el maestre requirió el agua que llevaba la nao capitana recontada y ya que se hubo encontraron que de las cien botas solamente quedaban tres, y de ella habían de beber cuatrocientos hombres más treinta caballos.

Ante la imposibilidad de continuar la travesía sin agua, el Gobernador Cabeza de Vaca, con la larguísima

bastimentos: provisiones
naos: naves

aristas: picos
cabos: extremos
áncoras: anclas

doblón: moneda antigua

avería: daño

zarpar: levar anclas

travesía: viaje por mar

experiencia de que gozaba, prudentemente "mandó que tomase la tierra, y fueron tres días en demanda de ella."

Aquí es donde el grillo jugó su gran papel.

Al salir de Cádiz, se embarcó un soldado enfermo, y como sabía que el lugar que le correspondería era la sentina del barco, oscura, solitaria y triste; como tampoco sabía cuanto tiempo duraría malo, ni el que dilataría en la navegación, no se le ocurrió otro medio de distraerse, sino de introducir subrepticiamente un grillo, para que lo entretuviese con su canto. Había pasado todo ese tiempo de viaje sin cantar, no obstante el buen trato y mejor yantar que el soldado le proporcionaba, por lo que éste se encontraba furioso, y he aquí que al llegar el cuarto día que andaban en demanda de tierra, de pronto el grillito se puso a cantar, y el soldado, con muy buen juicio, pensó que aquello no era natural, que indicaba algo y coligió que pudiera ser que se acercaran a tierra y que tal vez no estarían prevenidos, o ni tan siquiera lo sospecharan, por lo que dio voces y efectivamente, estaban cerca de tierra a la que iban a través, que los hubiera hundido o embarrancado, y habrían sufrido tal descalabro que posible allí hubiera concluido la expedición, cual sucedió con la desafortunada de Pánfilo de Narváez a La Florida, en la que figuró el propio Cabeza de Vaca, según ha quedado relatado brevemente. Desde entonces fue tomado muy en cuenta el ya famoso grillo, y estaban pendientes de él, que les indicaba con su canto la proximidad a tierra hasta en unas cien leguas marinas.

Para darnos cuenta del gran servicio que a la expedición hizo el singular grillo, notemos que casi desde la Isla Santiago—de las de Cabo Verde—hasta la Isla de Cananea auxilió a los navegantes con su canto indicándoles peñas, riscos submarinos y proximidad de la costa, a distancia de cien leguas, o sea lo suficiente para tomar las providencias y evitar choques y encallamientos. Fue más de la mitad de la travesía, porque la Cananea, que fue descubierta en 1501 por la expedición de que formaba parte Américo Vespucio, se encuentra en la provincia de Sao Paolo del Brasil, situada junto al

sentina: parte inferior del buque

subrepticiamente: ocultamente, a escondidas

yantar: comer

coligió: dedujo

encallamientos: tocar el fondo del mar

brazo del mar llamado Mar Pequeño, a 25 grados de latitud meridional, restándole y relativamente poco que recorrer a Cabeza de Vaca y sus esforzados hombres.

Con esos tan notables acaecimientos en que tan principal parte tuvo el grillo para el buen suceso de la expedición, el Adelantado Cabeza de Vaca le tomó afición tal, que ordenó que se le hiciera una jaulita y en ella lo conservó el resto de la derrota, y después cuando llegaron a tierra firme, y en toda su estancia en su Provincia, siempre lo alojó en su aposento y ordenó a las indias que tenía a su servicio que lo cuidaran y regalaran lo mejor posible, so pena de la vida si se perdía o moría, y así entre la impedimenta personal del señor Gobernador primero iban su crucifijo, su rosario, el breviario, sus pistoletas, las espadas, adargas y demás armamento, y a seguida la jaulita con el grillito, tratada con todos miramientos y cuidados.

Por intrigas de los oficiales estuvo preso durante once meses sin que nadie le pudiera ver. Durante todo ese tiempo, el único que fue su constante compañero fue el grillo que había venido en la nao, que lo consolaba con su cántico en las angustiosas horas de agonía que pasó entre la vida y la muerte, porque cada momento querían matarlo y se arrepentían, hasta que lo embarcaron para España, esposado, no permitiéndosele llevar más que la jaulita con el grillo; pero ya sus amigos habían formado un grueso y documentado expediente donde se explicaba todo, el cual colocaron en un madero hueco del costillar de la carabela, y así se partió para España. Seguramente no lo quisieron matar, para evitar alguna sublevación de los adictos al Adelantado; pero secretamente dieron órdenes los sublevados, a cuya cabeza estaba el sustituto Domingo de Irala, al cocinero, un tal Machín, Vizcaíno, que envenenase al Gobernador, lo cual intentó por tres veces, dándole rejalgar entre algunos alimentos. Y he aquí que Cabeza de Vaca, una vez más debió la vida al grillo, porque sospechándose desde que estaba preso en Ascensión que podrían envenenarlo, daba un poco de cada alimento al grillo, y lo que no comía el animalito, tampoco lo probaba él, con lo que pudo llegar hasta

derrota: rumbo de la embarcación

aposento: habitación

so pena: bajo pena

breviario: libro de rezo

miramientos: atenciones

esposado: sujetado por argollas de metal en las muñecas

expediente: documento

costillar: lado

rejalgar: veneno

España y ser reivindicado de tantos abusos e incontables injusticias que los alzados cometieron en su contra, gracias a las pruebas que constaban en el expediente que fue oculto en el maderamen del buque.　maderamen: madera

La jaula de burdo alambre, fue sustituida por una burdo: ordinario artística confeccionada con oro de muy buenos kilates, y ambos, el Adelantado y el grillo, pasaron sus últimos días en la paz y el sosiego de la amplia casona que su sosiego: quietud padre don Francisco de Vera y su madre doña Teresa Cabeza de Vaca, le dejaron en la Villa y Corte del Oso y del Madroño, falleciendo de muerte natural, de falleciendo: muriendo achaques y de años, uno de los más grandes con- achaques: molestias, quistadores de aquel tiempo y el más grande grillo de　　enfermedades de la vejez tiempo alguno . . .

Clemente Bolio

Actividades

A.　Contesten estas preguntas:

1.　¿Cuáles datos biológicos aprendieron en "El grillo sin guía"?
2.　¿Qué uso hacía de los grillos la población oriental culta?
3.　¿Qué significan los tres refranes: "andar de grillo," "cantar como un grillo" y "cantar el grillo"?
4.　Al parecer de Uds. ¿es ésta una lección de biología o un ensayo filosófico? Expliquen su contestación.

B.　Dibujen un mapa en el pizarrón y sigan a Cabeza de Vaca en sus travesías haciendo alto en todos los sitios en que vivió y pasó algún tiempo.

22. ESTUDIO DE LA LENGUA

El infinitivo

22a. La definición y clasificación del infinitivo.

Las palabras *en letra bastardilla* son ejemplos de infinitivos. Los infinitivos no expresan ni tiempo, ni modo, ni número, ni persona. Solamente expresan el significado del verbo. Podemos decir que el infinitivo es el *nombre* del verbo. Estudien estos ejemplos:

El astrónomo va a *observar* el eclipse.

Es interesante *contemplar* la luna.

Comer para *vivir* es mi lema.

Todos los infinitivos terminan en *ar, er, ir*; estos infinitivos representan las tres familias o *conjugaciones* de verbos. Los que terminan en *ar*, pertenecen a la primera conjugación, en *er* a la segunda y en *ir* a la tercera.

observ*ar*	le*er*	ven*ir*
contempl*ar*	com*er*	ped*ir*
pase*ar*	s*er*	sal*ir*
empez*ar*	v*er*	dorm*ir*

22b. El participio presente y su oficio en la oración.

Estos son ejemplos del participio presente, una forma verbal del infinitivo que se usa como adverbio en la oración. También se usa con los tiempos compuestos que vamos a estudiar más adelante.

Estudien estos ejemplos:

pase*ando*	vend*iendo*	sal*iendo*
observ*ando*	com*iendo*	viv*iendo*
contempl*ando*	beb*iendo*	escrib*iendo*
empez*ando*	pon*iendo*	recib*iendo*

22c. El participio presente irregular.

Casi todos los participios presentes son regulares. Los siguientes no lo son.

¿A qué se deben sus irregularidades? ¿Qué nombre se les da a esos cambios? ¿Cuáles otros verbos tienen este tipo de cambio en el participio presente?

Estudien estos participios presentes que no son regulares:

ir – yendo
leer – leyendo
morir – muriendo
mentir – mintiendo

22d. El participio pasado y su oficio en la oración.

Estos son ejemplos del participio pasado, la otra forma verbal del infinitivo que se usa como adjetivo en la oración. También se usa con los tiempos compuestos que estudiaremos más adelante.

Estudien estos ejemplos:

observ*ado*	vend*ido*	sal*ido*
empez*ado*	com*ido*	viv*ido*
habl*ado*	ten*ido*	recib*ido*
sent*ado*	sab*ido*	sent*ido*

22e. El participio pasado irregular.

Los verbos que siguen acaban en – to, – cho y – do. Estos últimos llevan acento sobre la *i* porque sus radicales terminan en vocal.

abrir – abierto
componer – compuesto
decir – dicho
descubrir – descubierto
escribir – escrito
hacer – hecho
caer – caído
creer – creído
leer – leído

inscribirse – inscrito
morir – muerto
poner – puesto
resolver – resuelto
ver – visto
volver – vuelto
oir – oído
traer – traído

22f. Los verbos que tienen dos formas para el participio pasado.

Hay algunos verbos que tienen dos formas para el participio pasado. He aquí los más comunes:

bendecir: bendecido, bendito
confundir: confundido, confuso
despertar: despertado, despierto
juntar: juntado, junto
romper: rompido, roto
soltar: soltado, suelto

22g. Las formas correctas y viciosas de infinitivos y verbales.

Siempre se pronuncia la *r* del infinitivo.

se dice:	**no se dice:**
Pienso escri*birle* una carta.	Pienso escri*bile* una carta.
da*rles* un regalito.	da*les* un regalito.
envi*arte* mi dirección.	envi*ate* mi dirección.
llev*arle* el cuaderno.	llev*ale* el cuaderno.
dec*irles* el cuento.	dec*iles* el cuento.
cos*erle* el botón.	cos*ele* el botón.

Ejercicio 22

A. De la Lectura A hagan una lista de infinitivos y clasifíquenlos según su terminación.

B. Tomen la lista de infinitivos y formen los verbales que denotan acción a la manera del adjetivo.

C. De estos infinitivos formen los verbales que denotan acción a la manera del adverbio.

D. Para repetir:
Modelo:
—¿Dónde ven los cuadros? (En el museo.)
        —En el museo. Ahora voy a verlos.—
—¿Dónde echan las cartas? (En el buzón.)
        —En el buzón. Ahora voy a echarlas.—
1. ¿Dónde recogen los bultos? (En el correo.)
2. ¿Dónde devuelven los boletos? (En la taquilla.)
3. ¿Dónde compran las refacciones? (En la refaccionaria.)
4. ¿Dónde consiguen las credenciales? (En la jefatura.)
5. ¿Dónde piden los informes? (En la oficina.)
6. ¿Dónde pagan los abonos? (En la tienda.)
7. ¿Dónde escriben las cartas? (En el escritorio.)

E. Para repetir:
—El reloj, ¿quieres que lo pongamos?—
        —No, yo quiero ponerlo.—
1. El espejo, ¿quieres que lo compremos?
2. Las tinas, ¿quieres que las pidamos?
3. La habitación, ¿quieres que la limpiemos?
4. El profesor, ¿quieres que lo llamemos?
5. El auto, ¿quieres que lo vendamos?
6. Los árboles, ¿quieres que los cortemos?

F. Para traducir:
Modelo:
—I'm going to give them a gift.—
—Voy a darles un regalo.—
1. I'm going to write them a note.
2. I'm going to read them the story.
3. I'm going to lend them money.
4. I'm going to forbid them to go through.
5. I'm going to give them the homework.
6. I'm going to explain the lesson to them.
7. I'm going to play the guitar for them.

G. Para cambiar:
Modelo:
—Voy a darles un regalo.—
—Voy a dárselo a ellos.—
1. Voy a escribirles una nota.
2. Voy a darles la tarea.
3. Voy a prestarles dinero.
4. Voy a prohibirles el paso.
5. Voy a leerles el cuento.
6. Voy a tocarles la guitarra.
7. Voy a explicarles la lección.

H. Para sustituir:

1. América fue descubierta por los españoles.
    El Océano Pacífico
    Las Islas Occidentales
    El Imperio de los Incas
    El Gran Cañón
    Muchos pueblos indígenas

2. Los muchachos se han inscrito en la escuela.
                                    la academia.
                                    la secundaria.
                                    el colegio.
                                    el liceo.
                                    la universidad.

3. El oficial había muerto en un accidente.
    Los hombres
    La señora
    El capitán
    El soldado
    Las niñas

4. Hemos puesto los periódicos en la mesa.
                  los platos
                  la comida
                  las revistas
                  la vajilla de plata
                  las servilletas

5. Luis habrá vuelto antes de las doce.
                            mañana.
                            el lunes.
                            pasado mañana.
                            esta tarde.
                            la semana que viene.

6. ¡Pobrecito! Se ha caído en los escalones.
                          de la escalera.
                          del cerco.
                          del techo.
                          de la azotea.
                          en la banqueta.

7. Le he traído su sombrero de paja.
                    una taza de café negro.
                    un cuento interesante.
                    una coca helada.
                    un vaso de leche.
                    su cuaderno colorado.

8. Hemos leído *Doña Bárbara.*
   Los de Abajo.
   El mundo es ancho y ajeno.
   Don Segundo Sombra.
   El indio.
   La vorágine.

9. ¿Han oído desde aquí la música?
   el radio?
   los gritos?
   los tambores?
   el discurso?
   la canción?

10. ¿Has creído esas mentiras?
    lo que te decía?
    el anuncio del periódico?
    las noticias de esta tarde?
    todo lo que leíste?
    sus burlas?

I. Para contestar:
   Modelo:
   —¿Abrió Ud. la puerta?
       —Sí, ya está abierta.
   —¿Cubrió Ud. la canasta?
       —Sí, ya está cubierta.
   1. ¿Escribió Ud. las cartas?
   2. ¿Hizo Ud. las camas?
   3. ¿Imprimió Ud. los folletos?
   4. ¿Compuso Ud. el televisor?
   5. ¿Resolvió Ud. los problemas?
   6. ¿Soltó Ud. la soga?

J. Para sustituir:
   1. ¡Se me está cayendo la bandeja!
      las copas!
      los mapas!
      las revistas!
      los juguetes!
      el cajón!

   2. Yendo por el bosque, se tropieza.
      la vereda,
      la calle,
      el camino,
      el sendero,
      la selva,

3. Sintiendo frío, el hombre dejó su coche destrozado debajo del árbol.
  hambre,
  pena,
  alegría,
  terror,
  la belleza del bosque,
  la mudanza de tiempo,
4. Pidiendo ayuda, el mendigo andaba por la calle.
  auxilio,
  limosna,
  informes,
  favores,
  dinero,
  hospedaje,
5. Durmiendo la siesta, la señora se puso mejor de salud.
  diez horas,
  bien,
  toda la noche,
  durante el día,
  en la tarde,
  hasta las ocho,

K. Para formar oraciones:
  Modelo:
  arrepentirse de haberlo hecho
    Se estaba arrepintiendo de haberlo hecho.
  competir en el torneo
    Estaba compitiendo en el torneo.
  1. decir tonterías
  2. despedir al empleado gordo
  3. hervir el agua para el té
  4. medir la tela para la falda
  5. perseguir a los prisioneros
  6. reir de sus travesuras
  7. servir platos mexicanos
  8. sugerir unas nuevas ideas
  9. vestirse para ir al cine
  10. morirse de hambre y de sed

23. ESTUDIO DE LA LENGUA

Pronunciación

23a. El uso acertado de la *y* intrusiva.

Las vocales fuertes se dividen con claridad sin meter ningún otro sonido.

se dice:	no se dice:
ca/er	ca/yer

cre/er	cre/yer
le/er	le/yer
o/ir	o/yir
son/re/ir	son/re/yir
tra/er	tra/yer
hu/ir	hu/yir *ni* ju/yir
o/í/mos	o/yi /mos
ca/í/do, etc.	ca/yi/do, etc.

También se debe tener cuidado de no comerse la *y*:

se dice:	**no se dice:**
ca/yen/do	cain/do
a/llí	ai, ay

23b. Las formas correctas y viciosas de palabras con *ll*.

Y hablando de letras comidas, fíjense en las palabras siguientes. Cuidado de no comerse la *ll*:

se dice:	**no se dice:**
a/ni/llo	a/ní/o
a/que/llo	a/que/o
e/lla	e/a
tor/ti/lla	tor/tí/a
ro/di/lla	ro/dí/a
si/lla	sí/a

Ejercicio 23

A. Para repetir:

1. ¡Cuidado! El florero se va a caer.
2. Nadie va a creer esa mentira.
3. De vez en cuando nos gusta leer esa revista.
4. Silencio, por favor, que queremos oir lo que dice.
5. Salió a traer refrescos para todos.
6. De *Las Tres Marías* nadie se puede huir.
7. Es verdad lo que oímos anoche.
8. De árboles caídos se hacen leños.
9. La fruta madura se está cayendo del árbol.
10. El anillo es un círculo que representa la perfección.
11. No me recuerdes aquella ocasión.
12. Es que a ella no le importa nada.
13. Las enchiladas suizas se preparan con tortillas, salsa de chile verde, y pollo.
14. Al caerse del columpio se lastimó las rodillas.
15. Les regresamos la silla que nos regalaron.

B. Para sustituir:

1. ¡Cuidado! ¡El florero se va a caer!
   niño
   almanaque
   piñata
   maceta
   cortina
   lámpara
   candil

2. Nadie va a creer esa mentira.
   cuento.
   pretexto.
   suceso.
   acontecimiento.
   casualidad.

3. Nos gusta leer esa revista de vez en cuando.
   ese periódico
   sus crónicas
   sus reportajes
   Excelsior
   Novedades
   El Continental

4. Silencio, por favor, que queremos oir lo que dice.
   cuenta.
   canta.
   reza.
   discute.
   responde.

5. Salió a traer refrescos para todos.
   los invitados.
   sus parientes.
   sus amigos.
   los convidados.
   la quinceañera.
   los novios.

6. De *Las Tres Marías* casi nadie puede huirse.
   esa cárcel
   ese presidio
   San Quintín
   un campo de concentración
   las prisiones militares

7. Es verdad lo que oímos anoche.
   Es mentira
   No pueden creer
   Parece mentira
   Es penoso
   No es verdad

8. De árboles caídos se hacen leños.
          madera.
          leña.
          carbón.
          combustible.

9. La fruta madura se está cayendo del árbol.
   La manzana
   El durazno
   El higo
   El chabacano
   Las naranjas

10. El anillo representa la perfección.
          360 grados.
          la circunferencia de un círculo.
          un círculo.
          una prenda especial para el hombre.
          una argolla.

11. No me recuerdes aquella ocasión.
          jugada.
          burlada.
          pedrada.
          llamada.
          golpeada.

12. Es que a ella no le importa nada.
          eso.
          nadie.
          el asunto.
          el chisme.
          ese mitote.

13. Las enchiladas se preparan con tortillas, salsa de chile verde, y pollo.
   chile colorado.
   queso.
   cebolla.
   asaderos.
   mole.

14. Al caerse del columpio se lastimó las rodillas.
          del resbaladero
          del subibaja
          del volantín
          de la barda
          de la azotea

15. Les regresamos la silla que nos regalaron.

                               rentaron.

                               prestaron.

                               pidieron.

                               ofrecieron.

                               vendieron.

C. Lean el párrafo siguiente. Escríbanlo en forma correcta. Después prepárense a tomarlo de dictado.

He perdido un anio de oro amario. No se donde se me haiga cayido. Mi mama creye que lo perdi cerca del Monumento a Juarez donde hace dias estuvimos. Fuimos alli a oyir un discurso. Ese anio me tiene preocupado. No se que hacer. ¿Lo habra escondido mi hermanita? Ea es tan travieza. Sospecho que sea ea porque cada vez que me ve no deja de reyirse. Tambien se riye como loca que ni se que pensar. Ojala la encuentre . . . la argolla, por supuesto.

Explicaciones y comentarios sobre temas constitucionales de México

El artículo 3°

Para proteger a los particulares hay en nuestra Constitución Política dos clases de límites a la acción del Poder Público. En la primera parte, llamada "dogmática," se establecen ciertas zonas de libertad en favor de los mismos particulares que el Estado debe respetar y que constituyen las llamadas "garantías individuales." En la segunda parte, llamada "orgánica," se deslindan y distribuyen las atribuciones o competencias bien sea entre los tres clásicos poderes: Legislativo, Ejecutivo, y Judicial, o bien entre las dos jurisdicciones: la federal y la local, o sea la del Gobierno Federal o la del Gobierno de cada uno de los Estados de la República.

En la primera parte, dedicada a las garantías individuales, se encuentra el artículo 3° Constitucional, el cual ha tenido varias reformas.

El texto primitivo, que aprobó el Congreso Constituyente de Querétaro en 1917, fue modificado en 1934

particular: opuesto a general

dogmático: que admite verdades ciertas

deslindar: señalar

primitivo: original, primero

para establecer en México la escuela socialista y posteriormente en 1946 fue enmendado para quedar como está en la actualidad.

Como podrá verse, en este artículo de la Constitución se fijan los principios generales que rigen la educación en México. Principios que pueden reducirse a los siguientes:

1° "Toda la educación que el Estado imparta será gratuita," lo que significa que todas las escuelas públicas u oficiales deben ser sostenidas por el Gobierno Federal o Local, con los fondos que éste recaude de los impuestos o contribuciones que paguen los habitantes del país. En consecuencia, en dichos establecimientos educativos no se cobra a los alumnos cantidad alguna, ni como matrícula, ni como colegiatura, ni por otro concepto.

recaudar: recoger, colectar

2° "La educación primaria será obligatoria." Este principio está relacionado con la fracción I del artículo 31 de la misma Constitución, que establece como una de las obligaciones de los mexicanos hacer que sus hijos o pupilos menores de 15 años concurran a las escuelas públicas o privadas para obtener educación primaria elemental. Todas estas disposiciones significan que es un deber de los padres de familia enviar a sus hijos a las escuelas oficiales o particulares, para que en ellas aprendan a leer y a escribir y adquieran un mínimo de conocimientos que comprenda el programa de educación primaria . . .

Mexicanos por nacimiento o por naturalización

Respecto a la división entre los mexicanos, el artículo 30 de la Constitución señala dos formas por las que puede adquirirse la nacionalidad: por nacimiento o por naturalización.

Son mexicanos por nacimiento:

I. Los que nazcan en territorio de la República, sea cual fuere la nacionalidad de sus padres.

II. Los que nazcan en el extranjero de padres mexicanos; de padre mexicano y madre extranjera, o de madre mexicana y padre desconocido, y

III. Los que nazcan a bordo de embarcaciones o aeronaves mexicanas, sean de guerra o mercantes.

Son mexicanos por naturalización:

I. Los extranjeros que obtengan de la Secretaría de Relaciones Exteriores su carta de naturalización y

II. La mujer extranjera que contraiga matrimonio con mexicano y que tenga o establezca su domicilio dentro del territorio nacional.

En el artículo 33 de nuestra Constitución se nos dice que son extranjeros los que no posean las cualidades determinadas en el artículo 30.

Deberes y derechos del mexicano: conocer, amar y servir a la patria

Debemos empezar el estudio de este punto, manifestando expresamente que ser mexicano no es tan sólo vivir en México, sino que el ser nacional en nuestra Patria, supone toda una convicción, una manera de pensar y de vivir: El primer deber de todos los mexicanos es conocer a México y conocerlo supone saber cuáles son sus necesidades, saber de qué carecemos y cuáles son nuestros errores y omisiones, para que, conociendo también cúales son nuestros recursos, cúales son nuestros valores materiales y espirituales, así podamos ir resolviendo día a día los problemas nacionales en una trayectoria que sin cesar haga mejor a nuestra Patria. Podemos afirmar que el deseo de conocer a México, de saber cómo trabajar y cómo esforzarnos es ya un índice de sincero amor a nuestra Patria; pero debemos tener en cuenta que servir a México es pensar primero en nuestros compatriotas, saber que el interés colectivo es primero que nuestro propio interés y que nuestros propios beneficios: que formamos parte de una Nación, de una Patria, y que nuestra actitud siempre debe tener una repercusión en nuestra comunidad. Es un error pensar en que, siendo tantos los mexicanos, *mis* propios defectos y *mis*

trayectoria: línea que sigue un proyectil

143

propias cualidades no significan nada para el bien común: cada uno de nosotros, en la medida de nuestro esfuerzo y en el lugar donde actuemos y donde nos esforcemos, significamos una célula que trabaja y que obra en beneficio ˙de México porque, si deja de trabajar, si deja de esforzarse, y si vive tan sólo pensando erróneamente, egoísticamente, representa un elemento estéril, nocivo y antisocial, indigno no sólo de llamarse mexicano sino de llamarse hombre. Debemos por ello tener fuertemente arraigado en la mente que lo importante es hacer a México, a todos los mexicanos y a todas las gentes que vivimos en nuestra Patria, cada día mejores por el esfuerzo de cada uno de nosotros. En la medida en que activamente contribuyamos a procurar a nuestros hermanos y a nuestra Patria todo lo que representa justicia, ayuda, aliento y comprensión, podremos esperar recibir otro tanto de nuestros conciudadanos en bien de todos.

erróneamente: con error

nocivo: dañoso

Principales realizaciones del Gobierno, tanto del Federal como del Local, con base en los postulados de la Revolución

Alfabetización

alfabetización: acto de enseñar a leer y escribir

Hemos apuntado la necesidad de los mexicanos de prepararse para conocer a nuestra Patria y para saber de ese modo cuales son sus necesidades y poder remediarlas y superarlas mediante la aplicación de los medios más convenientes; pero no es posible esa labor de preparación si contamos con un pueblo ignorante, incapaz siquiera de leer el idioma que habla, o de comunicarse con sus semejantes por medio de la escritura.

De ahí la necesidad de alfabetizar a los núcleos culturalmente ignorados—fundamentalmente los indígenas—mediante una campaña que ha tomado en nuestro país la característica de una cruzada nacional con miras a ilustrar a esa parte del Pueblo, sobre los

núcleo: centro

ignorado: abandonado

144

conocimientos más elementales, y lograr de ese modo que entren al programa educativo general y al camino del mejoramiento social. En este esfuerzo se impone una doble actitud: por parte de las fuerzas activas, educadoras, la comprensión de las necesidades, dialectos, costumbres e idiosincrasia de los grupos sujetos a la alfabetización; y por parte de éstos, una actitud razonable frente a su propio beneficio y al beneficio común de la Patria.

idiosincrasia: temperamento propio

Bracerismo

El problema de los braceros en nuestro país, es el penoso resultado de que un número de hijos o padres de familia, que bien por no contar con las posibilidades materiales para cubrir el presupuesto familiar y vivir dentro del nivel mínimo de dignidad como personas, bien porque obrando con egoísmo, no piensan en las necesidades de su familia, emigran a otros países, especialmente a los EE. UU. AA., en busca de mejores oportunidades. En tal forma desintegran su propio hogar y en la mayoría de los casos se olvidan de él.

desintegrar: deshacer

Este gravísimo problema se puede tratar de remediar:

1°. Luchando por dar educación a los padres que conozcan la forma de integrar, dirigir y fortalecer las relaciones familiares.
2°. Haciendo presión para que la justicia social llegue a todas las familias de México, de modo que contando todas ellas con el nivel mínimo de vida, estrechen sus relaciones y salgan así de esas familias mexicanas, ciudadanos que sepan actuar con verdadera formación y competencia.

Himno Nacional

Por lo que se refiere a nuestro Himno Nacional debemos recordar dos figuras preclaras: Francisco González Bocanegra y Jaime Nunó, autores el primero de los versos y el segundo de la parte musical. González Bocanegra nació en la ciudad de San Luis Potosí el 8 de enero de 1821; su alma de poeta recogió los múltiples aspectos del espíritu del mexicano y plasmó en versos

plasmar: crear

145

vibrantes y sonoros un canto excepcional a México. Jaime Nunó, aunque español, logró captar en las notas musicales de nuestro Himno el ímpetu del pueblo mexicano, el fervor patriótico y la espiritualidad de cuantos hemos nacido en este suelo.

Pero nuestro Himno debe ser más bien comprendido que estudiado; debemos sentirlo como algo nacido del ser de nuestro México, porque es al mismo tiempo que nuestro grito de guerra para conservar y preservar nuestra independencia y libertad de nuestras costumbres, tradiciones e instituciones, nuestra afirmación de fe en nuestro espíritu y en los valores morales de nuestro pueblo. El análisis de sus estrofas es la lectura de toda el alma nacional en su pasado y en su futuro.

HIMNO NACIONAL

(Coro)

Mexicanos, al grito de guerra
El acero aprestad y el bridón   **acero:** espada
Y retiemble en su centro la tierra   **bridón:** caballo
Al sonoro rugir del cañón.

(Estrofa)

Ciña ¡oh Patria! tus sienes de oliva
De la paz el arcángel divino,
Que en el cielo tu eterno destino
Por el dedo de Dios escribió.

Mas si osare un extraño enemigo   **osar:** atreverse
Profanar con su planta tu suelo,
Piensa, oh Patria, querida, que el cielo,
Un soldado en cada hijo te dio.

Francisco González Bocanegra, que ya había compuesto algunas canciones con aires patrióticos, fue instado por varios de sus más íntimos amigos, a participar en el concurso.* Pero se rehusó rotunda-   **concurso:** contienda
mente, excusando la modestia de su personalidad entre las de los intelectuales de la época; expuso, además, que otros poetas y literatos ya habrían enviado sus composiciones y que la de él resultaba tardía: el poeta

*En 1853 el Presidente de la República, a sugerencia de sus consejeros, patrocinó un concurso para la composición poética de un himno nacional y también para la composición musical del dicho himno.

potosino nunca hizo ostentación de sus trabajos literarios.

potosino: de la ciudad de san Luis Potosí

Pero como en tantas ocasiones, interviene la mujer en la suerte y los destinos del hombre y, sin saberlo, resuelve su indecisión y lo lleva a la celebridad. En el caso histórico de González Bocanegra, fue una patriota joven tapatía quien providencialmente lo llevó a la gloria y a la inmortalidad. "Elisa," seudónimo con el que solía nombrar en sus versos amorosos a su novia, la señorita Guadalupe G. del Pino y Villalpando, "La Novia del Poeta" como dijera don Hernán Rosales, influye con insistencia en el ánimo de Francisco para que componga algo en su obsequio en honor de México. El se resiste nuevamente, acumulando innumerables razones que lo incapacitaban y que ocultaban su timidez; pero la novia no se rinde y recurre a un expediente definitivo. El poeta se halla de visita en casa de Guadalupe, en el No. 6 de la calle de Santa Clara de la ciudad de México: "Elisa" encierra al poeta en una de sus habitaciones, sentenciándolo a no sacarlo de allí hasta que componga el Himno a la Patria. Las llaves se echan como a las dos de la tarde y, hacia las seis, el noble y cumplido poeta pide su libertad, manifestando con singular ternura a su bella carcelera que la obra está hecha. El regocijo de la novia no alcanza límites, y ella misma recita las estrofas entre la admiración y felicitaciones de los que habían sido rápidamente llamados a escuchar el nuevo Canto a la Patria . . .

tapatía: del estado de Jalisco

seudónimo: nombre falso empleado por un escritor

expediente: medio que se emplea para conseguir algún fin

regocijo: alegría

de *Civismo*
López y González

Actividades

A. Traduzcan al español por escrito:

1. civil liberties or rights
2. three powers
3. legislative, executive, judicial
4. federal government
5. free of charge
6. taxes
7. inhabitants
8. entrance fee

148

9. tuition	21. benefit
10. compulsory	22. community
11. private school	23. common good
12. naturalization	24. fellow citizens
13. abroad	25. equals, fellow men
14. on board	26. Indians
15. airship	27. campaign
16. secretary of state (foreign relations)	28. crusade
17. home (domicile)	29. people (of a nation)
18. duties and rights	30. social improvement
19. resources	31. selfishness
20. fellow patriots	32. social justice
	33. minimum standard of living

B. Contesten las siguientes preguntas:

1. ¿Qué dos clases de límites a la acción del Poder Público hay en la Constitución de México?
2. ¿Cuándo se aprobó esta constitución? ¿Por qué cuerpo político fue aprobada?
3. ¿Qué nivel de educación es obligatorio en México?
4. ¿Quiénes son mexicanos por nacimiento?
5. ¿Cuáles son los deberes del mexicano? ¿Son también los deberes del ciudadano de cualquier país?
6. ¿Qué supone el conocer a México? ¿Qué se supone el conocer a su patria?
7. ¿Qué error se menciona en la lección de civismo?
8. ¿Qué campaña en México ha tomado la característica de una cruzada?
9. En la alfabetización de los indígenas, ¿qué dos actitudes se imponen?
10. ¿Cuál es la actitud de los autores del artículo en cuanto al bracerismo?
11. ¿Bajo qué circunstancias compuso Francisco González Bocanegra el Himno Nacional de México?
12. ¿De qué nacionalidad era Jaime Nunó?

C. Apréndanse de memoria el Himno Nacional de México o de algún otro país de Latinoamérica.

Expresiones parlamentarias

El presidente (La presidenta)
El vice-presidente (La vice-presidenta)
El secretario (La secretaria)

El tesorero (La tesorera)
El presidente de un comité
Celebrar una sesión ordinaria (extraordinaria)
Se abre la sesión. (Se declara abierta la sesión.)
La secretaria llamará la lista de los socios.
La secretaria leerá ahora el acta (o las actas) de la sesión anterior.
Está a discusión el acta.
¿Se aprueba el acta?
El acta queda aprobada . . .
El primer asunto para discutir . . .
¿Hay asuntos pendientes?
¿Hay asuntos nuevos?
Pedir la palabra
Tener la palabra
Llamar al caballero (a la señorita) al orden
Propongo que . . .
(No es costumbre secundar una moción en los
países de habla española.)
Se ha propuesto que (aceptemos) . . .
Se pone a discusión la moción.
Retirar una moción
Enmendar
Enmienda
Insertar, añadir, tachar
Poner en carpeta
Poner la cuestión a votación
Los que estén de acuerdo que levanten la mano (digan sí).
Los que se opongan levanten la mano (digan no).
Votar por cédulas
Se aprueba la moción.
Se rechaza la moción.
Procedemos al nombramiento de funcionarios.
El comité para nombrar candidatos
El escrutador
¿Hay nombramiento para presidente? (vice-presidente, secretario, tesorero, parlamentario, consejero)
Nombro a . . .
Propongo que se cierre el nombramiento.
Candidato
Ser electo

Ser electo por aclamación
El resultado de la elección ha sido . . .
Empate
El informe
El comité, la comisión
La mesa directiva
Quórum
Recoger las cuotas
Fondos en la tesorería
Multa
Aplazar
Sea resuelto que . . .
Adoptar una resolución
El primer número del programa . . .
Propongo que se cierre la sesión.
La sesión está levantada. (Se clausura la sesión.)

Agenda

El presidente abre la sesión.
El secretario da lectura a las actas de la sesión anterior.
   a. Las actas pueden ser aprobadas sin modificaciones.
   b. Las actas pueden ser aprobadas con adiciones o correcciones.
El presidente anuncia el recibo del informe mensual del tesorero, el cual "será sometido, posteriormente, al revisor de cuentas."
El presidente solicita los informes de las comisiones permanentes.
El presidente solicita los informes de las comisiones especiales.
Consideración de los asuntos pendientes, a petición del presidente o de los miembros de la asamblea.
Nuevos asuntos.
El programa. El programa forma parte de la reunión. El presidente preside durante toda la reunión, pero el Director del programa es quien presenta el informe.
El presidente clausura la sesión.

Actividades

A. Estudien con mucho cuidado las expresiones parlamentarias.
B. ¿Cómo se dirían en español?:
   1. to table the motion
   2. a tie
   3. I move that . . .

4. the teller
5. to ask for the the floor
6. Is there any old business?
7. The motion is lost.
8. to collect the dues
9. amendment
10. The meeting will please come to order.
11. the chairman of the committee
12. to be elected
13. Those in favor will say "aye."
14. to vote by secret ballot
15. The minutes stand approved as read.
16. the nominating committee
17. the minutes
18. to adopt a resolution
19. The meeting is adjourned.
20. the sponsor

C. Con el permiso de su profesor, elijan Uds. oficiales y formen un club compuesto de los estudiantes de la clase. Tengan una junta fingida, empleando las expresiones parlamentarias y refiriéndose a la agenda.

---

24. ESTUDIO DE LA LENGUA

La clasificación de verbos

24a. Las tres clases de verbos con irregularidades.

Hay tres clases de verbos que por sus irregularidades representan problemas para el estudiante. Estos pueden clasificarse según sus cambios de ortografía: *radicales*, si cambian la vocal de la raíz; *ortográficos*, si cambian en el final de la raíz; e *irregulares*, si sus cambios no siguen ningún orden general.

24b. Los verbos radicales en el presente indicativo y subjuntivo.

Estudien estos ejemplos:

¿Qué me *cuentas* de tu vida?
¿Verdad que nunca *pierde* sus cosas?
Margarita se *siente* algo mal.
Juan y María *duermen* la siesta todos los días.
Nos *pide* dinero para el telegrama.
Yo no me *siento* en el sofá con ella.

¿Cuáles son las raíces de estos verbos? ¿Cuáles vocales cambian? ¿Suceden estos cambios con la forma 1ª del plural o sea, nosotros?

Ahora estudien estos ejemplos:

¿Qué quieren que les *cuente* de tu vida?
Es posible que nunca *pierda* sus cosas.

Dudo que Margarita se *sienta* mal.
Esperamos que *duerman* la siesta todos los días.
No creo que nos *pida* dinero para el telegrama.
Te suplico que no te *sientes* en el sofá con ella.

¿Cuál es la diferencia entre estos verbos y los anteriores? ¿Suceden los mismos cambios?

Apréndanse bien de memoria los cambios que llevan los verbos radicales en el presente del indicativo y del subjuntivo:

Verbos como estos cambian en todas las personas	Indicativo	Subjuntivo
contar = o – ue	*menos*	*menos*
	nosotros	nosotros
sentar = e – ie	*menos*	*menos*
	nosotros	nosotros
perder = e – ie	*menos*	*menos*
	nosotros	nosotros
poder = o – ue	*menos*	*menos*
	nosotros	nosotros
dormir = o – ue	*menos*	o-*u en*
	nosotros	nosotros
pedir = e – i	*menos*	e-*i en*
	nosotros	nosotros

Ejercicio 24

A. Den el significado de estos verbos y después su conjugación en el presente del indicativo y del subjuntivo:

| confesar | servir | defender | repetir | mentir |
| conmover | recordar | despedir | sentir | preferir |

B. Ahora clasifiquen los siguientes verbos según los cambios que tengan en común:

acordar	confesar	doler
acostar	conmover	dormir
almorzar	conseguir	elegir
advertir	costar	encontrar
apostar	defender	entender
cerrar	demostrar	envolver
cocer	despedir	hervir
colgar	despertar	llover
comenzar	detener	mentir
comprobar	disolver	morir
mover	repetir	sugerir
pensar	resolver	volar
perseguir	revolver	volver
preferir	rogar	salir
probar	seguir	reir
recordar	servir	

C. Completen las oraciones siguientes empleando la forma apropiada del verbo:

1. Casi nunca .... los domingos.
   (*I fly*)
2. En muchos países no muy desarrollados el agua ....
   (*is boiled*)
   para purificarla.
3. ¡ .... de aquí hasta que no te diga!
   (*Don't move*)
4. Te .... que no podrás cobrarles tu dinero.
   (*I'm warning*)
5. Si ustedes se .... a hacer el viaje, cuenten conmigo.
   (*resolve*)
6. En ese restaurante .... la mejor paella del mundo.
   (*they serve*)
7. En mi tierra los frijoles .... rápidamente al vapor.
   (*cook*)
8. Cada vez que vamos a oírla nos ....
   (*move*)
9. Te .... que no tengo ningún motivo.
   (*I confess*)
10. .... temprano.
    (*They eat breakfast*)
11. ¿A qué horas .... la función?
    (*begins*)
12. ¡ .... en eso!
    (*Don't think*)
13. Te .... a que no vienen.
    (*I bet*)
14. ¿Cuánto .... esos libros?
    (*are worth*)
15. Los soldados .... su patria en tiempo de guerra.
    (*defend*)
16. Me .... que acabe mi trabajo antes de irme.
    (*they suggest*)
17. .... mucho en el trópico.
    (*It rains*)
18. Eso no es lo que María ....
    (*prefers*)
19. Por favor ....
    (*wrap it for me*)
20. .... la piñata de esa rama.
    (*Hang*)
21. Me .... la garganta.
    (*hurts*)
22. Las cápsulas se .... tan pronto como las pastillas.
    (*dissolve*)

154

23. Si me lo .... a mí, se los creeré.
      (*they prove*)
24. Cada vez que les hablo, se .... de mí.
                              (*laugh*)
25. Se .... de sus parientes y luego parten de viaje.
      (*say goodbye*)
D. Cambien los verbos anteriores al presente del subjuntivo haciendo los cambios correspondientes en las oraciones.

25. ESTUDIO DE LA LENGUA

Pronunciación

25a. Las formas correctas y viciosas del verbo *poder*.

Indicativo		Subjuntivo		Imperativo		Participios
puedo	podemos	pueda	podamos	puede tú	no puedas	pudiendo
puedes		puedas		poded	no podáis	podido
puede	pueden	pueda	puedan	pueda Ud.	no pueda	
				puedan Uds.	no puedan	

Hay que notar que con este verbo existe el problema de decir:

	se dice:	**no se dice:**
	puedo	podo
	puedes	podes
	puede	pode
	pueden	poden

Y luego el de decir:

	se dice:	**no se dice:**
	podemos	puedemos
		puédamos,
	podamos	puédanos

Estudien la conjugación del verbo y podrán ver que se parece mucho a éstos en su conjugación en el presente: volver, envolver, devolver, doler, disolver.

25b. Las formas correctas y viciosas del verbo *oler*.

¿Se fijan cómo se escriben las formas cuya pronunciación empieza con *ue*? Esa combinación de vocales al principio de una palabra española exige la *h*. (Ejemplos: *hueso, huevo, huelga, huerta*.)

Indicativo		Subjuntivo		Imperativo		Participios
huelo	olemos	huela	olamos	huele tú	no huelas	oliendo
hueles		huelas		oled	no oláis	olido
huele	huelen	huela	huelan	huela Ud.	no huela	
				huelan Uds.	no huelan	

25c. Las formas correctas y viciosas del verbo *hervir*.

Este verbo se conjuga en forma igual a los verbos: sentir, mentir, advertir, preferir, etc.

El problema principal existe en la forma *hirvamos*, que se oye y se usa incorrectamente así: h*ie*rvamos o hi*é*rvamos o hi*é*rva*n*os y que debe decirse h*i*rv*a*mos.

Indicativo		Subjuntivo		Imperativo		Participios
hiervo	hervimos	hierva	hirvamos	hierve tú	no hiervas	hirviendo
hierves		hiervas		hervid	no hirváis	hervido
hierve	hierven	hierva	hiervan	hierva Ud.	no hierva	
				hiervan Uds.	no hiervan	

25d. Las formas correctas y viciosas del verbo *sentir*.

Sentir tiene *dos* significados:

1. el de recibir impresiones por los sentidos: *Siento el calor.* Y el de experimentar una emoción: *Me siento feliz.*

2. el de lamentar o padecer un dolor o una pena: *Siento la muerte de su tía.*

Además, *sentir* presenta problemas en las formas del presente indicativo y subjuntivo.

se dice:	no se dice:
sentimos	sintemos
sintamos	sentamos

En el caso de *sintemos* traten de aprender la forma correcta: *sentimos.* En el caso de *sentamos* hay que recordar que *sentamos* viene del verbo *sentar* y no de *sentir* y que la palabra propia es *sintamos.*

Otros verbos que se conjugan en forma parecida son mentir, preferir, sugerir.

Indicativo		Subjuntivo		Imperativo		Participios
siento	sentimos	sienta	sintamos	siente tú	no sientas	sintiendo
sientes		sientas		sentid	no sintáis	sentido
siente	sienten	sienta	sientan	sienta Ud.	no sienta	
				sientan Uds.	no sientan	

25e. Las formas correctas y viciosas del verbo *morir*.

Este verbo presenta problemas en las formas siguientes:

se dice:	no se dice:
morimos	murimos
muramos	muéranos, muéramos
muerto	morido, murido

*Con la excepción del participio *muerto* este verbo se conjuga igual que *dormir*.

Indicativo		Subjuntivo		Imperativo		Participios
muero	morimos	muera	muramos	muere tú	no mueras	muriendo
mueres		mueras		morid	no muráis	muerto
muere	mueren	muera	mueran	muera Ud.	no muera	
				mueran Uds.	no mueran	

25f. Las formas correctas y viciosas del verbo *pedir*.

Este verbo presenta estos problemas:

se dice:	no se dice:
pedimos	pidemos
pidamos	pídanos, pídamos
pedido	pidido
pido	pedo

La primera, pidimos, siempre debe pronunciarse pedimos, de otra manera demuestra que la persona que habla nos es culta. La segunda palabra, pídanos o pídamos, presenta la tentación de ponerle acento y de no pronunciar bien la palabra: pidamos. La tercera palabra siempre debe pronunciarse pedido.

La última palabra *pedo*, puede causarles bochorno, así que ¡a aprender la forma correcta: pido!

Otros verbos que presentan problemas parecidos a éstos son:

se dice:	no se dice:
escribimos	escribemos
vivimos	vivemos
decimos	dicemos
servimos	sirvemos

Indicativo		Subjuntivo		Imperativo		Participios
pido	pedimos	pida	pidamos	pide tú	no pidas	pidiendo
pides		pidas		pedid	no pidáis	pedido
pide	piden	pida	pidan	pida Ud.	no pida	
				pidan Uds.	no pidan	

Otros que se conjugan igual: conseguir, elegir, reir, seguir, despedir, perseguir, repetir.

Ejercicio 25

A. Para repetir:

1. ¿Puedo ir al baile contigo?
2. Aunque podamos cantar, no cantaremos.
3. Cantamos cuando podemos.
4. Saben patinar pero no pueden.
5. ¿Puedes recoger la ropa?
6. Yo no, pero Juan sí puede.

B. Para contestar:

Modelo:

—¿De qué se queja Ud.?

—Me quejo porque no puedo ver bien.

1. ¿De qué se quejan ellos?
2. ¿De qué te quejas?
3. ¿De qué se quejan Uds.?
4. ¿De qué se queja Rosa?
5. ¿De qué nos quejamos?

C. Para contestar:

Modelo:

—¿Puedes venir por mí?

—Yo no, pero ellos sí pueden.

1. ¿Puede venir Lola por mí?
2. ¿Pueden venir las muchachas por mí?
3. ¿Pueden venir ustedes por mí?
4. ¿Puede venir su novio por mí?
5. ¿Pueden venir tus amigos por mí?

D. Para sustituir:

1. No siempre cantamos cuando podemos. (Casi siempre, De vez en cuando, A veces, Siempre, Casi nunca)
2. Me extraña que no puedas hablar. (no creo, no me extraña, me sorprende, dudo, me asombra)
3. No iremos aunque podamos. (bailaremos, patinaremos en hielo, trabajaremos, limpiaremos la casa, jugaremos al tenis)

E. Para repetir:

1. Ya no huelo la comida.
2. ¿Huelen el aroma del café?
3. No, no olemos nada.
4. Mamá está cocinando aunque no olamos nada.
5. Hueles a perfume fino.
6. Quieren que olamos a jabón.

F. Para sustituir:

1. No siempre huelo la comida. (A veces, Nunca, De vez en cuando, Siempre, Casi siempre)
2. Aunque olamos mil comidas más, no se nos olvidará ésa. (perfumes, flores, árboles, vinos, champañas)
3. Hueles a perfume. (cebolla, ajo, jabón, talco, sardinas)
4. Esperan que olamos a jabón. (Quieren, Es necesario, Es difícil, No creen, Es importante)

G. Para contestar.
Modelo:
—¿Huelen el aroma del café?
—No, no olemos nada.
1. ¿Huelen la fragancia de las flores?
2. ¿Huelen el aroma del brandy?
3. ¿Huelen la fragancia de los pinos?
4. ¿Huelen el aroma del perfume?
5. ¿Huelen la fragancia del eucalipto?

H. Para repetir:
1. Siempre hervimos la leche.
2. Hierven el agua antes de tomarla.
3. Quieren que hirvamos agua para hacer té.
4. Señora, por favor hierva la leche.

I. Para sustituir:
1. Siempre hervimos la leche. (agua, chocolate, café, té, caldo)
2. Los colombianos hierven el agua antes de tomarla. (señora, chinos, mexicanos, argentinos, cocinero)
3. Quieren que hirvamos agua para hacer té. (bañarnos, desinfectarla, purificarla, tomarla, hacer caldo)
4. ¡Señora, por favor, hierva la leche! (Juan, Doña Lupe, Luisa, Señorita, Señor Inspector)
5. Diles que hiervan el agua para hacer té. (Quieren, Mandan, Es fácil, No creen, Dudamos)

J. Para contestar:
Modelo:
—Quieren que hiervas la leche.
—No la hiervo a menos de que me paguen primero.
1. Quieren que ellos hiervan la leche.
2. Quieren que hirvamos la leche.
3. Quieren que yo hierva la leche.
4. Quieren que Juan y yo hirvamos la leche.
5. Quieren que Susana y Lupe hiervan la leche.

K. Para repetir:
1. Nos sentimos bien, gracias a Dios.
2. No cree que nos sintamos mal.
3. Sentimos profundamente su dolor.
4. No les extraña que lo sintamos.

L. Para sustituir:
1. Hoy nos sentimos bien, gracias a Dios. (Siempre, Por lo regular, Casi siempre, Por lo general, Todo el tiempo)
2. No cree que nos sintamos enfadados. (aburridos, enfermos, cansados, resfriados, incómodos)

3. Sentimos profundamente la muerte de su padre. (hermana, hijo, madre, esposa, hermano)
4. No les extraña que sintamos la muerte de su padre. (Dudan, No creen posible, No pueden creer, Les extraña, Les sorprende)
5. Sentimos no poder admitirlos. (ayudarles, pagarles, saludarlos, darles gallo, invitarlos)

LL. Para contestar:
Modelo:
—¡Páguenme!
—Lo sentimos pero no podemos.
1. ¡Déjenme entrar!
2. ¡Escríbanme!
3. ¡Abrácenme!
4. ¡Salúdenme!

M. Para repetir:
1. Los seres humanos morimos de las enfermedades.
2. Aunque algunos muramos, otros seguimos viviendo.

N. Para sustituir:
1. No siempre morimos de las enfermedades. (A veces, Algunas veces, Casi siempre, Generalmente)
2. Aunque algunos muramos en la guerra, otros seguiremos viviendo. (peleando, luchando, teniendo vida, combatiendo, batallando)
3. Es glorioso si morimos por la patria. (Cumplimos nuestro deber, Nos sacrificamos, Es digno de alabanza, No es en vano, Es heroico)
4. Aunque sea triste que muramos por la patria, a la vez es acto glorioso. (heroico, noble, extraordinario, honoroso, valeroso)
5. Es fácil que muramos en algún accidente. (Es posible, Puede ser, No es de extrañar, Tal vez, Ojalá no)

Ñ. Para escribir:
1. Nos morimos de sueño si no dormimos bien.

    cansancio
    fatiga
    agitación
    agotamiento
    desesperación

2. Esperan que no nos muramos de sueño aunque no durmamos bien.

    cansancio
    fatiga
    agitación
    agotamiento
    desesperación

O. Para repetir:
1. No pido perdón de nadie.
2. Pedimos auxilio porque es nuestro deber.
3. Siempre me pides dinero prestado.
4. Jamás llegará el día en que pidamos permiso.

5. Que cada quien pida lo que quiera.
6. Pidamos café con leche.

P. Para sustituir:
1. Los señores Meza nunca piden favores pero sí saben hacerlos. (María, Rosa y Humberto, Yo, El padrecito, Los campesinos, Tú y yo)
2. No pido perdón de nadie. (permiso, ayuda, dinero, limosna, socorro)
3. No piden ni pedimos nada. (favores, permiso, crédito, interés, publicidad)
4. Siempre me pides dinero prestado. (Nunca, Todos los días, Una vez al año, Cada semana, Hoy)
5. Que cada quien pida lo que quiera. (las muchachas, Lola, mi novia, la monja, el policía)
6. Pidamos café con leche. (agua de limón, pan de dulce, tortillas de maíz, jugo de tomate)

Q. Para escribir:
Modelo:
1.—¿Es posible que lo sientan?
   —No, no es posible que lo sintamos.
                    mientan?
                    lo hiervan?
                    le adviertan?
                    lo conviertan?
                    lo prefieran?
Modelo:
2. mentir – mintiendo
   hervir
   sentir
   convertir
   mentir
   advertir
   preferir
Modelo:
3. —Diles que lo hiervan.
   —No les digo a menos de que lo hirvamos primero.
                    se acuesten
                    lo pidan
                    se vistan
                    almuercen
                    se sienten
Modelo:
4. —¿Le advertimos ahora?
   —No, no es necesario que le advirtamos.
   ¿Los elegimos ahora?
   ¿La despedimos ahora?
   ¿Los perseguimos ahora?
   ¿Les servimos ahora?

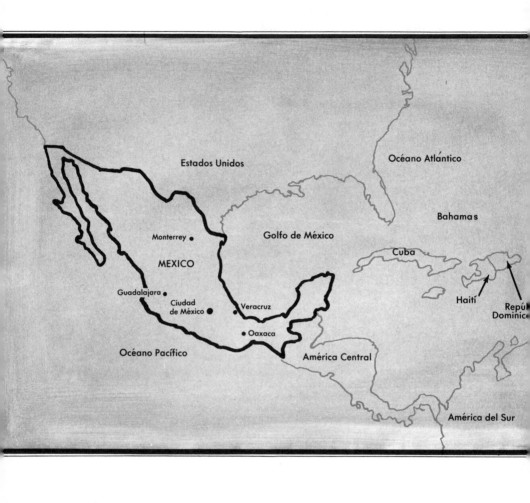

Geografía de México

Frontera al norte

El país queda limitado, al norte, por los Estados Unidos, que tienen con México una línea fronteriza sumamente amplia que alcanza un desarrollo de 2,597 kms. Después de la desastrosa guerra de 1846–1848 con esa nación, en la que México perdió 2,240,000 kms. de su territorio, que tuvo que ceder conforme a lo pactado en el Tratado de Paz y Amistad de Guadalupe Hidalgo del 2 de febrero de 1848, los límites se establecieron usando en parte el Río Bravo, conforme a lo previsto en ese documento y la posterior modificación del Tratado de la Mesilla o Gadsden del 30 de diciembre de 1853, en que perdió nuevamente una porción de más de 109,574 kms.²

Como el Río Bravo, que es divagante, estaba cambiando de posición y creando problemas, se llevaron a cabo convenios y se realizaron trabajos, a fin de fijar su posición; por ello puede afirmarse que, el límite internacional entre México y los Estados Unidos está

divagante: serpentino

definido por una serie de líneas sinuosas unas y rectas otras, trazadas astronómicamente y localizada en el terreno por monumentos que están fijados, por levantamientos de la Comisión Internacional de Límites. . . .

Altiplano Mexicano

Limitado por las Sierras Madres Oriental y Occidental y la Cordillera Neovolcánica, se encuentra una zona alta, en lo general plana, con dirección norte–sur que se conecta con las llanuras del centro de los Estados Unidos (Great Basin). Una serranía transversal la divide en dos áreas. En el siglo pasado se denominaron mesas, llamándose Norte a la Septentrional y Central a aquélla en la que está enclavada la Ciudad de México. Completaba el sistema una mesa del sur hoy aceptada como depresión. Estudios recientes han demostrado la conveniencia de modificar tales designaciones, por lo que tomando en cuenta sus características de tierras altas con áreas escalonadas, suavemente onduladas, limitadas por cordilleras, se le considera Altiplano al que se le ha llamado Mexicano. Se pueden puntualizar dentro de él dos regiones bien caracterizadas: la Altiplanicie Septentrional y la Altiplanicie Meridional.

serranía: sierra, cordillera

denominarse: llamarse

septentrional: que cae al norte

altiplano, altiplanice: meseta de mucha extensión y a gran altura

Sismología

Esta voz significa el estudio de los temblores o sismos, fenómenos que siempre han preocupado al hombre tanto por lo impresionante de sus manifestaciones, como por los daños que generalmente producen. Se llama sismo o temblor a la vibración u oscilación de la superficie de la tierra, causada por una transitoria alteración del equilibrio elástico o gravitacional de las rocas, en las vecindades de la superficie de la tierra. De acuerdo con las causas que lo provocan se les califica de temblores tectónicos, volcánicos o plutónicos.

Son tectónicos los que resultan de movimientos de la corteza terrestre por fallas o plegamientos a causa de esfuerzos que se producen por acomodo de las diversas

voz: palabra

transitorio: que no dura, momentáneo

calificar: clasificar

corteza: capa exterior
falla: quiebra
plegamiento: pliegue

164

capas o como resultado del enfriamiento de la corteza terrestre. Generalmente su área de influencia es amplia y prolongados los períodos de oscilación. Son ejemplos de estos temblores los que se presentan frecuentemente en las zonas limítrofes de Guerrero y Oaxaca, y en general en la región sísmica del país.

limítrofes: vecinas

Los sismos o temblores volcánicos son causados por la acción volcánica. Generalmente anteceden a la iniciación de esta actividad, pero cuando ya se han iniciado no es extraño que coincidan, precedan o sucedan al paroxismo. Estos temblores son rápidos y su área de influencia reducida. Podemos citar como ejemplos de éstos, el temblor que el 20 de febrero de 1943 precedió al origen del volcán Paricutín.

paroxismo: movimiento violento

Estos temblores o sismos plutónicos, son motivados por esfuerzos que se desarrollan a grandes profundidades de la corteza terrestre. La determinación de la clase de esfuerzos que originan este tipo de temblores, ha sido motivo de amplias controversias, sin llegar a conclusiones que permitan tener una opinión precisa al respecto. . . .

Lluvias

Convencionalmente se mide la cantidad de lluvia que cae sobre un lugar determinado de la superficie de la tierra, suponiendo que el suelo fuese lo suficientemente impermeable y plano, para impedir que el agua corriera o se infiltrara por el almacenamiento producido, cuyo espesor, medido en milímetros, expresa la cantidad de agua caída en un período determinado, el cual puede ser día, mes o año. Uniendo los puntos que registran la misma cantidad de lluvia, se trazan las líneas conocidas con el nombre de isoyetas. El examen de la carta de isoyetas anuales preparada por la Secretaría de Recursos Hidráulicos, muestra que la mayor lluvia se registra en la zona costera del Golfo de México, en la porción comprendida entre el puerto de Tampico y la ciudad de Campeche, desde la orilla del mar hasta alcanzar las altas cimas de la Sierra Madre Oriental, la Sierra Madre

impermeable: impenetrable
almacenamiento: reunión de muchas cosas
espesor: densidad de un líquido

secretaría: departamento, ramo de administración

de Oaxaca, la Sierra Atravesada, la Meseta Central de Chiapas y serranías de la República de Guatemala, con valor medio de 1,600 mms. que llega a máximos de 5,000 mms.

valor: grado
mms.: milímetros

En el resto de la costa del Golfo de México la precipitación es sensiblemente menor, oscilando de 600 a 800 mms. anuales en la planicie costera y alcanzando en sus altas cimas valores de 1,000 mms.

En la península de Yucatán, la precipitación, en general, muestra valores mayores a 1,000 mms. de lluvia media anual y amplias áreas tienen precipitación mayor de 1,400 mms. al año.

En la costa del Océano Pacífico, la precipitación se mantiene en valores bajos, la que aumenta en algunos sitios por efecto de factores locales. En general, en la planicie costera, la lluvia se mantiene abajo de 1,000 mms. anuales; recorriéndola de sur a norte, estos valores se van reduciendo hasta llegar al noroeste de Sonora, donde desciende hasta 50 mms. en la porción noroeste del desierto de Altar.

El centro del país tiene en su mayor parte valores inferiores a 1,000 mms. al año; sólo en las altas serranías se observan valores de mayor importancia.

Vertiente del Atlántico: el Río Bravo

Es corriente de especial importancia por constituir la base para el límite internacional entre México y los Estados Unidos desde el año de 1848, en las porciones media e inferior de su curso. Los españoles también lo llamaron Río Grande, denominación muy generalizada en los Estados Unidos actualmente.

denominación: nombre

Nace en las montañas Rocosas a 4,000 ms. cerca del paralelo 38°, en el centro de los Estados Unidos, dentro del Estado de Colorado; sigue una dirección norte-sur en Nuevo México, pasa por las cercanías de Santa Fe y penetra en Texas poco antes de El Paso para tomar después una dirección sureste, siendo límite a partir de las ciudades vecinas de Ciudad Juárez y El Paso.

m.: metro

La cuenca donde se genera su escurrimiento, es de

escurrimiento: desagüe

472,000 kms.² y de ella el 51% se extiende en territorio mexicano; se estima que del escurrimiento virgen nos corresponde el 48%; pero a partir de Ciudad Juárez hasta el mar, la aportación mexicana es superior a las de las correspondientes estadounidenses.

En su parte estadcunidense superior presenta sólo una corriente principal con afluentes de reducida importancia, recibiendo abajo, ya en Texas, los ríos Pecos y Devils.

Tierras de labor

Como una consecuencia de la Reforma Agraria llevada a cabo en México en el presente siglo, se han entregado a los campesinos en forma de ejidos, importantes superficies agrícolas, se ha reducido la extensión de los predios de propiedad particular y puede decirse, en términos generales, que en el país ya no existen latifundios, salvo algunos que excepcionalmente subsisten por circunstancias políticas o económicas particulares.

Como las nuevas tierras abiertas al cultivo son principalmente de propiedad particular, el porcentaje de tierras ejidales no se ha incrementado.

Consecuencias de su situación geográfica

Siendo productor de una multitud de materias primas, particularmente de origen vegetal que no pueden prosperar en los Estados Unidos por su clima, así como la circunstancia de que nuestro país es capaz de producir en cantidades importantes minerales de gran demanda, es ventajoso ser vecino de esa nación, pues estamos en relación con el centro consumidor más importante del mundo. Dentro de la estructura económica vigente, la vecindad con el poderoso centro productor y consumidor, ahora primate mundial, afecta nuestra economía en cuanto que influye fuertemente en ella. Aunque los gobiernos de los Estados Unidos traten de modificar el tipo de relaciones, siempre serán un país exportador de manufacturas y de recursos financieros y comprador de materias primas.

Cuando sea posible vivir en una economía basada en la racional distribución de materias primas y manufacturas, el estar en la vecindad de una de las mayores concentraciones de población, como son los Estados Unidos y del más elevado nivel medio de vida, será una ventaja sin par.

La geografía ofrece a México posibilidades brillantes que se pueden convertir en hechos tangibles, si nuestro país sigue una política racional en el aprovechamiento de sus recursos naturales.

Jorge L. Tamayo

Actividades

A. Contesten *sí* o *no* según sea apropiado:

1. El Río Bravo se usa en parte para formar la línea fronteriza entre México y los Estados Unidos.
2. El tratado de Gadsden se firmó en la Mesilla (Nuevo México).
3. Dos veces dentro de seis años México tuvo que ceder territorio a los Estados Unidos.
4. Se encuentra en México una zona alta, en lo general plana, con dirección este-oeste.
5. Una sierra atraviesa México del este al oeste.
6. Las dos cordilleras del país se denominan las Sierras Madres Septentrional y Meridional.
7. La sismología es el estudio de las altiplanicies.
8. Unos temblores resultan del enfriamiento de la corteza terrestre.
9. Los temblores volcánicos siempre suceden a la iniciación de la acción volcánica.
10. Se mide la cantidad de lluvia que cae sobre la superficie de la tierra suponiendo que el suelo fuera lo suficiente impermeable y plano para impedir que el agua corriera o se infiltrara.
11. La mayor lluvia se registra en el estado de Sonora.
12. La misma corriente se llama el Río Bravo en México y el Río Grande en los Estados Unidos.
13. Hay menos ejidos y más latifundios hoy en México que antes de que estallara la Revolución de 1910.
14. México produce una multitud de materias primas.
15. Es posible vivir en una economía basada en el intercambio de materias primas de un país con las manufacturas de otro.

B. Llenen los blancos con palabras apropiadas sacadas de la lectura.

1. México ...., al norte, por los Estados Unidos.
2. En el .... de Paz y Amistad de Guadalupe Hidalgo, se establecieron los límites entre las dos naciones.

3. México y los Estados Unidos se .... a cabo convenios y se realizaron trabajos a fin de fijar la posición del Río Bravo.
4. El altiplano mexicano se conecta con las .... del centro de los Estados Unidos.
5. .... quiere decir norte, y .... sur.
6. Los temblores son .... que siempre han preocupado al hombre.
7. De acuerdo con las causas que los provocan se les califica de temblores tectónicos, ... o plutónicos.
8. La Secretaría de Recursos .... prepara cartas que indican la cantidad de lluvia que cae sobre los terrenos de México.
9. La .... oscila de 600 a 800 mms.
10. Llueve muy poco en el .... del desierto.
11. El Río Grande nace en las montañas ....
12. La sierra queda cerca del .... 38°.
13. El Río Bravo comienza a ser .... a partir de las ciudades vecinas Ciudad Juárez y El Paso.
14. En su parte .... superior el Río Grande es una corriente principal con afluentes de reducida importancia.
15. En México debido a la reforma agraria ya no existen más que muy pocos ....
16. Las tierras más recientemente abiertas al cultivo son de ....
17. México está en relación con el centro productor y .... más importante del mundo.
18. La estructura económica influye en el .... de vida.

C. ¿Qué les parecen estos datos? ¿Cuáles son hechos comprobables y cuáles son opiniones o teorías?

1. Después de la guerra desastrosa de 1846–1848 México perdió 2,240,000 kms.^{2} de su territorio.
2. El Río Bravo, que es divagante, estaba cambiando su posición y creando problemas.
3. Completaba el sistema (de altiplanos) una mesa del sur hoy aceptada como depresión.
4. Se llama temblor la oscilación de la superficie de la tierra causada por una transitoria alteración de equilibrio elástico o gravitacional de las rocas.
5. Los temblores plutónicos son motivados por esfuerzos que se desarrollan a grandes profundidades de la corteza terrestre.
6. En la península de Yucatán, la precipitación, en general, muestra valores mayores a 1,000 mms. de lluvia media anual y amplias áreas tienen precipitación mayor de 1,400 mms. al año.
7. El Río Bravo es corriente de especial importancia por constituir la base para el límite internacional entre México y los Estados Unidos.
8. Se estima que del escurrimiento virgen nos (a los mexicanos) corresponde el 48%.

9. Como una consecuencia de la reforma agraria llevada a cabo en México en el presente siglo, se han entregado a los campesinos en forma de ejidos, importantes superficies agrícolas.
10. Aunque los gobiernos de los Estados Unidos trataren de modificar el tipo de relaciones, siempre serán un país exportador.
11. El estar en la vecindad de una de las mayores concentraciones de población, como son los Estados Unidos y del más elevado nivel medio de vida, será una ventaja sin par.
12. La geografía ofrece a México posibilidades brillantes que se pueden convertir en hechos tangibles, si nuestro país sigue una política racional en el aprovechamiento de sus recursos naturales.

D. En una historia de los Estados Unidos o de la América Latina, o en una buena enciclopedia, busquen informes tocante a uno de estos temas:
1. El Tratado de Guadalupe Hidalgo.
2. El Pacto de Gadsden.
3. El convenio reciente sobre el Chamizal (Refiérase al "Reader's Guide").
4. El volcán Paricutín.
5. Los fines de la Revolución de 1910.
6. Los ejidos y latifundios de México.

E. Prepárense a dar los informes de la parte D oralmente ante la clase.

LECTURA B

Un castigo

—No, señor . . . No, señor . . . la vida tiene sus grandes compensaciones, pero . . . ¡qué trabajo cuesta lograrlas! y, ésta, la compenso . . . o no vuelvo.

> **compensar:** igualar una cosa en otra

—Pero, compadre . . .

—No, señor, no hay pero que valga. ¡No voy!

—Usted es el único que conoce el camino.

—Nos perderemos si lo intentamos solos.

—Bien sabe usted que nuestra manda al Señor de Chalma no valdría si fuésemos por otra parte; prometimos por ese camino, a sabiendas de que usted nunca falta . . . y ahora resulta que usted no quiere ir.

—Si no le es molesto, ¿podría decirnos la causa de tal determinación?

—Jamás he enterado a nadie de mis actos; pero en este caso y por tratarse de ustedes, considero que estoy obligado a dar una explicación, y lo haré, así ustedes me justificarán o se irán indignados en contra mía.

Escuchen:

Tengo 34 años de edad y soy soltero; trabajo como obrero en un taller de hojalatería y pintura para automóviles, que es de mi propiedad; el taller y mi trabajo me dejan utilidades para vivir decorosamente y sostener a mi padre y a mi madre.

Poco a poco a través de muchos sacrificios (no compensados) he logrado comprar muebles y útiles con que instalar un pequeño, pero decente hogar.

¡Sí, compadre, a usted le consta!

constar: ser evidente

Me he retirado de los amigos para poder ahorrar más; concurro como única diversión al club de excursionismo, donde usted me conoció y me brindó su amistad; pertenezco al grupo de guías del mismo club y desde hace seis años a la fecha, he atravesado la serranía de Zempoala, a pie guiando peregrinaciones al santuario del Santo Señor de Chalma; pero ahora . . . no voy.

peregrinación: viaje a un santuario

Sin embargo no dejo de recordar . . . ese camino tan bello de México a Tres Cumbres, por la carretera de Cuernavaca, la llegada al pequeño poblado, las ollas calientes y vaporosas del mexicanísimo atole champurrado o blanco, las quesadillas de hongos, los pequeños y bien sazonados tamales, ese desayuno que si no quita el frío y el hambre, por lo menos los mitiga; pero sobre todo, está la satisfacción que siente uno de iniciar esa caminata, esa aventura de atravesar esos bellísimos montes, con ese olor que despide la tierra húmeda, a pino . . . a yerba . . . a vapor de vida.

cumbre: cima de monte

mitigar: disminuir

caminata: viaje largo o paseo por diversión

Y todo esto, compadre, hace más fuerte mi convicción de no volver. Pues tal parece que con ello quiere la vida compensarme y no, compadre, la compensación debe ser otra.

No obstante mi resolución, no dejo de pensar en la travesía.

travesía: viaje

La primera jornada, desde Tres Cumbres hasta la

171

cima de la serranía de Zempoala; el primer esfuerzo de Tres Cumbres hasta el kilómetro 11; que a buen paso, lo hace uno en tres horas, cortando por Huitzilac, pueblecillo donde hacen unas sillas tan originales como jamás las he visto, afirmando con ello, que nuestro pueblo es artista innato.

pueblo: gente

Y la salida de Huitzilac, donde se topa uno con el primer obstáculo, que le hace recordar a uno que no va de paseo, sino de manda, la subida tan pronunciada que hace olvidar la belleza del camino, pues se torna de placer en un verdadero martirio, ya que en ella se reúnen lo empinado de la misma, en un clima frío, con un sol que no calienta, sino que quema y que es implacable con el caminante como si quisiera quemarle el cuerpo y con él todas las culpas que piensa dejar en el santuario.

A veces me he preguntado, si estos obstáculos no los pondría a propósito el Señor para hacer más difícil y a la vez de mayor valor la manda, porque mire usted, el sol deja caer sus rayos como si fuesen el fuego escapado de un soplete, en una subida que ni las bestias de carga logran treparla, llena de tierra y piedras sueltas, sin una gota de agua, con una vegetación verde a uno y otro lado de la vereda; pero tan chaparra que no alcanza a dar sombra ni a los tobillos . . . un verdadero obstáculo y es el primero.

soplete: lámpara de soldar

chaparra: mata baja, arbusto bajo

Pero escuche usted:

En el kilómetro 11 cambia el paisaje, todo es humedad y como ya es tarde, el sol se ha ocultado, la vegetación ha crecido a tal grado, que no se encuentra una mata de tamaño pequeño, un aire húmedo y frío; pero lleno de aromas de la naturaleza.

Al llegar a la cima, se descansa en un pequeño valle rodeado por ocotes y desde donde se domina toda la serranía y mientras unos se tiran al suelo, a lamentarse de la caminata y otros sacan de sus morrales alimentos y agua y empiezan a cenar, otros y éstos son los que dirigen, cortan leña y acondicionan (de la mejor manera) el lugar para descansar y poder aguantar la jornada venidera.

ocote: especie de pino

morral: bolsa de caminante

Jamás se olvida lo que sucede en ese primer descanso: la noche obscura no permite ver los rostros de los vecinos y sólo se escucha el tiritar de dientes, las lamentaciones de los muy cansados y las bromas de los que no lo están.

rostro: cara

De pronto, surge un resplandor intenso en el valle es la fogata, que al fin logran encender y como si fuese una llamada, todos van acercándose y sentándose en torno de ella. Es cuando uno empieza a distinguir caras y compañeros y se da cuenta de que todos han logrado confraternizar, cómo unos y otros tratan de ayudarse, de ser amables, cariñosos y compasivos.

Los más cansados no se mueven pero no duermen, porque el cansancio no los deja; de buena gana ayudarían sólo que están imposibilitados para ello.

No falta quien empiece a describir lo que se recorrerá al otro día, tratando de animar a los cansados y fortalecer a los que no lo están, también a salir como por encanto, las narraciones de las viejas consejas tales como: los arrepentidos que se transformaron en piedras, la de los compadres que por bañarse impúdicamente en el río, la comadre y el compadre, fueron convertidos en sirenas. Estas consejas escuchadas con toda atención en un ambiente propicio para ello, adquieren la veracidad que no tienen y amedrentan a unos y a otros les despierta la curiosidad de comprobarlo porque, según afirman sus narradores, estos hechos son comprobables en la próxima jornada.

impúdico: inmoral

sirena: medio persona, medio pez

amedrentar: asustar

El sopor de la noche empieza a caer sobre los peregrinos y aun haciendo esfuerzos, no logran sobreponerse al cansancio y al poco tiempo se extingue hasta la hoguera y todo es silencio y obscuridad.

sopor: adormecimiento

Cuando el sol sale y empieza a calentar, el campamento cobra nueva vida y todos se alistan a continuar la caminata que de antemano les han descrito como más pesada, pero más bonita.

Después de un sinnúmero de esfuerzos y fatigas se llega al pueblo de Ocuila, pintoresco pueblo tropical lleno de flores y con abundancia de agua, se come y se continúa la marcha. Más adelante de Ocuila y sobre el camino, está un añoso ahuehuete, donde una pareja singular de músicos, uno con un violín tan viejo como el mismo ahuehuete y otro con una guitarra que le hace competencia en años al violín, parece que entablan una polémica para lograr ver quién desafina más, produciendo una música rara, pero alegre, que invita a la danza; y como en el ahuehuete venden coronas de flores para los que van por primera vez; pero como todos quieren lucir su cabeza coronada, aunque sea de flores, todos compran y . . . a danzar al compás de tan singular orquesta. Es un espectáculo único, mujeres, hombres, niños, jóvenes y viejos, todos coronados con flores, danzando a la sombra del ahuehuete con una alegría y una fuerza como si jamás hubiesen caminado; esta danza hay que hacerla "rendidora" para que el Señor de Chalma se dé cuenta de que en la peregrinación no hay nadie triste, porque a Chalma hay que llegar contento . . . nada de tristeza, nada de lamentaciones, y mucho menos de arrepentirse, pues . . . ahí está la prueba de que el Señor no sólo hace favores, sino que también castiga y si no, que los diga la enorme piedra que una vez fue ser humano y que por arrepentirse fue castigado; pero desgraciadamente no sólo él . . . sino todos los que van por ese camino, ya que es una obligación, empujarla para que algún día llegue a Chalma y vuelva otra vez a su forma primitiva.

—Sí, compadre, imagínese usted el sacrificio que representa el empujar esa mole, que ha de pesar de quince a veinte toneladas, después de veinticinco o treinta horas de camino, bajo un sol que cae a plomo, de haber comido y dormido mal y de haber bailado buen rato en el ahuehuete . . . es toda una prueba de sacrificio y hay que realizarla con gusto pues de lo contrario, ahí está la muestra de lo que sucede.

No obstante que la piedra es sumamente pesada, la creencia, la curiosidad y sobre todo los empujones, han logrado que esa enorme roca esté ya muy cerca de Chalma y esto me ha hecho pensar en lo que sucederá cuando llegue la piedra al principio de la bajada; ¿se precipitará? Porque de ser así no me imagino, cómo el

ahuehuete: árbol grande

polémica: discusión

mole: masa, cosa de gran bulto

176

Señor podrá librarse de tan gran pedrada, pues ha de saber, compadre, que el santuario está en la terminación de la gran bajada y si cuando empiece a rodar cuesta abajo, la piedra no sufre la transformación . . . mucho temo que con tamaño impacto el santuario con todo lo que tiene dentro, tendrá que cambiar de lugar, pero también pienso que el Señor que es tan milagroso ya debe tener una solución para este problema. Sin embargo, no deja uno de pensar como humano y comentar acerca de la desgracia que sería para todos, el ver el santuario todo estropeado, por causa de un miserable peregrino que se arrepintió.

—La llegada a Chalma es algo que nunca se olvida, desde la cima se ve el famosísimo santuario enclavado en el centro de la gran cañada, blanco, como si fuera de azúcar, con un cinturón de plata que es el río y rodeado de un sinnúmero de parasoles de manta blanquísima que semejan gigantescas mariposas.

La bajada está cubierta con piedras negras lustrosas y pulidas, con los pies y rodillas de los peregrinos; el descenso se hace casi a rastras que se llega completamente destrozado.

En el pequeño poblado se busca alojamiento y . . . no lo hay, con grandes trabajos se logra rentar no un cuarto, pues eso es imposible, un pedazo de piso de un cuarto en donde se convive con gentes de todas las condiciones sociales y morales. Con todas estas peripecias materiales no deja uno de preguntarse: ¿Por qué el Señor escogería este lugar de tan difícil acceso para el asiento de su santuario? Pero tampoco deja uno de admirar la iglesia que se le ha construido, bellísima y lujosísima que contrasta con las casas del pueblo que son pobrísimas; los altares son riquísimos, ríos de dinero entran en los cepos, y no puede uno menos que sorprenderse al ver en un pequeño cuarto, que está a la vista del público, cómo esa gente tan pobre, en su mayoría, logra llenarlo con billetes y monedas y cómo esa misma gente que con tanta devoción da tanto dinero, una vez depositada su limosna sale al atrio a dormir, cocinar y satisfacer todas sus necesidades, sin

tamaño: muy grande

cañada: cañón, barranca

peregrino: el que hace una peregrinación

a rastras: arrastrándose

alojamiento: lugar donde se queda uno

peripecia: accidente imprevisto

atrio: patio, pórtico delante de algún templo

importarles el lugar, la limpieza, la moralidad, ni el respeto que deben a tan sagrado lugar.

Sin algún osado trata de reconvenirlos, con toda naturalidad contestan: "El Señor está dentro, y nosotros afuera; ya pagamos nuestra manda y si lo ofendemos, volveremos dentro de un año y entonces quedaremos a mano."

Todo esto es parte de la peregrinación y del sabor propio de la manda, por lo que nadie se incomoda y sí, espera con ansias la llegada de las peregrinaciones.

—Pues viera usted qué hermoso espectáculo es la llegada de una peregrinación al Santuario; cada una trae su danza y es en Chalma donde se "cala" la **calarse:** probar potencia de los danzantes, que al son de un pequeño tambor y la música monorrítmica de la chirimía, ejecutan con un compás monótono y durante horas, cabriolas de todo género, brincos, contorsiones y **cabriola:** salto, brinco vueltas con una agilidad sorprendente haciendo lucir los músculos de acero bronceado de sus piernas y brazos, con un sentido del ritmo y de la belleza que atrae, que embelesa. **embelesar:** encantar

Pero cuánto sufre uno para ver todo esto y, sobre todo para regresar.

Es una manda llena de sacrificios físicos, morales y económicos; porque viera usted cómo se gasta.

Los he de haber cansado mucho escuchándome, pero . . . es tan bello evocar. . . .

Sin embargo, es inexplicable que gustándome tanto, con todo y sus sufrimientos, no vaya. Pues tiene su explicación y es la siguiente:

Como usted pudo escuchar, la manda es muy difícil y yo la hice durante cinco años y cada año con mayor fervor, hasta éste en que he reflexionado y he decidido no volver, si no soy compensado.

Mi manda, compadre, año con año, consistía en ir a pedirle al Señor de Chalma que la novia que tenía se casara conmigo y fuera una buena ama de casa; iba devotamente al Santuario con la esperanza de que el Señor me escuchara y a mi regreso realizar mi anhelo;

pero cuando regresaba o bien se había casado, fugado o ya no me quería.

Los primeros tres años di gracias al Señor por haberme librado de esas malas mujeres y continué con más fervor prometiendo la manda para el año siguiente; pero cuando pasó el cuarto acontecimiento, ya no me agradó tanto . . . y empecé a pensar dudosamente acerca de mi sacrificio anual, y ahora que ha sucedido el quinto milagro, estoy muy molesto con el Señor de Chalma y estoy dispuesto a castigarlo inviriéndole la manda. Sólo iré a Chalma si voy casado, pues compadre . . . no quiero que suceda otro milagrito.

acontecimiento: hecho, suceso

¿Estoy en lo justo? . . . No lo sé.

Pero no voy hasta que la vida me compense estos sacrificios.

La plática se había prolongado más de lo debido.

Todos fueron despidiéndose y el compadre, que deseaba pagar su manda, llegó a su casa con la convicción de que, por lo menos en ese año, no podría pagarla.

Felipe Sánchez Murguía

Actividades

A. Contesten estas preguntas:

1. ¿Para qué han venido los hombres al "compadre"?

2. ¿Qué les dice él de sí mismo?

3. ¿Por qué lugares pasan los peregrinos?

4. ¿Qué hacen en el primer descanso?

5. ¿Cómo se divierten a la sombra del añoso ahuehuete?

6. ¿Qué les pasa a los arrepentidos?

7. ¿Por qué empujan los peregrinos la enorme piedra hacia Chalma?

8. ¿De qué se preocupa el narrador al decir "no deja uno de pensar como humano"?

9. ¿En qué consistía su manda?

10. ¿Por qué no quiere ir a Chalma este año?

Pronunciación

26a. Los verbos ortográficos.

La segunda clase de verbos irregulares, los ortográficos, llevan cambios al final de la raíz del verbo para no cambiar su sonido y así mantener su foneticidad.

Estudien estos ejemplos. Nótense los infinitivos y las raíces de los cambios ortográficos: ¿cómo se pronunciarían esas formas sin ellos?

No *conozco* a tu novia.
Escojo a la que más me guste.
Quiere que *busque* un auto barato.
Nos pide que *paguemos* la cuenta.
Aunque lo *averigüe*, jamás sabrá la verdad.
Es posible que *empecemos* ese trabajo mañana.

26b. Los verbos ortográficos y sus cambios.

Apréndanse bien de memoria los cambios de ortografía necesarios para mantener la foneticidad o el buen sonido de estos verbos.

Si la raíz termina en			la *c, g, z* cambia al agregársele
cono*c* (er)	= c >	z*c* +	a, o (cono*zc*o, cono*zc*a, etc.)
lu*c* (ir)	= c >	z*c* +	a, o (lu*zc*o, lu*zc*a, etc.)
esco*g* (er)	= g >	*j* +	a, o (esco*j*o, esco*j*a, etc.)
corre*g* (ir)	= g >	*j* +	a, o (corri*j*o, corri*j*a, etc.)
bus*c* (ar)	= c >	*qu* +	e (bus*que*, bus*que*mos, etc.)
pa*g* (ar)	= g >	*gu* +	e (pa*gue*, pa*gue*mos, etc.)
averi*gu* (ar)	= gu >	*gü* +	e (averi*güe*, averi*güe*s, etc.)
empe*z* (ar)	= z >	*c* +	e (empie*ce*, empe*ce*mos, etc.)

¿Cuáles de estos cambios ocurren en el indicativo solamente? ¿Cuáles en el subjuntivo? Si es ortográfico el verbo, ¿puede también tener cambio radical?

Ejercicio 26

A. Den el significado de los siguientes verbos y luego conjúguenlos primero en el presente del indicativo y después en el subjuntivo:

1. favorecer	5. dirigir	9. almorzar
2. aborrecer	6. fingir	10. rezar
3. pescar	7. recoger	11. alzar
4. destacarse	8. apaciguar	12. recargarse

B. Escriban oraciones propias con cada uno de los verbos anteriores.

C. Completen las siguientes oraciones con la forma apropiada del verbo:

1. Si lo .... no va a ser por amistad solamente.
   (*yo-elegir*)
2. Me preguntan por qué .... no saber nada.
   (*fingir*)
3. La verdad es que yo .... tonto.
   (*parecer*)
4. No .... a nadie.
   (*yo-proteger*)
5. Les .... lo que puedan hacer por mí.
   (*yo-agradecer*)
6. .... las mentiras.
   (*yo-aborrecer*)
7. .... mejor suerte.
   (*yo-merecer*)
8. Es verdad que .... de la flojera.
   (*yo-padecer*)
9. ¿........................... el canto?
   (*yo-dirigir*)
10. Sí, pero no .... la música.
    (*yo-escoger*)

---

27. ESTUDIO DE LA LENGUA

Pronunciación y ortografía

27a. Las formas correctas y viciosas del verbo *graduar.*

El problema más común de este verbo es la tentación de no pronunciar con claridad la *u* y de decir:

> Te grad*as* esta noche, ¿verdad?
> Sí, hoy me voy a gra*dar.*
> ¿Cuándo se gra*dan* ustedes?
> Nosotros nos gra*damos* el año que viene, si Dios quiere.

Pronuncien cada letra con cuidado:
Te gra*dúas* . . .
Sí, hoy me voy a gra*duar*.
¿Cuándo se gra*dúan* . . . ?
Nosotros nos gra*duamos* . . .
Este verbo es reflexivo y se conjuga conforme las reglas, con la excepción del acento escrito sobre la *ú* para mantener su foneticidad.

Indicativo	Subjuntivo	Imperativo	Participios
me gradúo	me gradúe	gradúate	graduando
te gradúas	te gradúes	no te gradúes	graduado
se gradúa	se gradúe	graduáos	
nos graduamos	nos graduemos	no os graduéis	
se gradúan	se gradúen	gradúese	
		no se gradúe	
		gradúense	
		no se gradúen	

27b. Los verbos más comunes que terminan en *iar*.

Los verbos más comunes que terminan en *iar* son los siguientes: copiar, estudiar, limpiar, ampliar, enviar y esquiar.

¿Cuál es la dificultad que nos presentan? ¿Pueden recordar la forma que ustedes usan, por ejemplo, cuando emplean el verbo copiar? Sí, en efecto, suelen decir "copear." La razón por la cual dicen eso es fácil de comprender, pues confunden éstas con otras palabras que sí llevan la terminación *ear*: empl*ear*, pel*ear*, etc. Estos verbos deben pronunciarse con claridad pe – le – ar, em – ple – ar, etc. El estudiante debe aprender a distinguir estos verbos estudiándolos como dos familias de verbos que siguen las normas de la gramática española en sus conjugaciones. He aquí el contraste.

Indicativo	Subjuntivo	Imperativo	Participios
cop*io*	cop*ie*	cop*ia* tú	cop*ia*ndo
cop*ia*s	cop*ie*s	no cop*ie*s	cop*ia*do
cop*ia*	cop*ie*	cop*ia*d	
cop*ia*mos	cop*ie*mos	no cop*ié*is	
cop*ia*n	cop*ie*n	cop*ie*	
		no cop*ie*	
		cop*ie*n	
		no cop*ie*n	

Indicativo	Subjuntivo	Imperativo	Participios
pel*eo*	pel*ee*	pel*ea* tú	pel*ea*ndo
pel*ea*s	pel*ee*s	no pel*ee*s	pel*ea*do
pel*ea*	pel*ee*	pel*ea*d	
pel*ea*mos	pel*ee*mos	no pel*eé*is	
pel*ea*n	pel*ee*n	pel*ee*	
		no pel*ee*	
		pel*ee*n	
		no pel*ee*n	

Se debe hacer nota también del contraste de la acentuación y ortografía de copiar (estudiar, limpiar) y ampliar (esquiar, enviar). Solamente estos últimos verbos llevan acento escrito sobre la *i*.

Indicativo	Subjuntivo	Imperativo	Participios
cop*io*	cop*ie*	cop*ia* tú	cop*ia*ndo
cop*ia*s	cop*ie*s	no cop*ie*s	cop*ia*do
cop*ia*	cop*ie*	cop*ia*d	
cop*ia*mos	cop*ie*mos	no cop*ié*is	
cop*ia*n	cop*ie*n	cop*ie*	
		no cop*ie*	
		cop*ie*n	
		no cop*ie*n	
ampl*ío*	ampl*íe*	ampl*ía* tú	ampl*ia*ndo
ampl*ía*s	ampl*íe*s	no ampl*íe*s	ampl*ia*do
ampl*ía*	ampl*íe*	ampl*ia*d	
ampl*ia*mos	ampl*ie*mos	no ampl*ié*is	
ampl*ía*n	ampl*íe*n	ampl*íe*	
		no ampl*íe*	
		ampl*íe*n	
		no ampl*íe*n	

Ejercicio 27

A. Para repetir:
   1. Te gradúas esta noche, ¿verdad?
   2. Sí, hoy me voy a graduar.
   3. ¿Cuándo se gradúan ustedes?
   4. Nos graduamos el año que viene, si Dios quiere.

B. Para contestar:
   Modelo:
   —¿Te gradúas esta noche, ¿verdad?
   —Sí, a la noche me gradúo.
   1. Usted se gradúa esta noche, ¿verdad?
   2. María se gradúa esta noche, ¿verdad?
   3. Lupe y Carlos se gradúan esta noche, ¿verdad?
   4. Ustedes se gradúan esta noche, ¿verdad?
   5. Juan se gradúa esta noche, ¿verdad?

C. Para contestar:
   Modelo:
   —¿Cuándo se gradúan ustedes?
   —Nosotros nos graduamos el año próximo, si Dios quiere.
   1. ¿Cuándo te gradúas, Pablo?
   2. ¿Cuándo se gradúan los muchachos?
   3. ¿Cuándo se gradúa María?
   4. ¿Cuándo se gradúa Pepe?
   5. ¿Cuándo se gradúan ustedes?

D. Para repetir:

1. Juan me dice que estudias biología.
2. Tu hermana me dice que copias caricaturas.
3. Dicen que amplías las fotografías muy bien.
4. Tú eres el que nos envía las cartas, ¿verdad?
5. ¿Por qué no guías a esos señores por el museo?
6. María me dice que limpias bien la cocina.
7. ¿Es cierto que esquías en la sierra?

E. Para contestar:

Modelo:
—Juan me dice que estudias biología.
—Sí, la estudio ahora mismo. (yo)
—Juan me dice que estudian biología. (Uds.)
—Sí, la estudian ahora mismo. (Uds.)

1. Tu hermana me dice que copias caricaturas. (yo, nosotros)
2. María me dice que limpias bien la cocina. (yo, nosotros)
3. Tú eres el que nos envía las cartas, ¿verdad? (yo, nosotros)
4. Dicen que amplías las fotos muy rápido. (yo, nosotros)
5. ¿Por qué no guías a esos señores por el museo? (yo, nosotros)

F. Para sustituir:

1. La profesora dice que copias la tarea. (yo, tú y yo, Lupe, Juan y Lucio, las muchachas, nosotros)
2. ¿Verdad que tú no siempre estudias biología? (Carlos y yo, las muchachas Gómez, Dolores, Fermín y Paco, yo y tú, yo, tú)
3. El conserje limpia la escuela todos los días. (tú, esos señores, esa señora, el papá de Lupe, tu mamá, el conserje, la criada)
4. También esquío en la playa. (nosotros, mis visitas, el capitán, tú, Carmen, mis papás)

El computador electrónico

Un computador es un autómata electrónico capaz de manejar información. El manejo de cualquier información se reduce al manejo de dos símbolos: el uno y el cero. Esto no debe ser tan sorprendente para el lector porque ya conocemos el sistema Morse en la telegrafía. En éste se hacen las transmisiones de telégrafos—transmisiones de información—a base de una serie de rayas y puntos . . . ¡Otros dos símbolos!

El tipo de información que puede manejar el computador electrónico no tiene límites. Hay miles y miles de computadores dirigiendo un sinnúmero de tareas en los cuatro puntos cardinales de la tierra; el cultivo y la producción óptima del trigo y otros granos; otros contabilizan los ingresos fiscales de nuestro país, imprimen nuestros cheques de pago a fin de mes, y hasta fijan qué pareja corresponderá a cada quién en el próximo baile de alguna escuela o universidad. El computador también tiene su lugar en ultratierra pues aparte de la agilidad de los astronautas de pilotear el Apolo 15 nunca se pudiera haber llegado a la luna sin este autómata infalible.

El computador electrónico ejerce cuatro cargos: (1) adquirir información del medioambiente; (2) almacenarla (temporal o permanentemente); (3) manejarla según un plan o programación establecida de antemano por quienes manejan los datos informativos, y por fin, (4) presentarles a éstos los resultados deseados.

En los dibujos que siguen se presentan: (1) esquemáticamente los elementos electromecánicos que llevan a cabo estas operaciones, (2) ejemplo de una tarjeta perforada con un elemento de información para el computador, y (3) un ejemplo del sistema binario que es el sistema que ha permitido el desarrollo de las operaciones del computador.

FIGURA 1. Orden de operaciones.

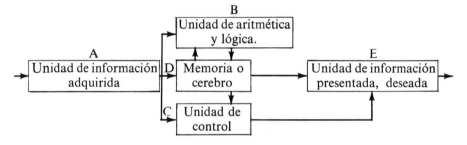

FIGURA 2. Tarjeta IBM perforada.

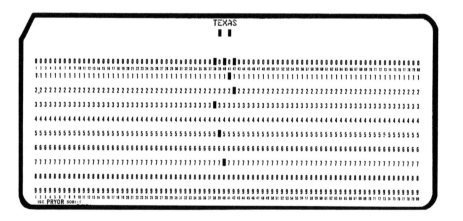

1. La tarjeta tiene 80 columnas.
2. Cada columna puede registrar un elemento de información— letra – número – símbolo especial.
3. Por ejemplo, estas cinco columnas contienen la palabra TEXAS.
4. Cada combinación de perforaciones representa un elemento de información.

186

FIGURA 3. El sistema binario.

Tabla de sumar (binaria)			Sistema binario	Sistema decimal
+	0	1	101101	45
0	0	1	+ 10110	+ 22
1	1	0+	1000011	67
NOTA: 1 más 1, en binario, es 10; esto es, 0 y se lleva uno: 0+				

Actividades

A. Preparen una lista de los usos que puede tener un computador electrónico.

B. Escriban un párrafo sobre los cambios que ha hecho en nuestra vida diaria.

C. Prepárense a un debate:
   "El computador electrónico es el mayor éxito del hombre en el siglo 20."

D. Discutan en la clase las máquinas del departamento de técnica comercial de su escuela:
   1. ¿Hay perforadoras de tarjetas IBM?   2. ¿Hay calculadoras?
   3. ¿Hay sumadoras?   4. ¿Hay máquinas de escribir?

E. En el departamento de matemáticas de su escuela:
   1. ¿Dan clases de matemática moderna?   2. ¿Qué más saben acerca del sistema binario?   3. ¿Cuál es el sistema del computador electrónico?

LECTURA B

Términos útiles para viajar

1. abroad – fuera del país
2. address – dirección, domicilio
3. agent – agente
4. air – aire
5. air conditioned – aire acondicionado
6. airline – línea aérea
7. air mail – correo aéreo
8. airsick – mareado
9. available – disponible
10. baggage – equipaje
11. baggage allowance – peso de equipaje permitido
12. baggage claim – reclamación de equipaje

13. baggage room – sala de equipaje
14. bathroom – baño, lavabo
15. birth certificate – acta de nacimiento
16. blanket – frazada, cobija
17. bound for – con destino a
18. bus – autobús, camión (en México)
19. button – botón
20. by mail – por correo
21. cab – taxi, auto de alquiler, coche de sitio
22. camera – cámara
23. cancellation – cancelación
24. captain – capitán
25. capital – capital
26. cards (playing) – barajas, cartas
27. check – cheque
28. charges – costo, precio
29. cash – dinero en efectivo
30. "Checkers" – juego de damas
31. claim check – comprobante
32. complimentary (of the house) – cortesía de la casa
33. concourse – corredor
34. consul – cónsul
35. consulate – consulado
36. counter – mostrador
37. crew – tripulación
38. currency – moneda
39. customs – aduana
40. deluxe – de lujo
41. delay – demora, atraso, retraso
42. departure – salida
43. destination – con destino a
44. direct flight – vuelo directo
45. duty – derecho(s) de aduana
46. effective – vigente
47. exchange – cambio
48. fare – pasaje
49. first class – primera clase
50. freight – carga
51. fuel – combustible
52. gate – puerta

53. health certificate – tarjeta o certificado de salud
54. inspector – inspector
55. insurance – seguro
56. insurance policy – póliza de seguro
57. jet liner – avión de (propulsión a) chorro
58. kilogram – 2.2 libras, un kilo
59. kilometer – kilómetro, .62 millas
60. landing – aterrizaje
61. life insurance – seguro de vida
62. lounge – sala
63. luggage – equipaje
64. magazine – revista
65. mile – milla
66. nationality – nacionalidad
67. nonstop (flight) – sin escala, sin parar, directo
68. on board – a bordo
69. one way trip – viaje de ida
70. one way ticket – boleto de viaje de ida
71. overseas – fuera del país, ultramar
72. oxygen – oxígeno
73. parcel – paquete
74. passenger – pasajero
75. passport – pasaporte
76. permit – permiso
77. plus tax – más impuesto
78. pounds – libras
79. refund – reembolso
80. relatives – familiares
81. reserved seats – asientos reservados
82. return trip – viaje de regreso
83. round the world – alrededor del mundo
84. round trip – viaje de ida y vuelta
85. runway – pista de aterrizaje
86. schedule – horario, itinerario
87. security belt – cinturón de seguridad
88. sightseeing – visitas a puntos de interés
89. speed – velocidad
90. stewardess – aeromoza
91. stop – parada, escala
92. stop over – escala

93. storm – tormenta
94. suitcase – maleta, veliz
95. to take off – despegar
96. tax – impuesto
97. tip – propina
98. traveler – viajero
99. vaccination – vacuna
100. waiting room – sala de espera

Actividades

A. Escriban una composición de una página empleando por lo menos cincuenta palabras de esta lista.

B. Ahora escriban su composición en forma de diálogo y prepárense a dar las mejores ante la clase.

28. ESTUDIO DE LA LENGUA

Clasificación de verbos

28a. Los verbos irregulares.

El tercero y último grupo de verbos son los irregulares, los que no siguen ningún orden general en los cambios que sufren; estos deben aprenderse por separado.

Las formas más difíciles para el hispanoparlante se encuentran en la 1ª persona plural del presente subjuntivo—por la tentación de acentuarlas indebidamente sobre la sílaba no acentuada.

28b. Los verbos irregulares *hacer, ir, tener* y *querer.*

El verbo *hacer* presenta problemas comunes a otros verbos como *ir, tener, querer.* Estos van a continuación. El error principal de *hacer* es el de decir (y escribir) *háganos* o *hágamos* en vez de *hagamos.*

Aquí está su conjugación:

Indicativo		Subjuntivo		Imperativo		Participios
hago	hacemos	haga	hagamos	haz tú	no hagas	haciendo
haces		hagas		haced	no hagáis	hecho
hace	hacen	haga	hagan	haga	no haga	
				hagan	no hagan	

Otro problema de escritura: *haz.* ¿Por qué? La *c* de ha*c*er se cambia a *z* para mantener la foneticidad del verbo.

Los verbos *ir, ten*er, *querer* que están a continuación tienen el mismo problema en el subjuntivo. En el caso del verbo *ir* se dice *vayamos* en vez de *váyanos* o *váyamos*.

Indicativo		Subjuntivo		Imperativo		Participios
voy	vamos	vaya	vayamos	ve tú	no vayas	yendo
vas		vayas		id	no vayáis	ido
va	van	vaya	vayan	vaya	no vaya	
				vayan	no vayan	

En el caso del verbo *tener* se dice *tengamos* en vez de ténganos o téngamos.

Indicativo		Subjuntivo		Imperativo		Participios
tengo	tenemos	tenga	tengamos	ten tú	no tengas	teniendo
tienes		tengas		tened	no tengáis	tenido
tiene	tienen	tenga	tengan	tenga	no tenga	
				tengan	no tengan	

En el caso del verbo *querer* existen problemas en el indicativo: la tentación de no pronunciar ni escribir la *i* en qu*i*ero, qu*i*eres, qu*i*ere, qu*i*eren. Y en el subjuntivo la tendencia de añadir la *i* a la forma correcta *queramos* y decir qu*i*éranos o qu*i*éramos.

Indicativo		Subjuntivo		Imperativo		Participios
quiero	queremos	quiera	queramos	quiere tú	no quieras	queriendo
quieres		quieras		quered	no queráis	querido
quiere	quieren	quiera	quieran	quiera	no quiera	
				quieran	no quieran	

Ejercicio 28

A. Para repetir:
1. Nos invita a que *vayamos* con él.
   (ir)
2. Quieren que *hagamos* ese trabajo.
   (hacer)
3. No creo que *tengamos* tiempo.
   (tener)
4. Después de lo ocurrido, dudo que *queramos* ir a su fiesta.
   (querer)

B. Para cambiar:
Modelo:

Nos invita a ir con él.
Nos invita a que vayamos con él.

1. Nos ruega ir con él.
2. Nos pide ir con él.
3. Nos convida a ir con él.
4. Nos exige ir con él.
5. Nos manda ir con él.

C. Para cambiar:

Modelo:
Quieren que se haga pronto.
¿Quieren que nosotros lo hagamos?
1. Mandan que se haga pronto.
2. Dudan que se haga pronto.
3. Piden que se haga pronto.
4. Esperan que se haga pronto.

D. Para cambiar:

Modelo:
¿Tienen tiempo?
No creo que tengamos tiempo.
1. ¿Tienen dinero?
2. ¿Tienen permiso?
3. ¿Tienen libros?
4. ¿Tienen camas?
5. ¿Tienen habitaciones?

E. Para cambiar:

Modelo:
Pregunta si quieren ir.
Dudo que queramos ir.
1. Pregunta si quieren comer.
2. Pregunta si quieren nadar.
3. Pregunta si quieren cantar.
4. Pregunta si quieren jugar.
5. Pregunta si quieren bailar.

29. ESTUDIO DE LA LENGUA

Pronunciación

29a. Las formas correctas y viciosas del verbo *venir.*

Venimos y *vengamos* son las dos formas más problemáticas de este verbo. La primera se confunde con *vinimos* (pretérito) y la otra no se pronuncia con el acento debido, resultando en *vénganos* y *véngamos.*

He aquí su conjugación:

Indicativo		Subjuntivo		Imperativo		Participios
vengo	venimos	venga	vengamos	ven tú	no vengas	viniendo
vienes		vengas		venid	no vengáis	venido
viene	vienen	venga	vengan	venga	no venga	
				vengan	no vengan	

29b. Las formas correctas y viciosas del verbo *ser*.

Este verbo se usa mucho en español. Todos los errores relacionados al uso de él en el habla indica una persona no culta. Para perfeccionarse deben aprender todas sus formas correctas.

Los problemas más comunes de este verbo son:

se dice:	no se dice:
soy	*so*
somos	*semos*
seamos	sé*a*nos, séamos
sea, *sean*	s*i*a, s*i*an

Esta es su conjugación:

Indicativo		Subjuntivo		Imperativo		Participios
soy	somos	sea	seamos	se tú	no seas	siendo
eres		seas		sed	no seáis	sido
es	son	sea	sean	sea	no sea	
				sean	no sean	

29c. Las formas correctas y viciosas del verbo *caer*.

Todas las formas de este verbo deben pronunciarse con claridad pues de otra manera ¡resultará bochornoso! La falta de claridad en la pronunciación también puede originar problemas de más gravedad en la escritura; para evitarlo se le sugiere al estudiante que lea y divida en sílabas cada una de las formas de este verbo.

Hagan nota de sus irregularidades: en el indicativo *caigo*; en el subjuntivo no hay irregularidad. En el participio presente, he aquí lo que pasa: ca + iéndose = cayéndose ∴ la vocal *i* se cambia a *y* cuando se combina entre dos vocales fuertes. Otros ejemplos de este cambio:

o*ir* – o + iendo = oyendo
le*er* – le + iendo = leyendo
hu*ir* – hu + iendo = huyendo

En el participio pasado:

ca + ido = caído*

*El acento es necesario para mantener la foneticidad del verbo.

Caer se parece en la forma de su conjugación a otro verbo que termina en *aer*, traer. Por lo regular *caer* se conjuga con los pronombres reflexivos. Aquí está su conjugación.

Indicativo	Subjuntivo	Imperativo	Participios
(me) caigo	(me) caiga	cáete tú	cayéndose
(te) caes	(te) caigas	no te caigas	caído
(se) cae	(se) caiga	caéos	
(nos) caemos	(nos) caigamos	no os caigáis	
(se) caen	(se) caigan	cáigase	
		no se caiga	
		cáiganse	
		no se caigan	

29d. Las formas correctas y viciosas del verbo *oir*.

Los errores más comunes de este verbo son:

se dice:	no se dice:
oímos	oyimos
oigamos	óigamos, óiganos

Es fácil comprender la tendencia de decir oyimos si primero se fijan en la conjugación del verbo:

oigo	oímos
oyes	
oye	oyen

En el caso del segundo problema óiganos, óigamos en vez de oigamos existe la tendencia de acentuación y pronunciación incorrecta.

¿Por qué son regulares todos, menos *oigo*? Porque si no fuera por el acento sobre la *i* de *oímos*, necesario para mantener su foneticidad, también se escribirían con *y*; hay que recordar que la *i* sin acento, cambia a *y* cuando se encuentra entre dos o más vocales. Se trata el verbo como si fuera la raíz *oi*, que se hace oie > oye, pero la *i* desaparece ante la *i* acentuada de la desinencia.

He aquí la conjugación del verbo:

Imperativo		Subjuntivo		Imperativo		Participios
oigo	oímos	oiga	oigamos	oye	no oigas	oyendo
oyes		oigas		oíd	no oigáis	oído
oye	oyen	oiga	oigan	oiga	no oiga	
				oigan	no oigan	

29e. Las formas correctas y viciosas del verbo *decir*.

En el indicativo la falta más común y corriente es la de decir dicemos en vez de decimos; en el subjuntivo la tendencia de decir dígamos o díganos en vez de *digamos*.

El mejor modo de estudiar este verbo es memorizándolo. He aquí su conjugación:

Indicativo		Subjuntivo		Imperativo		Participios
digo	decimos	diga	digamos	di tú	no digas	diciendo
dices		digas		decid	no digáis	dicho
dice	dicen	diga	digan	diga	no diga	
				digan	no digan	

194

29f. Las formas correctas y viciosas del verbo *salir.*

Los problemas más comunes de este verbo son:

se dice:	no se dice:
s*algo*	s*alo*
sal*imos*	salemos
salg*amos*	s*álganos,* s*álgamos*

A continuación sigue la conjugación entera de este verbo.

Indicativo		Subjuntivo		Imperativo		Participios
salgo	salimos	salga	salgamos	sal tú	no salgas	saliendo
sales		salgas		salid	no salgáis	salido
sale	salen	salga	salgan	salga	no salga	
				salgan	no salgan	

29g. Las formas correctas y viciosas del verbo *traer.*

Traer se parece al verbo *caer.* Todas sus formas deben pronunciarse con claridad y escribirse con cuidado pues de otra manera puede resultar vergonzoso. Es necesario observar que *trago* debe decirse tr*aigo;* de otra manera quiere decir que viene del verbo *tragar.* Los problemas de decir *trai,* etc. son fáciles de hacer pero es igual de fácil decir *trae, traes, traemos, traen.* En el caso del último problema, ya se ha explicado muchas veces y lo indicado es aprender y emplear la forma correcta de pronunciar ese verbo en el subjuntivo.

Los errores que suelen ocurrir con este verbo:

se dice:	no se dice:
tr*aigo*	tr*ago*
tr*aes,* tr*ae,* tr*aemos,* tr*aen*	tr*ais,* tr*ai,* tr*aimos,* tr*ain*
traig*amos*	tr*áiganos,* tr*áigamos*

La conjugación del verbo es así:

Indicativo		Subjuntivo		Imperativo		Participios
traigo	traemos	traiga	traigamos	trae	no traigas	*trayendo
traes		traigas		traed	no traigáis	traído
trae	traen	traiga	traigan	traiga	no traiga	
				traigan	no traigan	

*Cuando la vocal *i* se combina entre dos vocales fuertes se cambia a *y.*
Otros ejemplos de este cambio: huyendo, oyendo, cayendo, leyendo.

El otro participio se forma así:

tra(er) tra + ido = traído.

El acento sirve para mantener la foneticidad del verbo.

29h. Las formas correctas y viciosas del verbo *saber.*

Los problemas más comunes:

se dice:	no se dice:
s*é*	s*apo,* s*abo*
sab*e,* sab*es,* etc.	s*aba,* sab*as,* etc.
sep*amos*	s*épanos,* s*épamos*

He aquí su conjugación para que vean y se aprendan las formas correctas. El acento de *sé* se escribe para distinguir el verbo del pronombre.

Indicativo		Subjuntivo		Imperativo		Participios
sé	sabemos	sepa	sepamos	sabe	no sepas	sabiendo
sabes		sepas		sabed	no sepáis	sabido
sabe	saben	sepa	sepan	sepa	no sepa	
				sepan	no sepan	

29i. Las formas correctas y viciosas del verbo *caber*.

Otro verbo parecido al verbo *caber* es *saber*, que se presenta separadamente. Los problemas más comunes relacionados a este verbo son:

se dice:	no se dice:
Yo no *quepo* aquí.	Yo no *cabo* (o *capo*) aquí.
No *cabemos* en este sofá.	No *cabamos* en este sofá.
Tú tampoco *cabes*.	Tú tampoco *cabas*.
¿Crees que *quepamos*?	¿Crees que *quépamos* (o *quépanos*)?
¡Vale más que *quepas*!	¡Vale más que *cabas*!

¿Por qué es fácil cometer esas faltas en el habla? El español es una lengua lógica y por consecuente el hispanoparlante sigue o trata de hablar conforme a ese orden. Sin embargo, el verbo *caber* es uno de los verbos que *no siguen ese plan*; no es regular. Le corresponde al estudiante aprender las formas correctas de ese verbo. He aquí su conjugación.

Indicativo		Subjuntivo		Imperativo		Participios
quepo	cabemos	quepa	quepamos	cabe tú	no quepas	cabiendo
cabes		quepas		cabed	no quepáis	cabido
cabe	caben	quepa	quepan	quepa	no quepa	
				quepan	no quepan	

29j. Las formas correctas y viciosas del verbo *haber*.

El problema en el caso de este verbo es la añadidura de una *g* y decir *haiga* en vez de *haya*. Otra vez hay que notar que casi todos los problemas pueden evitarse aprendiendo a leer y a dividir los verbos en sílabas para así tener la seguridad de pronunciarlos y decirlos como son.

Ejercicio 29

A. Para repetir:
1. Venimos a pedirte permiso.
2. ¿Dudas que vengamos por eso?

B. Para sustituir:
1. Cuando venimos a verte, siempre te traemos un regalo.

> a saludarte,
> de viaje,
> a trabajar,
> de compras,

196

2. Venimos a verte pero dudan que vengamos por eso.
      a saludarte
      de viaje
      a trabajar
      de compras

3. Venimos a comer chicharrones.
      a vender chuletas.
      a decir chistes.
      a bailar el twist.
      a contar chícharos.
      a chiflar melodías.

4. Aunque vengamos al baile, no nos convidarán a la cena.
      a la ceremonia,
      a la misa,
      al bautizo,
      a la ofrenda,

5. ¿A qué vienen? Venimos por María.
      el dinero.
      la llave.
      el carro.
      la leche.
      el disco.

C. Para repetir:
   1. Soy de Texas y por eso soy tejano.
   2. Todos somos estudiantes.
   3. No creen que seamos los candidatos.
   4. ¿Crees que sean buenos?
   5. Quiere que yo sea su novia.

D. Para sustituir:
   1. Soy de Texas y por eso soy tejano.

China	chino.
México	mexicano.
EE. UU.	estadounidense.
Francia	francés.
Alemania	alemán.
Colombia	colombiano.

   2. Aquí todos somos hermanos.
      amigos.
      muchachos.
      artistas.
      estudiantes.
      meseros.

3. —¿Cómo son Uds.? ¿Gordos?
  —No, no todos somos gordos.
                            ¿atletas?
                            ¿feos?
                            ¿flacos?
                            ¿delgados?
                            ¿rubios?
                            ¿pelirrojos?

4. —¿Son Uds. ricas?
  —Sí, somos ricas.
                    listas?
                    inteligentes?
                    buenas?
                    trabajadoras?
                    bonitas?
                    pulcras?

5. Soy pobre pero honrado.
       gordo pero alto.
       listo pero perezoso.
       bueno pero enfermizo.
       moreno pero pecoso.
       chico pero fornido.
       flaco pero fuerte.

6. Vivimos bien aunque seamos pobres.
   Comemos
   Estamos
   Nos paseamos
   Trabajamos
   Nos vestimos

7. ¿Acaso quieres que yo sea chismosa?
                              miedosa?
                              escandalosa?
                              gritona?
                              pidiche?
                              mentirosa?
                              chocante?
                              chistosa?

8. Parece que nos quieren a pesar de que seamos extraños.
                  admiran
                  respetan
                  estiman
                  aprecian
                  reconocen

E. Para repetir:
1. ¡Me caigo!— gritó la niña.
2. Si te caes, no te voy a levantar.
3. La lluvia cae del cielo.
4. No siempre caemos en duda.
5. Aunque caigamos en duda, seguiremos nuestro camino.
6. Caiga o no caiga en Ciudad Juárez, con ese número voy a ganar la lotería.

F. Para sustituir:
1. Cada vez que me caigo, lloro de miedo.
            no digo nada.
            pego gritos.
            me quejo.
            me río.
            prometo no hacerlo otra vez.
2. Caiga o no caiga aquí, ese número ganará la lotería.
            en Ciudad Juárez,
            en Puebla,
            allá,
            en Mexicali,
            por acá,
3. ¡Cuídate bien porque si te caes no te levanto!
            te vas a lastimar!
            no te voy a ayudar!
            vas a romper el jarro!
            nadie te va a recoger!
            no te van a hablar!
4. La lluvia cae del cielo.
    Toda bendición
    Lo santo
    La buena fortuna
    La bondad
    Lo bello
5. No nos caemos si tenemos cuidado.
            aluzamos el camino.
            llevamos bastones.
            nos ponemos botas.
            seguimos la senda.
            ponemos cuidado.
6. Seguiremos el camino aunque caigamos sin aliento.
          la caminata
          el ataque
          la exploración
          la manifestación
          la invasión

7. ¡Yo me caigo!
   ¡Tú
   ¡Nosotros
   ¡Ellos
   ¡Yo
   ¡María

G. Para repetir:
   1. Desde aquí oímos todo lo que dicen.
   2. Oigamos lo que dicen.
   3. Quieren que oigamos la música.

H. Para sustituir:
   1. Desde aquí oímos todo lo que dicen.
                   la sinfonía.
                   el concierto.
                   el discurso.
                   la declamación.
                   el juego.
   2. —¿Oyen lo que dicen?
      —Claro que lo oímos.
                   la sinfonía?
                   el concierto?
                   el discurso?
                   la declamación?
                   el juego?
   3. Les confieso que dudo que oigamos todo.
                               el ruido.
                               el canto.
                               la serenata.
                               el gallo.
                               la música.
   4. Aunque oigamos todo, no lo admitiremos.
                   el ruido,
                   el canto,
                   la serenata,
                   el gallo,
                   la música,
   5. ¿Qué te parece si oímos a María cantar?
                                      rezar?
                                      murmurar?
                                      gritar?
                                      llorar?
                                      declamar?
                                      reir?

200

6. ¡Oigamos a María cantar!
                   rezar!
                   reír!
                   murmurar!
                   gritar!
                   llorar!
                   declamar!

I. Para repetir:
1. Siempre digo la verdad.
2. Decimos que vivimos aquí.
3. No es justo que digamos eso.
4. ¿Qué quieres que yo diga?

J. Para contestar:
Modelo:
—¿Dónde viven Uds.?
—Siempre decimos que vivimos aquí.
1. ¿Dónde se visten Uds.?
2. ¿Dónde duermen Uds.?
3. ¿Dónde se bañan Uds.?
4. ¿Dónde cantan Uds.?
5. ¿Dónde dibujan Uds.?

K. Para contestar:
Modelo:
—Cuando te preguntan eso, ¿qué dices tú?
—No siempre les digo la verdad.
1. Cuando te preguntan el precio, ¿qué dices tú?
2. Cuando te preguntan el valor, ¿qué dices tú?
3. Cuando te preguntan la talla, ¿qué dices tú?
4. Cuando te preguntan el número, ¿qué dices tú?

L. Para contestar:
Modelo:
—¿Por qué no decir eso?
—Porque no es justo que lo digamos.
1. ¿Por qué no decir la verdad?
2. ¿Por qué no decir una mentira?
3. ¿Por qué no decir la medida?
4. ¿Por qué no decir su tamaño?
5. ¿Por qué no decir su talla?

M. Para contestar:
Modelo:
—Ya entraron tus amigos.
—¿Qué les decimos ahora?
1. Ya llegaron tus amigos.
2. Ya se sentaron tus amigos.
3. Ya cantaron tus amigos.
4. Ya se bañaron tus amigos.
5. Ya se despertaron tus amigos.

N. Para contestar:

Modelo:
—Allá vienen tus amigas.
—¿Qué quieres que les digamos?
1. Allá están tus amigas.
2. Allá se divierten tus amigas.
3. Allá se visten tus amigas.
4. Allá duermen tus amigas.
5. Allá se entretienen tus amigas.

Ñ. Para repetir:
1. Si salgo de noche, me pongo el abrigo.
2. Todos los días salimos temprano.
3. Es raro que salgamos con ellos.

O. Para sustituir:
1. En el invierno me pongo el abrigo cuando salgo de noche. (el saco, el sombrero, los guantes, el impermeable, la bufanda)
2. ¿A qué hora salen los viernes? Todos los viernes salimos temprano. (domingos, lunes, jueves, martes, miércoles, sábados)
3. Es raro que salgamos con ellos. (No es necesario, Es difícil, Es inútil, No es importante, Es necesario)
4. Los domingos salimos al cine. Es necesario que los domingos salgamos al cine. (al campo, de la casa, al teatro, a bailar en el casino, a esquiar en las montañas)
5. Cada vez que los vemos quieren que salgamos juntos. (les hablamos, nos encontramos, nos llaman, les telefoneamos, nos telefonean)

P. Para repetir:
1. Trae puesto el sombrero.
2. No traigo nada.
3. ¿Qué traes en esa bolsa?
4. No siempre traemos dinero.
5. Los colombianos traen su propio equipo.
6. Por más dinero que traigamos no nos dejarán pasar.

Q. Para sustituir:
1. Trae puesto el sombrero negro. (el abrigo café, el sobretodo verde, el vestido rojo, los pantalones grises, el uniforme azul)
2. No traemos nada de dinero. (de permiso, de plata, de documentos, de valor, de oro)
3. Cuando no traemos permiso nunca nos regaña. (siempre, a veces, de vez en cuando, claro que, sin duda)
4. Por más dinero que traigamos, no nos dejarán pasar. (documentos, plata, pasaportes, permisos, oro)
5. ¿Quieren que traigamos mariachis? (músicos, guitarristas, violinistas, trompetistas, tamboreros)

R. Para contestar:
1. —¿Qué traes allí?—*Traigo monedas.* (libros, conchas, semillas, estampillas, elotes)
2. —¿Traes plata?—*No traigo nada.* (permiso, licencia, munición, automóvil, equipo)
3. —Si no traes plata ¿qué traes entonces? —*No traigo nada.* (armas, equipo, munición, patines, bicicleta)

RR. Para repetir:
1. No sé el número de Adela.
2. ¿Lo sabes tú?
3. No, Adela no cree que lo sepamos.
4. Sospecha que no lo sabemos.
5. Su novio Luis sí se lo sabe muy bien.
6. ¿Dices que los muchachos lo saben?
7. ¡Vale más que lo sepan!
8. ¿Quieres que yo también lo sepa?
9. Es mejor que no lo sepas.

S. Para contestar:
Modelo:
—¿Saben la dirección de Adela?
—Yo no la sé pero los muchachos sí.
1. ¿Sabes la dirección de Telésforo?
2. ¿Sabes el domicilio del doctor?
3. ¿Sabes las tablas de multiplicar?
4. ¿Sabes la hora de comer?
5. ¿Sabes los números del juego?
6. ¿Sabes el alfabeto de los indios?
7. ¿Sabes el teléfono de Víctor?

T. Para sustituir:
1. Juan no sabe que sabemos la verdad. (la fórmula, el idioma, el plan, el chiste, la receta)
2. La profesora de Juan no cree que él sepa nada. (tía, novia, sobrina, vecina, mamá, secretaria)
3. ¿Quieres que sepamos esos detalles? (cosas, teléfonos, reglas, palabras, chistes, recetas)
4. No creo que ya lo sepa María. (Juan, Juan y María, las muchachas, Victoria, Carlos)
5. Yo creo que ya lo sabe María. (Juan, Juan y María, las muchachas, Victoria, Carlos)

U. Para repetir:
1. ¿Crees que quepamos?
2. Creo que sí caben.
3. Yo no quepo en ese asiento.
4. ¡Vale más que quepas!
5. Tú no cabes tampoco.

V. Para sustituir:
1. No cabemos en el auto. (sofá, parque, autobús, lancha, avión)
2. ¿Crees que quepamos bien? (allá, a gusto, cómodos, apretados, allí)
3. Yo sé que caben bien. (allá, a gusto, cómodos, apretados, allí)
4. Yo no quepo en ese asiento— dijo Lupe. (lugar, silla, sillón, columpio, banquito)
5. Fíjate que no cabes— contestó Juan. (Es verdad, Me doy cuenta, Creo, Veo, Es mentira)

W. Para repetir:
1. ¿Crees que haya remedio?
2. Haya o no haya tiempo, voy a buscarlo.

X. Para sustituir:
1. ¿Crees que haya remedio? (tiempo, lugar, necesidad, campo, posibilidad)
2. Aunque haya mucha gente, me voy a la venta. (siempre encuentro conocidos, me río con muchas ganas, tengo que recitar el poema, ayudo primero a mis amigos, me duermo a pierna suelta)
3. Haya o no haya tiempo, voy a buscarlos. (comprarlos, secarlos, cocerlos, servirlos, despertarlos)
4. ¡Ojalá que haya juego el viernes! (Puede ser, No creo, Insiste en, Es dudoso, Es probable)
5. ¡Ojalá que nuestro equipo haya ganado el campeonato! (No están seguros de, Es posible, Espero, Les extraña, Me parece raro)
6. Aunque haya ganado, no lo puedo creer. (perdido, empatado, salido perdiendo, llegado en primer lugar, salido vencedor)
7. No puede ser que se haya hecho el desentendido. (muerto de frío, roto el uniforme, puesto tu camisón, escrito esa carta, abierto la herida)

Capítulo **13** *Fiestas*

La Navidad en las montañas

La noche se acercaba tranquila y hermosa: era el 24 de diciembre, es decir, que pronto la noche de Navidad cubriría nuestro hemisferio con su sombra sagrada y animaría a los pueblos cristianos con sus alegrías íntimas. ¿Quién que ha nacido cristiano y que ha oído renovar cada año, en su infancia, la poética leyenda del Nacimiento de Jesús, no siente en semejante noche avivarse los más tiernos recuerdos de los primeros días de la vida?

Yo, ¡ay de mí! Al pensar que me hallaba, en este día solemne, en medio del silencio de aquellos bosques majestuosos, aun en presencia del magnífico espectáculo que se presentaba a mi vista absorbiendo mis sentidos, embargados poco ha por la admiración que causa la sublimidad de la naturaleza, no pude menos que interrumpir mi dolorosa meditación, y encerrándome en un religioso recogimiento, evoqué todas las dulces y tiernas memorias de mis años juveniles. Ellas se despertaron alegres como un enjambre de bulliciosas abejas y me transportaron a otros tiempos, ora el

embargado: detenido, paralizado

recogimiento: abstracción

205

centro de populosas ciudades, donde el amor, la amistad y el placer en delicioso concierto, habían hecho siempre grata para mi corazón esa noche bendita.

Recordaba mi pueblo, mi pueblo querido, cuyos alegres habitantes celebraban a porfía con bailes, cantos y modestos banquetes la Nochebuena. Parecíame ver aquellas pobres casas adornadas con sus Nacimientos y animadas por la alegría de la familia; recordaba la pequeña iglesia iluminada, dejando ver desde el pórtico el precioso Belén, curiosamente levantado en el altar mayor; parecíame oir los armoniosos repiques que resonaban en el campanario, medio derruido convocando a los fieles a la Misa del Gallo, y aun escuchaba con el corazón palpitante, la dulce voz de mi pobre y virtuoso padre excitándonos a mis hermanos y a mí a arreglarnos pronto para dirigirnos a la iglesia, a fin de llegar a tiempo; y aun sentí la mano de mi buena y santa madre tomar la mía para conducirme al oficio. Después me parecía llegar, penetrar por entre el gentío que se precipitaba en la humilde nave, avanzar hasta el pie del presbiterio, y allí arrodillarme, admirando la hermosura de las imágenes, el portal resplandeciente con la escarcha, el semblante risueño de los pastores, el lujo deslumbrador de los Reyes Magos, y la iluminación espléndida del altar. Aspiraba con delicia el fresco y sabroso aroma de las ramas de pino, y del heno que se enredaba en ellas, que cubría el barandal del presbiterio y que ocultaba el pie de los blandones. Veía después aparecer al sacerdote revestido con su alba bordada, con su casulla de brocado, y seguido de los acólitos, vestidos de rojo con sobrepellices blanquísimas. Y luego, a la voz del celebrante, que se elevaba sonora entre los devotos murmullos del concurso, cuando comenzaban a ascender las primeras columnas de incienso, de aquel incienso recogido en los hermosos árboles de mis bosques nativos, y que me traía con su perfume algo como el perfume de la infancia; resonaban todavía en mis oídos los alegrísimos sones populares, con que los tañedores de arpas, de bandolinas y de flautas, saluda-

a porfía: con emulación, rivalidad

derruido: arruinado

oficio: función de iglesia

gentío: multitud

blandón: vela grande

tañedor: músico

ban el nacimiento del Salvador. El Gloria in Excelsis, ese cántico que la religión cristiana poéticamente supone entonado por ángeles y por niños, acompañado por alegres repiques, por el ruido de los petardos y por la fresca voz de los muchachos de coro, parecía transportarme con una ilusión encantadora al lado de mi madre, que lloraba de emoción, de mis hermanitos que reían, y de mi padre, cuyo semblante severo y triste, parecía iluminado por la piedad religiosa.

petardo: fuego artificial, explosivo

semblante: cara

Y después de un momento en que consagraba mi alma al culto absoluto de mis recuerdos de niño, por una transición lenta y penosa, me trasladaba a México, al lugar depositario de mis impresiones de joven.

Aquél era un cuadro diverso. Ya no era la familia; estaba entre extraños; pero extraños que eran mis amigos; la bella joven por quien sentí la vez primera palpitar mi corazón enamorado; la familia dulce y buena que procuró con su cariño atenuar la ausencia de la mía.

Eran las posadas con sus inocentes placeres y con su devoción mundana y bulliciosa; era la cena de Navidad con sus manjares tradicionales y con sus sabrosas golosinas; era México, en fin, con su gente cantadora y entusiasmada, que hormiguea esa noche en las calles corriendo gallo; con su Plaza de Armas llena de puestos de dulces; con sus portales resplandecientes; con sus dulcerías francesas que muestran en los aparadores iluminados un mundo de juguetes y de confituras preciosas; eran los suntuosos palacios derramando por sus ventanas torrentes de luz y de armonía. Era una fiesta que aún me causaba vértigo.

manjares: comida, platos
golosinas: dulces, pasteles, etc.

Ignacio Manuel Altamirano

Actividades

A. Expliquen el significado de las palabras siguientes: Nacimiento, Belén, Misa del Gallo, nave, presbiterio, barandal, sacerdote, concurso, posadas, México.

B. Describan el contraste de *La Navidad en las montañas* con la fiesta típica de la Capital.

C. ¿Quiénes procuraban disminuir la pena del autor al estar lejos de su familia? ¿Cuáles de las memorias de su niñez recuerdan ustedes con más placer? ¿Cuáles son algunas costumbres navideñas de los Estados Unidos?

D. ¿Cuáles de las siguientes costumbres de Navidad españolas o hispanoamericanas conocen Uds.?

1. Las posadas: fiestas, religiosas al principio, que duran del dieciséis hasta el veinticuatro de diciembre y simbolizan el viaje de San José y la Virgen María de Nazaret a Belén. La gente de antaño llevando velas, formaba procesiones en el patio de una casa grande y cantaba villancicos, unos representando el papel del posadero y los demás el de San José, que buscaba hospedaje en una posada. Hoy día la "posada" se celebra tradicionalmente o puede ser nada más que un baile de Navidad en el salón de un club.

2. La piñata: una olla grande adornada de papel crepé y llena de golosinas (dulces, nueces, chicle). La piñata está colgada del techo, y los niños, uno tras otro con los ojos vendados y armados de un bastón tratan de quebrarla.

3. El cerdo o marranito: una alcancía en forma de marranito de barro que pone a su lado un vendedor de periódicos, un bolero, etc., para pedir a los que pasan un dinerito de aguinaldo.

4. El nacimiento: un grupo de figuritas de barro que representan el nacimiento del Niño Jesús en el pesebre de un establo. También se incluyen, además de la Sagrada Familia, los pastores con sus ovejas, los Reyes Magos montados en camello, el borrico de María y el buey que calentaba al Niño con su aliento y el calor de su cuerpo.

5. "Los pastores": un drama religioso de origen medieval que trajeron los frailes misioneros al Nuevo Mundo y que todavía se representa en ciertos lugares del suroeste de los Estados Unidos y en México. Se trata de la transformación de carácter forjada por la gira de los pastores a Belén. Según el drama, entre ellos había un comilón, un borracho, un ladrón. Otros personajes que los acompañan o aparecen de vez en cuando son Gila, la esposa de un pastor; un ermitaño sabio; el diablo vestido de rojo y con cola, que sirve de cómico vociferando y blandiendo su horquilla; y el arcángel San Miguel.

6. El Día de los Inocentes: el veintiocho de diciembre, día que corresponde al primero de abril en los países de habla inglesa.

30. ESTUDIO DE LA LENGUA

El tiempo pasado

30a. El tiempo pasado del modo indicativo.

En el tiempo pasado nos referimos a lo que ha sucedido en otro momento o en otra época, igual que inglés. Sin embargo, en español hay dos tiempos sencillos en el pasado: uno es el pretérito y el otro el imperfecto.

30b. El pretérito en la oración.

Estudien estos ejemplos:
> *Anduvo* por todo el parque.
> ¿Le *telefoneaste* a la Sra. Blanco?
> No *pudimos* esperar a Jorge.
> La gente de aquel pueblo *sufrió* mucho por el 1915.

En estos ejemplos vemos que la acción del verbo (anduvo, telefoneaste, pudimos, sufrió) expresa un hecho anterior al acto de la palabra; un hecho enteramente pasado o que ha sucedido en otra época.

30c. La conjugación de verbos regulares en el pretérito.

Su conjugación es muy fácil. A la raíz del verbo se le agregan estas terminaciones:

ar	er	ir
tom (é)	com (í)	viv (í)
tom (aste)	com (iste)	viv (iste)
tom (ó)	com (ió)	viv (ió)
tom (amos)	com (imos)	viv (imos)
tom (aron)	com (ieron)	viv (ieron)

30d. Los verbos radicales en el pretérito.

Estudien estos ejemplos:
> Jamás p*e*nsé en eso.
> No se ac*o*rdó de la fiesta.
> Nos ac*o*stamos temprano.
> María se p*e*rdió en el centro.
> Dev*o*lvieron el boleto.

Estos son verbos radicales. ¿Llevan algún cambio radical? ¿A qué conjugación pertenecen? Fíjense en estos ejemplos:
> El pobre hombre se m*u*rió de pena.
> Sus hermanos se s*i*ntieron morir también.
> Pero se desp*i*dieron sin lágrimas.

También estos son radicales. ¿Llevan algún cambio? ¿En qué persona(s)? ¿De qué conjugación son?

En el pretérito los verbos radicales terminados en *ir* se conjugan así:

sentir		dormir	
sentí	sentimos	dormí	dormimos
sentiste		dormiste	
sintió	sintieron	durmió	durmieron

La *e* y la *o* radical se convierten en *i* y en *u* en la tercera persona singular y plural.

30e. Verbos ortográficos en el pretérito.

¿Recuerdan ustedes los verbos ortográficos? Estos llevan cambios en el final de la raíz para no cambiar su sonido y así mantener su foneticidad. Fíjense en estos ejemplos:

No cono*cí* a tu novia.
Bus*qué* las llaves por todos lados.
Esco*gí* a la que más me gustó.
Pa*gué* la cuenta en el restaurante.
Lo averi*güé* pero no me enteré de nada.
Empe*cé* a hacer mi tarea a eso de las diez de la noche.

¿Cuáles de los verbos requieren cambio de ortografía? ¿Cuáles de los verbos ortográficos llevan cambios en el pretérito? ¿En qué persona?

Ejercicio 30

A. Den el significado de estos verbos y luego conjúguenlos en el pretérito, fijándose bien en las terminaciones que llevan acento escrito, y en la segunda persona singular (aste, iste).

a. lamentar	e. prometer	i. comprender
b. bailar	f. acaecer	j. aumentar
c. patinar	g. repartir	k. repasar
d. descubrir	h. derretir	l. conceder

B. 1. Conjuguen estos verbos en el pretérito:

a. morder	d. pedir	g. despertar
b. recordar	e. servir	h. reírse
c. morirse	f. mover	i. divertirse

    2. Escriban diez oraciones en el pretérito empleando verbos radicales que sí llevan cambios en su ortografía.

C. 1. Den diez verbos que lleven cambios ortográficos en el pretérito.

    2. Escriban oraciones propias con esos verbos.

    3. Los cambios ortográficos ocurren en toda la ortografía española y no solamente en el caso de sus verbos. ¿Recuerdan ustedes lápiz – lápices, etc.? Hagan una lista de 20 palabras que lleven cambios en su ortografía al convertirse en plural, en adjetivo, en adverbio, etc. o al conjugarse. Ejemplos: cruz, cruces; Diego, Diéguez; barca, barquita.

D. Escriban un bosquejo biográfico de aproximadamente una página sobre un escritor imaginario. Descríbanlo como Uds. gusten pero todo tendrá que ser en el tiempo pasado. Incluyan datos como éstos: Nació en 1812; su padre murió cuando él tenía tres años; su madre fue . . . ; y por eso . . .

31. ESTUDIO DE LA LENGUA

Pronunciación

31a. Las formas correctas y viciosas de los verbos regulares, radicales e irregulares en el pretérito.

El problema mayor de los verbos en el pretérito ocurre en la mala pronunciación de la segunda persona singular:

se dice:	**no se dice:**		
lleg*aste*	lleg*ate*(*s*)	ni	lleg*astes*
sal*iste*	sal*ite*(*s*)	ni	sal*istes*
llam*aste*	llam*ate*(*s*)	ni	llam*astes*
recib*iste*	recib*ite*(*s*)	ni	recib*istes*
levant*aste*	levant*ate*(*s*)	ni	levant*astes*
telefone*aste*	telefone*ate*(*s*)	ni	telefone*astes*
gradu*aste*	gradu*ate*(*s*)	ni	gradu*astes*
limpi*aste*	limpi*ate*(*s*)	ni	limpi*astes*

¡Tengan cuidado de *no* comerse *ni* de agregarle la *s*!

31b. Las formas correctas y viciosas del verbo *escribir* en el pretérito.

El verbo *escribir* presenta problemas que también son problemas con otros verbos, como éstos: re*ci*bir, vi*si*tar, etc., que llevan *i* en la última sílaba de la raíz:

se dice:	**no se dice:**
escr*i*bí	escr*e*bí
rec*i*bí	rec*e*bí
v*i*sité	v*e*sité
escr*i*bimos	escr*e*bimos
rec*i*bimos	rec*e*bimos
v*i*sitamos	v*e*sitamos

El pretérito de *escribir* es éste:

escr*i*bí	escr*i*bimos
escr*i*biste	
escr*i*bió	escr*i*bieron

31 c. Las formas correctas y viciosas del verbo *dormir* **en el pretérito.**

Este verbo pertenece a los verbos radicales terminados en *ir* y se conjuga así:

dormí	dormimos
dormiste	
durmió	durmieron

Así como todos los verbos de su clase, solamente en durmió y en durmieron se cambia la *o* a *u*. El problema que ocurre en este caso es cuando se hace el cambio en todas las personas:

se dice:	**no se dice:**
dormí	durmí
dormiste	durmiste
durmió	
dormimos	durmimos
durmieron	

31 d. Las formas correctas y viciosas del verbo *pedir* **en el pretérito.**

Este verbo radical corresponde a la tercera conjugación y en el pretérito sigue los mismos cambios que los verbos vestir y servir.

Este verbo representa los siguientes problemas en el habla:

se dice:	**no se dice:**
pedí	*pidí*
pedimos	pidimos
pediste	pidiste

Cuidado de no cambiar la *e* en estas personas.

Su conjugación correcta:

pedí	pedimos
pediste	
pidió	pidieron

31 e. Las formas correctas y viciosas del verbo *sentir* **en el pretérito.**

Como todos los verbos de su clase solamente en sintió y sintieron se cambia la *e* a *i*. El problema más común que ocurre en este verbo es el cambio indebido en todas las personas. Este verbo radical pertenece a la tercera conjugación:

se dice:	**no se dice:**
sentí	sintí
sentiste	sintiste
sintió	
sentimos	sintimos
sintieron	

31f. Las formas correctas y viciosas de los verbos *ir* **y** *ser* **en el pretérito.**

El verbo *ir* tiene formas idénticas al verbo *ser* en el tiempo pretérito. Su problema principal es la tentación de decir *jui, juiste,* etc. sustituyendo una *j* en el lugar de la *f.* Otro problema aún más común es el de la *s* con *fuiste*—es decir—*f*uite*s,* *j*uite*s,* fuiste*s,* juiste*s.*

se dice:		no se dice:	
*fui	fuimos	jui	juimos
fuiste		juiste, juites	
*fue	fueron	jue	jueron

Cuidado de no pronunciar la *f* como *j* y de no comerse o agregar la *s* a *fuiste.*

Nota: *Estos verbos son monosílabos y por eso no llevan acento escrito.

31g. Las formas correctas y viciosas del verbo *venir* **en el pretérito.**

Hay que fijarse que la *e* de v*e*nir se convierte en *i* en *todas* sus formas del pretérito. El problema está en no cambiarla a v*i*niste y v*i*nimos.

se dice:	no se dice:
v*i*niste	v*e*niste
v*i*nimos	v*e*nimos, v*i*nemos

Este verbo irregular se conjuga así:

vine	vinimos
viniste	
vino	vinieron

31h. Las formas correctas y viciosas del verbo *decir* **en el pretérito.**

El verbo *decir* no es regular y se conjuga así:

dije	dijimos
dijiste	
dijo	dijeron

Y sus dos formas problemáticas en el habla son:

se dice:	no se dice:
di*j*iste	dij*i*ste*s,* dij*i*te*s* o *dej*ite*s*
di*j*eron	di*ji*eron

Fíjense bien que se dice *dijiste,* sin agregarle o quitarle ninguna *s.* También que *dijeron* se escribe d-i-j-e-ron, sin *i* entre la *j* y la *e.*

Otros verbos de conjugación parecida son: conducir, traer, traducir.

31i. Las formas correctas y viciosas del verbo *traer* **en el pretérito.**

Los problemas relacionados con este verbo son el de emplear la *u* en lugar de la *a* y el de agregarle *i* a tra*j*eron:

se dice:	no se dice:
tra*j*e	tr*u*je
tra*j*iste	tr*u*jiste, tr*u*jite*s*
tra*j*o	tr*u*jo
tra*j*imos	tr*u*jimos
tra*j*eron	tr*u*jeron, tr*u*j*i*eron

El mejor modo de aprenderse este verbo es memorizarlo y repetir los ejercicios hasta que los puedan hacer perfectamente bien. Y después de poder hacer eso, saber emplearlo igualmente bien en español.

Este verbo se conjuga en esta forma:

traje	trajimos
trajiste	
trajo	trajeron

Otros que se conjugan así: conducir, traducir, decir, etc.

31j. Las formas correctas y viciosas del verbo *ver* **en el pretérito.**

El error consiste en decir *vide, vites, vistes, vido*.

se dice:	no se dice:
vi	vi*de*
viste	vi*tes*, viste*s*
vio	vi*do*

Además, existe la tentación de confundir el significado del verbo *ver* con el del verbo *mirar*. *Ver* se define así: percibir por los ojos. Observar, considerar. Atender, ir con cuidado. Avistarse una persona con otra. *Mirar* se define así: Fijar la vista. Tener en cuenta, pensar. Cuidar. Aténdanse la diferencia en el significado de estos dos verbos pues no son *sinónimos*, no quieren decir lo mismo. ¿Cuál es su significado en inglés?

El verbo *ver* se conjuga así en el pretérito:

vi	vimos
viste	
vio	vieron

31k. Las formas correctas y viciosas del verbo *andar* **en el pretérito.**

El problema que suele acompañar a este verbo es el de conjugarlo como si fuera regular:

se dice:	no se dice:
and*u*ve	andé
and*u*viste	andaste
and*u*vo	andó
and*u*vimos	andamos
and*u*vieron	andaron

Este verbo irregular se conjuga como los verbos *tener* y *estar:*

anduve	anduvimos
anduviste	
anduvo	anduvieron

311. Las formas correctas y viciosas del verbo *estar* en el pretérito.

Este verbo es irregular y se conjuga así:

estuve	estuvimos
estuviste	
estuvo	estuvieron

De todas sus formas, la que causa más problemas es est*uve:*

se dice:	**no se dice:**
Yo est*uve*	Yo est*ubo*, est*uvo*

Recuerden que en el pretérito tiene las mismas terminaciones que *tener* y *andar.*

Este verbo se conjuga así:

tuve	tuvimos
tuviste	
tuvo	tuvieron

De estas formas la única que es difícil para el buen hablar es:

se dice:	**no se dice:**
Yo *tuve*	Yo tu*bo*, tu*vo*

Recuerden que en el pretérito este verbo tiene las mismas terminaciones que *estar* y *andar.*

Ejercicio 31

A. Para sustituir:
1. Me dijeron que llegaste a las ocho. (lo recibiste, te caíste, se lo dijiste, estuviste allí, lo hiciste, te fuiste, oíste las campanas, no pudiste venir, te pusiste a trabajar, viniste, la viste)
2. ¿A qué hora saliste? (llamar, tocar, recitar, llegar, despertar, cantar, bailar, leer, jugar, firmar)
3. ¡Ah! Saliste temprano. (llamar, llegar, jugar, tocar, cantar, almorzar, bañarte, levantarte)
4. Hace días que recibiste el regalo. (encontrar, comprar, hacer, mandar, envolver, abrir, enseñar, regresar)
5. Según me acuerdo, te levantaste tarde. (te desayunaste como a las nueve; lavaste y secaste los platos; limpiaste tu cuarto; te pusiste el suéter nuevo; saliste para ir al centro a las once; viniste a tu casa y escribiste la tarea para la clase de español; hiciste la tarea al llegar de la escuela; fuiste al cine con Carlos y te divertiste mucho; te acostaste cansada y feliz)
6. Creo que me telefoneaste tres veces. (te peleaste con él, te paseaste conmigo, piloteaste el avión, boleaste las botas, te asoleaste mucho, te falseaste el pie)

7. ¿En qué año te graduaste? (Cuándo, De qué escuela, A qué edad, De qué lugar, En qué año)
8. ¿Por qué no limpiaste la mesa? (estudiaste la lección de español; copiaste las frases de la pizarra; limpiaste tu cuarto)

B. Para repetir:

1. El año pasado recibimos muchas tarjetas de Navidad.
2. ¿No recibiste mi regalo?

C. Para sustituir:

1. Ayer le escribí un resumen del cuento a mi profesor. (mamá, abuelita, amigo Ignacio, hermana Luisa, tío José)
2. Te escribimos un cheque pero lo dejamos en la casa. (lo perdimos en el camino; nos equivocamos en la suma; no tenemos fondos para cubrirlo; está en dólares, no en pesos; no te lo vamos a dar)
3. Cuando les escribí, entonces me contestaron. (me llamaron, me invitaron, me escribieron, me regañaron, me respondieron)
4. Escribí las cartas temprano. (letreros, oraciones, anuncios, apuntes, tarjetas)
5. Les escribimos para avisarles que se había postergado el juego. (el baile, la ceremonia, la boda, el bautizo, la operación)

D. Para repetir:

1. El año pasado recibimos muchos regalos para el Día de Gracias.
2. Supe que recibiste mi regalo.

E. Para sustituir:

1. El año pasado recibimos muchos regalos para el Día de Gracias. (flores, invitaciones, invitados, llamadas telefónicas, telegramas)
2. No, no recibimos el telegrama que nos mandaste. (las revistas, la cajeta, el recado, los libros, las naranjas)
3. Supe que recibiste mi regalo. (mi tarjeta, mis libros, mi ropa, mis recados, mis discos)
4. Cuando recibimos el telegrama, tú recibiste el tuyo. (la carta, la llamada telefónica, los retratos, las coca-colas, los dulces)
5. El día que recibimos la noticia era muy tarde. (la carta, el recado, el telegrama, la postal, la tarjeta)
6. Aquella noche recibiste a mi tía en tu casa. (Anoche, La semana pasada, Ayer, Antier, El viernes por la noche)
7. Antier recibimos tu llamada. (ayer, anoche, el viernes por la noche, la semana pasada, el jueves)

F. Para repetir:

1. Me dormí la siesta en mi casa.
2. Me dormí sin darme cuenta de lo que pasaba.
3. Dormí y dormí sin que me despertaran.

G. Para sustituir:
1. Me dormí la siesta en mi casa. (la playa, el hotel, el patio, la hamaca, el sofá)
2. Me dormí sin darme cuenta de lo que pasaba. (de la hora, de nada, de lo que ocurría, de que anochecía, de que amanecía)
3. Dormí y dormí sin que me despertaran. (molestaran, llamaran, hablaran, vieran, telefonearan)

H. Para repetir:
1. Les pedí que se quedaran con el cambio.
2. Antes de que se fuera, les pedimos su autógrafo.
3. Tú no se lo pediste, ¿verdad?
4. Sí, sí se lo pedí.

I. Para sustituir:
1. Les pedí que se quedaran con el cambio. (me devolvieran, se olvidaran, me regresaran, se dividieran, me pagaran)
2. Antes de que se fuera la actriz, le pedimos su autógrafo. (se presentara, saliera, se retratara, actuara, se retirara)
3. ¿Le pediste un autógrafo también? (una entrevista, una fotografía, unas canciones, un recuerdo, unos minutos)
4. Sí, le pedí un autógrafo también. (un disco, unas canciones, una fotografía, una entrevista, unos minutos)
5. ¿Les pedimos permiso de ir al cine con ellos? (nadar en la playa, salir al campo, estudiar ciencias, jugar tenis, cantar en el coro)

J. Para repetir:
1. Sentí no poder ir contigo al baile de anoche.
2. Sentí mucho la muerte de mi perro.
3. Por primera vez sentí morirme de miedo

K. Para sustituir:
1. Sentí no poder ir contigo al baile de anoche. (con María, con Luisa, con ustedes, con mis primos, con mi novia)
2. Sentí mucho la muerte de mi abuelo. (mi tío, perro, gato, perico)
3. Por primera vez sentí morirme de miedo. (frío, curiosidad, sueño, dolor, calor)

L. Para repetir:
1. Anoche fui al cine con mi novia.
2. ¿A dónde fuiste tú?
3. Mi mamá fue al supermercado conmigo.
4. ¿Sólamente Uds. fueron?
5. Sí, nada más fuimos nosotros.

LL. Para contestar:
Modelo:
1. —¿Fuiste al cine anoche?—*Sí, fui con mi novia.* (al supermercado, a la iglesia, a la playa, al juego de futbol, al baile)
2. —¿Fuiste al juego de beisbol?—*Sí, fui al juego.* (a bailar al casino, a pintarle la casa, a comprar ropa de lana, a visitar a la enferma)
3. —¿Quiénes fueron con ustedes?—*Todos fuimos a darle gallo a la novia.* (con el novio, con los mariachis, con los músicos, con sus parientes, con ellos)

M. Para sustituir:
1. El teléfono sonó después de que te fuiste. (campana, timbre, aparato, instrumento, máquina)
2. Juan fue a la panadería y compró un pastel. (mi hermano Luis, nuestra prima Victoria, tu mamá, la sirvienta de tu casa, la hermana de Juan)

N. Para repetir:
1. ¿A qué viniste tan temprano?
2. Viniste temprano por los discos.
3. Anoche vinimos a la fiesta.
4. Vinimos aunque no nos invitaron.

Ñ. Para sustituir:
1. ¿Viniste temprano por los discos que te presté? (los centavos que te debo, a la cena que hicimos, al baile que ofrecimos, al juego que perdimos)
2. ¿A qué viniste tan temprano? (tarde, de mañana, de noche, temprano)
3. Anoche vinimos a la fiesta. (cena, juego, baile, conferencia, recital)
4. Vinimos aunque no nos invitaron. (convidaron, llamaron, avisaron, telefonearon, invitaron)

O. Para repetir:
1. No dije la verdad.
2. No dijiste lo que te dijeron.
3. No dijo a quién había visto.
4. No dijimos eso.
5. No dijeron que había fiesta.

P. Para sustituir:
1. No dijiste la verdad porque tenías miedo. (sueño, dolor de cabeza, no tenías razón, valor, ganas)
2. El director y mi maestro dijeron que no había clases mañana. (pasado mañana, hoy, el viernes, la semana santa, el mes próximo)
3. A María le dijeron que no le dijiste eso a Juan. (la mentira, el cuento, el chiste, el chisme, nada, la verdad)
4. ¿A quién le dijiste lo que dijeron anoche? (ayer, anteayer, el domingo, hace dos años, antenoche)

Q. Para repetir:
1. Traje muchos recuerdos de México.
2. ¿Trajiste tú algunos?
3. Trajo dulces para todos.
4. Trajimos libros.
5. Trajeron una mantilla bordada.

R. Para sustituir:
1. Traje muchos recuerdos de California. (Colorado, Texas, Arizona, Nuevo México, México)
2. ¿Trajiste recuerdos? (sodas, discos, traje de baño, ropa de lana, dinero)
3. No traje las sodas que me encargaron. (discos, dinero, papeles, abarrotes, flores)
4. Preguntan que si trajimos los libros. (pinturas, tejas, marcos, herramientas, clavos)
5. ¿Trajeron el traje que le compramos a doña Toña? (las flores, el suéter, los chocolates, las medias, el disco)

RR. Para variar la oración según la clave:
Modelo —Traje el sombrero.
　　　　　　　　—blusa.
　　　　　　—Traje la blusa.
　　　　　　—María
　　　　　　—María trajo la blusa.
1. Traje el traje de baño.
2. Tú
3. No
4. Juan
5. Yo
6. Los chocolates
7. Juan y María
8. El dinero
9. Tú y yo

S. Para repetir:
1. Ayer la vi en la feria.
2. En España, ¿viste el Patio de los Leones?
3. Cuando la vi, miró hacia allá.

T. Para sustituir:
1. Ayer la vi en la feria. (cine, centro, tienda, calle, alberca)
2. En España, ¿viste el Patio de los Leones? (la Alhambra, el Alcázar, las Cuevas de los Gitanos, el Escorial, la Plaza Monumental)
3. Cuando la vi, miró para el otro lado. (acá, abajo, atrás, arriba)
4. ¿No nos viste en el baile de anoche? (la misa de once, la venta de la Popular, las carreras de galgos, el programa de televisión, la tienda de tu papá)

5. Cuando miré para ver la hora, se fueron. (pude hablarles, sonó el timbre, se me fue el globo, perdí los lentes)
6. Miraron en los escaparates de todas las tiendas pero no vieron lo que buscaban. (boticas, librerías, mueblerías, ferreterías, perfumerías)
7. Ayer nos vio el profesor jugando en el parque. (estudiando en la biblioteca, pintando el barandal de la casa, comiendo en el restorán, dándole gallo a Rosita, peleándonos con los de la otra escuela)

U. Para repetir:
1. Anduve por toda la Avenida de las Américas.
2. Dile que anduviste buscándome.
3. Anduvo por toda la ciudad.
4. Anduvimos por allá.
5. Anduvieron con nosotros.

V. Para sustituir:
1. Anduve por toda la Avenida de las Américas. (la Plaza de Armas, el parque Borunda, el Palacio Municipal de Ciudad Juárez, la Plaza de Toros Monumental, el Mercado de Industrias Artesanales)
2. Dile que anduviste buscándome. (de compras, jugando, siguiéndonos, bolichando, de torero)
3. Luisa nos dijo que anduvo por toda la ciudad. (la capital, el mercado, la escuela, el estadio olímpico, la carretera de Cuernavaca)
4. Sí, ella y yo anduvimos por allí. (por allá, por esos lugares, por ese barrio, por aquella región, por esos rumbos)
5. Lupe y Queta no anduvieron con nosotros. (Los muchachos, Mis primos, Sus amigos, Tus parientes, Sus parientes)

W. Para variar:
1. Anoche anduvimos por la Avenida 16 de Septiembre.
2. Yo
3. El parque
4. Ustedes
5. Ayer
6. Tú
7. Nosotros
8. La semana pasada
9. Yo

X. Para repetir:
1. Estuve enfermo por cinco días.
2. No estuve buscando al dueño.
3. Cuando estuve por allá, no llovió ni un día.

Y. Para sustituir:
1. Estuve enfermo por cinco días. (contento, grave, feliz, loco, dormido)
2. No estuve buscando al dueño. (al maestro, al maestro de ceremonias, al director de la orquesta)
3. Cuando estuve por allá, hizo muy buen tiempo. (llovió, no llovió ni un día, nevó, nevó por toda una semana, lloviznó un poco)

Z. Para contestar:
    Modelo:
    —La hubieras llevado al cine.—*Estuve enfermo y por eso no la llevé.*
    (invitado al teatro, convidado a cenar, traído a la fiesta, llevado al baile,
    invitado al juego)

AA. Para repetir:
    1. Tuve que salir temprano.
    2. Tuve miedo de hablarle del asunto.
    3. No tuve dinero con que pagarle.

BB. Para sustituir:
    1. Tuve que salir temprano. (tarde, solo, con mis papás, sin mi equipaje,
       a las cinco de la tarde)
    2. Tuve miedo de hablarle del asunto. (de la venta, del negocio, de la
       tarea, del juego, de la tardeada)
    3. No tuve dinero con que pagarle. (cambio, billetes, pesos, dólares,
       centavos)

CC. Para contestar:
    Modelo:
    —¿Por qué le contaste eso?—*Tuve que contárselo.* (escribiste, diste,
    dijiste, pusiste)

Capítulo **14** *Filosofía*

Selecciones de *Platero y Yo*

La filosofía de un pueblo no sólo se encierra en los tomos pesados de los eruditos catedráticos sino también en las amenas escrituras de un autor popular como Juan Ramón Jiménez.

Platero

Platero es pequeño, peludo, suave; tan blando por fuera, que se diría todo de algodón, que no lleva huesos. Sólo los espejos de azabache de ojos son duros cual dos escarabajos de cristal negro.

azabache: mineral negro y lustroso

Lo dejo suelto, y se va al prado, y acaricia tibiamente con su hocico, rozándolas apenas, las florecillas rosas, celestes y gualdas. . . . Lo llamo dulcemente: "¿Platero?," y viene a mí con un trotecillo alegre que parece que se ríe, en no sé que cascabeleo ideal. . . .

celeste: azul claro
gualdo: amarillo

cascabeleo: son de cascabeles

Come cuanto le doy. Le gustan las naranjas mandarinas, las uvas moscateles, todas de ámbar, los higos morados, con su cristalina gotita de miel. . . .

ámbar: resina fósil, amarillento

Es tierno y mimoso igual que un niño, que una niña . . .; pero fuerte y seco por dentro, como de piedra. Cuando paseo sobre él, los domingos, por las

mimoso: consentido

últimas callejas del pueblo, los hombres del campo vestidos de limpio y despaciosos, se quedan mirándolo:

—Tiene acero . . .

Tiene acero. Acero y plata de luna, al mismo tiempo.

El eclipse

Nos metimos las manos en los bolsillos, sin querer, y la frente sintió el fino aleteo de la sombra fresca, igual que cuando se entra en un pinar espeso. Las gallinas se fueron recogiendo en su escalera amparada, una a una. Alrededor, el campo enlutó su verde, cual si el velo morado del altar mayor lo cobijase. Se vio, blanco, el mar lejano, y algunas estrellas lucieron, pálidas. ¡Cómo iban trocando blancura por blancura las azoteas! Los que estábamos en ellas nos gritábamos cosas de ingenio mejor o peor, pequeños y oscuros en aquel silencio reducido del eclipse.

Mirábamos el sol con todo: con los gemelos de teatro, con el anteojo de larga vista, con una botella, con un cristal ahumado; y desde todas partes: desde el mirador, desde la escalera del corral, desde la ventana del granero, desde la cancela del patio, por sus cristales granas y azules . . .

Al ocultarse el sol que, un momento antes todo lo hacía dos, tres, cien veces más grande y mejor con sus complicaciones de luz y oro, todo, sin la transición larga del crepúsculo, lo dejaba solo y pobre, como si hubiera cambiado onzas primero y luego plata por cobre. Era el pueblo como un perro chico, mohoso y ya sin cambio. ¡Qué tristes y qué pequeñas las calles, las plazas, la torre, los caminos de los montes!

Platero parecía, allá en el corral, un burro menos verdadero, diferente y recortado; otro burro. . . .

Judas

¡No te asustes hombre! ¿Qué te pasa? Vamos, quietecito . . . Es que están matando a Judas, tonto.

Sí, están matando a Judas. Tenían puesto uno en el Monturrio, otro en la calle de Enmedio, otro ahí, en el

---

aleteo: movimiento de alas

amparado: protegido

trocar: cambiar

azotea: techo plano

gemelos de teatro: telescopio pequeño

mirador: balcón largo

cancela: verjilla en el umbral de una puerta

onza: moneda de oro

Pozo del Concejo. Yo los vi anoche, fijos como por una fuerza sobrenatural en el aire, invisible en la oscuridad la cuerda, que, de doblado a balcón, los sostenía. ¡Qué grotescas mescolanzas de viejos sombreros de copa y mangas de mujer, de caretas de ministros y miriñaques, bajo las estrellas serenas! Los perros les ladraban sin irse del todo, y los caballos, recelosos, no querían pasar bajo ellos. . . .

Ahora las campanas dicen, Platero, que el velo del altar mayor se ha roto. No creo que haya quedado escopeta en el pueblo sin disparar a Judas. Hasta aquí llega el olor de la pólvora. ¡Otro tiro! ¡Otro!

. . . Sólo que Judas, hoy, Platero, es el diputado, o la maestra, o el forense, o el recaudador o el alcalde, o la comadrona; y cada hombre descarga su escopeta cobarde, hecho niño esta mañana del Sábado Santo, contra el que tiene su odio, en una superposición de vagos y absurdos simulacros primaverales.

El moridero

Tú, si te mueres antes que yo, no irás, Platero mío, en el carrillo del pregonero, a la marisma inmensa, ni al barranco del camino de los montes, como los otros pobres burros, como los caballos, y los perros que no tienen quien los quiera. No serás, descarnadas y sangrientas tus costillas por los cuervos—tal la espina de un barco sobre el ocaso grana—, el espectáculo feo de los viajantes de comercio que van a la estación de San Juan en el coche de las seis; ni, hinchado y rígido entre las almejas podridas de la gravía, el susto de los niños que, temerarios y curiosos, se asoman al borde de la cuesta, cogiéndose a las ramas, cuando salen, las tardes de domingo, al otoño, a comer piñones tostados por los pinares.

Vive tranquilo, Platero. Yo te enterraré al pie del pino grande y redondo del huerto de la Piña, que a ti tanto te gusta. Estarás al lado de la vida alegre y serena. Los niños jugarán y coserán las niñas en sus sillitas bajas a tu lado. Sabrás los versos que la soledad

Pozo del Concejo: noria de concilio municipal

mescolanzas: mezcla confusa, desordenada

careta: máscara

miriñaques: enaguas con aros

forense: abogado

recaudador: el que cobra impuestos

simulacro: batalla simulada o fingida

pregonero: oficial público que anuncia a voces las noticias, la hora, etc.

el ocaso grana: horizonte rojo

almeja: molusco (como un ostión)

gravía: piso de un barco

me traiga. Oirás cantar a las muchachas cuando lavan en el naranjal y el ruido de la noria será gozo y frescura de tu paz eterna. Y, todo el año, los jilgueros, los chamarices y los verdones te pondrán, en la salud perenne de la copa, un breve techo de música entre tu sueño tranquilo y el infinito cielo de azul constante de Moguer.

jilguero: ave
chamariz: ave
perenne: eterno
Moguer: pueblo donde vivía el poeta

El eco

El paraje es tan solo, que parece que siempre hay alguien por él. De vuelta de los montes, los cazadores alargan por aquí el paso y suben por los vallados para ver más lejos. Se dice que, en sus correrías por este término, hacía aquí noche Parrales, el bandido . . . La roca roja está contra el naciente y, arriba, alguna cabra desviada, se recorta, a veces, contra la luna amarilla del anochecer. En la pradera, una charca que solamente seca agosto, coge pedazos de cielo amarillo, verde, rosa, ciega casi por las piedras que desde lo alto tiran los chiquillos a las ramas, o por levantar el agua en un remolino estrepitoso.

paraje: lugar
vallado: cerco de piedras
término: paraje
naciente: oriente
desviar: separar de su lugar
recortarse: destacarse
estrepitoso: con mucho ruido

. . . He parado a Platero en la vuelta del camino, junto al algarrobo que cierra la entrada del prado, negro todo de sus alfanjes secos; y aumentando mi boca con mis manos, he gritado contra la roca: ¡Platero!

algarrobo: árbol
alfanje: sable ancho y corvo, hojas

La roca, con respuesta seca, endulzada un poco por el contagio del agua próxima, ha dicho: ¡Platero!

Platero ha vuelto, rápido, la cabeza, irguiéndola y fortaleciéndola, y con un impulso de arrancar se ha estremecido todo.

irguiéndola: levantándola
arrancar: echarse a correr

¡Platero! He gritado de nuevo a la roca.

La roca de nuevo ha dicho: ¡Platero!

Platero me ha mirado, ha mirado la roca y, remangado el labio, ha puesto un interminable rebuzno contra el cenit.

cenit: firmamento, cielo, encima de la cabeza

La roca ha rebuznado larga y oscuramente con él en un rebuzno paralelo al suyo, con el fin más largo.

Platero ha vuelto a rebuznar.

La roca ha vuelto a rebuznar.

Entonces, Platero, en un rudo alboroto testarudo, se **alboroto:** griterío
ha cerrado como un día malo, ha empezado a dar
vueltas con el testuz o en el suelo, queriendo romper la **testuz:** la frente
cabezada, huir, dejarme solo, hasta que me lo he ido
trayendo con palabras bajas, y poco a poco su rebuzno
se ha ido quedando sólo en su rebuzno, entre las
chumberas. **chumbera:** nopal

Juan Ramón Jiménez

Actividades
A. Contesten estas preguntas:
   1. A pesar de estar escrito en prosa, "Platero y yo" es la obra de un
       distinguido poeta que recibió el Premio Nobel de poesía en 1956.
       Expliquen cómo es que ha sido llamado "un poema en prosa."
   2. También se dice del cuento que es para niños y para viejos.
       ¿Cómo puede ser eso?
   3. En sus libros, un autor le revela al lector sus pensamientos y
       sentimientos más profundos, y así se le descubre su carácter.
       ¿Cómo era Juan Ramón Jiménez?
   4. ¿Cuáles eran algunos de los pasatiempos de los niños de Moguer?
   5. ¿Qué significan las expresiones siguientes?:
       "Tiene acero."
       "El campo enlutó su verde."
       ". . . cada hombre descarga su escopeta cobarde . . ."
       "Estarás al lado de la vida alegre y serena."
       ". . . se ha cerrado como un día malo . . ."

LECTURA B

Refranes

Quien busca halla.
Quien mucho duerme poco aprende.
Querer es poder.
Mañana será otro día.
Un hoy vale más que dos mañanas.
No hay atajo sin trabajo.
A mal tiempo, buena cara.
Las flores contentan, pero no alimentan.
De la mano a la boca se pierde la sopa.
Cuatro ojos ven más que dos.
El que hoy cae, mañana se levanta.

No hay mal que cien años dure.
Donde una puerta se cierra, otra se abre.
Poco a poco se llega lejos.
Quien poco tiene, poco teme.
La experiencia enseña sin lengua.
Quien todo lo quiere, todo lo puede.
En boca cerrada no entran moscas.
Por la boca muere el pez.
Para aprender nunca es tarde.
Más vale saber que haber.
El amor y la fe, en las obras se ve.
Cada uno es hijo de sus obras.
Quien hoy llora, mañana canta.
Hoy por ti, mañana por mí.
Quien no se aventura, no pasa el mar.
Al amigo y al caballo, no hay que cansarlo.
Cada oveja con su pareja.
Dime con quien andas, y te diré quien eres.
Matrimonio y mortaja del cielo bajan.
Cría cuervos y te sacarán los ojos.
La salud ante todo.
Más vale tarde que nunca.
Perro que ladra no muerde.
Con plata nada falta.
La ignorancia no quita pecado.
Lo que mucho vale, mucho cuesta.
Lo que bien se aprende no se olvida.
Ama a tu vecino y te amará.
La experiencia es madre de la ciencia.
La paciencia todo lo alcanza.
Pájaro en mano vale por cien volando.
Aunque la mona se vista de seda, mona se queda.
No hay que hablar de la soga en casa del ahorcado.
A lo dado no se le busca lado.
Mucho ayuda el que no estorba.
De la abundancia del corazón habla la lengua.
Del árbol caído todos hacen leña.
Lo barato cuesta caro.
El árbol por su fruto se conoce.

No se ganó Zamora en una hora.
El ejercicio hace al maestro.
Amigos al prestar, enemigos al pagar.
A buen hambre no hay pan duro.
Donde una cabra va, van todas.
Tal padre, tal hijo.
De tal palo tal astilla.
Gran caballero es don Dinero.
Gran cocinera es el hambre.
La mejor palabra es la que no se habla.
No hay mal que por bien no venga.
Cuando el oro habla, todos callan.
Del dicho al hecho hay gran trecho.
Sobre gustos no hay disputa.
Para dar consejos, todos; para tomarlos, pocos.
Una cosa es tener guitarra, y otra es saber tocarla.
Mejor pan duro que ninguno.
La noche es madre del pensar.
Más vale tener mal burro que no tener ninguno.
Lo consultaré con la almohada.
Gato que duerme no caza ratones.
Cuando el gato no está en casa, bailan los ratones.
Para ser tonto no se estudia.
Dinero y santos hacen milagros.
No es oro todo lo que reluce.
Ave de mucha pluma, poca carne.
Desnudar a un santo para vestir a otro.
No hay cosa más barata que las buenas palabras.
Hay que bailar al son que se toca.
Los niños ven y callan.
No hay quince años feos.
La mejor manera de decir es hacer.
Cosas que se hacen de prisa, se sienten despacio.
Mientras hay alma, hay esperanza.
Nadie sabe lo que puede hasta que lo prueba.
Peor es chile y el agua lejos.
Para aprender, lo principal es querer.
Más matan cenas que guerras.
Al buen entender pocas palabras.
El gato escaldado del agua fría huye.

Quien te hace fiestas te ha menester.

A lo hecho pecho.

Si te vi no me acuerdo.

Ojos que no ven corazón que no siente.

Vísteme despacio que estoy de prisa.

Si quieres fortuna y fama no te halle el sol en la cama.

Antes que te cases mira lo que haces.

Caballo que vuela no quiere espuela.

Por todas partes se va a Roma.

No hay peor sordo que el que no quiere oir.

Sobre gustos no hay nada escrito.

Casa sin mujer, gente sin capitán.

De piedra no se saca jugo.

Barriga llena, corazón contento.

Actividades

A. Prepárense a explicar el significado de veinte de los refranes o proverbios.

B. Apréndanse de memoria diez de los dichos y hagan un esfuerzo por usarlos cuando ocurra una situación apropiada.

C. A veces la misma idea se expresa en palabras distintas. ¿Pueden Uds. escoger de la lista refranes más o menos idénticos en su significado?

D. ¿Conocen Uds. proverbios ingleses parecidos a algunos de éstos?

32. ESTUDIO DE LA LENGUA

Pronunciación

32a. El uso acertado de la f.

La f no se pronuncia como j.

se dice:	no se dice:
fuerte	juerte
afuera	ajuera
fui, fuiste, fuimos	jui, juiste, juimos

32b. El uso acertado de la j.

Lean y pronuncien bien estas palabras.

se dice:	no se dice:
juntos	funtos
juego	fuego
frijoles	frifoles
jugar	fugar

La j no se pronuncia como f.

Ejercicio 32

A. Para repetir:
1. El frijol es un alimento nutritivo.
2. ¿Te gusta el juego de golf?
3. Nos invitó a jugar con ellos.
4. Los perales crecieron juntos.
5. ¿Quién fue el agraciado?

B. Para sustituir:
1. El frijol es una leguminosa nutritiva. (alimenticia, deliciosa, sabrosa, barata, económica)
2. ¿Te gusta el juego de golf? (damas, lotería, tenis, futbol, jai-alai)
3. Nos invitó a jugar con ellos. (rogó, convidó, pidió, ordenó, exigió, mandó)
4. Juntos nos fuimos al boliche. (centro, biblioteca, cine, escuela, iglesia)
5. Los dos perales crecieron juntos. (manzanos, ciruelos, cerezos, naranjas, membrillos, limoneros)
6. ¿Quién fue el agraciado? (agresor, malhechor, ocioso, afortunado, valiente, hacendoso, codicioso)

33. ESTUDIO DE LA LENGUA

El Tiempo Pasado

33a. El tiempo imperfecto del indicativo.

El otro tiempo pasado sencillo del indicativo es el *imperfecto*.

33b. El imperfecto en la oración.

Estudien estas oraciones . . .

¿Siempre le *telefoneabas* a la señora?
Cuando lo vi *andaba* por el parque.
Íbamos de prisa y no *podíamos* esperarlo.

Son ejemplos del tiempo *imperfecto* que expresa una acción prolongada en el pasado (telefoneabas) o dos o más que están ocurriendo al mismo tiempo pasado (íbamos, podíamos).

33c. La conjugación de verbos regulares en el imperfecto.

Para conjugarse se toma la raíz del verbo y se le agregan estas terminaciones:

ar	er	ir
tom(aba)	com(ía)	viv(ía)
tom(abas)	com(ías)	viv(ías)
tom(aba)	com(ía)	viv(ía)
tom(ábamos)	com(íamos)	viv(íamos)
tom(aban)	com(ían)	viv(ían)

33d. Los únicos verbos con cualquier clase de irregularidad en el imperfecto son *ir, ser, ver.*

Este tiempo solo tiene tres verbos que *no* son regulares: *ir, ser, ver.* Todos los demás se conjugan de modo regular en el imperfecto.

ir	**ser**	**ver**
iba	era	veía
ibas	eras	veías
iba	era	veía
íbamos	éramos	veíamos
iban	eran	veían

Estos son los únicos verbos que no se conjugan de modo regular en este tiempo.

Ejercicio 33

A. Den el significado de estos verbos y luego conjúguenlos en el tiempo imperfecto, fijándose bien en las terminaciones que llevan acento escrito.

1. tener	4. admitir	7. morder	10. empezar
2. tocar	5. decir	8. mirar	11. obsequiar
3. poner	6. estar	9. leer	12. oir

B. Escriban oraciones en que un verbo en el imperfecto varíe de acuerdo con cada una de las personas gramaticales.

C. Escriban cinco oraciones que expresen una acción prolongada en el pasado; y otras cinco que expresen dos o más que estén ocurriendo al mismo tiempo en el pasado.

D. Basada en la Lectura A, escriban una descripción de Moguer, el pueblo andaluz donde vivía Juan Ramón Jiménez.

E. Escojan una selección de la Lectura A y escríbanla en forma de diálogo.

34. ESTUDIO DE LA LENGUA

Pronunciación

34a. Las formas correctas y las viciosas de los verbos en general en el tiempo imperfecto.

El problema principal se encuentra en la terminación de la primera plural donde la *m* debe pronunciarse bien y no como *n*; el acento va sobre la *a* (de verbos terminados en *ar*) y sobre la *i* (de verbos terminados en *er, ir*).

se dice:	**no se dice:**
cantábamos	cantábanos
íbamos	íbanos
veníamos	veníanos
pescábamos	pescábanos
etc.	

34b. Las formas correctas y las viciosas del verbo *ver* en el imperfecto.

Este verbo es irregular y se conjuga así:

veía	veíamos
veías	
veía	veían

Y así como se escriben sus formas así deben pronunciarse con claridad. Sólo de esa manera se puede evitar el error más común:

se dice:	**no se dice:**
veía	vía
veías	vías

34c. Las formas correctas y viciosas de los verbos *ir, querer, ser* y *tener* en el imperfecto.

Estos verbos se conjugan así:

iba	quería	era	tenía
ibas	querías	eras	tenías
iba	quería	era	tenía
íbamos	queríamos	éramos	teníamos
iban	querían	eran	tenían

Las faltas más comunes de estos verbos ocurren en *nosotros*:

se dice:	**no se dice:**
íba*mos*	íba*nos*
éra*mos*	éra*nos*
quería*mos*	qui*e*ría*nos*, querí*anos*
tenía*mos*	ti*e*ní*anos*, tení*anos*

Aprendiéndose y practicando las buenas formas de la lengua acabarán por hablar el español muy bien.

34d. Las formas correctas y viciosas del verbo *caer* en el imperfecto.

Este verbo se conjuga correctamente así:

(me) caía	(nos) caíamos
(te) caías	
(se) caía	(se) caían

Casi siempre se usa con los pronombres reflexivos. Las faltas más comunes en el uso de este verbo son el decir:

se dice:	**no se dice:**
(me) caía	(me) caiba
(te) caías, etc.	(te) caibas

O

(me) caía	(me) cayía
(te) caías, etc.	(te) cayías

De cualquier manera deben evitarse esas faltas aprendiéndose las formas correctas. Hay que recordar que no se dice *caiba*, etc., porque c*aer* pertenece a la segunda conjugación y toma las terminaciones regulares: ía, ías, ía, etc.; tampoco se dice *cayía, cayías*, etc., porque entonces le están añadiendo un sonido que *no* tiene, el de la *y*. Así que ¡a aprenderlo bien!

34e. Las formas correctas y viciosas del verbo *decir* en el imperfecto.

El error principal de este verbo es el decir di*cía*, di*cías*, etc., en lugar de de*cía*, de*cías*. Debe pronunciarse tal como se escribe.

Este verbo se conjuga así:

decía	decíamos
decías	
decía	decían

34f. Las formas correctas y viciosas del verbo *dormir* en el imperfecto.

Este verbo es radical en el tiempo presente y no en el imperfecto. Por eso debe evitarse el decir d*u*rmía, d*u*rmías, etc., en vez de d*o*rmía, d*o*rmías, etc.

se dice:	no se dice:
dormía	durmía
dormías, etc.	durmías, etc.

La conjugación de este verbo es así:

dormía	dormíamos
dormías	
dormía	dormían

34g. Las formas correctas y viciosas del verbo *pedir* en el imperfecto.

Este verbo es radical pero no tiene cambio en este tiempo; debe pronunciarse así como se escribe, con claridad para evitar la falta común de decir p*i*días, etc., en vez de p*e*día, p*e*días, etc.

se dice:	no se dice:
pedía	pidía
pedías, etc.	pidías

El verbo *pedir* se conjuga así:

pedía	pedíamos
pedías	
pedía	pedían

34h. Las formas correctas y viciosas del verbo *poder* en el imperfecto.

Hay que fijarse que este verbo radical *no* tiene ningún cambio en el imperfecto. Debe decirse p*o*día, en vez de p*u*día, etc.

se dice:	no se dice:
podía	pudía
podías, etc.	pudías, etc.

Este verbo se conjuga así:

podía	podíamos
podías	
podía	podían

34i. **Las formas correctas y viciosas del verbo** *traer* **en el imperfecto.**

Hay que aprender y recordar sus formas correctas para no decir tra*iba*, tra*ibas*, tra*iba*, etc., en vez de tra*ía*, tra*ías*, tra*ía*, etc. Por pertenecer a la segunda conjugación, el verbo tra*er* se conjuga con las terminaciones propias de los verbos terminados en *er*, que son: ía, ías, ía, íamos, ían y *no* aba, abas, etc.

se dice:	no se dice:
tra*ía*	tra*iba*
tra*ías*	tra*ibas*
tra*ía*, etc.	tra*iba*, etc.

Ejercicio 34

A. Para repetir:
1. Siempre lo veía en la preparatoria.
2. Tú no la veías porque ella iba a otra escuela.
3. El me veía de vez en cuando.
4. Nos veíamos en el cine todos los sábados.
5. Veían todas las películas que allí se pasaban.

B. Para sustituir:
1. Siempre lo veía en la preparatoria. (el centro, el ferrocarril, el mercado, la plaza, el supermercado)
2. Tú no la veías porque ella iba a otra escuela. (vivía en otro pueblo, trabajaba en otra tienda, se paseaba en otro lugar, actuaba en otro teatro, cantaba en otro salón)
3. El me veía de vez en cuando. (nos, los, lo, te, las, la)
4. Nos veíamos en el cine todos los sábados. (en el estadio cada viernes, en la "Y" con frecuencia, en el club seguido, en el mercado los lunes, en la carnicería los jueves)
5. Veían todas las películas que allí se pasaban. (los cortos, las obras, las óperas, los sainetes, las variedades)
6. Me veía pasar por su casa todos los días hasta que me cambié de barrio. (me fui de la ciudad, ingresé a la universidad, me casé con su novio, compré automóvil nuevo, empecé a trabajar)
7. Veíamos todas las películas que allí se pasaban hasta que se quemó el teatro. (se vendió, tumbaron, vendieron, se incendió, cerraron)
8. Luisa veía a las muchachas a diario hasta que se enojaron. (se pelearon, se cambiaron, se casaron, se fueron, se mudaron)
9. Los veía y me veían pero nunca nos hablamos. (nos dirigimos la palabra, nos saludamos, nos quisimos saludar, nos acordamos de eso, nos olvidamos de aquello)

C. Para repetir:
1. Eramos sus mejores amigas aunque nunca se dio cuenta.
2. Creyeron que éramos traidores a la patria.
3. Siempre queríamos quedarnos a mirar televisión.
4. Cuando queríamos tomar sodas pasábamos a la fuente de refrescos.
5. Ese día íbamos por la calle cuando oímos la explosión.
6. Ibamos a ver a mi novia todos los domingos.
7. Nunca teníamos miedo de salir de noche a los bailes.
8. Teníamos que madrugar cada fin de semana para llevarle gallo a su novia.

D. Para sustituir:
1. Ibamos a Las Cruces a ver a mi novia todos los domingos. (a sus papás, al sacerdote, a doña María, a los labradores, a sus parientes)
2. Ese día íbamos por la calle cuando oímos la explosión. (Esa mañana, Aquella noche, A esas horas, Ese lunes, Aquel día)
3. Cuando queríamos tomar sodas nos pasábamos a la fuente de refrescos. (comer una torta de pavo, tomar café con leche, comer unos tacos con salsa de chile verde, tomar un chocolate con galletas, comer algún helado de frutas)
4. Siempre queríamos mirar televisión en vez de estudiar nuestras lecciones. (practicar el piano, hacer ejercicios para adelgazar, hacer largas caminatas, jugar al aire libre, practicar francés en el laboratorio)
5. Creyeron que éramos traidores a la patria. (representantes del sindicato de panaderos, oficiales del gobierno chino, embajadores de las Naciones Unidas, socios del Club de Leones Internacional, miembros del sindicato de músicos)
6. Eramos sus mejores amigos aunque nunca se dio cuenta. (peores enemigos, más íntimos cuates, más hábiles competidores, más fieles admiradores, menos apreciados familiares)
7. Teníamos que madrugar cada fin de semana para llevarle gallo a su novia. (cada día de fiesta, todos los domingos, durante el verano, en primavera, a fin de año)
8. Nunca teníamos miedo de salir muy noche de los bailes. (juntos, de madrugada, solos, muy tarde, con ellas)

E. Para repetir:
1. De niña siempre me caía cuando me ponía tacones.
2. Cuando nos subíamos a los árboles, tú nunca te caías.
3. La lluvia menudita caía suavemente sobre los campos.
4. Cuando nevaba nos caíamos y nos resbalábamos en la nieve.
5. Había tantas uvas que se caían de las parras.

F. Para sustituir:

1. De niña a veces me caía cuando me ponía tacones. (me subía en zancos, me paseaba en bicicleta, me subía a los árboles, me ponía patines, brincaba al lazo)
2. Cuando nos subíamos a los árboles tú nunca te caías. (Lupe, yo, Pepe, ustedes, María)
3. La lluvia caía suavemente sobre los campos. (la nieve, la llovizna, la neblina, la lluvia, el agua)
4. Cuando nevaba, nos caíamos y nos resbalábamos. (granizaba, llovía, lloviznaba, nevaba, llovía)
5. Había tantas uvas que se caían de la parra. (pocas, algunas, muchas, unas cuantas, unas)
6. Mientras caía la lluvia, cantábamos. (leíamos novelas, dormíamos la siesta, mirábamos televisión, nos quedábamos en casa, practicábamos el piano)

G. Para repetir:

1. Yo le decía que no tenía miedo de ir allá.
2. ¿Qué les decías tú cuando te invitaban a ir?
3. Siempre me decían que yo era miedoso.
4. Mi hermano y yo decíamos la verdad pero nunca nos creyeron.
5. Según lo que decía la gente, esa casa estaba llena de espantos.

H. Para sustituir:

1. Según lo que decía la gente, esa casa estaba llena de espantos. (fantasmas, esqueletos, pulgas, cucarachas, bestias salvajes)
2. ¿Qué les decías tú cuando te invitaban a ir? (te contaban esos cuentos, te retaban a entrar, te hacían temblar de miedo, te invitaban a ir con ellos, te hablaban de los fantasmas)
3. Yo les decía que no tenía miedo de ir allá. (no les creía ni papa, era tontería creer esas cosas, eran cuentos de viejas, no creía en fantasmas, que no había ningún espanto)
4. Siempre me decían que yo era un miedoso. (cobarde, mentiroso, tonto, incrédulo, miedoso)
5. Mi hermano y yo les decíamos la verdad pero nunca nos creyeron. (muchas mentiras, algunos cuentos, cuentos espantosos, cuentos de fantasmas, cuentos de espantos)
6. Por más que les decía que no tenía miedo no me creyeron hasta que fui allí con ellos. (hasta que entre allí con ellos, pasé la noche allí con ellos, me hice socio de ellos, me hice fuerte y entré allí con ellos, me metí allí con ellos)
7. Me decían que no era verdad hasta que se los comprobé. (era mentira, era un misterio, había fantasmas, había espantos, era verdad)

I. Para repetir:
1. Yo nunca dormía la siesta antes de las tres de la tarde.
2. Siempre dormías a pierna suelta cuando vivías en el dormitorio.
3. Mi hermana y yo dormíamos en camas gemelas.
4. Ella no dormía la siesta como yo.
5. Cuando vivíamos en Europa nuestros compañeros siempre se dormían temprano.

J. Para sustituir:
1. Cuando vivías en el dormitorio dormías a pierna suelta. (Cuando eras niño, Cuando tenías quince, años, Cuando vivías en México, \Cuando estabas en\el rancho,Cuando ibas a la escuela)
2. Yo nunca dormía la siesta antes de las tres de la tarde. (los domingos, en el verano, los días de fiesta, en la temporada de lluvias, durante las vacaciones de verano)
3. Mi hermana y yo dormíamos en camas gemelas. (en la misma recámara, con mi mamá, en una cama enorme, con mi abuelita, con mi abuelita en una cama enorme)
4. Ella no dormía la siesta como yo. (mi abuelito, tú, ustedes, ellos, mi mamá)
5. Cuando vivíamos en Europa, nuestros compañeros siempre se dormían temprano. (mis hermanitos, mis papás, nuestros amigos, nuestros conocidos, mis profesores)
6. Nunca dormíamos la siesta hasta que llegamos al Perú. (tú, yo, ustedes, ellos, usted)

K. Para repetir:
1. Yo nunca pedía permiso de salir de la escuela.
2. Mientras pedías dinero prestado, te esperaba en el café.
3. Lupe me pedía el carro prestado cada vez que lo necesitaba.
4. Le pedíamos al profesor que no nos diera tarea.
5. Cuando pedían eso el profesor los castigaba dándoles más trabajo.

L. Para sustituir:
1. Nunca pedía permiso para salir de la escuela. (para jugar con los muchachos, para trabajar de noche, para estudiar con mis amigos, para telefonearle a Luisa, para dormir la siesta)
2. Te esperaba en el café mientras pedías el dinero prestado.(Limpiaba la casa,Rezaba en la iglesia, Jugaba con los vecinos, Preparaba mis lecciones, Te esperaba en el café)
3. Lupe me pedía el carro prestado cada vez que lo necesitaba. (los guantes, la pelota, los patines, la petaca, las raquetas)

4. Para las vacaciones de Navidad, le pedíamos al profesor que no nos diera tarea. (Para las Pascuas, Para el día de la Raza, Para el 31 de octubre, Para los días de fiesta, Para la Semana Santa)

5. Cuando pedían eso, el profesor los castigaba dándoles más trabajo. (se los concedía, no los castigaba, los regañaba por perezosos, les reñía, se enfurecía con ellos)

6. Siempre me pedía prestado hasta que me mudé de casa. (cambié de domicilio, me fui de la ciudad, me salí del hotel, dejé de vivir en la casa de huéspedes, quise cobrarle lo que me debía)

7. Les pedíamos permiso de salir hasta que dejaron de exigírnoslo. (de ir a bailar, de ir de cacería, de esquiar en la nieve, de cantar en el coro, de trabajar los sábados)

LL. Para repetir:
1. Yo no podía ver bien todos los carros alegóricos.
2. ¿Podías ver bien el desfile desde tu casa?
3. María Luisa podía ver todo muy bien.
4. Nosotros no podíamos oir bien las bandas de música.
5. Mis hermanos podían ver y oir bien todos los detalles del carnaval.

M. Para sustituir:
1. ¿Podías ver bien el desfile desde tu casa? (el balcón, tu carro, la azotea, tu porche, las graderías)
2. Yo no podía ver bien todos los carros alegóricos. (todo el desfile, a los pelotones de soldados, las banderas escolares, el pabellón nacional, a las mascotas escolares)
3. María Luisa podía ver todo muy bien. (Juan, Luis, Jaime, Lupe, Petra)
4. Nosotros no podíamos oir bien las bandas de música. (bandas escolares, bandas militares, mariachis, conjuntos de músicos, músicos ambulantes)
5. Mis hermanos podían ver y oir bien todos los detalles del carnaval. (los cuadros de la ópera, las escenas de la obra, los detalles del desfile, las bandas militares, los bailes del carnaval)
6. No podíamos ver bien hasta que nos subimos a la azotea. (a las gradas, al balcón, al porche, al carro, al camión)
7. ¿Podías oir bien cuando te bajaste? (ellos, usted, ella, ellas, tú)

N. Para repetir:
1. Yo no traía el abrigo puesto.
2. ¿Qué traías de Europa cuando ibas de vacaciones?
3. El doctor traía las ampolletas con que inyectarnos.

4. A pesar de que no siempre traíamos dinero, el doctor siempre nos curaba.
5. Cuando traían a los enfermos al hospital, las enfermeras luego los atendían.

Ñ. Para sustituir:
1. Yo no traía el abrigo puesto. (ella, ellos, nosotros, tú, él, ustedes)
2. ¿Qué traías de Europa cuando ibas de vacaciones? (China, Francia, España, México, Cuba)
3. El doctor traía las ampolletas con que inyectarnos.(La enfermera, El médico, La monjita, El farmacéutico, El interno).
4. El doctor traía las ampolletas con que inyectarnos. (las medicinas con que curarnos, las gotas que aplicarnos, los medicamentos que recetarnos, los tónicos que surtirnos, los parches que ponernos)
5. A pesar de que no siempre traíamos dinero, el doctor siempre nos curaba. (nos atendía, nos recetaba medicinas, nos surtía las recetas, nos ponía parches, nos aplicaba rayos X)
6. Cuando traían a los enfermos al hospital las enfermeras luego los atendían. (las monjitas, los médicos, los doctores, los enfermeros, los internos)
7. No traía guantes pero me puse sombrero. (traje de baño pero me metí al agua, zapatos pero me puse botas, saco pero me puse traje frac, abrigo pero me puse un poncho, calcetines pero me puse calcetas)

O. Para sustituir:
1. Cuando era alumno de primaria, yo almorzaba en casa a las siete y media. (traía mis libros en una mochila, comenzaba a estudiar a las nueve, no quería pasar mucho tiempo adentro, cada hora pedía permiso para tomar agua, me divertía mucho al mediodía, no podía correr tan rápido como mi hermano, me caía mucho en el campo de recreo, tenía muchas tareas difíciles, nunca entendía bien la aritmética, volvía a casa a las 3:00, me dormía muy temprano)
2. Mientras estábamos en Lima, bailábamos en el Gran Hotel Bolívar. (comíamos a las nueve de la mañana, asistíamos a la Universidad de San Marcos, admirábamos los trajes de los indios, veíamos el palacio de la Torre Tagle, íbamos al Cuzco de vez en cuando, nos encontrábamos tan a gusto como en casa, teníamos un apartamento muy cómodo, decíamos que parecía increíble Machu Picchu, traíamos ropa gruesa en julio, hacíamos excursiones a la cordillera, dábamos paseos por la ciudad)
3. ¿Qué traían Uds.? Traíamos la comida y los refrescos para el día de campo. (que querían, buscaban, preparaban, traían, pedían, servían, acomodaban)

P. Para escribir correctamente:

1. Siempre (insistemos, insistimos) en que lleguen temprano.
2. ¿Quiere ella que (búsquemos, busquemos) el dinero?
3. No es preciso que (vólvamos, volvamos, vuelvamos) a casa antes de las diez.
4. (Siéntense, Siéntesen) aquí, por favor.
5. (Véngasen, Vénganse) mañana al amanecer.
6. La muchacha (andaba, andava) cantando por la casa.
7. Yo (sentía, sintía) mucho lo que hubiera pasado.
8. ¿Qué (traías, traibas) en la mano?
9. (Ibamos, Ibanos) a despertarte.
10. ¿Ya (dejates, dejastes, dejaste) de fumar?
11. Te (pusites, pusistes, pusiste) el vestido azul.
12. ¿Se lo (pedites, pedistes, pediste) a Juan?
13. Nos (paseamos, pasiamos) toda la tarde.
14. Los revolucionarios (peliaron, pelearon) desesperadamente.
15. ¿No (leirán, leerán) "El Capitán Veneno" este año?
16. Yo no le (he, ha) dicho mentiras.
17. Su amigo le (he, ha) engañado.
18. El héroe se ha (morido, muerto).
19. Los alumnos han (escrito, escribido) todos los ejercicios.
20. No (avía, había) ningún remedio.
21. El niño se ha (caído, caido) de la cama.
22. ¿Piensas (dale, darle) tu dulce?
23. (El, La) programa me gustó mucho.
24. ¿No es pura (el, la) agua?

35. ESTUDIO DE LA LENGUA

Pronunciación

35a. El uso acertado de la *h* en las palabras.

La *h* en español siempre es muda y no se pronuncia, ni como *j* ¡ni como nada! Lean y pronuncien bien estas palabras:

se dice:	no se dice:
hervir	jervir
hondo	jondo
hoyo	joyo
moho	mojo
huir	juir, juyir

Ejercicio 35

A. Para repetir:
1. Este pozo es hondo.
2. Bozo no es un oso.
3. No todos los huesos van en ese hoyo.
4. Esta roca está llena de moho.
5. El preso se va a huir de la penitenciería.

B. Para sustituir:
1. Este pozo es hondo. (hoyo, río, lago, canal, acequia, laguna)
2. Bozo no 'es un oso. (Duque, Fifí, Nonó, Lulú, Mona)
3. No todos los huesos van en ese hoyo. (las piedras, las semillas, los palos, los clavos, los árboles)
4. Aquella roca está llena de moho. (cafetera, pato, olla, sartén, balde, tina)
5. El preso se va a escapar de la penitenciería. (el presidiario, el preso, el aprehendido, el prisionero, el criminal, el drogadicto)

C. Para leer y escribir:
Lean el párrafo que sigue. Escríbanlo en forma correcta y prepárense a tomarlo de dictado.

¿Sabes que? Ayer despues de fugar al basquetbol por un rato, Pepe y yo salimos funtos del gimnacio para pasearnos ajuera. Juimos al bosque, y de pronto, no muy lejos de nosotros vimos a un joso grande. Comenzamos a correr y por los argoles nos juimos. Pepe, que es mas juerte que yo, iba adelante, pero se cayo en un joyo jondo. Que susto llevamos. Gracias a Dios llegamos a casa sanos y salvos. Para calmarnos, Papa nos sirvio frifoles y el cafe que acababa de jervir en mi cafetera favorita, la mojosa.

LECTURA A

Isabel: Patrocinadora de Cristóbal Colón

patrocinador: el que ayuda, favorece

Isabel la Católica, reina de España desde 1474 hasta 1504, merece ser incluida en el catálogo de los mejores monarcas que han ocupado el trono de un poderoso país europeo. Todos conocemos los nombres de Victoria e Isabel, reinas de Inglaterra. Sin embargo, Victoria debe en parte su fama a la supremacía de su nación en el siglo XIX e Isabel I a los hombres del siglo XVI que la rodeaban. Isabel de España, ella misma, hizo grande su patria.

Esta hija del rey de Castilla nació en Madrigal de las Altas Torres el veintidós de abril de 1451. De los torreones de Madrigal, hacía 600 años, los caballeros cristianos habían desviado la marcha de los moros, invasores del norte de Africa. Así heredó la princesita de sus antepasados el fervor religioso de la larga cruzada contra los musulmanes, la Guerra de la Reconquista (711–1492). Dotada también de un corazón generoso, determinación invencible, e inteligencia penetrante, a

desviar: hacer salir de su dirección

musulmán: mahometano

243

Isabel le fue otorgado el destino de ser la patrocinadora del marinero que había de cruzar la orilla del mundo conocido.

Cuando aún era niña, se le murió su padre, y a causa de su pesar, la madre de Isabel se hundió en la melancolía. La corona de Castilla la heredó su hermanastro, Enrique IV. Vino a vivir en su corte la linda princesita de los rizos rubios y ojos azules. A la edad de diecisiete años recibió unas declaraciones matrimoniales de tres pretendientes. Uno era el rey de Portugal, rico, astuto y bastante viejo para ser su padre. Este pretendiente era el favorito de Enrique. El segundo pretendiente era del duque de Guyenne, malparecido y pusilánime, hermano del rey de Francia. El tercero era el príncipe Fernando de Aragón, joven y gallardo, el preferido de Isabel y del pueblo de Castilla.

pretendiente: el que solicita la mano
astuto: agudo, hábil

pusilánime: cobarde
gallardo: valiente y guapo

Enrique, rabioso ante la inquebrantable oposición de su hermana, amenazaba arrestarla si no consentía casarse con el rey de Portugal. Isabel se huyó a su pueblo natal y de allí logró mandar un mensaje a Fernando ofreciéndole su mano y corazón. Fernando firmó el contrato de matrimonio y se lo devolvió con un collar de rubíes a la princesa.

Cuando Enrique se enteró de esto, colocó en la frontera guardias con órdenes de aprehender a Fernando tan pronto como plantara el pie en la frontera. Pero nadie le hizo caso al joven arriero de cara sucia y ropa andrajosa que guiaba su carreta por el camino de Aragón a Castilla. No obstante, al encontrarse Fernando con su prometida' en un salón del palacio de Valladolid parecía el príncipe que era. Se verificó la boda en 1469 y se unieron dos reinos de España.

arriero: el que conduce con bestias cargas de un lugar a otro

verificarse: realizar, efectuar
reino: país sometido a un rey

Cinco años después, muerto el rey don Enrique, Isabel tuvo que apoderarse del trono de Castilla sin demora porque su hermano la había desheredado y clamaban otros aspirantes. Fernando estaba en Aragón sometiendo un alzamiento. Por consiguiente, doña Isabel vestida de piel de armiño y montada en un caballo blanco fue coronada en la plaza mayor de

apoderarse: hacerse dueño

armiño: animal de piel suave y blanca

Segovia. En la espléndida procesión iban pajes llevando en un cojín de raso la corona de don Fernando.

Al poco tiempo el joven se reunió con su reina. Enojado, exigió saber cuándo había sido coronada una reina antes que el rey, cuándo había deseado una reina tanto poder como el rey. Isabel indicó el contrato de matrimonio firmado por Fernando, pacto que limitaba sus derechos a los de un consorte. Sin embargo, juntos los dos establecieron el gobierno y juntos reinaron.

Les esperaban muchos problemas. Enrique, malgastando los ingresos del país había dejado vacía la tesorería. Aspirando al trono, el rey de Portugal con 20,000 soldados penetraba hasta el corazón de Castilla. Doña Isabel se vistió de su armadura, montó a caballo, y recorrió el país pidiendo fondos y hombres. Los españoles acudieron a su lado, y con Fernando entrenó a los reclutas. Pero fue la reina la que descubrió el eslabón débil en las líneas portuguesas. No obstante, cerca de Toro el primer día de marzo de 1476 la estratega regia, siendo también una mujer discreta, se quedó en el pabellón, de rodillas rezando, mientras su querido esposo ganó la victoria y la gloria.

Durante el reinado de Enrique en los tribunales de Castilla florecía el soborno. Después de la derrota de los portugueses Isabel viajó de ciudad en ciudad administrando la misma justicia para con los ricos y los pobres. ¡Qué sorpresa cuando mandó degollar a un noble que había asesinado sin piedad a un plebeyo!

Hacia el fin del año de 1481 el rey de Granada revocó la tregua entre los árabes y los cristianos, capturando una fortaleza de la frontera. España se hizo un campo de batalla. La reina mandó construir caminos nuevos por las montañas y puentes sobre los ríos para las tropas. Se importó artillería Lombarda y llegaron al país alemanes expertos que hacían pólvora. Isabel organizó hospitales para los heridos y enfermos.

Pasaron los años. Los españoles avanzando hacia el sur sitiaron la ciudad de Baza, pero en vísperas de victoria se les agotaron alimentos y municiones. Fue entonces cuando Isabel empeñó sus joyas, incluso la

paje: criado joven

consorte: esposo de la reina

ingreso: dinero recibido

armadura: traje de hierro

pabellón: tienda, carpa

soborno: acción de corromper

degollar: cortar la garganta

tregua: suspensión de hostilidades

sitiar: cercar cerrando salida

corona de San Fernando de Castilla. Baza se rindió y poco después cayó Málaga.

rendirse: darse por vencido

A pesar de todas sus preocupaciones con la guerra contra los moros, otro ensueño de vez en cuando inflamaba la imaginación de la reina. ¿Era la ilusión de un demente o . . .? El visionario que le había sugerido a doña Isabel que revelaran al mundo el gran secreto de los siglos era el cartógrafo de Lisboa, Cristóbal Colón. ¿Qué había al otro lado del Mar Océano?

cartógrafo: dibujante de mapas
Mar Océano: nombre antiguo para el Atlántico

En oposición a una opinión más o menos general de hoy día, Colón no era el único que creía que el mundo era esférico. Todos aceptaban la teoría. Se enseñaba en las universidades. Se podía comprar un globo no muy diferente de los que se ven en nuestras salas de clase. Y estaban seguros los marineros que mirando el horizonte veían aparecer o desaparecer por último el mástil de un barco de vela.

Sin embargo, nadie puede disminuir el magnífico y y arriesgado proyecto del osado descubridor. Cristóbal Colón, hijo de un cardador de lana, nació en 1451 en la ciudad de Génova. Después de haber recorrido todos los mares conocidos, tuvo que nadar hasta una playa de Portugal cuando piratas portugueses atacaron su buque cerca de la costa. En Lisboa completó sus estudios de astronomía y geografía. Emprendió un largo trabajo de investigación leyendo los escritos de los viajeros de la Edad Media, inclusos los de Marco Polo.

Colón y su hermano Bartolomé se ganaban la vida haciendo mapas. Cristóbal se casó con la hija de una familia rica que prefería que su esposo fuera un respetado hombre de negocios en vez de un aventurero atrevido.

Pero Colón persistía en su idea de que se podía llegar al Japón por el occidente. Propuso al rey de Portugal, Juan II, que le concediera recursos para acometer su empresa. Juan y sus aconsejadores lo rechazaron. Después del viaje de Bartolomé Díaz alrededor del Cabo de Buena Esperanza, el rey perdió todo su interés en otra ruta nueva hacia las Indias.

acometer: emprender

La esposa de Colón murió, y él acompañado de su

hijo se marchó para España. Los detalles de sus seis años allí de trabajos incansables los sabe cualquier escolar.

A principios de enero de 1492 Boabdil, último soberano de los moros, les entregó a los reyes Católicos las llaves de la ciudad de Granada. Así se concluyó la larga lucha sanguinaria entre dos pueblos de cultura y religión tan distintas que nunca podían vivir en paz en la misma tierra.

Ahora tenía Isabel tiempo para tomar en cuenta el ensueño del decidido navegante. Fernando, algo tacaño y sin el espíritu audaz de su esposa, se oponía a la idea. Recibieron a Colón en la Alhambra, y otra vez fue rechazada la gran empresa de él. Se dirigía hacia Francia cuando un mensajero lo alcanzó.

El primer viaje de Colón le costó a Isabel unos $6,000. El banquero de la reina, Luis de Santangel, proporcionó otros $6,000 y Colón pidió prestado a sus amigos la cantidad de $2,000. Isabel le confirió a Colón el título de Almirante del Mar Océano y le prometió el diez por ciento de todo el tesoro descubierto.

El tres de agosto de 1492 Cristóbal Colón salió del puerto de Palos con sus tres naves, la Pinta, la Niña, y la Santa María, tripuladas por ochenta y siete hombres. La historia de las tribulaciones de esta travesía famosa también es cosa sabida de todos. Se conocen bien la fecha del doce de octubre de 1492 y el nombre de la isla San Salvador.

¿Qué hacía Isabel durante los días después de la salida de las tres carabelas? Seguía fundando hospitales y escuelas, estimulando la ciencia, elevando la moralidad de la Corte, organizando su país agotado por las guerras. ¿Pensaba en el ensueño del almirante? Sin duda.

Colón exploró las aguas de las Grandes Antillas y descubrió otras islas. Los marineros pasaban por experiencias chistosas y funestas. En Cuba se asombraron al ver a los nativos fumar puros metiendo un extremo en la nariz e inhalar con fuerza. En la Isla Española encalló la Santa María. Colón se vio obligado a dejar a cuarenta de sus hombres en el norte de la isla;

al volver el año siguiente no encontró a ninguno de ellos. ¿Habrían sido asesinados por los indios?

El Gran Almirante desembarcó en Palos y se puso en marcha para atravesar España porque sus Majestades estaban en Barcelona. Llevaba consigo plantas extrañas, artefactos indígenas, un poco de oro y plata, loros roncos, y seis indios plumados y pintados.

Al acercarse Colón, los Reyes Católicos se pusieron de pie para honrar al Gran Descubridor y lo invitaron a sentarse a su lado. Después, cuando la reina vio a los indios en jaulas, preguntó que si no eran seres humanos y al oir la respuesta afirmativa ordenó que fueran sueltos.

Y para los otros tres viajes fue Isabel la persona que proporcionó a Colón los barcos, hombres, dinero, animales domésticos, semillas, colonos y misioneros que fueron a los poblados del Nuevo Mundo.

Debido a su ineptitud como administrador, dema- **ineptitud:** falta de habilidad
siado benigno o demasiado cruel con sus subordinados, en 1500 Colón, cargado de cadenas, fue llevado a España por Bobadilla, enviado a Santo Domingo por los Reyes para investigar las quejas de los colonos. Después la reina libertó a Colón.

A su regreso del cuarto viaje, un viaje desastroso con **tripulante:** marinero que
un barco deshecho y tripulantes rebeldes y él mismo forma parte de la tripulación de un barco
enfermo de artritis, Colón supo que su buena amiga Isabel había muerto. Fue a visitar a Fernando para reclamar su diez por ciento de todos los terrenos que había descubierto. En lugar de eso, el rey le ofreció el título de duque y buenas rentas. Colón rehusó el **rentas:** ingresos anuales
ofrecimiento. Quería todo o nada. Y nada recibió. Murió en la miseria a la edad de cincuenta y cinco años, todavía creyendo que el gran palacio del Khan de la China quedaba en Costa Rica. Lo que quería de veras no era enriquecerse sino descubrir el paso que lo conduciría a los lugares acerca de los cuales había escrito Marco Polo.

¿E Isabel? Durante su reinado la España moderna nació y se abrió el camino que hizo posible la creación de un imperio vasto. Sí, en gran parte pasó esto gracias a la fe y a la fuerza de una mujer extraordinaria.

Actividades

A. Contesten estas preguntas:
1. Según la lectura sobre Isabel la Católica, ¿qué tan diferente era ella de las dos reinas de Inglaterra?
2. ¿Qué sucedió en el pueblo natal de Isabel hacía 600 años?
3. ¿Por cuántos años duró la Guerra de la Reconquista?
4. ¿Quiénes eran tres de los pretendientes a la mano de la princesa?
5. ¿Por qué amenazó arrestar a su hermana don Enrique?
6. ¿Cómo evitó Isabel un matrimonio no de su gusto?
7. ¿En qué año se unieron los reinos de Castilla y Aragón?
8. ¿Qué pasó cinco años después?
9. ¿Por qué se enojó Fernando?
10. ¿Cuáles eran los dos problemas que afrontaban los Reyes?
11. ¿Cómo demostró Isabel su discreción?
12. ¿Qué acción de la reina les sorprendió a nobles y a plebeyos?
13. ¿Qué hecho destruyó la tregua entre los moros y los españoles?
14. ¿Qué mandó hacer la reina para avanzar la causa española?
15. ¿Cuándo empeñó sus joyas?
16. ¿Quién llegó a la corte de España antes de que se terminara la lucha contra los moros?
17. ¿Qué lance del destino había traído a Colón a Lisboa?
18. ¿Qué estudios siguió allí?
19. ¿Por qué perdió el rey de Portugal todo su interés en las ideas de Colón?
20. Además del descubrimiento de América, ¿qué acontecimiento de mayor importancia para España ocurrió en 1492?
21. ¿Cuánto costó el viaje de Colón?
22. ¿Cómo se llama actualmente el Mar Océano?
23. ¿Por qué tuvo Colón que dejar a cuarenta hombres en la Isla Española?
24. ¿Cómo es que Colón no murió como un hombre rico?
25. ¿Cuáles fueron los hechos sobresalientes de Isabel?

B. Escriban una biografía breve de unos de estos personajes históricos:

Marco Polo	Bartolomé Díaz	Carlos V
Núñez de Balboa	Hernán Cortés	Francisco Pizarro
Pánfilo de Narváez	Cabeza de Vaca	Francisco de Coronado

LECTURA B

Elfego Baca

El ganado vacuno casi siempre prospera donde antes habitaba el búfalo. En las llanuras del oeste de los Estados Unidos, después de la Guerra Civil, cazadores que vendían los cueros extirparon las "vacas corco- **extirpar:** destruir por completo
vadas," como las llamaba Cabeza de Vaca. Luego vino

la importación del cuernilargo del norte de México, y apareció el vaquero.

Esta figura romántica dominó la escena por cerca de dos generaciones; después fue reemplazado a causa de la marcha de la civilización. Sin embargo, sobrevive en la imaginación de la gente de hoy día, y parece que nunca disminuye la popularidad del vaquero de la pantalla de cine y de la televisión. Se han escrito miles de cuentos y novelas acerca de él. El vaquero americano típico es tan conocido por todo el mundo tan bien como don Quijote o Hamlet, y es tan querido de los chicos como Santa Claus. Montado a caballo ha galopado por un sinnúmero de películas, realizando hazañas increíbles de equitación, amenazando a los malvados con su pistola, y socorriendo a las bellas damas.

equitación: arte de montar a caballo

En Nuevo México, en las praderas cerca del Río Grande nunca hubo grandes rebaños de búfalos, y a mediados del siglo diecinueve los terrenos habían sido habitados por borregos durante dos siglos. Al otro lado de las montañas se hallaban los llanos de los ganaderos, pero la sierra que separaba las dos regiones no les parecía un obstáculo insuperable a los vaqueros. Las Vegas llegó a ser un "cow town," Albuquerque tenía sus "bad men," y Socorro vivía bajo la ley del revólver. Esta época produjo hombres como Billy the Kid, Joe Fowler, y Elfego Baca, tres tipos distintos por completo. Unos de los vaqueros se mostraban héroes admirables; otros eran bandidos, ladrones, asesinos.

Elfego Baca nació en Socorro. Antes de la guerra entre México y los Estados Unidos, Socorro era un tranquilo pueblo mexicano gobernado por sus ricos y el cura, alimentado por rebaños de ovejas, campos y viñedos, y servido por los peones e indios.

De 1850 en adelante unos texanos empezaron a recorrer la tierra al oeste de los confines de su estado y a establecerse en Nuevo México. El texano de aquel entonces era ganadero, y consideraba su "Colt" una prenda tan necesaria como sus pantalones. El nuevo mexicano criaba borregos, y su arma era el cuchillo,

confín: borde, límite

defensa inútil contra la pistola. Como bien sabe todo aficionado a los "westerns," nunca se han llevado bien los vaqueros con los borregueros.

Elfego Baca, aunque nacido en Socorro, de niño se cambió con su familia a Kansas y allí fue educado. Regresó a su pueblo natal a los quince años, hablando inglés perfectamente y español con dificultad. No se sabe cuándo ni cómo aprendió a usar un revólver, pero a los dieciséis años llevaba pistola, y sin duda sabía que era experto en el bello arte del tiro.

El año siguiente su padre fue arrestado por políticos enemigos y encarcelado en Las Lunas. Elfego lo libertó sin recurrir a su "sixshooter." Se había quedado escondido en unas matas frente a la cárcel mientras sus perseguidores lo buscaban en lugares remotos. Después conoció a Billy the Kid y lo acompañó a Albuquerque donde los dos andaban escandalizando el pueblo. Al cumplir los veinte años Elfego ya se interesaba en la política. Poseía el talento preciso para tal carrera: inteligencia y valor. Además sabía los tres idiomas de su tiempo y tierra—el español, el inglés, y el lenguaje de la pistola.

Un amigo suyo, don Pedro Simpson, aspiraba ser alguacil mayor del condado. Elfego, caballero andante del siglo XIX, montó a caballo y salió para ayudarlo en su campaña. Iba vestido de levita; llevaba sus dos "sixshooters" y la insignia de alguacil. Según Elfego, el distintivo no representaba ninguna posición oficial y lo usaba de protección en caso de emergencias. Fue a una placita llamada San Francisco, no muy lejos de Socorro. El pueblo estaba rodeado de ganaderías y era centro social de los vaqueros que se oponían a don Pedro.

Cuando llegó Elfego al territorio enemigo para hablar a favor de su candidato, un vaquero, de nombre McCarthy, a caballo estaba dando vueltas por las calles disparando en el aire y contra paredes, ventanas y demás. Probablemente no intentaba matar a nadie. Pero para evitar el peligro de ser asesinados, los

habitantes no tuvieron otro recurso que entrar en casa cerrar las puertas y acostarse en el piso.

Elfego le rogó al juez de paz que aprehendiera a McCarthy. El juez se negó a ejercer su autoridad, temiendo que los amigos del vaquero vinieran del rancho cercano para vengar tal insulto a su compadre. Entonces Baca arrestó a McCarthy para llevárselo al juzgado de Socorro. Se justificaron los temores del juez. Antes de que Elfego y su prisionero salieran, llegaron más hombres del rancho Slaughter y se sorprendieron mucho al oir las noticias. ¡Qué diablos! Todos fueron a la casa donde se encontraban su compañero y Baca. Exigieron que Elfego soltara a su prisionero.

exigir: requerir, demandar

Había caído la noche y los tejanos apenas podían ver a Elfego, pero el capataz Perham en su caballo blanco se destacaba en la oscuridad. El "alguacil" declaró que contaría hasta tres, y que si no se retiraban abriría fuego. Seguramente los vaqueros no le creyeron. Sin embargo Elfego llevó a cabo su amenaza e hirió el caballo de Perham que al encabritarse, cayó sobre su jinete y lo mató. Otro vaquero fue herido en la rodilla. Los demás pronto desaparecieron. Elfego se quedó con su prisionero, sus armas y su dignidad.

encabritarse: levantarse sobre las patas traseras

Los rumores empezaron a correr de rancho en rancho. Se decía que ocurría una rebelión. William French, un joven irlandés recién llegado a este país que servía de mayordomo en el rancho Slaughter, salió para San Francisco acompañado de sus vaqueros. Despacharon a un mensajero que trajera al alguacil y juez de paz que asegurarían la justicia según el punto de vista tejano. Todo se iba a hacer de acuerdo con la ley. Cuando se hacían la guerra los ganaderos y borregueros, los dos partidos siempre llevaban su propio alguacil y órdenes de aprehensión para los otros.

Dicen que como ochenta vaqueros se presentaron en San Francisco aquel día. Todos iban armados, llenos de emoción y con ánimos de fiesta. Primero entraron a la cantina para fortalecerse. ¿Pero dónde estaba la guerra, la rebelión? No salieron a buscarla hasta la medianoche. Los habitantes del pueblo ya se habían acostado. Pero por fin se encontraron a alguien que les dijo que la guerra consistía en un solo rebelde y que ¡él también se había acostado! ¡Qué mala suerte! Al parecer, nadie quiso despertar a Elfego Baca. De todos modos volvieron a la cantina.

A la mañana siguiente Dan Bechtol, el alguacil, no pudo levantarse. No le funcionaban bien ni las piernas ni la cabeza. Sin jefe, se reunieron los hombres y prevalecieron opiniones templadas. Se decidió pedirle a Baca que presentara al preso para ser juzgado. Baca consintió sin demora. McCarthy pagó una multa de cinco pesos y sus amigos lo felicitaron.

demora: tardanza, retraso

Al parecer el incidente se había acabado. Pero Elfego Baca entendía bien la psicología de tal conjunto de hombres armados. Se marchó de la sala de justicia y se dirigió a un jacal hecho de postes enterrados en la tierra con las hendeduras llenas de lodo seco. El techo estaba cubierto de tierra. Una vieja y su nieto ocupaban la choza. Elfego les pidió que salieran, y se sentó solo. Su fortaleza frágil tenía una ventaja; el piso estaba a un pie bajo el nivel de la tierra.

French, el joven irlandés, estaba para regresar a casa cuando se enteró de que algunos de los vaqueros habían conseguido orden para la aprehensión de Elfego Baca por el asesinato de Perham. Todos fueron a la casa donde Elfego los esperaba. Un vaquero llamado Hern tocó a la puerta, y cuando Baca le rehusó entrada, trató de forzar la puerta a patadas. Elfego le contestó con dos tiros, y Hern cayó mortalmente herido; murió poco después en una casa vecina. Otro quiso acercarse al jacal, pero antes que llegara a la puerta, una bala atravesó su sombrero, y el atrevido se retiró. French había perdido el sombrero suyo cuando había ido a ayudar a Hern para huir del campo de batalla. Cuando volvió por él, Baca abrió fuego y al estar a salvo French encontró tres agujeros en el sombrero. No cabe duda que a Elfego no le fallaba la puntería; solamente apuntaba su arma sobre los sombreros de los vaqueros cuando pudiera haber apuntado fácilmente sobre ellos.

Para entonces el sitio de la choza comenzó en serio, o mejor dicho, como si fuera un evento deportivo o una cacería—la caza mayor: un hombre. Todos los vaqueros se juntaron cerca del jacal, menos el alguacil Bechtol que todavía tenía sueño.

William French y varios otros se escondieron detrás de una casa de adobe al otro lado de la calle de la fortaleza de Baca. De vez en cuando uno de ellos se asomaba para atraer la puntería de Elfego y los demás retornaban su fuego.

Un asediador invitó a Baca a rendirse. Elfego contestó con una descarga de tiros. Entonces todos rodearon el jacal y por veinte minutos dispararon una lluvia de balazos sobre él. Todos afirmaron que Baca había muerto. Un hombre se separó de los otros para entrar en la casita pero tuvo que retroceder ante los tiros del sitiado. Repetidas veces reanudaron sus descargas.   <small>reanudar: continuar</small>

Elfego ya casi se daba por muerto, pero estaba resuelto a morir peleando. Su hazaña merece ser recordada como una de las batallas más heroicas de la época. Los participantes calcularon que aproximadamente cuatro mil cartuchos fueron disparados por las paredes del jacal. Más de trescientas balas penetraron la puerta. El mango de una escoba apoyada en un rincón recibió nueve balas. Todo quedó acribillado con   <small>acribillar: agujerar</small> la excepción del cuerpo de Elfego Baca.

Se propuso un asalto, pero faltaban voluntarios. Trataron de incendiar la casa; quisieron destruirla con dinamita. Sus esfuerzos siempre fueron frustrados por la buena puntería de Elfego. Al anochecer se escogieron centinelas y los demás se acostaron a dormir.

A la mañana siguiente ya no cabía duda de que estuviera muerto. Pero para comprobarlo, French corrió por delante del jacal. Siguieron unos tiros que dieron por tierra. Se repitió el asedio del día anterior.

Hacia el fin del segundo día regresó un amigo de Elfego que había ido a Socorro por ayuda. Llegó acompañado de otro alguacil que se llamaba Rose y varios hombres que querían hacer la paz entre los dos partidos. Muchos de los vaqueros ya se habían cansado del asedio, algunos habían sido obligados a volver a casa, y otros se habían ido para asistir al funeral de Hern, a quien Baca le había quitado la vida el primer día del sitio. Los demás estaban de acuerdo que Baca sería declarado culpable del asesinato si llegara a salir de su asilo y someterse al tribunal.

El amigo de Elfego le explicó la situación y también le aseguró que Rose y los que habían llegado de Socorro lo protegerían si accedía a salir. Baca respondió que saldría con tal que Rose y sus amigos se pararan en plena vista, que los otros se retiraran, y que a él le permitieran quedarse con sus armas. Se aceptaron estas condiciones.

acceder: aceptar lo que ofrece otro

No por la puerta sino por una ventana salió Elfego, vestido solo de ropa interior, con el pelo desgreñado, los ojos indómitos y una pistola en cada mano.

indómito: invencible inconquistable

Fue French el que lo llevó al único hotel de San Francisco donde Elfego se bañó y se vistió de ropa nueva. Después estos jóvenes, que habían pasado dos días peleándose, comieron juntos, y en un espíritu de amistad y respeto mutuo hablaron de la batalla.

Al día siguiente Rose condujo a Elfego a Socorro donde fue juzgado y declarado inocente de la muerte de Hern.

Elfego Baca se había hecho famoso. Dentro de pocos años él mismo fue electo alguacil mayor del condado. Al tomar sus cargos oficiales escribió una carta amable a cada malhechor de su distrito invitándolo a entregarse, explicándole a la vez que si se rehusaba, sería el deber penoso del alguacil matarlo a primera vista. ¡Y vinieron, uno tras otro, y sonrientes le ofrecieron sus armas!

Una vez cuando Baca se le acercó a un criminal para arrestarlo, éste le preguntó —¡Qué demonio! ¿Pues quién cree que es Ud.?

—Soy Elfego Baca— respondió. Con eso tuvo bastante. El reo se rindió. Baca llegó a ser abogado,

se mudó a Albuquerque donde pasó los últimos años
de su vida, y allí murió a una edad avanzada.

Según lo expresó William French—Elfego Baca era
todo un hombre.

Actividades

A. Prepárense a hacer un dibujo o mapa señalando el sitio de Elfego Baca.

B. Discutan la aseveración de William French. ¿Qué cualidades tenía Elfego
que lo hacían lo que era? ¿Por qué era admirado de todos?

36. ESTUDIO DE LA LENGUA

El tiempo pasado

36a. El pasado del subjuntivo.

Estudien estos ejemplos:

Era raro que la familia *se paseara.*
Dudaban que ya *empezara* la temporada de lluvias.
No iban a ir a pesar de que *saliera* el sol temprano.

Estos son ejemplos del pasado del subjuntivo. Expresan un pasado (se
paseara, empezara, saliera) como acción subordinada a otro pasado (era,
dudaban, iban) y se ligan los dos por la palabra *que.* Debemos recordar que
el subjuntivo expresa solamente *posibilidad* o *deseo* y en eso difiere del
indicativo, que *afirma* o *niega* la acción del verbo en forma absoluta.

36b. El subjuntivo pasado tiene dos formas.

El subjuntivo pasado tiene una forma terminada en *ra* y otra en *se.* La
primera es la que más se usa y es la que se va a estudiar.

36c. La conjugación de verbos en el subjuntivo pasado.

Para formar este tiempo se agregan las terminaciones siguientes a la raíz
del verbo:

ar	er	ir
tom(ara) (ase)	com(iera) (iese)	viv(iera) (iese)
tom(aras) (ases)	com(ieras) (ieses)	viv(ieras) (ieses)
tom(ara) (ase)	com(iera) (iese)	viv(iera) (iese)
tom(áramos) (ásemos)	com(iéramos) (iésemos)	viv(iéramos) (iésemos)
tom(aran) (asen)	com(ieran) (iesen)	viv(ieran) (iesen)

¿Cuál es la única forma acentuada? ¿En qué sílaba termina? ¿Cómo
debe pronunciarse?

36d. La conjugación de verbos irregulares en el subjuntivo pasado.

Para los verbos irregulares en este tiempo, ¿saben ustedes cuál es la raíz?
Fíjense en estos ejemplos:
Fue imposible que *cupiéramos.*
Siempre que *anduviéramos* juntos nos daban permiso de salir.
Me pidió que le *hiciera* su tarea.
Sabía que se iba a enojar, *viniera* yo o no *viniese.*

La raíz de estos verbos se toma de la tercera persona plural del pretérito del indicativo: cup(ieron), anduv(ieron), hic(ieron), vin(ieron).

Los verbos irregulares que siguen esta forma de conjugación en el pasado del subjuntivo son: caer, dar, decir, estar, haber, influir, ser, poder, poner, querer, saber, producir, tener, traer y venir.

Ejercicio 36

A. Conjuguen en el pasado del subjuntivo: cantar, empezar, recibir, partir, conocer, comer.

B. De la Lectura B saquen una lista de los verbos en subjuntivo pasado.

C. Conjuguen estos verbos en las oraciones que siguen:
1. No quería que (caerse) del árbol.
2. ¿Creíste que (dar) permiso?
3. No era posible que (decir) eso.
4. Esperábamos que (estar) bien.
5. Dudaban que (haber bailado) tanto.
6. Dudaba que (influir) tanto en ellos.
7. No creí que (ser) así.
8. A veces le rogaba a Dios que (poder) ir.
9. Me pidió que (poner) el recado en el apartado.
10. Quería que la (querer) como hermana.
11. No iba a decir nada aunque lo (saber).
12. No fue posible que se (reproducir) la escena.
13. Obedecíamos aunque no (tener) razón.
14. Ojalá que (traer) dinero.
15. Buscaba un carro para que no (venirse) a pie.

D. Escriban diez oraciones propias en las que el verbo exprese una acción pasada como subordinada a otra acción pasada y ligada por la palabra *que.* Recuerden que el subjuntivo expresa solamente posibilidad o deseo.

Pronunciación

37a. Las formas correctas y viciosas de los verbos en general en el subjuntivo pasado.

En este tiempo hay que recordar (1) que *nosotros*, primera persona del plural, siempre lleva acento escrito (habláramos, cupiéramos, etc.) y que su última sílaba es *mos* y no *nos*; (2) que los verbos irregulares toman su raíz de la 3a. persona plural del pretérito (*traj*(eron) = yo trajera, etc.).

37b. Las formas correctas y viciosas del verbo *caber* en el subjuntivo pasado.

Lo principal es recordar que para formar este tiempo, el pretérito sirve de base. Se dice *cu*pe, *cu*piste, etc.; hay que evitar *cabiera*, tú *cabieras*, etc.

se dice:	no se dice:
cupiera	cabiera
cupieras	cabieras
cupiera, etc.	cabiera, etc.

El verbo caber se conjuga así:

cupiera	cupiéramos
cupieras	
cupiera	cupieran

37c. Las formas correctas y viciosas del verbo *andar* en el subjuntivo pasado.

Conviene recordar dos cosas: este tiempo se forma del pretérito (*anduv*(ieron) = yo anduviera, etc.) y la única forma que lleva acento ortográfico es la primera persona plural (anduviéramos). Evítense las formas: yo andara, tú andaras, etc., pues son incorrectas.

se dice:	no se dice:
anduviera	andara
anduvieras	andaras
anduviera, etc.	andara, etc.

Este verbo se conjuga en esta forma:

anduviera	anduviéramos
anduvieras	
anduviera	anduvieran

37d. Las formas correctas y viciosas del verbo *traer* **en el subjuntivo pasado.**

Hay que evitar el decir *trayera, trayeras,* etc., porque es *j* y no *y* la que corresponde a este verbo.

se dice:	no se dice:
tra*j*era	tra*y*era
tra*j*eras	tra*y*eras
tra*j*era, etc.	tra*y*era, etc.

Este verbo se conjuga así:

trajera	trajéramos
trajeras	
trajera	trajeran

37e. Las formas correctas y las viciosas del verbo *decir* **en el subjuntivo pasado.**

Los vicios más comunes de este verbo en el pasado del subjuntivo son la tentación de añadirle *i* a la *j* (di*j*iera, di*j*ieras, di*j*iéramos, di*j*ieran) y la de cambiar la *m* por *n* en la terminación del verbo en la 1a. persona plural, o sea, dijé*m*os en vez de dijé*n*os.

se dice:	no se dice:
di*j*era	di*j*iera
di*j*eras	di*j*ieras
di*j*era, etc.	di*j*iera

Decir se conjuga así en este tiempo:

dijera	dijéramos
dijeras	
dijera	dijeran

Ejercicio 37

A. Para repetir:
1. ¿Acaso cupiste en el autobús?
2. Fue imposible que cupiera, pues no había lugar.
3. ¿Acaso cupo Luisa en el autobús?
4. Fue imposible que cupiera, pues no había lugar.

B. Para sustituir:
1. ¿Acaso cupo Ud. en el autobús? (cupieron ellos, cupo Rosa, cupieron las cajas, las gallinas, cupiste, los libros)
2. Fue imposible que cupiera Rosa pues no había lugar ni para un alfiler. (ellos, las cajas, las gallinas, el cartero, los muchachos)

C. Para repetir:
1. No fue necesario que anduviéramos descalzos.
2. Era difícil que anduviera solo por aquel país.
3. ¡Ojalá anduviera contigo mi prima María!

D. Para sustituir:

1. Al director no le gustó que los niños anduvieran descalzos por el campo. (sus hermanos, mis amigos, los profesores, los muchachos, los exploradores)

2. ¡Ojalá que anduviéramos en autobús! (yo, ellos, María, Rosa y Luis, tú y yo, ustedes, tú, nosotros)

3. Con tal de que no anduviéramos de locos, siempre nos daban permiso de salir al centro los domingos. (de vez en cuando nos permitían hacer lo que queríamos, generalmente nos dejaban hacer y deshacer en forma moderada, hacíamos lo que queríamos, nos pasábamos el tiempo disfrutando del ambiente, siempre nos trataban con delicadeza)

E. Para repetir:

1. Parecía increíble que trajeran dinero.

2. Nunca pude creer que trajera tanta plata.

3. Siempre esperaba que trajéramos los discos.

4. De vez en cuando era necesario que yo trajera el recado.

F. Para sustituir:

1. Parecía increíble que trajeran enfermedades contagiosas. (yo, tú, Ofelia y Blanca, Ricardo, Ricardo y Tomás, nosotros)

2. Nunca pudo creer que trajéramos tanta plata en el bolsillo. (los billetes ganadores de la lotería, los boletos firmados por el director, los libros que tanto buscaba, los pases que no encontraba en casa, discos de música clásica a la fiesta de fin de año)

3. Siempre esperaba que pagáramos la entrada aunque trajéramos pases gratuitos. (compráramos boletos, no fuéramos a los toros, entráramos con billete, nos quedáramos en casa, no asistiéramos a la función de circo)

4. De vez en cuando era necesario que trajera el impermeable. (tú, él, mis profesores, la madrecita, tu papá)

5. No quiso que trajeras las tijeras para cortar el traje. (yo, los sastres, la costurera, las modistas, mi hermana)

G. Para repetir:

1. Cada vez era necesario que le dijéramos de dónde éramos.

2. Me parecía raro que no nos dijera nada.

3. Ojalá me dijeras todo lo que piensas.

4. Nunca creímos que les dijera eso.

H. Para sustituir:
1. Fue necesario que yo les dijera la verdad. (María, Luisa y Juan, tú y yo, tú, yo, usted, ustedes, nosotros)
2. En vista de lo sucedido no fue posible que dijeran si les gustaba o no. (si lo querían o no, si lo compraban o no, si lo vendían o no, si les parecía bien o no, si lo creían discreto o no)
3. No convenía que les dijéramos de dónde éramos. (a dónde íbamos, con quién viajábamos, cuántos iban con nosotros, quiénes éramos, lo que hacíamos)
4. De vez en cuando el padrecito nos pedía que le dijéramos todo en francés. (un cuento en inglés, la lección de geografía en italiano, una oración en latín, algún chiste en árabe, una recitación en español)
5. La verdad es que no quería que dijéramos todo en inglés. (mentiras de la escuela, cuentos indecentes, chistes modernos, lo que no era propio, cosas que no comprendía)

I. Para repetir:
1. ¡Ojalá que estuviéramos sentados enfrente de una hoguera!
2. Era necesario que fuéramos al cine todos los domingos.
3. Fue imposible que tuviera todos los datos a la mano en tres días.
4. No quiso admitir que vivía en Polanco aunque solamente durmiera allí.
5. Fue difícil que pudiera negarlo.
6. De vez en cuando era necesario que le pidiera permiso al director.
7. ¡Ojalá que nos sirvieran algo bueno de comer!
8. Esperaba que yo supiera la receta.
9. Me pidió casarme con él aunque yo no lo quisiera.

J. Para sustituir:
1. Fuera bueno que con tanto frío estuviéramos sentados enfrente de una hoguera. (la señora, mis hermanos, Alejandro, tú, los muchachos)
2. Mientras vivíamos en Jalapa, era necesario que fuéramos al cine todos los domingos. (a los toros cada quince días, a Veracruz de vez en cuando, a misa semanalmente, a algún concierto de música típica todos los lunes, a la playa cada sábado)
3. Fue imposible que tuviera todos los datos en dos días. (permiso de salir, tiempo para alistarse, la tarea de un mes hecha, todos los platillos cocinados, una tonelada de café molido)
4. No quiso admitir que vivía en el apartamento aunque solamente durmiera allí. (en una casa de la Ave. 5 de Mayo, una habitación del Hotel Regis, en casa de su tía Elisa, en la Casa de Huéspedes León, en una pensión barata del Barrio Bellavista)
5. A pesar de que todo estaba a su favor, fue difícil que pudiera negar el delito. (pedirle disculpas a su novia, vender la casa a precio tan reducido, llamarnos a tan temprana hora, hacer el trato por sí solo, firmar la boleta en lugar de su papá)

6. Mientras estuvieron internados en el Colegio, era necesario que pidieran permiso para salir los fines de semana. (las tres comidas diarias en el comedor, servicio telefónico en las habitaciones, mejores facilidades de pago, mejor servicio de la lavandería Regis, menos dinero de sus padres para sus gastos)

7. Ojalá que nos sirvieran algo bueno de comer. (algo fino de tomar, algún postre de chocolate, unos taquitos de pollo, una barbacoa sabrosa, alguna leche malteada de chocolate)

8. Mi mamá esperaba que yo supiera la receta para hacer tamales de pollo. (el domicilio de mi profesora de inglés, el camino a casa de mi tía Dolores, la dirección de todos mis amigos en la clase de español, el teléfono de mi hermana Cristina, la combinación de la caja fuerte de mi tío Jorge)

9. Me pidió hacerlo aunque no quisiera. (irme con Lalo, venderles la casa, contarles el cuento, llevarles gallo, darles serenata)

38. ESTUDIO DE LA LENGUA

Pronunciación

38a. El uso acertado de la _g_ en estas palabras.

La _g_ se pronuncia como _jota_ y no como _b_.

se dice:	no se dice:
a_g_uja	a_b_uja
a_g_ujero	a_b_ujero

Y en estas palabras hay que pronunciar _vue_, _vo_ y _ab_ con _b_ y no _g_.

se dice:	no se dice:
de_vue_lvo	de_güe_lvo
_vo_mitar	_g_omitar
a_bue_lo	a_güe_lo

38b. Las sílabas de estas palabras no se intercambian.

Las sílabas deben pronunciarse en su lugar.

se dice:	no se dice:
es - tó - _ma_ - go	es - tó - _ga_ - mo
mur - cié - _la_ - go	mur - cié - _ga_ - lo

38c. Cuidado de no comerse la _g_.

Con estas palabras hay que tener cuidado de no comerse la _g_.

se dice:	no se dice:
_Ig_ - na - cio	_I_ - na - cio
_ig_ - no - ran - te	_i_ - no - ran - te

38d. Cuidado de no añadirles *g.*

Estas palabras no llevan *g.*

se dice:	**no se dice:**
aire	aigre
ciruela	cirgüela
viruela	virgüela

Ejercicio 38

A. Para repetir:
1. Préstame una aguja para coser esta bastilla.
2. El ratón salió por ese agujero.
3. Mi abuelito acaba de cumplir años.
4. Se enfermó de tanto comer y tuvo que vomitar.
5. Se va a enojar si le devuelvo el regalo.
6. El té de manzanilla es bueno para el estómago.
7. El murciélago es un animal nocturno.
8. A Ignacio le encantan los guisados.
9. El aire del campo es saludable.
10. Mi mamá sabe preparar un rico postre de ciruelas.
11. Al pobre de mi primo le acaba de dar la viruela.

B. Para sustituir:
1. Préstame una aguja para subir esta bastilla. (bajar, coser, bordar, arreglar, componer, enderezar, emparejar)
2. El ratón salió por ese agujero. (La culebra, El conejo, La ardilla, El lagartijo, La rana, El cangrejo)
3. Mi abuelito acaba de cumplir años. (comprar casa, cenar con nosotros, vender su carro, regalarme un peso, bailar con mi abuelita, leernos un cuento, tocar el piano)
4. Se enfermó de tanto comer y tuvo que vomitar. (de tanto reir, tomar, bailar, correr, estudiar, hablar)
5. Se va a enojar si le devuelvo el regalo. (vestido, medias, dinero, disco, blusa)
6. El té de manzanilla es bueno para el estómago. (yerbabuena, anís, canela, albahacar, orégano, yerba de la víbora)
7. El murciélago es un animal nocturno. (mamífero, parecido al ratón, con alas, que vuela, que se alimenta de noche)
8. A Ignacio le encantan los guisados de chile verde. (los tamales dulces, los huevos rancheros, los frijoles refritos, los chiles rellenos, las papas fritas, las hamburguesas, las tortas de pavo)
9. El aire del campo es saludable. (higiénico, puro, sano, restablece la salud, mantiene la salud)

10. Mi mamá sabe preparar un rico postre de ciruelas. (pastel, helado, gelatina, flan, mermelada, cajeta, conservas)

11. Al pobre de mi primo le acaba de dar la viruela. (papá, hermanita, mamá, abuelito, tía, tío, vecino)

C. Para leer y escribir:

Lean el párrafo siguiente. Escríbanlo en forma correcta y prepárense a tomarlo de dictado.

Ayer Inacio cayo enfermo del estogamo. Gomito y gomito hasta que ni podia respirar el aigre. Croque fue por haberse comido todas las cirgüelas que estaban en la canasta. Ya se lo habia dicho su agüelita. Afortunadamente no fue un ataque de virgüela. Si cayo enfermo fue por inorante y nada mas. Aunque estando en su lugar, tal vez yo tambien habria hecho lo mismo, porque a mi tambien me gusta muncho la fruta.

Capítulo 16 *Las costumbres*

Las bodas

¿Cuál es el origen de las costumbres? ¿De dónde vienen? No se sabe precisamente. Lo cierto es que tenemos las nuestras todos los seres humanos, desde los salvajes más primitivos hasta la gente más civilizada. ¿Es mejor una costumbre que otra? A veces, tal vez, pero, por lo general no son más que diferentes, como todos los vestidos bonitos de una tienda de ropa no son iguales. Parece que la gente de cada país escoge sus costumbres como una chica escoge el vestido más a su antojo. Sin embargo, no es del todo tan simple como esto. La época y el ambiente influyen en las costumbres, y todas están arraigadas en el pasado. Un buen ejemplo de las distintas costumbres de un pueblo se ve en las bodas entre la gente de ascendencia española y la anglosajona. Por ejemplo, ¿cómo es que los jóvenes hispanos después de la ceremonia y la bendición de los padres se pasean en coches por el pueblo tocando la bocina? Esto viene de las procesiones de antaño. En aquellos tiempos se hacía una procesión. Cada tierra y época tenía sus costumbres, y eran distintas aun en diferentes partes del mundo español. En España el novio acompañado de parientes y amigos solía andar de su casa a la iglesia, de pie si eran pobres o en carruaje si eran ricos, y la novia iba con su propio cortejo. En el día de la boda los novios nunca se veían antes de llegar a la iglesia donde el cura les administraba el sacramento del matrimonio. ¡Qué mala suerte habría sido si se hubieran visto! Después de la ceremonia se reunían los dos grupos para ir a la casa de la novia—en unas regiones de España, o a la del novio. En otras partes se formaba la procesión nupcial en la casa de los padres del novio. Iban delante el novio y su compañero, luego sus padres, luego los invitados. Se dirigían primero a la casa de la madrina, luego a la del padrino, luego a la casa de la novia, y por último se marchaban a la iglesia.

Durante los tiempos coloniales, de Texas a California, todos iban de los ranchos a la misión montados en sus mejores caballos con todo el lujo posible. El novio iba montado en un caballo garboso llevando delante a la madrina, y en otro caballo iba la novia en la silla con el padrino montado en la grupa. Por supuesto regresaban los recién casados en el mismo caballo. Después de llegar a la casa grande de la hacienda los invitados disparaban sus fusiles y cohetes u otros fuegos comprados para la ocasión. Bueno, por eso hoy día se hace el paseo por la plaza y el ruido de los pitos.

¿Cuáles son las otras costumbres de origen español? Pues bien, el chubasco o lluvia de regalos con baile; la cuerda o el lazo de seda blanca con borlas de oro; las trece arras (trece porque eran trece los doce Apóstoles y Jesucristo); el baile en la noche del día de la boda. Entre los rancheros o hacendados, en los siglos pasados, a veces duraban las fiestas nupciales tres o cuatro días. A nadie le gustaba caminar muchos kilómetros para pasarse sólo unos minutos en la iglesia y media hora en una recepción.

Hay otra diferencia importante hoy día. ¿Quién compra el vestido de la novia? ¿Su padre? No, si los novios son de ascendencia hispana. Pero el novio de la actualidad es más afortunado que sus antepasados. El joven de aquel entonces también tenía que comprar un ajuar de hasta seis cambios completos de ropa—vestidos, zapatos, ropa interior, etc., y ¡ay del novio si se le olvidaba cualquier cosita!

Todos compartimos algunas costumbres. Por dondequiera, con el anillo el novio promete cumplir su palabra. Y ¿hay boda dónde no lloren las madres?

En los países de habla española son diferentes las costumbres de enamorar a la novia. Falta poco para que desaparezca la costumbre de llevarle serenata a la novia y también la de "hacer el oso" o "pelar la pava." La cita en la reja es un romántico vestigio de los días antiguos que se ha reemplazado por medios más modernos de galantearla. Sin duda los padres latinos todavía son más cautelosos que los anglosajones para con sus hijas. En los países del sur casi nunca sale una chica sola con un joven. Por la tarde, paseándose dos o tres juntas, se encuentran con los jóvenes en la plaza, y allí platican durante un rato. Una muchacha asiste al cine o a un baile con su familia, con un grupo de amigas, o acompañada de un hermano. Al entrar al cine, ¡qué extraña coincidencia que la señorita y su pretendiente lleguen a la misma hora! ¡Y consta que en los bailes los muchachos no bailan con otros muchachos! Si las muchachas no están muy jovencitas, pueden salir con sus novios de dos o tres parejas juntas. Por distintas que sean las costumbres, Cupido en todo caso sabe lanzar sus flechas.

LECTURA B

Una invitación

Sr. Mateo Hernández F. y Sra. Elena García de Hernández
tienen el honor de invitar a Ud (s). al
matrimonio de su hija
Rosa Celia
con el joven
Eduardo Sánchez Valverde
Sra. Luisa Valverde Vda. de Sánchez
tiene el honor de invitar a Ud (s). al
matrimonio de su hijo
Eduardo
con la señorita
Rosa Celia Hernández y García

Madrina	Julieta Martínez Baca	Padrino	Tomás Montez J.
Damas	María Bernal	Chambelanes	Juan Yáñez
	Elena Ortega		Ramón Alvillar

Pajes   Ma. Luisa Ruiz y Carlos Miranda
La ceremonia religiosa se efectuará el
día sábado 20 de julio de 19— a las 8:30 de la
mañana en la Iglesia de Nuestra Señora del Carmen.
Los padres de la novia tendrán sumo placer en recibir
a Ud (s). en el Club Campestre de Los Pinos.

Actividades

A. Refiriéndose a la invitación como ejemplo, escriban otra semejante cambiando los nombres, la fecha, y los lugares.

B. Después de casarse Rosa, ¿cuál será su nombre con los dos apellidos?

C. Según la invitación, ¿quiénes les participan el enlace de sus hijos a los amigos de las dos familias? ¿Y en una invitación de alguna familia de origen inglés? ¿Notan Uds. algunas otras diferencias?

D. Escriban una invitación formal a un baile o banquete.

39. ESTUDIO DE LA LENGUA

El tiempo futuro

39a. El tiempo futuro en la oración.

En el tiempo futuro se expresan acciones de las cuales estamos seguros que sucederán (saldrá, iremos, traeremos). Lean estos ejemplos:

> El tren *saldrá* a las tres.
> *Iremos* juntos al baile.
> ¿Qué discos *traeremos*?

En el tiempo futuro expresamos hechos y acciones que están por ocurrir.

39b. El futuro expresa posibilidad en el presente.

El futuro también se emplea para expresar la posibilidad o duda de una acción (estará, serán, habrá) en el presente. Lean estos ejemplos:

> ¿Estará en casa el doctor?
> Serán las ocho.
> ¿Habrá quién reciba el recado?

39c. La conjugación de los verbos en el tiempo futuro.

El futuro se forma agregándole las siguientes terminaciones al infinitivo de las tres conjugaciones:

> *ar, er, ir:* é, ás, á, emos, án.

Estas terminaciones se usan con todos los verbos, y *todas* las formas llevan acento menos *emos*.

39d. Los verbos irregulares del tiempo futuro.

Estos son los verbos irregulares del futuro. Se conjugan tomando las terminaciones de arriba y empleando estas formas del infinitivo como la raíz:

infinitivos que pierden la *e*	infinitivos que llevan *d* en el lugar de la *i* y de la *e*		
pod(e)r = podr	sal(i)r = saldr	decir = dir
cab(e)r = cabr	pon(e)r = pondr	hacer = har
hab(e)r = habr	ten(e)r = tendr	
quer(e)r = querr	ven(i)r = vendr	
sab(e)r = sabr	val(e)r = valdr	

39e. *Ir a* + *el infinitivo* **se emplea para expresar acción en el futuro.**

Otro modo de expresar acción en el futuro es igual que inglés: ir a + infinitivo.

Ejemplos:

Voy a llegar a mi casa temprano.

Van a llegar a Torreón en el vuelo de las 11:00 A. M.

Ejercicio 39

A. Conjuguen los siguientes verbos en el tiempo futuro fijándose bien en las formas que llevan acento. ¿Cuál *no* lo lleva?

1. perder
2. tocar
3. decir
4. conocer
5. saber
6. traer

B. Escriban cinco oraciones en que el verbo indique con seguridad un hecho que sucederá en el futuro más o menos cercano.

C. Escriban cinco oraciones en que el verbo indique duda o posibilidad en el presente.

D. Cambien el futuro a la forma *ir a* + *infinitivo.*

1. Haré un viaje al Brasil este verano.
2. ¿Cuándo habrá otro juego?
3. Los jóvenes bailarán mucho en la fiesta.
4. ¿Tomarás limonada o una soda?
5. ¿Hablará en inglés o español en público?
6. El doctor atenderá a los enfermos antes de salir.
7. Reservaremos los asientos mañana.
8. ¿Ahorrará Manuel el dinero del premio?

El tiempo condicional

40a. El tiempo condicional en la oración.

El tiempo condicional se usa para expresar hechos o acciones que *estaban por ocurrir*.

Lean estos ejemplos:
>Nos dijo que el tren *saldría* a las tres.
>Me prometió que *iríamos* al baile.
>Le telefoneó que *vendría* mañana.

El tiempo condicional expresa una acción que se efectúa o tiene lugar (saldría, iríamos, vendría) después de otra que ya pasó (dejó, prometió, telefoneó).

40b. El tiempo condicional expresa posibilidad en el pasado.

Lean estos ejemplos:
>¿*Estaría* en la casa el doctor?
>¿*Serían* las ocho?
>¿*Habría* quién lo recibiera?

El condicional también expresa *posibilidad* o *duda* de una acción (estaría, serían, habría) en el pasado.

40c. La conjugación de los verbos en el tiempo condicional.

El condicional se forma agregándole las siguientes terminaciones al infinitivo de todos los verbos regulares terminados en *ar, er, ir:* ía, ías, ía, íamos, ían.

Estas se usan con todos los verbos y *todos* llevan acento sobre la *í*.

40d. Los verbos irregulares del tiempo condicional.

Los mismos irregulares del futuro son irregulares en el condicional y las mismas raíces del futuro sirven de raíces para el condicional:
>poder – podr(ía), podr(ías), podr(ía), etc.

Ejercicio 40

A. Formen el condicional de los verbos siguientes:
1. hacer   3. caber   5. valer
2. poner   4. hablar   6. perder

B. Escriban cinco oraciones en que el verbo exprese acción que sucede después de otra que ya pasó.

C. Escriban cinco oraciones en que el verbo exprese posibilidad o duda de la acción en el pasado.

Pronunciación

41a. Las formas correctas y las viciosas de los verbos irregulares del futuro y del condicional.

Los problemas principales del futuro y del condicional son:(1) la tentación de agregarle *d* a los verbos que no la llevan:

condicional		futuro	
se dice:	**no se dice:**	**se dice:**	**no se dice:**
querría, etc.	que(d)ría, etc.	querré, etc.	que(d)ré, etc.
caería, etc.	cae(d)ría, etc.	caeré, etc.	cae(d)ré, etc.
traería, etc.	trae(d)ría, etc.	traeré, etc.	trae(d)ré, etc.;

(2) y la tentación de asimilar la *e* del infinitivo y cambiarla por *i*:

se dice:	**no se dice:**	**tampoco se dice:**
tra(e)ré, ría	tra(i)ré, ría	tra(id)ré, ría
ca(e)ré, ría	ca(i)ré, ría	ca(id)ré, ría
le(e)ré, eía	le(i)ré, ría	
cre(e)ré, ría	cre(i)ré, ría	cre(id)ré, ría.

Apréndanse bien los cambios que llevan los verbos irregulares del futuro y del condicional.

Ejercicio 41

A. Para repetir:

1. Mañana haré mi tarea temprano.
2. ¿Le dirás a María lo que pasó ayer?
3. No tendrá tiempo de hacerlo.
4. Vendrá temprano.
5. No saldremos de aquí sin ella.
6. Usted pondrá atención a todo lo que se le diga.
7. Valdremos por diez si logramos hacer lo que queremos.
8. ¿Habrá tiempo de hacer todo?
9. No cabremos en un solo autobús.
10. No sabrá qué hacer sin ti.
11. ¿Podrá salir sin avisarles?
12. ¿Querrá que le paguemos la entrada del cine?
13. No caerá nada del techo.
14. Leeremos todo lo que nos den.
15. Les creeremos cuanto nos digan.
16. No traerán nada de valor con ellos.

B. Para contestar:
Modelo:
—¿Crees que salga de reina?—Sí, creo que saldrá.
1. —¿Crees que quiera bailar?—Sí, creo que querrá. (ponga dinero, haga ruido, diga cuando, pida cambio, pierda mucho, traiga chisme, salga bien, ponga atención, tenga cuidado, caiga pronto)
2. —¿Cuándo va a poner el reloj?—Lo pondrá antes de acostarse. (querer el té, saber esto, hacer el sobre, decir lo que sabe, leer la carta, saber el chisme, poner el candado, querer el dinero)

C. Para traducir:
Den el significado en inglés de las oraciones A.

D. Para repetir:
1. Haría un esfuerzo por ir.
2. ¿Verdad que le dirías?
3. No tendrías nada que hacer.
4. Vendríamos juntos al baile.
5. ¿Saldría el barco?
6. Pondría atención si me lo pidieras.
7. Valdría más telefonear.
8. Habría que llamar a todos los socios.
9. En ese salón cabrían unos cien.
10. Mi mamá no sabría qué hacer sin mí.
11. ¿Podría usted avisarle en este momento?
12. ¿Querría llevarnos?
13. ¡Nos caería del cielo esa bendición!
14. Leería toda la novela de una vez.
15. Si les tuviera confianza, se los creería.
16. No traerían a los músicos con ellos.

E. Para contestar:
Modelo:
—¿Qué harías si te sacaras la lotería? —Invertiría el dinero.
1. —¿Qué harías con un millón de pesos? Ponerme a gastarlo. (Comprarme un avión, Viajar por el mundo, Irme a Buenos Aires, Ayudar a los pobres, Fincar una casa, Poner dinero en el banco)
2. —Si hubiera quien te acompañara, ¿saldrías de viaje? (¿saldrías ahora mismo?, ¿querrías ir de cacería?, ¿traerías gallo a la noche?, ¿pondrías ese dinero de depósito?, ¿sabrías a dónde ir?, ¿leerías esa poesía en coro?)

F. ¿Cuál es el significado en inglés de las oraciones de la parte D?

17 *El humor*

Breves del humor latinoamericano

Se dice con certeza que "el buen humor es la salud del alma, y la tristeza, su veneno."

Aquí se le presenta al lector un resumen del humor latinoamericano de actualidad, para que se dé cuenta de que, aunque el sentido de humor de cada país o región es un poco distinto al de los otros, los tópicos en general son los mismos, y hasta podrá afirmar, estimado lector, que en algún sitio, alguna vez, ha oído una de estas historias.

Sin embargo, vale la pena leer unas cuantas historias ya conocidas, siempre y cuando que una sonrisa espontánea venga a sus labios a menudo.

Esperamos que esta lectura le ayude a aproximarse al estudio del pueblo hispano y de su lenguaje, con mucha "salud" y poca "tristeza."

Como primer tópico tomemos la filosofía, cosa seria y llena de profundo significado, pero también blanco al cual tiran muchos humoristas . . . como el que razonando, razonando, llega a estas curiosas conclusiones:

El matrimonio es una institución. El matrimonio es

amor. El amor es ciego. Luego, el matrimonio es una institución para ciegos.

Y . . . si usted cree que en el mundo no habrá guerras cuando todas las naciones estén unidas como una sola familia, pues, usted no sabe mucho de algunas familias.

Sin duda, usted sabe que los regalos de boda siempre van dirigidos a la novia. Es justo, porque—después de todo—los trofeos se le dan al pescador, pero nunca al pez.

La ciencia: la ciencia no nos explica cómo se arreglan los mosquitos para pasar las noches sin dormir . . .

Las mujeres tienen la manía de la aritmética: dividen por dos el número de sus años; duplican el precio de sus trajes; triplican los sueldos de sus esposos; y añaden siempre cinco años a la edad de sus mejores amigas.

Ahora pasemos brevemente a . . . esa ciencia que aunque joven, no se salva tampoco del humorista, la psiquiatría que nos cuenta del marido y su mujer quienes van a la oficina del psiquíatra. Muy tímidamente el esposo, en voz titubeante, dice —Doctor, somos pobres y no podemos permitirnos el lujo de consultarnos los dos. Por eso, dígame usted, ¿qué es más barato curar: el complejo de superioridad de mi esposa, o mi complejo de inferioridad?

El médico, amable lector, por muchos años ha sido tópico favorito en chistes latinos . . .

—Tengo un hijo que cuando trabaja, deja a todos con la boca abierta.

—Y, ¿qué es su hijo?

—Dentista, amigo, dentista.

Dijo el médico —Parece que hoy tose mejor, amigo.

Y respondió el enfermo —Naturalmente, como que me he pasado toda la noche ensayando.

—Si hiciera lo que me dijo mi médico, yo tendría que pasarme quince días sin comer.

—Pues, ¿qué te dijo?

—Que le pagara la cuenta.

Luego cuentan los humoristas la historia del doctor que . . .

Un doctor muy afamado, que jamás cazado había, salió una vez invitado, a una alegre cacería. Con cara muy lastimera, confesó el hombre ser lego diciendo, —Es la vez primera que cojo un arma de fuego. Como mi impericia noto, me vais a tener en vilo. Y dijo el dueño del coto, —Doctor, esté usted tranquilo. Guillermo el guarda estará colocado junto a usted . . .

lego: sin experiencia
impericia: sin experiencia
vilo: sin apoyo
coto: dueño de un campo

HA HA HA HA HA HA
HA HA HA
ha HA HA
HA ha HA
HA HA
ha
HA
ha
HA
HA
ha
HA HA HA HA HA
HA HA
ha HA
ha
HA
ha
HA HA HA HA HA
HA
ha
HA
HA
ha
HA
ha
HA
HA
ha
HA
HA
ha

El es práctico y sabrá indicarle. —Así lo haré— dijo el guarda, —sí, señor, no meterá usted la pata. Verá usted, señor Doctor, los conejos que usted mata. —Bueno, bueno, siendo así, nada que no tema usted. —Quietecito junto a mí, ¡chitón! y yo avisaré. Colocóse tembloroso el buen doctor a la espera cuando un conejo precioso salió de la gazapera. —Ahí va un conejo!— le grita el guarda, —¡no vacilar! Y el doctor se precipita y ¡pum!; disparó al azar. Y es claro, como falló diez metros la puntería, el conejo se escapó con más vida que tenía. El guarda puso mal gesto y rascóse la cabeza; hubo una pausa y en esto saltó de pronto otra pieza. —Ahí va una liebre, doctor, tire usted pronto o se esconde. Y ¡pum! el pobre señor disparó . . . Dios sabe a donde. Gastó en salvas sin piedad lo menos diez tiros . . . diez sin que por casualidad acertara ni una vez.

gazapera: guarida de conejos

salvas: saludo con arma de fuego

Guillermo, que no era un zote, sino un guarda muy astuto, dijo para su capote, —Este doctor es muy bruto. No lo pongo como un trapo, mas yo sé lo que he de hacer. Y al ver pasar un gazapo, corriendo a todo correr, —¡Doctor!— exclamó Guillermo, con rabia mal reprimida, —¡Ahí va un enfermo, un enfermo! Y ¡pum! lo mató en seguida.

zote: tonto

capote: para sí mismo

gazapo: liebre

Ni los militares se salvan . . .

En el cuartel, un general pasaba al lado del dormitorio de los reclutas, cuando oye a uno de ellos que grita en ese momento a sus compañeros:

reclutas: soldados

—¡Enseñadme un general, y yo os enseñaré un imbécil!

Entonces el general entra en el dormitorio y dice:

—¡Aquí está un general!

Y el recluta, sin perder la serenidad y parándose en atención dice:

—¡Miradme! ¡Aquí está un imbécil!

¡Ni la policía! Los pobres polizontes . . .

Se cuenta lo que le dijo el policía al cantante, un pobre callejero que en una esquina pide limosna a cambio de sus canciones:

—¿Tiene usted permiso?

—No, no señor.

—Entonces, sírvase acompañarme.

—Muy bien ¿qué desea usted cantar?

Al doblar una calle, el ciclista que corre a toda velocidad derriba a un policía de tránsito. El ciclista posa su máquina, y acude a levantar a la víctima, al tiempo que le dice:

acudir: ir a

—¡La verdad es que ha tenido usted suerte!

—Ah, ¿cree usted?— acierta a decir el policía, rojo de indignación.

278

—No le quepa duda. Hoy es mi día de descanso; los demás, manejo un camión.

Y por último cuentan el del viejo González que recibió una carta anónima: "Si sigues robándome gallinas, te ajustaré las cuentas." El viejo, muy enfadado, va a pedir consejo a la jefatura del pueblecito.

jefatura: oficinas de la policía

—Pues, hombre, no tienes que hacer nada más que dejar de robarle las gallinas.

—Señor, usted no me ha comprendido bien— contesta González. Es una carta anónima, de modo que . . . ¿*a quién* tengo que dejar de robar sus gallinas?

Cosas de la educación . . .

Cuentan que cierto padre de familia envió a su hijo a los Estados Unidos a fin de que aprendiera inglés. Al cabo de cuatro años recibió una carta del presunto estudiante: "Papacito, inglés no aprendo y el español se me está olvidando. Dime, ¿qué hago?"

presunto: mentado

El padre contestó lleno de cólera: "Vente pronto, desgraciado, antes de que te quedes mudo."

Y, para concluir este resumen del humor latinoamericano . . .

En una fiesta, un caballero ha perdido la cartera, la cual contenía 800 pesos. En seguida, se sube él a una silla y anuncia:

—Señoras y señores, acabo de perder mi cartera, la cual contiene la suma de 800 pesos. Ofrezco 50 pesos a quien me la entregue.

De la concurrencia sale una voz:

—¡Yo ofrezco cien!

Actividades

A. Den un resumen del humor que encierra cada tópico presentado en esta obra. ¿En qué se parece al humor norteamericano? ¿Cómo difiere?

B. Prepárense a contar algún chiste ante la clase teniendo cuidado de hacerlo bien e interesante para que sus compañeros no se aburran.

A reir

En la barbería:
—En esta casa no tiene usted más que periódicos con relatos de crímenes espantosos.
—Pues me son muy útiles.
—No comprendo . . .
—Sí, señor, la cuestión es poner a los parroquianos **parroquiano:** cliente los pelos de punta. Así se cortan más fácilmente.

El médico. —¿Usted se resiste a tomar el remedio? Tómelo pensando que es cerveza.
El enfermo. —Entonces, mejor es que tome cerveza pensando que es el remedio.

—¿Sabes bien la obligación?— le dijo un cura al monaguillo. **monaguillo:** acólito
—Sí, padre.
—Vamos a ver: ¿Qué es necesario, ante todo, para encender una vela?
—Que esté apagada.

En el tribunal:
El juez. —¿Qué edad tiene usted, señora?
La señora (turbada). —Cuento veinticinco años.
El juez (con severidad). —¿Y cuántos no cuenta usted?

Mi chico tiene solamente cinco y ya levanta pesos de 10 kilos y los sostiene más de cuatro minutos.
—Pues el mío le gana— dice uno de los oyentes.
—¿Cómo?
—No ha cumplido aún cinco meses y durante la noche nos tiene a todos los de la casa levantados.

Entre amigas:
—¿Has notado qué corta de vista es Matilde?
—Sí.

—Me han dicho que usa gafas hasta para dormir.

—Será para conocer a la gente que ve en sueños.

En una agencia de colocaciones:

—¿Tiene usted colocación para mí?

—¿De qué?

—De cualquier cosa.

—¿Le conviene *de jardinero*?

—¡*Dejar dinero*! ¡Lo que yo necesito es que me lo den!

colocaciones: oficinas de empleos

Una niñera de muy poca estatura pretende servir en una casa de familia.

—No me convienes, porque eres demasiado baja— le dice la señora.

—¡Mejor!— replica la niñera; —cuando se me caiga el niño, se hará menos daño.

En un examen de medicina:

—Vamos a ver: un individuo tiene una pierna más corta que otra y, por lo tanto cojea al andar. ¿Qué haría usted en este caso?

—Cojearía también.

En un círculo de artistas jóvenes, donde se discute lo divino y lo humano:

—Después de todo— dice uno de ellos, —¿qué hay entre la risa y las lágrimas?

—La nariz— contesta otro muy serio.

En la Casa de Socorro acaban de llevar un borracho, herido a causa de una caída. El practicante le limpia la sangre de la cabeza, con una esponja empapada en agua, que cae sobre el cuerpo del beodo.

beodo: borracho

—¿Cómo se llama usted?— le preguntan al mismo tiempo.

—¿Yo? Como ustedes quieran.

—Vamos, diga su nombre.

—Pues qué, ¿no me están bautizando?

Un sablista encuentra un amigo suyo en la calle y le dice: ^{sablista:} hombre que por hábito pide prestado dinero

—¿Conoces a alguien que pudiera prestarme cien pesetas?

—No; todos los que yo conozco te conocen a ti.

Entre novios:

—Dime: si estuviera lejos de ti, ¿seguirías amándome?

—¡Vaya una pregunta! Estoy convencida de que cuanto más lejos estés de mí, más te querré.

—Hijo, ¡por Dios! Ten más ortografía. "Hoy" se escribe con "h."

—¿Sí? ¿Y cómo se escribe "ayer?"

—Sin ella.

—Pues no sé por qué ha de haber esta diferencia de un día a otro.

Don Garcilaso sorprende a su hijo de doce años con el cigarro en la boca:

—¡Ay de ti si te vuelvo a ver fumar!

—Pero . . . papá . . . tú también . . .

—¿Quién? ¿Yo? ¿Tú me has visto fumar a mí cuando tenía tu edad?

Coquetería:

—Observo, hija mía, que eres muy coqueta y es necesario que tengas un poquito de formalidad.

—Pero, mamá, usted también ha sido joven.

—Sí, hija, pero no tanto como tú.

—Veo que pone usted acento en la palabra calor.

—Así debe escribirse.

—¿Por qué regla?

—Porque mi papá dice siempre que llega de la calle limpiándose el sudor: "El calor se acentúa."

El maestro. —Para hacer la sustracción es preciso que se trate de cosas del mismo género. No se puede sustraer tres naranjas de cuatro duraznos, ni seis caballos de nueve perros.

—Sin embargo, yo he visto sustraer tres litros de leche de una vaca.

Un chico quería acariciar a un loro.

—No te acerques— le dijo uno de la casa —porque te picará.

—¿Por qué?

—Porque no te conoce.

—Pues dile que me llamo Eugenio.

El marido y la mujer están enfermos:
El médico, después de una larga visita,
—Temo que van a quedar viudos los dos.

A Juan le invitó Pedro al entierro de la cuarta mujer y Juan consulta con su esposa:

—¿No te parece que está mal ir al entierro de la mujer de Pedro?

—¿Por qué?

—Porque me da vergüenza que me haya invitado él ya cuatro veces y yo no le haya podido invitar ni una sola.

Decía un individuo:

—Recuerdo que cuando joven anduve una vez cuatro leguas para ir a dar una paliza a un enemigo mío.

—¿Y acto continuo regresó usted a pie?

—No, señor, en una camilla.

La mamá.—Pero, mujer, no seas así; el día que yo me casé estaba muy contenta.

La novia, llorando. —¡Qué diferencia! Usted se casaba con papá. Y yo me caso con un hombre que ni siquiera es de mi familia.

Actividades

A. Comparen los temas en que se basan los chistes en inglés y en español. ¿Son parecidos? ¿En qué difieren?

Los verbos auxiliares

42a. Los verbos auxiliares *haber* **y** *estar*.

Se llaman verbos auxiliares a los que sirven para formar los *tiempos compuestos*. Los dos verbos auxiliares principales son: *haber* (que antiguamente significaba "tener") y *estar*.

42b. El verbo auxiliar *haber* **en la oración.**

Haber se emplea con el participio pasado para formar *los tiempos perfectos*.

42c. La conjugación de los tiempos perfectos del indicativo.

Los tiempos presente, pasado, futuro, condicional y pretérito perfectos se forman así:

Presente		Pasado	
*he	hablado, comido, vivido	había	hablado, comido, vivido
has	hablado, comido, vivido	habías	hablado, comido, vivido
ha	hablado, comido, vivido	había	hablado, comido, vivido
hemos	hablado, comido, vivido	**habíamos	hablado, comido, vivido
han	hablado, comido, vivido	habían	hablado, comido, vivido
Futuro		**Condicional**	
habré	hablado, comido, vivido	habría	hablado, comido, vivido
habrás	hablado, comido, vivido	habrías	hablado, comido, vivido
habrá	hablado, comido, vivido	habría	hablado, comido, vivido
habremos	hablado, comido, vivido	**habríamos	hablado, comido, vivido
habrán	hablado, comido, vivido	habrían	hablado, comido, vivido

Pretérito perfecto

***hube hablado, hubiste hablado, hubo hablado, hubimos hablado, hubieron hablado.

Nota: *Cuidado de decir "yo he hablado," etc. y no de decir yo "*ha* hablado."

    **Pronuncien con claridad la "m" al final.

***El pretérito perfecto ya casi no se usa.

42d. La conjugación de los tiempos perfectos del subjuntivo.

El subjuntivo también cuenta con sus tiempos perfectos. Estos se forman así:

Presente		Pasado	
*haya	hablado, comido, vivido	hubiera	hablado, comido, vivido
hayas	hablado, comido, vivido	hubieras	hablado, comido, vivido
haya	hablado, comido, vivido	hubiera	hablado, comido, vivido
*hayamos	hablado, comido, vivido	*hubiéramos	hablado, comido, vivido
hayan	hablado, comido, vivido	hubieran	hablado, comido, vivido

Nota: *Cuidado de no decir *haiga, haigas*, etc. y de pronunciar ha/ya/mos, hu/bié/ramos con las pausas debidas y la "m" al final.

42e. El infinitivo compuesto en la oración.

Cuando el infinitivo *haber* se combina con el participio pasado del verbo, se dice que el infinitivo es compuesto: haber hablado, haber comido, haver vivido, etc. El infinitivo compuesto se usa a manera de sustantivo o nombre.

42f. El *haber* impersonal en la oración.

Lean y estudien estos ejemplos. Fíjense bien cómo se forman los varios tiempos de *haber* como verbo *impersonal*: hay, había, hubo, habrá, habría, ha habido, había habido, habrá habido, habría habido, haya habido, hubiera habido, va a haber, iba a haber. Se les llaman impersonales porque no se expresa ninguna persona con el verbo:

> *Había* mucha gente en el teatro.
> *Ha habido* tres reuniones del club.
> *Habrá* que vestirse de gala para esa ceremonia.
> ¿*Hay* alguien que sepa la contestación?

Ejercicio 42

A. Conjuguen en cada uno de los tiempos perfectos, primero por escrito y luego oralmente:

1. bailar	3. ser	5. venir
2. recoger	4. abrir	6. dormir

B. Escriban oraciones con diez infinitivos compuestos.
C. Escriban una oración con cada tiempo del haber impersonal.

43. ESTUDIO DE LA LENGUA

Pronunciación

43a. Las formas correctas y viciosas del verbo *haber* y los tiempos compuestos.

Los errores se hacen principalmente en *haya, hayas, haya, etc.*; *hayamos*; *habíamos*; *haber* + participio pasado; y *al haber* + participio pasado.

se dice:	no se dice:
yo *he* comido	yo *ha* comido
yo *haya*, (tú *hayas*, etc.)	yo *haiga*, (*haigas*, etc.)
hayamos ido	*háiganos* ido
habíamos comprado	*habíanos* comprado
hubiéramos sido	*hubiéranos* sido
al *haber* venido	al *ver*, al a *ver* venido
al *haberlo* dicho	al *verlo* dicho

Apréndanse bien todas las formas correctas del verbo *haber* que están en el punto 42.

Ejercicio 43

A. Para repetir:
1. Yo ya he pagado todas mis cuentas.
2. ¿Me preguntas que si ya he comido?
3. ¡Me he ganado la lotería!
4. En cuanto hayas acabado,me avisas.
5. Aunque lo hayamos pensado, siempre no vamos a ir.
6. Ojalá que haya juego el viernes.

B. Para sustituir:
1. Yo ya he pagado todas mis cuentas. (buscar mi cuaderno por todas partes, escoger a la reina de la feria, vencer uno de mis vicios gramaticales, empezar a hacer mi trabajo, continuar estudiando más, construir una casita en la sierra, variar las formas del verbo)
2. Me acaban de decir que me he ganado la lotería. (el premio gordo, el arbolito de Navidad, un automóvil nuevo, unas vacaciones en Acapulco, un anillo)
3. En cuanto hayas acabado la prueba, me avisas. (recoger los pedacitos, componer el tocadiscos, conseguir la tarjeta, copiar la página, plegar la falda, hacer ese trabajo, telefonear a la Capital)
4. Aunque lo hayamos pensado, siempre no vamos a ir. (querido, proyectado, soñado, anhelado, deseado)
5. Se alegra de que hayamos abierto el telegrama. (hacer los tacos, inscribirnos en el colegio, ponernos uniforme, ver las ruinas, volver sanos y salvos)
6. Ojalá que haya juego el viernes. (Puede ser, No creo, Es dudoso, Parece increíble, Insiste en que, Es probable)
7. Le dije que habíamos llevado la maleta al avión. (prometer comprar ese carro, decidir el asunto, componer el freno, ir a la casa encantada, ser buenos amigos, limpiar la cocina, pelear mucho el uno con el otro)
8. Si hubiéramos creído esto, habríamos sido engañados. (eso, aquello, la noticia, el anuncio, el aviso)
9. Si hubiéramos estudiado más, no habríamos salido reprobados. (poner más atención, leer el libro de texto, resolver los problemas, escribir las tareas, hacer los experimentos)
10. Dudo que nos hubiéramos acostado a las ocho. (despertarse, bañarse, vestirse, desayunarse, irse)
11. Después de haber limpiado la casa, la señora se fue. (barrer el piso, lavar los platos, hacer las camas, preparar la cena, poner la mesa)
12. ¿Cómo pudiste hacerlo, sin haberlo visto? (leído, entendido, aprendido, escrito, ensayado)

C. Para variar:
1. Yo no he prometido eso.

a. El	g. Yo
b. recibido	h. traído
c. Yo	i. El
d. creído	j. oído
e. El	k. El
f. leído	l. caído

2. —¿Has abierto las ventanas de la sala de clase?—Sí, las he abierto.
   (Has cubierto la comida, Has dicho la verdad, Has escrito las cartas, Has hecho la cena, Te has inscrito en el colegio, Has puesto las servilletas en la mesa, Has resuelto todos los problemas, Has visto a los jugadores, Has vuelto para ayudarme)

3. —¿Por qué no firmaron Uds. el cheque?—Porque ya lo habíamos firmado.
   a. ¿Por qué no escogieron Uds. el número?
   b. ¿Por qué no discutieron Uds. las noticias?
   c. ¿Por qué no dijeron Uds. el chiste?
   d. ¿Por qué no trajeron Uds. los discos?
   e. ¿Por qué no vieron Uds. ayer a Luis?
   f. ¿Por qué no telefonearon Uds. anoche a Isabel?
   g. ¿Por qué no se pasearon Uds. después del baile?

44. ESTUDIO DE LA LENGUA

Los tiempos progresivos

44a. Los tiempos progresivos en la oración.

El otro tiempo compuesto es el progresivo; éste se forma con el verbo auxiliar *estar* y el participio presente del verbo. Se usan igual que en inglés.

44b. La conjugación de los tiempos progresivos del indicativo.

Los tiempos presente, pasado perfecto, pasado imperfecto, futuro, y condicional progresivos se forman así:

Presente		**Pasado perfecto**	
estoy	hablando, comiendo, viviendo	estuve	hablando, comiendo, viviendo
estás	hablando, comiendo, viviendo	estuviste	hablando, comiendo, viviendo
está	hablando, comiendo, viviendo	estuvo	hablando, comiendo, viviendo
estamos	hablando, comiendo, viviendo	estuvimos	hablando, comiendo, viviendo
están	hablando, comiendo, viviendo	estuvieron	hablando, comiendo, viviendo
Pasado imperfecto		**Futuro**	
estaba	hablando, comiendo, viviendo	estaré	hablando, comiendo, viviendo
estabas	hablando, comiendo, viviendo	estarás	hablando, comiendo, viviendo
estaba	hablando, comiendo, viviendo	estará	hablando, comiendo, viviendo
estábamos	hablando, comiendo, viviendo	estaremos	hablando, comiendo, viviendo
estaban	hablando, comiendo, viviendo	estarán	hablando, comiendo, viviendo

Condicional

estaría	hablando, comiendo, viviendo
estarías	hablando, comiendo, viviendo
estaría	hablando, comiendo, viviendo
estaríamos	hablando, comiendo, viviendo
estarían	hablando, comiendo, viviendo

44c. La conjugación de los tiempos progresivos del subjuntivo.

Los tiempos progresivos del subjuntivo se forman así:

Presente		**Pasado**	
esté	hablando, comiendo, viviendo	estuviera	hablando, comiendo, viviendo
estés	hablando, comiendo, viviendo	estuvieras	hablando, comiendo, viviendo
esté	hablando, comiendo, viviendo	estuviera	hablando, comiendo, viviendo
esté	hablando, comiendo, viviendo	estuviera	hablando, comiendo, viviendo
estemos	hablando, comiendo, viviendo	estuviéramos	hablando, comiendo, viviendo
estén	hablando, comiendo, viviendo	estuvieran	hablando, comiendo, viviendo

En el presente todas llevan acento menos nosotros, ¿por qué? En el pasado ninguna lleva acento más que nosotros, ¿por qué?

Ejercicio 44

A. Conjuguen estos verbos en cada uno de los seis tiempos progresivos:

| 1. bailar | 3. comer | 5. vestirse |
| 2. patinar | 4. leer | 6. esquiar |

B. Escriban diez oraciones empleando verbos progresivos.

C. Lean en voz alta las conjugaciones del punto 44. Cuidado de pronunciar con claridad la *primera* sílaba del verbo auxiliar y decir: *e*stoy, *e*staba, *e*stabas, *e*stábamos, *e*staban. También *e*stuviera, *e*stuvieras, *e*stuviera, *e*stuviéramos, *e*stuvieran.

45. ESTUDIO DE LA LENGUA

Pronunciación

45a. El uso acertado de las letras *j* y *s*.

se dice:	**no se dice:**
e*j*emplo	e*h*emplo
e*s*te	e'te
e*s*os	e*h*os

Tengan cuidado de pronunciar esos sonidos con claridad.

Ejercicio 45

A. Para repetir:
1. Dame un ejemplo de esa regla.
2. ¿Qué quiere decir en español "ejem, ejem"?
3. Este boleto para el juego es tuyo; ésos son míos.
4. Estos vestidos y ésos me gustan.

B. Para sustituir:
1. Dame un ejemplo de esa regla. (su poesía, su música, tus acciones buenas, aquella obra literaria, en inglés)
2. En español "ejem, ejem" quiere decir que la persona se prepara a hablar. (quiere que le den la palabra, pide la palabra, "getting ready to speak" en inglés, quisiera decir algo, espera su turno para hablar)
3. Este boleto para el juego es tuyo, ésos son míos. (billete de lotería, boleta de calificaciones, llaves sin candado, boletos para la corrida de toros, carta que acaba de llegar)
4. Estos vestidos y ésos me gustan. (casas, muebles, cortinas, vasos, ollas)

Capítulo **18** *Deportes*

Recortes de la Página Deportiva

PATRICIA ENRIQUEZ GANO LA PRUEBA DE LOS 100 METROS NADO LIBRE

MEXICO, julio 15—

(CGV).——Patricia Enríquez, ondinita tapatía, que vino a competir en las pruebas selectivas para el IV Campeonato Centroamericano, infantil y juvenil de natación, conquistó su primer gran triunfo en categoría "A," para chamacas de 13 a 14 años, al conquistar el primer lugar en la prueba de 100 metros nado libre con el magnífico tiempo de un minuto, diez segundos y siete décimos, con lo cual se gana el derecho de representar a México en esta especialidad en las competencias de Colombia.

Patricia va a competir mañana viernes en la Alberca del Club Deportivo Chapultepec, donde se llevan a cabo estas competencias, en 100 metros nado de mariposa. Su entrenador y papá, licenciado Rodolfo Enríquez, se muestra confiado en que la chamaca conquiste la victoria.

JIM COUNSILMAN LLEVARA 3 NADADORES OLIMPICOS A MEXICO

TOLEDO, Ohio, agosto 14—

(AP).——La Universidad de Indiana hará un estudio detallado de los cambios físicos que ocurren cuando atletas compiten en regiones altas, con especial atención a las olimpiadas de México en 1968.

Jim Counsilman, entrenador de natación de la Universidad, dijo hoy que llevará consigo a tres nadadores olímpicos a México para efectuar ensayos por una semana y media.

NO PARTICIPARA EGIPTO EN LAS OLIMPIADAS DEL 68

EL CAIRO, junio 9—

(AP).——Egipto retirará a todos sus atletas de competencias internacionales, y no participará en la Olimpiada de 1968 en México a menos que mejore su nivel deportivo, decretó hoy el parlamento.

La medida, que se debe a la mala actuación de Egipto en la Olimpiada en Tokio, estipula que los equipos y atletas individuales tendrían que igualar las marcas de los terceros lugares en la Olimpiada de Tokio para poder participar en México.

OLGA Y PATRICIA MONTAÑO GANARON EN TENIS AYER

HOUSTON, Tex., agosto 14—

(AP).——Olga y Patricia Montaño de México, derrotaron hoy a Connie Capozzi y Jane Lawsin, de los Estados Unidos por 7-5, 4-6, 6-1 para obtener el título de dobles en la categoría de 16 años del torneo nacional de tenis "Jaycee."

TIRADORES JUARENSES QUE TRIUNFARON EN CHIHUAHUA

JUAREZ, sept. 20—

Magnífico papel hicieron los competidores del Club Deportivo de Tiro, Caza y Pesca que fueron a Chihuahua a participar en un gran concurso organizado por el Club de Cazadores y Tiradores de aquella capital.

El Club Deportivo de Tiro, Caza y Pesca para agasajar a sus destacados miembros va a preparar una barbacoa para el domingo invitándose a los demás socios, pues habrá tiro a la gallina y al cócono.

URUGUAY ENVIARA UNA DELEGACION COMPLETA DE PUGILISTAS A CHILE

MONTEVIDEO, junio 8—

(AP).——Uruguay enviará una delegación completa de diez pugilistas al Torneo Latinoamericano de Boxeo en Santiago de Chile el día 22.

El medio mediano, Walter Perdomo; el mediano ligero, Carlos Franco; y el medio, Miguel Hernández son los más destacados del equipo. La delegación incluirá a Adán Mesa, mosca; Omar Cabrera, gallo; Pablo Aquiar, pluma; Alcides Ferrujo, ligero; Luis Reyes, medio mediano ligero; Waldemar Gaitán, medio pesado y Raúl Aguilar, pesado.

IMPORTANTE JUNTA TIENE LA LIGA FRONTERIZA HOY

JUAREZ, agosto 24—

Hoy martes a las 8:30 de la noche habrá junta de manejadores de primera fuerza de la Liga Fronteriza en su local de sesiones, en la cual los Directivos del circuito rendirán un informe de lo que se trató en la junta de la Asociación Estatal de Beisbol efectuada en Cd. Delicias el domingo pasado.

LOS FILIS PERDIERON POR 15-9

SAN FRANCISCO, agosto 16—

(AP).——Jim Hart bateó un jomrón con las bases llenas y Willie McCovey otro con dos embasados, conduciendo a los Gigantes a una victoria de . . . 15-9 contra los Filis de Filadelfia.

El pitcher japonés Masanori Murakami, que fue homenajeado antes del encuentro, empezó un juego por primera vez en las mayores pero fue expulsado en la tercera entrada cuando los Filis anotaron cuatro veces. Triple de Rich Allen empujando a dos hizo que Ron Herbel reemplazara a Murakami, pero los Gigantes reaccionaron y cortaron su racha de tres reveses y la de cinco triunfos de los Filis.

LOS GIGANTES DE SAN FRANCISCO ELIMINARON A LOS METROPOLITANOS DE N. Y. POR 3 A 2

SAN FRANCISCO, agosto 16—

(AP).——Los Metropolitanos de Nueva York quedaron hoy eliminados matemáticamente de sus "aspiraciones" al gallardete de la Liga Nacional al ser vencidos por 3-2 por los Gigantes de San Francisco.

Los Metropolitanos sufrieron así su derrota 82 de la campaña. Sólo han ganado 36 desafíos. Ocupan el sótano.

LOS BRAVOS GANARON AYER A LOS CACHORROS POR 8 CARRERAS A 2

CHICAGO, agosto 14—

(AP).——Tony Cloninger se apuntó su séptima victoria seguida y décimaséptima de la temporada mientras Gene Oliver conectaba su tercer y cuarto jomrones en dos días, al ganar los enrachados Bravos de Milwaukee 8-2 a los Cachorros.

Oliver disparó su cuadrangular número 15 de la temporada en la segunda entrada y su 16 en la octava. Ayer también bateó dos. Mack Jones conectó su vigésimotercero en el primer acto.

El bombardeo aumenta a 18 el total de jomrones de los Bravos en sus últimos ocho juegos y a 153 el que llevan en la temporada.

Cloninger, cuyas ocho derrotas incluyen cuatro ante los Cachorros aisló ocho jits antes de salir en la séptima. El perdedor Bill Faul aceptó 6 carreras y seis jits en seis entradas, aunque ponchó a siete y no dio bases por bolas.

ATLETICO GUARANI CONTRA PARAGUAY EL DOMINGO EN FUT

LIMA, junio 8—

(AP).——El domingo próximo se presentará en Lima Atlético Guaraní, campeón de futbol del Paraguay.

Enfrentará al equipo "B" de Universitario de Deportes el Guaraní que hará único partido en Lima; tuvo dos empates la semana pasada en el Cuzco.

EL EQUIPO DE FUT NECAXA CAYO ANTE LEON POR UNO A CERO

LEON, Gto., agosto 16—

(CGV).——El equipo local superó al Necaxa 1-0 en un buen partido, donde se peleó y jugó futbol de calidad, solamente que el León tuvo más fortuna en el tiro al gol y pudo lograr su única anotación, en la segunda parte.

¡ACCION CLIMAX!

La lucha se intensifica a medida que se acerca el final de la temporada. Participe usted de las grandes emociones de los grandes premios que se aproximan.

12 CARRERAS
LOS SABADOS Y DOMINGOS
POR LA TARDE 2:00 P.M. HASTA EL
26 DE SEPTIEMBRE

sin faltar el Fabuloso
5-10

más ¡UNA CARRERA GRATIS!

Un ganador automático que usted selecciona a su gusto
Clima Artificial

JUAREZ
HIPODROMO
INFORMES Y PASES * OFICINA PRINCIPAL

en el Hipódromo—Teléfonos 2-07-90 y 2-07-91

CARRERAS DE GALGOS ESTA NOCHE
DE MIERCOLES A DOMINGO COMENZANDO A LAS 8:50 P.M.

Emociónese con la belleza y acción de las carreras de galgos en la espectacular y lujosa comodidad, con aire acondicionado, asientos individuales, exquisitos platillos, bebidas y buen servicio . . . del Hipódromo más hermoso de Norte América.

$5,000 de garantía
a cualquier persona
poseedora del único boleto
ganador de la GRAN "Q"

GALGODROMO DE CD. JUAREZ

* Para informes, reservaciones y pases de cortesía: llame
al teléfono 2-07-91—Cd. Juárez, Chih.

PLAZA DE TOROS MONUMENTAL

Domingo, 12 a las 17:00
La Presentación del Sensacional

MANUEL BENITEZ
EL CORDOBES

El más célebre Matador Español
Alternando con

FERNANDO SEPULVEDA

Idolo de Guadalajara
Lidiando un precioso encierro
4 Toros de La Venta 4
A la vista en los corrales
Sol $15.00   Sombra $27.00
Boletos a la venta en Independencia 814 y Plaza de Toros.

Actividades

A. De los artículos de la página deportiva hagan una lista de las
palabras españolas que quieren decir:

1.	dog races	23.	to entertain, honor
2.	air conditioning	24.	member
3.	race track (dog)	25.	boxer
4.	winner	26.	flyweight
5.	information	27.	bantam weight
6.	diosa griega de los ríos, lagos, etc.	28.	league
7.	muchacha de Jalisco	29.	to bat
8.	championship	30.	home run
9.	swimming	31.	two on bases
10.	class "A"	32.	inning
11.	meet, competition	33.	to score
12.	swimming pool	34.	streak of luck
13.	butterfly stroke	35.	reverses
14.	coach	36.	to eliminate
15.	athlete	37.	pennant
16.	Olympics	38.	defeat
17.	swimmer	39.	challenge, attempt
18.	team	40.	Cubs
19.	to defeat	41.	twenty-third
20.	tournament	42.	champion
21.	marksman	43.	tie
22.	contest	44.	match game

45. score	48. to thrust or stab
46. race track (horses)	49. season
47. audience	50. reservation

B. Aprendan a deletrear las palabras de su lista.

C. Prepárense a usar diez de ellas en frases orales.

D. Refiriéndose a los artículos anteriores escriban uno propio acerca de algún deporte o partido.

LECTURA B

El Cordobés

El Cordobés, el "beatnick bullfighter" de pelo largo y despeinado, es el torero más discutido de esta década. Sus críticos escandalizados le llaman un payaso exhibicionista que no debería hacer sus monerías en la arena de la plaza de toros sino en la del circo. Afirman que su estilo es feo y que deshonra la destreza clásica de los matadores famosos, tales como el elegante Joselito, el osado Juan Belmonte, o Manolete, el gran héroe de la niñez de Manuel Benítez—El Cordobés.

Pero para sus aficionados españoles y latinoamericanos es el más apasionante torero del arte taurómaca, el más valiente o el más loco. El Cordobés es el ídolo de la nueva generación; las "teenagers" se desmayan y los jóvenes rebeldes se enloquecen al verlo como si fuera uno de los cantantes de moda. En realidad, también es músico que toca bien la guitarra y artista de cine que ha salido en dos películas de buen éxito aunque su fama depende del atrevimiento con que en la plaza de toros desafía la muerte, aproximándose al suicidio. Ha recibido como veinte cornadas y ha estado más que una vez a punto de fallecer a causa de sus heridas. A fines de 1965 fue lastimado en el brazo derecho y tuvo que retirarse de la arena por unos meses para someterse a una cirugía complicada. Pero no se desanimó de ningún modo El Cordobés.

Se entiende fácilmente su apodo, El Cordobés. Manuel Benítez Pérez, nació en Palma del Río—Provincia de Córdoba, España. De niño, quedó huérfano de sus padres campesinos y fue criado por una hermana mayor. Empezó a trabajar en los campos tan pronto como pudo usar el azadón. No recibió educación alguna. Siendo un joven revoltoso corría el riesgo de llegar a ser un delincuente. "Fue descubierto en una casa ajena sin el permiso del dueño" es como lo expresa dis-

cretamente un amigo, y por consecuencia pasó unos días en la cárcel local. Al ser puesto en libertad, consiguió trabajo en una hacienda. Allí fue donde comenzó a lidiar. Una noche brincó un cerco para afrontar su primer toro bravo. Le sirvió su camisa de capa, peleó un rato, se escapó sin daño, y por eso pensó que el toreo no era tan duro. Después, con frecuencia, a la luz de la luna se entraba a hurtadillas en el corral de los toros y lidiaba hasta el amanecer. Participó en su primera corrida en una plaza rural en 1956.

Pero no obtuvo empleo permanente y al fin, desesperado logró ir a Madrid. En la enorme Plaza Monumental saltó la barrera e hizo unos cuantos pases antes de que el toro le rompiera los pantalones y los policías se lo llevaron—otra vez a la cárcel.

Después de torear en varias plazas de toros de los pueblecitos provinciales, lo vio el empresario Rafael Sánchez que dio principio a la carrera espectacular de El Cordobés en 1960. Lidiando magníficamente y con pasmosa imprudencia muy cerca de los cuernos, el novillero salió un favorito sensacional. Tres años después recibió el título ansiado de "matador."

Hoy día gana dos millones de dólares al año. Es el dueño de cuatro haciendas, una escuadra de automóviles, un avión Piper de seis asientos que le costó $85,000, y un hotel de siete pisos en Córdoba.

Regresa al pueblo natal, Palma del Río cerca de Córdoba, para descansar y aliviarse de las cornadas descargadas por su adversario. Allí tiene su hermosa casa blanca en medio de una hacienda productiva. Nunca se comporta como hombre formal. A veces sale de la alberca para montar a caballo sin mudarse de su traje de baño. Se dice que El Cordobés entra en los cafés más elegantes vestido de mezclilla. Una vez en Marbella, cuando el toro le rompió los pantalones del tradicional "traje de luces," desapareció por un momento y regresó a la arena con los pantalones de mezclilla puestos para despachar al toro.

Es soltero pero no le falta interés por las damas—ni a ellas por él. Cada semana recibe docenas de cartas con declaraciones de amor eterno.

El Cordobés sigue llenando las plazas y cortando orejas. En el mes de agosto de 1965 lidió en treinta y una corridas. Sin embargo sus detractores insisten en que usa la capa como una señora de casa sacudiendo el mantel y la roja muleta como si quisiera parar un tren. También les gusta repetir que tuvo que hundirle la espada dieciséis veces para matar cierto toro, y en una ocasión hizo tanta carnicería en el toro que los policías tuvieron que proteger a El Cordobés de los espectadores enfurecidos.

En cambio, dice él que ama a los toros, que son los caballeros del reino de las bestias. Y en una corrida reciente se arrodilló ante la multitud y les rogó permiso para perdonarle la vida al toro porque era tan noble y valiente animal.

Sus aficionados han pagado en reventa hasta $65.00 por un boleto para mirar a Manuel Benítez bailar ante el toro, sentarse e hincarse al encuentro de su rival. Si el toro no ataca a El Cordobés, éste ataca al toro. Le grita, le tira la cola, le vuelve la espalda, o le da un golpecito en la nariz. Según sus admiradores es el Picasso de la plaza de toros.

Aunque su futuro parece estar asegurado y no es mal hombre de negocios, El Cordobés es un hombre generoso. Al volver a su casa dispersa el dinero de su bolsa llena entre los vecinos pobres para que se diviertan tomando y comiendo como ricos. Tantos parientes lo visitan o viven con él que ha hecho construir otra casa, contigua a la suya.

Analfabeto, alcanzó la fama y la riqueza, pero ahora Manolo viaja acompañado de un tutor que le enseña a leer y escribir. Dice que no quiere ser un matador célebre con la mente de un burro. Típicamente, su primer cuaderno fue un librete de cheques.

Actividades

A. Escriban en sus propias palabras el primer párrafo de la lectura, *El Cordobés*, empleando cuántos sinónimos sean posibles.
B. Escriban el segundo párrafo completamente en el pasado.
C. Prepárense para dar oralmente la biografía de otro matador, alguno de los mentados en la lectura o algún otro menos famoso pero más moderno.

46. ESTUDIO DE LA LENGUA

Las oraciones condicionales con *tal vez* y *ojalá*

46a. **El indicativo y el subjuntivo en oraciones condicionales.**

Lean estos ejemplos:

Si nos dan el dinero.
Si me invitan los voy a acompañar.
Si nos dieran el dinero lo compraríamos.
Si me invitaran, los acompañaría.

¿Qué parte de cada oración expresa la condición? ¿Cuál es el tiempo y el modo del verbo en el resto de la oración? ¿Cuándo se usa el indicativo en una oración condicional? ¿Y el subjuntivo?

Cuando la condición es *real*, (si nos dan el dinero, si me invitan) se expresa con el *indicativo*. Y cuando la condición *no lo es*, (si nos dieran el dinero, si me invitaran) se expresa en el *subjuntivo*.

46b. El indicativo y el subjuntivo en oraciones con *tal vez*.

Estudien estos ejemplos:
- a. Tal vez *viene* por ti.
- b. Tal vez *venga* por ti.
- a. Tal vez no *entendiste* bien lo que te dijo.
- b. Tal vez no *entendieras* bien lo que te dijo.
- a. Tal vez *pide* permiso para no levantar sospechas.
- b. Tal vez *pida* permiso para no levantar sospechas.

¿Qué significa en inglés la parte (a) de cada ejemplo? ¿Y la parte (b)? ¿A qué se debe el indicativo en la primera parte (a) y el subjuntivo en la segunda (b)?

Tal vez expresa alguna duda cuando se usa con el indicativo; se dice que la acción del verbo en este caso expresa algo *real*, o posiblemente más *real* (viene por ti, no entendió bien . . ., pide permiso . . .) que cuando la duda se acentúa expresando la acción del verbo en el subjuntivo (venga, entendiera, pida).

46c. El subjuntivo con *ojalá* para expresar un deseo.

¡Ojalá! se deriva de la frase árabe, que traducida al español, quiere decir "que Dios conceda." La ocupación árabe de España continuó por ocho siglos y durante ese largo tiempo la lengua árabe contribuyó gran parte con su extenso y rico vocabulario al español. "Ojalá" siempre expresa una acción deseada, y requiere el subjuntivo:

¡Ojalá que *llueva*!
¡Ojalá que *vengan* y *traigan* música!

Ejercicio 46

A. Escriban (1) diez oraciones condicionales propias en que el verbo exprese condición real; (2) otras diez que expresen condición irreal.

B. ¿Qué clase de condición hay en estas oraciones? Cámbienlas haciendo los cambios necesarios. (1) Si tuviera cuatro vidas, cuatro vidas serían para ti. (2) Si el gato tiene nueve vidas, yo tengo diez. (3) Se entregarían al enemigo si conocieran su superioridad. (4) Pagaremos nuestras deudas si Dios nos presta vida. (5) Si la Patria te pide que la sirvas tu deber es servirla. (6) Fue tu culpa, si por tonto me tomaste. (7) Si quieres mi amistad, te portarás con más urbanidad y decoro. (8) Si me pidieran un donativo lo daría con gusto.

C. Escriban diez oraciones con "tal vez" demostrando alguna duda y otras diez acentuando mucho más esa duda.

D. Para repetir:
   1. Aquí llueve mucho. Ojalá que llueva hoy.
   2. Siempre salimos temprano. ¡Ojalá que salgamos temprano hoy!
   3. ¡Ojalá que traigan música!

E. Para sustituir:
   1. Aquí llueve mucho. ¡Ojalá (que) llueva hoy! (nieva, nieve; graniza, granice; no truena, no truene; no relampaguea, no relampaguee; sopla el viento, no sople)
   2. Siempre salimos temprano a comer. ¡Ojalá que salgamos temprano hoy! (revisamos pasaportes al salir, escribimos letreros en inglés, nos divertimos bailando en el casino, cantamos corridos en los bailes, tenemos carreras de carros)
   3. Ojalá que traigan la música. (llevar, pedir, oir, solicitar, entender)
   4. Ojalá que encontremos a Juan en el hotel. (comenzar a leer la novela mañana, poder bajarnos ahora, entender bien la lección, dormir aquí la siesta, poder pedir muchos favores, jugar esta semana)
   5. Ojalá (que) puedas estudiar conmigo. (querer comer mucho, no perder tiempo así, vestirte en la cabaña, recoger las hojas secas, hervir el café con leche)

F. Para escribir:
   Escriban los ejercicios E.

47. ESTUDIO DE LA LENGUA

Pronunciación

47a. El uso acertado de la *r*.

Fíjense bien en estas palabras para no cambiar la letra *r* de su lugar.

se dice:	no se dice:
Ga*br*iel	G*r*abiel
pa*red*	pad*er*
pie*dra*	pie*rd*a
pob*re*	p*r*obe
de *re*pente	*r*edepente
de*rre*tir	*r*editir
tea*tro*	*tr*eato
pad*re*	p*ar*de

Pronuncien la *r* bien para que no salga como *s*.

se dice:	no se dice:
so*r*presa	so*s*presa

47b. El uso acertado de la *l*.

Ninguna de las siguientes palabras lleva *r*. Fíjense como se escriben.

se dice:	no se dice:
delanta*l*	delanta*r*
p*a*quete	p*a*rquete

Ninguna de las siguientes palabras lleva *l* en la sílaba inicial.

se dice:	no se dice:
a*n*imal (animal)	a*l*imal
a*d*mitir (to admit)	a*l*mitir
a*d*rede (on purpose)	a*l*drede
ce*r*ebro (brain)	ce*l*ebro
pe*r*egrino (pilgrim)	pe*l*egrino

Y esta palabra sí lleva *l* en la sílaba inicial.

se dice:	no se dice:
peltre	petrel

Cuidado de no trasladar la *l* de su lugar.

47c. El uso acertado de la *m*.

Tengan cuidado de no comerse la *b* de *también* ni de agregarle la *m* a *tropezar*.

se dice:	no se dice:
tam*b*ién	ta*m*ién
tropezar	tro*m*pezar

47d. El uso acertado de la *t*.

Pronuncien la *t* con cuidado de no decir *s*.

se dice:	no se dice:
arit*m*ética	aris*m*ética

Ejercicio 47

A. Para repetir:
1. A Gabriel le gustan las comidas italianas.
2. Vamos a pintar esa pared verde claro.
3. El rubí es una piedra preciosa.
4. ¡Pobre de María!
5. De repente se soltó el agua.
6. Se va a derretir pronto el hielo.
7. Esa obra se presenta en el Teatro México.
8. El Padre Sáenz acaba de salir de la iglesia.
9. Para el Día de la Madre estoy bordando un delantal.
10. ¿Cuántos paquetes acaban de llegar?
11. El gato es un animal doméstico.
12. El director dice que no lo van a admitir a esa preparatoria.
13. Lo hizo adrede.
14. Es tan tonto que su cerebro no puede hacer esa operación.

15. Año tras año los peregrinos marchan al santuario de la Virgen.
16. Las ollas de peltre ya no se venden aquí.
17. A mí también me gustan las albóndigas.
18. ¡Cuidado, que te vas a tropezar con esa silla!
19. La aritmética es una materia que me gusta.
20. ¡Qué sorpresa se llevó cuando oyó los mariachis!

B. Para sustituir:
1. A Gabriel le gustan las comidas italianas. (francesas, rusas, árabes, alemanas, mexicanas, chinas)
2. Vamos a pintar esa pared verde claro. (azul oscuro, amarillo claro, rosa subido, violeta, azul cielo)
3. El rubí es una piedra preciosa. (brillante, alejandrina, aguamarina, turquesa, topacio)
4. ¡Pobre de María! (mamá, papá, Marisela, mi maestro, mis primos).
5. De repente se soltó el agua. (la cuerda, el polvo, el columpio, el ruido, la tormenta)
6. Se va a derretir pronto el hielo. (mantequilla, nieve, helado, vela)
7. Esa obra se presenta en el Teatro México. (ópera, comedia, baile, ballet, concierto)
8. El Padre Sáenz acaba de salir de la iglesia. (monasterio, salón, escuela, hospital, sanatorio)
9. Para el Día de la Madre estoy bordando un delantal para mamá. (haciendo, cortando, cosiendo a mano, cosiendo a máquina, calando, deshilando)
10. ¿Cuántos paquetes acaban de llegar? (envolver, abrir, sacar, meter, traer)
11. El gato es un animal doméstico. (perro, perico, gallina, pato, ganso)
12. El director dice que no lo van a admitir a esa preparatoria. (Mi profesor, Sus papás, El, Mi compañero, Tu papá)
13. Lo hizo adrede. (vendió, trajo, regaló, rompió, pasó)
14. Es tan tonto que su cerebro no puede hacer esa operación. (suma, multiplicación, resta, división, cálculo)
15. Año tras año los peregrinos marchan al santuario de la Virgen. (Cada fin de año, Hora tras hora, A cada hora, Cada día santo, Todos los domingos)
16. Las ollas de peltre ya no se venden aquí. (consiguen, usan, ven, hacen, manufacturan)
17. A mí también me gustan las albóndigas. (tacos, papas fritas, frutas tropicales, hamburguesas, chiles rellenos)
18. ¡Cuidado, que te vas a tropezar con esa silla! (mueble, caja, bulto, piedra, escalón)

19. La aritmética es una materia que me gusta. (útil, que debes tomar, que no le gusta a Enrique, difícil para Luisa, fácil para mí)

20. ¡Qué sorpresa llevó cuando oyó los mariachis! (abrió aquel bulto, contestó el teléfono, vio a sus hijos llegar, se sacó la lotería, ganó el partido nuestro equipo)

C. Para leer y escribir:

Lean el párrafo que sigue. Escríbanlo en forma correcta y prepárense a tomarlo de dictado.

El pobre de Grabiel dejo de trabajar en su tarea de arismetica y se dirigio al patio aunque se soltaba una polvareda. Enojadito, porque al parecer el celebro suyo no le servia para resolver problemas, tiro una pierda hacia la pader y quebro una ventana. Redepente en la puerta aparecio su mama con el delantar puesto. ¡Que medio le dio a el! ¿Que va a decirte tu parde? Y el, que de sorpresa pensaba llevarte al treato.

Capítulo **19** *Compasión*

El hombre de la barba negra

Hemos almorzado a veinte kilómetros, poco más o menos, de la Habana. El chalet que nos acoge es a la vez rústico y confortable; en el vestíbulo, lleno de una suave luz dorada, los canarios gorjean a media voz; la brisa que travesea con las palmeras del jardín levanta alrededor de la casa un rumor de mar.

Es la hora del café. Nos sentimos contentos. Supimos glosar discretamente diversos asuntos placenteros, y el buen humor corre sobre la mesa. Charlamos de teatros, de libros, de amoríos que no costaron lágrimas . . . Súbitamente la conversación muda de cauce, se entinta, y surge la historia, la extravagante historia de maleficio que momentáneamente extenderá por el comedor una oscuridad, cual si una gran nube acabase de pasar por delante del Sol . . .

—La casa en que vivimos— empezó a decir el narrador —tenía tres alcobas contiguas: la primera de ellas la ocupaban mi madre y mi padrastro; la inmediata servía de cuarto ropero; en la tercera dormíamos mi abuela, mi hermano Paquito y yo. Mi hermanito, fruto del segundo

chalet: casa de estilo suizo

vestíbulo: entrada de un edificio

glosar: tomar a mal una palabra

matrimonio de mi progenitora, tenía once meses; yo acababa de cumplir nueve años. Una noche, poco antes de amanecer, nuestra estancia se iluminó bruscamente, y vi a mi madre que, semidesnuda y con los ojos desorbitados, irrumpía en la habitación y como enloquecida se precipitaba hacia la cuna de mi hermano. Al ruido mi abuela despertó también.

progenitora: madre

desorbitados: con los ojos grandemente abiertos

irrumpir: entrar bruscamente

—¿Qué sucede?— exclamó incorporándose.

Mi madre balbució angustiada:

—El niño . . ., el niño . . .

Inclinóse sobre la cuna donde su hijo reposaba sosegadamente. Hubo un breve silencio. Mi abuelita gruñó enojada:

—¡Calla! . . . No lo despiertes. ¡Anda, márchate y apaga la luz! . . . ¡Déjanos en paz! . . . ¡Estás soñando! . . .

Mi madre, caminando de puntillas, se acercó a la suya y la abrazó tiernamente.

—¡Si supiese usted lo que he soñado! . . .

El rostro de mi abuela adquirió una expresión supersticiosa: era una mujer flaca que tenía los ojos anchos y muy negros, y los cabellos alisados hacia atrás y muy blancos. En su pecho descarnado, del color de la cera, las clavículas dibujaban dos sombras sinuosas profundas.

clavícula: hueso situado en el hombro

sinuosas: onduladas

—Cuéntame lo que soñaste— murmuró miedosa.

—Yo estaba acostada— explicó mi madre —cuando vi que por la ventana del cuarto ropero entraba un hombre calvo, alto, delgado, de barba negra . . . Iba bien vestido; no parecía ladrón.

"¿Quién será?" pensé. El intruso se dirigió hacia aquí. Con los ojos del alma, sin duda pues no me había movido de mi lecho, le vi aproximarse a la cuna del niño. Después de observarle lo destapó, sin despertarle lo colocó boca abajo, le levantó la camisita y prestamente, desde la nuca a la rabadilla, le pasó una uña. Yo entonces di un grito y me arrojé de la cama. Al franquear la puerta del cuarto ropero me encontré frente con el desconocido, que se dirigía a la ventana

nuca: parte trasera de la cabeza

rabadilla: último hueso de la espina dorsal

franquear: pasar

para irse. Al verme sonrió, se detuvo y mostrándome el pulgar de su mano derecha: "Con esta uña— murmuró—acabo de matar a tu hijo." Y se fue.

Mi abuela no demostró otorgar a este relato extravagante importancia ninguna.

—Todo eso— dijo soñolienta —son tonterías. Además, los sueños que se cuentan no se realizan. Vete tranquila.

Las dos mujeres se despidieron cambiando un beso; mi madre apagó la luz y yo volví a dormirme.

Al día siguiente, Paquito amaneció con fiebre. Lloraba y se negó a tomar alimentos. Tenía la cara roja, los labios secos; sus pies y sus manos quemaban. La purga de aceite de risino que le administraron no surtió efecto. Yacía aletargado, no abría los ojos, y la cabeza se iba de un lado a otro, inerte cual si las vértebras cervicales se le hubieran roto. Por la tarde su estado se agravó. El termómetro que le pusieron para tomarle la temperatura acusó treinta y nueve grados y cinco décimas. Mi padre, a pesar de su carácter confiado, tuvo miedo.

—Iré a buscar a don José— dijo.

Don José Rentero era el médico "de casa"; el viejo médico que me ayudó a nacer.

Después que mi padre salió, el silencio pareció intensificarse; y creyérase que en las habitaciones había disminuido la luz. Nadie hablaba. Mi madre, mi abuela y yo permanecíamos agrupados delante de la cuna, y si necesitábamos ir de una habitación a otra lo hacíamos de puntillas. A cada momento mi madre palpaba al niño.

—Lo hallo peor . . .— decía, —está más caliente. . .

A su vez mi abuela lo tocaba y—acaso para consolar a su hija—respondía invariable:

—Aprensiones tuyas; sigue lo mismo.

Yo, lo declararé francamente, empezaba a aburrirme.

Casi de noche regresó mi padre. Apenas ganó el zaguán lo reconocimos por las pisadas, y luego le oímos avanzar afanoso a lo largo del corredor oscuro. Al penetrar en la habitación, se quitó el sombrero, que

arrojó desde lo lejos sobre un diván, y con el pañuelo se restañó las mejillas. Venía sofocado.

—¡No he podido dar con don José!— exclamó.

—Pero no hay que apurarse: traigo otro médico.

En la penumbra del corredor, efectivamente, columbramos un bulto que lentamente se acercaba. Todos nos pusimos de pie. Mi padre se volvió:

—Adelante, doctor . . .

En aquel momento aparecía en el rectángulo de la puerta un señor calvo, alto, delgado, el pálido semblante marcado por una densa barba negra. Mi madre, las temblantes manos cruzadas sobre el pecho, retrocedió un poco.

—¡Es él!— oí murmurar. —¡Es él!

Serenamente el recién llegado avanzó; su cráneo mondo relucía bajo la luz.

—Buenas noches— dijo.

Mi abuela repuso apagadamente, como un eco:

—Buenas noches . . .

Yo repetí:

—Buenas noches.

Mi madre no habló; no podía; el corazón la ahogaba. Lívida, los labios sin color y entreabiertos, los ojos inmóviles y turbios, parecía muerta.

El médico se aproximó a la cuna, pulsó al enfermo, lo auscultó, le toqueteó el vientre, y sus cejas se fruncieron adustas. Mi padre le interrogó anhelante:

auscultó: examinar
toqueteó: de tocar

—¿Es grave el caso?

—Sí.

—¿Muy grave? . . .

Transcurrieron unos segundos. Mi padre preguntó con voz estrangulada:

—¿Cree usted que será meningitis? . . .

El galeno replicó frío, sobrio:

galeno: médico

—Vamos a saberlo . . .

Seguro de que el enfermito no se despertaría, retiró las frazadas que le cubrían, le colocó boca abajo, le arremangó la camisa y con la uña del dedo pulgar de su mano derecha le trazó de arriba abajo, a lo largo de la espalda, una raya . . .

Mi madre lanzó un grito horrísono y se desplomó   desplomó: caer
inerte en el suelo. Su pesadilla de la víspera acababa de
realizarse.

Dos días después mi hermano falleció.

Eduardo Zamacois

Actividades

A. En sus propias palabras escriban un resumen del cuento. Se les
sugiere que el resumen no pase de dos hojas.

B. Hagan una lista de todos los adjetivos. ¿Qué notan de extraño?

48. ESTUDIO DE LA LENGUA

Las oraciones principales y las subordinadas

48a. Las oraciones principales y subordinadas y su oficio.

La oración se compone de dos partes: la *principal*, que expresa acción
independiente por sí sola; y la *subordinada*, que por sí sola no tiene sentido
completo.

Estudien estos ejemplos; noten las oraciones principales, las subordinadas
y las palabras que las ligan:

De mi casa vamos a traer los discos
que más nos gustan.
Las campanas de mi pueblo anunciaban
que ya había llegado la mañana.
El niño se puso a cantar el himno
que tanto amaba.

48b. Las oraciones *relativas.*

Toda oración subordinada, ligada a la parte principal por el pronombre
relativo *que* se llaman *relativas.* Estas son las que más abundan en español.
Ahora estudien estos ejemplos:

El tren sale a las tres
cuando no hay contratiempo alguno.
El gobernador no quiso decir
donde tenía el dinero.

¿Cuáles son las oraciones principales? ¿Las subordinadas?
¿Qué palabra las liga?

48c. Las oraciones *adverbiales.*

Cuando una oración subordinada va ligada a la parte principal por un
adverbio, (cuando, donde) se le llama oración *adverbial.* Estas también
abundan en español pero en menor grado.

48d. Otras menos abundantes.

Hay otras oraciones subordinadas que sirven en la oración como adjetivos o complementos del nombre o del verbo.

Ejercicio 48

A. De las expresiones siguientes hagan una lista de oraciones principales, otra de subordinadas relativas y otra de subordinadas adverbiales.

1. En la misma forma, nos ejercitaban en el deletreo o "spelling," que constituye una disciplina aparte en la lengua inglesa.
2. Nunca he sido partidario de la blandura de cierta pedagogía posterior que suele convertir al maestro en juguete de niño.
3. La ecuanimidad de la profesora se hacía patente en las disputas que originaba la historia de Texas.
4. Al hablar de mexicanos incluyo a muchos que hacían causa común conmigo por razones de sangre.
5. Apenas terminó la lección, nos dirigimos al extremo del llano inmediato a la escuela.
6. Desde que empezamos, llevé la peor parte.
7. No sentía el dolor, aunque me desangraba.
8. Como no hubo "shake hands," quedó pendiente el encuentro.
9. Rumbo a mi casa iba ideando la fábula que urdiría para explicar mi condición.
10. Mientras comía rumiando con el pan la amargura de mi derrota de la víspera, se me acercó un condiscípulo.

B. Ahora completen con oraciones subordinadas relativas o adverbiales, las oraciones que siguen:

1. Mi pasión de entonces era la lectura . . .
2. Conocí la soberbia . . .
3. Ciertas recaídas febriles nos recordaban el paludismo infantil . . .
4. Los mapas de García Cubas demostraban los estragos del caudillaje militarista . . .
5. Las ideas de mi padre sobre la cultura del Norte casi no habían cambiado . . .
6. Al Norte viven unos hombres rudos y pelirrojos . . .
7. El prejuicio patriótico cegaba a mi padre . . .
8. Nuestra escuela de Eagle Pass trataba la religión con respeto . . .
9. La que más temía a los protestantes era mi madre . . .
10. Cada noche nos hacía esperar . . .

C. Prepárense a traducir oralmente las oraciones de la Parte A al inglés.

312

El pleonasmo

49a. El *pleonasmo* y su definición.

Estudien estos ejemplos:
> Se los di a Juan.
> A nosotros nos gusta mucho ese conjunto.
> ¿Todos los rábanos te los comiste tú?

Ahora estudien éstos:
> Los di a Juan.
> Nos gusta mucho ese conjunto.
> ¿Comiste todos los rábanos?

¿Cuál es el significado de cada grupo de oraciones?

La palabra *pleonasmo* significa la repetición de palabras de igual significado para dar mayor fuerza a la expresión. A menos de que esa repetición reúna ese requisito, el pleonasmo se considera redundante y vicioso. Tomemos los ejemplos y analicémoslos:

1. Se lo di a Juan. "I gave it to$_1$ him to$_2$ Juan."
   Aunque al de habla inglesa le parezca que sobra un complemento indirecto, así se expresa propiamente en español . . . ¡y no sobra nada!

2. A nosotros nos gusta mucho ese conjunto. "We like that combo very much."
   "A nosotros" da mayor fuerza al significado de "nos gusta mucho ese conjunto," y también está muy propiamente dicho.

3. ¿Todos los rábanos te los comiste tú? "You ate all the radishes?"
   Contrasten esa oración española con "¿Comiste todos los rábanos?" Fíjense que "rábanos" y "los" se refieren a la misma cosa. Cuando se usa un sustantivo como complemento directo (rábanos), éste tiene que ir al principio de la oración.

Ejercicio 49

A. Para sustituir:
   1. A mí no me vende esa casa. (el coche, los boletos, esos plátanos, la tienda, las botas)
   2. ¿No le regalaste nada a tu papá? (el billete, el traje, el reloj, el anillo, ninguna cosita)

B. Para traducir:
   1. I sent Mary an invitation.
      (Le mandé una invitación a María.)
   2. He will telephone his parents tomorrow.
      (Les telefoneará a sus padres mañana.)
   3. The nurse tells the children a fairy tale.
      (La nodriza les cuenta a los niños un cuento de hadas.)
   4. They have written their friends about the accident.
      (Les han escrito a sus amigos del accidente.)

5. I only have five dollars left.
   (A mí no me quedan más que cinco dólares.)
6. He seemed very nice to her.
   (A ella le parecía muy simpático.)

C. Para contestar:

En las oraciones españolas de la parte B, ¿qué palabras se usan para las cuales no hay equivalentes en las oraciones inglesas?

D. Para cambiar:
   Modelo:
   —Ya compusieron el sofá.
   —El sofá ya lo compusieron.
   1. Quería locamente a su novio.
   2. Tiene el sombrero puesto.
   3. Hemos pagado la renta.
   4. La criada planchó la ropa ayer.
   5. Juan va a llevar mi maleta al avión.
   6. Díganos ese chiste otra vez.
   7. Le traigo la crema.

E. ¿Qué palabras sobran en las oraciones anteriores?

F. Para escribir:

Escriban cinco oraciones empleando en cada una el pleonasmo correcto con:
   1. dos complementos directos, un sustantivo y el pronombre
   2. los verbos gustar, faltar, quedar, parecer y tocar
   3. dos complementos indirectos, un sustantivo y el pronombre

50. ESTUDIO DE LA LENGUA

Las oraciones principales y subordinadas

50a. El subjuntivo en las oraciones subordinadas.

El modo subjuntivo se emplea en oraciones subordinadas:
   - que se usan a manera de sustantivo y que expresan algún deseo, duda o posibilidad;
   - que se usan a manera de adjetivo y que describen o califican alguna cosa en términos generales e indeterminados;
   - que se usan a manera de adverbio modificando alguna acción de verbo no determinada e irreal.

314

Estudien los ejemplos que siguen:

¿Dudaban los hombres del pueblo *que Perico el Bueno tuviera esas creencias radicales*?

He conocido avaros *que hubieran dado todo por parecerse a los pródigos.*

La manzana podrida se separa de las otras *para que no las contamine.*

¿Qué papel hacen las oraciones subordinadas en estas expresiones? ¿Cómo se traducen al inglés? ¿Por qué se expresa el verbo subordinado en el subjuntivo? ¿Cuál sería el significado de estas expresiones si se cambiaran al indicativo los verbos subordinados, haciéndose todos los cambios correspondientes?

Ejercicio 50

A. De la Lectura A hagan una lista separada en cuatro grupos de todas las oraciones subordinadas que lleven subjuntivo: en el primer grupo las oraciones principales a las cuales van ligadas las subordinadas con algún pronombre relativo o adverbio; en el segundo, las que se usan como sustantivo; en el tercero las que se usan como adjetivo; y en el último las que se usan como adverbio.

B. Escriban diez oraciones compuestas en que cada oración subordinada exprese alguna duda, deseo o posibilidad a manera de sustantivo.

C. Escriban diez oraciones compuestas en que cada oración subordinada describa o califique en términos generales a manera de adjetivo.

D. Escriban diez oraciones compuestas en que cada oración subordinada modifique a manera de adverbio una acción no real o determinada.

E. Escriban las oraciones subordinadas anteriores en el indicativo haciendo los cambios correspondientes. Fíjense bien en el cambio o la diferencia del sentido de la oración cuando se expresa en el indicativo.

F. Para repetir y sustituir:

1. Quiere que paguemos la cuenta. (vestirnos pronto, hablar más despacio, cenar con su hermano, cantar en el coro de la iglesia)

2. El reloj, ¿quieres que lo pongamos? (oírlo, comprarlo, venderlo, llevarlo, traerlo, buscarlo, pagarlo, cargarlo)

3. ¿Esperas dormir? —Sí, espero que durmamos todos. (leer, escribir, jugar, hablar, tocar, ayudar, servir, pedir)

4. Quieren que todos toquemos algún instrumento musical. (comprar, conseguir, traer, poner, vender, regalar)

315

El pleonasmo

51a. El pleonasmo vicioso y las diferencias lingüísticas.

El pleonasmo es vicioso cuando se sirve del inglés como modelo. Fíjense en los dos ejemplos, que aunque algo exagerados, están muy a propósito de la importancia de las diferencias lingüísticas de un idioma   otro:

1. ¿Me permite tomar agua? May I get a drink?
   —¡Qué barbaridad sería decir!:
   ¿Me permite conseguir un trago?

2. Me tengo que tomar estas píldoras. I have to take these pills.
   —Se imaginan lo que sería decir:
   I have to drink these pills.

Para evitar traducciones literales   del inglés al español, les conviene aprender a expresarse mejor en español sin recurso al inglés:

se dice:	no se dice:
de olver	mandar para atrás
regresar	mandar para atrás
volver	ir para atrás
regresar	venir para atrás

También procuren evitar estos pleonasmos viciosos:

se dice:	no se dice:
subimos	subimos para arriba
bajamos	bajamos para abajo
entramos	entramos en la entrada

A menos de que dé mayor fuerza al significado, el pleonasmo se considera un vicio de la lengua.

Ejercicio 51

A. Para traducir:

1. to ask (a question) 2. to ask for (something) 3. to correct 4. to play a game 5. to play an instrument 6. to admit 7. to lend 8. to argue 9. to dismiss 10. to sew 11. to cook 12. to set (the sun, or a table) 13. to realize (a goal) 14. to become aware 15. to save money 16. to save someone 17. to register in school 18. to register a letter 19. to wear 20. to put 21. to examine 22. to find out 23. to meddle 24. to lend 25. to shuffle cards 26. to yawn 27. to pull 28. to find something 29. to find out 30. to meet someone you already know 31. to meet someone for the first time 32. to elect 33. to have a good time 34. to see 35. to look at

B. ¿Cuántas expresiones del Ejercicio A se supieron?
1. preguntar 2. pedir 3. corregir 4. jugar 5. tocar 6. admitir
7. prestar 8. averiguar 9. despedir 10. coser 11. cocer 12. poner
13. realizar 14. darse cuenta 15. ahorrar 16. salvar 17. matricularse
18. registrar o certificar 19. ponerse 20. poner 21. revisar,
examinar 22. darse cuenta de 23. meterse 24. prestar 25. barajar
26. bostezar 27. jalar 28. encontrar 29. saber, darse cuenta de 30. encontrarse 31. conocer 32. elegir 33. divertirse 34. ver 35. mirar

C. Para traducir:
Modelo:
The students have to learn to type.
—Los alumnos tienen que aprender a escribir a máquina.
1. The students have to learn to inspect. (a inspeccionar)
2. The students have to learn to push. (a empujar)
3. The students have to learn to catch. (a coger)
4. The students have to learn to play pool. (a jugar a los billares)
5. The students have to learn to type. (a escribir a máquina)

D. Para traducir:
Modelo:
We are studying the population.
—Estudiamos la población.
1. We are studying the railroad track. (la vía de ferrocarril)
2. We are studying Christmas. (la Navidad)
3. We are studying the champion. (el campeón)
4. We are studying the inhabitants. (los habitantes)
5. We are studying the company. (la compañía)

E. Para traducir:
Modelo:
The girl doesn't know how to spell words.
—La muchacha no sabe deletrear palabras.
1. The girl doesn't know how to shine shoes. (bolear)
2. The girl doesn't know how to choose friends. (escoger)
3. The girl doesn't know how to watch television. (mirar)

F. Para traducir:
Modelo:
The baseball player signs his checks.
—El beisbolero firma sus cheques.
1. The baseball player strikes the ball. (darle a la pelota)
2. The baseball player misses his family. (extrañar)
3. The baseball player pitches the ball. (tirar)
4. The baseball player parks his car. (estacionar)
5. The baseball player checks his equipment. (revisar)

317

G. Para traducir:
   Modelo:
   The maid asked me for a dime.
   ‚—La criada me pidió un diez.
   1. The maid asked me for a letter. (carta)
   2. The maid asked me for a match. (cerillo)
   3. The maid asked me for a nickel. (cinco)
   4. The maid asked me for a ruler. (regla)
   5. The maid asked me for a steak. (chuleta)

H. Para traducir:
   Modelo:
   Rosa is going around the block.
   —Rosa le está dando vuelta a la manzana.
   1. Rosa is going around the train depot. (estación)
   2. Rosa is going around the high school. (secundaria)
   3. Rosa is going around the bookstore. (librería)
   4. Rosa is going around the church. (iglesia)
   5. Rosa is going around the block. (manzana)

I. Para traducir:
   Modelo:
   Give me money to get my hair set and combed.
   —Dame dinero para irme a peinar.
   1. Give me money to buy a magazine. (revista)
   2. Give me money to buy a meal. (comida)
   3. Give me money to rent a telephone. (alquilar)
   4. Give me money to buy a jumper. (chamarra)

J. Para traducir:
   Modelo:
   The car needs gasoline.
   —El carro necesita gasolina.
   1. The car needs brakes. (frenos) \
   2. The car needs a pump. (bomba)
   3. The car needs a bumper. (defensa)
   4. The car needs a tire. (llanta)
   5. The car needs a windshield wiper. (limpiabrisas)
   6. The car needs license plates. (placas)
   7. The car needs an oil change. (cambio de aceite)

K. Para traducir:
   Modelo:
   The ambassador has just arrived.
   —Acaba de llegar el embajador.
   1. The army has just arrived. (ejército)
   2. The bill has just arrived. (cuenta)
   3. The gravel has just arrived. (la grava)
   4. The truck has just arrived. (camión)
   5. The nurse has just arrived. (enfermera)

L. Para traducir:

Modelo:

I'm going to back the car up.

—Voy a poner el carro en reversa.

1. I'm going to return the dress.
2. I'm going to return the book.
3. I'm going to move the car back.
4. I'm going to move back.
5. I'm going to move the picture.

Modelos de cartas

¿Qué es una carta? ¿Por qué se escriben? ¿A quiénes se les puede escribir una carta? Una carta es una conversación por escrito. Se escribe porque la conversación es entre el escritor y una persona ausente. Se les puede escribir cartas a los amigos y a los parientes. También a tiendas de negocio, bancos, agencias de seguros, etc. . . . pidiendo informes, solicitando trabajo, expresando agradecimiento, etc.

La redacción de una carta requiere lo siguiente:

1. nombre de la población del remitente
2. fecha—día, mes, año
3. nombre de la persona a quien va dirigida la carta
4. dirección y población donde vive el destinatario
5. saludo
6. asunto(s) de la carta
7. despedida
8. firma

En las cartas íntimas de familiares o amigos se pueden suprimir algunos de estos requisitos (el 3, el 4); sin embargo, todas se deben observar en las cartas más formales o comerciales.

A continuación siguen algunos modelos. Estúdienlos y fíjense bien en su lenguaje y estilo sencillo y natural.

MODELO 1°: Una carta familiar

Sra. Nidia Gámez de León   Cd. Juárez, Chih., México
Buenos Aires, Rep. Argentina   a 30 de julio de —

Querida y recordada prima,

Hace días que recibí tu carta en la cual me das la buena noticia de que pronto vendrás a vernos. ¡Qué gusto nos ha dado a todos en la casa!

Quisiera pedirte que en cuanto sepas la fecha exacta de tu llegada en Miami me avises cuanto antes. Pienso tomarme unas vacaciones cuando tú vengas para poder ir a recogerte y hacer el viaje a Cd. Juárez juntas. Papá y Mamá piensan acompañarme, así que no te preocupes porque yo vaya a viajar sola.

Te voy a pedir un favor. Quisiera que me trajeras una bolsa de piel negra como la café que me mandaste con la tía Alicia el año pasado. Fíjate que es de tan buena presentación y calidad que me ha servido para toda ocasión; con una negra, quedará mi guardaropa completo. Te agradezco el favor de buscármela y de traérmela cuando te vengas. Desde luego te pagaré los costos.

Sin más por el momento, recibe abrazos y besos de todos nosotros que tanto ansiamos tu llegada.

                          Cariñosamente,
                          Tu prima Marisela

               El sobre

Remitente:
Marisela López G.
Constitución Sur No. 16
Cd. Juárez, Chih., México

                         Sra. Nidia Gámez de León
                         Rivadavia No. 7254 Interior B
     CORREO AÉREO   Río de la Plata
                         Buenos Aires, Rep. Argentina

MODELO 2°: Una carta de pésame

Sr. José Luis López Avila   San Luis Potosí
Chihuahua, Chih.   a 4 de septiembre de —

Mi querido José Luis,

De mi casa me han comunicado la muerte de tu padre. Te escribo para darte mi más sincero y profundo pésame. Tú sabes bien que comparto tu pena y dolor pues a tu finado padre lo veía yo como al mío.

Tenlo por seguro que con mis oraciones te ayudaré a sobrellevar tu pena. Rezaré por el descanso de su alma y por tu consuelo.

                          Te abraza con el alma, tu amigo,
                          Mario Alberto Dávalos U.

MODELO 3°: Una carta de agradecimiento

Los Angeles, California
a 30 de octubre de —

Srta. Germania Cabrera Y.
Quito, Ecuador

Apreciada amiga,

Por medio de estos renglones me sirvo para saludarla a usted y a su estimable familia. A la vez quisiera darle mis más sinceras y expresivas gracias por todas las atenciones que tuvo para conmigo durante mi hospedaje en su casa.

Espero poder corresponder, aunque en pequeña parte, a su espíritu hospitalario en fecha cercana.

Recuerdos a cada uno de sus hermanitos y en particular, a sus papás. Quedo de usted su más sincero y atento servidor,

José Angel Casavantes

MODELO 4°: Una carta comercial de solicitud

MUEBLERIAS DE OCCIDENTE, S. A.
Plaza No. 34
Guadalajara, Jalisco
Tel. 5-42-33
a 14 de enero de —

Sr. Leonardo Casillas
Calle Escobar No. 312 Ote.
Guadalajara, Jalisco

Señor:

En el último cierre de cuentas hemos encontrado, en la de usted, un saldo de $420.00 (cuatrocientos veinte pesos) ya bastante viejo a nuestro favor.

Le suplicamos que nos diga, en primer lugar, si está conforme con ese saldo y también la forma de liquidarlo a la mayor brevedad posible.

Esperamos la atención de su amable respuesta y con mucho gusto le reiteramos nuestro cordial saludo.

De usted atentamente,
MUEBLERÍAS DE OCCIDENTE, S. A.

Joaquín Torres Urrutia, Contador

MODELO 5°: Una carta comercial de pedido

FERRETERÍA "LAS MILPAS"
Tepeyac Nte. 76
México, D.F.

a 14 de mayo de —

Hermanos Ruek y Cía.
Apartado 271
Monterrey, Nuevo León

Estimados señores:
Les agradeceremos se sirvan enviarnos a esta ciudad los artículos siguientes:
6 bultos de papel Bond #43
4 bultos de papel Bond #84
3 bultos de papel cebolla Lux #2
No olviden enviarnos la factura por duplicado.
Pueden girarnos por su importe y gastos de flete como de costumbre.
Sin otro particular y anticipándoles las más expresivas gracias por su atención, quedamos atentamente,
FERRETERÍA "LA MILPA"

Rubén Díaz Ruiz, Gerente

Actividades
A. Escriban las siguientes cartas familiares:
1. contando brevemente un relato de alguna película que hayan visto
2. anticipando una visita de algún amigo o pariente
3. escogiendo ustedes el tema del asunto que tratar
4. dando un pésame
5. expresando agradecimiento por un regalo de graduación o por una invitación a una fiesta estupenda
B. Escriban las siguientes cartas comerciales:
1. haciendo un pedido de repuestos para automóviles
2. reclamando un pedido de loza fina que llegó rota
3. pidiendo que paguen una cuenta atrasada
4. pidiendo informes que ustedes gusten pedir
5. solicitando empleo durante las vacaciones escolares

52. ESTUDIO DE LA LENGUA

Las oraciones negativas

52a. Las palabras negativas en la oración.

La gramática inglesa se deriva de la anglosajona, y la española de la latina; por esto es que sus patrones lingüísticos son diferentes. A veces se considera vicio en una lo que se acepta como forma correcta en otra.

Fíjense en estos ejemplos:

> No se merece ningún castigo.
> Aquí no ha tenido nada nadie.
> No nos gusta ninguna de ésas ni de aquéllas.
> Tampoco quiero ver a nadie.
> Nunca me falla la puntería.

¿Cuántas palabras negativas lleva cada oración? En inglés, ¿se considera correcta con más de una palabra negativa? En español el uso de dos o más palabras negativas en la oración no se considera pleonasmo vicioso sino necesario, aunque en inglés el "double negative" debe evitarse a toda costa. En español se expresan en forma negativa cuantas palabras se puedan tomando solamente en cuenta que si alguna palabra negativa precede al verbo, ya no se emplea "no" ante el verbo.

Las palabras negativas en español con las afirmativas correspondientes son:

negativas:	afirmativas
no	sí
nada	algo
nadie	alguien
nunca, jamás	algún día
ninguno-a, os-as	alguno-a, os-as
tampoco	también
ni . . . ni	o . . . o

El uso de dos o más palabras negativas en la oración no se considera vicio.

Ejercicio 52

A. Escriban en forma negativa las siguientes:
1. Mi hermanito siempre pierde algo.
2. El pobre sabía leer y escribir algo de chino.
3. ¿Has viajado por México?
4. Los chicos iban a ir también.
5. ¿Hay alguien en la oficina?— preguntó.
6. Vinieron algunos de ellos la semana pasada.
7. Algún día se mejorará la situación.
8. Alguien siempre tiene que quejarse de algo.
9. O María o Mamá harán alguna fiesta.
10. Siempre compra algo que le guste a alguno de nosotros.

B. Traduzcan el ejercicio A con cuidado de no hacerlo con pleonasmos viciosos en inglés.

C. Escriban diez oraciones negativas propias empleando todas las palabras negativas posibles.

Las preposiciones

53a. El uso acertado de algunas preposiciones con algunos verbos.

en inglés se dice:	en español se dice:
to dream about (something)	soñar (algo)
to dream about (someone)	soñar a, con (alguien)
to think of	pensar en
to consist of	consistir en
to remember (someone, something)	acordarse de (alguien, algo)
	recordar a (alguien)
	recordar (algo)
to cover with	cubrir de
to cover something	cubrir con
to incorporate (into)	incorporarse a
to fill up with	llenar de
to fill with	llenar con

Estos verbos y sus preposiciones son los que presentan mayores dificultades para el hispanoparlante de habla inglesa.

Ejercicio 53

A. Para repetir:
1. Mi padre soñaba volver a su tierra algún día.
2. El pobre enamorado si no soñaba con una, soñaba con otra.
3. Siempre soñaba a su novio.
4. Pensamos ir a nadar esta tarde.
5. Estábamos pensando en todo el trabajo que nos falta hacer.
6. Su beneficio consiste en no regarlo hasta que muera la mala hierba.
7. Quiero que me mandes la dirección cuando la recuerdes.
8. ¡Acuérdate que me la vas a mandar!
9. ¿Recuerdas lo que hacíamos de chicas?
10. El campo estaba cubierto de pelusa blanca.
11. Se cubrió al muerto con una manta gruesa.
12. Sus ideas se incorporaron a las nuestras.
13. Llené la canasta de flores.
14. Llené el agujero con piedras.

B. Para sustituir:
1. Mi padre soñaba volver a su tierra algún día. (antes de morir, acompañado de sus hijos, en cinco años, con mi madre, en diez años)
2. El pobre enamorado si no soñaba con una, soñaba con otra. (María y Lupe, Rosa y Anita, Dolores y Clara, Marisela y Lucita, Berta y Luisa)
3. Siempre soñaba con su novio. (maestra, tía, vecina, mamá, hermana)

4. Pensamos ir a nadar esta tarde. (jugar al tenis, de compras, al cine, de visita, al centro, al museo, al zoológico)
5. Estábamos pensando en todo el trabajo que nos falta hacer. (mandan hacer, debemos hacer, queremos hacer, tenemos que hacer, quisiéramos hacer)
6. Su beneficio consiste en no. regar el zacate hasta que muera la hierba. (limpiar, fertilizar, cortar, vaporizar, secar)
7. Quiero que me mandes la dirección cuando la recuerdes. (el número, la clave, la combinación, la fórmula, el recado)
8. ¡Acuérdate que me la vas a mandar! (comprar, vender, llenar, limpiar, pintar, coser, regalar)
9. ¿Recuerdas lo que hacíamos de chicas? (en México, en la escuela, los domingos, en Navidad, de vacaciones)
10. El campo estaba lleno de pelusa. (algodón, jabón, paja, arena, hierba, matas)
11. Se cubrió al muerto con una manta gruesa. (velo, sábana, cobija, lona, periódico, sarape)
12. Sus ideas se incorporaron a las nuestras. (propiedades, pensamientos, oficinas, familiares, riquezas, cuentas)
13. Llené la canasta de flores. (frutas, cacahuates, juguetes, mangos, duraznos)
14. Llené el agujero con piedras. (cemento, mezcla, ladrillos, adobe, arena, chapopote [tar])

54. ESTUDIO DE LA LENGUA

Pronunciación

54a. El uso acertado de la *n*.

La letra *n* es una de las letras más impropiamente añadidas a palabras españolas. Estas tres palabras apréndanselas bien de memoria para que no las empleen en forma viciosa.

se dice:	no se dice:
mucho	*muncho*
nadie	*naiden, nadien*
así	*asina, ansina*

También existe la tentación de "comerse" la *n* en palabras que *sí* la llevan.

se dice:	no se dice:
conmigo	comigo
instrumento	istrumento
invierno	ivierno

Y por último, fíjense que las primeras dos palabras llevan *n* y la última, a diferencia del inglés, no lleva *ñ* sino *n*. Estudien estos ejemplos:

se dice:	no se dice:
nomás	*d*omás
nublado	*ñ*ublado
compañía	compa*n*ía

Ejercicio 54

A. Para repetir:
1. No quiere que la esperemos mucho.
2. Dice que eso no lo sabe nadie.
3. Así se hacen las cosas.
4. Ninguno venía a quedarse conmigo.
5. Las clases se suspenden durante el invierno.
6. Hace días que está nublado pero no llueve.
7. No es propiedad suya sino de la compañía "De Lux."
8. El desarmador es un instrumento de mecánica.

B. Para sustituir:

1. No quiere que la esperemos mucho. (desea, espera, insiste, pide, es necesario)
2. Dice que eso no lo sabe nadie. (lee, habla, dice, canta, discute)
3. Así se hacen las cosas. (negocios, fiestas, bailes, tertulias, días de campo)
4. Ninguno venía a quedarse conmigo. (nadie, Juana, el ingeniero, su tía, el profesor de inglés)
5. Las clases se suspenden en invierno. (empiezan, se dan, se organizan, se acaban, se inician)
6. Hace días que está nublado pero no llueve. (nieva, llovizna, graniza, hace frío, hace calor)
7. No es propiedad suya sino de la compañía "De Lux." (automóvil, camión, carreta, grúa, propiedad)
8. El desarmador es un instrumento de mecánica. (la llave, las pinzas, la tuerca, el martillo, el cepillo de metal)

C. Prepárense a tomar las oraciones anteriores de dictado.

Poesía lírica

El Beso

Pues por besarte, Minguillo,
Me riñe mi madre a mí;
Vuélveme presto, carillo
Aquel beso que te di.

caro: querido

Vuelve el beso con buen pecho
Porque no haya más reñir;
A tal podremos decir
Que hemos deshecho lo hecho.
A ti será de provecho,
El beso volverme a mí;
Vuélveme presto, carillo,
Aquel beso que te di.
Vuélveme el beso, por Dios,
(A madre tan importuno)
Pensarás volverme uno
Y vendrás a tener dos.

importuno: enfadoso

En bien avengámonos
   Que no me riñan a mí.
Vuélveme presto, carillo,
   Aquel beso que te di.

Anónimo
Siglo XV*

avenirse: componerse

Cantarcillo de la Virgen

Pues andáis en las palmas,
   Angeles santos,
Que se duerme mi niño,
   Tened los ramos.
Palmas de Belén
   Que mueven airados
Los furiosos vientos
   Que suenan tanto:
No le hagáis ruido,
   Corred más paso,
Que se duerme mi niño,
   Tened los ramos.
El niño divino,
   Que está cansado
De llorar en la tierra
   Por su descanso,
Sosegar quiere un poco
   Del tierno llanto.
Que se duerme mi niño,
   Tened los ramos.
Rigurosos hielos
   Le están cercando;
Ya veis que no tengo
   Con qué guardarlo.
Angeles divinos
   Que váis volando,
Que se duerme mi niño,
   Tened los ramos.

airado: irritado

Lope de Vega
España, 1562–1635

Soneto

Que no me quiera Fabio, al verse amado,
es dolor sin igual, en mí sentido;
mas que me quiera Silvio, aborrecido,   **aborrecer:** odiar
es menos mal, mas no menos enfado.
　　¿Qué sufrimiento no estará cansado
si siempre le resuenan al oído,
tras la vana arrogancia de un querido
el cansado·gemir de un desdeñado?
　　Si de Silvio me cansa el rendimiento,   **rendimiento:**
a Fabio canso con estar rendida;   capitulación, sumisión
si de éste busco el agradecimiento,
a mí me busca el otro agradecida;
por activa y pasiva es mi tormento,
pues padezco en querer y en ser querida.

Sor Juana Inés de la Cruz
México, 1651–1695

La Guitarra

Empieza el llanto
De la guitarra.
Se rompen las copas
De la madrugada.   **copa:** bóveda, firmamento
Empieza el llanto
De la guitarra
Es inútil callarla.
Es imposible
Callarla.
Llora monótona
Como llora el agua,
Como llora el viento
Sobre la nevada.
Es imposible
Callarla.
Llora por cosas
Lejanas.
Arena del Sur caliente
Que pide camelias blancas.
Llora flecha sin blanco,

331

La tarde sin mañana,
Y el primer pájaro muerto
Sobre la rama.
Oh, guitarra
Corazón malherido
Por cinco espadas.

Federico García Lorca
España, 1899–1936

A. Contesten estas preguntas:
   1. ¿Cuánto tiempo hace más o menos que un autor desconocido compuso "El Beso"?
   2. ¿Les parece lógico a ustedes el razonamiento de la chica? ¿Le habría gustado a la madre de ella?
   3. En el cantarcito a la Virgen, ¿qué presagios de los sufrimientos de Jesucristo pueden ustedes encontrar?
   4. ¿Qué significan las referencias a las palmas y los ramos?
   5. ¿De cuántos renglones consta un soneto?
   6. ¿Cuál es el mayor dolor de la muchacha? ¿Y el mayor enfado? ¿De qué se queja?
   7. ¿Piensan ustedes que García Lorca sólo se dedicó a escribir una descripción poética de una guitarra? ¿Qué llora la guitarra? ¿Por qué es imposible callarla? ¿Qué simboliza?
B. Apréndanse de memoria uno de los cuatro poemas.

Poesía filosófica y narrativa

Pensamientos

Las fuerzas que se pierden en lágrimas hacen falta
   después para el ardimiento.
El deber de un hombre está allí donde es más útil.
Sólo las virtudes producen en los pueblos bienestar
   constante y serio.
Para ir delante de los demás se necesita ver más que
   ellos.
Mejor sirve a la Patria quien le dice la verdad que él
   que exagera el mérito de sus hombres famosos.
Aplazar no es nunca decidir.

A la Patria se la sirve y no se la toma, para servirse de
ella.

Quien va en busca de los montes no se detiene a recoger
las piedras del camino.

La imperfección de la lengua humana es una prueba
perfecta y absoluta de la existencia venidera.

Sólo perdura la riqueza que se crea y la libertad que se
conquista con las propias manos.

José Martí

*Nació en Cuba en 1853, murió en 1895.
Es la personalidad más destacada en
este período en la historia de las
letras y en la historia de su patria.
Vivió y murió heroicamente al servicio
de la libertad de Cuba.*

Coplas por la Muerte de su Padre

Recuerde el alma dormida,
avive el seso y despierte
contemplando
cómo se pasa la vida,
cómo se viene la muerte
tan callando;
cuán presto se va el placer,
cómo después de acordado
da dolor,
cómo a nuestro parecer
cualquiera tiempo pasado
fue mejor.
Nuestras vidas son los ríos
que van a dar en la mar,
que es el morir;
allí van los señoríos   **señorío:** arrogante
derechos a se acabar
y consumir;
allí los ríos caudales,   **caudal:** abundante, de
allí los otros medianos   mucha agua
y más chicos;

allegados, son iguales
los que viven por sus manos
y los ricos.

Jorge Manrique
España, 1440–1479

Nada te Turbe

Nada te turbe,
nada te espante,
todo se pasa,
Dios no se muda;   **mudar:** cambiar
la paciencia
todo lo alcanza;
quien a Dios tiene
nada le falta:
sólo Dios basta.

Santa Teresa
España, 1515–1582

En Paz

Muy cerca de mi ocaso, yo te bendigo, Vida   **ocaso:** puesta del sol o de
porque nunca me diste ni esperanza fallida   una estrella, el fin
ni trabajos injustos, ni pena inmerecida;
porque veo al final de mi rudo camino
que yo fui el arquitecto de mi propio destino;
que si extraje las mieles o la hiel de las cosas,
fue porque en ellas puse hiel o mieles sabrosas:
cuando planté rosales, coseché siempre rosas.
. . . Cierto, a mis lozanías va a seguir el invierno:
¡mas tú no me dijiste que mayo fuese eterno!
Hallé sin duda largas las noches de mis penas;
mas no me prometiste tú sólo noches buenas;
y en cambio tuve algunas santamente serenas . . .
Amé, fui amado, el sol acarició mi faz.
¡Vida, nada me debes! ¡Vida, estamos en paz!

Amado Nervo
México, 1870–1919

Versos selectos

de

La Oración por Todos

Ve a rezar, hija mía. Y ante todo,
ruega a Dios por tu madre; por aquélla
que te dio el ser, y la mitada más bella
de su existencia ha vinculado en él;

vincular: continuar, perpetuar

que en su seno hospedó tu joven alma,
de una llama celeste desprendida;
y haciendo dos porciones de la vida,
tomó el acíbar y te dio la miel.

acíbar: áloe, substancia amarga

   Ruega después por mí. Más que tu madre
lo necesito yo . . . Sencilla, buena,
modesta como tú, sufre la pena,
y devora en silencio su dolor.
A muchos compasión, a nadie envidia
la vi tener, en mi fortuna escasa.
Como sobre el cristal la sombra, pasa
sobre su alma el ejemplo corruptor.
   Ruega, hija, por tus hermanos,
los que contigo crecieron,
y un mismo seno exprimieron,
y un mismo techo abrigó.
Ni por los que te amen sólo
el favor del cielo implores:
por justos y pecadores
Cristo en la cruz expiró.
   Acuérdate, en fin de todos
los que penan y trabajan;
y de todos los que viajan
por esta vida mortal.
Acuérdate aun del malvado
que a Dios blasfemando irrita.
La oración es infinita:
nada agota su caudal.

caudal: fortuna, hacienda, abundancia

Andrés Bello
Venezuela, 1791–1865

A Margarita Debayle

Margarita, está linda la mar,
y el viento
lleva esencia sutil de azahar;
yo siento
en el alma una alondra cantar:
tu acento.
Margarita, te voy a contar
un cuento.

Este era un rey que tenía
un palacio de diamantes,
una tienda hecha del día
y un rebaño de elefantes,
   Un kiosco de malaquita,
un gran manto de tisú,
y una gentil princesita,
tan bonita,
Margarita,
tan bonita como tú.

Una tarde la princesa
vio una estrella aparecer;
la princesa era traviesa
y la quiso ir a coger.

La quería para hacerla
decorar un prendedor,
con un verso y una perla,
y una pluma y una flor.

Las princesas primorosas
se parecen mucho a ti:
cortan lirios, cortan rosas,
cortan astros. Son así.

Pues se fue la niña bella,
bajo el cielo y sobre el mar,
a cortar la blanca estrella
que la hacía suspirar.

Y siguió camino arriba,
por la luna y más allá;
mas lo malo es que ella iba
sin permiso del papá.

azahar: flor de naranjo

alondra: pájaro pardo

tienda: carpa

kiosko: edificio pequeño abierto al aire libre

malaquita: carbonato de cobre que parece una hermosa piedra verde

tisú: tela de seda con hilos de oro o plata

primoroso: precioso, bonito

Cuando estuvo ya de vuelta
de los parques del Señor,
se miraba toda envuelta
en un dulce resplandor.
    Y el rey dijo: ¿Qué te has hecho?
Te he buscado y no te hallé;
y, ¿qué tienes en el pecho,
que encendido se te ve?
    La princesa no mentía,
y así, dijo la verdad:
"Fui a cortar la estrella mía
a la azul inmensidad."
    Y el rey clama: "¿No te he dicho
que el azul no hay que tocar?
¡Qué locura! ¡Qué capricho!
El Señor se va a enojar."
    Y dice ella: "No hubo intento;
yo me fui no sé por qué;
por las olas y en el viento
fui a la estrella y la corté."
    Y el papá dice enojado:
"Un castigo has de tener:
vuelve al cielo y lo robado
vas ahora a devolver."
    La princesa se entristece
por su dulce flor de luz,
cuando entonces aparece
sonriendo el Buen Jesús.
    Y así dice: "En mis campiñas   **campiña:** campo, prado
esa rosa le ofrecí:
son mis flores de las niñas
que al soñar piensan en Mí."
    Viste el rey ropas brillantes,
y luego hace desfilar
cuatrocientos elefantes
a la orilla de la mar.
    La princesita está bella,
pues ya tiene el prendedor
en que lucen con la estrella,
verso, perla, pluma, y flor.

Margarita, está linda la mar,
y el viento
lleva esencia sutil de azahar:
tu aliento.

Ya que lejos de mí vas a estar,
guarda, niña, un gentil pensamiento
al que un día te quiso contar
un cuento.

Rubén Darío
Nicaragua, 1867–1916

La Niña de Guatemala

Quiero, a la sombra de un ala,   **ala:** parte del tejado
contar este cuento en flor:
la niña de Guatemala,
la que se murió de amor.
Eran de lirios los ramos,
y las orlas de reseda   **orla:** orilla adornada
y de jazmín: la enterramos   **reseda y jazmín:** flores
en una caja de seda.
. . . Ella dio al desmemoriado
una almohadilla de olor;
él volvió, volvió casado . . .
ella se murió de amor.
Iban cargándola en andas   **en andas:** tablero,
obispos y embajadores;   sostenido por dos baras
detrás iba el pueblo en tandas   o palos paralelos
todo cargado de flores.
. . . Ella, por volverlo a ver,   **en tandas:** gran cantidad
salió, a verlo al mirador:
él volvió con su mujer;   **mirador:** balcón cerrado
ella se murió de amor.   con cristales y cubierto
Como de bronce candente
al beso de despedida
era su frente,—¡la frente
que más he amado en mi vida!
. . . Se entró de tarde en el río,
la sacó muerta el doctor;

dicen que murió de frío;
yo sé que murió de amor.
Allí, en la bóveda helada
la pusieron en dos bancos;
besé su mano afilada,
besé sus zapatos blancos.
Callado, al oscurecer
me llamó el enterrador;
¡nunca más he vuelto a ver
  a la que murió de amor!

José Martí
Cuba, 1853–1895

El Domingo La Vi en Misa

El domingo la vi en misa,
el lunes le sonreí,
el martes me presentaron,
el miércoles fui a su casa,
el jueves me declaré,
el viernes le di el anillo,
y el sábado me casé.

Anónimo
Siglo XV

Epigrama

Admiróse un portugués
de ver que en su tierna infancia
todos los niños de Francia
supiesen hablar francés.
—Arte diabólica es—
dijo, torciendo el mostacho,
  —pues para hablar en gabacho
un hidalgo en Portugal
llega a viejo y lo habla mal,
y aquí lo parla un muchacho.

Nicolás Fernándes de Moratín

Actividades

A. De los primeros cinco poemas, escojan tres o cuatro ideas filosóficas que sean de su agrado; empleen citas alusivas.

B. Si Martí expresó este pensamiento en el siglo pasado, ¿cuál presidente estadounidense lo expresó hace pocos años? Interpreten su pensamiento en sus propias palabras. ¿Están ustedes de acuerdo?

C. Busquen en los versos comparaciones literarias, símiles o metáforas, y hagan una lista de ellas.

D. Expliquen en sus propias palabras el significado verdadero de uno de los poemas.

E. En la fantasía que Rubén Darío cuenta a su amiguita, ¿cuáles son los hechos superhumanos de la princesita y su papá? ¿Por qué ha sido tan popular esta poesía entre las niñas? ¿Qué características tiene que despiertan la imaginación juvenil? ¿Qué joyas tiene la princesa en su prendedor? ¿Por qué escogió el poeta tales cosas?

F. En sus propias palabras escriban un resumen del cuento que relata Martí en "La Niña de Guatemala."

G. ¿Cuál es la sátira del epigrama?

H. Si les parece posible escriban un poema propio.

Chapter One

Memphis, Tennessee—February 28, 1992

Missy Monroe was talking on the phone with her fiancé, and her mind was on ball bearings.

"Yes, Jeff, everything is set for the wedding tomorrow," she said tensely as she puffed away on a cigarette and scowled at the production schedule on her desk. "Mom and Dad seem to have all their ducks in a row, and I'm completely packed."

"I can't wait to see you in your bikini on that beach in St. Croix," Jeff said. "I'm sure I won't be able to keep my hands off you."

"You've managed to do so up until now," she responded dryly.

"Now, Missy. You know I want to wait until after we're married and make everything perfect," Jeff assured her gently.

Missy stifled a groan. "Ah, yes. Old-fashioned

11

gallantry, right here on the brink of the twenty-first century. How did I manage to deserve such a wonderful man as you?"

Jeff chuckled. "Sweetheart, are you teasing me?"

Missy sighed, setting down her cigarette and taking a quick gulp of scalding-hot coffee. She grimaced as her stomach rebelled at her fifth cup of the bitterly strong brew so far that day. "Actually, I think I'm just being honest."

"Then I might also wonder how I've come to deserve such a fine woman as you."

Now Missy did groan. "If you wonder about that, Jeff Dalton, you're a masochist."

He chuckled. "And you, darling, are being far too hard on yourself, as usual. Are we still on for dinner tonight?"

Tossing back her hair, Missy rubbed the tense muscles at the back of her neck. "Sure. If I can just get that shipment out the door to Detroit by then."

A note of concern entered his voice. "Missy, you work too hard. You know you don't have to continue at this pace once we're married. Between us, we have plenty of money."

"But I'll always want to work, Jeff."

"What about the children we want?"

She shrugged. "What do you think nannies are for? I'm not giving up my career."

There was an awkward pause, then Jeff said resignedly, "Of course, darling."

Missy rolled her eyes as she watched the plant manager step up to her doorway. "Look, George Schmidt is here, so I'd better run."

"Certainly. Give my best to George. Pick you up at seven?"

"Great."

Hanging up the phone, Missy stubbed out her cigarette and glanced anxiously at George. "Well? Will we make the deadline?"

George—a large, balding man in his late forties who appeared to be perpetually exhausted—flashed his boss a sheepish smile. "Sorry, Missy, but two more of the grinders just went down."

"Damn it!" Missy lurched to her feet, confronting George angrily. "How can you let something like this happen? If we don't get that shipment crated and ready for the hotshot by five, we're going to lose the order! I told you to monitor the preventive maintenance on those machines! One more fumble like this, mister, and it'll be your—"

"My what, Missy?" George interjected with tired patience.

All at once, Missy made a strangled sound, gritting her teeth in an effort to control her surging temper. She stalked off to the window, folding her arms tightly across her roiling stomach and staring moodily at the Mississippi River in the distance. She couldn't believe what she'd almost said to George—the very last person on earth whom she needed to alienate today!

Across from her, George Schmidt observed his young boss with a world-weary eye. Missy Monroe was a stunning blue-eyed blonde with a perfect cameo face. She wore a crisp suit of lightweight blue wool, and her shiny long hair was impeccably coifed about her face and shoulders. A person would never know just by looking at her that this twenty-five-year-old woman was a headstrong, spoiled little brat. Around the plant, Missy was called, unofficially, "The Bitch."

George had known Missy all her life. When Howard and Charlotte Monroe had first started Monroe Ball Bearings twenty-five years ago and had brought their infant daughter with them to the plant, he had even changed Missy's diapers a few times. Yet George had always felt concerned that the kindly Monroes had spoiled Missy outrageously, giving in to their willful child's every whim. Now, the 100 employees of the plant were reaping the consequences of Howard and Charlotte's total indulgence of their only child.

Ever since Missy had taken the helm of Monroe Ball Bearings two years ago, she had run the establishment with an iron fist, subjecting the staff to endless threats, unreasonable demands, and frequent temper tantrums. She never went so far as to fire anyone, but several qualified middle managers had already thrown up their hands and quit after bearing the brunt of one of her tirades. The loss of trained staff had hurt the enterprise, and probably as a result, Missy had recently made at least a token attempt to curb her notorious, hair-trigger temper. Rumor even held that she had attended a few therapy sessions.

Now, she turned to George with a contrite smile. "Look, George, I'm sorry. You've been like a second father to me, and I can't believe what I almost said to you. I don't know what I'd do if I lost you. I don't know why you put up with me sometimes. I'm such a bitch."

George didn't comment on what both of them knew to be true. Instead, he said, "Missy, you can't expect machines that are being run twenty-four hours a day, seven days a week, not to break down."

She waved him off. "I know."

14

"But we'll make that deadline, even if I have to grind the last few bearings with my teeth. Look, you've got wedding plans to complete, so why don't you just go on home?"

A crooked smile pulled at her mouth. "I'm being a pain in the neck, right?"

"Try a little lower," he suggested dryly.

She pointed toward him in a mock gesture of a firing gun. "Gotcha." She bit her lip. "By the way, are you certain you can handle everything while I'm away in the Caribbean?"

"We've been over this a thousand times." He winked at her. "Believe it or not, you're not indispensable around here. Almost, but not quite. Now, you just go on and marry that fine young man of yours and be happy." With a touch of sadness, he finished, "I really wish you *could* be happy, Missy."

She thrust her fingers through her hair. "I know. That would make life a lot easier for all of us, wouldn't it?" Watching him turn to leave, she added with unaccustomed tentativeness, "See you at the wedding tomorrow?"

He grinned. "Sure, boss. I wouldn't miss it for the world."

Moments later, Missy's mood was dour as she zipped along the freeway, heading toward her family's home in east Memphis. Last month, when the lease on her condo had expired, she'd moved home to prepare for her wedding; after she and Jeff were married, they planned to live at his apartment while they built a house in town.

Before leaving the office, she had dictated a memo to her assistant, giving George Schmidt another hefty bonus, his third so far this year.

She smiled ruefully. Each time she exploded at her capable plant manager, she tried to bribe his forgiveness through another fat check, or a generous chunk of company stock. Her temper was becoming expensive, and George was becoming rich. No doubt, he deserved it for putting up with her.

Why did she have to be such a bitch? Recently, her therapist had been trying to get her more in touch with her own feelings, to help her figure out why she suffered from so much repressed anger and passive hostility.

As nearly as Missy could figure, it was because she really *was* a pain in the neck—and, most critically, because no one here really needed her. She felt strangely out of sync in the world in which she lived, like an odd puzzle piece left over after a perfect picture had already been formed. Her gentle, long-suffering parents didn't need her; she'd been a thorn in their sides all her life, and she knew they would have preferred a much more docile sort of daughter. Monroe Ball Bearings didn't need her, either—George Schmidt was quite capable of running things without her, and she was little more than a squeaking cog there.

Most depressing of all, her fiancé, Jeff, didn't need her. Jeff was a kind, sensitive, honorable man; but Missy knew he was marrying her mostly due to the longtime urging of both their parents. Theirs would be the joining of two old Memphis families, as well as the merging of two viable industries here in this important commercial center of the South. Monroe Ball Bearings and Dalton Steel Tubing. It all seemed as natural and inevitable as baseball and apple pie.

Yet Missy had to face the fact that Jeff simply

did not excite her. Their relationship was devoid of conflict, since he almost always agreed with her on everything. Of course, Missy would never have dreamed of marrying any other type of man, since she was a hard-charging, liberated woman who wouldn't take any nonsense from anyone. She had been drawn to Jeff initially because he was so gallant, completely different from the jerks, male chauvinist pigs, and outright bastards she had dated in the past.

Still, Jeff was almost too much of a gentleman. Sometimes she perversely hungered to have a shoe-throwing fight with him, a really low-class scene, if only to clear the air. And the lack of sex in their relationship bothered her. Perhaps she could do something about that tonight. . . .

Heaving a guilty sigh, she lit another cigarette. Jeff was a living doll, and she was certainly a self-centered shrew to be thinking such unkind thoughts about him. Besides, surely all she was experiencing were pre-marital jitters. All her doubts would vanish once she and Jeff were married and off on their Caribbean honeymoon.

Missy did look forward to marrying Jeff tomorrow morning in her family's historic home. Missy and her parents lived in a huge Greek Revival mansion that originally had been built in the 1840s and was once part of a cotton plantation owned by some distant relatives named Montgomery. In fact, Missy's mother had once given her a box containing a few old letters belonging to a distant cousin from the 1850s, Melissa Montgomery, after whom Missy had been named. Missy had loved reading Cousin Melissa's descriptions of the carefree life-style of that era, and she had often daydreamed about living in

those dashing antebellum times. Indeed, Missy was wearing a replica of Cousin Melissa's wedding dress tomorrow. The box had also contained a faded daguerreotype of Cousin Melissa in her wedding gown, and Missy had been amazed by her resemblance to her distant relative. It had been almost as if she were staring at herself, magically transported to another time.

She laughed at the thought. Wouldn't everyone here love it if she did disappear?

Cousin Melissa's wedding day had been February 29, 1852, according to an inscription on the back of her picture. Leap year. When Missy had discovered that 1992 was also a leap year, she had found the symbolism irresistible and had set her own wedding date accordingly. Wouldn't her grandchildren laugh one day when they discovered that she and Cousin Melissa had married in the same house, in the same wedding gown, on the same day—February 29—only 140 years apart?

The sense of being in another time was certainly with Missy as she turned into the circular driveway of her parents' palatial home. The two-story mansion loomed before her with its fresh white paint, stately fluted columns, and gleaming dark green shutters. Honeysuckle curled about the trellises, and, around the grounds, magnolias, dogwood, and azaleas were already sprouting lush blooms. At the front of the house, two workmen were washing windows in preparation for tomorrow's wedding. Missy's heart took a sudden, unanticipated dip at the thought.

She parked her green Jaguar in front of the house, got out, and hurried up the front steps, taking deep breaths of the crisp, nectar-scented

18

breeze. Inside the foyer, she noted that several maids were busy cleaning fixtures and polishing the fabulous rosewood antiques in the double parlors and dining room. The mingled smells of furniture polish, glass cleaner, and roses laced the air.

She spotted her father standing beyond her at the newel post, at the base of the fabulous spiral staircase. Tall, slender, and gray-haired, Howard Monroe was intently polishing the newel button with his handkerchief.

Missy smiled. She had always been fascinated by the newel stone, which was green malachite shot through with odd, concentric circles. She remembered when she was a small child and her father had first told her of the legend of the newel button, of how in the "olden days" the button had been placed on the newel post in honor of the mortgage on the house having been paid. Her father had also mentioned that this particular button was supposed to be a polished fragment from a genuine Egyptian amulet.

Howard glanced up at his daughter and smiled. "Well, hello, dear. Glad to see you home early, for a change. All set for the wedding tomorrow?"

Missy hurried over to hug her father, stretching on tiptoe to plant a kiss on his cheek. "George hustled me out of the plant. I was being a nuisance, as usual."

Her father chuckled. "I take it he'll be receiving another generous bonus?"

"You take it right." She glanced about. "Where's Mom?"

"Settling some last-minute details with the florist and the caterer." He coughed awkwardly. "I

19

do hope that George is still planning to attend the wedding tomorrow?"

"I didn't manage to scare him off, if that's what you're so tactfully asking." Missy sighed. "Oh, Dad, you and Mom have been so good to me, and I've always been such a pain."

Her father eyed her quizzically. "You haven't been that bad, dear, not really."

She rolled her eyes. "Not even when I got expelled from boarding school for smoking in the library? Or the time I hid in one of the delivery trucks—and ended up in New Orleans? Or the day I got my driver's license and totaled your Cadillac?"

Her father chuckled. "Why this latent attack of conscience, my dear? It's not like you to be so self-deprecating." His gaze narrowed. "I do hope this sudden remorse is not a result of your therapy. Aren't those sessions supposed to make you feel *better* about yourself?"

"Oh, I don't know, Dad . . . I suppose I *am* trying to take a hard look at myself." She frowned morosely. "Maybe I'm just feeling sorry for Jeff, and thinking of what a rotten wife I'll make him."

Her father slanted her a reproachful look. "I see no one forcing that young man to the altar."

Missy twisted her fingers together. "But he's only marrying me because both our families have always wanted this match. Jeff's so honorable—in a way, it's almost as if he's a man of another age."

"And aren't you marrying him for those very sterling qualities?"

"Yes. But, the question is, why is he marrying *me*?"

Howard gave her hand a quick squeeze. "Now, my dear, give your young man more credit than that. It doesn't stretch my credulity one bit that he would fall in love with such a lovely creature as yourself. You may have your faults, Missy, as we all do, but at heart, you're a very worthwhile young woman. And you must know that your mother and I have always loved you, too."

"I know you do, Dad." She glanced up at him uncertainly. "Even though I'm nothing like either of you?"

"Missy, you've always had such unrealistic expectations. You're being too hard on yourself."

"That's what Jeff said." *Much worse, I've always been too hard on you, and on Mom*, she added to herself guiltily.

Howard gave the newel button one last swipe with his handkerchief. "There. Now everything will shine tomorrow—even this lovely old stone." He stared at his daughter lovingly. "I can't tell you how proud I'll be to escort you down this staircase."

Missy smiled bravely at her father, and the two looked into the newel stone together. . . .

Chapter Two

Memphis, Tennessee—February 28, 1852

In the same house, 140 years away, Melissa Montgomery stood with her father by the same staircase, and both of them were staring at the same newel stone.

Melissa was a stunning, blue-eyed blonde with a perfect cameo face. Her long hair was upswept in a proper bun, and she wore a high-necked frock of dark blue brocade, with full, sweeping skirts that covered even the tops of her black kid walking shoes. Her father was a robust graying man with sparkling blue eyes and a trim goatee; he wore a black frock coat and matching trousers, a green moiré vest, and a black silk cravat.

Using his snowy white handkerchief, John was polishing the newel stone, which a workman had attached to the post earlier that day. The oval of green malachite had been placed on the post in

honor of the mortgage on the house being paid in full.

"There," John said proudly, admiring the green bull's eye that now gleamed in its sterling silver holder. "We have double cause to celebrate, my dear. Today, I'm losing a mortgage, and tomorrow, I'm gaining a son-in-law."

"Yes, Papa," Melissa said demurely, even as she inwardly cringed at the thought of wedding Fabian Fontenot tomorrow, in accordance with the marriage contract that had been made between their families at her birth.

"Ten years, and at last this place is truly ours," John went on, glancing about at the double parlors to their left and the dining room to their right. All three rooms sported lavish French Revival furniture, imported rugs, and gleaming crystal chandeliers. Several maids bustled about, cleaning and polishing in preparation for tomorrow's festivities.

Melissa followed her father's scrutiny with a wan smile. She glanced again at the newel post, fingering the button of green malachite, which was shot through with odd, concentric circles. For a moment she could have sworn she saw the button wink up at her, almost like a mysterious conspirator. "Where did you get this stone, Papa? It's so lovely."

"Do you remember Finias Haggedorn, my friend who traveled so extensively throughout Egypt? He brought me this bit of malachite following his last expedition."

"How fascinating."

Leaning toward his daughter, John confided with a twinkle in his eye, "Finias swears the stone is a fragment from a genuine Egyptian amulet.

It's even supposed to possess magical properties."

"Truly?" Melissa replied. "You know, a moment ago, I could have sworn I saw the stone—"

The rest of Melissa's comment was curtailed as the front door swung open and Lavinia Montgomery swept inside, the ostrich feathers on her hat bobbing as she crossed over to her husband and daughter. Following the slim, still youthful matron was a beleaguered-looking manservant who was trying to juggle at least half a dozen boxes.

"Hello, darlings!" Lavinia trilled gaily, removing her gloves as she pecked the cheeks of her husband and daughter. With a nod at the servant, she continued crisply, "Joseph, you may take all of those boxes up to Miss Melissa's room." Winking at her daughter, she added in a confidential whisper, "My dear, wait until you see the luscious lingerie I bought you to complete your trousseau!"

"Thank you, Mother," Melissa said dully.

Lavinia glanced chidingly from Melissa to John. "And what are the two of you doing standing here by the newel post like a couple of hat trees? You both have duties to attend to, I might point out."

John chuckled. "Now, Vinnie, don't get on your high horse. Your daughter and I were having ourselves a bit of a ceremony."

"And what sort of ritual is this, pray tell?" Lavinia demanded imperiously. "May I remind you that the only ceremony that matters is the one to be carried out here tomorrow after church?"

John smiled. "True, my dear. But I think it's also important that your daughter and I take a moment to note the placement of the newel but-

ton on the post—in honor of the mortgage being paid."

"Stuff and nonsense," Lavinia insisted stoutly. "Melissa is getting married tomorrow, and all you can think about is mortgages and these absurd, trivial rituals."

"Trivial?" John boomed. "Are you now calling the home where we raised this lovely child trivial? May I remind you that you're the one who insisted that we build this Greek Revival monstrosity?"

"Now *you're* calling our home a monstrosity?" Lavinia queried.

"You called it absurd," John pointed out heatedly.

"I certainly did not! I merely called the *ritual* absurd—"

"Mama, Papa, please!" Melissa interjected fretfully. "Must you bicker so, on the very eve of my wedding?"

"My point exactly," Lavinia blustered on, with a firm nod at her husband. "Here you are, spending your time blessing newel buttons and other such folderol, when we've a wedding to prepare for!" She glanced sternly at her daughter. "Why, the situation is most grave, John. Just look at the girl—at twenty, she's practically a spinster, and we can't afford to leave anything to chance."

"My dear, what a callous thing to say to the child," John chided.

"The *child* needs a husband, just as you and I need grandchildren," Lavinia snapped back.

"Well, you needn't reduce things to such a crude level," John argued. "Think of your daughter's sensibilities, for heaven's sake."

"The girl is marrying Fabian Fontenot," Lavinia

continued, undaunted. "I'm sure her sensibilities have been thoroughly scandalized by now." She pinched Melissa's cheek. "What a sly devil he is. You lucky girl."

As Melissa stifled a cry of horror at her mother's words, John's features darkened. He shook a finger at his exasperating wife. "Lavinia, I'll tolerate no more of this loose talk. Why, a body would almost assume you're in love with that young man—"

"Why even assume?" Lavinia asked outrageously.

"Lavinia Montgomery! If I weren't a gentleman, by thunder, I'd have you across my knee for such treason. . . ."

As her parents continued bickering, Melissa stood miserably at the sidelines. As always, she felt totally left out of their lively banter, an outsider in her own home. Though her parents had always treated her well, Melissa had felt all her life that they were disappointed in her as a daughter, and that they would have preferred a spunkier offspring. As for her marriage tomorrow, she had long ago concluded that her parents were much happier that they were gaining Fabian Fontenot as a son-in-law than they were that she was gaining a husband.

"He is coming for supper tonight, isn't he, dear?" Lavinia interjected, breaking into Melissa's thoughts.

"I beg your pardon?" she asked.

"Fabian? Isn't he coming for supper tonight?" Lavinia repeated impatiently.

"Fabian told me he would stop by after the evening meal—to discuss our wedding trip," Melissa related awkwardly.

"Ah, wonderful," Lavinia cried, clapping her hands. "Dessert."

"Now, Lavinia," John scolded.

Melissa left her parents to bicker and slipped away up the spiral staircase. On the second floor, she swept quickly to her room, entered, and shut the door. She glanced around at the familiar haven where she had spent so many happy hours reading, sewing, praying, or just day-dreaming. She watched the sunlight dance across the Persian rug and gleam on the polished rosewood furniture, the bright cheeriness of its rays seeming to taunt her. She glanced at the lingerie boxes stacked on her dresser—and abruptly burst into tears.

Crossing the room, Melissa threw herself across the bed and sobbed disconsolately. As much as she had tried to put on a good show around her parents, she was terrified at the prospect of marrying Fabian tomorrow. He had made her life utter hell all through their courtship. No matter how hard she had tried to please him, she simply could not. He scoffed at her sensibilities and bellowed at her constantly. Her attempts to placate him only enraged him all the more. Though she hated to admit it, she had to acknowledge now in her heart that Fabian was a beast and that the two of them had nothing in common. Their marriage was surely doomed—

And yet Fabian would be coming to see her tonight, to discuss plans for their wedding trip! The very idea made her quake and sob all the more.

Melissa fervently wished she could somehow escape her fate. Yet she was deeply religious and devoted to her family, and she would not dream

27

of disappointing her parents, or of dishonoring the marriage contract made at her birth.

Now, if only she could survive her marriage to Fabian!

"Melissa, child, what ails you?"

At the dinner table that night, Melissa glanced apologetically at her mother, after having just spilled her third goblet of water during the meal. "I'm sorry, Mother," she murmured, then turned apologetically to the graying manservant who was mopping up the mess with a linen towel. "Here, Joseph, let me . . ."

"Restrain yourself, daughter!" Lavinia scolded so vehemently that both Melissa and Joseph shrank back. "Why do we have servants, if not to tend to such mishaps?"

"Yes, Mother," Melissa said, planting both hands firmly in her lap and slanting Joseph a lame smile.

Meanwhile, Melissa's father was dabbing at his mouth with a napkin and flashing a sympathetic grin at his daughter. "Now, Vinnie, don't be so hard on the girl. She's simply experiencing pre-marital jitters. Very natural."

"Pre-marital jitters, my hat!" Lavinia snorted. "The way the girl is fumbling her way through dinner, she'll surely dump a tureen of soup over poor Fabian's head on their wedding night."

Even Melissa gasped at that horrifying image.

John was poised to comment when Eli, the butler, stepped into the room and announced, "Mr. Fabian Fontenot has arrived."

No sooner had Eli pronounced his words than a tall, dark, masterfully handsome man strode in. "Good evening, John, Lavinia." His intense gaze

flicked over to Melissa, and he added with a touch of cynicism, "My darling Melissa."

While Melissa stared back at Fabian, wide-eyed, John and Lavinia sprang up to greet their guest.

"Fabian, boy!" John boomed out, pumping Fabian's hand and pounding his back.

"My dear, you're just in time for dessert," Lavinia added to her future son-in-law with an adoring smile.

"Thank you for your hospitality," Fabian returned in his deep, resonant voice, "but actually, I've come by to have a word with my future bride." He shot another meaningful glance at Melissa, who stared back at him like a frightened doe.

"Ah, yes, boy, you two have a wedding trip to plan, don't you?" John put in. "Are you spiriting our daughter off to some truly romantic haunt?"

"I hear Paris is so lovely in the spring," Lavinia added wistfully.

Fabian fought a grin. "Well, suffice it to say, your daughter's wedding trip should prove a fine surprise," he muttered dryly. He started toward Melissa. "My dear, shall we have our little chat out on the gallery?"

She managed a tremulous nod.

"Isn't it a bit cool to sit on the porch tonight?" John asked.

Lavinia waved him off. "John, don't put a damper on them. Can't you tell that these two love birds are dying to be alone?"

"Actually, sir," Fabian remarked to John, "the night is rather mild."

He nodded. "Very well, then."

Fabian took Melissa's shawl from the back of

her chair and draped it about her shoulders. She stared up at him and struggled not to cower in his daunting presence.

"Shall we?" he murmured mockingly, extending his arm.

Melissa gulped, but obediently shot to her feet. "Of course, F-Fabian," she stammered. She placed her clammy fingers on his arm.

"John, Lavinia, if you'll excuse us?" With these polite words to his parents-in-law-to-be, Fabian towed his fiancée from the room.

"Ah, a match made in heaven," Lavinia breathed raptly.

John appeared more skeptical, stroking his goatee as he eyed his wife. "You know, I do wonder, my dear."

"Wonder what?" Lavinia asked.

"If we're not imposing our own expectations on the child."

Lavinia was aghast. "Why, John! What an absurd thing to say!"

"Is it?" His frown deepened. "Vinnie, no one ever asked the child if she wants Fabian Fontenot for a husband—"

"How could she not want him? The man is a god!"

John slanted a reproachful glance at his wife. "Perhaps I'm questioning whether we chose a husband for Melissa for our own good instead of for hers."

Lavinia rolled her eyes. "John! What folderol! The two are obviously meant for each other. Why, the girl was fairly trembling with joyous anticipation as they left the room together."

John appeared unconvinced. "Was it anticipation? I wonder."

*   *   *

Out on the dusky, cool front porch, Melissa sat tensely on the swing, clutching her shawl tightly about her as she watched Fabian pace. Lost on her was the beauty of the sunset, the sweet scent of the jasmine and the calling of a night bird. Her entire being was focused on her tyrant of a fiancé and what preposterous thing he might say or do next.

Striding about with hands clasped behind his back and scowling formidably, Fabian appeared as volatile and unpredictable as a storm about to unleash its fury. Oh, Melissa well knew he could be charming and agreeable, as he'd been with her parents in the dining room. Yet he also had a hair-trigger temper and a brooding, mercurial nature—all of which Melissa was painfully aware, after their two-year-long courtship.

Often, guilt gnawed at her that she did not find him more appealing. Fabian certainly turned every other female head in Memphis, and he had never missed an opportunity to flirt with the fairer sex, even in her presence. It often dismayed Melissa that, far from becoming jealous at her fiancé's overtures toward other young ladies, she often wished he'd simply choose some other Memphis belle to wed.

He was certainly a prime candidate—big, broad-shouldered, and muscular, with thick, curly dark brown hair, deep-set brown eyes, and features that appeared as if chiseled from some ancient bust of male perfection. Melissa knew that most women would swoon in joy at the prospect of sharing the marriage bed with him—

Instead, Melissa quaked in fear, the very intensity that set other female hearts to palpitating

31

making her shrink in horror. The few times Fabian had kissed her had been unqualified disasters. He had been bold, demanding, totally impatient with her maidenly qualms; she had been overwhelmed, on the verge of hysterics. If such were her reaction to a mere kiss, their wedding night would surely be an utter trial for her and a terrible disappointment for him.

He turned to her with a strained smile. "You are all packed for tomorrow, I presume?"

She twisted the fringe on her shawl. "Yes, Fabian."

His challenging gaze impaled her. "You're certain you want to follow through with this?"

Melissa was taken aback, feeling sweat break out on her upper lip. "What other choice do we have? After all, the contract was signed at my birth."

"Indeed, it was," he drawled. "We mustn't neglect our duty, must we, you and I?"

Melissa bit her lip. "Fabian, is there something you wish to say? I mean, you seem rather tightly wound tonight."

"Do I?" He crossed his arms over his chest in a gesture of belligerence. "Tell me, are you not curious regarding our wedding trip, my pet?"

She stared at her lap and muttered, "I'm sure that anywhere you wish to take me will be fine with me."

Anger darkened his face. "My, my. Do try to restrain your joy at the thought of wedding me."

She glanced away awkwardly. "I'm sorry, Fabian. I did not wish to make you feel . . . unwelcome."

To her chagrin, her apology only snapped his meager patience and exacerbated his fury. He

charged on her aggressively. "You did not want to make me feel *unwelcome*? How could I possibly feel that way? You merely quake in terror and revulsion every time I come near you! You only shrink in horror ever time I kiss you! Why should I feel the least bit *unwelcome*, my sweet darling, when you're about as eager to marry me as a felon being carted off to the gallows!"

Melissa was fighting tears at his harsh, cruel words. "Fabian, I—I apologize if I've seemed—distant. But, please, must you bellow at me tonight, on the very eve of our wedding?"

"Must I bellow?" Fabian was shouting now. "Damn it, woman, where is your righteous indignation? Have you no spine at all? Is that calf's jelly holding you together? I swear, I've never known a woman who was more mealymouthed and lacking in spirit! If I brought a cast-iron tea kettle crashing down upon your head, you would only apologize for being in my way!"

Melissa stared at him distraughtly, wringing her hands. "What is it you want, then? Why is it I can never please you?"

Fabian clenched his fists and somehow restrained an insane impulse to blurt out the truth. Instead, he said resignedly, "The die is cast. It seems we cannot escape our fate."

Melissa nodded miserably. "That is true."

"We'll wed in the morning, then," Fabian continued morosely, "and tomorrow afternoon, we'll depart on our—blissful honeymoon."

Melissa gulped, her curiosity at last outweighing her fear. "Where is it you are taking me, Fabian?"

A smile of vengeful pleasure lit his face. "Why, I'm taking you on a safari to Africa, my sweet darling."

"A—a safari! To Africa!" Melissa was aghast.

"Indeed. We're sailing for the Gold Coast, where we shall hunt elephants with friendly Nigerian natives."

"Fabian! Surely you jest."

"Not at all. So you don't think you'll enjoy traipsing through the wilds of the brush country with me, my sweet?"

"It is not that at all!" Melissa cried. "I find your choice of a wedding trip—bizarre, to say the least—but I would be willing to abide by your wishes—only—"

"Only what, pray tell, my sweet darling?" he sneered.

Huge scalding tears filled Melissa's eyes. "How can you even think of shooting those big gentle elephants!"

He muttered a blistering expletive. "Oh, for the love of heaven! So I've offended your tender sensibilities, have I? I knew before that you were a prig, but now I'm certain I'm marrying a coward—and a hothouse flower."

These comments brought Melissa surging to her feet. She trembled in hurt and mortification. "How can you say such a thing!"

"I say it because it's true!" he barked. "Now, the question is, will you obey me and go to Africa like a dutiful wife, or shall we simply call off this travesty of a marriage?"

Melissa's lower lip was quivering violently. "Fabian, they're only elephants! How can you shoot them?"

"Quite easily, my pet," he snapped. "With an elephant gun."

"B-but they no more deserve to be shot than—than I do!"

He raised an eyebrow at that. "Don't tempt me."

Melissa was choking on sobs. "Very well, then, Fabian Fontenot! I'll go with you to Africa! But do not expect me to join in your cruelty!"

She fled into the house.

"Ah, hell!" Fabian groaned.

He remained behind, slamming his fist into a pillar and cursing himself as a sadistic beast for making Melissa cry.

Actually, Fabian had no intention of taking Melissa to Africa. But some perverse part of him had been trying for ages to provoke her into breaking their engagement. Why did she always give in to him on everything? Why did she never truly fight him, or tell him to go to hell, as he sometimes so richly deserved? He hated himself because this gentle creature always brought out the worst in him. Fear gnawed at him that their marriage would be a disaster. But no matter what unforgivable thing he did, Melissa had never even considered calling off the wedding. And even he couldn't be such a cad as to break the contract made so long ago between their families.

Sorrow lanced Fabian's heart as he remembered his mother and father. He'd lost his parents two years ago, in a yellow fever epidemic. He now shared the family plantation home with his aging grandparents, who were frail and infirm, as well as deeply entrenched in Old-World traditions. Fabian knew that if he backed out of the arranged marriage now, he would break his grandparents' hearts—not to mention disgracing the memory of the dear mother and father who had made the contract in the first place.

He was bound, then—bound by guilt and honor.

While he might try to goad Melissa into rejecting him, he could never subject her to the humiliation and disgrace of a broken engagement at his hands.

He lit a cheroot, his gloom growing as deep as the shadows of the night. Every time he touched Melissa she cringed from him. She was a shy, retiring maiden who needed to be wooed and seduced; he was a man of strong urges accustomed to taking precisely what he wanted—a man with no patience whatsoever for a jittery virgin.

Their marriage was clearly doomed, yet there was no help for it.

Late that night, when all the house was dark, Melissa crept down the steps in her traveling cloak, with her valise in hand. Hers was a flight of utter panic and despair, and she had no idea where she was going. But, for the moment, her terror at the thought of wedding Fabian outweighed all other concerns.

Next to the newel post, she paused, as she again seemed to glimpse that odd light winking at her from the stone. She remembered how thrilled her father had been during their small ceremony today, how proud both her parents were regarding her planned marriage to Fabian tomorrow. Her heart welled up with painful, conflicted emotion—

Suddenly, Melissa realized that she couldn't disappoint her parents—she couldn't run away from her troubles. Fabian had been right—there was no escaping their fate. With tears streaming down her face, she stared into the newel button

and whispered hoarsely, "I wish I could be anywhere but here!"

Melissa rushed back up the stairs to her room, where she spent the rest of her night in a purgatory of desperate weeping and futile prayer.

Chapter Three

One hundred and forty years away, Jeff Dalton and Missy Monroe stood by the same newel post, kissing. The two had just returned from an evening of dinner and dancing. Missy wore a black cocktail dress and pumps, Jeff a navy suit, a white shirt, and a tie.

Missy was trying her best to pour herself into the kiss, clinging to Jeff and pressing her mouth firmly onto his. Jeff's response was far more restrained, his lips remaining tightly pressed together, his hands perched tensely on her shoulders.

At last she pulled back in exasperation. "Jeff, what's wrong with you tonight? I might as well be kissing a block of ice, for all that you respond to me!"

Jeff chuckled, flashing charming dimples. "Just trying to restrain myself, darling, so tomorrow night will be very special."

Missy breathed a frustrated sigh and took his hand. "Let's have a nightcap in the living room."

"Sure. Whatever you say."

Inside the lovely old double parlors, Missy poured them both snifters of brandy, and they settled down with their drinks on the rosewood settee flanking the blazing fire. Jeff took off his jacket and loosened his tie. For a few moments, the two sipped their drinks in silence and absorbed the ambience of the elegant rooms.

Missy glanced at Jeff, reflecting on how handsome he was, with his thick blond hair, his blue eyes, and his finely chiseled features. He was tall, with a lean, muscular build that looked great in swim trunks. She had often mused that they would have beautiful children together someday. While Missy was devoted to her career, she had always secretly mourned her upbringing as an only child, and had longed to have several children of her own. Of course, she would never be willing to give up her career, but she firmly believed that her work would be no impediment to her having a family—

If Jeff would ever father her children! She swirled her brandy and frowned at the thought, realizing that it really bothered her that she and Jeff were marrying tomorrow and they still hadn't slept together. Perhaps she was using him in this marriage, but he would clearly benefit from the arrangement, too—

What if her stud were a dud?

Jeff set his snifter down on the coffee table and flashed her a tired smile. "Guess I'd best be going, Missy. We've a big day ahead of us tomorrow."

She touched his hand. "Jeff, do you really want this marriage?"

39

He appeared taken aback. "Why, of course I do."

"I just don't know sometimes," she said sullenly.

"Missy—you must know I'm devoted to you," came his gallant response.

She still appeared unconvinced, pressing her fingers on his shirtfront. "Then how 'bout just one more kiss before you leave?"

He smiled placatingly. "Sure, darling."

Jeff took Missy's snifter and set it down on the coffee table. Then he drew her into his arms and slanted his mouth tenderly over hers. But Missy had lost all patience with his chaste kisses. Her bold fingers pulled at his shirt buttons; her tongue pressed eagerly into his mouth, darting in and out in shameless invitation.

Missy heard Jeff groan, felt his arms tighten about her. For a brief, exhilarating moment, she was sure she had won. Taking encouragement from his raspy breathing and the eager press of his body, she undid several buttons on his shirt and ran her fingertips over his bare, muscular chest. She could have laughed her triumph when his tongue plunged with sudden hunger into her mouth. Her hand moved wantonly lower, beneath his waist, then her fingers curled about something deliciously hard—

She gasped with joy and delirious anticipation. This man was clearly no dud!

Then, even as she was reaching for his belt buckle, Jeff abruptly pulled away, stood, and crossed the room to the window. Standing with his back to her, he buttoned his shirt and straightened his tie. "Missy, we mustn't," he said hoarsely. "Your parents—"

"Are sound asleep upstairs," she finished impatiently. "As for you, Jeff Dalton, either you've started carrying a nightstick or you're hiding one wedding present I'm determined to open tonight."

He turned on her in sudden anger. "I don't find your crude attempts at humor the least bit amusing, Missy."

She lunged to her feet. "Then why are you marrying me?"

For a moment, Jeff was tempted to blurt out the truth. Then he thrust his hands into his pockets and said resignedly, "I'm marrying you because it pleases you—and because it pleases our families."

"And what about you?" she pursued aggressively. "Does this marriage please you?"

He sighed. "Why else would I have proposed, Missy?"

"I'm really not sure." She eyed him quizzically. "Are you a virgin, Jeff?"

His face darkened. "Certainly not!"

"Well, I'm not either," she asserted without shame.

He laughed dryly. "I'm certainly well aware of that fact."

"Then what's the big deal about our making love?" she demanded.

"Are you afraid that you'll get less than you bargained for?" he asked darkly.

"Well maybe I am!" she retorted. "I'm not really sure at this point whether you'll ever honor your obligations as my husband."

"Damn it, Missy!"

Prior to this moment, Missy had been certain that she knew Jeff Dalton. But it was a white-faced stranger who now quickly crossed the room,

41

pulled her into his arms, and kissed her with surprising passion.

A moment later, he pulled back, blinking at her as a muscle worked in his jaw. "Don't worry, Missy," he assured her bitterly. "I'll rise to my duty."

Numbly, she watched him stride out of the room. Never had she known Jeff Dalton to be possessed of such turbulent emotion.

"My God, where did *that* come from?" Missy whispered.

Jeff didn't feel proud of himself as he drove away from the Monroe home. By nature, he was a patient, gentle man, but tonight, his fiancée had managed to goad him into an anger and passion that he now deeply regretted.

He recalled her ruthless questions: Why was he marrying her? Was he a virgin? He smiled ruefully. He supposed he was a virgin—almost. Wouldn't Missy laugh if she knew the truth? If she knew he had made love to only one woman during his entire lifetime? If she knew that he was marrying her now to please other people, not himself?

For, as much as Jeff had tried to play the role of the amorous, attentive fiancé, he knew that this marriage, far from being a love match, was a merger, a cold-blooded business deal. All his life, his parents, patriarchs of Dalton Steel Tubing, had yearned to join forces with Monroe Ball Bearings. For some time, Jeff had resisted them, and then, about two years ago, when his father's health was rapidly failing, he'd given up and acquiesced. Tomorrow, his widowed mother would see their dream realized, and Jeff would consign himself

to a loveless marriage. He was nothing if not a dutiful son.

Was he being fair to Missy? A bitter laugh rose up in him. Oh, yes, he was being eminently fair. Missy wanted a merger, too. Her only qualm seemed to be whether or not he would father the children she longed for to perpetuate her dynasty.

There, too, he would fulfill his duty, even if his heart would never be in this marriage.

Where was his heart? At that critical question Jeff felt tight emotion welling up in his chest.

Jeff was twenty-six years old. He had an MBA from Harvard Business School. He worked tirelessly and successfully as general manager of his family's firm. To the world, he presented a cheerful and charming façade.

Yet he was a man dead inside. He had died on the fourth of July, six years ago, on the night he had lost the woman he loved.

Abbie had been only eighteen, full of life and vitality, humor and trust. He had loved her since high school, had dated no one else after he went off to college. He had written her poetry and read it to her in the gazebo behind his family's summer house.

He'd been home that summer before his junior year, and their love had deepened into a maelstrom of passion. He had tried so desperately to resist her, wanting for both of them to be virgins on their wedding night.

On July 2, she'd seduced him, in two hours of glorious passion in the back seat of his car. Jeff had never known that such ecstasy could exist. He had begged her to marry him at once. She had refused, telling him that he had to put his

education first. It had been their first and only fight. She had demanded that they both take a week or so to cool off.

Nevertheless, two days later, on July 4, he had called her, begging her to meet him so that they could talk things over. She had made plans for the day, having signed up to paint houses in a poor neighborhood with members of her church. But she had promised to meet him late that night, at their favorite spot in Audubon Park—

She had never made their meeting. As Abbie drove to the park, a drunk driver had hit her car head-on, and she'd been killed instantly.

Jeff's world had been utterly shattered. It was still shattered. If anyone ever read the dark, hopeless poems he wrote now, he'd be carted off to an asylum.

Abbie had been the only woman he ever loved, the only woman he'd ever made love to.

Now, he would commit himself to a marriage where his feelings would always be safe, shut away, sacrosanct.

Where was his heart? It lay at Memorial Park Cemetery, with an angel who would never see nineteen.

Chapter Four

The next morning a feeling of unease dogged Missy as she sat at her dressing table. Her hair was styled in lush ringlets atop her head, and she had already donned her lingerie and petticoats and had applied light makeup, in keeping with the old-fashioned dress she would soon put on. Yet as she stared at her reflection in the mirror, she saw a tight-lipped young woman with worry lines surrounding her mouth and eyes—not a blushing bride.

Today was her wedding day, yet Missy's mood was far from blissful. She remained perplexed by Jeff's behavior the previous night, and she still wasn't really sure why he was marrying her. She had suspected for some time that he didn't love her, and she knew in her heart that she didn't love him.

Why, then, was she going through with this?

Because Jeff is handsome and charming. Because

he treats you like a lady. Because you can always get your way with him.

A dozen sound reasons for marrying him flooded her mind. The marriage was expedient, a sound and logical business merger. Love didn't matter as much as accomplishing her goals—

Why, then, couldn't she shake this feeling of vague dissatisfaction?

Missy told herself she couldn't have it all. No one could. Oh, she'd been around a few men who'd sparked feelings of passion in her. Yet those same men had been chauvinistic jerks who had really wanted only to boss her around.

Jeff represented safety, security, respect. Those were the things that really mattered in life, weren't they?

"Good morning, dear," a pleasant feminine voice trilled out, breaking into Missy's turbulent thoughts.

Missy glanced over her shoulder, watching a plump, middle-aged woman enter the room with a breakfast tray. "Good morning, Mom."

"How are you doing today, sweetheart?" Charlotte Monroe continued, crossing the room. She was already dressed for the wedding in a stylish ensemble of lavender silk.

Missy groaned as she watched her mother set before her a tray with enough pancakes, bacon, and orange juice for three men. "I'm doing fine, Mom—as long as I don't gain five pounds before I try to squeeze into my wedding gown."

Charlotte laughed. "Darling, you're much too thin. So, are you all set for the most exciting day of your life? No last-minute jitters?" She smoothed down a curl on Missy's brow. "You do look rather preoccupied."

46

Missy restrained an urge to snap at the woman who had hovered over her all her life. Instead, she muttered, "You know I'm not the jittery type." She took a gulp of coffee and grimaced.

"Are you all packed for the Caribbean?"

"Yes, Mother."

"And have you had all your shots?"

Missy rolled her eyes. "What shots?"

"You mean you didn't even ask the doctor? What if you were to contract malaria or something?"

Missy's eyes implored the heavens. "Mother, we're going on a cruise to the Virgin Islands, not on a safari to Borneo."

Charlotte appeared unconvinced, laying an index finger alongside her cheek. "Well, I'm not sure, dear. There must be an inoculation or two that you need. . . ."

Missy set down her lipstick and frowned up at her mother. "Mom, will you please quit worrying and help me into my wedding gown? Isn't the man due any minute now to take my photograph?"

"Well, yes, but . . ." Charlotte chewed her bottom lip. "I just hope we haven't forgotten anything."

Missy stood. "Believe me, Mother, we haven't. After all, you must be the only matron in Memphis with a smoke alarm, a snakebite kit, and a fire extinguisher in every room of your house."

This comment coaxed a smile out of Charlotte Monroe. She swept over to the closet, taking out Missy's wedding dress and then following her daughter to the full-length mirror. Pulling the lovely, old-timey masterpiece of satin, lace, and seed pearls over Missy's head, she uttered an ecstatic sigh.

47

"Oh, darling, how wonderful you look!" Charlotte cried, dabbing at tears with her handkerchief. "The seamstress did a splendid job of copying Cousin Melissa's wedding gown, didn't she?"

"She certainly did," Missy replied, glancing at the daguerreotype of Cousin Melissa, which sat framed on her dresser. A shiver coursed through her as she stared at the visage of a woman who could have been her exact twin, except for a rather sad, vulnerable quality in her distant cousin's eyes. Gazing back into the mirror, Missy admired the styling of her copied gown—the high neck, fitted bodice, tight waist, and full, sweeping skirts. The entire effect was delicate, feminine, and so old-fashioned that Missy felt almost as if she had stepped back into another time. Indeed, she now so resembled Cousin Melissa's daguerreotype that a more superstitious person might have sworn that she had just materialized from the faded photograph. The thought brought a proud yet fleeting smile to her lips.

Why did she feel so blue?

As a knock sounded, both women called out, "Come in," and Howard Monroe entered the room, wearing an elegant black suit.

Grinning with pride, Howard crossed the room to his daughter and wife, pecking both their cheeks. "My dear, I've never seen a lovelier bride."

"Thanks, Dad," Missy said. "You look quite handsome yourself."

"Well." Howard clapped his hands. "The photographer is here, and a few of the guests have already arrived."

"How wonderful!" Charlotte trilled. Abruptly, she wrung her hands. "Oh, do you suppose we've

48

forgotten anything, Howie?"

"Now, Charlotte, quit fretting, everything is fine," Howard assured her. He turned to his daughter. "Mr. Christopher is setting up his equipment on the upstairs back balcony."

"Great," Missy replied with a frozen smile.

Moments later, Missy stood posing for the photographer on the crisply cool veranda, with the bright sunshine of the late February morning pouring down upon her. The scent of delicate perfumes drifted up from the garden below her, and a choir of birds sang sweetly in the trees.

But as the photographer snapped his shutter, Missy's smile remained stiff, frozen . . .

Melissa Montgomery sat at the dressing table in her underclothes and wrapper. With her hair styled in lush ringlets atop her head, she stared red-eyed into the mirror. She felt—as Fabian had so aptly put it last night—about as eager to marry him as a felon being carted off to the gallows. She glanced across the room at her wedding dress, hanging from the door of her armoire, and sorely wished she could get up the courage to don it.

Melissa had spent the night sleeping fitfully and sobbing into her pillow, as her puffy features now attested. She remained incredulous and horrified that Fabian planned to take her off on a honeymoon to Africa to shoot elephants. Never in her life had Melissa touched a gun, and she wasn't about to do so now. But surely she would burn in hell for being a part of Fabian's scheme. Indeed, nightmares of squalling, stampeding elephants— the poor beasts storming across the African plains as Fabian chased them with a blazing gun—had haunted her dreams all night. She felt more sym-

pathy for the elephants than she felt for herself. At least Fabian wouldn't shoot her—

Or would he? she asked herself in a sudden panic as she recalled some of his surly comments last night.

"Good morning, dear!" a cheerful feminine voice called out.

Melissa jumped and jerked about on her stool, watching her mother sail into the room. Lavinia was already dressed for the wedding in an elegant frock of mauve silk.

"Good morning, Mother," Melissa managed.

With a frown, Lavinia took in her daughter's swollen features. "What's this, daughter? You look as if you're about to attend your own funeral, not your wedding."

As she faced her mother, Melissa's lower lip trembled violently and she burst into tears.

"My heavens!" Lavinia exclaimed, handing her daughter an embroidered handkerchief. "I can understand pre-marital jitters, but you're turning a case of nerves into a full-fledged crying jag."

"I'm sorry, Mother," Melissa choked out.

Lavinia patted the girl's heaving shoulders. "Is it tonight that you're fretting over?"

"Yes . . . No . . . Oh, I don't know!" Melissa wailed.

"I recommend a double dose of brandy before retiring," Lavinia put in confidentially. As Melissa stared at her mother in shocked surprise, she added stoutly, "I realize that you've never touched spirits, but I think some medicinal fortitude may be in order under the circumstances—"

"Oh, dear!"

"Don't worry, Fabian will know precisely what to do."

"That's just what I'm afraid of," Melissa sobbed.

Lavinia might not have even heard her, for all she took note. "Oh, you lucky girl!" she trilled gaily, crossing over to the washstand and wetting a cloth in the basin. She wrung out the rag and returned to her daughter's side, blotting Melissa's face. "Now chin up, daughter! Chin up! The man will arrive shortly to take your daguerreotype. And I'm sure the guests will be descending upon us forthwith, as soon as church is released."

"I do so wish we'd gone to the service this morning," Melissa fretted.

Lavinia raised an eyebrow. "On your wedding day? And risk seeing the groom? I know you don't approve of having the wedding on Sunday, but it's really the only time when everyone is in town, and, besides, Reverend Sloan must leave for the camp meeting tomorrow—"

"Yes, Mother."

"Now, I'll call Dulcie to put on your gown."

Half an hour later, Melissa stood on the back veranda, posing for the photographer in her fabulous gown and veil as the bright sunshine of the late February morning poured down upon her. A potpourri of delicate nectars drifted up from the formal gardens, and a choir of birds sang sweetly in the trees.

Yet, as her image was etched for posterity, Melissa's smile was stiff and frozen.

All too soon, Melissa stood at the top of the dramatic spiral staircase with her father. Her veil was in place, her bouquet in hand. Below her in the huge double parlors, Fabian, the minister, her mother, and several dozen guests waited for her to descend. She stared down at Fabian, noting his

51

grim, impatient expression, and felt the contents of her stomach making a quick, sickening ascent up the back of her throat—

Even as panic and nausea threatened to overwhelm her, the strains of the Wedding March drifted up from the piano.

"Ready, dear?" her father asked with a proud grin.

Wild-eyed and fighting back queasiness, Melissa stared at her father and found herself thinking again, *I wish I could be anywhere but here. . . .*

"Well, Melissa?" he prodded with concern. "Are you all right?"

She flashed him a frozen smile. "Of course, Father. I'm ready."

Melissa's slippered foot ventured forward. Yet instead of contacting the step, her shoe caught on her hem. She did a wild little dance, flailing out with her arms then screaming as she lost her balance—

As her father tried unsuccessfully to grab her and the horrified guests watched, Melissa tumbled head over heels down the stairs, her body abused and bruised by each sharp step. Watching wallpaper and banister spindles whirl past her, she clawed out for a handhold, but grasped only empty air. She continued to roll and pitch headlong until she hit her head on the newel post, lost consciousness, and landed in a heap at the foot of the stairs.

There was a collective gasp, a split-second of appalled silence, and then Melissa's parents, Fabian, and fifty alarmed guests rushed toward the fallen woman. In the panicked atmosphere, no one saw the newel button wink as if it alone were in possession of a mischievous secret. . . .

*   *   *

Missy Monroe stood at the top of the spiral staircase with her father. Her veil was in place, her bouquet in hand. Below her in the huge parlor, Jeff, the minister, her mother, and several dozen guests waited breathlessly for her to .descend. Missy watched Jeff smile up at her. He looked very handsome in his old-fashioned morning coat and matching trousers, and yet she could see sadness and a certain resignation in his eyes.

The strains of the Wedding March drifted up from the piano.

"Ready, dear?" her father asked with a proud grin.

Missy glanced again at Jeff's less-than-ardent countenance, then stared at her father. Ironically, she found herself thinking, *I wish I could be anywhere but here* . . .

"Well, Missy?" her father prodded.

Missy flashed him a frozen smile. "Sure, Dad."

Missy's slippered foot moved forward. Yet instead of contacting the step, her shoe caught on her hem. She did a wild little dance, flailing out with her arms and then screaming hysterically as she lost her balance. . . .

Chapter Five

The calendar on the bedside table read "February 29, 1992."

A throbbing pain tugged Melissa Montgomery toward consciousness. She blinked and gasped as her eyes struggled to take in the blurry room. Her head hurt like the very devil, and her body felt as if she'd been pounded with a rolling pin.

Images swam before her, of bizarre people dressed in outlandish clothing. At first, she thought she was in the midst of a bad dream. Then her vision cleared, awareness dawned, and she gasped in fear and horror—

She was lying in a strange bed in a strange room—it was her room, yet it *wasn't* her room at all. The windows were in the same places, yet the drapes were different, straight lined and crisply pleated. The walls were papered in a floral print she'd never seen before; the rug was a plush mauve that crept from wall to wall. The furniture

had peculiar, squared-off lines and was vastly different from the carved rosewood pieces she was accustomed to—

And the people! Four utter strangers surrounded her bed, the ladies with short hair and wearing scandalously short dresses, the gentlemen in their equally curious suits and odd, polished shoes. Even as she tried frantically to take all this in, one of the gentlemen stepped forward and flashed a small beam of light into her eyes. As she cowered back in fear and clutched the covers, the man turned to the other gentleman and frowned.

"Well, doctor?" the second man asked.

"Her reflexes seem normal," the doctor said, "but we'll take X rays just to be sure."

Melissa realized she was on the verge of hysterics. Who were these people and what madness were they babbling about? Why was she here? Why was there a small black box on the bedside table, with queer red numbers blinking at her like demons? Why was a shaft of warm air blowing down upon her face, even though there was no window nearby? What were all these bizarre lamps with huge chimneys glowing with soft white light?

"Where am I?" she managed to say at last.

"Oh, you poor dear!" One of the strangers, a plump, graying woman with a kindly face, rushed forward and took Melissa's hand. "Don't worry, Missy, darling, Mother is here!"

"M-Missy? M-Mother?" Melissa gasped, staring mystified at the woman, whom she had never seen before in her life.

"Oh, dear!" the woman gasped. She turned to a tall, gray-haired man. "Howard, she doesn't know me!"

Frowning, the man named Howard stepped forward. "Missy, dear, it's Dad. Surely you must remember—"

"D-dad?" she cut in, more confused than ever.

He turned to the man with the small light. "She doesn't know us, Edmund. Her injury is obviously quite serious."

"I tend to concur," Edmund said as he scratched his jaw.

Even as Melissa continued to take in the scene, wild-eyed, another middle-aged woman stepped forward, this one tall and thin, with pinched, unpleasant features. She peered down at Melissa critically, then turned to the plumper woman. "Well, it looks like she'll live, Charlotte. I've always argued that a good bop on the head might straighten out this little shi—*my niece*—but we can't have the girl stumbling around with amnesia." She peered at Melissa again. "Why, she doesn't even look like herself."

Now all four of the people stepped closer to stare at Melissa intently. Melissa shrank away from them, her eyes huge with apprehension and bewilderment.

"You, know, Sister, you have a point," said the man called Dad. "She does appear somewhat different."

"Why, she looks five years younger," the aunt declared.

"Surely it's just the rushing of blood to her face," the one named Mother added.

The doctor was scratching his jaw again. "We'll know more after the X rays."

"X rays?" Melissa cried. "What X rays?"

"Don't you even remember falling down the stairs, my dear?" Dad asked gently.

"Yes, that I do remember," Melissa replied politely. "Although I must assume that I suffered a rather singular landing, to say the least."

There was a moment of stunned silence, then the others whispered and consulted among themselves. "Why is she talking this way?" the aunt demanded of the mother. "She sounds as if she's rehearsing for *Jane Eyre*, for heaven's sake."

"Oh, dear, this is not good at all," the mother fretted back, wringing her hands.

"I tell you, we must take those X rays at once," the physician added.

Even as Melissa was struggling to take all this in and hang on to her sanity, the bedroom door abruptly swung open and a tall, handsome blond gentleman strode in. At once, Melissa's gaze became riveted upon the newcomer. He wore a gray morning coat and matching trousers—attire much more familiar to her. At once, his presence comforted her and even assuaged her fear. She watched, mesmerized, as the beautiful gentleman crossed the room.

"I called the emergency room just as you asked, Dr. Carnes," he was remarking to the physician, "and they said to bring her on in. Of course, I insisted that they dispatch an ambulance."

"Good thinking, Jeff—and thanks," the physician replied.

The blond man paused before the bed and stared down at Melissa with a warm, surprised smile. "Why, Missy, darling, thank God you're awake!"

Melissa stared up at the man named Jeff and felt her heart skip a beat as she took in his warm smile and charming dimples. When he took her hand and kissed it, her heart soared at the tenderness of his touch, the magic of his lips. Suddenly

she no longer cared where she was, or even *who* she was.

For Melissa had lost herself in the most kindly, perfect male face she had ever seen in her life—she was drowning in fathomless blue eyes where she longed to dwell forever.

"Poor, darling Missy," her handsome prince murmured. "That was such a terrible fall you took. Are you sure you're all right now?"

By now, Melissa was certain she had died and gone to heaven. But she did not care, for she had just met the man of her dreams.

Melissa smiled up at Jeff Dalton and replied, "I am doing just splendidly, thank you."

The newspaper lying on the bedside table was dated "February 29, 1852."

A throbbing pain tugged Missy Monroe toward consciousness. She blinked and gasped as her eyes struggled to take in the blurry room. Her head hurt like hell, and her body felt as if she'd been battered with a two-by-four.

Images swam before her, of bizarre people dressed in outlandish clothing. At first she thought she had stumbled into a bad dream—or onto the set of the Memphis Players. Then her vision cleared, awareness dawned, and she gasped in fear and horror—

She was lying in a strange bed in a strange room—it was her room, yet it wasn't her room at all. The windows were in the same places, yet the drapes were different, styled of red velvet with heavy, outdated swags. The walls were papered in an odd, old-fashioned print she'd never seen before; the rug was different, a time-worn Persian. The furniture was intricately carved and

looked as if it had come from a museum—

And the people! Four utter strangers surrounded her bed, two women with long hair arranged in buns and wearing gowns that looked as if they'd come straight off the sets of *Gone With the Wind*, and two men in equally outdated suits. Even as Missy struggled desperately to take all this in, one of the men—a Stygian-looking character with a goatee—stepped forward with two small metal contraptions that looked like pill boxes.

"I tell you, the young woman has taken a bilious fever," the man declared to the others, "and that is surely the reason she lost her balance and took that spill. I shall just bleed her with these leeches, and clear her system of the poisons. . . ."

As Missy watched in wide-eyed dread, the man opened one of the contraptions, revealing razor-sharp teeth—and then aimed those vicious teeth squarely at her arm!

"Back off, you quack!" she screamed at the lunatic looming over her, waving a fist at him.

The man instinctively jerked back, and both of the women gasped. "Lavinia," the older of the two said anxiously, "what madness has taken my grandchild?"

"Now, Mother, don't fret," the one named Lavinia said stoutly. "My daughter has taken a bad fall, and she's merely lost her head for the moment."

"Well, let's do hope that she finds it—and posthaste," the older woman pronounced stiffly.

Missy, meanwhile, was gaping at the two strange women. "Grandchild? Daughter?" she repeated incredulously. "Are you two a couple of nut cases or something? What on earth are you babbling about, and where in the hell am I?"

Now everyone gasped.

"Lavinia," the older woman said with a frown, "my grandchild is ranting like a madwoman and cursing like a creature of the streets. I fear the fall has affected her memory."

"It's certainly affected her tongue—for the better, I'd say," Lavinia replied with an astonished smile.

"Now, Vinnie," the other man scolded. "Don't torment the child—she has been through enough already."

The grandmother peered at Missy intently and shook her head. "There is something very queer about all this. She looks different—older, somehow. The fall must have aged her."

The woman named Lavinia waved her off. "Oh, who wouldn't gain a wrinkle or two from a hair-raising plunge like that? Don't worry, Mother, Melissa will be herself in a day or two. Don't you agree, John?"

The man named John stepped forward. "Melissa, dear, it's Father. You've had quite a bad accident, my dear."

Missy had followed this outlandish conversation with an expression of utter mystification. "No lie," she snapped sarcastically.

"But—er—the question is—don't you remember us, my dear?" he continued.

"No, I don't remember you!" she declared. "But I do know a looney tunes when I see one, and the name is Missy, you dope!"

All four of the strangers appeared utterly baffled, and murmured to one another. At last, the man named John cleared his throat and asked, "Don't you even remember falling down the stairs?"

"*That* I do remember," she retorted nastily. "But as for this little detour into the Twilight Zone— why don't you all just give me a break?"

The others were exchanging perplexed glances, when, suddenly and violently, the bedroom door flew open and the most handsome man Missy had ever seen in her life came charging across the room and bellowing—at her! At first Missy was so mesmerized by the man's physical beauty—his tall, muscular body, his Adonis perfect features and deep-set brown eyes—that she didn't really hear his words. Then the force of his diatribe penetrated her whirling mind, and she listened in seething silence.

"Enough, Melissa!" he roared, waving a fist. "I have had all I can abide of your silly frailties and your vapors. It is bad enough that you have disgraced your family with that clumsy, histrionic tumble down the stairs. What is totally unconscionable is that you have tried to rid yourself of this marriage in such a cowardly manner. Well, you agreed to this travesty and so, by damn, you are going to go through with it. Your selfishness has kept the guests waiting quite long enough, thank you. So get your lazy *derriere* out of that bed, come downstairs, and marry me!"

By now, Missy assumed she had died and gone to hell. She had certainly just met Satan incarnate. "Marry you?" she scoffed to the Neanderthal looming over her. "Are you nuts? It'll be a cold day in hell before I marry a horse's patooty like you! You, mister, are a jerk!"

As comments of shock and utter confusion rippled through the room, Missy watched the woman who called herself her grandmother faint dead away to the floor.

Chapter Six

"Where are you taking me?" Melissa gasped. "And what are those?"

Back in the present, Melissa was staring horrified at her presumed mother, who was trying to hand her some odd garments. The strange "aunt" and the men had just left the room, and Melissa was still totally confused regarding where she was and what was going on. She remained incredulous that these people claimed to be her family, and the fact that she was half-dizzy from the pain splintering her head, not to mention sore all over, did not help her state of mind in the least.

"My dear, it's only a pair of panties, a bra, and a slip," the mother assured her gently. "You must put these on so we can go to the hospital and get you checked out."

"Checked out? What is that?" Melissa gasped.

"You know, dear, take X rays," the woman explained patiently.

Melissa shook her head violently, grimacing at the pain her sudden movement brought on. "I want no part of these rays."

"Oh, dear," the woman replied. "You have a concussion, for sure. Just look at that goose egg on your head."

"A concussion?" Melissa's voice quivered with fright as she fingered the sore bump on her forehead. "Whatever it is, I don't want it."

"But you don't have a choice, dear. You have to have it—I mean, you already have it. Oh, my, this is so very difficult," the woman fretted. She gently took Melissa's arm, tugged her to a sitting position, and spoke urgently. "You must dress, Missy. The ambulance will be here any minute."

"Ambulance?"

"To take you to the hospital."

"But I don't want to go to a hospital! I'm not even sure who you are or where I am," Melissa wailed.

"Now, dear, I realize you are confused. Who wouldn't be, after a tumble like that? Just remember that you are at home, with your mother, your father, your aunt, and your dear fiancé, Jeff."

"My dear fiancé, Jeff?" Melissa repeated in an incredulous whisper.

"Yes, darling. Surely you must remember taking that fall down the stairs, right before you were to marry him?"

"Merciful heavens! I was to marry . . ." In an awed voice, Melissa finished, *"Him?"*

Charlotte patted her hand. "There, there, dear, I'm sure it will all come back to you in time. But for now we must get you downstairs. We mustn't make the amubulance wait—"

"Can you not offer a repast to the driver and

give the horses some oats?" Melissa cried desperately.

The woman named Charlotte stared at Melissa in utter shock. "Oh, heavens, this is so much worse than we feared." She tugged the girl to her feet. "Now you must dress, darling."

Staggering on her wobbly feet, Melissa noted for the first time the skimpy attire she was wearing—a sheer pale blue gown that left her arms naked and barely covered her knees. "What manner of garment is this?" she demanded.

"It's your nightgown, dear." The woman rolled her eyes. "Actually, you have no idea of the frustrating time Aunt Agnes and I had getting you out of those strange undergarments—"

"What strange undergarments?"

"Why, that corset, the camisole, and those weird pantaloons, or whatever they were. Agnes and I agreed that it was the oddest selection of lingerie we've ever seen in our lives. Indeed, we were stunned that you took this old-fashioned wedding dress business all the way down to your—er—unmentionables. Oh, well." The woman extended the risqué garments again. "Now, if you'll just put these on—"

Melissa's eyes grew huge as she studied two skimpy bits of sheer lace that obviously purported to be a corset and drawers. "But I cannot wear those!" she gasped. "They are scandalous!"

"Oh, dear."

Despite a long, bewildered litany of protests, Melissa was at last persuaded to don the under things and the "slip," along with a pair of miraculous sheer stockings that covered her from toe to waist, a highly improper dress with a short skirt, and the strangest pair of shoes she had ever seen.

Her head was throbbing with pain and confusion as her new "mother" led her from her room and down the upstairs hallway. She glanced in disbelief at the odd, thick carpet and alien wallpaper, at the strange flat lamps that were attached to the ceiling and glowed so softly.

How could this place be her house, yet *not* be her house? Dear God, where on earth was she, and who were all these strangers into whose clutches she had fallen—literally? Had she died in the fall she'd taken? If so, where had she gone? To purgatory? The unnerving thought made her wince aloud.

"Now, now, dear, it's not that much farther," the woman named Charlotte soothed.

The older woman held Melissa's arm tightly as they maneuvered their way down the stairs. Glancing downward at the foyer, Melissa spotted the doctor, her new "father," and her presumed aunt. Next to them stood the gentleman named Jeff, her supposed fiancé, and despite Melissa's fears, she took heart at the sight of him. She smiled at him shyly and he smiled back.

Just as the two women were reaching the downstairs corridor, two men in white coats entered the house with a stretcher. The doctor firmly took Melissa's arm and led her toward the men, saying, "Now, young lady, if you'll just lie down here—"

But Melissa dug in her heels, her eyes frantic as she glimpsed the horror awaiting her outside. Next to the steps was hunched a huge white metal beast with an evil, blinking red eye!

"Help!" Melissa screamed. "It's a monster!"

Throwing off the doctor's hand, Melissa fled for her life up the steps, while the others watched her with expressions of utter stupefaction. Within

seconds, she had disappeared upstairs.

The doctor scratched his chin. "Perhaps we should try a different approach here," he muttered.

Missy charged up dizzily from her bed. The others had left her seconds before so she could rest. She laughed bitterly at the very thought. How could she rest when she had clearly landed in the jaws of hell?

For the first time she noticed that she was wearing a voluminous cotton gown that dragged the floor and looked as if it had belonged to her grandmother. Her head throbbed as she struggled to take in her surroundings. Everything in the room appeared as if it had come from another century—the antique furnishings and old kerosene lamps, the Persian rug, the mother-of-pearl accessories on the dressing table, the porcelain basin and pitcher on the washstand.

What on earth was going on here? Had someone played a huge joke on her, dropping her off at some historical re-enactment village? But how could that be if she was still in the same house? And who were these deranged people who claimed to be her family and fiancé?

Missy rushed over to the French doors that led to her upstairs balcony. She flung them open and stepped outside.

"Oh, my God!" she gasped.

In front of her, where the Johnsons' house should have been, was a huge field. She spotted at least a dozen blacks in work clothing and straw hats; the men were bent over, preparing the earth for planting. To the north, beyond a formal garden and trees, were strange outbuild-

ings and numerous log cabins; half a dozen black children raced about, playing with a dog. In the distance, a horse and buggy were clipping down a narrow plank road where Poplar Street should have been.

"Holy cow!" Missy cried. "I've died and gone to Tara."

Melissa awakened with a splitting head. She had a vague memory of having hysterics, and of a couple of people holding her down while the doctor stuck her with a huge needle. That was the last thing she remembered before oblivion overtook her, and she felt half-tipsy even now.

She staggered to her feet. Again, she glanced, mystified, at her queer surroundings, at the weird furniture with its odd, square shapes and the strange black box staring at her from across the room, its face resembling a shiny blank picture.

Where on earth was she? And who were these strangers who kept insisting they were her family and her fiancé? Not that she minded the fiancé so much, but she had to figure out what was going on here!

She wobbled over to the French doors leading to the veranda and opened them.

"Oh, my God!" she cried.

The Montgomery family cotton plantation was gone. In its place stood several huge, fantastical-looking houses. Metal monsters, resembling the terrifying ambulance, were parked on strange, smooth gray driveways. Small children, dressed in weird outfits, ran about the green yards, laughing and throwing balls to one another. Overhead, ominous-looking black wires were strung across the skies on poles.

Melissa turned from the horrifying scene with a gasp. She paced the room, her mind whirling. She had clearly died in her fall. She had awakened in an entirely different world. But how could that be if she was still in the same house?

At last she paused by the bedside table. She picked up a weird object, slim, black, and smooth, like a polished piece of wood, whose front was dotted with numerous buttons, neat checkerboard-type squares painted different colors, and frightening messages.

"Power, cancel, stop, TV, VCR, record, eject," she read, dropping the bizarre object, as if it had just burned her. She picked up another odd contraption, a wedge of wood to which was attached numerous white sheets on a silver ring.

The first paper read "February 29, 1992."

"1992!" Melissa cried.

She ripped off the slip of paper and stared at it, stupefied. Beneath it, another sheet read "March 1, 1992."

Melissa crumpled to the floor in a swoon.

Missy was about to start hyperventilating. She paced the room madly. Where in the hell was she? *When* in the hell was she? Nothing was where it was supposed to be! Nobody was *who* they were supposed to be—including herself! Missy had never before in her life been afraid of anything, and yet now she actually trembled at the thought of leaving the confines of this house and finding out what other horrors awaited her here—wherever, whenever, here was!

She was losing her mind! She had entered the *Outer Limits*!

Oh, God, she thought, stopping in her tracks. What if she truly had died in that fall?

Then she spotted the newspaper on the bedside table. She raced over to it, picked it up, and stared at it frantically.

"*Memphis Daily Appeal*," she read aloud. "February 29, 1852."

"1852!" she cried.

Missy began to hyperventilate.

Certain she would quickly pass out, she began flinging open drawers and tearing through the old-fashioned lingerie and lace-trimmed handkerchiefs.

"Doesn't anyone have a paper bag in this asylum?" she panted.

Missy made a dive for the bed, yanked the pillow out of its pillowcase, threw the pillowcase over her head, and began choking violently on flecks of stray goosedown.

Melissa burst into the parlor, waving the remote control at Howard and Charlotte. "There is a man upstairs in a black box and he was watching me dress," she informed Howard hysterically. "You must go upstairs and shoot the villian, Father." She stuffed the remote control into his hand. "And take this with you—it is what made him appear in the first place. I presume he must now be stopped, canceled, or ejected—only I had no idea which button to push!"

With these words, Melissa collapsed onto the couch, thrust herself into Charlotte Monroe's arms, and began weeping disconsolately.

"Oh, dear," Charlotte Monroe said, patting the girl's back and glancing at Howard. "I think we'd best call the doctor again."

*　　*　　*

"A *chamber pot*?" Missy ranted at the hastily summoned black maid who now cowered before her. "Are you nuts? Do you actually mean to tell me there's no indoor plumbing in this looney bin? What kind of way is this to run a nightmare?"

Chapter Seven

"I suppose the wedding will have to be postponed now," Howard said.

"Of course—how can we ask the girl to marry a man she doesn't even know?" Charlotte asked.

"Oh, I don't think it's so terrible that she doesn't know me," Jeff remarked.

"Most peculiar," Agnes pronounced.

Late that afternoon, Howard, Charlotte, Dr. Carnes, Aunt Agnes, and Jeff were all gathered in the living room, drinking coffee and trying to figure out what had happened to their "Missy." The doctor had just returned and re-examined her, following Charlotte's frantic call. Jeff had stopped by again after driving his mother home.

"For that matter, she doesn't know any of us," Charlotte continued. "She even asked me—most politely—to call her Melissa."

Agnes harrumphed. "Missy has never been polite in her life."

"That's true." Charlotte's hand flew to her mouth. "I—uh—I mean, she certainly seems to be well-mannered now."

"This asking to be called 'Melissa' is also strange," Agnes went on. "Missy has always hated her name."

"Well, I like it," Jeff defended. " 'Melissa' has a lovely, old-fashioned ring to it, don't you think?"

Everyone nodded.

"She runs off screaming every time we mention taking her outside the house," Howard put in. "We're never going to get her to the emergency room at this rate."

"Indeed," Dr. Carnes concurred. "I'm most concerned regarding her amnesia. That's a very nasty blow to the head that she took. We could be dealing with a number of serious conditions here—a severe concussion, a blood clot on the brain. This young woman obviously needs to have her head examined."

"Are you suggesting a psychological condition now?" Charlotte asked.

The physician would only shrug. "I need those X rays, and the sooner the better."

Jeff, who had been listening with a frown, now lunged to his feet. "Well, I disagree."

"Jeff!" Charlotte gasped.

He faced the others resolutely. "I'll not have Missy—Melissa—terrorized this way."

"Terrorized?" Agnes repeated.

"She's obviously very vulnerable right now, very confused," he explained. "I'll not let anyone force her to leave this house until she's ready."

"That's taking a very great risk, young man," the doctor reproved.

"Do you have any proof that this concussion

72

or blood clot even exists?" Jeff pursued aggressively.

"No ironclad proof," the doctor conceded. "Her period of unconsciousness was brief, and there are no signs of pupil enlargement or discharge from the ears. However, only medical tests can rule out any serious complications. And there's her psychological state to consider—"

"Indeed, there is," Jeff cut in. "And what is the risk to her psychological well-being if we force her to leave this house? The poor girl is bewildered by everything. She doesn't know what a car is, what a television or radio is, or who any of us are. Why, one of the maids told me she started shrieking when the vacuum cleaner was run. It's almost as if she's never had any contact with the twentieth century."

"I agree," Charlotte piped up. "Why, when I was trying to convince her to go into the ambulance, she was murmuring some lunacy about offering the horses a repast. Very politely, of course."

"And there's the man in her television that she insisted I should shoot—or cancel—I'm not sure just what it was she wanted there," Howard observed with a puzzled frown.

"She does seem off her rocker," Agnes agreed. "When I went by her room to check on her a few minutes ago, I found her pounding on the wall near the intercom. She insisted that some poor musician was trapped behind the wall."

"Oh, dear!" Charlotte gasped.

The doctor had been listening with a deep frown. "You've all brought up some very valid points. Somehow, we must impel this young woman to go to the hospital—"

"That will only scare her to death," Jeff pointed out.

"I think the boy is right, Edmund," Howard put in. "If we force Melissa to undergo tests, it might drive her over the edge."

"Very well," the doctor conceded wearily. "If you folks are willing to chance it. Just remember that it's against my better judgment."

After the doctor left, the four others stared at each other in perplexity. "So what do we do now?" Charlotte asked.

"I say we leave the girl alone," Agnes suggested. "What's a little insanity, when the fall has obviously knocked the brattiness right out of her?"

"I say we let Melissa recover in her own way, in her own time," Jeff said.

"So she's 'Melissa' to you now," Agnes remarked wisely to Jeff. "You know, the girl does seem like a totally different person."

No one present had the courage to comment on what a blessing *that* was.

As Jeff drove away from the Monroe home, his mind was swirling with thoughts and questions regarding the woman he now knew as "Melissa." He felt as if he'd suddenly, miraculously, been presented with a new fiancée. "Missy" had tumbled down the stairs earlier today, and a vastly different woman—a kindly, soft-spoken woman who asked to be called "Melissa"—had awakened in her bed upstairs.

Had he misjudged Missy before? Had all her worthwhile qualities been buried somewhere in her subconscious, waiting for the fall to shake them to the surface? Whatever the reason, the result had left Jeff feeling both amazed and captivated.

The old Missy had never needed him, but this new Melissa did. Even though he'd only been with her for a few minutes today, he'd had ample time to assess the depth of the change in her. She was now so helpless, so confused and frightened, qualities he'd never before seen in his independent "Missy"—qualities he loved in this new Melissa.

Loved? Was it possible that his heart was not encased in ice, after all? He realized that he couldn't wait to see her again, to let her lean on him, to help her through this trying period.

For the first time in six long, lonely years, Jeff could feel his heart melting that first, tiny bit.

"I suppose the wedding will have to be postponed now," Lavinia said.

"Of course," John added. "How can we ask the girl to marry a man she doesn't even know?"

"Perhaps it's not such a tragedy that she doesn't know me," Fabian remarked.

"Most peculiar," Grandmother pronounced.

Fabian, John and Lavinia, the physician, and Grandmother Montgomery sat together in the parlor, discussing Melissa's current, bizarre mental state.

"She talks out of her head constantly," John went on. "She doesn't seem to know any of us— or even where or who she is."

"And this queer vocabulary she uses," the physician put in. "What is all this madness about 'nut cast' and 'looney tunes'?"

"It's almost as if she's a different person," Grandmother Montgomery remarked. "Didn't I tell you, Lavinia, that she even looks different now?"

"That you did, Mother," Lavinia agreed.

Leaning toward Lavinia, Grandmother continued in a mortified whisper, "And those scandalous underthings she had on when we undressed her. . . . Why, I've never seen the likes! So skimpy and shocking, I threw them all in the rag bag!"

While Lavinia frowned and patted Grandmother's hand, John said, "When I went upstairs to check on her a few minutes ago, she insisted I call her 'Missy.' What an odd name. And then she demanded that I bring her some strange object— I believe she called it a telephone."

"Are you certain she did not mean telegraph?" the doctor suggested helpfully.

"A telegraph in a bedroom?" John countered, raising an eyebrow. "Be serious, Fletcher."

"I hear she threw a chamber pot at the maid," Grandmother Montgomery added. "I tell you, the child is demented."

Abruptly, Lavinia laughed. "Oh, come on, all of you, be serious. Of course the girl is still our Melissa. Only she has spirit now, following her fall. I'd say that's a vast improvement." She turned to Fabian. "Don't you agree, darling?"

He grinned at her. "I'm not saying I like being called a jerk, or a horse's patooty. I'm not altogether sure just what those terms mean— although I do have my suspicions. Nevertheless, I must admit that the fall seems to have brought out Melissa's better side. However, I am baffled by her confusion and memory loss." He turned to the physician. "What do you think, Dr. Fletcher?"

The physician leaned forward intently. "I still maintain that her collapse was caused by a bilious fever. The fever caused the dizziness, which subsequently brought on her fall. I must warn you all that the poisons are likely eating up her

brain even as we speak. If only you would allow me to bleed her—"

"Oh, stuff and nonsense!" Lavinia put in, waving the man off. "I've never held with those torture devices you call leeches—"

"Then it's on your head, Lavinia, if the girl succumbs," the doctor put in gravely. "Whatever malady has consumed her, in time she will either recover, die, or be rendered fit only for the asylum." He stood with his black bag and clapped on his stovepipe hat. "Since I've a baby to deliver, I bid you all good day."

A grim silence fell in the wake of the physician's departure. Lavinia leaned toward John and confided, "I shall certainly pray that Dr. Fletcher is not planning to apply those leeches to the poor infant—or its mother. He seems determined to bleed someone today."

"What are we to do about Melissa?" Grandmother asked.

"She's 'Missy' now," John reminded them.

"Why do anything?" Fabian put in. He stroked his jaw, then grinned lazily. "As a matter of fact, I rather like her just the way she is."

"She *is* different," Lavinia murmured.

No one present had the nerve to comment on what a blessing that was.

Later, as Fabian rode toward his family's neighboring cotton plantation, his thoughts were on the woman who had two hours ago called him a jerk. He felt amazed, amused—as well as intrigued and captivated.

It hardly seemed possible, but the fall had obviously brought about a dramatic change in his fiancée. Gone was his mealymouthed, meek little

"Melissa"; in her place was spunky, hot-blooded "Missy"—

A woman he was dying to get to know better.

Had he misjudged her before? He now knew that the woman he'd thought of previously as dull as dishwater and cold as ice possessed a passionate nature, an inner fire hot enough to burn them both. Had her accident indeed brought her better qualities to the surface at last?

He grinned. Tomorrow he would begin their courtship anew. He would woo her and win her, and he would pray that this confusion—this sudden, wondrous transformation in her—would never end.

A ripple of excitement coursed through his loins. Only hours before he had dreaded the idea of taking a cringing virgin to bed. He had planned to keep a mistress following his marriage, and to do his husbandly duty by Melissa only often enough to get an heir on her.

But now that she had changed . . . Damn! What a little spitfire she had become! Her manner and attitude, her impudent, outspoken little mouth, just begged him to give her exactly what she deserved—a vigorous and thorough bedding!

The twinge in his manhood hardened into a tormenting ache. *Missy*. He liked the sound of that—

"Well, Miss *Missy*," he murmured aloud, tipping his hat. "Your seduction will be my pleasure."

Chapter Eight

"Oh, what a beast!" Missy cried.

She sat on her bed upstairs with an open black journal clutched in her trembling fingers. She had just finished reading the diary of her distant cousin, Melissa Montgomery, the very woman whose daguerreotype had sat on her dresser at home—wherever, *whenever*, home had been! She had read an appalling account of the poor woman's torture and terror at the hands of the savage beast, Fabian Fontenot, in the year 1852—

Only the story was happening *now*. The story was happening to her!

Setting aside the diary, Missy got to her feet and began to pace. It was all too much! She could barely even comprehend it all!

Unless some sadist had engineered the most clever and devious practical joke in all of history, she had somehow been transferred to the year 1852, and into the life of her Cousin Melissa, the distant relative who had so greatly resem-

bled her. From reading the diary, Missy had confirmed that both weddings had been scheduled for this very day, February 29. And from what the others living in the house had already told her, this "Melissa," too, had taken a fall down the stairs on her wedding day and had hit her head. That meant that they had both taken their falls at precisely the same moment, only a hundred and forty years apart—

Afterward, this "Melissa" had disappeared. She, on the other hand, had somehow been "flashed back" here. Now, everyone was assuming that she was this "Melissa." How in the hell . . . ? Had she died and been reincarnated into the past?

Leap year! she thought suddenly, her eyes wild with crazed realization. Both 1992 and 1852 had been leap years! There was even a bizarre logic and humor in the entire unbelievable mess!

And if she truly had "leaped" here, into the past, where on earth was Cousin Melissa?

The answer seemed so obvious that Missy began to tremble.

"Oh, my God!" Melissa cried.

She sat in her bedroom on the strange bed. Next to her on the mattress lay a framed, faded daguerreotype she'd found on the dresser. It was the very picture she'd had taken earlier today— only "today" appeared to have been at least a hundred years ago!

Even more appalling, clutched in her fingers was a small, peculiar portrait she'd found in the drawer of the night table. The piece of stiff, heavy paper looked like a photograph—except that it had all the bright colors of a painting! How could this be? Everyone knew it was impossible to pro-

duce a photograph in colors!

Most astounding of all, the small portrait was of a woman who could have been Melissa's twin—she had long, curly blond hair and bright blue eyes. Had it not been for the paint on the woman's lips, the rouge on her cheeks, and the outlandish clothing she wore, Melissa would have sworn she was staring at herself. The woman was smiling, and her arms were entwined around the neck of Jeff Dalton! The inscription on the back read "Missy Monroe and Jeff Dalton at gallery opening on Beale Street, January 13, 1992."

1992! It couldn't be true! It simply couldn't be!

Yet the evidence was rapidly mounting that something was terribly amiss here. In Melissa's lap lay the appointment book of this woman named "Missy Monroe," who obviously had lived in this very house—a house that was Melissa's house, yet wasn't. According to the appointments jotted down, "Missy" had lived in the year 1992 and was planning to marry Jeff Dalton on this very day, February 29—

Only something had gone wrong! From what the others had told her, this "Missy" had taken a tumble down the stairs on her wedding day, just as she had. Somehow "Missy" had disappeared afterward. She, on the other hand, had been transferred here, into Missy's home and life, and now everyone was assuming that she was Missy!

Merciful heavens! It was all too mind-boggling! She was living another woman's life one hundred and forty years in the future!

"Holy cow, this *is* Tara!" Missy gasped.

She stood on the grounds behind the plantation

house, her figure partially obscured by a hedge of blooming azaleas, as she watched a wagon-load of black men come in from the fields on a buckboard pulled by two work horses. The wagon lumbered off toward a row of log cabins in the distance.

"Unbelievable!" she muttered.

Missy had decided to go exploring, to confirm or disprove her theory that she had traveled back through time. So far, since she had awakened in this strange purgatory, she had not seen an automobile, a utility pole, a light switch, a telephone, or even a toilet. Any suspicion that she was merely lost or misplaced in her own time was rapidly evaporating. Even on the old "reenactment" plantations she had visited with her parents, there were modern conveniences—cash registers in the gift shop, telephones, rest rooms, air conditioning, and all the rest. She might be in the same geographical place, even in the same house—but she wasn't in the same time!

She took a moment to calm her raging nerves and glanced downward at the ridiculous attire she wore. Upstairs, she had rifled through the armoire, examining in amazement the many old-fashioned silk and satin dresses hanging there. It had taken her forever to find a plain dress without the usual mile-long skirts. Another eternity had passed before she'd managed to don a set of strange, scratchy underwear—a lacy camisole, bloomers that covered her from toe to waist, and a heavy, voluminous petticoat. Afterward, she had struggled into the straight, lined gingham dress with its too-tight waist and a pair of high-topped walking shoes that even her grandmother would have scorned. Presentable at last—

or so she hoped—she had sneaked downstairs, tripping on her long skirts several times as she headed out the back door to investigate.

What she had seen so far had hardly comforted her. Though the house itself had been vaguely familiar, the grounds behind it were incredible! Beyond the gardens, half a dozen outbuildings had loomed before her. She had already explored a smokehouse, a spring house, and—briefly and nauseatingly—a privy. Now, glancing to her left, she watched a couple of black women with armloads of produce head into a stone building that was obviously a kitchen. She remembered her now-deceased grandmother once telling her that in "olden times" kitchens had been segregated from the main house in order to prevent fires.

Mercy! This clearly wasn't 1992!

Trying to ward off the panic that constantly hovered at the edge of her mind, Missy lifted her skirts, maneuvered her way past the kitchen, and approached a huge shedlike building. She opened one of the large, creaky doors and stepped inside.

"Good grief!" she gasped.

Inhaling the scents of leather, axle grease, and dirt, Missy stared in amazement at the many old-fashioned conveyances lining the building—a two-wheeled buggy, a large, custom carriage, a gig with a folding top, and assorted work wagons. On the walls were hung harnesses, bridles, wagon wheels, and whips. Never before in her life had she longed to see a jug of antifreeze or a discarded hubcap—but oh, she did now!

Muttering an expletive, she left the building and shut the door. Moving around the side of the carriage house, she spotted a slave in the

distance; he was shooing a horse outside a stable. Not far from him, another black man was leaving a corn crib with a sack of grain.

That was it, then. She had definitely been whisked into the past, and was living with the very distant relatives who had built the house she had known as "home" back in 1992. Since she was obviously the physical twin of her counterpart "Melissa," the only person who was mystified by all this was herself!

"What on earth am I going to do?" she wailed.

She wondered if her parents and Jeff even knew she was missing back in the present. But if what she suspected were true . . .

Despondently, she trudged back toward the house. So she'd been transported to another time. She supposed worse things must have happened—although she couldn't think of one at the moment. Exploring the nineteenth century could even prove interesting in some respects. At least she wasn't dead—or so she hoped.

But her problem remained getting out of this mess. How had she traveled here in the first place, and how would she make her way back to the place and time where she belonged?

She had to face it: She had not a clue regarding how she would get back to her own family. She might be stuck here forever—with that chauvinist from hell, Fabian Fontenot! Maybe she had died and *he* was her punishment!

Should she tell someone about her dilemma? She laughed. These country bumpkins would never believe her—they'd only cart her off to an asylum—or bleed her with those vile leeches until she had the pleasing demeanor and complexion of a zombie.

No, she'd best keep her mouth shut and investigate her surroundings, play out the bizarre role fate had assigned to her. She would get to know these people better, and look for answers.

And if that horse's patooty, Fabian Fontenot came around again . . . She smiled grimly. As long as she was stuck here, she might as well give that louse just what he deserved for being so mean to poor Cousin Melissa.

"Will you kindly quit ringing and shouting at me?" Melissa cried to the telephone receiver she held at arm's length. "And whoever you are, I'd advise you to get out of this device before you suffocate!"

Dropping the frightful object, Melissa retreated to the door of her room, where she'd been examining a gadget called an "Off-On" when the contrivance called a "phone" had started blinking and ringing at her again. Never in her life had she seen such bizarre contraptions!

Now, she flipped the "Off-On" to and fro, staring mesmerized at the ceiling fixture that kept glowing with mysterious light, then extinguishing itself, with each flip of the switch!

Heavens! What was the source of this miraculous light that had no need of matches or wicks and simply beamed down upon command?

During the last few hours, while she was supposedly resting, Melissa had been busy exploring her room. She had studied half a dozen astounding gadgets and whatnots. While avoiding the frightening box the maid had told her was called a "TV," she had experimented with another, smaller box that produced strange music at the flip of a switch; she had played with an amazing machine

that punched out letters on a sheet of paper when a body hit the corresponding key; and she had toyed with another tiny machine that performed arithmetic feats on command.

Equally astounding had been the moments she'd spent exploring the room the maid had called the "bathroom," with its revolutionary indoor plumbing. Recently (whenever "recently" had been), Melissa's family had received a letter from a distant relative in St. Louis; Cousin Minerva had written of the fantastical new sewer system there. But Melissa had never experienced such wonders firsthand—until today. Indeed, the toilet had proved so fascinating that she had flushed it five times; the huge tub had contained both hot and cold running water, plus two mysterious units called a "whirlpool" and a "Shower Massage"—and the possibilities there had both boggled her mind and frightened her. She had decided she would explore these new wonders later on, when she got up her nerve. After her unnerving experiences with the "TV," and the "phone," she didn't doubt that a man might materialize from the bathroom wall if she somehow activated the "massage" unit.

Melissa cracked open her door and peered out into the hallway. Once she saw that the coast was clear, she slipped into the corridor. Though she was too frightened to venture far, she had promised herself she would explore the grounds outside the house, in an effort to learn a little more about the amazing world where she had awakened.

Tiptoeing down the hallway, she felt half-naked in the scandalous clothing she wore—the same outfit "Mother" had earlier insisted that she don.

She prayed that no one would spot her.

Arriving at the first floor, she could hear voices in the parlor—she assumed the people who called themselves her parents and aunt were in there talking about her. She quickly headed for the back of the house. At the end of the downstairs corridor, the sound of laughter drew her attention to a room on her left. The long, galley-type expanse appeared to be a kitchen, with many more shiny gadgets and strange boxes. At a chopping table, two Negro women—one of them the maid who had assisted her upstairs—were chatting away as they prepared food.

"What is this?" Melissa whispered to herself. "A kitchen *inside* the house?"

Feeling highly perturbed, she slipped out the back door. She stepped down to an astonishing terrace made from some strange, smooth stone. Staring ahead, she gasped—

Ahead of her, bounded by a small hut, was a gleaming pond lined with this same, amazing stone! She walked toward it, studying its clean, clear water, its long kidney shape, its blue stone apron.

This pool was obviously man-made! But how? She had never before seen such a phenomenon! She examined the furniture positioned near the pool's edge—it seemed to be made of weird straps attached to molded tubes of metal. She picked up a chair and found it to be almost as light as a feather. Astounding!

Hearing the sound of an engine, Melissa left the pool area. She crossed the yard with its strange, short grass and proceeded toward a fence of tall cedar pickets. Peering through a slat in the fence, she spotted a man in the next yard. He was wear-

ing a queer cap, a knitted shirt, and scandalously short pants, and was riding on a horseless engine that swept across his yard, trimming the grass!

"My kingdom!" Melissa cried, turning from the incredible scene. She walked on toward a large building that resembled a carriage house, opened a door, and slipped inside.

She froze in her tracks, staring at three more metal monsters similar to the "ambulance" that had tried to take her away earlier. One of the shiny beasts was painted blue, another was white, and a third green. All had strange black wheels and glass windows tinted green.

Melissa studied the machines warily, half afraid one of them might spring up and devour her. But as the moments passed and no catastrophe befell her, she ventured closer to one of the marvels, studying its interior through the windows. There were two long seats covered in leather, just like in—

"Jumping Jehoshaphat!" Melissa exclaimed. Why, these were carriages! Bizarre-looking carriages! But where did the horses go? There was no place whatsoever to attach their harnesses. Moreover, she had seen no evidence of horses, mules, or oxen anywhere on this property!

She glanced more closely at the interior of the odd conveyance—there was a wheel, like a smaller version of a ship's wheel. Did the wheel steer the carriage? Some lettering on the column of the wheel read, "Power, Ignition, Cruise Control."

"Oh, my!" Melissa cried. This conveyance must also have an engine, much as a train did! It must power itself, just like that bizarre mowing machine next door! It was a horseless carriage!

Yet such phenomena were impossible, weren't they?

Perhaps not in the year 1992. . . . The realization hit her like a massive blow. No longer could she doubt that she had taken a very sharp detour into the future!

She wondered if her parents and Fabian even knew she was missing back in the past. But if what she suspected were true . . .

"Oh, my God, what am I going to do?" she wailed.

Melissa left the carriage house, her overburdened mind spinning with questions. How had she arrived here, in the late twentieth century? And how would she find her way back to the nineteenth century where she belonged?

Oh, heavens, she just didn't know! She was so confused! She had to face the fact that she had no idea how she had gotten here—and that she might well be stuck in the year 1992 indefinitely.

Should she share her dilemma with Jeff or her new "parents"? They did seem such kindly sorts.

She shook her head grimly. No—if she told anyone the truth, they would surely think her deranged, and this time insist she get into one of those shrieking horseless monsters and go off to the hospital, to have those mysterious rays taken, whatever they were. Why, her brain might well be disintegrated before it was all over!

No, she had best keep her peace, investigate her surroundings, and play out the role fate had assigned her. She would get to know these kindly people she was staying with. In time, perhaps she would find the answers she needed.

And if that nice man Jeff Dalton should come

around again . . . She sighed, and then a smile lit her troubled countenance. Would it be such a sin to comfort the poor man now that his real fiancée had disappeared?

Chapter Nine

"Good morning, Mother, Father."

The next morning, Howard and Charlotte Monroe looked up to see their daughter standing in the doorway of the dining room. At once, Howard rushed up and went over to hug her. "Missy, dear, you're up! Are you feeling better?"

She nodded firmly. "I do believe things are clearer now, Father." Tactfully, she added, "And if it would be no great inconvenience, I should greatly appreciate being called 'Melissa.'"

"Oh, of course, dear—er, Melissa."

Charlotte swept over to join them, glancing askance at her daughter's bizarre clothing. Melissa wore a floor-length, sleek black cocktail gown, green suede ankle boots, and a pink cardigan sweater. Her hair was caught up in a prim and uncharacteristic bun.

"My, my, dear," Charlotte murmured. "I must say that's a rather peculiar choice of clothing."

"I'm sorry, Mother," Melissa replied. "This is the best I could do. All of the other garments are truly tawdry."

The two parents exchanged perplexed glances, then Howard took his daughter's arm and led her toward the table. "You must have some breakfast, dear."

"Thank you, Father," she said as he helped her into her chair. "As it happens, I am quite famished."

The parents resumed their seats, and an awkward silence fell as Charlotte poured her daughter a cup of coffee and Howard passed her a basket of muffins.

"So, you say things are clearer now?" Howard asked.

Melissa took a delicate sip of coffee. "Yes, Father."

"Then I must ask . . . Why do you no longer wish to be called 'Missy,' and why aren't you calling the two of us 'Mom' and 'Dad' as you normally do?"

Melissa bit her lip. She had known such questions were inevitable. After all, she knew next to nothing about the woman into whose life she had mysteriously landed—and even less about the astounding year 1992, to which she had evidently been transported.

She folded her hands together primly and said, "I do not wish to alarm you unduly, Mother and Father, but the truth is, following my—er—accident, I do not seem to remember either of you."

"Oh, dear!" Charlotte gasped.

"I'm sorry to hear that, dear," Howard added with concern.

"Nevertheless," Melissa went on, "I have decid-

ed to accept you both as my parents. You are such agreeable people," she finished kindly.

Both Charlotte and Howard were too stunned to comment.

"And I need your help," Melissa went on.

"Anything, dear—just tell us," Howard said at once.

Uncertainty etched Melissa's features. "Aside from not remembering either of you, I seem to have lost a few years." She coughed and added under her breath, "A hundred and forty."

"Oh, dear," Charlotte remarked. "You know, we really should take you to the hospital and get that head checked out—"

"Mother, I am not mad," Melissa assured her earnestly. "Please do not commit me to an asylum."

Charlotte's hand moved to her throat. "Why, darling, we would never dream of—"

"I am still rather confused," Melissa forged on. "I need . . ." She frowned. "Books, I think."

"*Books?*" both parents repeated in unison.

"Yes—for the lost years, you see. It has occurred to me that certain of these—historical events— might be recorded in various volumes." Tentatively, she asked, "Is this not true?"

"Of course it is, dear," Howard replied.

"Certainly so," Charlotte added.

"And have we not a library here—somewhere?" Melissa continued with a vague flutter of her hand.

"You mean, you've forgotten that, as well?" Charlotte asked.

"I do know where it used to be," Melissa murmured doubtfully.

"Used to be?" Charlotte repeated.

"Don't worry, dear—I'll get you settled in the library right after breakfast," Howard promised.

Melissa beamed in gratitude and reached over to pat his hand. "Thank you, Father."

"Is there anything else we can do for you?" Charlotte asked.

Melissa smiled shyly. "Well . . . I suppose it would be rather nice to see Jeffrey again."

"He's coming by later this afternoon," Howard assured her. "He must take his mother to church first."

"Oh," Melissa muttered. "Today is Sunday, then?"

"Yes, dear."

"But I thought yesterday was Sunday," she murmured, scowling.

"No, dear, yesterday was Saturday," Howard said.

Melissa's expression grew crestfallen. "And we are not attending services today?"

Both parents exchanged flabbergasted glances, since both Howard and Charlotte were well-aware that nothing short of threats of physical violence had compelled Missy to attend church in years.

Howard cleared his throat. "Well, we thought it best that—under the circumstances—we not attend services today. You know, dear, given your current confusion and all."

Melissa nodded. "Ah, yes, I do see. A prudent decision, Father. Nevertheless, I shall be impelled to spend at least two hours in silent prayer and Bible study."

"*Two hours?*" Charlotte echoed.

"*In silent prayer?*" Howard added.

"*And Bible study?*" Charlotte exclaimed.

Melissa nodded solemnly. "You are both, of

course, quite welcome to join me."

Charlotte and Howard stared at each other in utter mystification.

By nine a.m. Melissa was safely ensconced behind the library doors. Howard led her to the couch and stacked the encyclopedia and yearbooks on the coffee table in front of her.

All morning long the house rang with the sound of her shrieks. Her hysterical comments ranged from "My stars, electricity!" to "Heavens, men walking on the moon!" to "Forevermore, a doomsday bomb!" to "Jumping Jehoshaphat, a machine that washes dishes!"

Charlotte and Howard stood in the corridor together, listening in horror and wringing their hands.

"We must do something, Howie," Charlotte confided in a tense whisper. "One would think our library was the site of the Spanish Inquisition. The poor child sounds as if she's about to expire in there."

Howard scratched his head in perplexity. "She only wanted to read some books. She said she's lost a few years."

"It sounds to me as if she's lost her mind," Charlotte replied. "Why, she talks so strangely now, I hardly even know her. This is *not* a girl accustomed to running a ball bearing plant."

Howard mopped his brow with his handkerchief. "It's true the girl's behavior and vocabulary seem—er—eccentric. But surely it's just her confusion, Charlotte. Why, even Dr. Carnes said—"

Yet Howard's words were cut short as a particularly harrowing scream rang out. "I'm going in there, Howard," Charlotte declared. "I don't

think the Literacy Council ever had this sort of torment in mind."

Yet before Charlotte could reach for the door-knob, Melissa emerged from the room, white-faced and wild-eyed. "I think I understand now, Mother, Father," she said breathlessly.

She slipped to the floor in a swoon.

Melissa drifted toward consciousness. Images swam through her mind—of the Industrial Revolution, two world wars, flappers and nuclear bombs, trains, airplanes, automobiles and space-ships, conditioned air and sewing machines, bra-burning and mini-skirts, computers and junk bonds. Her mind felt like a tiny vessel crammed with more information than she could possibly take in or comprehend.

Then, hearing the sound of sobs, Melissa blinked to gain her bearings and spotted Char-lotte weeping in the bedside chair. Her own confusion temporarily forgotten, she quickly sat up. "Mother, are you all right?"

Charlotte stared at her daughter through tears, then abruptly hugged the girl. "Melissa, dear, thank God you're awake! I've been frantically worried about you ever since you fainted down-stairs. Your father even went to pull Dr. Carnes off the golf course."

"Oh, dear," Melissa murmured. "I do apolo-gize for causing you any distress or inconven-ience, Mother." She squeezed Charlotte's hand. "I'm fine, truly. It was simply the shock of all those . . . years, you see. Please do not fret your-self so on my account."

But Charlotte only sobbed all the more.

"What is it, Mother?" Melissa asked, distraught.

Dabbing at tears, Charlotte confided, "It's just that you're so different now—so confused, and yet so kind, so vulnerable and dear."

"Is that a difficulty, Mother?" Melissa asked.

"A difficulty?" Charlotte repeated incredulously. "The only difficulty is, I like you this way!"

Melissa stared flabbergasted at the bawling woman. "If you like me this way, then why such lamentation, Mother?"

"B-because when you were Missy, you never cared what other people thought—or felt," Charlotte wailed. "Now that you're in—your current state—I feel I should want you back the way you were. Only I don't," Charlotte finished in a torrent of misery.

Melissa patted Charlotte's heaving shoulders. "Mother, you are being unfair to yourself. I really don't want to change back again." Indeed, she realized the truth of the words as she said them—although the statement had a meaning for her that Charlotte might never know.

"Oh, darling!" Charlotte hugged Melissa again. "Do you truly mean it?"

"Yes, Mother, I do."

"We've fought so all your life, and now at last, we're friends!" Pulling back, Charlotte managed a teary-eyed smile. "And it's so remarkable—this change in you has made you look five years younger, just as Agnes said!"

Melissa smiled back guiltily. "I suppose it has."

Charlotte patted her daughter's hand. "Did the books help, darling? Did you find all those years you were looking for?"

Melissa shook her head in amazement. "Carriages with wings, pictures that move, and machines that make indoor weather. This is a

97

most remarkable age, indeed."

Charlotte stared at Melissa in perplexity for a moment, then decided that she must agree.

While Charlotte continued to dry her tears, Melissa turned to the nightstand and picked up the small picture she had examined so closely yesterday. Perhaps now would be a good time to find out more about this "Missy"—and the history of these people.

Extending the photograph toward Charlotte, she said, "Tell me about this, Mother."

Taking it, Charlotte smiled. "Why this was taken of you and Jeff several weeks back, at the opening of a gallery on Beale Street. Don't you remember the occasion, dear?"

"I'm afraid I do not."

"It will come back to you," Charlotte assured her.

"I do hope so." Melissa nodded toward the dresser. "And you must also tell me of the—um—the old-fashioned lady in the photograph—the one who so resembles me."

"Oh, so you noticed that, as well, did you?" Wearing an expression of mild surprise, Charlotte rose, walked over to the dresser, and picked up the faded daguerreotype. "This is Cousin Melissa, of course—a distant relative of ours."

"I see. I was named after her, was I?"

Charlotte's eyes lit up. "So you remember!"

"Well, not exactly, Mother," Melissa hedged. "However, the conclusion seems logical."

"I suppose it does." Staring at the photograph, Charlotte sighed. "You know, the resemblance between the two of you is truly uncanny. Actually, with the way you've been acting and talking ever since your fall, it's almost as if . . ." Abruptly, she

laughed and set the photograph back down. "But that would be impossible, wouldn't it?"

Melissa wisely resisted comment on that perilous subject. "Tell me more about Cousin Melissa," she urged.

Charlotte crossed the room and sat down on the edge of the bed. "Well, her family—the Montgomerys—built this house. In the 1840s, I believe."

"I see. Has the family lived here ever since?"

Charlotte shook her head. "No. You must realize that at least seven generations have passed. The family has moved around quite a bit. Indeed, I believe the Montgomerys left Memphis before the 1860s, and since then the family name has also changed."

"From Montgomery to Monroe?"

"Why, yes."

"And how did that happen?"

Charlotte frowned, laying a finger alongside her cheek. "Actually, I'm not sure. And no one in the family has really kept comprehensive records."

Melissa's bubble of hope burst. "Then you have little knowledge of these Montgomerys who built the house?"

"Not much, I'm afraid. We do have a few old letters written by Cousin Melissa—"

"You do?" Melissa exclaimed.

"Yes, and also some correspondence that the first Montgomery—I believe his name was John—wrote to his wife and daughter—"

"Oh, how fascinating!" Melissa cried.

Charlotte appeared pleased, if somewhat taken aback. "That's about all we have, though, I'm afraid."

"May I see these letters some time?" Melissa asked eagerly.

"Certainly. I believe Cousin Melissa's letters are here in your room somewhere—and I suppose Agnes must have the others."

Melissa was silent for a moment, frowning as she tried to digest all this information. Suddenly, she snapped her fingers and asked, "But if our family has moved around so much, then why are we still living in this house?"

"I take it you don't remember?" Charlotte asked.

"No, Mother."

"Well, soon after your father and I got married in Birmingham, Howard's father died and he inherited a sizable sum. It was his dream to start his own ball bearing factory, and we visited several cities in the south searching for a suitable site. We found a prime location available in Memphis, and, since Howard was aware that his family had originally come from the region of the Chickasaw Bluffs, we decided to settle here. Imagine our joy and surprise when we discovered that the old family plantation home was up for sale."

"I see. So you bought this house?"

"Indeed, we did. We've lived here ever since—and, of course, you were born and raised here, darling."

"How very interesting," Melissa said wistfully. "To live in the very house of one's forebears—I'm sure you felt as if your prayers had been answered."

Charlotte shook her head wonderingly. "I simply cannot believe the change in you. Before, you never took any interest in genealogy—much less in prayer."

"Ah, yes, Mother," Melissa murmured ironically. "It seems that I am rapidly becoming an expert on both subjects."

Chapter Ten

Moments later, Howard Monroe returned with Dr. Carnes in tow. Still wearing his golf clothes and in a foul mood, Carnes trudged up the stairs to Melissa's bedroom. Doctor and patient had a brief, fierce argument about whether or not Melissa belonged in the hospital, and after a dozen firm, polite refusals on the part of the patient, the physician threw up his hands in defeat. He examined Melissa briefly, declared that she "might" live, and left.

Half an hour later, Charlotte came upstairs to inform Melissa that Jeff had arrived and was waiting for her down in the living room. Amid a mood of great excitement on the part of both mother and daughter, Charlotte helped Melissa dress and style her hair.

As Melissa descended the stairs, she felt quite thrilled at the prospect of seeing Jeff again; yet she felt so odd, so exposed, in the strange garments her mother had again insisted she don—this time

a straight-lined pale blue skirt that barely covered her knees, a buttoned white shirtwaist, another pair of those bizarre, sheer stockings, and flat leather slippers. Not only that, but Charlotte had curled her hair about her face and shoulders with a weird device called an "electric curling iron." The miraculous gadget did not even have to be heated on a lantern! The heat came from a special cord through which flowed that miraculous force, "electricity." The effect created by the curling device was quite pleasing, yet Melissa felt uncomfortable with her hair styled casually this way, since she was accustomed to wearing a sedate bun.

Melissa arrived at the bottom of the steps, and she paused as she spotted the very same newel button that she and her father had "christened" in this very house only two days ago. She was amazed that the same stone was still here, one hundred and forty years later. Had Missy, too, hit her head on this post when she fell down the stairs? If so, what was the significance? She passed her hand over the polished oval of malachite, but nothing happened.

Frowning, she stepped inside the parlor. Her heart quickened in joy as she spotted Jeff standing near the front window with his back to her. Sunshine outlined his tall, slender profile and danced in his thick blond hair. His beautifully fitted blue suit made him appear all the more debonair and masterful. She wondered at the feeling of instinctive trust, of peace and well-being that washed over her when he was near.

"Jeffrey?" she called out tentatively.

He turned to her joyously, and the light in his eyes was dazzling to her. "Miss—I mean, Melissa,

darling." He quickly crossed the room and kissed her cheek. "How are you feeling?"

"Much better, thank you," she replied with a smile. *Especially now that you are here*, she added to herself. "And you?"

"I'm fine, darling. It's you we've all been frantic about." His expression grew deeply concerned as he moved aside a lock of her hair and tenderly touched the still-bulging bruise on her forehead. "Your mother told me you fainted again today, and the doctor had to be called."

"It was a matter of small consequence," she assured him. "The years, you see. Too many at once, I presume—perhaps what you would call an overdose?"

He appeared utterly mystified. "Years? An overdose?"

"I shall explain."

"I hope so." He chuckled and took her hand. "Let's sit down."

The two settled themselves on the antique settee. "First, are you sure you're okay?" Jeff asked anxiously.

"Okay?" she repeated, baffled.

"All right. You know, feeling well?"

"Ah, yes, I am feeling quite okay, thank you," she assured him.

He squeezed her hand. "Are you less confused now, darling?"

She nodded.

"Then tell me about these 'years' you mentioned."

"Well, I did lose quite a few of them—"

"You mean you lost your memory?" he asked, bemused.

"Well, yes, I presume so. However, I am trying

103

my best to find it." She scowled morosely. "I managed to learn quite a lot in the library today—you know, in the encyclopedias."

Despite himself, Jeff grinned. "I see. And this is what caused you to faint? Too much information at once? Overloaded circuits, so to speak?"

She pondered that a moment, then snapped her fingers. "Oh, you mean like too much current flowing through the curling iron?"

He laughed. "Exactly."

She nodded soberly. "Yes, I presume that is what happened to me."

He smile faded into a worried frown. "You really do have amnesia, then?"

Her eyes grew huge. "Oh, I should hope not!"

"You mean you don't even remember what amnesia is?"

She chewed her bottom lip. "I suppose not. That is, if I do have it, how can I remember it?"

Jeff couldn't help himself. He threw back his head and laughed.

"Have I said something wrong?" she asked, her expression crestfallen.

Jeff took her hand and kissed it. "Of course not, darling. As a matter of fact, you're saying everything right. I shouldn't laugh at your confusion—it's just that I find you absolutely delightful."

"You do? I mean, I am?" she asked raptly.

"You are." He stared at her with concern. "But this amnesia is serious business."

She grimaced. "It does sound serious."

"So you really don't remember me and your parents—or anything else about your life before your fall?"

She sighed. "I'm afraid that pretty much sums up my current mental state, although I am trying

most strenuously to get acclimated—especially to all the weird gadgets and whatnot."

He appeared fascinated. "Gadgets and whatnot?"

"Yes. You know, the machine that sweeps the carpets, the water spurting out of pipes into basins, the phones and clocks and blinking lights, and all the rest."

Jeff shook his head in amazement. "Good Lord, you sound as if you've been living in a cultural vacuum! I had no idea your injury was that extensive. Perhaps we should take you to the hospital—"

"No, Jeff, please," Melissa implored. "Dr. Carnes and I have already had this very argument. He couldn't really find anything that much wrong with me—other than my peculiar mental state. And even he conceded that this confusion may soon pass on its own." Biting her lip, she finished, "Besides, I don't think I'm ready to leave the house just yet. There are so many . . . frightening things out there."

He squeezed her hand. "I understand, darling. And I'll help you—in any way I can."

"Thank you, Jeffrey," she said sincerely. "I really appreciate your help, since there is so very much I've forgotten."

Staring into her wide, beguiling blue eyes, Jeff was feeling impulsive. "Have you forgotten this?" he asked intensely, and drew her into his arms.

Prior to this moment, Melissa had been held romantically by only one man—Fabian Fontenot—and Fabian's kisses and caresses had filled her with terror. By contrast, being held by Jeff Dalton was pure heaven. She felt totally at home, safe and confident in his arms, her senses intoxi-

cated by his male scent and her body cradled by his warmth. When his lips tenderly claimed hers, her bliss was complete. She gave herself over to the captivating caress of his mouth and curled her arms around his neck. She heard him groan and felt the pressure of his mouth deepen, until her lips parted to allow his tongue access. He possessed her mouth in a bold, dizzying stroke that left her feeling giddy all over.

Abruptly, he pulled back, staring down into her passion-dazed eyes, his own gaze fervently questioning her. "Well?"

"How could I ever forget that?" she asked breathlessly.

He smiled in joy. "Oh, Melissa, you're so wonderful—so different." Abruptly, a cloud crossed his eyes.

She took his hand. "Jeffrey, what is it?"

His expression deeply abstracted, he got to his feet, shoved his hands into his pockets, and began to pace.

"Please, Jeff, tell me what you are thinking," she implored.

He turned to her with a tight frown. "You know you've changed drastically since you took your fall."

"I know."

"It's almost as if you're a different person."

"I realize this."

Jeff expelled a heavy breath. "The problem is, I like you this way!"

She smiled. "That is what Mother said. But why should this be a difficulty?"

"It's a difficulty because . . ." He clenched his fist and said with self-loathing, "Damn, I'm such a bastard."

"Jeffrey, whyever would you call yourself that?" she cried, aghast.

"Because I don't want you to get well!"

She stared at him, stupefied.

"Don't you understand?" He approached her, speaking through gritted teeth. "When you recover your memory, you'll be Missy again!"

She rose and touched his arm. "No, Jeff, I shall never be Missy again," she assured him gently.

He regarded her in awe and uncertainty. "How can you be so sure?"

She laughed ruefully. "There you will simply have to trust me."

"Trust you? Try adore you," he whispered urgently, pulling her possessively into his arms and kissing her again. She kissed him back eagerly, running her hands over the hard muscles of his back.

Afterward, he stared down at her dazedly and said, "I feel as if I've just fallen down a well."

"Oh, dear."

He grinned. "Metaphorically speaking, that is."

"I'm relieved to hear it."

"It's a great feeling," he added, then chuckled. "Although it's baffling to try to figure out how I could have fallen in love at first sight with a woman I've known all my life."

"In love at first sight?" she repeated in a quivering voice, staring up at him in wonder.

He kissed her forehead. "Let's set a new date for the wedding, darling—right away."

Delight transformed Melissa's face, only to be replaced by sorrow and guilt as she remembered her life in the past—and those she'd left behind.

"Melissa? What is it?" he asked, pulling back.

"I need time, Jeff," she admitted miserably.

"This is all too new to me—and I'm still so confused."

"But you do still want me in your life?" he asked with sudden anxiety.

Melissa spoke straight from her heart. "Oh, of course, Jeffrey. I may not know you that well as yet, but I do like you, trust you . . ." Shyly, she finished, "And need you."

His eyes filled with incredulous joy. "My God, Melissa, to hear you say that you need me!" She felt a tremor course through him as he caught her possessively close. "Don't worry, darling. We'll take it slowly, get to know each other again. We have all the time in the world."

It should have been a moment of sublime ecstasy for Melissa. But, instead, she suddenly felt all color drain from her face as she made a momentous realization. What if she and Jeff didn't have all the time in the world?

While she remained quite baffled by this twentieth century into which she had somehow stumbled, she already loved the new family and fiancé that fortune had presented her with. But fate tended to be fickle—leastwise, the forces of destiny had always controlled her life heretofore with a capricious and even cruel hand.

What if her wonderful new existence here could be snatched away as quickly as it had been given to her?

Chapter Eleven

"Good morning, Mom, Dad."

Sitting at the dining-room table, John and Lavinia Montgomery glanced askance at Missy, who stood in the archway. Both parents struggled to take in their daughter's odd clothing and her equally odd manner of addressing them.

Lavinia rose and hastened over to join the girl. "Are you feeling better now, Melissa?"

"The name is 'Missy,' and yes, things are a bit clearer," she replied.

Lavinia rolled her eyes as she took in her daughter's outlandish choice of attire— a full-skirted ball gown of green watered silk, with a daring décolletage and tight waist. "Isn't that—er—rather a queer choice of dress for morning, dear?"

Missy shrugged, fingering one of the bows on her billowing skirt. "I thought this was what all southern belles wore. Why, in *Gone With the Wind*—"

"Gone with what?" Lavinia repeated in perplexity.

Missy groaned. "Oh, never mind. Just so you know, Mom, I'm not going to change. It was hell getting this prom dress on—not to mention, that torture device of a corset—and I'm not about to go through such agonies again."

For once, Lavinia appeared at a loss for words.

Smiling, John came over to join them. "Oh, let the girl wear whatever she pleases, Vinnie," he chided his wife. "I'm just so thrilled to see her up and about again."

"Thanks, Dad." She glanced about the room, then scowled. "Where's Gran?"

"You mean your grandmother?" Lavinia asked confusedly.

"Yes."

"She had to return to Natchez, dear," John said.

"Too bad," Missy muttered. "It was kind of nice to have one again."

John and Lavinia exchanged glances of utter bewilderment.

Eyeing the breakfast set out on the table, Missy clapped her hands. "Well, how 'bout some vittles around here?" To her flabbergasted parents, she added, "Isn't that what you folks call food?"

"Are you quite sure you're all right?" Lavinia asked worriedly.

"Of course, Mom." Missy started forward, only to do an awkward little dance as she tripped on her hem.

John caught her arm and steadied her. "Easy, my dear. We can't have you taking another tumble."

Missy slanted her new father a look of comprehension. "That's right, Dad. I fell down the stairs

110

yesterday, didn't I? Right before my wedding?"

"So you remember," Lavinia said gratefully.

Missy waved her off. "Do I ever!" Confidentially, she added, "And let me tell you both, that first step's a doozy."

Again, John and Lavinia appeared utterly amazed.

The three settled themselves in at the diningroom table. As Missy took her first sip of coffee and glanced about at the antique furnishings, she realized she was dying for a cigarette. Damn, she'd never get away with smoking here! She was stuck in some provincial outpost of the nineteenth century, and so far, her existence was not nearly as idyllic as that she had read about in history books and romantic novels. Already, she terribly missed her life back in the twentieth century and the many conveniences she'd left behind— even such banal items as toothpaste and toilet paper.

John eyed his daughter as she began to nibble at her breakfast of pancakes and sausages. "My dear, I cannot begin to tell you what a joy it is to see you up and about—and starting to remember things. Only, I must ask, why do you call your mother and I 'Mom' and 'Dad'?"

"Oh, that." Missy took a gulp of coffee. "I hate to disillusion you, Pop, but aside from remembering the fall, my mental state is pretty much a wash-out."

Lavinia gasped in dismay. "You mean to say that you still do not remember us as your parents, or Fabian as your financé?"

"Nail on the head, Mom."

"What can we do to help?" John asked with a concerned frown.

"Well—you could tell me a little about our lives here."

"Such as?" John queried.

"What do we do?"

"We raise cotton, of course."

"Oh, yes," she muttered. "That was a really dumb question, wasn't it? I certainly heard that blasted bell clanging at six A.M. this morning, when the hands left for the fields." Stuffing a chunk of sausage in her mouth, she added, "How long have we been living in this museum, anyway?"

"Museum?" Lavinia repeated.

"You know how young people are, Mom," Missy cajoled. "Always criticizing the status quo."

For once, Lavinia looked to John for guidance.

"We've been here ten years," he replied. "Ever since we built the house. Don't you recall that only two days ago you and I had a little ceremony after the craftsman placed the button on the newel post?"

Missy snapped her fingers. "Ahah! The stone was placed there in honor of the mortgage on the house being paid, wasn't it?"

"So you remember!" John exclaimed.

"No, not really." Amid the dumbfounded looks of both parents, Missy turned her attention to Lavinia. "Now—tell me what I did, Mom."

Lavinia appeared highly taken aback. "What you did?"

"Yes. How did I spend my time?"

"Ah, yes. Why, your passed your days as all young ladies do—reading, attending church or charitable organizations, taking piano lessons and knitting with your friends."

Missy wore the repelled expression of someone

who had just stepped into horse dung. "You've got to be kidding."

"Of course not."

"You mean I didn't have a job?"

"My dear, it would be most unseemly for a young woman to be employed," John scolded.

"And why not?" Missy countered. "Are you saying that women aren't as capable as men?"

"It's not a question of who is—more capable," John replied tactfully. "But a woman must remember her place."

"Bullpuppy! Give me a break!" Missy declared.

John appeared stunned, while Lavinia drew her napkin to her mouth to cover a snicker.

"So, what's on the docket today?" Missy continued.

"Why, Fabian is planning to come calling on you," Lavinia informed her pleasantly. "The darling boy said that if you were feeling up to it, he might take you for a carriage ride."

Missy slammed her cup into its saucer. "That creep? You can tell him for me to get lost!"

Both parents gasped in horror.

"But that is impossible," Lavinia said at last. "You are engaged to marry him, and we must set a new date for the wedding immediately."

"Get real," Missy snapped to her new mother.

"I beg your pardon?" Lavinia asked incredulously.

Missy thrust her fingers through her hair. "Look, Mom, whether you're aware of it or not, I've had a very rough twenty-four hours. And I wouldn't marry that jerk if he were the next Donald Trump."

"Donald who?" Lavinia echoed.

"Never mind," Missy snapped.

"You do talk most strangely, dear," Lavinia remarked anxiously.

"Well—in whatever language—the engagement is canceled, *finito*, kaput."

There was a moment of stunned silence.

At last Lavinia said in a cold, firm voice, "I'm afraid this will never do, my dear."

"Excuse me?" Missy's tone was also icy.

A look of steely determination flashed into Lavinia's eyes. "Due to your indisposition, Melissa, your father and I have been most tolerant of your—er—unorthodox behavior. But obviously, the time for coddling is past. Make no mistake—you will see Fabian Fontenot today, and you will marry him."

"Dream on!" Missy cried. "And for the last time, Mother, my name is Missy!"

"The contract was made at your birth, *Missy*," John added sternly. "You will not disgrace our family by reneging."

"Damn!" Missy exclaimed.

At once, John Montgomery was on his feet, trembling in mortification as he addressed his daughter. "You will not speak such profanity under my roof, daughter! For heaven's sake, remember your place! You are a lady."

But, as Missy glowered at her new father, Lavinia was chuckling. "Now, John, don't be too hard on the girl. Haven't you noticed the wondrous change in her? Why, she has spirit now!"

"Too much for her own good," John grumbled.

"Think what fun Fabian will have with her," Lavinia added with a smirk. "Oh, I cannot wait to see the fireworks!"

"I'm not going to see him, Mom," Missy insisted.

"Oh, you'll see him, dear," Lavinia assured her.

Missy continued to argue with her new parents throughout the meal. Finally, she threw down her napkin in disgust and stormed out of the room. Out in the corridor, she paused by the newel post, staring intently at the bull's eye of green malachite, the very stone she remembered from her life in the present. How amazing that the button had been attached only the day before yesterday. Had Melissa hit her head on this very post, just as she had back in 1992? If so, what was the significance? Missy ran her fingers over the stone, but nothing happened—although she did seem to glimpse the stone winking oddly.

"Remembering, dear?"

Missy glanced up to see that John Montgomery had joined her. He really was a very dear man, a fine southern gentleman, she mused, noting his charming goatee and the twinkle in his blue eyes. "I'm trying to remember, I guess," she replied with a smile.

He glanced down at the stone. "You know, this bit of malachite is a polished fragment from a genuine Egyptian amulet."

"An amulet," Missy murmured. Abruptly, she snapped her fingers. "But aren't amulets supposed to have—"

"Magical properties?" He chuckled. "Indeed, they are."

Missy felt all color draining from her face.

Missy spent most of her morning exploring the family library. Perusing the handsome floor-to-ceiling bookcases, she found the works of Melville, Hawthorne, Dickens, the Brownings and the Brontes, and other prominent writers

of the nineteenth century. But, predictably, there was no hint of the literature of her own world. She spent some time reading genealogical entries in the family Bible. She learned a bit more about the Montgomerys—including the fact that the family had emigrated to this country from England in the early 1800s—but found no answers regarding her own dilemma.

She thought about her new parents, John and Lavinia. A grudging smile lit her face as she remembered her argument with them at breakfast. She considered how different they were from the parents she had left behind. Back at home, she'd always successfully manipulated Charlotte and Howard; hell, she'd gotten away with murder all her life! By contrast, John and Lavinia treated her with loving firmness; she wouldn't be able to pull their strings quite so easily. And yet, through it all, she admired their spirit and respected them for standing up to her.

But if they thought they were going to force her to marry Fabian Fontenot, then they had another think coming! Even though she appeared stuck here for the moment, she had no intention of whiling away her hours with that beast!

This particular resolve proved much more difficult to hold on to than Missy had anticipated. Late that morning, she was lying on the bed in her room, going crazy with boredom, when Lavinia burst in.

"Wonderful news, dear! Fabian has arrived and is waiting for you downstairs in the parlor," she announced cheerfully.

"Tell him he can wait till hell freezes over," Missy replied, just as cheerfully.

Lavinia chuckled. "I expected as much. Conse-

quently, I told the darling boy that if you refused to come downstairs, he should feel free to come up here and fetch you."

Missy sat bolt upright. "You didn't!"

"Indeed, I did, daughter," Lavinia replied. "And I assure you that if you force him to come up here after you, you will not like his methods. Fabian does have quite a formidable temper."

"Damnation!" Missy shot to her feet. "All right, I'll go and see the bumpkin! But only to tell the jerk to go straight to hell!"

Missy tore off toward the door, stumbling twice over her hem. "Hell's bells, Mom, how do you put up with these damned skirts?" she cried, exiting the room and slamming the door.

Lavinia convulsed in laughter.

A moment later, Missy burst into the parlor, pausing in her tracks when she spotted Fabian standing across from her.

He turned and grinned at her, flashing perfect white teeth and looking every bit as devilish and dashing as Clark Gable in *Gone With the Wind*. He wore a long brown frock coat and buff-colored trousers, a silk brocade vest, and an elaborate black necktie.

"Good afternoon, dear Melissa. Feeling better, I presume?" he asked with a touch of cynical humor.

Even though her heart tripped at the sound of his deep, mocking voice and the glint of laughter in his dark eyes, Missy managed to maintain an icy façade. "The name is 'Missy,' and I've had better days, thank you." *Actually, I've had better lives*, she added to herself.

He chuckled and stepped forward. "Now that

I'm here, I think we can manage to improve things a bit."

Missy laughed. "You wish! I only came down here because Mom threatened me with bodily harm—at your hands." Feigning her best southern belle simper, she finished, "And, to tell you, Mr. Fabian Fontenot, to go straight to hell."

He whistled. "My, aren't we feisty today."

"We're also impatient," Missy snapped. "So if you'll excuse me—"

She was turning to leave the room when Fabian grabbed her arm and towed her back inside. "Wait a minute, Missy."

She stared bloody murder at him. "Let go of me, you brute!"

"So you really think you can get rid of me this easily?"

"Hide and watch, buster."

His eyes danced with mischief. "But you're forgetting that I'm so much stronger than you—not to mention older and wiser."

"Hah! Give me a break! If you aren't the most arrogant, egotistical—"

"Now, Missy," he scolded, "continue spouting such treason and I may just be impelled to silence that delectable mouth of yours." He tugged her a few inches closer and stared at her lips meaningfully.

"Damn it, let me go!" She suddenly hated herself for the telltale quiver that shook her voice at his nearness.

He grinned maddeningly. "I'll let you go only if you'll promise not to try to run away again."

"Okay!" she cried exasperatedly.

"Okay?" he repeated perplexedly.

"I agree to your terms, Mr. Fontenot," she said

with haughty formality. "Now get your filthy hands off me!"

Fighting a smirk, he released her. "How is the knot on your forehead?"

"Still black and purple, thank you."

He eyed her ball gown skeptically. "A rather queer selection of attire for a carriage ride—"

"Cut the small talk, Fontenot!"

"Just trying to humor you, dear."

"Then humor me by leaving!" When he only quirked an eyebrow and slowly brushed a bit of lint from his sleeve, she threw up her hands and demanded, "*What* do you want?"

He looked her over lazily. "I should think that would be obvious."

Anger darkened her face. "In your dreams! Now state your business and let's get it over with."

He shook with mirth. "Missy, you're a delight. I can't believe the dramatic change in you. I declare, the fall has definitely brought out your better side—although you do rant out of your head like a harridan, and frankly, my dear—" he stepped closer and scrutinized her face closely—"you look five years older."

Missy made a sound of strangled rage, and the next thing Fabian knew, he was lying flat on his back on the floor. Rubbing a smarting jaw, he stared up at her in stupefaction. He couldn't believe this slip of a girl had actually just knocked him on his heels! "Why you little spitfire. . . ."

She shook a fist at him. "You call me old again, you bumpkin from hell, and it'll be a fine day for the Memphis undertaker!"

He staggered to his feet and stared at her, wild-eyed. "What demon has possessed you? You're

behaving like a madwoman!"

"I'm perfectly sane!" Missy snapped. "And I gave you exactly what you deserved."

"Oh, you did, did you?" he shouted.

"Yes, I did!" she shouted back.

"Then perhaps I should give you exactly what you deserve!"

She stepped closer, confronting him eyeball-to-eyeball. "Oh, yeah? So what's stopping you, you big bully?"

Fabian's fury was escalating; he shook a finger at the maddening vixen. "You, woman, are a brat."

"So you've just now noticed that?" she sneered, raising both fists.

Fabian stared at her for a moment, then shook his head in amazement. "I can't believe I'm hearing this."

"Believe it. Then drop dead."

All at once, Fabian laughed, his rage forgotten in his fascination with this headstrong, captivating creature. "You know, I quite like you this way, Meliss—Missy. You're going to be quite a delight to tame and master."

"Master me? You and whose army!"

The laughter faded, but a frightening smile lingered. "Nevertheless, my dear, you are going to be punished for your rash action."

She resumed her previous aggressive stance. "Prepare to hit the deck again!"

This time, it was Missy who didn't know what happened to her. Before she could even think or breathe, Fabian had grabbed her fists, hauled her up hard against his muscled body, and fastened his mouth on hers. A scream of protest was smothered in her throat. At first she tried to fight

120

him, but then she didn't want to.

Fabian Fontenot was a beast, a jerk. He was also, Missy soon discovered, the sexiest man alive. He kissed her as if she were some luscious dish he were devouring—and, for the first time in her life, Missy longed to be devoured!

His mouth was hot, insistent, passionate on hers. He tasted of coffee and cigars, a potent, intoxicating mix, and the scent of him inflamed her. When his tongue stole between her lips, then plundered audaciously deep inside her mouth, a spasm of searing sensuality shot through her from head to toe. It was like nothing she had ever felt before. Her heart was beating madly, her breasts tingled against the crushing pressure of his chest, and the small of her back seemed to burn where his hands tightly gripped her. When she managed to wrench her mouth away his lips followed to claim hers again, stealing her breath away as he deepened the kiss. Feeling his tongue tease and thrust inside her mouth, she could only moan and cling to him.

When he finally pulled back she tottered on her feet, and he chuckled and steadied her. He stared down at her rapt, breathless face with tender amusement. "I presume I've exacted my revenge now—though it seems it wasn't quite punishment for either of us."

At last Missy remembered her righteous indignation and shoved him away. "Why, you bastard!"

His eyes burned with ire. "Melissa, I warn you—"

"Damn it, the name is Missy! And *I* warn *you*! Get the hell out of my sight! If you ever touch me again, I'll—"

"Swoon in my arms, as you so nearly did now?" he supplied ruthlessly.

Missy took a swipe at him, only to have her hand grabbed, her body pulled hard against his, and her mouth claimed once more. When he released her, her expression was dazed, his, inordinately pleased.

"Now," he said, straightening his cuffs self-importantly, "you will go upstairs and change out of that unseemly ball gown into a proper morning frock suitable for my fiancée. Then we shall take our drive about town, have dinner at the Gayoso Hotel, and discuss setting a new date for this wedding forthwith. . . ." He grinned. "Before you compromise my virtue, darling."

Missy was ready to hurl another diatribe at him when he grabbed her face with both hands. She froze at the look of promised retribution in his eye.

"Don't say it, Missy," he warned. "I've tolerated your willful outbursts because I know you've had a bad accident. But my patience is not limitless. If you should malign me again, I assure you that you'll regret it—in full."

Missy opened her mouth to protest, realized her mistake too late, and regretted it not at all as she was thoroughly kissed again.

"Well?" he demanded. "Will you go upstairs and change, or shall I—"

"Yes, Fabian," she muttered, turning and walking dazedly from the room.

Chapter Twelve

"I can't believe this is happening to me," Missy muttered.

She sat next to Fabian in his barouche, which was drawn by a dappled gray horse. She had changed into a fashionable day dress of crisp yellow muslin. A ridiculous little hat with feathers bobbed on her head with each jolt of the conveyance.

While Fabian worked the reins, Missy sat with fingernails digging into the edge of the leather seat. Maintaining her balance was not easy. The carriage rocked, lurched, and creaked on its springs, and the ride was bumpy and miserable. Obviously, these people had never heard of modern suspension systems—or even of automobiles, she mused cynically.

The landscape passing them was alien to her. They were plodding down a plank road past endless cotton fields. Occasionally, they passed

another buggy, a farm wagon, or a dray loaded with supplies. The scents of moist earth and manure filled the cool air.

Where in the hell was Memphis? Missy knew she'd just left the home where she'd been born—though a radically different house it was, minus several major remodelings, a four-car garage, six bathrooms, and a modern kitchen—and yet all the familiar landmarks near her home were missing now. She'd spotted no neighbors, no street-lights, no cars, no police cruisers, nothing but endless furrows of dirt. If she still clung to any illusions that she was somehow misplaced in her own time, that fragile hope was rapidly disinte-grating.

Fabian seemed to take all in stride as he clucked to the horse and puffed away on a cigar. Missy was tempted to yank the smoke from his mouth, so intense was her nicotine fit at the aroma. Now, it seemed ludicrous to her that she had ever wished to be transported to antebellum times. The elegant dresses she had always thought of as so gorgeous were uncomfortable as hell. And she was stuck in an archaic period without modern conveniences, when woman were the virtual chattels of beasts like Fabian Fontenot.

Missy was forced to confront her own traitor-ous behavior with him back at the house. Why on earth had she allowed this bumpkin to kiss her? In truth, she hated this man who purported to be her fiancé.

Almost as much as she wanted to jump his bones!

Stifling a sigh of pure frustration, Missy glanced at him, studying his strong jaw and beautifully chiseled mouth, his straight nose and deep-set

eyes. His shoulders were broad, his torso lean, his legs long and sinewy. A brazen image suddenly flooded her mind—of those long, muscled legs spreading her thighs widely apart, of him thrusting into her as she moaned in exquisite pleasure . . .

Missy jerked her thoughts away from dangerous territory. Heavens! Why did this man have to be so sinfully handsome? And such a skilled kisser! Missy had to admit that no other man had ever inspired such passion in her. Jeff's kisses certainly paled by comparison.

The thought of Jeff, and the world she'd left behind, brought a wave of melancholy crashing over her. Did Jeff and her parents miss her? Was life even continuing in the world she'd left? She wasn't sure. However, if her theory were correct and she and this "Melissa" had switched places in time, the people she'd left behind might well assume Melissa was her, just as the people here were assuming she was Melissa. What a mind-boggling mess! Certainly, there were differences between her and her distant cousin that her new parents and Fabian had already noted. But both she and Melissa had taken bad falls, which would explain their "confused" states afterward. And, as far as purely physical attributes were concerned, Missy could well understand anyone's mistaking her for Melissa, and vice versa. Back in the present, she had often stared at the daguerreotype of her cousin, and she'd found the resemblance between the two of them truly uncanny.

Had she and this Melissa been switched? If so, how had it happened? Did the "charmed" newel button have any bearing on the mystery? And were she and Melissa now living each others' lives

concurrently? This electrifying possibility made her gasp.

"You sound a trifle winded, my dear," an amused male voice interjected. "Reliving our moments of passion, are you?"

Missy stared daggers at Fabian, who was staring back at her with a positively depraved smile. "You wish!" she snapped.

"Come now, you must feel something for me," he teased.

"Try hate at first sight!"

He chuckled. "If you weren't basking in memories of our shared bliss, what, pray tell, brought such a look of breathless fascination to your face?"

"That's none of your damned business."

"Touchy today, aren't we?" Grinning ruefully, he turned his attention back to the horse. "By jove, I don't know what brought about this dramatic change in you—whether it was the bump on your head or that you've simply come to your senses. But I like you this way, my dear. Indeed, I do."

"Well, don't get used to me, buster. I'm not going to be around for long," she snapped back.

All at once, Fabian's attention was riveted on her. "What do you mean by that comment?"

Missy could have kicked herself for speaking without thought. Yet, in a way, it was a relief to hear herself verbalize what she now recognized as the truth—that she wanted to escape this antiquated age in which she was stuck, and the sooner the better. She especially wanted to flee these new, confusing feelings toward Fabian. Missy was used to being totally in charge of her own life and her person—and somehow, Fabian

Fontenot was capable of taking that control out of her hands. This desperately frightened her.

"Well, Missy?" he demanded. "Precisely where is it you're planning to go?"

She shrugged and took a long moment to smooth down her skirts. "Let's just say I'm not planning to marry you."

All at once, his expression grew deadly serious. "Then I'll simply have to change your mind, won't I?" The softness of his tone did nothing to mute the lethal menace radiating from his words.

"Not in this century, you won't," she retorted, and then amazed herself by laughing uproariously.

Fabian frowned at the woman sitting next to him. Missy was laughing uncontrollably, as if she were savoring some private joke that was totally beyond his comprehension. He mulled over the dramatic change in his fiancée. If he hadn't known better, he would have sworn that he was sitting next to a different woman.

That was impossible, of course—wasn't it? Physically, Missy appeared to be the same young lady he'd become engaged to—except that the fall had aged her slightly. Still, the change in her temperament was mind-boggling! Her spirit bore no resemblance at all to that of the meek, mild Melissa he'd known previously. Had the fall brought on a radical personality change—or was she indeed a different person now?

He shook his head at that preposterous possibility. Any fool knew that there was no way this girl could be someone else. And that thought brought to mind a truth he could not deny: He didn't want the old Melissa back; he wanted to keep this new, fascinating Missy.

He stared at her, so beautiful and so proud sitting next to him. This girl he would never take to Africa. This girl he would take to Paris, and feed caviar and champagne—in his bed.

There, especially, he wanted her. Lord, he had enjoyed kissing her! Melissa had always reacted to his advances with fear and revulsion, but not this new Missy! She'd been so passionate, so responsive. He wanted to feel those sweet lips trembling beneath his again, he wanted to make her gasp and pant in desire once more. He wanted to make her give over her beautiful, spirited soul to him—and he would devour every bite!

"Oh, lord!" Missy cried, staring captivated at the passing sights.

They had arrived at Memphis proper, and Fabian was laughing at Missy's unabashed reactions. "Silly girl, your eyes are as big as saucers. One would think you'd never seen Memphis before."

"No lie," she muttered under her breath.

Even though she had previously concluded that she was no longer living in the twentieth century, to have this confirmed so dramatically now was a massive shock to Missy. Gone were the modern streets, skyscrapers, and freeways of Memphis. In the place of the huge modern city stood a small town with dirt streets and mostly clapboard structures. They were now passing down a row of such ramshackle buildings—a feed store, a stable, and a grog shop. Horses were tied to the hitching posts, and on the sagging porches a few old gentlemen, as well as a couple of black men, were lolling about. Wagons and buggies wended past them, stirring up dust in the street, and the

air reeked of garbage and sewage.

Incredible! Missy was struggling desperately to take all this in when they turned onto a narrow lane which a sign proclaimed to be "Adams Street"—an area she'd known back in her own time as the "Victorian Village."

"Oh, lord!" she gasped again.

Fabian continued to laugh, while Missy gaped, astounded, at the structures lining the street. The famous Fontaine house was missing, but nearby she spotted the rear, oldest brick section of the Lee house—only the front two sections of the mansion were nowhere in sight! Down the street, workers were just beginning construction on what Missy knew must be the Mallory Neely house.

Missy began to tremble. This was Memphis, all right, but not the Memphis she knew!

In the next block, a sign on a clapboard building proclaimed "Slave Traders," and the half-dozen blacks being herded into the building by a frock-coated gentleman confirmed this. The sight was most sobering for Missy. Of course, she'd been aware that there were slaves back at the plantation, but she'd been too preoccupied by her own troubles to take much note. Now, to see actual evidence that human beings were being bought and sold in this century . . . She was appalled.

They turned onto Front Street, on the bluff just above the river. Missy stared, amazed, at the unfamiliar brick buildings lining the street, at the many conveyances lumbering past, at the boatmen and businessmen trouping by on the boardwalk. She glanced at the landing below, with its row of shacks bounded by various vessels, and spotted a steamboat chugging up the Mississippi

in the distance. Nothing was familiar—except for the general contours of the bluff and the river. Still, there was no Mud Island beneath them, no bridges spanning the Mississippi to Arkansas, and no city of West Memphis on the opposite bank.

"Are you all right, Missy?" Fabian asked.

Though white-faced, Missy managed a shrug. "After I hit my head, I suppose I—lost a few things."

Like a hundred and forty years, she added to herself.

Moments later, Fabian led Missy past the elegant columned façade of the Gayoso House Hotel on Exchange Square. Inside the lobby, a crowd swarmed around them—ladies in full-skirted dresses and feathered bonnets, gentlemen in dark suits and planter's hats. Assorted children scurried about, boys in sailor suits, girls in smaller versions of the fashionable frocks of their mothers. Given the crush of people in such a small space, the air was pungent with the odor of unwashed bodies. Hadn't these people ever heard of soap or deodorant? Missy wondered, half nauseated by the stench. She hadn't noticed such unpleasant smells around her parents or Fabian—but this press of humanity was clearly an initiation by fire.

"Where did all these people come from?" she asked Fabian.

"A steamboat must have stopped at the landing," he explained. "And doubtless all of these people have the same idea as we do—to have dinner in the hotel dining room. I do hope we'll be able to get a table." Glancing about, he spotted

the maitre d' and snapped his fingers. He grinned as the man approached. "Ah, here comes Jules. We're in luck!"

The maitre d', who was well-acquainted with Fabian and referred to Missy as "Miss Montgomery," led them to a cozy corner table. Taking a sip of water, Missy glanced about at the beautiful dining room, with its high ceilings and crystal chandeliers, its ferns and flowered carpets. Noting the attire of the other diners—particularly the high-collared day dresses of the ladies—Missy realized she would indeed have appeared ridiculous had she gone out in public in the low-necked ball gown, and for a moment she felt grateful toward Fabian for insisting that she change. She studied the snowy white linen on the table, the old-fashioned crystal and sterling, the lovely china plates with gilded edges. This age did have its elegance, she mused.

"You haven't even glanced at the menu, my love," Fabian said.

"I'm not your love," she replied tersely, picking up her menu. "And I'll look at it now."

"Don't trouble yourself," he teased. "I'll order for you."

"You will not!"

He ignored her flash of temper, motioning for a waiter. As the man stepped up, he announced, "My fiancée and I will have the fried chicken dinner."

"Fried chicken!" Missy gasped. "Haven't you ever heard of cholesterol?"

Both Fabian and the waiter appeared bemused. "Frankly, I haven't," Fabian said. "Pray enlighten us."

Missy waved him off. "Oh, never mind." If she

were indeed living in the year 1852, when a dozen minor illnesses might lead to complications resulting in death, she supposed she needn't worry unduly about her arteries getting clogged.

"What would you care to drink, sir?" the waiter asked.

Fabian began, "The lady will have—"

"A white wine," Missy finished.

Fabian raised a dark brow. "My dear, I'm shocked at you. Ladies do not imbibe spirits—and certainly not at this hour."

"Then maybe I'm not a lady," Missy informed him sweetly.

Fabian threw back his head and laughed, while the waiter appeared most ill at ease.

"The lady will have iced tea, and I'll have a mint julep," Fabian said.

"Yes, sir."

As the waiter left, Missy stared daggers at Fabian. "You beast! You get liquor, while I get some insipid tea."

Her remark appeared to fascinate him. The tip of his boot nudged her slipper beneath the table. "If you let me kiss you later, darling, I promise to give you a thorough taste."

As the impact of his remark settled in on her, Missy felt heat rising in her cheeks. Good grief, this bumpkin had made her blush! Never before had any man done this to her—which made his triumph doubly humiliating!

And Fabian was certainly eating it up with his eyes. "Try to control yourself, darling. I know the thought of kissing me fills you with—irrepressible longings—but we are in public, after all. Can you not wait until—"

"Go to hell!" she snapped.

Fabian was still laughing when the waiter brought their drinks.

She sipped her iced tea and eyed him resentfully. "So what do you do, Fontenot?"

"Do?" He appeared confused.

"How do you earn your livelihood?" she simpered poisonously.

"I raise cotton, of course."

She rolled her eyes. "Give me a break. Don't tell me you go out and till the fields?"

"Why, no, but—"

"How else do you occupy your time?"

He grinned. "Let's see . . . I gamble, pursue women—"

"And sip mint juleps?" she finished sarcastically.

He raised his glass in a mock salute. "Indeed."

"Good grief, you're little more than a deadbeat," she muttered in disgust.

"A what?"

"Oh, hush and drink your julep."

The meal was surprisingly delicious. The chicken—fried to perfection—tasted more like chicken than anything Missy had ever eaten before. The gravy was thick and mouth-watering, the green beans fresh and flavored with bacon, the potatoes fluffy and hot. And the biscuits . . . so light and sweet, they melted in her mouth!

Missy devoured every bite. She even grabbed a chicken leg that Fabian showed no interest in eating. Once he had finished his meal, he propped his chin in his hand and stared at her in fascination.

"Haven't you heard that ladies don't gorge themselves in this manner?" he asked mildly.

"I've already told you, I'm not a lady—and fur-

thermore, you're not my mammy," she snapped back.

"You'll get fat," he warned, winking at her solemnly. "Of course, I want you fat—at least once annually—but I'll never tolerate permanent gluttony."

Missy tossed down her fork. "Look, you idiot, I've already told you I'm not going to marry you— and that goes double for having your children."

"Don't you want my children?" he asked, feigning a wounded air.

She was afraid to comment on that loaded subject. "Don't you think you're putting the cart a bit ahead of the horse?"

"Ah, yes. First I must convince you to accompany me to the altar."

"You and Patton's Third Army!" she scoffed.

"Patton's what?"

"Never mind."

He shook his head. "I'll be deuced if you haven't turned into a battle-ax."

Rather than becoming insulted, Missy turned thoughtful. "What was I like before?"

He appeared amazed. "You mean you actually don't remember?"

"A lot of things have been—well, fuzzy since the fall."

He leaned back in his chair, his mouth tight. "You were a very meek and mild young lady— and you bored the living hell out of me."

"Then why were you going to marry me?"

"Honor, my dear," he replied solemnly.

"You have honor?" she scoffed, and then regretted it immediately when she spotted the ire rising in his face.

"Southern gentlemen take their honor quite

seriously," he informed her in a voice so frigid, it sent a chill up her spine. "Indeed, if you were a man and had cast aspersions on my character that way, I would call you out—"

"Oh, for Chrissakes!" At the look of naked rage in his eyes, she held up a hand. "Very well, you have honor. Good grief, Fabian, the way you're carrying on, you'd think I had called you gay."

"Gay? But I try to be gay as often as possible—"

Missy rolled her eyes. "Fabian, believe me, you are *not* gay. Not that I have anything against people who are, but you definitely are not—"

"I'm as gay as the next man," he cut in irately.

"Fabian, you don't know what you're talking about," she insisted.

"Are you calling me a stick-in-the-mud, woman?"

She glanced at him in mock horror. *"Moi?* Never."

He appeared only slightly mollified. "How did we get off on this tangent, anyway?"

"I cast aspersions on your honor." Before he could become indignant again, she rushed on. "Look, for the record, I'll agree that you are honorable, even pleasant at times—if not truly gay. Now tell me more about why you were marrying Melissa."

He regarded her with a perplexed smile. "You mean you, of course?"

"Right. Why were you marrying me?"

He sighed. "Because the contract was made between our families at your birth." He frowned. "You mean to say you don't remember that, either?"

"No, though Dad mentioned it this morning."

135

She shook her head wonderingly. "I can't believe it. An arranged marriage."

"Why so astounded?" he queried. "Such contracts are not uncommon. You see, my family owns the plantation next to yours, so this seemed a logical match. Indeed, I felt even more obliged to honor the contract after my parents died in the yellow fever epidemic two years ago."

"I'm sorry," Missy muttered, only half hearing his last words. So Melissa and Fabian had planned to marry for the sake of expedience, just as she and Jeff had back in the present! The realization was quite jolting.

"Our marriage was to be a merger, then?" she asked.

"An odd way to put it."

"But accurate."

"Perhaps."

"So . . . We set a date for this marriage—and then what?"

"You took a tumble down the stairs right before the ceremony, and woke up talking and acting like an entirely different person." Finishing his statement, he regarded her with sudden uncertainty.

She found his scrutiny unnerving. "What is it?"

"I just had a thought—a terrible thought," he murmured.

"What?"

He reached out and stroked her cheek with an odd tenderness. Unbidden, a shiver of longing rippled over her.

"Don't change back again," he whispered intensely. "Don't ever change back."

Staring into his dark, mesmerizing brown eyes, Missy found breathing difficult. While it went

136

against the grain for her to agree with Fabian Fontenot, she was not about to become the reincarnation of her distant cousin, Mealy-Mouthed Melissa.

"You can bank on it," she muttered.

An hour later, Fabian was escorting Missy up the fragrant path toward the Montgomery mansion. The advent of spring was evident in the many blooming plants and trees gracing the grounds.

"By the way," Fabian said, "I accepted a dinner invitation for us at the Sargeants' tomorrow."

"Gee, thanks for asking me!" Missy retorted sarcastically. "And just who are the Sargeants?"

He appeared flabbergasted. "Missy, I'm shocked at you. Lucy Sargeant is one of your best friends. She and Jeremy are part of a couples group we belong to. We all meet for dinner each fortnight. Don't tell me you've forgotten that, too?"

"So it appears."

"No matter. Perhaps during the evening we can discuss a new date for our wedding."

Missy whirled on him. While she had to concede that she had enjoyed their lively banter at lunch, now he was acting like a jerk again. "You really don't listen, do you?"

"You're marrying me, my dear," he said in a tone laced with steel. "Never doubt it."

She laughed bitterly. "And you had the gall to say you didn't want me to change back again, when what you really want is a weak-spined little woman you can order about, like your precious Mel—like I used to be!"

He grinned lazily and reached out to toy with one of her blond curls. "Oh, I do not mind your

spirit, my dear, as long as you recognize who's wearing the pants."

She yanked herself free from his touch. "You can take your damned pants, stuff them in your big mouth, and gag on them!"

He ignored her flash of mettle. "You'll be ready tomorrow evening at five, then?"

"Sorry—I have other plans."

Now, she had incited his anger, and he gripped her by the shoulders. "You would betray me with another?"

"I'll certainly try my best."

"Why, you witch!" He shook her slightly. "You will be ready—precisely at five tomorrow—or you will suffer the consequences."

"What consequences?"

"The consequence of a very sore derriere."

"When rockets fly to the moon," she scoffed.

"When rockets what?" he asked exasperatedly.

"Never mind!"

For a moment they glared at each other. "A lady would obey her fiancé," he gritted at last, a muscle working in his jaw.

"For the last time, Fontenot, I'm not a lady—or your fiancée!"

"If you continue to defy me so brazenly, I'll consider that my license to consider you a woman of loose morals."

Missy convulsed in laughter. "Get the hell out of here!"

"And I'll treat you accordingly."

"You'll do nothing of the—"

The rest of her protest was smothered by a punishing kiss. Fabian held her so tightly, she could not breath, as his lips, his tongue, did unspeakably erotic things to her mouth, to her senses. Thrust,

retreat, thrust deeper, linger, tease . . . Her sob of outrage became a moan of pleasure, followed by a soft cry of surrender, an inarticulate plea for more. . . .

"Well, Missy?" he demanded, his mouth lingering a mere hair's breadth above her own.

Missy's head was spinning as she panted for breath; her fingernails were digging into the cloth of Fabian's frock coat. Luckily, she remembered in the nick of time that people knew very little about birth control in the nineteenth century. Otherwise, she would have continued to provoke him—just to have the mind-blowing thrill of being ravished by him right there on the garden path.

"I'll be ready at five," she muttered, moving past him like a sleepwalker.

Chapter Thirteen

"But, Melissa, darling, you have to leave the house sometime."

The following morning, Melissa sat in the parlor with Jeff. He had just asked her to go out for a drive around the neighborhood.

Wringing her hands, she stammered, "I—I appreciate your wanting to take me to see the sights, Jeff, but I'm still . . . well, very confused and frightened. I've lost all these years, you see."

His gaze was filled with compassion. "You still don't remember anything, do you, darling?"

"No. Not much, at any rate. . . ." She bit her lip. "However, I have been reading—history books, that sort of thing."

"Oh, yes," Jeff said with concern. "Charlotte mentioned that you've been spending a lot of time screaming in the library."

"I'm afraid that . . ." She glanced away uneasily. "Well, the books have been little comfort."

He reached out to stroke her cheek. "I'm sorry,

darling. Tell me what you have learned."

"I've learned that we live in an age of miracles—of horseless carriages and winged chariots."

"Horseless carriages and winged chariots?" he repeated, amazed. "My, what a quaint manner of speech you've developed." Catching her sudden, dismayed expression, he added, "I'm sorry. Go on."

Melissa's expression grew turbulent. "I've learned that we live in an age of violence and addiction. That we have produced poisons that are slowing destroying our planet and bombs that could end civilization in an instant." Staring at him in anguish, she finished, "It's a frightening world, Jeff."

"I know," he commiserated. "But the picture is far from entirely bleak. We've done much to eliminate disease and human suffering." He smiled at her tenderly. "There are good people in this world."

"I know," she whispered back. "And I feel so blessed to know one of them."

"Oh, Melissa!" Jeff's heart welled with joy as he leaned over to kiss her. She kissed him back eagerly, relishing the closeness, the heat of his warm lips.

Yet after a moment, he pulled away. He stood and walked off toward the window.

"Jeff, what is it?" she asked.

He turned, shaking his head incredulously. "My God, the change in you . . . ! I feel as if I'm losing my mind!" Then, staring her straight in the eye, he amended, "No, I'm losing my heart."

"As I am," she added fervently.

"Oh, darling!" He returned to her side, taking both her hands in his. "Someday soon, I'm going to tell you a story."

"Why can't you tell me the story now?"

He reached out to brush a lock of hair from her eyes. "Because you're still so confused. We must find all those years, mustn't we?"

She nodded. "But can't you even tell me what the story is about?" She smiled shyly. "I love stories, you see."

Jeff's expression grew wistful. "It's about a man who was all smiles on the outside, but dead on the inside. Until an unforeseen accident brought a wondrous change into his life."

Melissa blushed in pleasure. "It sounds like a wonderful story."

"Oh, it is." He pulled her to her feet. "But we'll save it for another day. Now, darling, we're going for our drive."

Melissa hesitated, her mind searching desperately for an avenue of escape. "Mother mentioned that you were coming here from—from your place of employment. Are you certain I am not taking you away from your duties?"

He shook a finger at her. "Good try, but it won't work. The nice thing about being owner of a business is that I can take a day off once in a while. We're going on our drive—and for a nice lunch—and that's final."

Her anxious gaze entreated him. "But, Jeff, you know how those horseless monsters frighten me. I've seen them from my window—whizzing by so fast. Mother and Father have several of them, but I'm too afraid to get into one."

"Aha!" he cried. "So you have left the house!"

"I only ventured as far as the carriage house," she admitted.

"Carriage house? You mean the garage?"

"Yes."

He squeezed her hand. "You're simply going to have to trust me. Will you do that much?"

Melissa's expression grew radiant. "With my life."

Outside the house, a wonderful surprise awaited Melissa: at the curb was parked a horse and carriage, with a straw-hatted driver awaiting them on the front seat.

With a cry of joy, she turned to Jeff. "Oh, Jeff! A carriage! You mean to say you still use such conveyances in this age?"

"I beg your pardon?" he asked perplexedly.

She shrugged. "Never mind. It is of no consequence."

Though his expression was bemused, Jeff led her toward the rig. "I've noticed how cars—how so many things—frighten you since your fall. A friend of mine runs a sightseeing service downtown, so I arranged to hire one of his carriages and drivers for the day. Who could object to an old-fashioned horse-and-buggy ride?"

Melissa clapped her hands. "Who, indeed? Certainly not I!"

Yet as they neared the carriage, a bright red sports car zoomed by in the street, and Melissa dug in her heels.

Jeff touched her arm, studying her wild-eyed countenance with concern. "Darling, why do cars—and everything else—frighten you? You've been around these things all your life—"

"It's the years, Jeff," she said lamely. "The lost years."

"Still, the way you speak, the way everything overwhelms you, it's almost as if you're accustomed to living in another time."

Melissa hesitated a moment, then said solemnly, "Perhaps I am."

But Jeff only laughed. "Oh, darling, you're such a delight. On top of everything else, you've developed a sense of humor!"

He was still chuckling as he helped her into the carriage.

"Oh, my," Melissa said.

They were now plodding down the strange, smooth gray streets in the open carriage, and Melissa was craning her neck at the passing sights. As they turned a corner, she spotted several more bizarre-looking houses, squat and squarish, fashioned of brick, wood, and some strange roofing material that she'd never seen before. Outside one house, three young girls dressed in boys' clothing were propelling themselves about on amazing three-wheeled conveyances.

Then her head turned at the sound of a very loud music box, and she watched a huge white wagon—she believed it was called a "truck"—glide down the street. The word "ice cream" was emblazoned on its side. As it stopped, the three small girls rushed up to it with coins in hand.

Melissa stared at Jeff in disbelief. "Forevermore—ice cream delivered to one's home?"

"Melissa, you're incredible," he replied, then called out to the driver, "Hey, Bill, let's stop a moment."

The carriage halted, and Jeff offered Melissa his hand. "Want to come see the ice cream truck?"

She shook her head vehemently. "I can see it quite well from here, thank you."

Chuckling, he said, "Okay. Just wait here a minute?"

"I wouldn't dream of budging."

Melissa sat tensely, watching Jeff climb out of the carriage and cross over to the truck. He spoke briefly with the white-uniformed driver and handed the man some money. A moment later, he returned with three small items, handing one up to the driver before he hopped back into the carriage.

"Here, darling," he said, placing in her hand one of the objects, which was something very cold on a stick, the frigid part wrapped in colorful paper.

"Thank you," she murmured, perplexed. "What do I do with this?"

Jeff laughed. "First you unwrap it, darling."

Melissa pulled off the wrapper and gasped. She was staring at a thick shaft of frozen confection, composed of many different layers and rainbow colors. "It's the most wondrous thing I've ever seen!"

Jeff laughed, and realized that, for once, he was tempted to say something very wicked. As the carriage continued down the street, he watched Melissa's reactions closely as she stared captivated at the ice cream. "Er—darling . . ." he murmured at last.

"Yes?" she asked intently.

"You're supposed to eat it." When she merely stared at him blankly, he explained, "It's ice cream. You eat it."

"Oh." She stared at the shaft in perplexity. "How?"

Now Jeff's voice did drip with wickedness. "You lick it."

"Oh." She continued to scowl at the confection.

Jeff convulsed in laughter. "Here, I'll show you how."

He took her hand and stared down into her gorgeous blue eyes. His voice trembled as he whispered, "Lift the ice cream to your mouth, darling . . . That's good. Now stick out your tongue . . . Run it over the shaft of . . . My God, you're an angel!"

The rest of Jeff's instructions were lost in a devouring kiss that left both of them wet and sticky.

They stopped at an eatery at one corner of a huge collection of buildings Jeff referred to as a "shopping center." They entered the establishment through an astounding door fashioned of glass.

Melissa was fascinated by the interior, which was dark and elegant, with mysterious, soft lights recessed in the ceiling. As was true back at the house, the walls seem to ooze sound—a woman was wailing a haunting song to the beat of a moody, rhythmic accompaniment.

Once they were seated, Melissa glanced uncertainly at Jeff. "The woman singer is not trapped behind the walls, is she? It's a hi-fi system, correct?"

He chuckled. "What delightful, outmoded things you say! The music is stereo, and it's called a sound system. It comes from speakers." He pointed at a black box in the rafters above them.

Frowning, she craned her neck. "I see. But how does the sound get to the speakers?"

"Electricity, darling."

"Aha!" She snapped her fingers. "I read about that, also. Electricity is what powers the lights,

the curling iron, and the TB—"

"TV." Jeff was shaking his head as the waiter deposited their menus. "What would you like for lunch?"

"Lunch?" She frowned. "You mean dinner."

"No, darling, that is tonight."

"But that is supper."

He shrugged. "Whatever you say. Just tell me what you're hungry for."

"Ice cream," Melissa said, and Jeff's laughter could be heard all the way across the restaurant.

"Shall I order for us?" Jeff asked, as the waiter took out his pad.

She nodded. "That would be splendid."

"You'll want to begin with your usual white wine, I presume?"

Melissa was aghast. "Jeffrey! Ladies never drink spirits."

Both Jeff and the waiter appeared fascinated. "Then what do ladies do?" Jeff couldn't resist asking.

"Why, they care for their homes and husbands, have children, do charity work, and attend church," Melissa replied stoutly.

"May I marry her, sir?" the waiter asked.

Jeff grinned at the young man. "No, I'm going to."

Jeff ordered for them both, and the waiter was still chuckling as he left.

Jeff propped his chin in his hand and stared at Melissa.

She was slightly unnerved by his intense scrutiny. "Is something wrong?"

"I'd say everything's perfect. Only . . ."

"Only?"

He gestured in amazement. "I just can't believe

how different you are! Your mannerisms and speech, your gentleness, the way you're always thinking of others. It's almost as if a totally different woman got up from that fall on our wedding day."

Melissa was pensively silent for a long moment. "Tell me what I was like—before."

Jeff's expression was abstracted as he waited for the waiter to deposit their drinks. "Now that you've changed, I hate to criticize—"

She reached out and touched his hand. "I must know the truth."

He nodded. "You were very hard-charging and ambitious. You worked like a demon at your parents' ball bearing plant—"

"I did? You mean I was one of those—bluestockings?"

"You mean women's libbers?"

"Ah, yes."

"You were quite liberated. You were also—"

"Yes?"

He squeezed her hand. "I'm sorry, darling. There's no other way to put it. You were very selfish and self-centered."

She nodded. "I believe you. But, if I was like that, why did you want to marry me?"

"Our families wanted the marriage," he said grimly. "It was a merger—Monroe Ball Bearings and Dalton Steel Tubing."

"Then you agreed to marry Miss—er, me—in order to please your parents?"

He sighed. "Actually, there's only Mom left now. Dad died a year and a half ago."

She gasped in dismay. "Oh, I'm so sorry, Jeff. I—I should have remembered."

"It's not your fault you don't remember."

"So you planned to marry me to please your mother?

He avoided her eyes and spoke grimly. "To tell you the truth, Melissa, I really didn't care who I married."

"Does this have to do with the story you mentioned earlier?"

He smiled ruefully. "You're very perceptive. Something happened six years ago, and I felt as if my life had ended."

"Oh, Jeff! I'm so sorry!"

"Don't be." He stared at her earnestly. "For now, I owe everything to you. You see, three days ago you fell down the stairs, woke up a different woman, and resurrected a dead man."

"Oh, Jeff! You mean—"

"I mean, darling, that the change in you has given me a new lease on life."

"Oh, I've never heard anything so sad—or beautiful!" Melissa said, dabbing at a tear. "Will you tell me this story—soon?"

"You really want to know? Missy didn't—I mean, you never asked before."

She smiled radiantly. "But didn't you say I'm a different woman now—in spirit, of course?"

"Indeed, you are."

"So, will you tell me?"

He nodded. "Yes, darling. Soon."

They exchanged shy glances during the meal, which Melissa enjoyed tremendously. Jeff had ordered her a pie called a "quiche," which she found rich and delicious.

As the waiter was taking away their plates, Jeff snapped his fingers and stared at Melissa in amazement. "I knew there was something else different about you! You don't smoke anymore."

Melissa blushed to the roots of her hair. "Why, Jeffrey! I'm stunned. A lady never smokes."

"Are you certain I can't marry her, sir?" the waiter interjected with a grin.

"Out of the question," Jeff informed him. "But you can bring us some dessert." He winked at Melissa. "What do ladies like for dessert?"

"They love ice cream."

Jeff stared at her with the eyes of a drowning man.

Half an hour later, Jeff and Melissa were back at the house, standing next to the newel post, kissing.

"Melissa, marry me," he whispered passionately, kissing her cheek, her hair. "I want you—need you in my life so much."

Sadness filled Melissa's heart as she withheld the very promise she so longed to give. "Jeff, I need more time. I can't marry you until things are—clearer."

"I know I must seem impatient, even impetuous," he whispered intensely. "I can't even fully describe my feelings. It's just that every time I'm with you, I'm in heaven."

"I am, as well," she replied ardently, kissing him back and clinging to him.

Melissa reveled in Jeff's nearness. She already knew that she loved this kindly, tender man. Yet being with him was also tearing her apart. She wasn't sure just how she'd gotten here, or how she might make her way back to her own time. Nevertheless, how could she turn her back on the promises and obligations she'd made in the past—even if she truly didn't want to return to those she'd left behind there?

Chapter Fourteen

"Dulcie, I'm sorry I threw the chamber pot at you the other day," Missy said.

Missy sat on her bed, watching her maid dust the room. Over the past couple of days, she had become better acquainted with the young black woman, and she now deeply regretted her temper tantrum when she had first arrived here.

At the dresser, Dulcie, a slim, pretty young woman in cottonades, whisked her feather duster to and fro. "That all right, Miss Montgomery. You confused after your fall. Your aim wasn't no good, anyhow. 'Sides, I say if you is throwing chamber pots, it better before than afterwards."

Missy considered this a moment, then burst out laughing. "Dulcie, you have a wicked sense of humor! And I say you should have thrown that pot right back at me."

All at once, Dulcie turned serious, shaking her head vehemently. "Oh, no, miss. That ain't allowed."

Missy frowned. "Because you're a slave. How does it feel to be kept in bondage?"

Dulcie shrugged. "I ain't never thought about it much. Your ma and pa, they good to us."

"It's not the same as being free."

Dulcie didn't respond.

"I must speak with Dad about this," Missy mused aloud.

Dulcie turned. "Are you going to supper with Mr. Fabian?"

"Him!" Missy groaned. "I wish that jerk would get lost!"

Dulcie giggled. "Miss Montgomery! You talk more strange than the conjure woman castin' her spell!"

Dulcie was still laughing as she left the room.

Afterward, Missy paced, thinking grimly of her date with Fabian in a few hours. This trip to the nineteenth century had been a nice little diversion, but now it was time to get out of here—before that beastly, sexy Fabian took complete charge of her life! And here she was, thinking of trying to free the slaves. Certainly, that would be a noble pursuit, but she simply couldn't afford to become caught up in the lives of the people here.

But how could she leave the nineteenth century when she wasn't even sure how she had gotten there in the first place?

She knew, of course, that her trip through time had something to do with her fall down the stairs, and she suspected the "charmed" newel button had also played a role. But what, precisely, had impelled her to go spinning off to another time?

She left her room and crept down the stairs, carefully examining each step for a hidden door or some other otherworldly quirk. She carefully relived the moments of her accident back in the present, but could discern no answers.

At last, she arrived at the newel post where she'd hit her head. Again, she stared at the green malachite stone, and again, she discerned that odd, winking light.

Suddenly, Missy sucked in her breath violently. As she watched, mesmerized, the concentric circles in the stone began to part like ripples in a stream, and she saw a hazy vision of the woman she had come to know as "Melissa" standing in her own house back in the present—and kissing her fiancé, Jeff!

Missy gasped, utterly electrified.

"Oh, what am I going to do?"

After Jeff left, Melissa felt filled with love, confusion, and despair. She wanted to be with Jeff and her new parents, but she still felt great guilt about those she'd left behind in the past. She knew in her heart that the only honorable thing would be to go back to the place where she belonged.

But how could she return to the past, when she still had no idea how—or why—she'd been propelled to the 1990s in the first place?

She did know that both she and Missy had disappeared after they fell down the stairs on their wedding days. Had Missy taken a flight through time then, just as she had?

Again, she wondered if the "charmed" newel button had any bearing on the bizarre happenings. She stared intently at the malachite stone. To her shock and amazement,

153

she saw a blurry image of her namesake Missy standing in her own home, in the past.

"So that's it! That's it!"

Long after the images disappeared, Missy stared flabbergasted at the newel stone. Now at last she understood everything. Bizarre as it all seemed, she and this Melissa *had* replaced each other in time, and they were now living each other's lives concurrently, one hundred and forty years apart! She presumed the "switch" had occurred when they simultaneously took their tumble down the stairs and hit their heads on that crazy newel post.

But *why* had the switch occurred? Why?

I wish I were anywhere but here . . .

"Oh, my God!" Missy cried, feeling thunderstruck as she recalled the very wish she'd made on her wedding day. Holy cow, had she caused this to happen?

Missy raced back to the newel post. "I wish I were anywhere but here, I tell you! I wish I were anywhere but here!"

Nothing happened.

"I want my life back!" she cried desperately. "Living in the past is a crock and should be reserved for the history books!"

Again, nothing happened, and suddenly, Missy remembered the old adage, "Be careful what you wish for . . ."

She slid to her knees, sobbing.

"Oh, dear," Melissa muttered. "Oh, dear."

At last she understood the bizarre mystery. She was here with Jeff and Missy's parents, while

Missy was living in the past, with Fabian and her own parents.

It occurred to her suddenly that, just as everyone here was assuming that she was "Missy," everyone in the past must be assuming that Missy was actually herself.

She wasn't even missed! There was no reason for her to return—

But there *was* a reason, she realized with a sudden wave of melancholy. The woman who had taken her place in the past looked deeply troubled.

Did "Missy" want her old life—and her fiancé—back?

Chapter Fifteen

"Missy, dear, why are you talking to the newel post?"

Missy turned to watch Lavinia sweep in the front door. Arriving at Missy's side, the matron glanced askance at her daughter's red eyes and swollen face. She reached out to touch the girl's trembling chin.

"What is it, my dear?"

"I was just—remembering the other day when I fell, and thinking about the confusion I've felt since then," Missy replied, trembling. "I'm sure it all has to do with my hitting my head on this newel post."

"I see." Lavinia fought a smile. "But do you really think talking to a post will help?"

"Guess I'm feeling desperate," Missy muttered.

Lavinia chuckled. "My, what odd things you say these days." She squeezed Missy's hand. "I wouldn't worry unduly about such matters,

daughter. Who's to say that this confusion has not benefited you immensely? As a matter of fact, your father and I like you much better now that the fall has brought out your better side."

"I like you both, too," Missy admitted with a wan smile.

"Now, chin up, daughter," Lavinia continued briskly. "We must get you upstairs and changed. Fabian will be calling shortly, to take you to the Sargeants' dinner party."

"I'm *not* going out with him, Mom," Missy insisted.

"But of course you are, dear," Lavinia maintained stoutly, tugging the girl up off the stairs.

"The man is a creep!"

"Nonsense. The man is a prince."

"Well, if you're so enamored of him, why don't *you* take him?"

"Don't tempt me, dear."

Up in her room, Missy ranted, raved, and pleaded with Lavinia, all to no avail. The matron ignored her daughter's histrionics and calmly went about selecting Missy's clothing for the evening. Moments later, Missy sat pouting at the dressing table as her mother styled her blond hair in loose ringlets atop her head.

She couldn't believe she had let this woman talk her into going out with Fabian! Again, she marveled at her inability to manipulate her new parents in the past. In the few days she'd been here, she'd found John and Lavinia to be every bit as strong-willed and resourceful as she was. And she continued to feel a grudging respect for them for not putting up with her own willful behavior.

"There," Lavinia said as she finished. "What do you think?"

157

"It's looks great, Mom," Missy conceded sulkily.

Lavinia slanted her a look of reproach. "Now, my dear, won't you be happy to see your friends again?"

"Friends? What friends?" Missy asked blankly.

"Why, your three best friends, Philippa Mercer, Antoinette McGee, and Lucy Sargeant. Don't you even remember them?"

" 'Fraid not."

"Oh, dear. But you will be glad to see Fabian?"

Missy shot to her feet and threw her mother a glowering look.

Lavinia shook a finger at her. "You're going tonight."

Watching her mother stride off to the bed to fetch her frock, Missy asked nastily, "And if I absolutely, categorically refuse?"

Lavinia's lips were twitching as she turned. "You're welcome to stay here and help me hostess the Hospital Auxiliary meeting."

"Hospital Auxiliary?"

"Yes. Tonight, the priest from Calvary Episcopal Church is stopping by to lead us in prayer. Afterward, we're rolling bandages."

"Oh, for heaven's sake!" Missy threw up her hands. "I'll go out with the beast!"

"Splendid." Lavinia carefully pulled the tailored frock of green silk over her daughter's head. Once every fold was in place, she clapped her hands. "There! How beautiful you look!"

Missy was reluctantly admiring her reflection in the pier mirror when a knock came at the door.

"Come in!" Lavinia trilled out.

Dulcie slipped inside the room. "Mr. Fontenot here, mistress," she said to Lavinia.

"Thank you, Dulcie." Lavinia handed Missy a large blue bag with a handle. "Don't forget your knitting, dear."

"*Knitting?*"

"Why, yes. You and the other ladies have needlework to complete for the church bazaar."

Missy was so stunned, she could only stare at Lavinia.

"I'm not knitting tonight, and that's final!"

"But what will you do while the other ladies knit?"

"Get drunk."

"Why, Missy! What a scandalous thing to say."

Down in the foyer, Fabian Fontenot chuckled as he watched Missy and Lavinia come down the stairs, arguing every step of the way. Lavinia was trying to foist the knitting bag off on Missy, who was equally determined to fend it off.

My, though, his fiancée looked like an angel tonight with her lush curls piled atop her head, and wearing that lovely, shimmery green silk frock that hugged her curves so divinely—even if the words spewing from her outspoken little mouth were hardly angelic!

"Mom, this is ridiculous!" Missy argued as the two women continued downward. "I don't even know how to knit!"

"You've forgotten? I'm sure the other ladies will teach you."

"When Memphis slides into the river they will!"

"Now, Missy!" Lavinia scolded. "This outburst is most unladylike." Spotting Fabian, she smiled. "Why, hello, Fabian darling. If you don't look the very devil tonight!"

"Thank you, Lavinia," Fabian said, grinning, as the two women arrived at his side. "I do take it you were complimenting me?"

"Of course, you sly rascal," Lavinia assured him, tapping his arm with her beringed fingers. She nodded toward Missy. "Doesn't your fiancée look enchanting tonight?"

"I'm not his fiancée!" Missy snapped.

"Indeed, she does," Fabian rejoined, ignoring Missy's protest.

"And furthermore, I'm not knitting," Missy added vehemently.

Lavinia rolled her eyes toward Fabian. "Fabian, dear, make this wayward girl see reason."

He stroked his jaw. "Perhaps we could dispense with the knitting for one night?"

Lavinia looked taken aback for a moment, then shrugged. "Very well, Fabian, whatever you say."

He extended his arm to Missy. "Shall we go?"

"Why not?" she asked nastily.

They strolled outside into the coolness of late afternoon. Fabian led Missy toward a large coach awaiting them at the end of the path. A driver in livery opened the door, and Fabian assisted Missy into the conveyance. Settling herself onto the leather seat opposite him and smoothing her skirts about her, she was struck by how ungodly handsome he looked tonight. Before, she'd been too busy arguing with Lavinia to really notice how debonair he appeared, in his black velvet tailcoat, dark trousers, white ruffled linen shirt, and silk necktie. His thick dark brown hair gleamed, even in the fading light, and Missy's heart quickened at the beauty of his deep-set eyes, the classical perfection of his nose, the strong line of his jaw, especially with that sexy shadow of whiskers—

Too bad he was such an insufferable brute!

"Well," he said as the carriage rattled off. "Aren't you going to thank me, Missy?"

"Thank you for what?"

"For coming to your aid regarding the knitting?"

"Hah! Should I thank you for being sensible, when everyone else here is hopelessly provincial?"

He whistled, then grinned. "So you find me sensible now? I must say that's quite an improvement."

"Don't get your hopes up, buster. Just because you showed one moment of intelligence doesn't mean I've changed my mind about you."

"But you're accompanying me tonight," he teased.

"Only because Mom backed down on the needlework. It's bad enough to have to spend an evening with you. But that knitting business was definitely a deal-breaker."

He laughed. "My dear, you do say the most outrageous things." His voice hardened slightly, as did his eyes. "I can't wait to smother such treasonous remarks before they leave those ruby lips."

Fighting the surge of sheer sexual longing that swept her at his words, Missy retorted, "You and—"

"Patton's third army?" he supplied.

"You've got it."

"I must meet this Patton some time."

"Believe me, the two of you have much in common."

They fell silent, and Missy stared out at the shadowy landscape as they passed. They were plodding down a crude dirt road—this time, past

161

dense thickets of oak and pine. She realized that this was the first true forest she'd seen since she'd arrived here.

Missy snapped her fingers. "I knew something was missing!"

"What is missing?" he asked in perplexity.

"Where in the hell is the kudzu?"

"The *what*?" he asked.

"The kudzu, you idiot."

"I've never heard of such a thing. What is this kudzu?"

"Are you from outer space?" she asked incredulously. "Kudzu is the vine that is strangling the entire South!"

He chuckled. "I assure you, my pet, that the South is quite unmolested by your mysterious vine."

"I'm not your pet!"

Devilishness danced in his eyes. "Let me see— you're not my dear, my darling, or my pet. What, pray tell, may I call you, then?"

"Ms. Monroe, thank you."

"Ms. Monroe? What is this Ms.?" Fabian appeared utterly mystified. "And may I remind you that your name is Montgomery?"

"Oh. Guess I forgot."

"You seem to have forgotten much." He scowled at her fiercely for a moment, started to say more, then clamped his mouth shut.

Missy was staring at the landscape again. "What exactly is tonight about?"

"You mean you don't remember that either?"

She glared at him.

"Very well," he said tiredly. "For over a year now, you and I have gotten together each fortnight with three other couples who are our closest friends."

"And how do we all pass the time?" she sneered.

"First, we dine together, then the gentlemen excuse themselves for brandy and cigars while the ladies chat."

"You mean, we spend the balance of the evening segregated?"

"Normally, the gentlemen rejoin the ladies later on. Sometimes we play whist, or dance the quadrille—that is, when Lucy Sargeant's mother is there to provide piano music. However, tonight, the gentlemen will leave early for a political meeting, while you ladies will remain behind to do your needlework for the church bazaar."

Missy was almost too appalled to speak. "You *must* be joking!"

"Not at all."

"Holy cow," she groaned. "I've died and gone to Boston."

Chapter Sixteen

Toward twilight, they reached the end of the dirt road, the coachman halting the carriage before a well-lit Greek Revival mansion, which stood in the moss-draped splendor of dusk, high on a bluff above the Mississippi. A gasp of recognition escaped Missy as she realized that she had seen this house before. Indeed, she had been inside! While the paint looked much fresher and the greenery and outbuildings were unfamiliar, this was clearly the summer house owned by Jeff's family back in 1992!

"I know this place!" she cried.

Fabian chuckled as he swung open the door and stepped out. "I'd say it's about time you recognized something," he muttered.

"Whose house is it?" she asked as he helped her alight.

He rolled his eyes and led her toward the path. "So much for recognition. This is the home of

Jeremy and Lucy Sargeant, our hosts for the evening. You see, we rotate houses each time the group meets."

"Do we?" Missy asked with a touch of impertinence. "And where do we entertain when it's our turn, Fabian?"

"At your family home—or mine," he replied. "We're the only ones among the four couples who are still unmarried." A determined note entered his voice. "But that will be remedied soon enough, my love. Once we're married, we'll host the group together at my family's home—until we can built our own."

"Huh!" she scoffed. "And what do your parents have to say about your commandeering their house for the evening?"

All at once, Fabian stopped in his tracks, a mask covering his features. "Nothing," he replied in a cold, clipped voice. "My parents are deceased. Don't you remember my telling you yesterday? I lost both my parents in the yellow fever epidemic two years past, and I currently share my home with my grandparents."

Instantly contrite, Missy touched his sleeve. "Fabian, I'm sorry. I do remember, now that you mention it. I spoke without thinking—"

"I'll be deuced if you haven't forgotten everything!" he cut in exasperatedly. "For heaven's sake—you went with me to the funeral, Melissa!"

For once, she didn't have the heart to correct him for not calling her Missy. "What can I say? Again, I apologize."

Grimly, he led her up the steps and rapped on the door. "If you didn't look so much like yourself, I'd swear you were someone else."

They waited in tense silence until a slightly built man with thinning brown hair and a stiff smile opened the door. "Fabian, Melissa, how good to see you both again."

"Missy, do you remember Jeremy Sargeant?" Fabian asked, ushering her inside.

"How do you do, Jeremy?" Missy said, extending her hand.

Jeremy took and kissed her gloved hand. "How are you feeling, Melissa, dear?"

"I'd feel much better if you called me Missy," she replied.

At her flash of spirit, Jeremy glanced confusedly at Fabian, who merely shrugged and offered the other man a forbearing glance.

"Certainly, then—er, Missy," Jeremy said, coughing. "Why don't we join the others? Everyone has been most concerned about you."

As their host led them down the hallway, Missy glanced at the Oriental runners, the marble-topped tables, and the gilt-edged mirrors. Heavens! This house certainly looked far different from the rather threadbare, sparsely furnished summer home she remembered from the present. Being here now gave her a weird sense of *déjà vu*, similar to what she felt while she was at the plantation house.

Jeremy ushered them into a parlor filled with ferns, chandeliers, plush rugs, and elegant Chippendale pieces. Three women in sumptuous tailored gowns rustled themselves up from the silk damask settee, while two men sauntered over from the sideboard to join them.

"Melissa!" the three women cried in unison.

"It's Missy now," both Jeremy and Fabian corrected in unison.

At the admonishment, the women paused and regarded Missy warily.

Fabian stepped forward. "Ladies," he explained sheepishly, "I'm afraid Missy has suffered from some—er—memory lapses since her fall. I must apologize that she doesn't remember you." Catching Missy's eye, he nodded toward each woman in turn. "My dear, may I present your three best friends—Lucy Sargeant, Philippa Mercer, and Antoinette McGee."

Studying the three, Missy was not impressed. Philippa was a raw-boned brunette with a pinched frown; Antoinette was a flighty-looking redhead with buck teeth; Lucy Sargeant was a petite little blonde, who appeared shy and innocuous as a mouse.

What a bunch of ninnies!

"Nice to meet you all," she said dully.

The three women exchanged perplexed glances, and then, one by one, greeted her.

"We're so sorry about your accident, dear," Lucy said earnestly, pecking Missy's cheek.

"You're looking so much better now," Antoinette added with a giggle, touching Missy's hand.

Philippa kept her distance. "Glad you didn't let the fall keep you down," she said archly, and everyone laughed.

The two other men, to whom Missy was introduced next, didn't fare much better in her mind. Charles Mercer, pot-bellied and balding, greeted Missy with a wrenching handshake, a sly wink, and a sultry, "Why, hello there, again, little lady."

"I'm no one's little lady," she retorted.

While Charles stepped back in shock, Brent McGee—an obvious lecher with his black hair

and still-blacker eyes—roved his salacious gaze over Missy, took her hand, and slowly kissed it. "Why, Melissa is obviously her own person—aren't you, my dear?"

Missy snatched her hand away. "The name is Missy—and as for being my own person, why don't you explain that to Fabian?"

Amid shocked murmurings, Jeremy Sargeant clapped his hands. "Well, aren't we all relieved to see Missy doing so well?" He smiled at her. "Lucy and I have been praying for you, dear."

"Oh, brother," she groaned.

"Shall we dine?" Lucy added nervously.

The eight adjourned to the dining room and took seats at the elegantly set Empire table. While everyone sampled the first course of cream of corn soup, the ladies began to test the waters with Missy.

"Is it true that you don't remember anything, dear?" Lucy asked.

Missy shrugged. "That depends on which century you're talking about."

While Lucy struggled to digest this, Philippa stared at Missy pointedly and said, "You look five years older now."

"And you look like Methuselah," Missy snapped back.

Antoinette giggled. "Why, Missy has spirit now—how queer!"

"At least I'm not a ditz like you," Missy replied.

Wearing dumbfounded expressions, the ladies desisted from further queries and began to converse quietly among themselves. Bored with the company, Missy turned her attention to the main course of duck with dressing, wild rice, and corn

fritters. While the other ladies picked at their fare, Missy ate her food with great gusto, prompting more than one mystified stare from the others.

She kept only half an ear on the conversation, but grew increasingly irritated when it dawned on her that there was a complete division of the sexes at the table. The women were chattering about such inanities as recipes for stewed okra and the latest fashions in *Godey's Lady's Book*, while the men discussed the more important topics of gambling, horse racing, local and national politics—and, most particularly, cotton prices.

Missy soon tuned out the women and focused on the men. She nibbled her pecan pie and listened intently as they discussed the Compromise of 1850 and the recent "states rights" conventions prompted by the controversial measure.

"I say, if slavery is ever abolished in the South, Tennessee should secede from the Union," Charles Mercer declared.

"I second the motion," Brent McGee added fervently.

"But wouldn't such a move prompt a conflict with our neighbors to the north?" Fabian asked wisely.

"If those cravens dare try to stop us, they'll rue the day!" Charles declared, pounding a fist.

"If you guys go to war over this slavery business, you're going to get the pants beat off you," Missy suddenly announced.

Total, amazed silence fell in the room.

At last, Fabian coughed and said, "Missy has been a bit outspoken since her fall."

"Indeed," Jeremy Sargeant said coldly.

With a condescending smile, Charles Mercer reached across the table to pat her hand. "Now,

little lady, you just let us menfolk handle such
serious matters."

Missy shot to her feet. "I'm not your little lady,
you overblown boor, and furthermore, you put
your slimy hands on me again and I'll deck you!"

While the other women gasped, Charles paled
visibly and turned to Fabian. "Deck? What is this
decking business?"

"I don't think you want to know," he replied
ruefully. To Missy, he added in a soft, menacing
tone, "Please sit down, my dear."

Glaring at him, she complied.

"Charles, you mustn't be cross with Melissa,"
Lucy put in kindly. "She's not herself these days."

"I'm every bit myself, and I don't need you
defending me!" Missy retorted.

Amid scandalized comments, Fabian said,
"Gentlemen, I think it might be wise for us to
adjourn to the study for brandy and cigars."

"Agreed, Fontenot," said Charles Mercer.

"Amen," Jeremy Sargeant added.

Watching the men get to their feet and troupe
out of the room, Missy tossed down her napkin.
"What a bunch of wimps!"

"Wimps? What is this wimps?" Philippa asked.

"I'm saying they're a bunch of cowards for not
staying and finishing the argument with me."

"But Missy, dear, a true gentleman never
argues with a lady," Lucy pointed out tactfully.

"And why not?" Missy demanded.

"Besides, they must leave soon for their political meeting," Antoinette added, giggling nervously.

"And you women just let them desert you?"
Missy demanded.

"You certainly did everything in your power to hasten their departure," Philippa pointed out cattily.

Missy was tossing Philippa a sneer when Lucy said placatingly, "Now, ladies, we must be kind to dear Mel—Missy. We must remember that she has suffered a terrible fall, that she isn't herself—"

"For the last time, I'm myself, and don't any of you forget it!"

"But you've forgotten some things, haven't you, Missy?" Lucy continued patiently.

"Such as?"

"Such as the fact that the three of us are your very best friends. Why are you so angry at us?"

Missy was silent for a moment, feeling guilty. She had to admit that Lucy was really very sweet, even if these other two dingbats were getting on her nerves.

"I have a feeling you've also forgotten that we all were planning to do our needlework for the church bazaar after supper," Philippa added imperiously.

Missy flung a hand to her breast and feigned a horrified look. "*Moi?* How could I?"

"If you've forgotten how to knit, I'd be happy to teach you again," Lucy offered.

Missy ground her teeth.

Rising, Lucy asked, "Ladies, shall we adjourn to the parlor?"

"You mean we're not going to join the men?" Missy asked.

"That would not be our place," Philippa informed her crisply.

"So what, *pray tell*, is our place?" Missy queried sarcastically.

"To obey our husbands," Lucy said.

"And have their children," Antoinette added.

"And make a contribution to the community," Philippa finished.

"Give me a break," Missy groaned. "You people are hopeless."

Philippa sniffed disdainfully. "Shall we, ladies?"

Watching the three women head for the door, Missy said, "You others suit yourselves, but I'm going with the men to their meeting."

The women froze in their tracks, like so many bug-eyed statues.

"But, Melissa," Philippa said finally, "that is not *your* place, either."

Missy surged to her feet and charged past the other woman. "Don't you dare try to tell me my place, you self-righteous prig!"

Amid a chorus of shocked gasps, Missy stormed from the room.

Chapter Seventeen

Missy walked down the house's central corridor until she spotted a room with curtained French doors. Gazing inside, she spotted the men milling about, smoking cigars. They were obviously about to leave for their meeting.

Thrusting her chin high, Missy entered briskly.

Four men with utterly stunned faces turned to stare at her.

"May I join you, gentlemen?" she asked sweetly.

Charles Mercer turned grimly to Fabian. "Fontenot, kindly instruct your fiancée regarding her place."

At Charles' words, Missy attacked him directly. "Don't you dare lecture me on my place, you braying jackass! I've had quite enough of that from the three Knitting Ninnies in the other room. My *place* is wherever I choose to be. And,

at the moment, it's right here!"

While three of the men regarded her in white-faced silence, Fabian moved to her side and whispered sternly, "May we have a word in private?"

She glared at him. "Very well. But it won't change anything."

He pulled her resisting body out into the hallway. Shaking a finger at her, he said, "Missy, the other gentlemen and I are about to leave for our political meeting. Kindly rejoin the ladies."

"No. I want to come with you."

His face darkened in anger. "That's out of the question."

"You coward!" she scoffed. "You're just afraid that I'll be smarter than the other chauvinists at your meeting. But then, you wouldn't dream of admitting an addle-brained female, would you?"

"Missy, you're being impossible!"

She dug in her heels. "Look, either I'm going with you, or we may as well go home."

Staring at the feisty, infuriating young woman, Fabian found himself fighting a grin. "You don't seem to understand," he said at last. "The other gentlemen won't admit you to the meeting."

She smiled back coyly and fingered the watch fob dangling on his brocaded vest. "They would if you asked them to."

"Aha! So now you're resorting to feminine wiles?"

She slanted him a sultry yet determined look. "Fabian, either you convince them to let me go along to the meeting, or I promise to ruin the evening for everyone."

"Damn it, Missy!" he exploded. He began to pace, tossing her frequent, furious glances.

"Well, Fabian?"

"You know this is highly improper," he informed her. "The meeting is to be held at a tavern."

"What kind of meeting is *that*?" she scoffed.

"The Memphis Board of Health," he informed her.

"The Board of Health, my butt!" she jeered. "Actually, I would *love* to offer my two cents' worth on the state of local hygiene."

"If you're wise, you'll keep your mouth shut."

"No promises. And it sounds like you're wavering, Fontenot."

He groaned. "Very well. I'll convince the others to let you come along. But my cooperation will not come without a price."

She tossed her curls. "If you think you can intimidate me with threats of savage male retribution, forget it."

Yet as Fabian led her toward the study, his frightening smile gave her second thoughts.

The other men protested, expostulated, hemmed and hawed, and finally grudgingly consented to allow Missy to come along and sit in at the meeting. Jeremy, Brent, and Charles left for town in the Sargeant carriage, while Missy and Fabian followed in his coach. They passed the trip in stony silence.

At last, both conveyances stopped before a poorly lit tavern on Front Street. Spotting a bell hung above the door of the ramshackle structure, Missy wondered if this were the famous Bell Tavern.

"A political meeting in a dive like this?" she sneered to Fabian.

He shrugged. "They've reserved a back room for us."

She rolled her eyes as he helped her out. With their grim-faced companions, they entered the smoky tavern, which was filled with unwashed, slovenly hooligans Missy was certain qualified as "river rats." The atmosphere was loud and rowdy, and a couple of slatternly barmaids, as well as several jaundiced rivermen, stared rudely at her as she crossed the room with the men.

In a well-lit and passably neat back room, Missy was introduced to two more gentlemen— Mark Davis and James Henderson—who comprised the balance of the committee. Both men greeted Fabian with raised brows and Missy with stiff courtesy.

Once all were seated at the round table, the chair, James Henderson, brought the meeting to order. "Mr. Fontenot," he began stiffly, "would you care to introduce your *guest* to the board?"

Fabian coughed. "Gentlemen, I beg your indulgence. My fiancée was so fascinated by the workings of the Board of Health that she begged to come along and sit in tonight."

"Well, I presume that is acceptable," Henderson said pompously. "Welcome, Miss Montgomery."

"Thank you," she muttered, restraining herself just in time to keep from correcting him and demanding that he call her "Ms. Monroe."

"Tonight, we must draft our recommendations for the Mayor and aldermen," Henderson continued. "Since Dr. Fletcher is with a patient at the moment, we'll simply have to muddle through on our own." He nodded to Jeremy. "Mr. Sargeant, will you take notes?"

Jeremy pulled out a pencil and several sheets of parchment.

"Given the many deaths from the cholera epi-

demic last season and the sporadic incidents of yellow fever," Henderson went on, "the aldermen have asked us to suggest ways to contain any possible epidemics this year."

"There's really little we can do other than to quarantine the sick to stop the spread of the malaise," Charles Mercer put in."

"I agree," Brent McGee added.

"If we clean some of the riffraff out of the harbor district and Pinch, things would be considerably improved," Jeremy put in self- righteously. "Those scum are the ones spreading this pestilence."

Several men nodded, while Missy listened in amazement.

"Then we can draft these recommendations and proceed with our more important business?" Henderson asked.

Just as all were murmuring their assent, Missy sprang to her feet. "Wait just a minute here. Are all of you nuts?"

There was a moment of stunned, cold silence in the room, then Chairman Henderson said, "Young lady, you are out of order."

"Too bad! I'm going to be heard out!" Missy declared.

Henderson glanced meaningfully at Fabian. "Fontenot?"

He shrugged. "James, if I could stop her, I would."

Henderson directed a frigid glare at Missy. "Very well, young lady, you may speak."

"Thank you," Missy retorted, eyeing the assemblage with contempt. "First of all, you dopes, I must educate all of you. Quarantining the sick will have little effect in containing the epidemics,

since yellow fever is spread by mosquitoes and cholera by contaminated drinking water."

Whatever response Missy had expected from her remarks, she was totally unprepared for the explosive laughter that rocked the table.

"That's the most absurd thing I've ever heard," Charles said.

"Water and mosquitoes—ridiculous," Brent added.

"And you're keeping us from our important business," Jeremy reproved.

Missy pounded her fist on the table. "Look, you morons, I'm trying to save lives here! If you want to curtail the epidemics, you must first clean up the garbage and sewage in the streets, fill in the bogs, and establish a public water and sewage system."

The men were still shaking with mirth. "How could such steps have any effect in halting the epidemics?" Mark Davis asked.

"Try it and watch," Missy snapped. "Everyone knows that the first step toward preventing illness is proper hygiene—private and public."

Brent McGee was shaking his head. "Silly girl, there's no connection between garbage and disease."

For once, Missy was rendered speechless.

"Besides, epidemics are the will of the Almighty," Jeremy added.

"And you're keeping us from our more important business," Fabian reproved.

Missy whirled on him. "*What* more important business?"

He drew out a pack of cards and grinned.

Missy threw up her hands as realization dawned. "Why, this meeting is nothing but a

sham! You guys are just a bunch of hypocrites—
and hedonists! Well, see if I care when this summer you're all dropping like flies from the fever."
She collapsed into her chair, appearing at a loss,
then glanced about the table uncertainly. "Will
you deal me in?"

That comment brought down the house.

More hemming and hawing followed, but the
men were ultimately persuaded to deal Missy in.
She couldn't believe the elaborate ruse they had
created to cover their backroom poker game. They
were like a group of naughty schoolboys sneaking
off to make mischief.

She laughed over the fact that they were playing for matchsticks. "Don't tell me all you he-men
are afraid of losing a few bucks?"

At her jibe, several of the men colored in outrage, while Charles haughtily defended, "Jeremy
has religious scruples against gambling."

With lips twitching, Missy turned to him. "You
have moral objections to gambling, but not to the
evils of poker?"

Jeremy drew himself up with hauteur. "A game
of cards, in and of itself, seems harmless enough."

Missy waved him off. "What a bunch of wimps!"

Charles looked to Fabian. "What is a 'wimp'?"

"I don't think we want to know," he replied
ruefully.

"Gentlemen," Missy declared, "no game is worth
the gamble unless the stakes are high enough."

Fabian glanced sharply at her. "Ah, yes, my
dear. It seems you have gambled with *very* high
stakes tonight."

Ignoring his veiled threat, she continued crisply, "I say we play for money."

Chairman Henderson coughed. "Well, Jeremy?"

"Let it be as the *lady* wishes," he pronounced tersely.

Henderson nodded to Missy. "Would you care to make the first bet?"

"Of course." Her face went blank, then she glanced at Fabian. "Fabian, honey, be a doll and lend me some money."

All six of the men roared with laughter.

In due course, Fabian was persuaded to bankroll Missy, and she proceeded to horrify and infuriate every male present by winning five straight hands of five-card stud—and at least five dollars off each gentleman. To add insult to injury, when the barmaid brought in beer, she shocked all of her companions by pouring herself a mug. She downed the beer neatly, amid the amazed glances of the men.

When she turned to Mark Davis and asked for a cheroot, Fabian had obviously had all he could endure. He shot to his feet, pulling Missy up with him. "Gentlemen, if you'll excuse us, my fiancée needs to go sit with her ailing mother."

"My mother is perfectly—"

"Good night, gentlemen," Fabian added, yanking Missy out of the room and back through the tavern.

Within seconds, they were outside, the door banging shut behind them as they headed for the coach.

"What was the meaning of that?" Missy demanded, trying to wrench his fingers from her arm. "Just when I was starting to have some fun, you had to spoil everything!"

"Fun, my hat!" he scoffed, pulling her toward the carriage. "I've had quite enough of your disgraceful behavior!"

"*I'm disgraceful?*" she practically shouted. "You and your friends are the ones who sneaked off for some sleazy backroom poker game, under the high-minded guise of a political meeting!"

"The other gentlemen and I had no desire to spend the evening holding skeins of yarn!" he retorted.

"And you think I did?"

They had reached the coach, and he all but propelled her inside. He barked out a command to the coachmen and got in across from her.

As they rattled off, she argued, "You're just mad because I won—and because I have twice the brains of your inane committeemen."

"Hah! Little girls who show off get taken home—to bed."

While the word *bed* gave her a certain decadent thrill, her fury was still escalating. "How dare you insinuate that I'm a child!"

"How dare you act like one!"

Once they had exhausted their various insults, they fell into a stormy silence. Back at the plantation house, Fabian's ungentle hands pulled Missy from the conveyance. Then, as they started down the path, he surprised her by making a quick detour, towing her off into the trees.

"Where are you taking me?" she demanded.

"To a place of seclusion," he gritted back. "You and I are having ourselves a little chat."

"Baloney!" Missy scoffed.

"What do you mean by 'baloney'?"

"It's what you're full of, buster! You're still mad because I bested you and your insufferable friends!"

He made no further comment, though his fingers tightened on her wrist. A moment later, he

flung open the door to a small hexagonal building and propelled her inside.

"Where are we?" Missy asked, wrinkling her nose at the musty smell and blinking to adjust her eyes to the darkness.

Fabian slammed the door shut, and Missy watched his shadowy form advance on her. "We're in a *garçonniere*."

"A *what*?"

"In one of your parents' guests houses."

"Oh."

The room they were in seemed very small. As Missy's eyes began to adjust to the darkness, she spotted a daybed nearby, as well as a table and chairs, and a tightly wound spiral staircase curling up into the darkness of what she assumed was a sleeping loft.

"So," she taunted, "are you going to sweep me off up those stairs and ravish me, now that you've abducted me?"

"Don't tempt me!" he snapped.

She expelled an exasperated sigh and crossed her arms over her chest. "All right, Fontenot. Why don't we just have it out, now that I've stepped all over your silly macho pride?"

He took a menacing step toward her, and, even in the scant light the hard glitter in his eyes was unnerving to her. "You really like to provoke me, don't you, Missy?"

"So what if I do?" She shrugged with bravado. "Now, aren't you going to follow suit like every other bumpkin tonight and tell me I've forgotten my place?"

"Oh, I've a place in mind for you," he said in a soft voice that sent a chill coursing through her.

"And where is that, *pray tell*?" she mocked.

He stared her straight in the eye. "In my bed, with me buried to the hilt inside you."

She stared back at him, electrified, a hot spasm of desire seeming to implode inside her at his audacious words. Before she could even think, he grabbed her about the waist, pushed her down onto the daybed, and pinned her there with his hard, aroused body.

At last she remembered herself. "Let me go, you brute!" she screamed, beating on his chest.

He easily grabbed her wrists. "You like crude talk, don't you, my dear? You enjoy shocking and titillating others. Well, maybe that's a game two can play—"

"Get off me, you big oaf!"

"But don't you want to know more about the place I have in mind for you?" he taunted ruthlessly.

"Spare me the revolting details!"

"Ah, but that's what makes the game truly fun." He leaned over and nibbled on her ear, and despite herself, she froze. Fiercely, he whispered, "Your place is clawing and panting beneath me—"

"Shut up!"

"With your legs wrapped tightly about my waist."

Missy was as scandalized as she was aroused. "Why, you—"

He grabbed her face and began nipping at her trembling mouth. "Your place is moaning into my mouth and begging me for more."

Now Missy was too fascinated to speak.

He spoke with increasing passion. "Your place is with me, you little brat—with me loving you and making love to you until you can't move from my bed—"

"No," she denied weakly.

She tried to turn away, yet his hands held her head, forcing her to meet his burning gaze. "I told you, Missy, that my cooperation comes with a price tonight. Prepare to pay it."

And Fabian smothered her feeble protest with his demanding mouth and thrusting tongue.

All the fight in Missy died, drowning in the torrent of desire sweeping over her. Fabian's kiss was hot, hard, rapacious, as unyielding as the stiff manhood pressing into her so brazenly. Inside, Missy was on fire, the core of her aching for his thrusting heat. Soon she was reduced to mindless whimpers. She curled her arms around his neck and kissed him back.

He pulled back and stared down at her. "So you're enjoying our coarse little conversation, are you?"

Fabian hardly got the response he'd anticipated; even in the throes of passion, Missy was all rebel. "If you think you're shocking me, Fontenot, dream on."

Something violent flared in his eyes, and the next thing she knew, he was unbuttoning her dress.

"Damn it, Fabian, stop it!"

He chuckled and continued.

"I said stop it!"

"Do I hear a note of panic?" he taunted. "Or is it a gasp of desire?"

When he pushed her stays aside and fingered her taut nipple through the sheer cloth of her chemise, Missy did panic—but only because it felt too good!

"Don't, Fabian!" she begged breathlessly.

"Don't?" he mocked, still fingering her nipple.

184

"Please . . . I'm not ready for this."

His face dipped down, his teeth tugging on her turgid nipple though the tormenting veil of cloth. "But of course you are."

"Oh, God!" she cried.

"Kiss me," he demanded.

Missy lost it then, pulling his lips down to hers, slamming her mouth against his and sucking his tongue into her mouth.

"Good Lord, woman!"

"Talk dirty to me some more," she purred shamelessly, kissing him again.

She heard him groan, felt the tremor that seized him. She heard a tiny rip, and the next thing she knew, his hot mouth took her nipple greedily—and she was losing her mind.

"Fabian, I can't stand it!" she gasped, raking her fingers through his hair and pulling his face tighter against her as his tongue flicked tormentingly against her nipple.

"Your breasts are perfect," she heard him murmur.

He took his time, kissing and sucking on each breast in turn. She was writhing beneath him in an agony of need when she heard the rustle of her petticoats and felt his hand slide up her leg.

"Fabian!"

"Shhhh!" he murmured, moving his mouth to hers again.

As his tongue performed a slow, riveting dance deep inside her mouth, his fingers found the slit in her pantalets and he began to stroke her—gently, exquisitely. Missy wrenched her mouth from his, gasping for air and tossing her head from side to side. He watched her reactions avidly. When she sobbed and bit her own lip, he kissed

185

her again, whispering, "Bite me—don't mar that beautiful mouth."

She kissed him with such blazing hunger that tears sprang to her eyes. He slid a finger inside her, deepening the unbearable eroticism. At the moment of her climax, she did bite his lip, though not hard enough to draw blood. He prolonged the exquisite moment until she thought she might faint. She heard his satisfied growl as she sobbed and panted into his mouth.

"Are you all right?" she heard him ask.

"Yes . . . Oh, yes."

She heard him whisper, "Next time, I'm taking you with my mouth, and then . . ."

The rest of his sentence curled her toes. She could only cling to him in delirious delight.

They lay coiled together for a long moment, letting their heartbeats return to normal. Then Fabian sat up, his expression oddly remote as he helped Missy straighten her clothing.

He stood and extended his arm. "Shall we go, my dear?"

Missy blinked at him uncomprehendingly. She couldn't believe the sudden change in him—from passionate lover to stuffed shirt! How could he act so unaffected, after they'd just writhed together like a couple of cats in heat? She was trembling all over, turned inside out emotionally, having just experienced the most intense, the most incredible—and the only—climax she had ever known in her life! Now, shameless hussy though she doubtless was, she wanted nothing more than to tug him back down on the daybed and find out what dying of pleasure was truly like.

But Fabian . . . He was standing there emotionless, staring at her with the unfeeling eyes of a

stranger! Damn him, why had he done this then? To punish her? To degrade her?

"Fabian," she managed at last. "What's wrong?"

"Nothing," he replied flatly. "It's simply time to take you back to the house."

He was unreachable! She had no choice but to rise on her wobbly legs and leave the guest house with him.

Outside, the cool night air felt like ice on her burning face. As they proceeded back toward the path, she heard him clear his throat. "There's no question, now, that we shall marry at once."

"What?" she cried, stopping in her tracks and glaring at him.

"We've gone much farther than an affianced couple properly can," he continued arrogantly. "We'll marry within a fortnight."

"We will not!"

He shook a finger at her. "Missy, I've been most tolerant of your unseemly behavior tonight. But I've had quite enough of your willfulness!"

"Too bad! You're such a typical male!"

"Meaning what?"

"Meaning that you seduced me just now only to drive home your point!"

He considered that, then grinned at her lecherously. "Well put."

She slapped him, then hated herself because her trembling hand packed little punch. "You jerk! You think you can solve everything with just a little sex!"

"A little sex?" he roared. "Where on earth, woman, did you learn this loose manner of talking? It's enough to make me wonder if you've been unchaste—"

"Unchaste? Why you pompous ass! You've no

doubt rutted like a charging stag in every bordello on the Mississippi. Furthermore, I'm not the only one who just got her jollies in that—that gargoyle—"

"*Garçonniere.*"

"Whatever." Her mouth twisted into a sneer. "A few moments of pleasure in bed do not a marriage make!"

"Damn it, woman!" Fabian grabbed her by the shoulders and spoke with barely suppressed violence. "You're marrying me if I have to beat the stubbornness out of your hide first."

Missy was at her wit's end. "Oh, this is ridiculous! We fight like cats and dogs and hate each other's guts. Why on earth would you even *want* to marry me?"

"After that, you can ask?"

"Oh, you—you cad! You only want a bedmate!"

He grinned. "I'd say a bed would be a very appropriate place to begin our marriage."

She yanked herself free of his grip. "For the thousandth time, you blockhead, I'm not going to marry you!" Suddenly, she smiled, as a deliciously wicked idea occurred to her. She looked him over insultingly. "However, I might be amenable to a discreet little affair."

Fabian was so affronted, he actually trembled before her. Then her own words came back to haunt her.

"In your dreams, lady," he snapped, grabbing her arm and dragging her off to the house.

Chapter Eighteen

Missy stormed back inside the house in a fine rage. She paced over to the newel post and glared at the stone.

"I want my life back, do you hear me?" she yelled at the button of green malachite. "Give me my life back!"

Suddenly, as if in answer, the circles on the stone began to part. As Missy watched in awe, she again saw an image of Jeff and Melissa, passionately kissing in the present.

"Damn it, not again!" she cried. "Melissa—or whatever the hell your name is—do you hear me? You can have Jeff, but I want my life back!"

Jeff ended the kiss reluctantly and stroked Melissa's cheek tenderly. "Did you enjoy the movie tonight, darling?"

"You mean the one on TV?" she asked tentatively.

He chuckled. "On the VCR."

She nodded. "Oh, yes. *Gone With the Wind*. I cannot believe this miracle of moving pictures. It was such a fascinating story. . . . and so very sad. It's difficult for me to believe that all this will really happen to the South."

He paled visibly. "What do you mean, 'will really happen'? The Civil War happened a hundred and thirty years ago! Sometimes, Melissa, you scare me to death!"

Realizing her error, Melissa didn't respond at once. Should she tell Jeff the truth—that she now knew she had been "switched" with his real fiancée? It seemed the perfect opportunity.

Only, if she did, wouldn't he think her mad?

"Melissa, please, tell me what you meant!" he implored.

She glanced at him contritely. "I apologize, Jeff. You're correct that the Civil War occurred over a century ago. It's just . . . well, I'm still confused over the lost years."

He sighed, regarding her worriedly. "I sense that there's more to it than that. Sometimes, Melissa, if I didn't know better, I'd swear you were someone else!"

She was miserably silent.

"I'm sorry," he quickly added. "I know you're still confused, and you don't need me aggravating the situation." Before she could protest, he pressed a finger to her lips. "Darling, there's a place I want to take you tomorrow. Will you come with me?"

"In the carriage?" she asked hopefully.

"In my car," he replied firmly.

She bit her lip. "Oh, Jeff, I'm not sure."

"Sweetheart, you're making such wonderful progress. I think you're ready for a car ride now.

190

And the place I want to take you to—it's off a busy highway, and traveling there in a carriage would be downright dangerous."

"Well . . ."

Fervently, he whispered, "I want to tell you my story."

Her gaze flashed joyously up to his. As she glimpsed the mingled hope and uncertainty in his eyes, her fear at once took a back seat to the bliss that he was opening up to her. "Of course, then, darling!"

"Oh, you angel!" he breathed.

But as he kissed her again, sadness welled within her. Jeff was now willing to share more of his life with her. And Melissa knew that in all conscience she must also find the right moment to share the secrets of her heart with him. . . .

As the images of Jeff and Melissa faded, Missy was so exasperated that she stamped her foot. "Damn it to hell, will you listen to me?"

"Daughter, why are you ranting at the newel post again?"

Missy glanced up to see Lavinia descending the steps in her lacy wrapper; she was staring at her daughter in utter stupefaction.

"Oh, hi, Mom," she said morosely. "Guess I'm still trying to figure out how I lost my memory."

Lavinia tossed the girl a sympathetic smile. "Is that why you were yelling that you wanted your life back?"

"Yeah, I guess so," Missy muttered guiltily.

"Don't change too much, dear," Lavinia advised. "You're quite delightful just the way you are."

"Sure, Mom."

"So—how was your evening with Fabian?"

Missy waved her off. "Don't talk to me about that bastard!"

Lavinia was aghast. "Bastard? Why, Missy Montgomery, I'm shocked at you! You know perfectly well that Fabian's parents were properly married. How dare you cast aspersions on their memory this way! Why, you attended their funeral—"

"I know, Mom, and I'm sorry." To her surprise, Missy found she did feel genuinely contrite, especially as she remembered Fabian's obvious pain over his parents' deaths.

Lavinia seemed appeased. "Very well. Let's get you off to bed."

"Sure, Mom." Missy hugged her impulsively. "You know, you're really a good mother."

Lavinia beamed. "Why, what a lovely thing to say!"

"It's true. You don't put up with any of my sh— any of my nonsense."

"Thank you, darling."

The two went off up the stairs arm in arm.

Back in her room, Missy sighed as she spotted Dulcie sitting in the bedside chair and mending one of her chemises. "For heavens sake, Dulcie, it's so late! You should be in bed, not waiting up for me!"

Dulcie appeared hurt as she laid aside her sewing. "Don't you want me waitin' up for you, Miss Montgomery?"

"It's very kind of you—but my point is, what about your own life?"

Dulcie stared at her confusedly.

Missy waved her off. "Never mind—look, I'm not trying to make you feel bad."

Tentatively, the girl rose. "You want me to help you undress?"

Missy smiled. "Sure. Thanks."

The girl stepped forward. "You have a good time with Mr. Fabian?"

"Don't ask!"

As Dulcie helped her dress for bed, Missy reflected on the oppression of the women here—not just Dulcie, but her three female companions tonight. Why was it that none of them even questioned their plight? It made her burn to change things—

Almost as much as she yearned to strangle Fabian Fontenot! She thought about him after Dulcie left, as she lay alone in the darkness. Oh, the things he had made her feel tonight—incredible anger, unspeakable passion, mindless ecstasy. . . .

Slamming that dangerous mental door, she turned her thoughts to Melissa. Her cousin was obviously having a grand time jumping all over Jeff back in the present, and seemed blissfully unaware that *she* was miserable here, stuck with the jerk Melissa had left behind in the past.

Actually, the poor girl had likely fled for her life!

Now, Missy wasn't sure she'd ever figure out how to get out of here, to get her old life back, unless it was to fall back down the stairs again, and risk breaking her neck.

The thought brought a chill washing over her. Was that how she'd gotten here in the first place? Had she and Melissa both died in their falls, and replaced each other due to some freaky reincarnation or something?

Oh, it was all too confusing! But the fact was that for now, she did appear to be stuck here.

She liked her new parents, much as she didn't like some of the feelings she was having to deal with—her debilitating lust for Fabian, her guilt over her own actions, her desire, for once in her life, to think about the feelings of others, her regret that she had acted rather bratty tonight—

What had come over her? She was going soft! She had taken Melissa's place, and now she seemed to be taking on part of her psyche! Missy usually took pride in her own self-centeredness—so why was it that tonight she did feel rather ashamed of some of the things she'd said to Fabian, her friends, and her mother?

Lord, she had to pull herself together! For one thing, if she didn't gain control of her raging libido soon, she would surely dissolve in a puddle the next time the beastly Fabian touched her.

And, as long as she was still trapped in this provincial outpost of the past, she might as well educate these people. That would mean giving the females around her a few stout lectures.

And Fabian Fontenot could use some straightening out too!

Fabian's mood was grim as he rode away from the Montgomery estate. He was at the limit of his patience with Missy, and it scared him to death that he was now head-over-heels in love with the little hellion.

How dare she welcome his advances tonight, then tell him she was exploiting him to assuage her own sexual appetites! How dare she presume to take advantage of *him* in a tawdry little affair!

Suddenly he grinned as a delightfully wicked idea occurred to him. Why not give the vixen precisely what she wanted—and deserved? She

might have bested him at poker tonight, but she'd evidently forgotten that he, in reality, held all the cards. The little spitfire would soon have her hand called—in full.

He laughed. Ah, it was perfect! Little girls who played dangerous games such as Missy did got bedded thoroughly—and made thoroughly pregnant—and then were summarily dragged off to the altar.

Chapter Nineteen

"Melissa, you have to get into the car sometime," he reasoned.

The next afternoon, Melissa stood outside the house with Jeff. The afternoon was crisp and cool. She wore a printed sun dress and a sweater, he a sports shirt, blazer, and slacks.

He had been trying for ten minutes to coax her into his car. Yet Melissa had remained frozen in place, staring in trepidation at the gold monster parked at the end of the walk.

She wrung her hands. "I did so enjoy the carriage ride the other day, but I'm still frightened of these—beasts. They zoom by at such incredible speeds—"

"We'll go slowly, darling—twenty miles an hour, if you prefer—"

"Twenty miles an hour? Well, I suppose I've heard of trains going faster, though I've never been on one."

Jeff shook his head. "What outlandish things you say. Come on, now, don't you want to see my favorite spot out on the bluff?"

"Well . . ."

Her moment of indecision was ample encouragement for Jeff; he caught her hand and tugged her gently over to the curb, opening the door to the slick-looking machine.

Melissa chewed her bottom lip as she stared at the interior with its many frightening dials, whatnots and buttons. "What do I do?"

He laughed. "You get in, darling."

Gulping, Melissa climbed in and sat down gingerly. After shutting her door, Jeff went around to his side and slipped in beside her. A bell began ringing, and she jerked toward him.

"What is that sound?"

"Only a warning that the key is in the ignition."

"Oh. I see—I think." Then she gasped as a strap came down and wrapped itself, snakelike, around her.

Jeff chuckled at her unabashed reaction, reaching over to secure the strap. "Automatic seat belts. Don't you remember?"

She shook her head violently.

Melissa hung on to the seat as she watched Jeff turn a key and felt the entire car throb to life. "What is happening now?"

"Just the engine, darling. It's what powers the car." He winked at her. "You know, like a train."

Wide-eyed, she nodded.

Melissa was as tense as a woman sitting on a block of ice as Jeff put the car in gear and eased away from the curb. "Relax, darling, I'm not going to let anything happen to you."

She gulped as she watched the street and houses whiz past them. "We're going so very fast!"

"Twenty miles an hour?" he teased. "If I go any slower, I'll get a ticket."

"A ticket to what?"

He laughed again.

As they drove along, Jeff gradually increased his speed. They came out onto a street Melissa remembered from their carriage ride the other day, passing the odd stores and restaurants that flanked them on either side. They continued on for a few more minutes, past blinking lights and tall poles draped with weird lines. Melissa had learned that some of these wire cables carried the mysterious current called electricity, while others relayed peoples' voices from one house to another on the miraculous "phone."

Melissa heaved a sigh of relief as Jeff turned them onto a near-deserted two-lane highway bounded by forest.

"This road circles the city," he informed her, "and takes us out onto the bluff. We're going to a summer house my mother owns."

"Will your mother be there?"

"No, darling, but she does want to see you again as soon as possible. She's been quite worried about you since your fall. As a matter of fact, I told her we would stop by after our drive and take her out for a bite to eat. Is that okay with you?"

She nodded. "That would be most kind of you, Jeff. You are a devoted son, and I really would like to meet—er—see your mother again." Suddenly, she frowned. "But do you mean to say you're taking me to this summer house alone, without a chaperon?"

He tossed her a bemused glance. "You say the oddest things."

"I'm sorry."

"Don't be." He grinned. "By the way, have you thought about what you want to do about work?"

She paled. "Work?"

"Yes. When I came to pick you up your mother mentioned that George Schmidt has called several times to find out if you're coming back to the plant. I promised Charlotte I'd ask you about it."

"What is this plant?"

"Monroe Ball Bearings, of course."

"I see. And what did I do there?"

"You ran the place, of course. So, do you want to go back?"

She shook her head. "No, I think we must let George do it."

Jeff threw back his head and laughed. Then, noting her confused expression, he teased, "Don't you understand why that's funny?"

She shook her head solemnly.

Still chuckling, Jeff maneuvered the car around a curve.

Melissa glanced at the forest of pine and oak they were passing. Everything was covered with a thick green vine. "What is this ivy climbing all over the forest?"

"Ivy?" he repeated in amazement. "Don't tell me you've forgotten about kudzu?"

She sighed. "I presume I have."

Jeff proceeded to lecture her on kudzu: that it had been brought over many years before to prevent soil erosion and was instead doing its best to choke out all remaining vegetation in the South.

By the time he finished Melissa was feeling a little more comfortable riding in the car. She did love being with Jeff, although she still wished she could figure out how she'd gotten to the year 1992 and whether she'd be allowed to stay. She'd done what investigating she could on her own. A couple of days ago she'd found in a dresser drawer her very own ancient letters that her new mother had told her about. She'd felt both unnerved and moved to read the half dozen letters she'd sent her parents while staying with her grandmother in Natchez when she'd been thirteen. Then, yesterday, Aunt Agnes had brought over nine letters her father had sent to her and her mother when he'd been in the east buying a new cotton gin. Her father's letters in particular had filled her with poignant emotion and bittersweet regret. While she would treasure all of the letters, unfortunately none of them dated to the time after she had left the past, and thus they could offer no answers now.

Melissa tensed a bit as Jeff turned the car onto a gravel road. At the end of the narrow lane she spotted a familiar Greek revival mansion, now a graying spectre, standing at the edge of the river bluff with a curtain of greenery draped about it.

"I know this house!" she cried without thinking. "It's the home of Jeremy and Lucy Sargeant. Lucy is my best friend!"

All at once, Jeff braked the car and stared at Melissa, white-faced.

"Jeff, what's wrong?" she asked.

"You're scaring me to death, Melissa."

"What do you mean?"

"I once went to the library and researched the background of this house. It was built by James

Sargeant and given to his son Jeremy on his marriage—in the year 1848."

Melissa felt all color draining from her face. "Oh. I see."

"Jeremy married a woman named Lucy," Jeff continued anxiously. "And now you're saying she is your best friend?"

Melissa stared out the window at the deserted house and bit her lip. Should she tell Jeff the truth? Now seemed the perfect opportunity—and yet, some part of her still feared his reaction, and warned that she might not know him quite well enough yet.

She glanced at him apologetically. "Jeff . . . I'm still very confused. I'm sure that I, too, must have been aware of who built the house. Didn't you mention it to me before?"

"Well, I suppose I might have, but—"

"Then after my fall, things became . . . well, so very muddled."

He appeared unconvinced. "I hope that's all there is to it. For a moment there, I almost thought you'd somehow appeared here from another century. But that would be quite impossible, wouldn't it?"

Melissa nodded, glad she hadn't told him the truth.

He got out and helped her out of the car, and they walked over to the old house. Blooming dogwood and azaleas lined the path, and the scent of spring greenery was thick in the air.

"Oh, Jeff, I want to see the inside!" she cried.

"Of course you will."

On the front porch he took out a key, unlocked the door, and creaked it open. "The house has been in my family for generations," he explained.

"But I'm afraid my folks pretty much lost interest in it long ago. We've kept on the electricity and water, and an occasional family or business guest will stay over here. But otherwise, the house is left deserted."

Melissa glanced from the parlor on one side to the dining room on the other. She knew every inch of this house—although the rooms looked vastly different now, with their faded wallpaper and drapes, the sparse, austere furnishings, the threadbare rugs and scarred floors.

Watching her reactions, Jeff said, "I wanted us to fix the place up and make it our home after we married, but you objected."

"I did?" Melissa asked incredulously. "Whyever would I object?"

"You liked the design, but found the location too isolated," he said with a trace of bitterness. "You wanted to build in town."

"Then I must have been out of my mind," Melissa said firmly. "Jeff, let's fix the place up!"

His face lit up. "Are you kidding me?"

"Not at all!"

A shadow crossed his eyes. "But what if you change your mind again once you regain your memory?"

"I promise you, I won't change my mind." Observing his continuing frown, she added, "What is it? If we can't afford the restoration—"

"Don't be silly. My mother wanted to finance the remodeling as a wedding gift."

"How appropriate. Jeff, the house deserves to be fixed up. It's really a sacrilege to leave it in this state."

He stared at her intently. "And then what, Melissa?"

"What do you mean?"

"Who's going to live here?" he asked seriously, pulling her into his arms. He leaned over, tenderly kissing her cheek, and she shivered with delight. "The poet said, 'Come live with me and be my love.' Will you, Melissa?"

"Oh, Jeff," she said in anguish. "I wish I could."

He caught her face in his hands. "What's holding you back? Please tell me the truth; I can bear it. If you don't love me—"

She placed her fingers over his mouth. "Jeff, how could I not love you? I simply must wait until things are clearer."

He sighed, managing a resigned nod. "Come with me. There's something else I want to show you."

He led her down the hallway and out the back door. Near the edge of the bluff stood a delicate gazebo, with roses climbing its trellises.

"Oh, Jeff! How delightful!"

They went into the lacy enclosure and sat down together, holding hands. For a moment, both inhaled the luscious scent of the flowers and stared at the magnificent river below them as it slapped against the muddy banks.

At last, Melissa asked, "Jeff, are you going to tell me your story now?"

He glanced at her in pained uncertainty.

She took his hands. "Isn't that why you brought me here today? And don't you think it's time?"

He nodded. "You're right. You see, I once loved a woman, and she died."

"Oh, Jeff, I'm so sorry."

With a faraway, wistful light in his eyes, he began, "Her name was Abbie, and we grew up together. . . ."

Over the next half hour, Jeff spilled out the entire story of his relationship with Abbie—how they'd fallen in love, how they'd become lovers for only one brief, exquisite night, how she had died, how his soul had gone with her. . . .

By the time he finished in a broken voice, Melissa was in tears. "Oh, Jeff, that's the saddest story I've ever heard! To think that she was killed by a drunken driver! You must have been shattered!"

"I was."

She shook her head, her expression deeply troubled. "There are so many evils in this age."

"I know. But, darling, there is good, too." He gazed at her tenderly. "Don't you understand? It's over now."

"Over?"

"Not that I'll ever forget Abbie. In a way, I'll always love her. But I found a second chance at life—and love—when I found you. And I know Abbie would have wanted this for me."

"Oh, Jeff!" Trembling, she fell into his arms.

He stroked her back. "Only, my darling, I'm so afraid."

"Afraid? Why?"

He spoke with a catch in his voice. "Since your fall, you've been like a new woman, a woman I've come to love with all my heart. But there's also something about you that's so elusive. Why do I have this feeling that at any moment I could lose you? What will I do if you revert to your old self again?"

"I've told you, Jeff, I won't."

"Then why can't I shake this fear?"

Melissa couldn't answer him, as tears again welled in her eyes. Oh, he was so perceptive! Jeff

had sensed her very own fears. She, too, loved him now with all her heart, but how could she promise him she would stay, when she wasn't even sure how or why she'd gotten here—or when she might be snatched away again?

And the memory of Missy's tortured face in the newel button continued to haunt her. Melissa felt torn in two. She couldn't bear the idea of hurting Jeff. But how could she seek her own happiness at another's expense?

Chapter Twenty

"Now, ladies, come to attention."

Missy stood in the parlor of the Sargeant home, with her three "best friends," Lucy Sargeant, Antoinette McGee, and Philippa Mercer, gathered about her. The other ladies sat on side chairs with their needlework in their laps, while Missy stood at the center of the group, frowning formidably.

"What is it you wish to tell us, Missy?" Lucy asked politely.

"First of all, you may as well put away that knitting, because we aren't finishing those afghans today."

There was a collective gasp of horror.

"Missy, what are you talking about?" Philippa asked archly. "I swear, your nature has taken quite a disagreeable turn ever since you took that fall. You know these afghans and shawls are all promised for the church bazaar on Saturday."

"To heck with the church bazaar." Taking in their mortified expressions, Missy continued,

"Look, if the three of you want to knit after I'm finished, fine. But I will be heard out."

"I don't mean to be rude, dear, but if you did not wish to sew with us, why did you come here today?" Lucy asked.

"Because my harridan of a mother insisted!" Missy cried exasperatedly. "If I'm stuck with you three ninnies as friends, then there will have to be some changes."

Philippa drew herself to her feet. "I think we've tolerated your abusive tongue quite enough, Missy Montgomery."

"Oh, yeah?" Missy retorted.

Antoinette giggled. "Oh, let her finish," she said, waving Philippa off. "I think it's amusing."

With a noisy harrumph and a rustle of her skirts, Philippa resumed her seat. "Very well, Missy. Speak your mind."

Missy paced for a moment, hands tightly clasped behind her back, then turned to face the others. Staring at their expectant faces and feeling a needle of conscience, she said, "First of all, I think Philippa made a valid point just now."

"She did?" Philippa echoed. "I mean, I did?"

Missy nodded. "It's true that I have acted rather bratty toward you all—especially the other night— and for that, I apologize. After all, I was with that beast, Fabian Fontenot, so how can you blame me?" When no one responded she finished under her breath, "Besides, I've had a rather rough hundred and forty years."

"A hundred and what?" Philippa asked.

Shaking her head, Lucy added, "Just what are you saying?"

"I'm saying that it's not your fault you are the way you are," Missy explained. "But if you refuse

to change . . ." She shook a finger. "Ah, then that *will* be your fault!"

"Change how?" Antoinette asked.

Missy threw up her hands. "Isn't it obvious? I can't believe the three of you tolerate bondage at the hands of your husbands!"

"*Bondage!*" the three cried in unison.

"Yes, bondage!" Missy declared passionately. "You have no rights. You can't vote, serve on a jury, or even go out by yourselves, without some manservant along to protect you. You're often segregated from the men at social gatherings, as if you're some kind of outcasts. Your opinions are never taken seriously. Your husbands treat you in every way as intellectual inferiors—"

"But that's not true, Missy," Lucy defended fervently. "It's just that our interests are different—"

Missy rolled her eyes. "Ah, yes. Your hallowed interests! Having babies, running households, and obeying your husbands?"

Three heads bobbed in agreement.

"Well, you tell me something then," Missy continued angrily. "Where is it written that a woman can't do anything a man can? Tell me, were all of your born with "baby-makers" stamped on your bellies?"

The others were so astonished, they could only stare at Missy.

"But, Missy," Antoinette defended at last, "we're all happy with our lives."

"Are you, indeed?" she challenged. "So there's nothing at all about the black-eyed lech that you'd want to change?"

Antoinette's expression went utterly blank.

"She's talking about Brent," Phillipa explained to Antoinette.

"Oh," the latter said.

"Well? Isn't there something about darling *Brent* that is not quite to your liking?" Missy demanded.

Antoinette bit her lip. "Well . . . I dislike the way he flirts with other ladies—"

"Aha!"

"And, at times, I do feel resentful when I've had a really trying day—sometimes the baby gets colicky, you see—and Brent wants . . ." Her voice trailed off and she blushed vividly.

"What did I tell you?" Missy asked triumphantly. "So Casanova wants to cut a rug, and you're too tuckered to tango?"

Antoinette nodded, wide-eyed, while Lucy confided to Philippa, "My stars, I have no idea what she's talking about."

Philippa replied behind her hand, "Whatever it is, I'm sure it's filthy."

"So cut the jerk off," Missy advised Antoinette.

Antoinette eyes were huge as she raised a hand to her breast. "Precisely *what* are you suggesting I should cut off?"

Missy waved her off. "Oh, for heaven's sake, you'd think I was suggesting castration! I mean, try separate bedrooms for a change. Think about your own needs and don't let him use you."

"But, it is a wife's duty to sate her husband's—er—lusts—"

"Bullpuppy! What about a husband's duty to his wife?"

"Our husbands do their duties," Philippa put in archly, "by furnishing us homes and providing for us."

"I'm not talking about a roof over your head and three squares a day," Missy said heatedly.

"I'm talking about his respecting you as a person, an individual."

The three women exchanged lost looks.

"Good grief, you people are hopeless," Missy said, gesturing her frustration. "I've never heard of such antiquated outlooks!"

"I assure you, our thinking is perfectly modern, and we are indeed content with our lot," Philippa declared.

"Oh, yeah?" Missy turned on her. "So there's nothing about good old Chucky-poo you would change?"

Now Philippa glanced away in extreme discomfort.

"Come on, now, I dare you to tell us!"

"Well . . ." Grudgingly, Philippa admitted, "Charles does ask me to fetch his boots quite a lot."

"Right before he asks you to kiss them?" Missy supplied.

Everyone laughed.

"One time," Philippa continued with some resentment, "when Charles asked me to pull them off, he pushed on my—well, my nether regions—so violently that I went crashing into the fireplace. I had a huge goose egg on my forehead as a result, and he had the gall to call me a clumsy ox."

"See what I mean?" Missy cried. "These men have no respect for you, and it's at least partially your fault for tolerating their unacceptable behavior."

"Then what should I do?" Philippa asked.

"The next time he asks you for his boots, bash him over the head with one, and let him see what a goose egg is like!"

Despite herself, Philippa smiled.

Missy turned to Lucy. "Now you. There must be something Jeremy does that offends you."

"Oh, never!"

"Come on, Lucy," Philippa chided. "The rest of us have confessed, so you must, as well."

Lucy bit her lip. "Well . . . Jeremy does go to his theology study group at least four nights a week—"

"Four nights a week!" Missy echoed.

Lucy nodded miserably. "I've asked him to take me along, but he insists that the discussion would be—totally beyond my capabilities to understand."

"Oh, of all the insufferable arrogance!" Missy declared. "And I bet no woman is ever allowed to join the group?"

"Quite true." Taking out her handkerchief, Lucy began to sniff. "The most difficult part for me is that the group is currently discussing predestination—and I do so want to understand predestination!" She burst into a torrent of violent weeping.

Missy patted her heaving shoulders. "My advice to you is to go on strike."

"On strike?" Lucy repeated confusedly.

"Yes. Quit being his wife entirely until he starts taking you along to group study. That'll fix his wagon."

Lucy paled. "Oh, but I wouldn't dream—"

"Look," Missy cut in heatedly, "I can't help any of you if you're going to wimp out on me like a bunch of hot-house flowers—"

"Who said we wanted your help?" Philippa cut in with sudden acrimony.

Missy laughed. "You know, that's a good ques-

tion." She folded her arms over her chest and stared at all of them in challenge. "Do you want my help or not?"

There was a long moment of silence, a few murmurs of indecision, then all three said in unison, "Yes."

"But we must know what it is you are proposing," Philippa said.

"I'm proposing that you become your own people."

Total silence.

Missy felt as if she were indeed lecturing a group of potted plants. "Look, isn't there anything any of you have ever wanted—I mean, beyond being wives and mothers?"

More silence.

"Who says a woman can't be anything she wants to be?" Missy elucidated. "Why, any of you could become Mayor of Memphis, or President of the United States."

"But how can we," Lucy pointed out, "when, as you said, we can't even vote?"

"That's precisely my point," Missy cried, gesturing vehemently. "Why aren't you working to change things?"

"You want us all to become bluestockings?" Philippa asked.

Missy shrugged. "If that's what you want to call it. I call it pursuing your own destiny." She turned to Antoinette and said, "Now, tell me what you want—and I mean, *really* want out of life—besides sating good old Brent's lusts."

Antoinette blushed vividly, then admitted, "Well, I've always yearned to sell hats—but Brent has told me it's unseemly for a woman to be a shopkeeper."

212

"Then to heck with Brent." She turned to Philippa. "And what is your dream?"

"Actually . . ." Philippa took a deep breath, then confessed, "I've always loved to ride, but Charles says it's unladylike. My real dream, however, is to raise thoroughbred horses, then race them here, and in Natchez."

"So, do it!"

Philippa blustered, "But that would be a scandalous thing for a lady to—"

"Why? Why is it scandalous for a lady to race horses? Would it be scandalous for a man?" When no one answered Missy finished, "Do you see my point now?"

The other three mulled this over, then murmured agreement.

Missy turned to Lucy. "And what is your goal?"

"Come on, you can tell us, Luce!" Philippa encouraged.

"Well . . ." Lucy managed a shy smile. "I've always wanted to paint—you know, the Holy Virgin and all the saints. But Jeremy says my desire is pure vanity, and that it would take me away from my more important wifely duties."

"What a sanctimonious prig!" Missy said disgustedly. Before the others could protest, she continued, "Look, ladies, we have only one life to live—" she paused, perplexed—"*I think*. So all of you should go for it."

"Go for it?" Antoinette echoed.

"Follow your dreams."

The ladies considered this a moment, then nodded.

"And what about you, Missy?" Lucy asked.

"What do you mean?"

"What is your heart's desire?"   •

213

Missy mulled over that. "You know, I'm not really sure. But for now, I think I'll stick with educating Mr. Fabian Fontenot."

Everyone laughed.

Missy left shortly thereafter, and the other three women put their heads together.

"What's she's suggesting is treason," Antoinette declared.

"Utterly scandalous," Lucy added.

"Let's do it," Philippa said.

The three giggled conspiratorially.

"You know, Missy has really changed," Antoinette remarked.

"Indeed, I don't know her anymore," Lucy concurred.

"Ah—but for once, aren't we all glad we know her?" Philippa asked.

Everyone agreed.

At five o'clock that afternoon Missy was summoned to the parlor of her parents' home to face a fuming Fabian Fontenot. She entered the room to find him pacing the Persian carpet in a fine temper, his expression turbulent and his jaw set hard as granite.

"Hi, Fabian, honey," she called out.

He whirled to face her with eyes blazing. "Missy, you will call off this madness at once!"

"What madness?" she asked innocently.

"You have all of my male friends furious at me because you've organized their wives into mutiny!"

"Have I?" she simpered, batting her eyelashes at him. "Just little ole me?"

He advanced on her furiously. "Do you know

that at this very moment Lucy Sargeant has locked herself in the attic and is painting cherubs, Antoinette McGee is out scouting locations for her new millinery shop, and Philippa Mercer is packing to leave for Kentucky, there to buy herself a pair of blooded horses!"

"Bravo!" Missy said, clapping her hands.

A muscle jerked in his cheek. "You will stop this nonsense posthaste!"

"You mean you object to our little consciousness-raising session?"

"Consciousness *what*?"

"All right, call it goal-setting." She winked at him mischievously. "Do you want to know what my goal is, Fabian?"

"Pray enlighten me."

She stared at him meaningfully. "I'm going to tame the savage beast."

"When hell freezes over, you are."

"Hide and watch," she said smugly. "As for freezing over hell, the other ladies and I will take that up at our next session." She tossed her curls and turned to leave.

He charged after her, grabbing her arm. "Listen to me, you little termagant! There will be no more *sessions*. You will convince these three women to honor their places and leave off this lunacy, and then you will never again provoke them to such treason."

His audacious words made something snap in Missy, and she shoved him away angrily. "Look, you big jerk, get this through your thick head! I'm going to do precisely as I please, as are my friends, and you can drop dead!"

"Why, you little brat!" Fabian was livid, shaking a finger at her. "You play the game without rules.

You forget you are outmatched. You forget I've had it in my power to win all along."

"Hah!"

"What was it you said, Missy? 'Hide and watch'?"

He turned on his heel and strode from the room.

"And don't come back!" Missy yelled after him.

Afterward, Missy flounced down on the settee, wondering why she wasn't laughing her head off in jubilation. She'd won, hadn't she?

Then why did she feel instead that she'd also lost something important, and that only time might reveal the true depths of her own defeat?

Chapter Twenty-one

Melissa sat on a chair in her bedroom, knitting an afghan. Across from her, sprawled on her bed, were three young women her mother had just introduced to her as her best friends—Lisa, Michelle, and Jennifer. All were attractive, unmarried, and in their mid-twenties. Lisa, a brown-eyed blonde, was perusing a fashion magazine; Michelle, a vivacious redhead, was painting her fingernails; Jennifer, a brunette, was flipping channels on the TV with the remote control.

Lisa glanced up from her magazine, smiling at Melissa. "We're all so glad to see you doing better, Missy."

"Thank you most kindly," Melissa said as her knitting needles clicked. "And if it is not a hardship, I would greatly prefer being called 'Melissa.'"

The guests exchanged confused glances, then Michelle said, "Sure, Miss—er, Melissa. What's that you're crocheting?"

Melissa smiled. "I'm knitting an afghan for Mother. I've noticed that sometimes she takes a chill in the evenings, when she sits in the parlor with Father."

The others could only shake their heads.

"You never knitted before," Jennifer remarked. "Is it true you don't remember anything since your fall?"

"I'm afraid that pretty much sums up my mental state."

"You're so different," Michelle said.

"Indeed, others have said the same thing."

"So the wedding to Jeff is on hold?" Lisa asked.

"On hold?" Melissa repeated.

"Postponed."

"Ah, yes. For now."

"Did you forget him too?" Jennifer asked.

"I fear I didn't remember him—at first. But Mr. Dalton and I are making remarkable progress in getting to know one another."

The three visitors rolled their eyes, then convulsed into giggles.

"Gee, Melissa, you talk so weird now," Michelle said.

"Have you been able to jump Jeff's bones yet?" Lisa added.

Stunned, Melissa glanced up. "I beg your pardon?"

Lisa smirked. "You know, have you gotten Jeff into the sack?"

Melissa was appalled. "I would never dream of jumping on Mr. Dalton's bones—much less of putting him in a sack." Then her expression grew bewildered as her three friends all but split their sides laughing.

"Melissa, you're a hoot," Michelle said.

"What does Jeff's mother think of this change in you?" Jennifer added.

"Irene and I are getting along quite well," Melissa replied.

Lisa, meanwhile, was scowling as she flipped her mane of long blond hair. "Hey, guys, do you think I should get a perm?"

"A perm what?" Melissa asked.

"A perm wave, you ninny," Lisa teased.

Melissa remained baffled. "I think one should always hesitate to do anything permanent to one's hair."

Lisa shrugged and went back to her magazine.

"Do you think I should move in with Jason?" Michelle asked.

Melissa stared at her. "Move in where?"

"To his apartment."

"Do you mean, should you marry your young man?"

Michelle chuckled. "No, silly. I mean, should we shack up together?"

Melissa gasped. "You mean both occupy the same shack? Without benefit of marriage?"

"That's what makes it fun," Michelle said with a wink.

"Surely you jest!"

"Not at all."

"You mean you propose living in sin with your fiancé?"

Melissa's question prompted gales of ribald laughter from the others.

"Melissa, you're hysterical!" Michelle declared.

"I should hope not," Melissa said soberly. "Moreover, how can you expect this Jason to respect you if you throw yourself at him?"

Michelle waved her off. "Get out of here!"

"Where do you wish me to go?" Melissa asked, then was flabbergasted when it was again many moments before the others regained their composure.

Staring at the three giggling women, Melissa decided it was time she took charge of things. She cleared her throat and smiled at them. "Since I don't remember any of you, why don't you tell me a little about your lives?"

"Such as?" Lisa asked.

"What all of you do with your time."

The three considered this a moment, then Lisa said, "I live on a trust fund and travel a lot."

Jennifer said, "I work in my father's brokerage firm—when I want to."

Michelle said, "I'm planning my wedding."

Lisa winked at Melissa and added, "Yeah, and Shelley's been planning that little *soirée* for three years now."

Melissa nodded meaningfully. "I understand, then. It's easy to see what your problem is."

"*What problem?*" the three asked in unison.

"None of you has any meaningful endeavor to occupy you."

"What do you mean by 'meaningful endeavor'?" Jennifer queried.

"You all live your lives for yourselves, instead of thinking of others," Melissa explained.

Michelle glanced askance at Lisa. "Is she for real?"

Lisa shrugged. "Who knows?"

"Given the fact that all of you are at the age of spinsterhood, I'm really shocked that you aren't already married and in the family way by now," Melissa scolded.

"*In the family way?*" the three echoed.

"Indeed. Beyond that, consider all the time, talent, and resources you are wasting. Why, you could spend your time helping the poor, or volunteering at the hospital, or attending Bible study."

The others were too amazed to comment.

"I sense an unhappiness in you all," Melissa continued. "And I fear the situation will continue until you begin to make a contribution to the world around you, instead of just thinking of yourselves."

"Look, Melissa, not everyone likes knitting or Bible study," Michelle pointed out. "You certainly didn't before your brains got jostled."

"Then perhaps you have not found the right niche where you can make your own contribution," Melissa said. "One thing I have noticed about this cen—this time in which we live—is that many people are quite self-absorbed. This does not make for the happiest life, I feel."

This time, there was no laughter, as the three others frowningly considered Melissa's words.

"You know, Melissa, I kind of like the change in you," Jennifer remarked. "It looks like the fall has made you reconsider your own life, and that's to be commended."

"Thank you," Melissa replied.

Michelle said, "But don't forget that your three best friends still have something to offer to you."

Melissa smiled at them sincerely. "Oh, my dears. Did I ever say you didn't?"

"Then tell us why you don't wear makeup—or low-cut blouses—any more," Lisa said.

Melissa's mouth took on a stern set. "Why, such are the accouterments of creatures of the streets."

That comment brought down the house. While Melissa stared at the others, mystified, her friends

rolled about the bed, shaking with merriment until tears sprang to their eyes.

A moment later, a still-giggling Lisa came over to Melissa's side. "Come on, silly, let us make you up. I've some great ideas for highlighting your eyes."

"I'm afraid that's out of the question," Melissa said primly.

Lisa shook a finger at her. "Here, you want to give us all this grandiose advice, but you won't take ours in return?"

"Well . . ."

Sensing eminent victory, Lisa took Melissa's knitting and set it aside, then tugged the other girl to her feet. "Come on, Jen and Shelley, this is going to be great fun," she called to the others as she led Melissa to the dressing table.

Within seconds, Melissa was seated, and the others were swarming about her, giggling and grabbing cosmetics.

"I get her eyes," Lisa said.

"I'll do her lips," Michelle added.

"And I'll apply the blusher," Jennifer said.

"Try not to make me look too much like a doxie," Melissa implored.

"Get out of here!" Lisa exclaimed. Then, as Melissa started to rise, she grabbed her shoulders and pushed her back down. "Oh no you don't!"

"Will you kindly make up your mind?" Melissa asked exasperatedly.

Lisa winked at Melissa as she picked up the eyeliner. "Before you know it, kid, you're going to look like a different woman."

"That's what I'm afraid of," Melissa said morosely.

Lisa was flipping her hair again and staring into the mirror. "And then you and I can talk about going to Sidney's for a perm."

"Oh, dear," Melissa said.

Chapter Twenty-two

Missy found the next gathering of the couples group to be a dismal event, indeed.

Fabian was still furious at her following their recent showdown, and he hardly spoke a word to her from the time he picked her up until they arrived at their destination. The supper, originally scheduled to be held at the Mercer home, had to be shifted to the Sargeant home again. When Charles Mercer had been unable to talk Philippa out of her wild scheme to go to Kentucky to buy thoroughbred horses, he had finally thrown up his hands and accompanied her.

Supper in the Sargeants' formal dining room was awkward, not just because the Mercers were missing, but because, like Fabian and Missy, the other couples were not speaking to each other. The three men conversed over the women's heads, involving themselves in a heated discussion on whether or not the Pacific railroad would ever make its way through Memphis. The women mur-

mured about the church bazaar to be held on Saturday and exchanged sympathetic glances.

Over coffee and apple pie, Jeremy announced, "Ladies, if you will excuse us, the other gentlemen and I shall adjourn for brandy and cigars."

The three women exchanged meaningful glances, and then Lucy said, "I'm sorry, dear, but the other ladies and I choose not to excuse you."

There was a moment of stunned silence, then Fabian turned to Missy and inquired icily, "Is this new rebellion your idea?"

"Of course, sweetie."

As Fabian glowered at Missy, Jeremy slanted a stern glance at his wife. "Lucy, I'm shocked at you. I think you're being quite rude to the gentlemen present."

While Lucy bit her lip in uncertainty, Antoinette said petulantly, "But Jeremy, isn't it rude of you and Fabian and Brent to desert the three of us? Are you going to stay angry at us forever?"

"Bravo!" Missy put in, winking at Antoinette.

"We men have business to discuss," Brent informed Antoinette exasperatedly. "And don't you women have needlework to complete for Saturday's church bazaar?"

"Everything is in readiness for the bazaar," Antoinette returned forthrightly. "I'm even donating six hats from my new shop."

"Why don't you donate the entire shop?" Brent sneered. "Besides, I can't believe you ladies don't have something you can do—"

"But we don't, Brent," Missy simpered. "Indeed, the three of us rushed about like ants before a thunderstorm, just so we could have the thrill of spending the evening with you gents."

Fabian rolled his eyes.

Brent looked at Missy with sudden interest. "And what, pray tell, do you ladies have in mind to pass the balance of the evening?"

"Oh, perhaps a few games of whist, a bit of dancing, a snifter or two of brandy," Missy replied, deliberately batting her eyelashes.

As Brent stared back at her with avid interest, Jeremy cleared his throat and said, "Brandy for ladies is out of the question."

Missy tossed Jeremy a disgusted look. "What a pompous windbag you are."

Sensing an imminent confrontation, Lucy hastily put in, "Couldn't we all study our Bibles?"

Jeremy shook a finger at his wife. "I've told you before, Lucy, that I am not going to allow you to finagle your way into my theological study group. I find these machinations contemptible—"

"Oh, let her speak!" Missy defended, glaring at Jeremy.

"May we study the Bible, then?" Lucy asked Missy. "I would so like for us to discuss St. Paul's letter to the Thessalonians—"

"There, I think you'd better lighten up," Missy advised.

"Oh," Lucy murmured.

"We can talk about the Spring ball Missy's parents are giving in two weeks," Antoinette put in. "I bet Mr. and Mrs. Montgomery will announce a new wedding date for Missy and Fabian then."

"They'll do no such thing," Missy assured her.

"Anyway, who cares about the ball?" Brent asked.

"I'm having a new dress made," Antoinette replied, pouting.

"Who gives a fig about your new dress?" Brent

continued with growing frustration. "Your mindless simperings only prove that gentlemen and ladies have nothing in common."

Missy flashed her dazzling smile at Brent again. "Are you certain we have nothing in common?"

While Brent stared at Missy in fascination and Fabian ground his teeth, Lucy said, "You know, we do have a problem with regard to Saturday's bazaar. With Philippa gone to Kentucky, we'll need someone else to be in charge of her baked goods booth."

A delicious idea sprang to Missy's mind, and her eyes lit up with mischievous pleasure. "Why don't you three men do it?"

Comments of outraged male pride greeted her suggestion.

"That's out of the question!" Jeremy said.

"Ridiculous!" Brent concurred.

"Amen," Fabian added.

"But don't you three wish to make a contribution to the church building fund?" Missy pursued innocently.

"We're going out to the bluff early Saturday morning to help construct the booths," Fabian informed her. "That will be ample contribution."

"So you three get to eat barbecue and flirt with the ladies while the three of us toil away in our booths?" Missy protested.

"Selling afghans and lace doilies is women's work," Fabian gritted.

"And I say that a true man is confident enough about his masculinity to do anything necessary," Missy shot back. She turned to Brent and patted his hand. "What about you, Brent? You strike me as a man who's very confident about *his* masculinity."

Eugenia Riley

While Brent gulped and stared at Missy greedily, Antoinette protested, "Missy, I'd appreciate it if you'd take your hands off my husband."

Missy did so at once, laughing. "Did I make you jealous, Antoinette?"

"I think that's beside the point," she said archly.

"Then what is the point?"

"The point is, you said we should be more aggressive—"

"*Assertive*," Missy corrected.

"Whatever. And I don't like you flirting with my husband."

Missy chuckled again. "You're right and I apologize." She winked at Brent. "I shouldn't flirt with your husband, even if he is a lecher—"

"That may be true, but he's my lecher."

As all three men present looked on, flabbergasted, Missy continued, "Again, I agree. Actually, I only had in mind provoking Fabian. But he's so moody and blockheaded, I don't think I could get through to him if I hit him over the head with a bale of cotton."

Suddenly, Fabian shot to his feet, shaking a fist at Missy. "Enough, Missy! We're leaving!"

She rose, too, facing him down defiantly. "So you have a voice, after all?"

"Yes, and as usual, you aren't listening to it. I said we're leaving—so go fetch your wrap!"

"Oh, you're such a typical male!" she retorted with an exasperated wave of her hand. "Just walk out, instead of facing up to an issue!"

"What issue?"

"That women and men are equal, damn it! That there's no reason why a woman can't become

228

involved in business or politics, no reason why a man can't be in charge of a pastry booth—"

"Damn it, Missy! Brent, Jeremy, and I are not selling pies!"

"Are you saying men can't sell pies as well as women can?" Missy challenged.

"No! I'm saying that selling pies is women's work!"

"That's just what I mean! You're all a bunch of provincial bumpkins! You're thinking's so narrow, I could use your damn head to thread a needle!"

"I think we've all heard quite enough," Fabian said, advancing toward Missy, his features white and his eyes glittering with rage.

"You just want your mealy-mouthed Melissa back!" she accused.

"Perhaps I do," he retorted.

"I think we should all like Melissa back," Jeremy added, getting to his feet.

Brent rose as well. "I concur. We're all quite tired of this women's federation—"

"Liberation," Missy corrected.

"Whatever you call it, we've had enough!" Fabian declared.

Now Lucy rose to defend her friend. "I can't believe the terrible things you gentlemen are saying to Missy," she scolded in trembling tones. "You're being cruel and ungentlemanly."

Antoinette bobbed up next, wrapping an arm protectively about Missy's waist. "I agree. Furthermore, Lucy and I like Missy just the way she is."

"Have you thought of the terrible things she's said to *us*?" Brent demanded.

"Well, maybe it's time," Antoinette argued.

Eugenia Riley

"Before Missy—changed—we women never knew that we'd drawn the short lot in life. But Missy has helped us to see our existence in an entirely different light. Why is it that you men get to go out in the world, to have businesses and vote and have all the fun, while we're supposed to stay at home, rear children, and knit?"

"That's just the way things are," Brent blustered.

"Well, they don't have to stay that way," Missy shot back.

The two sides squared off, glaring at each other. The three men consulted among themselves for a moment, while the women watched warily.

Fabian stepped forward with a glint of challenge in his eyes. "So, you women truly think you're our equals?"

"Actually, we're your superiors," Missy informed him. "We live longer, we're more intelligent, and we're less inclined to let our emotions rule us."

"Is that so?" Fabian replied with an unnerving calm. "Then if you're so confident of your superiority, you won't object to a simple wager?"

She glanced at him suspiciously. "What wager?"

"You say you're more intelligent than we are. Would that apply to business matters?"

"Certainly."

"In that case, Jeremy and Brent and I agree to sell pies."

"What?" Brent cried.

"Fontenot, surely you jest!" Jeremy added.

He turned to the others. "Not at all, gentlemen, and if you'll simply trust me a bit, I think we can end this little—war of the sexes."

The two men nodded wearily, while Missy

laughed and said, "Fabian, I hate to disillusion you, but the war between the sexes is never going to end."

"This war will," he said meaningfully. "Because my wager is that Jeremy, Brent, and I will be able to make more money on Saturday selling pies than you three will with your needlework."

"Hah!" Missy cried. She turned to the others. "Shall we take them up on it, ladies?"

"Certainly," Antoinette said.

"I think we should," Lucy added.

"What do we get if we win?" Missy demanded with a smirk.

Fabian chuckled. "Ah, you don't miss a beat. If you win, Brent, Jeremy, and I will promise to quit harassing you concerning your—er—unorthodox attitudes and activities of late."

"Oh, I love it!" Missy cried, clapping her hands. Then she caught the wicked glint in Fabian's eye. "And if you three win?"

He glanced at Antoinette and Lucy. "You two will become dutiful wives again, never questioning your husbands' absolute authority."

Both women glanced toward Missy for guidance. "Should we?" Antoinette asked.

She shrugged. "Why not go for broke?" To Fabian, she said, "They accept your terms."

"Splendid." Staring at Missy, he rubbed his hands together and smiled nastily. "And as for you . . ."

Easily anticipating his next words, she stared him in the eye. "I'm not going to lose."

"But if you should . . ." he drawled.

"*If* I should?" she inquired icily.

A devilish smile lit his countenance. "You will marry me."

231

*   *   *

You will marry me. Fabian's words haunted Missy as they rode home. Although the journey passed in silence, Missy could almost feel his dark gaze boring into her from the opposite seat.

"Did you enjoy airing our dirty laundry in public tonight?" he asked mildly.

"Eminently," she snapped back. "Besides, since all the couples are dealing with the same issues, I'd call it collective dirty laundry."

He chuckled. "Ah, but it's you, Missy, who stirred up this tempest in a teapot in the first place."

She shrugged. "So it is. And you're mixing your metaphors."

"Looking forward to Saturday?" he added casually.

Missy laughed. "You and your friends are going to lose."

"Are we? But that would seem to negate your argument. If women and men are equals, then the three of us should be as successful at selling pies as any three women."

"I said that we're your superiors, Fabian," she pointed out.

"So you did. We'll see what Saturday brings."

She was quiet a moment, feeling unnerved by the tension between them, the intimacy of the dark coach. At last, she dared to ask, "Why did you make my marrying you your prize if I should lose?"

"Because it's what I want."

"But why?"

He looked her over slowly. "Perhaps because I prefer to make you my bride before I seduce you."

As much as he maddened her, longing swept over her at his words, leaving her all but debilitated in its wake, her pulse racing and her palms sweaty. Nonetheless, she was determined to hold her own. "Sex again," she uttered in a trembling tone. "Other than that, you—you hate me, Fabian."

"Do I?" he asked with an odd trace of compassion. "Do you really think that's all I see in you?"

"Yes." She was astonished to find herself on the verge of tears. "You've been very cold to me lately. I think the only reason you want to marry me is so you can punish me for the rest of my life."

"I would like to punish you," he murmured. Abruptly, he reached out, pulling her across the carriage into his lap.

"Fabian, no, don't," she protested weakly, hating herself for the way she quivered at his nearness, the way her heart was hammering in wild anticipation.

"I would like to punish you," he repeated in his deep, mesmerizing voice. "But in my bed."

Missy's world spun out of control as Fabian's mouth descended on hers. The heat of his lips on hers felt so right, so thrillingly provocative. She realized with awe that she had actually missed his kisses, that the estrangement between them had hurt.

Oh, Lord, she couldn't let this happen! She was getting in too deep! He smelled so good and felt so good—and she felt so cherished and needed, cradled close to him this way.

Mercy, what had happened to her pride, her independence? She was growing as spineless

and weak-willed as some of the women she had scoffed at.

Then he began to nibble on her lower lip, and her resolve crumbled. She gasped in pleasure, running her fingers through his thick, silky hair.

"When I kiss you until you beg for mercy, will that be punishment, Missy?" he whispered. "When I drive into you until you sob in pleasure, will revenge be mine?"

She clung to him, sobbing in sheer frustration. "I won't be Melissa," she whispered vehemently. "I won't."

He chuckled, a deep sensual rumble. "Oh, my sweet darling, is that what's troubling you? Do you really think I want your former insipid self back?"

"You want to tame me into a dutiful little wife," she argued. "You want me to obey you, just as you want Antoinette and Lucy to obey their husbands."

"I don't think I ever need worry about your becoming a docile, subservient mate," he teased, his mouth against her wet cheek. "Don't you understand? All the joy is in the battle, love, even though I shall win."

Missy tried to argue, but Fabian's kiss smothered her protest. He shifted her onto the seat next to him; his hand moved boldly to her breast, and riotous desire raked over her. Her hand moved inside his coat, her fingers feeling the muscled contours of his chest through his shirt, and then moved lower, until she touched his maleness— hard, warm steel that pulsed against her fingers.

A sob of pure frustration rose inside her, even as unspeakable desire twisted deep in her gut. Oh, God, she wanted him so! She wanted to lose

to him, she wanted him to force her into marriage. And she needn't worry about his big mouth, because she would be too busy kissing him senseless for him ever to utter a word.

Then, as the coach stopped, he wrenched his mouth from hers. "Hey, easy, darling," he teased. "We'd best get you inside."

He spoke in the confident tones of a man who had decided that victory was imminent and wanted to savor it in full. This reality both troubled and exhilarated Missy as he led her to the door.

Seconds later, as Missy entered the house, she paused by the newel post and once again saw an image of Melissa and Jeff kissing ardently in the present. She felt as if her life were slipping away from her—in both centuries!

"Damn it, Melissa, will you get a grip and control yourself?" she hissed to the button. "Somehow, I'm going to find my way back to the twentieth century and get my own world back! Do you hear me? You can't have my life, I tell you!"

The images faded. Missy knew her words should have brought some sense of vindication; instead, she was left wondering why bitter tears stung her eyes.

Chapter Twenty-three

"Oh, dear," Melissa said.

Jeff had just dropped her off from their date, and she stood staring into the newel button. She spotted Missy glaring at her formidably and spouting words Melissa could not hear—though their import was quite clear.

During the past few days, she had spotted Missy's angry countenance several times, the visions reminding Melissa that she was living a life that did not really belong to her.

Now, the images faded and Melissa shuddered.

Heavens, Missy had looked so unhappy! Melissa knew in her heart that she needed to tell Jeff the truth, to see if somehow they might release poor Missy from her purgatory.

But that might mean that she would need to go back to the year 1852, and she didn't want to go! Still, Melissa's sense of altruism demanded that she do something to help her cousin. And,

looking beyond the question of Missy's fate, was she being fair to Jeff to go on seeing him, to keep nurturing a love that time might snatch away?

Dear Jeff. The two of them continued to spend every free moment together out at his family's summer house. They sat in the gazebo together, holding hands, kissing, and staring into each other's eyes. They read poetry together, got to know each other better, and fell more deeply in love.

Was that love doomed? How Melissa wished she knew!

The next afternoon, Melissa sat with Jeff in the gazebo behind his parents' summer house. She wore a new spring outfit—a lacy, long-sleeved blouse, a calf-length, floral-printed skirt, and a pair of soft leather boots. While Melissa was still too frightened to go "into town" and confront the massive steel-girded skyscrapers of Memphis proper, recently, with the encouragement of her mother and friends, she had begun to visit the amazing "shopping malls" of suburban Memphis. With help from the others, she had set a new style for herself, buying dresses, blouses, and skirts with delicate, feminine lines. While she had refused to have her hair "permed" as Lisa had wanted, she now styled her blond tresses down and fashionably curled. She had even started wearing light makeup. When she had asked Jeff if he approved of the changes, he had grinned and informed her that anything she wanted to do was fine with him, that she would look gorgeous wearing an old gunny sack.

Now, she feasted her eyes on him, looking so handsome in his sky-blue knitted shirt and tan

slacks, with the sunshine of the perfect spring day gleaming in his thick hair. He sat with a stack of leather-bound books in his lap. He had been reading her love poems all afternoon.

How she adored him! But would her blissful existence with him soon be shattered?

He glanced up, noting the anxious look in her eyes. "What is it, darling?"

Melissa got up and walked over to stare out at the Mississippi. She watched a barge float down the gleaming river and inhaled the scent of wet earth that laced the air. Not ready to confront her deepest fears, she began by discussing other troubling issues.

"I've been reading a lot lately—you know, about the lost years."

"Ah, yes."

She turned to him. "It's such a strange, violent world in which we live, Jeff, with despots gobbling up their neighbors, and people murdering each other just to get a few dollars so they can snort rocks—"

"Ah, you mean cocaine?"

She nodded morosely. "It's unthinkably evil."

He rose and walked over to join her. "I know, darling. But have you thought that we might make this world better?"

She stared at him with forlorn hope. "Do you think that's possible?"

He caught her in his arms, and his voice trembled with his heartfelt words. "A year ago, I would have said no. But since I've found you—I mean, since you've changed . . . Now, I think anything's possible."

Joy welled within her. "Oh, Jeff, I feel the same way! I would so love to make a contribution to

this world. You know, we could become missionaries." She hesitated. "I mean, if you should want to." *And if I'm allowed to stay here*, she added to herself with a surge of melancholy.

He smiled down at her. "Darling, I think that's a wonderful idea. Or we could join the Peace Corps—or just help out where we're needed in our own community."

"Yes, I think that would be excellent."

"Then you're sure you won't want to return to work?"

"Yes, I'm sure. As I said, we must—"

"Let George do it?"

She nodded.

Chuckling, Jeff led her back to their bench. He opened the book of Shakespearean sonnets and quoted, "'Shall I compare thee to a summer's day? Thou art more lovely, and more temperate.'"

She smiled. "You exaggerate, of course."

He gazed at her tenderly. "Not at all. I used to write poetry myself, all the time." Abruptly, he glanced away.

"For Abbie?" she asked gently.

His anguished gaze met hers. "Yes. I'm sorry to bring it up."

"No, don't be. I think it's lovely that you wrote poems for her. And you'll write them again one day."

He spoke with great emotion. "I already have."

Her entire face lit up. "You're written a poem?"

"Yes," he said hoarsely. "For you."

Melissa clapped her hands. "Oh, I must hear this!"

"Are you sure?" he asked tentatively.

"Jeffrey Dalton, don't you dare keep me in sus-

pense for one more instant!"

He smiled and pulled a crumpled sheet from his pocket. "It's called *My Melissa*."

"Oh, I love it already," she said. "Do read it, pray."

Jeff stood, smiled at her lovingly, and read aloud:

My Melissa
by Jeffrey Dalton

You came to me one morn,
Like the answer to a prayer,
By fate, you were reborn,
My Melissa, gentle and fair.

You soothed a soul of deep, dark gashes,
You touched a life of guilt and despair,
You rose from your own ashes,
You taught me how to care.

From numbness, you brought feeling,
In darkness, you found light,
With a heart of love and healing,
You have taken away my night.

When he finished, she was in tears. "Oh, Jeffrey! That's the dearest poem I've ever heard!"

He sat down, pulling her into his arms. "And it's written for the dearest woman I've ever known."

For a long moment, they held each other close and shared their joy. At last, Melissa wiped her tears and said, "Your verse is wonderful. It reminds me of the beautiful love poems of Elizabeth Barrett Browning. You know, I thought it was so romantic when she eloped with Robert

Browning. Why only last year, I read her newest, *Sonnets From the Portuguese*. It was quite splendid—"

"Melissa!" Suddenly, Jeff was standing, staring at her white-faced and wild-eyed. "Elizabeth Barrett Browning's sonnets were first published in 1850! What on earth are you talking about?"

She glanced away miserably. "I'm sorry, Jeff. You know I've been so confused since my fall—"

"There's more to it than that," he insisted. "There's something you're not telling me! Ever since your fall, you've been so different! If I didn't know it was impossible, I'd swear you're someone else!"

Melissa hesitated for a long moment. She knew that here, at last, was the perfect opportunity to tell Jeff the truth. Besides, he had bared his soul to her, sharing his deepest thoughts, feelings, and fears, and it was high time she reciprocated by sharing with him all the secrets of her own tormented heart.

She stared him in the eye. "It's not impossible, Jeff. The truth is, I am someone else."

He laughed. "You're joking."

She gazed at him earnestly and slowly shook her head.

He stared back. At last, in a voice edged with panic, he said, "Oh, my God, it's true! You really think you're someone else!"

"Not think," she corrected. "I *am* someone else. And I think you'd better sit down."

He did, shaking his head in stupefaction and eyeing her warily. "I realized there was more to this confusion of yours than you were letting on. But this! Damn it, I knew I should have insisted you go to the hospital—"

"Jeff, it has nothing to do with the hospital, or with X rays," she put in firmly.

He sighed, staring at her with compassion. "Very well. So tell me, who do you think—I mean, who are you?"

Melissa drew a deep breath. "I'm Melissa Montgomery, a relative of the young woman you knew as Missy."

He appeared highly skeptical. "Missy's relatives, the ones who owned the house originally, were called Montgomery."

"That is my family."

"My God! And you're trying to tell me that you're not Missy Monroe at all, but some distant cousin of hers?"

"That is correct."

"But that is ridiculous!" he cried. "You look too much like Missy to be anyone else!"

"Jeffrey, I assure you, I'm telling you the truth."

He shook his head disparagingly. "Melissa, you can't possibly be someone else. Why, the resemblance would be so uncanny that . . ." Suddenly he paused, staring at her intently. A look of terrible uncertainty crossed his eyes. "Though now that I think about it, there are some minor physical differences, ever since your fall. The way the lines have disappeared from around your eyes, for instance."

She nodded. "That's because, ever since my fall, I've been someone else. I'm five years younger than Missy. She was twenty-five, and I'm only twenty."

He continued to appear baffled. "So, you're saying you're some distant relation from . . . where?"

She drew a bracing breath and blurted, "From one hundred and forty years in the past."

Jeff shot to his feet. "You're got to be kidding me!"

She shook her head again.

He gestured his exasperation. "But this makes no sense! You couldn't possibly have come here from one hundred and forty years in the past! How would you have gotten here? Besides, if you are indeed someone else, then where is Missy?"

Melissa bit her lip. "As nearly as I can figure, she took my place, in the year 1852."

"*What?*" he cried.

"Jeff, please sit down and let me explain."

"Melissa, I can't believe this! You must surely have suffered some serious mental injury in your fall—"

"Jeff, I assure you, my mind is perfectly sound. Will you just try to believe me for now—if only for the sake of argument?"

"Very well." Groaning, he sat down.

She stood and began to pace. "Until a few weeks ago, I was living in the year 1852. I lived in the house the Monroes live in today. Only the grounds were much larger then, many hundreds of acres. We lived on a cotton plantation."

Jeff's expression was amazed. "That's true. The house where Missy—you—live was once part of a plantation. But Missy—you—would have known that."

She sighed. "At any rate, I was to marry a man I did not love—a man my parents had chosen for me. On the morning of the wedding, February 29—"

"You're saying, February 29, 1852?" he cut in.

"Yes."

"But February 29 was the day Missy—er, you and I were to marry!" he exclaimed.

"Precisely. As it happens, both 1852 and 1992 are leap years."

"I'll be damned," he muttered.

"I believe Missy and I were wearing essentially the same wedding gown, as well."

Jeff snapped his fingers. "That's right. Missy had planned to wear a replica of . . . was it your dress?"

"Yes." She wagged a finger at him. "And you're beginning to sound as if you believe me, Jeff Dalton."

He crossed his arms over his chest and set his chin stubbornly. "Strictly for the sake of argument."

"Very well. Anyway, on the morning of the wedding, I was feeling quite morose. You see, my fiancé, Fabian Fontenot, had told me our wedding trip would be a safari to Africa, where we would be hunting elephants—"

"The man was taking you elephant hunting on your honeymoon? What a jerk!" Jeff cried.

Melissa had to repress a smile as Jeff became increasingly caught up in her tale. "Well, yes, Fabian was quite strong-willed. At any rate, I knew that I would displease him as his wife—"

"He was an idiot, too, then."

She smiled. "But we were both prisoners of honor and the marriage contract our families had signed at my birth. On the morning of the wedding, I stood at the top of the stairs and thought 'I wish I could be anywhere but here . . . ' The next thing I knew, I stumbled on my hem, tumbled down the staircase, and hit my head on the newel post. Then I awakened here, in the twentieth century."

"You stumbled down the staircase?" Jeff repeat-

ed incredulously. "But that's what happened to Missy!"

"I know. I think that's the moment when she and I switched places in time."

He shook his head. "This is simply outrageous."

"I think it was the newel button that made the switch happen."

"The newel button?" he asked in bewilderment.

"Yes. It was attached to the newel post on the day before my wedding was to have occurred in the past—and I've noted the same stone is still there today."

He frowned thoughtfully. "You're talking about that oval of green malachite?"

"Yes."

"And you're saying it was originally attached to the newel post in 1852?"

"Indeed."

"How fascinating," Jeff said. "But why is this significant?"

"You see, my father in the past—John Montgomery—explained to me that the button was a fragment of a genuine Egyptian amulet. It was supposed to have possessed magical properties. So, when Missy and I both hit our heads on the button . . . Well, I think that's when the switch occurred."

"My God, that's the most uncanny thing I've ever heard!"

"Do you believe me, Jeff?"

He got up and began to pace, his expression deeply abstracted. After a moment, he turned to her, his features creased with tension and uncertainty. "I must be honest. On the one hand, I find it most difficult to believe you. Yet on the other hand, how else can I explain this incred-

ible change in you? You're nothing like Missy in temperament. It is truly as if you're a different woman." He hesitated a moment, then added, "Now it seems that maybe you are."

"Oh, Jeff, it would mean so much to me if you would believe me!" she cried. "Please don't think me insane."

He caught her in his arms. "I could never think that, darling. Confused, perhaps, but not insane. Nevertheless, the fact remains that, even though you may think you're someone else, you're still Missy's spitting image. I just wish there were some way I could know for certain if this bizarre story is true."

Melissa bit her lip. "Wasn't there anything that would have distinguished Missy from me? A birthmark, perhaps?"

He snapped his fingers. "You know, she did have a rather large mole inside her right thigh."

Melissa's face flamed. "Jeffrey Dalton, however did you gain access to that intimate region?"

He chuckled. "We went swimming together a number of times, and Missy—I mean, you—were quite a believer in skimpy bikinis."

"Bikinis?"

"Bathing suits."

"Oh."

He glanced downward. "Well, Melissa?"

She hesitated a moment, and then, with her face bright as an apple, she raised her skirts high. He perused the area with all the speed of true gallantry, then glanced up at her in astonishment as she smoothed down her skirts.

"I'll be damned—there's not a mole or birthmark anywhere on you." Hastily, he added, "Of course, you could have had it removed."

246

"But wouldn't that have left a scar or some other sort of mark?" she asked wisely.

"Correct." He gulped, staring at her as if he'd never seen her before. "My God, it's true! You *are* someone else. How could this have happened?"

She shook her head in amazement. "I wish I knew. I really know little about such matters—traveling in time and all. But, considering all the fantastical inventions of the twentieth century . . ." Twisting her fingers together nervously, she continued, "I've tried to learn all I can, Jeffrey, but I still have so far to go. And I did wonder if perhaps mankind has discovered a way to travel through time?"

Jeff laughed. "Not yet, darling, though various scientists and philosophers have espoused their theories."

"I see. I think."

He stroked his jaw. "Actually, so far, man has traveled through time mostly in literature—in works by H.G. Wells, Mark Twain, and so forth."

"I must read these books."

"You must." He stared at her with new doubt. "Melissa, are you quite certain you came here from another century? I mean, I'm beginning to believe you're someone else, but this business about traveling through time is pretty outlandish. Are you sure you didn't just come visiting here from another state or something?"

She laughed. "No. I swear I came here from another Memphis, Tennessee—the Memphis of 1852. In fact, when we return to the house, I'll show you something that I think will prove this to you conclusively."

He sighed. "Very well, darling. I'll try to keep an open mind."

"Thank you, Jeff."

He regarded her with love and wonder. "I can't believe you're truly someone else."

"I am."

Abruptly, he laughed. "Do you know what the best part is?"

"What?"

"Now I never have to worry about you reverting back to your old self, about losing the wonderful new woman you are."

Suddenly, her expression clouded.

"Melissa? What is it?"

She gazed up at him, her expression miserably torn. "But I haven't told you the entire story, Jeff. About why I know Missy has taken my place in the past."

He nodded. "Ah, yes. Please continue."

"I've seen Missy's face in the newel button."

"You've seen her face?" he exclaimed.

"Yes!" she cried wretchedly. "She's living my life now, while I'm living hers—"

"You mean like two dramas being enacted simultaneously, only one hundred and forty years apart?"

"Yes. That is it precisely."

"This is unreal!"

"Oh, it is very real, all right." Abruptly, Melissa burst into tears. "You see, Missy *hates* being me! In truth, I've never seen a more unhappy woman, and I feel the only honorable thing to do is to try—somehow—to switch places with her again."

"No!" Jeff cried, his eyes suddenly anguished as he hugged her tightly to him. "I won't let you

do this! I'm not sure just how you came to me, Melissa, but I do know that you've made my life worth living again. Now that I've found you, I won't lose you!"

"Jeff . . ." In a small voice, she said, "We may not have a choice."

"I refuse to believe that!" He caught her face in his hands. "There's still so much about this that confuses me. But don't you understand that there must be a purpose behind all this—that we must have been meant to find each other at this moment in time? Missy and I were never well-suited, just as you and this Fabian obviously weren't. Yet you and I are perfect for each other!"

"I realize that," Melissa said, shuddering. "It's true that I may have found my heaven—but Missy has found her hell. She appears to be no more content with Fabian than I was. I can't seek my own happiness at her expense. She's miserable, Jeff."

Jeff laughed bitterly and clutched Melissa close, his eyes crazed with worry. "Missy will always be miserable about something."

Chapter Twenty-four

As he drove Melissa home, Jeff's thoughts were turbulent. The things she had just told him boggled his mind, to say the least.

Was she insane? Had the fall on their wedding day given her permanent brain damage?

Well, if she were brain-damaged, then that was precisely how he wanted her! He realized now, as never before, that Missy had never been right for him, that he'd never loved her, that he'd been like a zombie trudging through life.

Until his wonderful Melissa had come to him! Could what she had said possibly be true?

Jeff was very metaphysical in his thinking. He had always acknowledged intellectually the possibility of time travel. But to be confronted with someone who claimed she had actually traveled through time—to have her insist she had been switched with his real fiancé—it defied belief!

Yet, in another way, Melissa's claims made emi-

nent sense. How else could he explain the dramatic change in her? The sudden sweetness, kindness, and evenness of her nature? Her quaint and decidedly old-fashioned mannerisms and speech? The slight differences in her appearance, which had become increasingly apparent following her disclosures: the tiny lines that had somehow vanished, the deeper blue of her eyes, the slightly fuller lips, the more pronounced widow's peak along her hairline?

Nevertheless, if this woman were not Missy, she still looked enough like Missy to be her identical twin! All in all, he remained very confused, but one thing he did know—he couldn't bear the thought of losing her! If her claims were true and she and Missy had switched places in time, then it followed, just as she had said, that they might at some point switch back again. This he would fight with all his being.

As they pulled into the driveway of the Monroe house, she turned to him with a tentative smile. "Could you wait for me behind the house? I need to go get something—something I must show you—and I'd prefer that we not be overheard."

"Of course, darling," he said, feeling baffled, yet intrigued.

A few minutes later, Melissa joined Jeff on the patio, sitting down in the chair next to his. She handed him an old daguerreotype and said simply, "Here. This is me."

Jeff glanced, electrified, at the ancient-looking picture of Melissa in her wedding gown. "Good God, you're right! This is you! But how can this be? This picture is so old and faded. It looks like something out of the nineteenth century."

"It is," Melissa interjected. "Turn it over and

read what's written there."

His features pale, Jeff turned the picture over. On the back, someone had written, in elegant, washed-out script, "Melissa Montgomery, February 29, 1852."

"My God!" he cried.

"Do you believe me now?" she asked.

"Good heavens, how could I not?" With eyes filled with wonder, he continued, "You know, now that I think about it, I remember Missy mentioning this picture, when she told me she was planning to wear a replica of your wedding dress. She even mentioned the resemblance, although she never actually showed me this. Good grief, the two of you are like twins!"

"I know," Melissa said.

"So you and she did change places?"

She nodded solemnly.

"This is simply amazing! You and Missy were scheduled to be married on exactly the same day, in the same house, in the same wedding dress—"

"At the same hour," she provided.

"Only one hundred and forty years apart!" Jeff finished.

"All true."

"And from what you've already told me, you both took a tumble down the stairs, presumably at the same moment—"

"True again."

"And you think that's when this amazing switch occurred?"

"Yes. I think it had to do with the newel button."

He scowled. "Should we take a look at it?"

She bit her lip, then nodded. "While I was in the house, I noticed that Mother and Father are out.

I suppose it will be safe for us to talk there."

Jeff squeezed her hand and gazed at her tenderly. "You don't want them to know about this, do you?"

She shook her head vehemently. "Can you blame me?"

"Not at all," he said feelingly. "Telling Howard and Charlotte would only worry them to death—and I doubt they'd even believe you."

"But you do, don't you?" she asked hopefully.

"Yes, darling, I do," he answered straight from his heart.

Inside the house, Melissa went upstairs to put the picture away while Jeff stood at the bottom of the stairs, scrutinizing the newel button. The malachite bull's eye was unusual, with its deep green color and odd concentric circles, but he could spot no images floating about in it.

When Melissa rejoined him, he asked, "So you've seen Missy's face in this stone?"

"Indeed." She glanced at the polished button. "Sometimes the circles will begin to ripple and part, and that's when I can see her. She's in my house, in the year 1852—and as I've already told you, she's wretchedly unhappy."

"Hmmmmm." He stared intently at the stone. "I can't see anything now."

"She isn't always there," Melissa explained. "Indeed, my sightings of her are quite rare, and I've never seen her when anyone else was nearby."

"I suppose that makes sense. Whatever this bizarre phenomenon is, it's likely shared only between the two of you."

"I suppose."

He took her hand. "Let's go sit in the living room."

They sat down on the sofa together, both wearing troubled expressions. "Tell me more of the life you left behind," Jeff said at last.

"Well, I was born in the year 1832," she began.

He shook his head in amazement. "Go on."

"Memphis was only a tiny river town then," she explained. "In fact, it was still relatively small when I left it. My parents were John and Lavinia Montgomery. I grew up with them on a cotton plantation east of town."

"In this house," he supplied excitedly.

"On this land," she replied. "Actually, my first ten years were spent in a modest old cottage. This house was built in 1842. In fact, as I told you earlier, the day before my wedding was scheduled, my father had a workman place the newel button on the newel post, in honor of the mortgage on the house being paid."

"Ah, yes. A fascinating custom. But we're getting ahead of ourselves. Tell me of your upbringing."

She laughed. "My childhood was quite dull by today's standards. I spent almost my entire life on the plantation. A governess taught me the rudiments of reading and writing, and also sewing, knitting, decorum, and all the ladylike skills. The best times were when relatives came visiting, or we went to see them." She smiled wistfully. "One time, we even took a steam packet all the way to St. Louis. Another time we went to New Orleans for Mardi Gras. By the time I was twenty and preparing to marry Fabian, most of my free time was taken up with church and charity work."

Jeff chuckled. "How times have changed. What about your relationship with your parents? What was that like?"

Melissa sighed. "My parents are—were—quite spirited and outspoken. I must confess that they shocked many a Memphian with some of their public arguments."

"How amusing."

"And I must also confess that they seemed disappointed in me as their daughter."

He was crestfallen. "Disappointed? But why? You're an angel!"

She smiled. "I may be an angel to you, but I fear my parents found me lacking in spunk. I think they would have preferred—well, a daughter like Missy."

"And now they have her," he said with a rueful chuckle.

"So it appears. I think the biggest joy of their lives was knowing they were gaining Fabian Fontenot as a son-in-law."

"Oh, yes. Tell me about this marriage contract business again."

"The contract was made at my birth between Fabian's family and my own. It was considered a sacred trust. You see, Fabian's parents were French immigrants and quite steeped in Old World traditions. I think their deaths in a yellow fever epidemic made Fabian all the more determined to honor the contract—you know, out of guilt. The Fontenot plantation bordered our own, so there were practical reasons to join the two estates, as well."

Jeff's expression was stunned. "Why, that's just like Missy and me! We were planning to marry largely due to the urging of both our families, and to merge my family's business, Dalton Steel Tubing, with her family's enterprise, Monroe Ball Bearings."

She nodded. "The similarities are quite astounding, I must agree. Anyway, except for the contract, I never would have married Fabian. As I explained, we were quite ill-suited. I may have been resigned to my fate, but Fabian despised the idea of me as his wife."

"The son of a bitch! How could he not adore you?"

She slanted him a half-amused, half-beseeching glance. "Jeff, you must understand. Fabian was very arrogant and strong-willed. I was totally outmatched by him. He used to treat me quite badly, but I know he felt guilty afterward. He wasn't really an evil man—I think it simply drove him quite past his patience that I gave in to him on everything. I suppose I'm what you would call in these times a pushover."

"You are not!" Jeff defended indignantly.

She couldn't suppress a giggle. "And you are most kind. My point is, however, that Fabian needed a woman who could stand up to him and put him in his place."

All at once, Jeff was on his feet, his eyes alive with humor and realization. "And now he has Missy!"

"I suppose he does."

Jeff rubbed his hands together. "Oh, this is so delicious, I just wish I could be there to watch the fun!"

"What do you mean?"

Turning to her, he laughed. "Can't you see it, Melissa? A modern, liberated woman matched up with a male chauvinist pig!"

Melissa paled. "I would not go so far as to call Fabian a pig!"

He flashed his charming dimples and shook

his head. "No, you don't understand—that's just a figure of speech for a very domineering, macho type man." He began to pace, his expression filled with triumph and delight. "I just love it! It's too perfect!"

"Love what?"

He spoke with increasing animation. "Don't you understand, darling? Here, we had four people whose lives were all wrong—two couples who were marrying for the worst of reasons. Then fate stepped in and set things right!"

She appeared skeptical. "You're going to have to explain that a bit more, Jeff."

"Okay. You had the wrong parents, didn't you?"

"Well, perhaps."

"And the wrong fiancé?"

"Oh, definitely."

"But you love Charlotte and Howard, don't you?"

"They are quite dear."

"And they love you?"

"Yes."

He stepped over and grasped her hands. "And the two of us? We're perfect for each other, aren't we?"

She smiled dazzlingly. "Oh, yes."

"Now let's move on to Missy. Do you know that she and Charlotte and Howard never got along?"

"No—but it does stand to reason. Charlotte and Howard are both so conservative, traditional, and soft-spoken, and, from what I've gathered about Missy, she's evidently quite the rebel."

"True. Missy drove them up the wall."

"Oh, dear."

He chuckled. "I'm speaking figuratively, darling."

"I'm relieved to hear it."

"As for Missy and me, I think she was just like your Fabian. She hated the fact that she could always push me around—when the truth was, I just didn't care." He stared her in the eye and added in a fervent whisper, "Not then."

"So what is your point?"

His eyes gleaming, Jeff concluded, "The point is, you and Missy both had the wrong parents and the wrong fiancé, and now you both have the right parents and the right fiancé."

She considered this for a moment in frowning silence. "I suppose that's true of me, Jeff—but Missy is not happy! If you could have seen her face—"

He waved her off. "A minor inconvenience. She'll get over it."

Yet Melissa shook her head sadly. "Jeff, I love you dearly, but you must understand that there can be no love without honor."

"What do you mean?" he demanded tensely.

She stared at him with a terrible fatalism. "I'm saying that, whether I was unhappy in the past or not, in my mind, John and Lavinia Montgomery are still my parents, and Fabian Fontenot is still my fiancé."

"No!" he cried.

Though tears were now welling, she forged on. "And if Missy wants her life back, it should be hers to reclaim."

He pulled her to her feet and spoke with fierce emotion. "Darling, you cannot mean this! Say no to this insanity! Doesn't our love mean anything to you? You would sacrifice the rest of your life— our lives together—for her?"

She gazed up at him with love and heartache.

"That's just my point. It's not my life in the first place—it's hers."

He drew his fingers distraughtly threw his hair. "But you don't even know *if*—much less, *how*— you might switch places with her again!"

"That's true. But if Missy wants this, I must try. I must leave it up to her to let me know how the switch will be accomplished."

Suddenly Jeff smiled as new hope dawned. "There's another possibility."

"And what is that?"

"Missy could decide she likes living in the year 1852. She could decide to stay there."

Melissa appeared skeptical. "At this point, I consider that unlikely."

He gripped her by the shoulders. "But what if she should change her mind? If she should decide, like you, to adopt her new parents and fiancé?"

Melissa mulled this over. "If everyone were happy, including Missy, then I suppose I could stay here honorably."

Jeff expelled a relieved breath, then snapped his fingers. "You know, we may have the advantage, being here in the present."

"What do you mean?"

"Well, in the past, Missy can't really see the future—that is, the future happening to us here after she left 1992. We, on the other hand, can look back to the period in which she is now living."

"I'm not sure I see the significance," Melissa murmured.

"Won't there be records, something to show whether or not Missy actually remained in the past?"

Melissa considered this, then shook her head.

259

"If what we suspect is true and Missy has taken my place, then what possible help could records be? How can we know for certain whether or not the two of us ever switched back again? If, for instance, a record should refer to 'Melissa Montgomery,' how can we know if it's me—or Missy posing as me?"

"Damn. I see your point."

"Besides, soon after I arrived here, Mother told me the Montgomery family left Memphis before the 1860s."

Jeff snapped his fingers. "I wonder if Missy warned them about the war!"

"What do you mean?"

"Well, Missy would know all about the history of the intervening years. If she stayed in the past, I'm sure she would have warned your family about the Civil War. In fact, knowing that your family moved away before 1860, I'm now convinced of it! This must mean that Missy is the one who stayed!"

Yet Melissa shook her head. "Not necessarily."

"Why not?"

"Well, if I went back again—knowing what I now know—I would do precisely the same thing."

He groaned. "You're right again. Still, there must be something—"

Melissa shook her head. "Mother said there are almost no family records in existence, and she and Father returned here to Memphis only after they married some twenty-odd years ago. The family does own a few old letters that my father and I once wrote—in fact, I was able to read them recently—"

"You were? I must see them!" he cried excitedly.

She nodded. "Of course. I'm sure you'll find them interesting, but unfortunately, all were written before Missy and I were switched." She drew a shuddering breath. "I know of no way to find the answers we seek."

Jeff sighed and clutched her close. "Somehow, darling, we will."

Later, as Jeff drove home, he remained consumed with turmoil. He'd been presented with all but conclusive proof that the woman he now knew as Melissa had actually switched places in time with his real fiancé, Missy Monroe. His mind remained both boggled and tormented. The agonizing question was, would lovely Melissa be allowed to stay here with him?

While Melissa seemed to put little faith in records—obviously having come from an era when most vital statistics were kept in family Bibles— Jeff knew that somewhere there had to be more information on the Montgomery family in the 1850s, and some records concerning whether Missy—or Melissa—had remained in the past. Not only that, but if he knew Missy, she would have left her own indelible mark on any age in which she might have lived. If she had stayed in the past, somehow, proof must exist.

His mother was friends with a prominent local genealogist. He must put Mildred Reed to work on this at once, perhaps under the guise of wanting to surprise Melissa with some information on the history of the Monroe/Montgomery family.

Should he tell Melissa of what he was planning to do? He shook his head grimly. Already, just as Melissa had said, he very much feared that any truths he uncovered might be of little comfort to

either of them. And if the news he discovered was bad, he wanted to reserve for himself the option of withholding the truth from her. If that was being selfish, he simply loved Melissa too much to care.

Chapter Twenty-five

The day of the Presbyterian church bazaar dawned brisk and cool. Because Fabian had gone out to the bluff early to help the other men construct the booths, Missy traveled to the event with John and Lavinia in their barouche.

The bazaar was held in a small, grassy park off the public promenade overlooking the Mississippi. As the three entered the clearing—Missy carrying a stack of knitted goods and John and Lavinia bearing boxes of donated knick-knacks—they were greeted by the sounds of hammers and shouting as the men put the finishing touches on the dozen or so booths, decking them with bunting. The scene was colorful, with the booths arranged in a pleasing semi-circle, and a supervised play area for the children established off to one side, complete with pony rides and a metal tank for launching toy boats. Other volunteers

were already arriving with donated goods that ranged from covered dishes for the noonday meal to canned goods, hand-sewn items, and gewgaws.

"Everything is proceeding nicely," Lavinia commented as she looked over the bustling scene. "The day's receipts will make a fine contribution to the church building fund."

"And what a fine-looking couple of salesladies you two will make," John added with a twinkle in his eye, admiring his wife and daughter in their matching braided, navy blue jackets and skirts, and their jaunty feathered hats.

"Ah, there are Eleanor and Grace," Lavinia declared with a smile, waving toward two ladies who were working at a booth beyond them. She turned to Missy. "Will Fabian be fetching you home?"

"I'd prefer to ride back with you two."

Lavinia laughed. "That darling boy will never tolerate such treason."

"We'll see," Missy replied enigmatically.

"If you'll excuse us then, dear?" John added. "We'll come see how you're doing later."

"Sure—have fun," Missy replied.

As John and Lavinia went off to the booth Lavinia would staff with her friends, Missy joined Antoinette and Lucy at the booth the three ladies would be in charge of at the center of the park. Next to their booth was the one Fabian, Brent and Jeremy would man—it was curiously vacant at the moment, except for a few pies and cakes that had already been set out.

"Good morning, ladies," Missy said gaily as she slipped behind the counter. She set down her pile of knitted and crocheted articles, all of which had been made by Melissa prior to their switch.

"Everything looks in readiness. But—where are the men?"

"That is odd," a frowning Antoinette informed her. "They finished their work on the booths, then disappeared."

"I'm quite baffled," Lucy added.

"Hmmm," Missy murmured. "They're never going to win today if they walk off the job—unless they have a trick or two up their sleeves that we aren't aware of."

The men's absence was soon forgotten as the three women busied themselves arranging their goods with as much eye-appeal as possible, dangling potholders and samplers from the vertical supports and draping their most colorful afghans across the front of the booth.

Shoppers had started arriving—fashionably attired couples and entire families—when the men reappeared, not even glancing toward the ladies as they strode to their booth bearing boxes crammed with pies, cakes, and cookies.

"What on earth . . . ?" Missy muttered, watching the procession.

As the three women looked on, perplexed, the men made at least half a dozen additional trips to the booth, carrying still more boxes overflowing with baked goods.

"Where did they get all that?" Antoinette cried.

"I would wager they bought out the bakery in town," Lucy put in suspiciously.

Setting up their booth, the men continued to ignore the women. By now, the park grounds swarmed with shoppers. While the women's booth drew half a dozen or so browsing ladies, the men's booth soon became a mob scene.

When traffic fell off at the ladies' booth, all

three stared at the men's booth in perplexity.

"What do you suppose they're doing over there?" Antoinette asked, chewing her bottom lip.

"They're bound to be ahead of us on receipts already," Lucy fretted. "Just look at all those people in line!"

Missy nodded grimly. "You two watch the booth," she said. "I'm going to go see what's going on."

Missy maneuvered herself around the crowd and approached the booth from its blind side. "Yes, Mrs. Topp," she could hear Fabian saying graciously to a lavishly dressed matron. "You may have this cake for twenty-five cents."

"Oh, my!" the ecstatic woman exclaimed. "The bakery on the square charges at least triple that amount for such a fine cake!"

Fuming, Missy went around to the back of the booth and entered through a parting in the curtains. She spotted Fabian's towering figure at once; he stood with his broad back to her, dressed in an elegant black frock coat and matching trousers. Jeremy and Brent flanked him on either side. All three were grabbing money and handing out baked goods as fast as they could.

Setting her mouth with determination, Missy stepped forward and tapped him on the shoulder. "Fabian, I must speak with you."

If he was surprised by her sudden appearance, he did not show it, merely tossing her a forbearing glance. "Sorry, Missy, but as you can see, I'm quite occupied at the moment."

Not bothering to argue with him, Missy grabbed his arm and towed him out of the booth.

"Damn it, Missy, what's the meaning of this?" he asked.

"You're cheating!" she accused.

"Oh, am I?" he replied innocently.

"You and Jeremy and Charles bought out the bakery in town—don't try to deny it!"

He folded his arms over his chest with a nonchalance that infuriated her. "I won't. Actually, we bought out two bakeries."

"You—you what?" She was flabbergasted.

He grinned at her wickedly. "We wanted to make sure we'd win the wager."

Missy was tempted to stamp her foot at his contemptible tactics. "Why, you miscreant! So—you stacked the odds in your favor by tripling your expected inventory? And now you have the audacity to undercut your prices, too?"

His wink was totally unrepentant. "That about sums it up."

"But that's not fair!"

He straightened his cuffs. "Well, dear, you know what they say about love and war. And frankly, all of us men are ready to put an end to this nonsense. We're tired of the war and would like a bit more harmony—and love—instead."

Fighting the excitement that swept over her at his words, Missy faced him down furiously. "Don't hold your breath!"

"Don't hold yours," he advised.

"You braggarts only want to call the shots!"

"That, too."

"Well, don't count on victory yet."

He laughed. "Missy, there's no way you and the other ladies can win now. Face it, you're outmatched."

"We'll see," she snapped, turning and storming off.

At noon, everyone paused for dinner, sitting

down together at oilcloth-draped tables to share a repast of fried chicken, ham, baked beans, cornbread, pies, cakes, and other homemade delights. The Reverend Ferguson, pastor of the church, returned thanks and made a brief speech in which he thanked all present for their support of the building fund.

Missy had little appetite as she sat with her taciturn friends. Around them, the two elderly couples who shared their table were discussing matters of local interest—an upcoming performance of elocutionists, sponsored by the Thespian Society, and the construction that was just beginning on the Memphis and Charleston Railroad.

Missy stared coldly at the men; who sat three tables away from them, eating like hogs and visiting jovially with other attendees. Missy would have loved to go dump a pitcher of iced tea over their egotistical heads.

Toward the end of the meal, Antoinette gulped as she watched the grinning men get up en masse and head back to their booth. She leaned over toward Missy and whispered, "What are we going to do? They're already so far ahead of us!"

"We're bound to lose now," Lucy put in, sniffing. "And Jeremy will never again let me paint!"

"I'll have to give up my millinery shop, as well," Antoinette added morosely.

"Oh, quit whining, you two," Missy ordered in an undertone. "Have you thought about *my* fate if we lose? I'll have to marry that beast!"

The other two glanced toward Fabian, grimaced, and then murmured their sympathy.

Missy forced herself to pick up a chicken leg and take a bite. "Eat up, ladies," she ordered, her eyes gleaming with steely resolve. "We're going to

need our strength for the afternoon siege. It's not over yet."

Yet by midafternoon, the reality of Fabian's prophecy was sinking in for all of them. The women had sold out everything in their booth, and still, the men's booth was the sight of continued pandemonium, given their seemingly endless supply of baked goods at cut-rate prices.

"What shall we do now?" Antoinette asked fatalistically. She was leaning on the empty counter, with chin propped in her hands.

"There's no way we shall win," Lucy added.

Missy, meanwhile, was glowering at Fabian. He grinned back and blew her a kiss. Suddenly, she smiled as a deliciously wicked, outrageous idea occurred to her.

"I know how we'll win!" she announced excitedly to the others.

"How?" they both asked in unison.

Missy leaned over and whispered her idea. Lucy and Antoinette gasped in mortification.

"But, my dear, it simply isn't done," Lucy said.

"We'll all be disgraced," Antoinette added.

"So who cares?" Missy retorted. "There's a first for everything, isn't there? And this is for a good cause, right? Furthermore, have the men played fair with us?"

Antoinette and Lucy exchanged lost looks.

"Well, have they? Do you two want to win or not?"

Lucy and Antoinette implored each other with another glance, then both nodded firmly.

"Good. Now, listen carefully, both of you," Missy ordered.

The three huddled together and whispered for a few moments.

"Way to go!" Missy cried afterward, clapping her hands in triumph. "Now—you two go circulate through the crowd and stir up some customers."

"And what are you going to do?" Antoinette asked.

"I'm gonna pucker up," Missy replied with a wink.

Moments later, Fabian was gloating over his victory when he glanced over at the women's booth and noticed an appalling sight. The area was now a mob scene! At least twenty men milled outside the booth, laughing and waving dollar bills. He spotted everyone from dashing local businessman Robertson Topp to the slave trader Bedford Forest to the aging former mayor of Memphis, Marcus Winchester. Indeed, Fabian couldn't even see Missy past the sea of hats!

What on earth was going on over there? A moment ago, he would have sworn the women had already exhausted their inventory and the men had safely won their bet. Now this!

Fabian left his booth and strode over to see what was going on. He arrived just in time to watch Missy kiss the grinning, portly steamboat captain, Jim Lee, even as Lucy calmly plucked Jim's dollar bill from his pudgy, outstretched fingers.

Missy was selling kisses! Not only that, but she seemed to be having the time of her life, the little minx!

Indignant, Fabian rushed over to her. "Missy, you will stop this disgraceful conduct at once!" he thundered.

Missy and Jim moved apart and stared at Fabian with mild interest.

Meanwhile, the crowd of men was growing impatient. "Oh, don't be a wet blanket, Fabian," one of his friends, W. F. Taylor, called out. "It's for a good cause, isn't it?"

"Indeed, Fontenot, desist!" another male voice exclaimed.

Missy joined in, flashing him a sly smile. "That's right, Fabian, honey, don't be a spoilsport. The end of the line is that way. And it'll cost you a dollar."

"Charge him twenty!" another amused male voice called out, and everyone laughed.

With that, Missy calmly turned to her next customer, a blushing teenage lad who extended his bill with trembling fingers.

Seething with frustrated rage, Fabian stormed off, to the jeers and laughter of the other men.

Damn the little baggage! he thought. She had to best him, even if it meant selling her favors like a woman of the streets!

Then a grudging smile pulled at his mouth, and he realized that, through it all, he had to respect and admire the hotheaded little vixen for her ingenuity. Though it was a big blow to his pride, could he really blame her for resorting to means as devious as his own? He'd gambled on forcing her into marriage, and he'd lost. It was now time to return to his original scheme. After all, this was really his fault, for not setting the spitfire in her place long ago.

Ah yes, her place—that delicious, torrid, wicked place he had in mind for her . . . He would see that she avoided her fate no longer. The day of the Montgomery spring ball would soon be upon them—and *he* intended to be upon one very saucy southern belle.

271

*   *   *

When the receipts were tallied by church personnel, the minister joyously informed Missy, Lucy, and Antoinette that their booth had garnered the largest revenues for the day. The three were shrieking their victory and hugging one another when the chastened men came up to join them. Antoinette and Lucy left, smiling from ear to ear, in the company of their grim-faced husbands. Missy was left alone with Fabian.

He acknowledged her victory with a mocking tip of his hat. "So it seems you've bested us, Missy," he drawled.

"So it seems," she returned with a smug smile.

"Are you quite sure you've won?" he added ironically.

Sensing his meaning at once, she lifted her chin and retorted proudly, "Quite sure."

"Do you have a way home?" he continued politely.

"Mom and Dad can take me."

He bowed elaborately. "Then I'll bid you good night."

Watching him stride off into the sunset, Missy felt a trifle disappointed that he had not even offered to take her home. She almost welcomed the thought of a rousing fight, so that she could relish her victory and lord it over him.

Oh, to hell with it! At least she wouldn't have to marry the jerk—she should feel delighted!

Instead, she found herself remembering the soft, menacing tone of his voice and the cynical gleam in his eye—as if to warn her that her triumph might not be so sweet, after all. She wondered what was on his diabolical mind now.

Chapter Twenty-six

During the next couple of weeks, Jeff and Melissa continued to spend as much time together as possible. They shared their lives and discussed the differences in their time periods. While they still passed many happy hours at his family's summer house, they also went out to dinner together and attended movies and plays. Gradually, Jeff took Melissa closer to Memphis proper, driving along the freeways to let her grow accustomed to the daunting tall buildings of the skyline. Although at first she was frightened as they zoomed along the austere concrete highways at such amazing speeds, she gradually grew more accustomed to modern travel and the fantastical superstructures of the twentieth century.

Melissa began to feel guilty that she was keeping Jeff from his duties at his family's business. She involved herself in other activities so he would not feel obliged to spend his every moment with her.

Unlike Missy, who had squeaked by doing as little as possible for church and community, Melissa attended church faithfully, and volunteered for several charitable committees there and at the Junior League. Since, as far as her parents knew, Melissa still could not "remember" how to drive, they hired a driver to take her to her various activities. Melissa also enlisted her friends, Jennifer, Lisa, and Michelle, to help in her altruistic pursuits; while at first the three young women balked violently, ultimately none could resist Melissa's firm yet polite insistence that they do their part to benefit humanity. Of course, all of this meant that Melissa had to venture forth more in her daunting new world; yet she invariably found her joy at the thought of helping others banished her fear of the unknown.

Still, her attitude was that of a tourist, rather than a resident, in the twentieth century. For she was still haunted by occasional glimpses of Missy in the newel button, and she knew that her cousin remained unhappy in the past; thus, Melissa remained resigned to her fate of switching places again with Missy, if the opportunity should present itself.

On a crisply cool late March day, Jeff at last took Melissa for a drive into the city proper. She glanced about them in awe as they drove up and down the crowded streets past huge, looming skyscrapers. "What holds those buildings up?" she asked him.

He chuckled as he maneuvered the car around a corner. "Mostly steel girders and concrete," he replied.

"Amazing."

He pointed out the sights as they moved along—

the County Courthouse, City Hall, the Lincoln American Tower. They zig-zagged through downtown, going along Beale Street, passing the old Cotton Exchange Building and circling Court Square with its lush landscaping and impressive fountain.

"I'll bet all this is radically different from the Memphis you left behind," Jeff commented.

"I should say so," she replied. "When I left Memphis there was only a deserted log cabin on Court Square, and the streets were gravel or dirt. I must say, however, that the shops we passed along Beale Street look a bit more like my time period."

He nodded. "That's because Beale Street is a historic district currently being revitalized. The area dates back to the 1920s. As a matter of fact, the blues were born there."

"The blues?"

"It's a type of music made famous by performers such as Louis Armstrong and B.B. King."

"Ah—I see."

"We'll have to go down there one evening soon."

"Yes, that would be nice," she murmured.

They drove along Front Street, and Melissa studied the amazing bridges crossing the Mississippi and looked down at the public entertainment area known as "Mud Island." The island itself—which Jeff explained was a sandbar, created by a grounded ship early in this century—hadn't even been there when she had lived in Memphis previously!

"So many changes," she muttered, shaking her head. "All those years—and the terrible war. It does make me wonder how my family made out."

"If they got out of Memphis before the 1860s, I'm sure they were fine," he reassured her. Hesitantly, he added, "Do you miss your folks?"

She bit her lip. "This will sound terrible, but . . ."

"No, please tell me."

She drew a deep breath. "I love my parents deeply, Jeff, but we were so ill-suited that it's hard to truly miss them. Do you understand that?"

"Totally. And I know it's because you're so much happier here."

Her smile was bittersweet. "Only, my happiness belongs to someone else."

Both fell morosely silent as Jeff drove toward a nearby hotel, where he'd made reservations for lunch. Melissa's comments pricked Jeff's conscience. He felt guilty because he hadn't told her about the investigative activities he had instigated since learning that she had come from a different century. Jeff had put Mildred Reed to work researching information concerning the Montgomery family in the 1850s. So far, the research had not been particularly fruitful, although Mildred had uncovered one astounding, unnerving fact in the Shelby County records: Melissa Montgomery had married Fabian Fontenot on May 15, 1852!

The revelation had been agonizing for Jeff. Endlessly, he had asked himself the central, crucial question: Which Melissa had Fontenot married? Was it Missy Monroe, or the dear, gentle woman he now loved with all his heart?

Jeff glanced at Melissa, looking so beautiful, yet somehow so ephemeral, sitting beside him. Would he soon lose her? While he certainly didn't understand everything about her time-travel experience,

he did accept that she and Missy were living each other's lives concurrently, one hundred and forty years apart. Thus, all his instincts told him that, if he were to lose Melissa, it would be on or before May 15. Indeed, that date now loomed in his mind like a doomsday prediction, making him more determined than ever to marry her—and before May 15!

They pulled up to a stylish, modern hotel; a smiling doorman opened Melissa's door, while a valet came around to Jeff's side to take the car. Jeff got out, tipped both men, then escorted Melissa toward the front door.

"Is this where we're going to eat?" she asked, glancing about in awe as they swept through the revolving glass doors.

"Indeed. I thought we'd go up to the restaurant on the roof."

Melissa was staring, amazed, at the area they were now passing through—a soaring atrium complete with lush plants and a lovely fountain. "The roof? But how will we get there?"

"In the elevator, silly." Watching her features blanche, he added, "Come on, darling. You've got to get into an elevator sometime. They're perfectly safe."

They turned a corner and approached the forbidding gray elevator doors; Jeff pushed a button, then Melissa's eyes widened as the double doors parted as miraculously as the Red Sea.

"Who did that?" she demanded of Jeff, glancing about wildly, trying to determine who had opened the doors.

"No one," he replied, tugging her gently into the car. "It's automatic. The doors responded electronically to the button I pushed."

She gulped as she stared ahead at the atrium area. "The back of the car is glass!"

He chuckled. "I thought you'd enjoy that, darling. You get to watch as we go up."

"Oh, my."

Melissa clung to Jeff's arm as the car lurched into motion, rising by some amazing power of its own. Her eyes were enormous as she stared downward, watching the fountain grow smaller as they continued upward.

"You okay, darling?" he asked tenderly.

"I feel as if I left my stomach downstairs," she confided.

"Everyone feels that way the first time."

"It's all so mystifying. I'm not sure I'll ever get used to all the fantastical devices of this century."

He chuckled as the doors of the car opened, and led her outside onto a carpeted catwalk. "You're doing just fine. Next, I'm determined to get you on an airplane."

"You mean one of these huge birds that carry people into the sky?" she gasped.

"The very same. I want to show you the world. Perhaps we can fly someplace truly romantic— like Paris—for our honeymoon."

Melissa was pensively quiet as they entered the dark, elegant restaurant. A maitre d' showed them to a table near a glass wall. While Jeff ordered drinks, Melissa stared in amazement at the city of Memphis sprawled below them and the Mississippi in the distance.

"What's this?" she asked Jeff a moment later, watching the waiter set down an opened bottle of champagne and two glasses.

Jeff winked at her as the waiter poured two

glassfuls. "Dom Perignon, darling."

"But I don't sip spirits," she murmured.

"Not even on a special occasion?" he teased.

She grinned. "Is today special?"

"I sincerely hope so."

She lifted her glass. "Then I suppose I can make an exception."

"To us," Jeff said as he lifted his.

After they toasted each other, Jeff took out a small black velvet box and smilingly handed it to Melissa.

Throwing him a perplexed look, she opened it. "Oh, Jeff!" she exclaimed. Inside the satin-lined box was the most beautiful diamond ring she had ever seen.

"Do you like it, darling?" he asked eagerly.

"It's wonderful," she replied, then added quickly, "but I cannot accept this."

"Of course you can," he said indignantly. "That ring honors a very important occasion."

"What occasion?"

He took her hand and stared into her eyes. "It's called an engagement ring, darling. When a man and woman decide to marry, the man traditionally gives it to the woman as a symbol of their commitment. The wedding ring itself is added on the wedding day."

"I see," she murmured, feeling a poignant mixture of joy and sorrow. "It's a lovely tradition."

"I'm glad you think so." With a touch of bitterness, he added, "Missy found the custom of the engagement ring to be nonsense, and wanted only a simple gold band on our wedding day." He quickly flashed her a smile. "But I do so want you to have this—and for us to set a new date for the wedding at once."

"Oh, Jeff!" Melissa's expression was crestfallen. "I would like nothing more than to do just that! But can't you see that it's impossible for me to promise to marry you now?"

"Are you back to your impossible scheme of trading places with Missy again?" Jeff asked exasperatedly. "Can't you see that, even though you may feel it's the right thing to do, there's no practical way to accomplish the switch?"

Melissa frowned. "I'm not so sure. I've been reading Mr. Wells' book, *The Time Machine*—"

Jeff interrupted her with a laugh. "That's purely fictional. As I told you before, here in the twentieth century, we've discovered no actual way to travel through time."

"But Missy discovered a way," she put in firmly. "For that matter, so did I."

He sighed. "True. But I cannot help feeling that the two of you switching was some monumental quirk that will never again be repeated."

"Perhaps so." Her eyes entreated him. "But I must be willing to give her back her life."

"And sacrifice the only happiness you yourself have ever known?"

"Jeff, we've been over this and over this. I don't own this life—it belongs to Missy, and I can keep it only with her permission."

"Damn it!" Catching her dismayed expression, he quickly squeezed her hand. "I'm sorry, darling. Look, I want you to marry me. I may never lose you, but if I do, at least we can both take comfort in what we'll have."

Her expression was miserably torn. "I can't, Jeff. Indeed, to be technical, I'm still engaged to Fabian—"

"You'll go back to that beast over my dead body,"

he cut in angrily. "Don't you know that the mere thought of that man within a hundred feet of you drives me crazy?"

She stared miserably at her lap. "I'm sorry, Jeff. It's a matter of honor."

"Melissa, wear my ring," he beseeched. "Then we can announce a new date for the wedding, at the dinner party your parents are giving for their friends next week."

She gazed at him sadly. "Jeff, I'll wear your ring for now if it will make you happy. But we cannot set a new date for the wedding. I must wait and see what develops with Missy. If she finds a way for us to switch again, I must be ready to—to leave you, darling." Her last words were thick with tears.

Jeff's jaw tightened into a rigid line; he slipped the ring on her finger and spoke vehemently. "Not while I have breath in my body, you won't."

"Oh, Jeff! In a way, I wish I'd never come here."

"But why?"

"Because I'm causing you such heartache."

He reached out and brushed a tear from her cheek. "Darling, you must never think that! I wouldn't have missed knowing you for the world! You're so wonderful, so kind, so gentle—in every way, the woman of my dreams! The only problem is, you're too good to be true. It almost makes me wish you were a little more selfish, like Missy was, but then I would never love you as I do."

"Indeed, you wouldn't," she answered in an emotion-filled voice, "for you are a person of honor, too. If you think about it, I'm sure you'll agree that mine is the only way."

Jeff lifted her hand, kissing the finger that bore his ring. "If I weren't such a gentleman," he whis-

pered intensely, "I'd get us a room and seduce you right this minute."

She stared back at him raptly. "If I weren't a lady, I'd let you."

"My God, Melissa, what are we going to do?" he cried.

Their gazes locked, both filled with love and anguish, but no answers.

Later, as they left the restaurant, Jeff clutched Melissa's hand tightly. He knew he *was* a man of honor, just as she had said. But right now, his love for Melissa, his desire to keep her at his side, took precedence over all else. He couldn't lose her! He simply couldn't! Most importantly, he couldn't let her sacrifice her own happiness for Missy, who truly needed a strong man like Fabian Fontenot, much as she might not readily admit it.

Thus, Jeff knew he would fight for his Melissa in every way, fair or foul. Somehow, she would be his—and before May 15.

Chapter Twenty-seven

The eve of the Montgomery Spring ball arrived. After eating an early, modest supper in her room, Missy prepared for the festivities with Dulcie's assistance. The servant styled Missy's coiffure, pinning her blond locks in curls on top of her head and letting a lush cascade fall loose at her nape. Afterward, the slave helped her mistress into her ball gown—a sumptuous, full-skirted frock of sapphire blue satin, with a low neck, lace half-sleeves, a tight waist, and a full, lace-trimmed skirt.

As the two women stood side-by-side before the pier mirror—Missy in her fabulous gown and Dulcie in her slave cottonades—the injustice of the situation struck Missy anew. While Missy had not been that aware of politics or race relations back in her own time, she certainly knew when something was dead wrong.

"You know, you should attend the ball, too, Dulcie," she murmured.

Dulcie's eyes widened in shock. "Me, mistress? That ain't proper."

"And what's not proper about you?" Missy countered indignantly. "You're beautiful, you're very kind, and furthermore, you should be free to do as you please."

Dulcie shook a finger at Missy. "Please, mistress, don't start that freedom talk again. You is goin' to get me in trouble!"

Missy sighed. While she'd had great success in liberating her "friends" here in the past, she'd had little luck in convincing Dulcie that her own human rights were being violated by the institution of slavery. Even though she and the slave had become closer over the past weeks, Missy felt as if an invisible barrier still loomed between them. After trying endlessly to convince Dulcie that there was no need for her to wait on her "mistress" hand and foot, Missy had finally given up in the face of the servant's obviously hurt feelings. How could she convince Dulcie she was entitled to live a life of her own, rather than spending her days pampering some spoiled southern belle? She must speak with her father.

"Missy, dear?"

Missy heard Lavinia's voice, accompanied by her soft rap at the door. "Come on in, Mom," she called.

Lavinia, dressed in a tasteful ball gown of pale green silk organza, swept inside. She eyed Missy with an approving smile. "How beautiful you look, darling." She nodded to the slave. "Dulcie, you did a splendid job on my daughter's coiffure."

"Thank you, mistress." Bowing, Dulcie slipped from the room.

Missy smiled at her mother. "You look quite lovely, Mom. Is everything ready downstairs?"

"Oh, yes. We're expecting the evening to be a grand success. Indeed, it would be perfect, if only . . ."

"Yes?"

Lavinia slanted Missy a chiding look. "If only you would allow your father and me to announce a new date for your wedding."

Missy rolled her eyes. "Mom, I'm not going to marry Fabian."

"Then what will you do with your life?"

"Why should my life revolve around some man?"

Lavinia appeared perplexed. "You mean you intend to become a spinster?"

"And why are we assuming that my not marrying is a fate worse than death?" Missy continued exasperatedly. "Think of all the worthwhile things I could do with my life. I could start a business—or spend my life traveling—or become President of the United States!"

Lavinia stepped forward to feel Missy's forehead. "Are you certain you haven't taken a fever?"

Missy sighed. "Look, Mom, perhaps someday I'll find a man I want to marry. But it won't be Fabian Fontenot."

Lavinia waved her folded fan at Missy. "From the way that darling boy looks at you, my dear, I'd say he has other plans."

"Tough," she replied. Catching her mother's crestfallen expression, she winked and added, "Now, no more talk of the beast, all right? I want to enjoy myself tonight."

"You wicked girl," Lavinia scolded, yet Missy's

remark had coaxed a smile out of her. She eyed Missy's gown speculatively. "Now, what jewels will you wear tonight? I should think your sapphire drop and the matching earbobs would be just lovely with that vibrant gown. Don't you agree?"

After the appropriate jewelry had been selected for Missy, the two women left the room arm-in-arm. As they swept down the magnificent, beautifully lit spiral staircase, its banister bedecked with spring foliage, Missy reflected that there were some things she truly enjoyed about this age—the lovely, genteel homes, the beautiful clothing, the absence of noise pollution. She did adore her spirited new parents, and the continuing battle of wills between herself and Fabian was fun, too, she had to admit, even though she was determined never to marry the scoundrel. Still, she lusted after him more shamelessly every time she saw him, and she often wondered if she might as well throw caution to the winds and go to bed with him, if only to get him out of her system.

On a permanent basis, however, Missy felt she still belonged back in her own time. She could never be truly content here, with her only possible future role that of wife and mother, as Lavinia had just pointed out. She wanted her career back; she wanted to be in charge of her own life and destiny once more.

John awaited them in the central hallway. He appeared quite the dapper gentleman, dressed in formal black velvet with a white ruffled shirt; his eyes gleamed with pride as he watched the two women approach. The scent of his bay rum wafted over Missy as he pecked each of their cheeks in turn.

"Ah, my two favorite ladies in the world," he declared gallantly. "How enchanting you both look!"

"Thanks, Dad," Missy said.

John slanted a questioning glance toward Lavinia. "My dear, will we be making an announcement tonight?" he asked hopefully.

"You won't," Missy answered for her mother.

Both parents groaned.

"John," Lavinia directed sternly, "will you kindly make this wayward girl see reason? I must go speak with the musicians concerning their programme, and make certain the furniture has been moved aside to allow for dancing."

As Lavinia sailed off into the parlor, John winked at his daughter. "Will you join me for a cup of punch, my dear?"

"A splendid idea," she replied, placing her hand on his sleeve.

They strolled into the formal dining room. Missy noted that the room was a feast for the senses, the scents of the flowers vying with the enticing aromas of the food, and the glittering chandelier casting a soft glow over the magnificent furnishings and the fine Persian rug. A sumptuous buffet had been laid out on tables near the back windows, everything from oysters on the half shell to Virginia ham and pickled vegetables to canapes and pastries and *petit fours*.

They paused next to the huge crystal punch bowl and Missy smiled at Joseph as he poured them each a cupful of planter's punch. Then father and daughter strolled off toward the front windows together.

"Tell me, my dear," John began quietly. "Why are you so dead set against marrying Fabian?"

287

"Because I don't like him," Missy replied bluntly.

John chuckled. "As much as I admire your spirit, any fool can see that the two of you make a splendid pair."

"Hah!"

"Furthermore, daughter, you cannot fight your own destiny."

Missy's eyes widened; her father could not possibly know how truly ironic his statement was to her. "And why not?" she challenged with a saucy tilt of her chin. "Where is it written in stone that I can never be more than somebody's wife and a brood mare for his children?"

John sighed, tossing her a sympathetic smile. "That's simply the way of the world, my dear. Women are destined to become wives and mothers, just as men are meant to handle business affairs and politics." Nodding toward Joseph, he finished, "Just as Negroes are intended to handle the bulk of our physical labor."

Now Missy's eyes shot sparks as his comment reminded her of Dulcie's situation. "That's another thing. I don't like your having slaves here on the plantation."

He uttered an amazed laugh. "I beg your pardon?"

She faced him down unflinchingly. "I think you should free the slaves, Dad."

"You must be joking."

"Not at all."

"Free them to do what?"

"To live their lives as they choose—to have jobs and families like the rest of us."

John's gaze beseeched the heavens. "That's the most ludicrous proposal I've ever heard. If I did

free the slaves, not only would we lose our source of labor for the plantation, but the Negroes would be lost without us to care for them and guide them."

"Oh, give me a break!" Missy cried. "Do you actually have the audacity to suggest that black people are incapable of caring for themselves?"

"Well, no, but—"

"I don't like seeing human beings kept in bondage!" she put in heatedly.

John was aghast, glancing toward Joseph, then speaking in a low, firm voice. "Missy, mind the fact that you could quite easily be overheard. Our darkies are not kept in bondage. They're quite well-treated—"

"I've seen some of the men working on Sundays," she argued.

"Only the ones who want to earn extra supplies and rations. Otherwise, the darkies are all given one day off each week, to attend church and be with their families."

"Gee, that's mighty white of you," she snapped.

John colored vividly and spoke in a clipped, cold voice. "Melissa, kindly remember your place!"

"Don't you dare try to tell me my place!"

He shook a finger at her. "You will remember it, daughter, or you will spend the evening in your room, away from civil company! Moreover, I refuse to carry on this absurd conversation with you for one more instant! I advise you to quit meddling in affairs that are none of your concern and to start thinking about setting your wedding date, like a dutiful daughter."

Watching John turn and stride off with dignity, Missy was tempted to stamp her foot.

Soon, the guests began to arrive, and Lavinia

called out for Missy to join them in the hallway to greet their friends. Missy dutifully trudged off to take her place with her parents. An endless parade of charming gentlemen in formal black and gracious ladies in dazzling ball gowns floated past them, and Missy did her best to mouth polite platitudes to everyone. Some of the people Missy had already met at the church bazaar, but a number of others were complete strangers to her. Lavinia tactfully explained to several couples that Missy's memory had not been quite the same ever since her fall. While most of the guests were quite solicitous in inquiring of her current health, she also caught more than a few curious glances. She realized that her antics must be the talk of the town by now—not just her fall down the stairs on her wedding day, but also her organizing her female friends into revolt against their husbands and her selling kisses at the recent bazaar.

Soon, Antoinette and Lucy arrived with their husbands. The men seemed in somewhat better humor tonight, and the small group even laughed over the fact that Philippa and Charles still had not returned from Kentucky. The two couples had just moved past Missy when she heard the sound of a throat being cleared. She turned to see Fabian standing behind her next to the door, looking quite dashing in a black velvet tailcoat, dark trousers, and a pleated linen shirt with white silk cravat. Unbidden, a feeling of excitement swept over her at the sight of him.

"Good evening, Missy, darling," he drawled, stepping forward to take her hand and kiss it.

"Good evening, Fabian," she simpered back.

He dropped her hand. "My, you do look lovely," he went on with silky sarcasm. "Shall we hope

that tonight, for once, your demeanor will match you ladylike veneer?"

Missy glowered at him. Ever since she had bested him at the bazaar, Fabian had been even more cold and distant. Since then, she'd seen him only a few times—at church, at a play, and a dinner party she'd attended with her parents—and yet he never missed an opportunity to needle her mercilessly. His conduct made her long to torment him as skillfully as he was vexing her.

"Don't hold your breath," she hissed.

Missy was about to sweep off when an elderly couple stepped up to join them. Smiling at the couple, Fabian said to Missy, "My dear, you remember my grandparents, Annette and Pierre La Branche?"

Staring at the frail white-haired little couple, Missy extended her hand and said awkwardly, "How do you—I mean, I'm pleased to see you both again."

"Enchanted, my dear," Pierre said gallantly, kissing her hand.

"We're so pleased to see you recovered, Melissa," Annette added, kissing Missy's cheek.

Missy chatted with the couple for several more minutes, gritting her teeth when several broad hints were dropped about her and Fabian setting a new date for the wedding. At last she was able to steal off, under guise of helping her mother.

As more and more guests arrived, Missy and Fabian circulated separately, visiting with their friends and conspicuously ignoring each other. When Missy spotted him fetching punch for a couple of Memphis's most lovely young belles,

her blood boiled. Soon, the string ensemble began its first set of lilting waltzes. As couples began to swirl about the double parlors, Missy made a point of dancing with every gentleman who asked her. She found she had no shortage of partners—Robertson Topp, Eugene Magevney, David Porter—and she attributed her newfound popularity to her behavior on the infamous day when she had sold her kisses.

She particularly enjoyed whirling about with Robert Brinkley, a prominent local banker and promoter of roads and railroads. She had heard her father discussing Brinkley's various enterprises several times. Brinkley was middle-aged, but he appeared quite handsome and elegant to Missy, with his thick graying hair, his heavy mustache, and the intelligent twinkle in his eyes.

"So, Mr. Brinkley, you're the one who built that nice plank road that runs by our plantation?" she murmured as they glided about to a Chopin waltz.

He smiled in pleasant surprise. "You're speaking of the Memphis and Germantown Turnpike?"

"Indeed," she replied.

"How did you know my company built the road?"

"My father mentioned it."

"Ah, yes. A most observant young woman you are. Most young ladies take no interest in such matters. And I'm glad you find the road convenient, although, of course, its main purpose is to bring the cotton harvest in to town."

"Of course." She bit her lip. "Tell me something."

"If I can," he offered magnanimously.

"With the huge cotton market here in Memphis,

292

why is it that there are no textile or garment factories here?"

He scowled. "My, what an odd question coming from a young woman like you."

"And your response to it?" she pursued.

"We do have one cotton yarn factory in town," he murmured.

She shrugged. "A drop in the bucket. I'm talking about establishing an entire, viable industry."

A quizzical smile tugged at his mouth. "Textile factories in Memphis. You know, it's something I've never really thought about before."

"Well, you should," Missy said vehemently. "Why not capitalize on the huge supply of cotton you have available locally?"

"An excellent point," he agreed. He shook his head slowly. "I cannot believe this. A young lady with a head for business. How very refreshing."

Missy pulled a droll face. "Well, at least you're not running away screaming, like most men in this town do when they discover a female has something besides air between her ears."

He chuckled. "I must confess, I find you to be quite a different woman following your—er—mishap. I've heard of the mutiny you caused amongst your female friends. Of course, I was present the day you and the others brought down three of our city's fair-haired sons."

She was amazed. "You mean you knew about the bet we all made?"

He winked solemnly. "I think the whole town knew."

"Oh, how rich!"

"Not that many of us minded watching Fontenot and company being hoisted on their own petards."

She giggled. "Did you enjoy your kiss that day, Mr. Brinkley?"

"You mean our kiss?" he teased.

She tapped his arm playfully. "Why you sly rascal."

Fighting a grin, he glanced toward a lovely matron who stood near the archway chatting with Lavinia. "Given my devotion to my dear wife, I'm not at liberty to answer your question. Were I a much younger man, it might be another matter altogether. But I will say that I was impressed with your ingenuity that day."

Laughing, she shot him a look of pure challenge. "Then if I come to you with plans for a textile factory, will you finance it?"

He raised an eyebrow. "You realize, young lady, that you're going against every custom and tradition of our society—"

"I am doing just that. And will you be a pioneer with me—or cling to the safety of convention, like the others?"

He whistled. "I'll take it under advisement. When you're ready—come see me."

Once the dance had finished, Missy wondered at the rashness of her suggestions to Brinkley. What was she doing, considering putting down permanent roots here? Getting involved in textile factories, no less! Not to mention campaigning to have the slaves freed. Wasn't she still determined to return to her old life, her real life, back in the twentieth century?

Watching Fabian whirl about, laughing, with a dazzling blond coquette in his arms, Missy renewed her determination to escape this exasperating age. She continued to dance with every man there except Fabian; she also drank copious

amounts of Planter's punch, and felt herself growing tipsy as the evening progressed.

It wasn't until almost ten o'clock that Fabian finally came to her side. "Well, have you finished your flirtations for the evening?" he asked casually.

"Have you?" she responded flippantly.

He smiled tolerantly. "I note that you've danced so much tonight, you've ripped your petticoat in the back. I suggest that you go repair it."

She laughed, trying to glance behind her but unable to see much over her billowing skirts. "I don't see a rip. And even if I have torn the petticoat, who cares?"

"You will, if you end up taking another tumble," he drawled.

"Very well." Shrugging, Missy flounced off. Inwardly, though, she smiled. Even tipsy as she was, she could see straight through Fabian's ploy. She was certain her petticoat wasn't ripped at all. On the contrary, Fabian was simply trying to maneuver her upstairs.

Should she rise to his bait? Had he already risen to hers? Giggling at her own ribald pun, she wove her way up the stairs.

To her amazement, she found that the possibility of imminent seduction by Fabian intrigued and excited her beyond all caution. After all, the two of them had been headed toward this explosion for weeks.

So let it come! As frustrated as she was with her current plight, some good, lusty rolling about in the feather bed upstairs might help clear the air. Fabian might be a fiancé to kill, but she already knew in her gut that he was going to be a lover to die for.

In her bedroom, Missy stood at the pier mirror. She toyed with her coiffure, then removed her earbobs and necklace. After a moment, Fabian entered the room.

She hadn't really expected him to knock.

She turned to him with an eager smile. He stood just inside the closed door, regarding her with a riveting intensity that made her stomach lurch. "Well, Mr. Fontenot?" she queried with bravado. "Have you come to play the role of maid and help me with my ostensibly shredded petticoat?"

He chuckled, turning to throw the lock. "That's not quite the game I had in mind."

The sound of the bolt sliding home was somehow brazenly erotic to Missy. "Then, pray enlighten me," she mocked, over her thrumming heart.

"You and I have been headed for a reckoning for some time now," he said with deceptive mildness, taking off his jacket and laying it across a chair.

She licked her lips in anticipation. "Indeed, we have."

"And I think the time is now upon us."

"Is it? Why tonight?"

"I think the sight of you flirting with Robert Brinkley pretty much decided the issue for me," he drawled. He removed his cravat and began unbuttoning his shirt, and his next words came mingled with husky sensuality and hoarse warning. "If you wish to say no, Missy, I'd suggest you say it now."

Studying the crisp dark curls on his magnificent chest, she felt her mouth go dry. She laughed and began to pull the pins from her hair. "You think I'm not woman enough to take you on?" She again ogled him brazenly. "How'd you get to

be such a big man, anyway? You're grandparents are so tiny."

He grinned and tossed down his shirt. "I'm definitely my father's son."

"Indeed, you are. So, come and get me, you big bumpkin."

He did. He was across the room in three strides, hauling her into his arms, kissing her with barely suppressed violence, raking his fingers through her hair. For Missy, the gnawing frustrations of weeks exploded in a cataclysm of white-hot yearning. Fabian's tongue ravished her mouth, demanding a surrender that she eagerly gave; her own tongue teased and parried with his, and she gloried at his tortured groan. She couldn't seem to kiss him deeply enough; she couldn't get enough of him.

"God, woman," he breathed, kissing her cheek, her hair. "I've wanted you for so long. I've never wanted any woman like I've burned for you."

"Not even Melissa?" she asked, kissing him back hungrily.

"Never . . . Not until you became my Missy."

"God . . ." Digging her fingernails into his shoulders, she begged, "Say that again."

"My Missy . . . My love."

They stood kissing passionately for several more electrifying moments. Missy had to marvel at Fabian's seductive skill when he undid the buttons on the back of her gown and loosened the ties on her corset while never losing the rhythm or thrust of his kiss. She was in heaven as he picked her up and carried her over to the bed. He gently laid her down, then positioned his aroused body over hers. She moaned in ecstasy at the hard, hot feel of his body.

His hands took her face and stared down at her with mesmerizing intensity. "What were you talking about with Brinkley tonight?" he demanded.

She laughed. "Did I drive you insane with jealousy?"

"Quite mad, darling. Now tell me what the two of you were discussing."

"Business."

"What business?"

"It's none of yours."

A look of possessive anger flashed in his dark eyes. "Damn it, Missy! I want your promise that you won't flirt with other men again." As he spoke, his hot mouth moved down her throat.

She managed a breathy laugh that ended in a tiny shiver of delight. "Just like you won't flirt with other women?" As he stared up at her, she added, "Fabian, you can't demand my respect or loyalty. You have to earn it."

"Do I?" His hands firmly pulled down the bodice of her gown, and he smiled at her sudden, wide-eyed gasp. "Then perhaps we should begin with this."

Fabian latched his mouth on her nipple, sucking hard, and Missy cried out in rapture, tangling her fingers in his hair. Gone was the teasing, the war of words, leaving only feverish flesh and blazing desire. Missy's senses were on fire with the scent of him, the tormenting wetness of his mouth on her aroused, aching breast. Riveting lust streaked down her body to settle in the very core of her with painful urgency.

She shuddered with rapture as Fabian roved his tongue over both breasts, then kissed the valley between. Pushing down her camisole and corset, he drew his teasing tongue lower, across her

stomach. Missy bucked in agonized pleasure, and he clamped both arms across her midriff to hold her still.

His tortured voice drifted up to her. "I'm going to make love to you until you never even think of looking at another man again."

"Please do," she coaxed wantonly, and was rewarded by another searing kiss.

Fabian was shocked but also pleased when Missy pushed him off her and began to draw her own mouth down his bare chest. She smiled at his grunt of agonized pleasure as she drew her tongue over his male nipples. A satisfied moan rose in her throat when her kisses and nips brought gooseflesh rising on his skin. But when her hand moved lower to wantonly grip his hardness through his trousers, his fingers restrained hers.

"Do you want me inside you, Missy?" he demanded.

"Oh, yes."

"How much?"

Her delirious gaze met his. "So much I'd die for it."

"You may before this night is over." Though his words were teasing, they ignited a new torrent of desire in Missy.

Fabian's eyes flashed with a feral light as he pushed her onto her back. As he boldly hiked her skirts and pulled down her pantalets, Missy realized that everything was happening way too fast. Her head was spinning and she could barely breathe. They were both still half-clothed, but suddenly, that didn't seem to matter. The need consuming them both could not be contained.

He knelt between her spread thighs, hooked his

arms under her knees and brought her close. She gasped as she felt his arousal probe against her feminine portal. She was no virgin, but it had been years since she'd made love with a man and he was very big, very hard.

"Trust me, darling," he murmured, and then with a swift, deep stroke, he embedded himself to the hilt inside her.

Missy cried out in wonder and some discomfort. He felt so hot, so huge and vibrant inside her. He watched her mindless response closely, her eager acceptance of him crumbling his restraint. He groaned in ecstasy and drove into her, hard and sure and deep, again and again. All the while, he stared intently into her eyes.

Feelings she had never known before began to stream through Missy, shredding her apart, until she was left sobbing beneath him. She tossed her head, her hands clawing upward to touch his face. When he fell upon her, she threw her arms about his neck, brought his lips down to hers, and kissed him ravenously. His rough chest rubbed her breasts exquisitely as he slammed into her again and again. She could not seem to control her own breathing, her own racing heartbeat, or the intense paroxysms gripping her. When Fabian raised her hips high and rammed himself into her with the powerful strokes of his climax, she met each stroke eagerly, feeling certain she would die of pleasure. Her fingernails scored his back, her hips arched higher to meet him, and her wanton moans only increased the fierceness of his utter possession. By the time he plunged to rest inside her, she had climaxed three times.

They lay locked together for a long moment. She sensed the change in him the minute he rolled

off her and pulled down her skirts. "Fabian?" she queried softly.

He stood, buttoned his trousers, and left her to stare at his broad bare back with its blooming welts as he went to fetch his shirt and cravat. After donning both, he returned to her and stood staring down at her with dark, accusing eyes.

"What is it?" she cried.

"That was very good, Missy," he drawled cynically. "You were very hot, very tight. I'd say the best roll I've ever had."

She was enraged. "Why, you—"

"There's only one problem."

"What?" she half-screamed at him.

"You weren't a virgin."

It took a moment for the import of his words to fully sink in on her. In the space of that time, he had already crossed the room, grabbed his jacket, and opened the door.

"You bastard!" she screamed.

She hurled a small vase at him, but it only crashed against the slammed door, and then she burst into tears.

Chapter Twenty-eight

"Good evening, Reverend White, Mrs. White," Melissa said.

"Good evening, dear," the Whites replied in unison.

Melissa was greeting the arriving guests at her parents' dinner party. Dressed in a beautifully fitted teal-green silk dress and matching pumps, with her hair lushly curled and makeup expertly applied, she was a beautiful, exotic splash of color among the burnished antiques in the downstairs hallway.

"To coin a pun, you do look divine, my dear," Reverend White said with a grin. He glanced down at Melissa's hand. "And what a lovely engagement ring! I do hope you and Jeff will be announcing a new wedding date tonight."

"You seem completely recovered from your—er—unfortunate accident," Mrs. White added graciously. "We've so enjoyed having you join us at our Bible study group."

"Thank you both for your kind words," Melissa replied. "I am feeling much improved, and I'm sure Jeffrey and I will set a new date in due course. Now, won't you both join my parents in the parlor for some refreshments?"

Melissa escorted the elderly couple into the living room, where they were graciously greeted by Charlotte and Howard. At the sound of a new rap at the front door, Melissa returned to the hallway and opened the door to admit the next guest.

Aunt Agnes, in a tailored navy blue dress, swept inside. "Hello, honey," she said, pecking Melissa's cheek. "My, you look like a doll tonight."

"Thank you, Aunt Agnes," Melissa replied, taking the woman's wrap. "You are looking quite well yourself."

"Jeff not here yet?" Agnes continued.

Melissa shook her head as she turned to hang the jacket on a hall tree. "Not yet—he must shower and change after work, then go fetch his mother. But he should join us soon, I imagine."

Agnes spotted the ring on Melissa's hand, and let out a joyous shriek. "Let me see that rock, honey!"

Smiling, Melissa extended her hand.

Agnes watched the light play over the fabulous marquis-shaped stone and whistled. "Will we be hearing an announcement at dinner?" she asked with a wink. "Like a new wedding date?"

"I'm afraid not as yet, Aunt Agnes."

Agnes frowned. "Charlotte told me you don't want to marry Jeff until you find all those years you lost. That's nonsense, if you ask me." She quickly hugged the girl. "Don't you know that we all adore you just the way you are? At last, you've

become a truly fine human being." Agnes shook a finger at her. "Don't mess it up now, kid."

"Thank you, Aunt Agnes." Watching her aunt walk into the parlor, Melissa felt a sudden rush of sympathy for her distant cousin. If only these people knew the truth . . . It saddened her that no one here seemed to miss poor Missy—even though most of them were assuming that "Missy" was actually her own former self!

As another rap sounded at the door, Melissa turned to admit Jeff and his widowed mother, Irene Dalton. Irene was a pretty woman, tall and slim, and, like her son, she was blond and blue-eyed. Melissa felt very pleased that, over the past weeks, she and Irene had become good friends.

"Melissa!" Irene cried, giving the girl a warm hug. "Jeff told me about that gorgeous ring—now let me see it!"

After Irene oohed and aahed over Melissa's diamond, Jeff stepped closer, hugging and kissing his fiancée. "You're a knockout tonight, darling," he whispered, studying her with adoring eyes.

"You look quite fine yourself," she returned, admiring him in his dark blue suit.

The threesome strolled into the parlor together. After all present had greeted Irene and Jeff, Howard passed around the champagne and then led everyone in a toast. "Here's hoping we'll be hearing wedding bells again soon," he pronounced, and everyone cheered. Jeff winked at Melissa, and she forced a smile, wishing with all her heart that she could, indeed, throw caution to the winds and marry him.

A moment later, her father answered the door and brought in a stranger—a large, middle-aged man with dark, thinning hair. "Melissa, dear, you

remember George, don't you?" Howard asked.

Melissa stared at the man blankly, and he in turn eyed her in puzzlement.

"You know, George Schmidt, plant manager of our ball bearing factory?" her father continued kindly.

"Missy?" the man named George now asked, still regarding her confusedly.

She extended her hand. "I prefer Melissa now," she said, shaking his hand. "And I'm pleased to meet you, Mr. Schmidt."

When George glanced perplexedly at his host, Melissa's father explained, "As I believe I've mentioned previously, George, our daughter has suffered from some memory lapses ever since her fall."

"Oh, yes." He nodded to her. "I do hope you're feeling better Miss—Melissa."

"Thank you—and I am," she replied.

Shortly thereafter, the party of nine adjourned to the dining room, where the maids served a fabulous meal, including lemon chicken fricassee, rice pilaf, peas in cream sauce, and wonderful homemade yeast rolls.

Melissa and Jeff sat together toward the center of one side of the table, with George Schmidt seated across from Melissa. As she visited with the others and ate delicately, she was perturbed to note several times during the meal that George was staring at her pointedly.

The conversation was general, ranging from the church membership drive to national politics, the current business downturn in Memphis, and crime in the city. Throughout the meal, George said little and continued to regard Melissa quizzically. Later, as everyone was finishing up

their desserts of cherries jubilee, he cleared his throat and said, "Melissa, why don't you join me outside for a smoke?"

There was a moment of strained silence, then Jeff protectively took Melissa's hand and replied to George, "Melissa doesn't smoke anymore."

"Oh, she doesn't?" he asked, laughing. "Filthy habit, isn't it, Melissa? I should kick it, too."

"Yes, I presume you should," she said stiffly.

He winked at her. "But you'll join me outside for a moment, won't you—er, Melissa? We've a bit of plant business to discuss."

Jeff was about to reply in Melissa's place again, when she held up a hand and said evenly, "I'd be happy to join Mr. Schmidt on the veranda."

The two excused themselves and slipped out the back door. For a moment, George smoked silently while Melissa stood tensely nearby. The night was cool and full of sounds—crickets, an owl, tree leaves rustling in the breeze. Beyond them, the softly lit pool gleamed, its surface rippling slightly in the breeze.

"Why haven't you come in to work?" he asked at last.

"Hasn't my father explained things to you?" she asked.

"He has. But the Missy Monroe I used to know would have come in to work—memory lapses or not."

She paced off a step or two. "Perhaps my interests are different now."

He laughed. "By the way, we landed the Wakefield Aircraft account, and that N. C. lathe finally came in from Japan, after nine months. We've gotten it anchored, leveled, and wired, and we're starting the programming now." He paused. "All

of this is Greek to you, isn't it?"

Lamely, she explained, "As I told you—I've had these lapses—"

"And I'm the Tooth Fairy," he drawled cynically. He dropped his smoke and snuffed it out. "I think it's all meaningless to you because you're not Missy Monroe."

She whirled to face him, her eyes huge. "What do you mean?"

"Oh, you look like her," he went on, "but you're different. Too young, and radically different in temperament."

"People—can change," she stammered.

"Oh, they can," he agreed. "But not the Missy Monroe I knew."

She was silent, struggling to hang on to her composure. Finally, she asked, "If I'm not Missy, then who am I? And where has she gone?"

He laughed. "Now those are the million-dollar questions." Scratching his jaw, he mused, "I'm guessing you're some distant relative of hers—a cousin, maybe. Perhaps the two of you decided to switch places, as a joke or something. I can see Missy pulling a stunt like that."

Melissa's face burned at the accuracy of his conjectures. "What you're suggesting is preposterous, Mr. Schmidt. Missy—that is, I—would have no reason to pull such a prank. Furthermore, if I'm not Missy, why are all the others accepting me as her?"

He was quiet a moment, then said, "Because they all want so desperately to believe you are her."

She attempted a laugh that came out shrill and forced. "Mr. Schmidt, I assure you you are imagining things."

"Not so," he cut in, stepping closer. "But don't worry. I'll not be the one to spill the beans."

"But there are no beans to spill—"

"Baloney."

She glanced at him in consternation, trying to draw a connection between baloney and beans. At last, she said, "If what you are saying is indeed accurate, Mr. Schmidt, why aren't you telling the others the truth?"

He smiled. "Because you're a very decent human being, Miss Melissa-whoever-you-are. Tonight, I saw at least five people at that dinner table staring at you with utter love and devotion."

Melissa bit her lip. "What if—strictly for the sake of argument—what you're saying could be true? What if there were this monumental quirk of fate, an occurrence so miraculous and powerful that it defies description—and two people were—switched."

He was quiet a moment. "You mean like permanently switched?"

"Perhaps irrevocably."

He whistled. "Damn. So you're saying both people are alive and well, only kind of swapped, like they do in the movies?"

Melissa had no idea what movies he spoke of. Nevertheless, she nodded. "What would you suggest a person like me do under those circumstances?"

He shrugged. "You appear to be where you're supposed to be, so I'd say, why not enjoy it? Everyone here seems nuts about you, and you're happy, aren't you?"

"Yes—but can I seek my happiness at the expense of another?"

He shook his head. "If you're worrying about

Missy, I'm sure that, wherever she is, she deserves to be there."

As Melissa watched in perplexed silence, George turned and reentered the house.

When the dinner party broke up, Jeff asked Reverend and Mrs. White to drop his mother off at her house on their way home, since he wanted to spend more time with Melissa. After everyone said their good nights, Jeff and Melissa strolled out by the pool.

"Tonight was great," Jeff murmured, squeezing her hand. "Only one thing would have made it better."

She smiled as she watched the light from the pool area sculpt his handsome features. "An announcement of a new wedding date?"

"You're psychic," Jeff teased.

She rolled her eyes. "I'd have to be mentally deficient not to have caught all those blatant hints."

He grinned, displaying irresistible dimples. "Who knows? Maybe with enough arm-twisting, you'll give in."

"Oh, Jeff." She glanced at him in uncertainty. "There are so many things I love about being here, but I don't think I can keep up this charade forever."

She felt his fingers tense over hers. "What do you mean?"

She sighed. "George Schmidt knows I'm not Missy."

"What?" Jeff paused in his tracks. "Tell me what he said."

"He confronted me tonight—saying that I'm totally different from her, that I look years young-

er, and that I haven't fooled him."

"Damn!" Jeff said.

"He told me the others have not truly questioned who I am because they want so badly to believe I'm really Missy."

Jeff nodded morosely. "That's probably true. Still, I must speak with George—"

"Don't worry, he said he would not be the one to—um—toss the baloney."

He fought a smile. "You mean, spill the beans?"

"Something like that." She paused, her expression deeply perturbed. "Don't you see how sad all this is?"

"What do you mean?"

"No one wants Missy back."

He frowned. "If that's the case, then Missy brought this on herself."

"But I really think we're not being fair to her," Melissa continued earnestly. "Even with George— he suspects I'm an impostor, and yet he doesn't seem even to care what's happened to her. Nor is he willing to lift a finger to come to her aid— and that includes not telling Mother and Father the truth."

Jeff pulled her into his arms. "Darling, I think you're being too altruistic for your own good. Fate brought you here and brought us together. Why not simply enjoy what's meant to be?"

She drew a ragged breath. "That's pretty much what George said. But still, I'm troubled."

He pressed her hand to his heart. "Then lay your troubles here, my lady," he whispered fervently. "I promise I'll take care of you."

Jeff pulled her into the shadows of the nearby cabana and kissed her passionately. Melissa kissed him back just as ardently, basking in the

scent of him, the taste and texture of his warm lips on hers.

After a moment, they paused to catch their breath, holding each other close and gazing out at the pool. "If it weren't so cool, I'd suggest we go for a dip," he murmured.

Her eyes grew enormous. "And then we'd have to don one of those scandalous bathing suits?"

He winked at her solemnly. "We could always go skinny-dipping."

She was aghast. "Does that mean what I think it does?"

"Of course." As she gasped, he touched the tip of her nose with his fingertip and added, "We'll go buy you a bikini soon. They should have them in the stores by now."

She shook her head vehemently. "Jeffrey, I've managed to adjust to many conventions of the late twentieth century, but I'll never put on one of those obscene devices."

"Never? Wanna bet?" he teased. He backed her into a nearby column and began tickling her. She shrieked and did her best to wrestle away from him. But as her squirming inadvertently brought her pelvis arching into the front of his trousers, all at once the teasing stopped. Jeff gripped her shoulders and pressed her against the post; she felt the hard maleness of him pulsing against her as he stared down into her eyes. Never before had she seen this particular look in his eye; indeed, he appeared ready to devour her on the spot.

"Melissa, marry me," he whispered intensely, leaning over to plant fluttering kisses all over her face. "Please say you will. I think I'll die if I can't have you soon."

"I know, Jeff, and I feel the same way," she

replied breathlessly. "But don't you understand? I can't give you a complete commitment until I'm sure Missy is happy, too."

He sighed heavily, glancing at the nearby door to the cabana. "Then make love with me, darling," he whispered intensely, running his fingers through her hair. "If time—or fate—ever pulls us apart again, at least we'll have that much."

"Oh, Jeff!" Melissa's heart felt torn apart with love and regret. "You must understand that technically, at least, I still belong to Fabian—"

"To hell with Fabian Fontenot!" he cried passionately, gripping her face with his hands. "I'll die before I'll ever let that bastard anywhere near you again. You're mine, Melissa—mine—and don't you ever forget it."

Jeff kissed her hungrily again, swirling his tongue deeply inside her mouth until little whimpers of pleasure rose up in her throat. Melissa found herself reeling with a love and a need that was even stronger than the family loyalty and nagging conscience that bound her to the past. She ached all over with her desire for him, her heart pounding, her every breath seeming to devour his essence, the womanly center of her hungering for his driving heat. She roved her fingers over his back and murmured his name.

Yet when he tugged her toward the cabana, she still hesitated. Jeff detoured to a nearby patio chair, sat down, and pulled her into his lap. She felt the strength of him surrounding her, the rigid length of his arousal pressing against her bottom, and she thought she might die of wanting him.

"What is it, darling?" he coaxed tenderly, holding her close and kissing her cheek. "Are you

frightened because you're a virgin, because it's your first time?"

Far from being afraid, Melissa was in such rapture, she could barely breathe. "I'm not frightened of you, Jeff," she murmured.

She felt him tensing. "Don't tell me that Fontenot forced you to—"

She shook her head vehemently. "No, he never tried to force himself on me."

"Then what, sweetheart?" he asked, gently nipping her neck.

She drew a heavy breath and laced her fingers through his. "I'm not used to this time period."

"I know that."

"I mean, in my time period, what you want . . . It would have been wrong."

"Is our love wrong?" he asked, his voice raw with hurt.

Her anguished gaze met his. "Of course not, darling. It could never be. But perhaps . . ."

"Yes?"

Miserably, she stammered, "I know that my friends are—aren't—"

"What?"

She pulled back and regarded him solemnly. "I'm not a sexually liberated nineties woman, Jeffrey. Perhaps I'll disappoint you."

At first, she felt confused when he threw back his head and laughed. He ruffled her hair and said, "Darling, you should know by now that sexually liberated nineties women hold no interest for me whatsoever."

She beamed with happiness. "Really, Jeff? Then, you mean—"

He nipped at her nose. "I mean I'm much more

interested in seducing one nineteenth-century virgin."

Her eyes grew huge. "Are you saying that you're a seducer of young women, Jeffrey?"

"One particular young woman." All levity ended as he kissed her again. "Give yourself to me, angel," he whispered into her mouth. "Tell me you're mine in your heart from this moment on. Trust me, sweetheart."

Melissa could not resist his heartfelt pleas. She realized that he was right. If the forces of time did pull them apart again, they could at least have this one night to treasure in their hearts forever. "I trust you, Jeff," she whispered back. "And I'm yours."

Seconds later, they entered the darkened cabana together; Jeff locked the latch behind them. Melissa found that they stood in a small bungalow with a table and chairs and several chaise lounges. The walls were solid on three sides; the front consisted of rows and rows of drawn shutters that emitted only pencil pricks of light.

"Will we be—uninterrupted here?" she asked.

"Yes, darling. The door is latched, and no one ever comes back here." He laughed dryly. "Indeed, Missy used to pull me in here sometimes so we could neck."

She stiffened in his arms. "Did you and she ever . . . ?"

"No."

"I'm glad," she said, then hastily added, "Not that I had any right to control your life before I came—"

He caught her closer and spoke fiercely. "Listen to me, Melissa, and never forget this. I had no life before you came to me."

314

And he kissed her deeply, thoroughly, until she sobbed in joy.

The room was cool and drafty, but neither noticed. Standing there in the silvery shadows with mouths and bodies tightly locked, they both grew feverishly hot with desire. While Melissa was normally quite modest by nature, she found to her delight and wonder that she felt no embarrassment at the thought of giving herself to the man she loved. When Jeff began to unbutton her dress, her fingers automatically reached for the buttons on his shirt. He removed her silk dress carefully, laying it and his shirt neatly across a chair. When he returned to her, he drew his lips slowly, tormentingly, over her flesh as he removed her slip, bra, pantyhose, and shoes. She trembled with excitement and caressed his bare chest, his strong neck, his rough face.

Once she was nude, he pulled back and studied her in the scant light. "My Lord, you're so incredibly beautiful," he whispered.

When he leaned over to press his mouth to her bare breast, she cried out in rapture. Her entire body seemed one large quivering mass of gooseflesh.

"Are you all right, darling?" he asked, flicking his tongue over her tautened nipple.

"Oh, yes," she panted, tangling her fingers in his silky hair. "It's just that I've never felt anything like this before. . . . It's like madness—the sweetest madness a body could ever know."

"I know, darling."

When he sucked the tip of her breast into his mouth, a soft scream escaped her, and even madness could not begin to describe the riotous rapture, the tormenting need consuming her. She

arched her breast deeper into the wondrous heat of his mouth and was doubly rewarded when his mouth sucked harder at her breast even as his fingers reached down to part her and stroke her most intimate parts, already moist with her desire for him.

A tortured groan rumbled in his throat as he felt her wet readiness. He pulled her to a nearby chaise longue and pressed her down beneath him. His bare, hair-roughened chest felt divine, so hot and crushing, against her aroused breasts. He kissed her deeply while unbuckling his belt and unzipping his trousers.

His voice was agonized. "Darling, I don't think I can wait."

Even though her need was every bit as blinding as his, a last-minute doubt assailed her. "Jeff . . . could we?"

"Could we what, darling?" came his half-dazed response.

"Well, I was wondering . . . Mankind has made such strides. Is there a way to prevent our having a child together?"

Suddenly alert, Jeff stared down at her solemnly. "Haven't you read about such things?"

She blushed. "Actually, a lady would never . . . Well, that is, when I come across subjects such as—" she cleared her throat miserably—"human sexuality, I always try to avert my eyes while reading."

Despite his advanced state of excitement, a chuckle escaped Jeff as he kissed the side of her mouth and thrust against her brazenly. "Don't you want my child, angel?" he asked huskily.

She gasped in delight at the feel of his rock-solid, hot erection pressing into her. "Oh, yes, my dar-

ling! Only, with things so tenuous, I thought perhaps it might be better . . . Is there a way, Jeff?"

Jeff stared down at her, feeling very torn, his heart welling with love and desire for this woman who had brought him back to life again, his soul tormented by the possibility that she might leave him one day. Again, he remembered May 15, the date she might well marry Fabian Fontenot, the doomsday date on which he might lose her. Merciful heavens, he simply could not! A child would be a bond between them, he thought quickly. If he got her pregnant, then she would have to stay—

"Jeff?"

He stared down into her wide, trusting eyes again. He would burn in hell for this one, he thought.

"Sorry, darling, guess we'll just have to chance it," he murmured.

He slipped his hands beneath her hips, lifting her to him. Fastening his mouth on hers, he thrust slowly into her warm, tight vessel. The feel of her squeezing about him was hot and heavenly, and with great restraint he resisted an urge to ram his full length inside her snug sheath. Instead, he made her his steadily, lovingly, whispering soothing endearments in her mouth.

Despite his gentleness, Jeff's heat seemed to split Melissa apart; her pain was intense, yet so was her ecstasy at giving herself over to the man she loved. Her fingernails dug into his shoulders, and she cried out softly as her maidenhead gave way; he kissed her tenderly and pressed home unhurriedly.

"I love you," he whispered, at last fully inside her.

"I love you, too," she murmured, clinging to him.

"What you've given me tonight," he added raggedly, "will shine in my soul forever."

"What you've given me," she whispered back, "will fill my heart for the rest of my life."

When he kissed her again, she could feel the wetness of their mingled tears. Melissa gloried at Jeff's utter possession; even the aching of her own sensitized flesh simply added to the exquisite feeling of oneness. As he began to move inside her, she cried out again at the shattering pressure, arching upward to kiss him eagerly; he responded with several hard, deep strokes that ignited a cataclysm of feeling within her.

His voice came hoarse and tortured. "I shouldn't be . . . Might hurt you . . . Can't seem to stop."

"Don't stop, darling," she urged, then heard his own ragged cry, felt his mouth smother hers as his loins pounded into her, driving them both headlong into the paroxysm, until a torrent of ecstasy convulsed them, leaving only peace and wonder in its wake.

Much later, as Melissa crept back inside the darkened house after seeing Jeff off, she paused by the newel post and again saw her cousin's miserable visage reflected in the newel stone. Missy was shaking her fist and mouthing angry words Melissa still could not understand—although their import was again devastatingly clear.

"What am I going to do?" Melissa cried.

"Get me out of here!" Missy cried furiously. She stood by the newel post, trying desperately

to communicate with her cousin one hundred and forty years away. "Can't you understand what I'm saying, you ninny? You've got to help me get out of here! Oh, damn it, you don't understand!"

Missy stormed off up the stairs, to spend the night weeping furiously.

Chapter Twenty-nine

The next morning, Missy was pacing the veranda in a rage after having slept not at all the previous night.

Oh, that bastard Fabian Fontenot! Here, she had given herself to the cad, had done the most unspeakably carnal things with him, and then he'd had the unmitigated gall to point out that she wasn't a virgin! Who in the hell did he think he was? Was *he* a virgin? Had *he* spent his life in a monastery? Who was he to cast aspersions on her character? The very questions made her laugh bitterly. Fabian Fontenot was nothing but a blockheaded Neanderthal who, like ninety-nine percent of the male population, was totally rooted in the prehistoric mind set of the double standard. Well, she'd have a thing or two to tell him— assuming she ever saw the beast again!

Missy re-entered her room, stared at the bed, and then abruptly burst into tears as memories

of the previous night swept over her. She threw herself down on the mattress, only to be inundated by the scent of him, which still lingered on the bedclothes.

"Damn you!" she cried, drowning in bittersweet images of their fevered lovemaking. Oh, heavens, it had been so glorious! He'd made her scream with passion. He'd turned her inside out emotionally! And now—

Now, she was hopelessly in love with the biggest jerk in all of history!

In love? With him? Oh, God, she was doomed! Heaven help her! Missy pounded her fists on the pillow and sobbed all the more. What on earth was she going to do?

Elegantly dressed and impeccably groomed, Fabian Fontenot sat eating breakfast with his grandparents in the dining room of the family plantation house.

"Did you enjoy yourself last night, dear?" his grandmother asked.

Fabian all but choked on his coffee, then managed to smile stiffly at the dear little white-haired woman. "I found the evening quite memorable, Grand'mere," he said dryly.

"It was good to see Melissa again," Pierre put in.

Fabian nodded. "Indeed, Grand-pere. And she prefers being called 'Missy' now."

"Ah, so we've noted," Pierre replied, scratching his jaw. "The girl seems vastly different in temperament ever since her fall."

"Quite so," Fabian concurred ironically.

"Have the two of you discussed a new date for the wedding?" Annette asked. "I mean, she does

seem completely recovered from her accident."

Fabian sighed. "I'm sorry to disappoint you, Grand'mere, but, suffice it to say, the young lady wants nothing to do with me at the moment."

"But why, darling?" Annette pursued. "What woman wouldn't be thrilled to marry you?"

Fabian lifted his napkin to cover a deprecating chuckle and did not comment.

"We've all dreamed for years of joining our estate with the Montgomerys'," Pierre went on. "After all, it is what your dear departed parents wanted most of all. Furthermore, violating the marriage contract made by your parents would be a most grave affront to the honor of both our families."

"Yes, grandson, you must end this alienation at once," Annette added. She touched Fabian's hand. "Darling, we do not mean to push you so. But as you know, Grand-pere and I are in our golden years now. We do so want to see you settled, and happy."

"And most of all, you'd like to see me provide you with a few great-grandchildren to bounce on your knees?" Fabian asked with a wink.

Annette and Pierre exchanged guilty glances, then Pierre grinned and said, "But of course, grandson."

Fabian was thoughtfully silent for a long moment. At last he said, "Do not worry, Grand'mere, Grand-pere. I'll prevail upon the young lady to see reason. Now, if you'll both excuse me . . . ?"

He stood, kissed his grandmother's cheek, nodded to his grandfather, and left.

The conversation with his grandparents was very much on Fabian's mind as he rode through

the sweetness of the April morning toward the neighboring Montgomery plantation. Fabian was devoted to his elderly grandparents. His mother's parents had lived at the Fontenot family home for as long as he could remember; indeed, the couple had emigrated to America from France with his parents long before Fabian was even born. After the deaths of their daughter and son-in-law in the yellow fever epidemic two years ago, all the elderly La Branches had ever asked of Fabian was that he honor the marriage contract his parents had made twenty years earlier.

In fact, Fabian's love and devotion toward both generations of his forebears, and his desire not to besmirch his parents' memory, were the factors that had compelled him to honor the covenant in the first place, even though every grain of his masculinity had balked at the idea of marrying mealy-mouthed Melissa Montgomery—

Yet now "Melissa" had become his hotheaded little spitfire, Missy. His loins tightened as he remembered the ecstasy of their fevered love-making last night. Lord, she had been such heaven in his arms! He'd gloried in every moment of their intimacy—until afterward, when the haze of passion had at last lifted and he'd realized she had not come to him a virgin. Even now, the very thought of her having been with another man made him wild with jealousy.

Because he loved her! The realization hit him like a fist in the gut. Of course; why else would he have reacted in such a fit of passion? He loved the little vixen, and he'd be damned if he'd ever again let another man touch her!

After all, she could be pregnant, he thought, remembering his earlier discussion with his

grandparents. There might well be a little Fontenot filling her womb even now. The very thought all but made him reel with a fierce possessiveness, a primal desire to make her his irrevocably.

Thus, he would take her back and marry her posthaste, with a stern warning that he'd blister her bottom soundly if he ever caught her even looking at another man again. Surely she'd be grateful for his benevolence in accepting a less than chaste bride, and would shape up into a proper wife for him.

A self-satisfied grin sculpted his mouth. Ah, yes, his problems were clearly solved. He congratulated himself on his great wisdom and commendable generosity and lit a cheroot to celebrate.

Missy was still sobbing on the bed when her mother stepped into the room. "Missy, dear, Fabian is here to see you."

Missy brought her puffy face up from the pillow. "Tell him to go to hell."

Lavinia chuckled and went to sit beside her daughter, reaching out to smooth Missy's disheveled hair. "Come, now, darling, what is the problem? Why all these tears?"

Missy's lower lip trembled as she sat up to face her mother. "Fabian and I had a fight."

"Then don't you think it's time for the two of you to kiss and make up?"

"No!"

"Now, Missy," Lavinia chided. "You must at least go downstairs and speak with the poor boy."

Missy glowered at her mother for another moment. "Very well," she conceded grudgingly. "I'll go speak with the big bully—but only so I'll have

the pleasure of telling that jackass just what he can do with himself."

Lavinia rolled her eyes. "Do you need help with your toilette?"

"Thank you, no," Missy responded with uncharacteristic primness.

"Very well, then, darling. Fabian's waiting for you in the parlor."

Shaking her head, Lavinia left the room.

Missy rose and went to the dressing table. Wetting a cloth with cool water and dabbing her face, she grimaced at her red-eyed, puffy-faced reflection and realized she still looked as if she'd been crying all night—which, of course, she had. Lord, how she hated for Fabian to see her this way, for him to know that she cared enough about him to bawl her eyes out.

Steeling her resolve, she left her room and went downstairs, eager to get this over with. She walked into the parlor, then froze as she glimpsed him standing across from her.

He looked absolutely gorgeous, dressed in a brown velvet frock coat and fawn-colored trousers, his clean-shaven face perfect in every detail, his thick hair gleaming in the sunlight, his deep-set eyes focused on her with a strange mixture of tenderness and uncertainty. An unexpected floodtide of feeling washed over her—anger, fear, love, hate, and a stunning sexual excitement at the very sight of him.

Oh, heavens, why was this happening to her—again? She'd come down the stairs perfectly prepared to set him in his place, and now her equilibrium was sent reeling in his electrifying presence.

"Good morning, Missy," he said tightly.

"Good morning," she returned sullenly.

He moved closer, staring at her with an odd compassion. "You look exhausted, darling."

She wanted to tell him to go to hell, but could only manage a trembling glare.

"You're been crying, angel," he whispered.

Damn him, why did he have to say that to her? The last thing she'd expected from him was this devastating tenderness. She wanted with all her being to tell him not to call her angel, she wanted to tell him to take his nauseating endearments and *stuff* them—and yet she couldn't, for suddenly, to her horror and utter humiliation, tears were flooding her eyes—and then she was in his arms.

"You're crying for me," he whispered against her hair, and she shook with violent sobs.

Fabian's lips took hers fiercely, and Missy clung to him desperately, wanting to kiss him until passion obliterated all memory of the hurt within her. As his tongue plunged sure and deep inside her mouth, the raw eroticism was shattering. Bittersweet emotion and desire welled within her so powerfully that she was left dizzy and breathless, her anger and wounded pride momentarily forgotten. Fabian whispered ragged endearments and feverishly kissed her cheek, her chin, her neck, and then her trembling mouth once more. Little sobs escaped her—cries of irrepressible longing—

Fabian's excitement was in every way equal to her own. The taste of her tears and the honey-eyed texture of her mouth sent desire raging through him. He wanted her so badly he was tempted to take her right there on the parlor floor. Thank goodness everything was getting resolved between them. Perhaps with just a

few more words of reassurance, all would be perfect.

"Don't worry, darling," he whispered, nibbling at her ear. "I've decided to forgive you."

For a moment Missy was so lulled by the overpowering magic of Fabian's embrace that she didn't really hear his statement. In the next instant, his words became emblazoned across her brain.

I've decided to forgive you . . .

With a violent, infuriated cry, Missy shoved him away. "You've decided to forgive me?" she shrieked. *"You've decided to forgive me?"*

He gazed at her enraged countenance, his own utterly perplexed. "Why, yes, darling."

By now Missy was trembling so violently, her face was the color of a very ripe beet. "You've decided to forgive me? Why of all the arrogant, conceited, asinine and jackassy—"

"Jackassy?" he cut in incredulously.

She advanced on him, stabbing at his chest with her finger. "You, you great big overblown boor, have probably hiked the skirts of half the females in the Mississippi Delta, and yet you have the unmitigated gall to forgive *me?*"

"It is a man's due to have a chaste bride," Fabian put in pompously. "Furthermore, it is quite generous of me to accept as my bride a woman who is soiled goods."

"Soiled goods! Soiled goods!" she screamed. "How dare you call me soiled goods, you misbegotten son of Satan! Furthermore, you can take your damned generosity and stuff it! And you can take your self and—"

"Missy, what is going on here?" demanded her father's voice.

Missy was about to verbally propel Fabian to the nether regions when both her parents burst into the room. John and Lavinia stared, horrified, at the two people who had been bellowing at each other so loudly, the entire household could hear them.

Magnificent in her fury, Missy turned to her parents. "You two may as well hear this, as well. My marriage to this Neanderthal is off—finished, kaput!" She whirled on Fabian. "And as for you, Mr. Fabian Fontenot—you can go kiss the devil's butt, you boneheaded, conceited, male chauvinist pig!"

Missy heard her father's disbelieving expletive, her mother's stunned gasp. But her parents' reactions were soon forgotten as she watched Fabian advance on her like a raging bull, his features livid. He reached for her and she tried to cringe away, but it was too late—

Before Missy knew what was happening, Fabian grabbed her arm, hauled her over to the settee, threw her down across his lap, and began vigorously spanking her bottom, right there in the presence of her appalled parents.

Missy screamed her lungs out and fought like a wildcat, but it was useless. Fabian ignored the flailing of her hands and legs, holding her pinned in his lap with one hand while pounding her behind with the other. Given the many layers of her skirts, the damage was much more to her pride than to her person. Nonetheless, never in her twenty-five years had Missy been so humiliated. Indeed, never before had she been spanked.

When at last he let her up, she stood trembling in her rage before a white-faced Fabian.

Near-blinded by tears, she still managed to slap him hard across the face. "I hate your guts!" she screamed, turning and running out of the room.

Watching her leave, remembering the stricken look on her face, Fabian stood stunned. He could not believe what he'd just done, the fit of passion that had consumed him. Yet he had little time to wrestle with his own hellish conscience as Lavinia and John advanced on him angrily.

John was shaking in his outrage. "I tell you, young man, I'll not have you striking my daughter again! I don't give a damn what she called you. You touch a hair on her head again, and I swear, I'll call you out, my friendship with your grandparents notwithstanding."

Distraught, Fabian raked a hand through his hair. "You are right, sir, and I humbly apologize. I don't know what came over me. I suppose I lost my head when she called me a pig. But I promise you, sir, it will never happen again."

John glared at Fabian skeptically, prompting Lavinia to intervene. "John, darling, Fabian does seem abject. Like you, I don't agree with what he just did, but Missy did provoke him terribly. We were both certainly witnesses to that."

Fabian extended his hand to John. "Sir, will you accept my apology?"

John sighed and accepted the handshake. "Very well, son."

"Now the real question is, will Missy forgive you?" Lavinia added wisely.

"I know," Fabian concurred grimly. He turned to John. "Sir, I beg you, let me go upstairs and speak with her."

John was instantly irate. "Young man, that simply isn't done."

Again, Lavinia mediated. "Oh, John, let the boy go. They're going to be married, after all. It's obvious the two are deeply in love—"

"Obvious?" John queried ironically.

"Why, they're fighting like cats and dogs. What else could it be?" Lavinia replied stoutly. She turned to Fabian. "Go upstairs and speak to her."

Fabian bolted out of the room and hurried up the stairs, his heart pounding with terrible anxiety. He entered Missy's room without knocking. She lay sprawled across the bed, sobbing her heart out, and his own heart twisted with a mixture of tenderness and hellish guilt at the sight of her.

"Missy?" he queried gently.

She turned to him, her eyes burning with anger. "Drop dead!"

"Darling, we must talk," he pleaded.

"Hah! I have nothing to say to a man who does his talking with physical violence!"

"Physical violence?" he repeated in a stunned voice.

She jumped up from the bed. "Yes. You're nothing but a big, mean bully, Fabian Fontenot, getting your jollies by picking on someone smaller than you are!"

He gulped. "Missy . . . Darling, I'm so sorry—"

Yet she was heedless, advancing on him like an enraged lioness. "Do you know that if we were back in the twentieth century, you'd be locked up for what you just did?"

He appeared mystified. "Twentieth century? Locked up? Woman, what idiocy are you ranting?"

Yet Missy's fury was such that she threw caution to the winds. She began to pace, waving her

arms and screaming out her frustrations to him. "You know, I wouldn't even be here at all, except that I got switched with your real fiancée, dear little Melissa Milquetoast, who probably suited you just fine, I presume!"

Fabian stared at her in utter amazement.

"Well, if you want her back, you can go the hell to the year 1992 and try to find her!" Missy continued spitefully. "I'm sure she's still perfectly chaste and virginal—unless Jeff has seduced her."

"Jeff? Who is this Jeff?" Fabian's voice was an appalled whisper.

"He's the man I was supposed to marry—in this very house—until that blasted, devious newel button screwed everything up. Oh, heaven help me, I've got to get out of here!"

"My God!" Fabian gasped as realization dawned. "I've driven you mad!"

"No kidding!" she snapped.

Fabian fell to his knees before her. "Darling, forgive me. I've acted like an utter ass. I apologize from the bottom of my soul. I . . . I love you, Missy."

Missy uttered an anguished cry and shook a fist at him. She hated him, and yet his words were tearing her apart! "Damn you, why did you have to go and say that!"

Now there were tears in his eyes, too. "Because it's true. I do love you, Missy. With all my heart."

"Don't you understand anything?" she ranted. "I don't want your apologies! I don't want your love! I want to go back to the twentieth century!" She fell to her knees beside him, sobbing abjectly. "Only I don't know how to get there!"

"Oh, angel. I'm so sorry."

Fabian pulled her into his arms and kissed her passionately. She sobbed into his mouth and kissed him back.

"Darling, it's all right," he murmured hoarsely, stroking her hair as she quivered and wept against him. "I promise you, we'll get everything straightened out. We'll recover your sanity—somehow—and I swear to you, I'll never touch you in anger again!"

"Oh, Fabian!"

Something snapped in Missy then. She illogically hated him, loved him, and burned with desire for him all in the same moment. She poured all her anguish, hurt, and need into the kiss they shared, desperately needing to bridge the chasm between them. He kissed her back ravenously, as if he would eat her up alive.

Within seconds, she was pulling the buttons to his trousers and tumbling him down on the floor on top of her. "I want you inside me," she panted. "Oh, God, please, now!"

With a tortured groan, he complied, reaching beneath her skirts to pull down her pantalets even as she freed his solid erection. "Missy, I love you," he whispered poignantly as he penetrated sure and deep.

Crying out in ecstasy, Missy coiled her legs tightly about his waist and whispered graphic encouragements in his ear.

Yet he paused and stared down into her mindless eyes. "First, tell me you forgive me—please, Missy."

His words brought fresh sobs welling. Never before had he said "please" to her. "I do," she whispered. "I forgive you."

"Tell me you love me," he added.

"I do."

"Say it."

"I love you, Fabian."

Her words were rewarded with an agonized moan and a hard, driving thrust. Missy arched into his splendid heat and clawed at his shoulders with her fingernails. The intimacy was glorious, shattering, riveting, making her cry out in rapture as her lips feverishly sought his.

Fabian's mouth took Missy's rapaciously, and he felt himself drowning in her, her hot tightness squeezing about him so exquisitely. Her little sobs of pleasure broke his control. Rising to his knees, he pulled her astride him and devoured her with powerful, deep strokes, glorying in her ragged pleas as he brought them both to a quick, explosive climax. His ecstasy was complete as he heard her cry out, then felt her melt in his arms.

He lowered her gently to the rug, pulled down the bodice of her gown, and kissed each of her tautened nipples in turn. Afterward, he stared into her languorous eyes and rubbed a finger across her passion-bruised lips. "I'd best go, darling, before your parents come to investigate again." He withdrew from her gently, righted their clothing, and afterward carried her to the bed. For a moment, he stared down at her with adoring eyes and stroked her cheek. The passion and love in his gaze were frightening in their intensity.

"I promise you, Missy, that from this day onward, I'll do everything in my power to atone for my sins and prove myself worthy of your love," he said fervently. Leaning over, he claimed her lips in one last, soul-rending kiss. "Oh, angel. I can't wait to hold you again. . . ."

After he left, Missy still sobbed. She drew a hand across her wondrously aching lower belly and felt as if her very heart had been ripped in two. She wanted to hold on to her convictions; she didn't want to love Fabian. But being in his arms just now had been so heavenly, his show of abject humility so sweet.

It was becoming harder and harder to resist his spell, and that scared her to death.

Chapter Thirty

The next morning Jeff left work for an early lunch and drove to Melissa's house. He felt horribly guilty for not being completely honest with her last night. Making love with her had been the most glorious experience of his entire life, but he'd been wrong to equivocate regarding her questions about birth control. His desperation to hold on to her—his gnawing fear that he would lose her, on or before May 15—was no excuse for his deceptive behavior.

At the Monroe house, one of the maids informed him that Melissa had just left with her friend, Lisa, and that the two women were supposed to meet Michelle and Jennifer at a local old folks' home. Jeff drove to the nearby home, parked, and went into the lobby. Joy filled his heart as he spotted the woman he loved standing in the corridor with her three friends, issuing orders with the efficiency of a majordomo.

"Jennifer," she was saying, handing the girl a leather-bound volume, "you may go read to Mrs. Dickson from *War and Peace*." As the girl dutifully trudged off with the book, Melissa turned to Michelle. "And Shelley, Mr. Taylor needs to dictate a letter to his daughter. As for you, Lisa—"

"Good morning, ladies," Jeff called, stepping up to join the two remaining woman.

Both Melissa and Lisa turned to him with smiles of pleasant surprise. "Why, good morning, Jeffrey," Melissa said. "What brings you here today? Do you have a friend or relative in the home?"

He leaned over to kiss her cheek, drinking in the feminine scent of her as he wrapped an arm about her waist. "No. You bring me here, of course, darling."

As Melissa flushed with pleasure, Lisa winked at Jeff and teased, "No lie, Dalton. You just can't keep your hot hands off my best friend, can you?"

"Lisa!" Mortified, Melissa scolded, "Didn't you promise Mrs. Ross a manicure?"

Lisa rolled her eyes. "Right, I can take a hint." She pointed a finger at Jeff. "Behave yourself, Romeo."

Laughing, Lisa strolled off.

"What was *that* about?" Jeff asked Melissa with a frown.

She sighed. "Could we talk outside for a moment?"

"Certainly, darling." As they headed out the door, Jeff laughed and added, "I can't believe you've got those three self-centered little debutantes volunteering here at the old folks' home."

Melissa was scandalized. "But, Jeffrey, my friends are not self-centered in the least. They

were delighted to help out—"

His hearty laugh cut her short. "They appeared about as delighted as orphans lining up for castor oil. They just can't face the prospect of disappointing you. For that matter, who can?"

Melissa was thoughtfully silent as they seated themselves on a bench in the courtyard. The morning air was fragrant with the perfume of roses; bees droned and a mourning dove cooed in the background.

"Well, Melissa?" Jeff asked. "Why the snide comments from Lisa?"

Her guilty gaze met his. "I'm afraid that when Lisa came over this morning she expressed a lot of curiosity about our—um—relationship. She wanted to know if we'd been . . ." Red-faced and wringing her hands, she rushed on, "Of course, I would never admit such a thing! But I'm afraid her questions made me blush, and then she guessed it all!"

Jeff groaned. "I'll strangle her."

"No, please don't," Melissa implored him. "She brought up some very good points about our—er—situation. She wanted to know if we'd—"

"Yes?" His voice was rising.

In a low, mortified voice, she confided, "If we'd practiced safe sex."

"I'll kill her!" Jeff lunged to his feet. Then, catching Melissa's bewildered expression, he took her hands and stared down at her earnestly. "Darling, I'm just mad at Lisa for being such a busybody. You must know I'd never expose you to anything—"

"But of course I do! I was simply relating what she said—"

"I know." He sighed. "The fact of the matter is,

I've only made love with one other woman in my entire life, and since both of us were virgins at the time, I don't think we need worry much on that account." He laughed ruefully. "Actually, the only thing you're not safe from is the nine-month virus."

"Oh, dear! Nine entire months of a virus?"

Chuckling, he sat down beside her and pressed the flat of his hand against her stomach. His eyes grew strangely glazed as he whispered, "Pregnancy, darling."

She blushed again, then smiled radiantly. "Oh. I see. Then that is one particular virus I do hope you'll give me one day."

"God, you're such an angel!" Unable to resist her for another second, Jeff pulled her into his arms and kissed her hungrily.

Afterward, he gently brushed a wisp of hair from her eyes. "Melissa, are you sure you're all right? I mean, after last night?"

She nodded as they moved apart. "I'm fine."

He coughed. "I have a confession to make."

She smiled quizzically. "A confession?"

"Yes." He drew a ragged breath. "You see, Lisa did raise some valid points. Last night, when I implied that there was no way to prevent—well, your becoming pregnant—I equivocated."

"Equivocated?" she repeated confusedly.

He gritted his teeth. "To hell with it! I lied."

Her eyes widened. "You lied? But why?"

He stared at her in anguish. "Because I love you so much I would have resorted to any trick to make you my wife and keep you here—including getting you pregnant."

Though her gaze was filled with sadness, her smile was sympathetic. "Oh, Jeffrey."

"I told myself it would be all to the good," he continued self-deprecatingly, "that I would save you from your self-destructive impulse of leaving me and returning to the past."

"Poor darling," she murmured.

He clutched her hand. "Are you terribly angry at me? Terribly disappointed?"

She shook her head. "No. Indeed, I understand your wanting to establish such a bond between us."

"I couldn't face losing you," he went on intensely. "But it was wrong of me to try to manipulate you that way. I'm just so crazy about you that I couldn't help myself."

"I know," she said, hugging him quickly. "It's done now, darling. You mustn't torture yourself about it."

"Will you marry me?"

She shook her head regretfully and stood. "I can't."

Jeff shot to his feet after her. "Why?"

A fatalistic look darkened her eyes. "When I returned to the house late last night I saw Missy's face again in the newel stone. She looked so terribly unhappy, and I know she was trying to communicate something to me."

"What?" Jeff asked tensely.

"I think we both know." She touched his sleeve. "She wants her life back."

"Melissa, no!" he cried. "Don't tell me you're still suffering from the delusion that you can switch places with her again?"

She sighed. "I think it's the only way, Jeff, and something tells me Missy will find a way for us to do this."

"Damn her!" Jeff cursed, hauling Melissa close.

"Why can't she leave well enough alone!"

"It's her life," Melissa said wretchedly.

"But what she wants could ruin *our* lives," he said passionately. "Don't you understand, people here need you? I need you, your friends need you, Charlotte and Howard need you! You've had a tremendous impact on all our lives, and none of us will ever be the same again without you!"

Her expression was anguished. "Then you'll all just have to hold my memory in your hearts, as I will treasure yours—always."

"And what is to become of all the good deeds you've done?" he pursued aggressively. "Who will persuade Shelley, Lisa, and Jennifer to volunteer at the old folks' home when you're no longer here to convince them? Who will see to it that Mrs. Dickson gets read to and Mrs. Ross gets her manicure?"

"My friends will still come—I know they will," she insisted through tears. "My legacy will live on."

"Legacy?" He caught her face in his hands and spoke fiercely. "And what if there is a child? What if you're pregnant right now?"

She bit her lip as tears threatened to spill over. "We'll have to cross that bridge when—and if— we come to it. In the meantime—"

"Yes?" He tenderly brushed away a tear with his thumb.

She gazed at him with love and anguish. "I don't think we should risk making love again."

He drew back. "I thought you said you wanted my child."

"I do. But I won't feel free to give myself to you again—not in that way—unless I'm allowed to stay here permanently."

He groaned. "Don't worry, I'll see to it you won't risk pregnancy again. Indeed, I've been thinking—"

"Yes?"

He regarded her solemnly. "I think it's time for you to see a doctor."

She paled. "A doctor? But I'm not ill!"

"Of course you're not, darling," he said with a smile.

"Will I have to get into one of those screaming, monster ambulances and be rushed off to the hospital for X rays?" she cried.

"No, nothing that drastic," he soothed. "All you'll have to do is to go to a doctor's office for an examination, a few routine tests and some shots—"

"Shots?"

He nodded firmly, though a terrible resignation shone in his eyes. "I've been thinking that I may have been rather negligent. What if you are somehow whisked back to your own time? A dozen diseases that are rare here could mean death for you there. We need to see to it that you're protected against measles, mumps, smallpox, and tetanus—that sort of thing."

"Ah—I see. You're speaking of the miracles of modern medical science?"

"Yes. I'd never forgive myself if you somehow went back to the 1850s and we hadn't given you every advantage possible. For all we know, there may not even be time for a complete schedule of immunizations, but we should at least make a beginning."

"I see." All at once, she felt unnerved by his words. "Jeff, the way you're talking, it's almost as if you're resigned to losing me, as if you know something I don't."

"Don't be silly," he said gruffly. "I simply want us to be careful regarding your health. Will you go to the doctor, Melissa? Do you think you're ready?"

"If you think it's best, then certainly I shall. Will you send me to Dr. Carnes?"

He mulled that over. "No, it's probably best that you see a doctor who never treated Missy. My mother knows a good man." He pulled her close. "And you can also ask him about birth control."

She smiled shyly. "Very well, Jeff."

He began kissing the contour of her jaw. "For you see, my sweet darling, for every day that we are together, we will make love. I think I'd die if we don't. And furthermore, I won't let you leave me! Do you hear me? I won't!"

Melissa nodded, her eyes welling with tears as Jeff's mouth came down possessively on hers. She now knew in her soul that she must leave him, even though it was tearing her apart. But when the time came, she must be sure not to tell him, for he would surely try to stop her.

Jeff's thoughts were equally tortured as he kissed Melissa with all his being. He would give his very life to keep her here with him, and yet, for her own good, here he was, having to prepare for the possibility of losing her.

Chapter Thirty-one

Missy was styling her hair the following morning when Dulcie swept in bearing a huge bouquet of roses. The servant beamed as she set the arrangement in front of Missy on the dressing table.

"Look what Mr. Fontenot just sent over," Dulcie said.

Trying to swallow the lump of emotion in her throat, Missy glanced miserably at the luscious blooms. There were deep reds, delicate pinks, and pale yellows, their mingled fragrances tantalizing. The flowers were an all too painful reminder to Missy of her devastating surrender to Fabian yesterday, mere minutes after their disgraceful scene downstairs. She'd made herself totally vulnerable to the very man she considered her worst enemy, and since then, every atom of her independent nature had rebelled against his domination—and against the frightening love she felt for him.

Steeling herself against her own traitorous feelings, she lurched to her feet. "I don't want these," she said tersely to Dulcie. "Why don't you just go dump them on the compost heap or something?"

Dulcie's expression was crestfallen. "But, miss, throwing away such beautiful flowers is downright sinful."

"Then you take them!" Catching Dulcie's bewildered expression and feeling a hard twinge of guilt, she quickly desisted. "Oh, never mind."

"Yes 'um."

Missy watched Dulcie walk over to make the bed. Eager to distract herself from her unsettling thoughts, she remarked, "By the way, I spoke with my father the other night about freeing you and the other slaves—but I'm afraid I didn't get very far."

Dulcie laughed. "Miss, please. Not that freedom talk again."

"I tell you, I won't rest as long as you're kept in bondage."

"Bondage?" Dulcie repeated, her expression bewildered.

Missy scowled. "How are you at painting placards?"

Dulcie was too mystified to reply.

"You just hide and watch," Missy went on with determination. "I'll get together everything that we'll need, then you'll see. We've put up with this nonsense long enough. It's high time to blast Dad out of his smug complacency."

"Yes 'um," Dulcie mumbled.

Missy wandered over to the dressing table, where she found herself treasonously inhaling the scent of Fabian's roses, even touching a velvety bloom.

"Damn it," she cursed under her breath. "Don't you dare be nice to me, Fabian Fontenot!"

An hour later, Lavinia swept inside Missy's room, wearing a huge smile and carrying an ornate tin. "Look what Fabian just sent over for you!"

"Not another present!" Missy snapped moodily.

"Why, Missy, I'm shocked at you," Lavinia scolded. "Whyever would you protest such lovely gifts?" She deposited the tin in her daughter's hands. "You've got Fabian behaving like a prince. I swear, that boy must be utterly smitten with you."

"Who cares?" Missy managed sourly, then couldn't resist opening the tin.

"Bon-bons!" Lavinia cried, clapping her hands.

"Chocolates," Missy added dismally. Unfortunately, she adored chocolates! Struggling not to succumb to temptation, she extended the tin to her mother. "Here, Mom, have one. They make my face break out."

Lavinia picked up a morsel, popped it into her mouth and made an ecstatic sound. "Manna from heaven!"

Missy groaned and popped one in her own mouth. "So, okay, they're good."

Lavinia touched her arm. "I do hope you've forgiven Fabian for his impetuosity yesterday. John and I so want to see the two of you married—and producing grandchildren with as much dispatch as possible. For years, your father and I had hoped to be blessed again. Now it appears that we must count on you and Fabian to bring a baby into our lives once more."

"Don't hold your breath," Missy muttered, although the pit of her stomach twisted with nervousness and an appalling sexual heat as she realized that she could be pregnant even now. Leaving Fabian would be one thing, but could she take his child away from him?

Oh, Lord, what was she going to do? One thing was for damn sure—she'd best not let Fabian Fontenot seduce her again! She resolved this vehemently as she devoured her fourth chocolate.

Lavinia smiled wisely as she slipped from the room.

An hour later, a box full of luscious silk scarves arrived.

An hour after that, a bottle of expensive French perfume and a pearl necklace were delivered.

At luncheon time, the amorous suitor himself appeared.

Missy stormed down to the parlor to confront Fabian. Steeling herself against the devastating feelings inundating her at the sight of the gorgeous man standing across from her, she snapped, "Fabian, I want you to stop sending me presents!"

He only grinned. "Quit plying you with gifts? But how can I do that, my sweet darling, when I'm determined to win your favor?"

"Well, you're wasting your time—and your money," she blustered. "It's not going to work!"

He chuckled, crossing the room and kissing her cheek. Cupping her chin, he tilted her face until her tempestuous gaze met his. "My, aren't we touchy today? Obviously, you've been cooped up in the house for too long. Let's go for a picnic."

"A picnic?" This was the very last thing she'd ever expected Fabian Fontenot to suggest!

"Why, of course. What better atmosphere for courting fair maidens?"

She shook a finger at the exasperating devil. "Fabian, don't you dare—"

Flashing her a dazzling smile, he cut in smoothly. "The cook packed me a truly tempting luncheon—ham, potato salad, biscuits, a cherry cobbler—"

While Missy's mouth was watering, she managed a weak, "Fabian, no, I can't—"

Yet her protests were useless as Fabian gently but firmly tugged her from the room and out the front door.

"Damn it, Fabian, are you a certified idiot?" she demanded as he led her down the front steps.

"A lovely day, isn't it, my darling?" he asked gallantly, deliberately ignoring her burst of temper and her struggles as he pulled her toward his barouche. "Ah, the brisk coolness of spring, the scent of nectar in the air . . . how very romantic."

Missy gritted her teeth. "I think you're losing it, buster."

He chuckled. "What quaint, enchanting things you say."

"Fabian, will you please just go home and leave me alone?"

"But how can I woo you and win you, my darling, if I leave you?" he countered patiently.

At his barouche, he easily lifted the protesting female onto the seat. He reached up to touch her bare neck. "You aren't wearing the pearls," he scolded with a wounded expression.

Missy made a strangled sound and tried unsuccessfully to fight the shiver of longing that swept her at his exciting touch. "That's another thing—all those gifts!"

"You did not like them, my love? I'll send others."

"Don't you dare!" she protested. "It's bad enough to be inundated with flowers—and silk scarves—"

"Ah, yes." He winked devilishly. "I could always use the silk scarves to tie you to my bed, couldn't I?"

Missy made another tortured sound as he circled around the conveyance and got in beside her. Damn him, she thought, why did he have to act so masterfully charming? She'd always been a sucker for charm.

Nonetheless, as he reached for the reins, she lit into him with all the bravado she could muster. "I know what you're trying to do, Fabian Fontenot, and it's not going to work, do you hear me? Flowers give me a headache, silk scarves aren't my particular kink, thank you, and as for chocolates, they not only make my face break out, they make me fat."

Yet Missy was stopped in mid-sentence as Fabian pulled her against him. "Enough, Missy."

"Don't you dare tell me enough, you big—"

"You're not going to make me stop loving you," he said firmly.

"What?" she cried.

His determined gaze seemed to impale her. "You can rant like a harridan, you can eat until you become fat and your face breaks out, but you're never—*ever*—going to make me stop loving you or trying to convince you to become my wife."

"Damn it, Fabian!" By now, her senses and her resolve were practically in tatters.

"Why don't you just give in?" he went on with an easy grin as he turned to snap the reins. "You're going to lose, you know."

Ever defiant, she retorted, "I'm not! And you're not going to seduce me again!"

"Oh, I'm not? Isn't it odd, my love, that you are the one to bring up the subject of seduction? Can't you at least wait until we're safely away from the house?"

Fabian's insufferable comments reduced Missy to red-faced silence.

As he drove them down a shady dirt road, Missy's earlier fears returned to nag her. What if she were indeed stuck here with Fabian Fontenot permanently? What if she were already carrying his child?

"Fabian, what are your goals in life?" she abruptly asked.

He turned to stare at her in amazement. "Goals?"

"What do you like to do?" Watching him grin lecherously, she hastily added, "Besides that."

He pondered her question a moment. "I enjoy hunting, fishing, a good bottle of sour mash . . ." He wiggled his eyebrows. "Courting fair maidens . . ."

She uttered an exasperated groan. "That's not what I mean at all! You're talking about leisure activities. What I want to know is, what are your career objectives?"

"Career objectives? I've never heard of such a silly expression."

"Why?" she demanded.

"Why? Because why should one have long-term goals, when the next yellow fever epidemic could come along and sweep us all away into the after-life?"

"Not if you get rid of the mosquitoes, it won't," she argued.

"Mosquitoes?" He laughed. "What possible bearing could those little pests have on the epidemics?"

Missy spoke through gritted teeth. "As I've already told you and your laughable Board of Health, mosquitoes carry yellow fever!"

"Absurd," he scoffed.

"Oh, you're hopeless!"

"Hopelessly in love?" he teased. "Ah, yes, there I must agree. Now, if you'll just agree to marry me—"

She set her arms akimbo and stared ahead moodily. "I refuse to marry a man without goals."

"Have you forgotten that I raise cotton?" he queried.

She rolled her eyes. "Your slaves raise cotton, and I'm sure you have a reliable overseer to run the plantation. So raising cotton doesn't count."

He shrugged and snapped the reins.

He drove them to a forested area with a grassy clearing that looked perfect for picnicking. As Fabian helped her out of the barouche, Missy couldn't help but feel enchanted by the dappled scene and the many vibrant, blooming wildflowers. A nearby stream rushed with clear, clean water, the sound soothing to her ears. While she went to fill their tin cups, Fabian spread out a blanket on the ground and set out their food.

Sitting on the ground next to Fabian, Missy devoured the luscious meal. Fabian chuckled at her voracious appetite and occasionally fed her a grape or a few strawberries. When his fingertips lingered on her mouth several times, she practically came unglued.

Missy was quickly becoming a nervous wreck. It was impossible being alone with Fabian this

way, knowing there was nothing to save her from her own shameless lusts, to stop her from ripping his clothes off. If anything, their earlier fights had only added to the sexual tension.

Covetously, she eyed him sitting next to her. He'd removed his hat, coat, and cravat, and he looked so sinfully gorgeous, with his trousers pulling at his muscular legs and his white shirt partially unbuttoned, revealing the crisp, sexy hair on his chest. The way the wind ruffled his thick, dark-brown hair, the way the light outlined the sensual shadow of whiskers along his jaw, was enough to drive her mad with desire, especially as she remembered him thrusting into her so exquisitely only yesterday. When she spotted him licking his lips, she wanted to lick them for him. When his perfect white teeth nibbled at a strawberry, all she could think of was having those wonderful teeth nibbling at her breast again.

Good grief! What was wrong with her? What had happened to her resolve, her self-control?

As they were eating their cherry cobbler, Fabian said casually, "Tell me about this Jeff you were ranting about yesterday."

"What about him?" Missy asked, instantly suspicious.

Fabian's boot reached out to toy with her slipper. "Was he the one you were intimate with?"

Missy uttered an infuriated cry and set aside her plate. "You're such a jerk, Fontenot."

He smiled. "Am I?"

She tossed her curls and stared at him in defiance. "It's just killing you that you weren't my first, isn't it?"

He shocked her then by pushing her down onto the ground and covering her with his strong body.

A near-frightening intensity glittered in his dark eyes. "I'll tell you something, my sweet darling—I'm going to be your last."

The words were electrifyingly sensual for Missy, especially as she lay pinned beneath him, crushed by his hard heat, inundated by his wonderful scent. Indeed, staring up into his dark, determined eyes, she felt far too inclined to believe him. She could hardly even hear his words over the mad beating of her heart.

"You still haven't told me about Jeff," he continued patiently.

She was silent a moment, attempting a glower. Should she tell him the truth about everything—about Jeff, the family, and the century she'd left behind? But if she did, Fabian would surely think her mad—just as he had yesterday. Still, there might be some benefit to his thinking she was crazy. She must give this subject additional thought.

"Well, Missy?" he nudged. "Did you love him?"

"No!" she hurled at him.

"Were you intimate?"

"Jeff and I were never intimate," she retorted. "There, are you satisfied, Mr. Busybody?"

"Then who . . . ?"

"Took my virginity?" she supplied waspishly. "Damn it, Fabian, it was a long time ago, it was meaningless, and it *is* none of your business! Now will you get off me, you big bully?"

He merely smiled and said, "No."

"And why not?"

He leaned over to nibble on the tip of her nose. "Because I need you so desperately, my darling."

A strangled sound died in her throat as he kissed her. Oh, God, she thought sinkingly, why'd he have to say such endearing things? He was being

far too patient, too sexy, and too damned clever. She hadn't even been able to provoke his usual, hair-trigger temper!

"So sweet," he murmured into her mouth. "Sweet as cherries . . . I must have more."

Missy was drowning in his kiss, fighting to hold on to her convictions. "Please—I don't want—I don't need you," she managed weakly, trying to shove him away.

He pressed a hand to his heart and feigned a wounded air. "Princess, you slay me."

Feeling far too vulnerable to him, she used anger to shore up her weakening defenses. "About time. Why do you insist we keep on dating, anyway? You don't even like me—"

He smiled. "Oh, there are things about you that I like."

"Yeah, and they're all to be found from my neck down."

He chuckled. "But that's not true, darling." Leaning closer, he whispered, "You have the most incredible . . . mouth."

"See what I mean?" she cried. "You'd never say I have an incredible mind!"

"But it's not your mind that I want to kiss," he murmured, then proceeded to demonstrate at his leisure.

"There, you did it again!" she cried afterward in a quivering voice that betrayed her growing excitement. "You're such a typical man!"

He touched her right breast, smiling when he felt the tautness of her nipple even through the layers of her clothing. Their gazes locked—both fervid and searching.

"And you're not a typical woman?" he murmured.

353

"Tell me why you need me!" she demanded.

He smiled and began to smooth down her mussed hair. "I need your strong spirit and brave heart. I need your pride and your passion. I need you in my bed—"

"Another sentiment spoken straight from the bottom of your gonads!"

Still, she was unable to provoke him! "But darling," he coaxed, roving his tongue over her chin, making her break out in shivers, "you're such a gorgeous, gloriously wanton creature, so sensuous and so very desirable . . ."

Missy groaned. "What are you doing now?"

"Seducing you," he replied wickedly, lifting her skirts and touching her boldly.

She gasped.

"Why don't you say no, Missy?" he teased remorselessly. "Is it because you can't? Is it because you need me, too?"

"Yes!" she cried.

"Is it because you want me as much as I want you?"

"Yes!" she half-sobbed.

He kissed her ravenously, grinding his aroused loins into her pelvis. She kissed him back so passionately that tears sprang to her eyes.

"Fabian, please don't," she begged desperately. "You're going to get me pregnant."

"I want you pregnant," he whispered intensely, kissing her damp cheek. "I want to get you with my child right this minute, so you can never escape me."

His words were arousing her to a fever pitch, yet still she protested. "Please, don't you have anything you can use in this benighted century? A condom or something?"

He pulled back and glared down at her, at last magnificent in his fury. "Where did you learn of such indelicate matters, woman? In a brothel?"

"Yes!" she declared, half-frantic to dissuade him. "I'm a closet whore."

But he only laughed. "You're no whore, my love. You may have succumbed to a momentary indiscretion in the past, for which I've already forgiven you—"

"Damn you, Fabian!"

"But you're no whore. Indeed, you never knew true pleasure until you found it in my arms for the first time the other night."

She turned away with a cry of anguish.

He grabbed her face. "Well, Missy? Do you deny it?"

"You know I can't!" she cried.

"And do you want to feel that way again?"

"You know I do!"

His hands were beneath her skirts again. Her fingers were ripping at the buttons of his shirt, her lips kissing the hair-roughened texture of his chest.

He spoke vehemently. "I'm going to love you—and make love to you—until you're pregnant, until you promise you'll marry me—until you love me in return—"

"I do love you!"

"I know, darling. And I'm going to keep on doing this until you say you're mine!"

Chapter Thirty-two

A few nights later, Melissa and Jeff stopped off at his apartment after attending a benefit dinner sponsored by the Junior League. She wore a pale blue, glittery cocktail gown with a slit up one leg; he wore a tuxedo. They were dancing about his living room to the strains of Phil Collins on the stereo.

"I can't believe I'm here with you in your apartment," she murmured dreamily. "In my day and age, this would have been considered highly improper."

"I'm liberating you, darling," he teased.

"Liberating?" she repeated.

"Within certain boundaries, of course. As long as you're one hundred percent, positively mine, you can be just as liberated as you please."

"Why, that does sound delightful," she said.

"Tonight was fun, wasn't it?" he added as they glided about.

"Oh, yes. It is always enjoyable to know that one is benefiting mankind."

He drew back slightly, admiring her in the low-necked dress. "You have no idea how you've benefited *this* member of mankind by wearing that sexy little number."

She glanced downward confusedly. "Is there a number somewhere on this frock?"

He chuckled and kissed the tip of her nose. "I'm talking about your dress, silly—and especially about every delightful curve you've poured into it."

She blushed becomingly. "I'm glad I've pleased you, Mr. Dalton."

He winked. "Next, I'm getting you into a bikini."

"The bikini again. Is this more of the liberation process?"

"Within the prescribed limits."

"My, but you're a determined man."

His expression suddenly grew serious. "Where you're concerned, darling, my determination knows no bounds. First we'll get you in the pool and teach you how to swim, and then I'll teach you how to drive."

She feigned indignation. "But if I learn to drive, then my chauffeur, Mr. Duke, will be without a job."

"If I know you, you'll learn to drive just so you can chauffeur him around."

"I suppose it would be only fair for me to drive once in a while," Melissa mused with a thoughtful frown.

"You're becoming more accustomed to the technology of this age, aren't you?" he asked.

She nodded. "I'm not nearly as frightened as

I used to be. And I must admit this age has its conveniences."

"I intend to spoil you so thoroughly with those conveniences that you'll never leave me." Pulling her closer, he added, "Speaking of modern miracles, how did it go at the doctor's office the other day?"

Melissa cleared her throat in acute discomfort. "Well, it was most embarrassing, to say the very least, but then, I suppose a woman must become accustomed to such matters."

"Did you begin your shots?"

"Ah, yes. I told the doctor just what you'd suggested, that all my life, I'd had this—er—path—"

"Pathological."

"Yes. That all my life, I'd had this pathological fear of needles."

"Did he buy it?"

"Did he buy what?" she asked, perplexed.

Jeff chuckled. "Did he believe your story?"

"Oh. Well, to say that he was horrified would be a gross understatement. He delivered the most impassioned lecture, demanding to know how on earth my parents could have been so irresponsible, and how I'd been allowed to get through school without being immunized—for which I had no suitable explanation, of course. At any rate, my argument seemed to be borne out when I swooned during my first inoculation—"

"Oh, no!"

"Oh, it is all right," she said earnestly. "The nurse informed me that many people faint at the sight of needles. Miss Foster was also telling me that Dr. Murchison volunteers one afternoon a week at the free clinic. Indeed, they need some help there answering phones and doing filing, so

of course I offered my services."

He buried his face in her hair and spoke intensely. "Of course you did. You're such a darling. You've made your mark here—you've changed lives. Where would we all be without you?"

She was silent, mulling over his words and feeling an aching sadness at the impermanence of her life here, at the forces that could at any time pull her and Jeff apart. As much as she felt bound by honor and duty to the past, she couldn't bear the thought of breaking his heart.

As if summoned by her own turbulent thoughts, the song *Against All Odds* began to spill out over the speakers. She listened to the poignant lyrics for a moment, then murmured, "I like this Mr. Collins on the hi-fi."

"Stereo," he corrected with a grin.

"Ah, stereo. There is something very romantic, and also rather sad, about his music. And I so enjoyed the other night, when we listened to the blues over on Beale Street."

"We'll go there again soon."

"I would very much enjoy that."

"Good. I want you thoroughly addicted to this century."

They continued to dance for a few more moments as the song played out. Jeff held her close and whispered passionately, "That song hits home far too much. It describes just how I'd feel if I lost you."

"I know, Jeffrey, and I'd feel the same way." A shadow crossed her eyes. "Nevertheless, we simply don't know how much time we have left together. Even if Missy should decide to stay in the past, how can I know for certain that my existence here will be permanent? We may be dealing with forces

more powerful than either of us!"

"We're dealing with love!" he cried fiercely. "How can you think that our love won't be stronger than anything else? How can you think that there won't be a way for us? You belong with me, and I won't let Fontenot have you! By God, I won't!"

He swept her through his bedroom door, caught her hard against him, and kissed her urgently. She kissed him back, glorying in the scent and taste of him, even as bittersweet tears clogged her throat at the thought of losing him.

"Did you ask the doctor about birth control?" he asked hoarsely.

While embarrassed, she answered forthrightly. "Yes. As a matter of fact, the devise is in my purse even now. I mentioned to him our—er—indiscretion, and he said that, while we can't be certain for a few more days, the timing most likely was not right for pregnancy."

"I'm glad," he murmured, nibbling at her neck. "Not that I don't want a child with you quite badly, but it was wrong of me to try to force the issue."

"I understand, darling."

"I want to make love with you, Melissa," he went on intensely. "Spend the night with me so I can love you every minute."

Even as excitement stormed her senses at his words, her eyes grew huge. "But I can't! Mother and Father would be scandalized!"

"No, they won't. Just call them and tell them you'll be very late, and not to wait up for you." He caught her face in his hands. "Darling, don't you trust me?"

"Oh, yes," she whispered fervently.

"Don't you want to make love with me?"

"With all my heart."

He smiled and handed her the phone. "Do you need help dialing?"

She smiled back. "No. Father's been giving me lessons."

"Good for him."

"And besides, I must become adjusted to these devices if I'm going to help out at the free clinic, mustn't I?"

"Right."

While Melissa made her call, Jeff went to the living room, returning momentarily with her purse. He handed her her small beaded bag as she set down the receiver. "Well?"

She smiled crookedly. "Mother said to take our time."

He grinned. "Turn around." As she complied, he unzipped her dress and kissed her bare shoulder. Smiling at her soft gasp, at the sight of the gooseflesh breaking out on her lovely nape and shoulders, he said in a sexy rumble, "Now, I think you'd best duck into the bathroom, darling, before I throw caution to the winds."

"Ah, yes." She started off with her bag, then hesitated.

"Melissa?" he asked.

She turned to him, biting her lip. "Is this a long-term, monogamous relationship, Jeffrey?"

He laughed. "What on earth brought on *that* question?"

She blushed vividly. "Well, the doctor said that this particular device can only be used in a long-term, monogamous er . . . Is it?"

He winked at her. "You bet your sweet bottom it is."

Smiling radiantly, she dashed off. As Jeff began

undressing, he felt so filled with love for her that his throat ached.

When Melissa returned, wearing just her half slip and strapless bra, she spotted Jeff waiting for her beneath the covers, bare-chested and looking very sexy. His gaze seemed riveted on her as she climbed in beside him. Then her bottom contacted something hard; she pulled out the remote control and stared at it confusedly.

"Sorry, darling," he said sheepishly. "Too many late nights alone, with just me and the TV, I guess."

She grinned wickedly and handed him the device. "I think we'd best put this away in a safe place, Jeffrey. I don't want to cancel, stop, or eject you."

"Just try it, lady!" Jeff howled with laughter, took the remote control, and placed it on the nightstand. He kissed her thoroughly and began unsnapping her bra.

"I was wondering Jeffrey," she murmured breathlessly as he kissed her breasts.

"Yes?" His voice was very husky.

She stroked his muscular arms. "Well . . . while I was in the bathroom I noticed that you have a whirlpool. Every time I try to use the one at home, it shoots geysers at me."

He chuckled. "How can I help, darling?"

"Well . . . can you show me how it works?"

She was rewarded by a fierce kiss that ground their teeth together. "Can I ever!"

Chapter Thirty-three

"Now, everyone, come to attention."

Late Saturday afternoon, Missy stood at one end of the carriage house with a sober-faced Dulcie beside her. Her podium was a small, scarred desk; across it were laid several placards she had stayed up late last night to finish lettering.

In front of Missy, down the long center aisle between the many conveyances, sat most of the plantation's Negroes. Arrayed in a variety of coarse cottonades, the fifty or so men, women, and children huddled together on the floor and listened to Missy in wary silence. Even Missy's call to attention had been absurdly unnecessary, since the mood in the large shed was so morose and somber that a scurrying mouse would have sounded like a cattle stampede.

Missy was aware that the slaves had come here very reluctantly, after she had sent Dulcie over to the "Street" to announce the meeting. However, ever since her recent frustrating argument with

her father, Missy had resolved to do something about the unjust institution of slavery here on the plantation. She had been patient with John Montgomery long enough; it was time for action.

Staring at the sea of somber faces stretching before her, she cleared her throat and began her prepared speech. "I've come here today to tell you that it is time that you all take charge of your own lives."

Silence.

She braved on. "I've come to tell you that the institution of slavery is wrong, and since my father will not see reason on the subject, I'm here to encourage you to take matters into your own hands."

Silence again.

"You have no rights as human beings," Missy went on passionately. "You are ordered about, with no choices whatsoever regarding your own destinies. Your children are not taught to read or write, you are not allowed to leave the plantation or even marry without my father's consent. I say that you have tolerated this unacceptable situation long enough, and it is high time that you put an end to this evil."

As many of the slaves exchanged glances of fear or confusion, an older man with silvery hair got to his feet. "Just what are you suggesting, mistress?" he asked.

She coughed nervously. "I'm suggesting that you protest this inhumane system, that you go on strike and demonstrate."

"Demonstrate?" he asked, even as shocked murmurings drifted through the crowd.

"Yes. You must all refuse to work, and carry signs such as the ones I've prepared." She nod-

ded to Dulcie, who hesitantly lifted one of the placards. "There," Missy finished triumphantly, "you must all make more of these."

"But how can we make more signs, mistress," the man asked patiently, "when most of these people can't read or write and don't even know what the signs say?"

"Oh, I'm sorry," Missy muttered, feeling like a complete idiot. She pointed toward Dulcie's placard. "This one says 'Freedom Now' . . ." She grabbed another sign and raised it. "And this one says 'Human Bondage Is Evil.' "

As horrified gasps filtered through the crowd, the elderly spokesman said sternly, "Mistress, do you realize that we could all be whipped or thrown in jail for plotting an insurrection?"

Missy paled to the roots of her hair and hastily dropped her placard. "Oh, I hadn't thought—"

"Missy, what on earth is going on here?" came an outraged male voice.

As the captive audience turned in horror, John Montgomery stormed in through the back door, his features livid as he carefully wended his way through the seated slaves to his daughter's side. "What do you think you are you doing, daughter?" he asked in a furious undertone, glancing flabbergasted from the placards to the slaves, and then back at Missy.

Missy drew herself up and faced her father defiantly. "I'm informing these human beings of their rights."

"What rights?"

"That's just my point!" she declared. "These people have no rights, thanks to you, and I'd say it's high time they demanded their due."

Clenching his jaw, John turned to the assem-

blage. "Isaac," he said, addressing the spokesman with surprising gentleness, "I apologize to you and the others for my daughter's rash actions. You may all leave."

Murmuring to one another and shaking their heads, the slaves got to their feet and dutifully trooped out.

John turned to Dulcie. "You may go, too, thank you."

"Yessir." Hastily placing her placard on the desk, Dulcie scurried off.

As soon as Dulcie was out of earshot, John shook his finger at Missy. "Young lady, I have just witnessed the most appalling, treasonous . . . ! By damn, when will you remember your place?"

"Don't start in on my place, Dad," Missy snapped back. She heaved a frustrated sigh. "Besides, I fully realize I just made a complete ass of myself."

"You do?" For once, John appeared at a loss. But he recovered quickly, demanding, "And do you realize that you were toying recklessly with the lives of these people by inciting them to insurrection?"

"Yes! And can you honestly say you don't toy recklessly with their lives every day?"

Taken aback, he blustered, "Well, I—"

"As a matter of fact, I'm delighted to get straight to the heart of this problem." She balled her hands on her hips and continued furiously. "Yes, I was a presumptuous idiot to think that the slaves could change things themselves. The truth is, they have no say over their own lives because you've seen to it that they're powerless! The real villain here is you!"

"Now I'm the villain?" he cried, flinging a hand

* * *

"Oh, my, look at all these books," Melissa cried.

Melissa was with her friend Shelley's mother, Lucy French. Lucy was the head librarian at one of the Memphis branch libraries, and the two women were walking through the stacks together.

"It was so good of you to volunteer to help us today, Melissa," Lucy said.

"To shelve a few books?" Melissa replied. "Oh, it's nothing. Besides, when I overheard you telling Shelley that you are currently short on volunteers, how could I not offer to help?"

Lucy smiled. "You are a fine and generous young woman." She laughed. "Shelley wouldn't be caught dead helping us out."

"Oh, she'll be here on Tuesday afternoon, along with Lisa and Jennifer," Melissa put in firmly.

At first, Lucy was too stunned to reply. Then, as they moved into a new area of shelves, she nodded and said, "This is our fiction section here."

"Ah, yes. This is where you said the books are arranged alphabetically, by the last name of the author?"

Lucy beamed. "Why yes. You catch on so quickly! Do you have much library experience, dear?"

Glancing around, Melissa muttered, "Oh, not for a hundred and forty years or so. . . ."

Looking perplexed, Lucy asked, "I beg your pardon?"

Melissa quickly smiled. "I'm sorry, I was talking to myself. Actually, I've pretty much exhausted my parents' library at home, so I'm quite thrilled to be here."

"Wonderful. Tell you what—we'll have you shelving fiction today, and then next week I'll

acquaint you more with the rest of our stacks
and our classification system."

"Splendid."

At the edge of the fiction stacks, the two women
paused next to a cart full of books parked on one
side of an open doorway. "Well, dear, you can
begin with these volumes right here," Lucy said.

Melissa, meanwhile, was gazing through the
doorway at a small, cluttered room with many
ancient-looking volumes. "What is in there, if I
may ask?"

"Oh, that's our local history room."

Melissa was instantly all attention. "Local history?"

"Yes. Actually, much of what we have here is
genealogical studies of some of the families who
lived in Memphis during the nineteenth century."

Melissa paled. "Oh, my goodness!" she cried,
gazing raptly into the room. "I had no idea such
extensive records were kept! Could I find information about *any* Memphis family in those records?"

Lucy frowned. "I'm afraid records were not kept
on every family. But I'd venture to say we have at
least some information on most of the prominent
families."

"Do you have anything on the family who built
the house where I live—the John Montgomerys?"

Lucy mulled over that, then shook her head. "I'm
pretty familiar with the material, and that name
doesn't ring a bell. However, while we may not
have a specific history on the John Montgomerys,
you still might be able to gather some incidental
information through reading other sources." She
smiled. "If you're interested, dear, you're welcome

to come back and spend all the time you want."

"Thank you, Mrs. French." Melissa nodded decisively and picked up an armload of titles. Starting off for the stacks, she called over her shoulder, "I'll be back first thing on Monday."

Chapter Thirty-four

As Missy sat with Fabian at the Presbyterian church on Sunday, she wore his pearls. Despite her stylish, sedate veneer—her feathered hat and new spring frock—inside she was feeling far from serene.

Fabian, seated next to her, had the countenance of an angel; from simply looking at him, one would never guess the passionate things he did to her each night. She realized with a sinking feeling that she wasn't just madly in love with him, she was *in lust* with him, up to her eyeballs. Indeed, she did the equivalent of lust's death spiral every time she remembered him kissing her and driving into her with such sweet violence. To make matters worse, he treated her with a devastating charm that melted her heart—and her clothes. Just last night, he'd seduced her again in the little guest house at the plantation, the one she now laughingly referred to as the "gargoyle."

Every day, it became harder and harder for her to resist his magnetic spell. The way things were going, she would soon end up married and pregnant—and not necessarily in that order! Every time she tried to lecture the maddening devil on birth control, he merely laughed and began tossing up her skirts. Her resolutions quickly went the way of her underclothes—discarded somewhere in the netherworld. All her instincts told her that if she were to escape him—and to escape being trapped permanently in the year 1852—she had to act quickly!

But what could she do? She had no real idea how to travel back to the future again. She still occasionally saw glimpses of Cousin Melissa's face in the newel button, and she always tried to communicate that she wanted her life back. Lately, she'd seen a sadness in her cousin's eyes.

Was her message getting through?

Even if Melissa knew she wanted her life back, there was still no practical way to accomplish the switch. No doubt, Melissa, being the more passive of the two of them, was waiting for *her* to point the way.

But *how*?

And, in the meantime, how would she keep Fabian from making her the very new—and the very pregnant—Mrs. Fontenot?

In the past few days she'd reflected a lot on Fabian's bewilderment the day he'd spanked her and she'd dropped her guard and started ranting about the twentieth century. Prior to this, she'd been afraid to tell anyone where she'd truly come from, out of a fear that she'd be locked up as a lunatic.

And Fabian had, indeed, assumed she was temporarily insane. She smiled. Maybe telling him the truth wouldn't be so bad after all. How well would Fabian Fontenot like the idea of being married to a madwoman?

After church, Missy and Fabian had dinner with her parents and his grandparents at the Gayoso Hotel. After the pleasant meal, John invited everyone to be his guests at a hot-air balloon launching that would be held along the bluff near Pinch, to benefit the Masonic Lodge. Fabian's grandparents at once enthusiastically accepted.

Missy, however, demurred. Nodding toward Fabian, she said to her father, "Thanks for the invitation, Dad, but Fabian has promised to take me for a drive along the Public Promenade."

"I have?" Fabian asked in astonishment.

"Yes, we have things to discuss," she added smoothly.

"We do?" he asked.

"I hope it's setting a new date for the wedding," Lavinia put in smilingly.

"Who knows?" Missy replied glibly to her mother. "At any rate, all of you go on and have a good time. I'm sure Fabian and I will be able to see the balloon rising from our vantage point on the bluff."

They said their good-byes, and Fabian was grinning as she towed him out of the hotel. "I hadn't realized you were so eager to be alone with me," he remarked devilishly.

"Oh, you have no idea how eager," she purred back.

Outside, he assisted her into his barouche. As they drove off together, she was silent, gathering her thoughts. They left Exchange Square and turned onto the Public Promenade, following the contour of the bluff northward. They passed numerous other conveyances bearing elegantly dressed couples or families who were on their way to the balloon launching, or merely taking their Sunday afternoon drives.

"Pull over," Missy urged Fabian after a few minutes. "Let's get out and walk."

He obliged, helped her out of the conveyance, and they strolled arm-in-arm through the grass at the edge of the bluff. Wild violets were blooming, and the day was sweet and mild. Beneath them, a river packet moved slowly through the silvery waters of the Mississippi, battling the strong currents as it traveled upstream.

"I see you wore my pearls today," he murmured.

She touched the double strand at her throat. "So I did. What of it?"

He winked at her. "Next, it will be my ring."

"Don't press your luck," she snapped, though she couldn't resist a smile.

"What's on your mind, Missy?" he asked.

She bit her lip. "Do you remember last week, when I spoke of being from another century?"

A look of compassion crossed his eyes, and he reached out to stroke her cheek. "How can I forget, darling? I drove you quite past all reason. I do hope you can find it in your heart to forgive me."

"But the point is, there's no forgiveness needed—at least, not on that score."

He scowled. "Now you're speaking in riddles. You must tell me what you mean."

She nodded. "You see, the truth is . . ." She took a deep breath, then blurted, "I am from another century."

Fabian threw back his head and laughed. "What a delightful sense of humor you have."

She gripped his sleeve, pulling him to a halt, and spoke vehemently. "But I'm not imagining things! It's true! I'm from the year 1992!" Watching him roll his eyes, she rushed on, "Your real fiancée and I were both getting married on the same day, a hundred and forty years apart. Then, through some quirk of fate—we got switched."

Fabian was shaking his head. "Darling, that's totally absurd."

"But it's not! I tell you, it's true!"

"So you got switched with my real fiancée," he drawled cynically, "and you just *happen* to be her exact physical twin?"

"Yes! I mean, more or less," she replied, wringing her hands. "You see, my real name is Missy Monroe. I'm a distant relative of the woman you knew as Melissa Montgomery, which is the reason for the uncanny resemblance."

He chuckled. "So, if this switch you speak of really occurred, then where, pray tell, is the real Melissa?"

Missy was growing exasperated. "Don't you understand anything? She took my place in the year 1992!"

Now Fabian was all but doubled over with mirth. "Come now, Missy. You can't possibly think I'm that gullible! Everyone knows that phenomena such as travel through time are impossible."

"But I tell you, it's all true! I am from the future! And I'll prove it to you!"

"How?"

She pointed toward the river. "Ten years from now, the entire country will be caught up in a Civil War, and Memphis will fall to the Yankees."

"Ridiculous," he scoffed.

"The South will lose the war and slavery will be abolished," she went on. "In the decades following, the economy of Memphis will decline, there will be three disastrous yellow fever epidemics, the city will eventually lose its charter, and then it will rise again as a major cotton market and distribution center."

"Unbelievable," he uttered.

"In the twentieth century, there will be two great wars, and mankind will fly to the moon—"

Abruptly she was hauled against Fabian, to face the anger sparkling in his dark eyes. "Missy, that's quite enough. Stop it!"

"But I'm telling you the truth!"

"No, you're not," he said in a deadly firm voice.

"What possible motive would I have to lie?"

He laughed ruefully. "The same motive you've had all along, my sweet darling—to escape me. And it's not going to work."

She broke away from him. "Damn it, why won't you listen to me?"

His expression turned more conciliatory. "Missy, you've been through a lot—hitting your head, losing your memory. Perhaps all of these inventions you speak of were part of a dream you had while you were unconscious."

She was silent a moment, jarred by his words. What if what he said were true—and all her memories of 1992 were just a hallucination? It was a most unsettling thought.

"Besides, you've spoken the most patent idiocy," he went on. "Even if there is eventually a war

over this slavery business, the South will never lose. As for flying to the moon—that's utter nonsense. Everyone knows the sky is strictly for the birds."

Growing extremely frustrated, Missy glanced off to the north, only to smile triumphantly as she spotted the colorful hot-air balloon making its assent into the air. Pointing toward it, she demanded, "If the sky is for the birds, then how do you explain *that*, Mr. Know-It-All?"

He shrugged. "There's a world of difference between a hot-air balloon and a rocket to the moon."

She stamped her foot. "Damn it, can't you at least acknowledge the possibilities I've raised?"

"No."

Missy threw up her hands in defeat. There was obviously no getting through to this man. As always, he was one hundred percent provincial bumpkin—even if he was also her provincial bumpkin, and the man she loved. Oh, what a mess!

Missy strolled off toward the edge of the bluff and crossed her arms over her chest, her expression moody. Fabian came up behind her, curling his arms around her and pressing his cheek next to hers. A little sigh escaped her.

"Marry me, angel," he whispered tenderly.

She gritted her teeth against the floodtide of feeling sweeping over her at his nearness. "Doesn't it bother you that I'm crazy?"

"You're not the least bit crazy. You're simply afraid to surrender to what you're feeling for me." Nibbling at her throat, he finished, "But you'll get over it."

"Oh, will I?" she blustered.

"I'll build you the most beautiful mansion in Memphis," he went on seductively. "We'll take a riverboat to New Orleans on our honeymoon, and make love every minute of the way."

She turned in his arms, her expression eloquent with conflicted emotion. "Damn it, Fabian, I've told you I can never be happy as just your wife!"

He took her hands in his and spoke earnestly. "Why? Are you still in love with this Jeff person?"

"How many times do I have to say it? I never loved him. But that doesn't mean things can work with you."

"Why not?"

"Because you can't give me what I want."

He caught her about the waist, locking their lower bodies together. "Really?"

She groaned. "Okay, it's great between us in bed. But that's not what I'm referring to."

"Then, pray, enlighten me."

"For one thing, you have no goals."

"That again?" he muttered irritably. "Then I'll get some."

She made a sound of extreme frustration. "Even if you could, that still wouldn't be enough."

"What else would you want?"

"To be my own person!"

"I'll let you."

"To travel!"

"We'll do so."

"To run my own business."

He frowned.

"See what I mean?" she cried exasperatedly. "Despite all your high-minded arguments, you're still totally rooted in the thinking of the nineteenth century! You'll never take me seriously,

or respect my rights as an individual."

"Missy, I didn't say no," he pointed out.

She harrumphed.

He caught her close again. "Indeed, there's only one issue on which I'll say no to you."

She stared up at him belligerently. "And what's that?"

"I'll always say no on the subject of your ever loving anyone else."

The earnest, vulnerable look in his eye melted her. "Oh, damn it, Fabian, just when I'm working up a good head of steam, why do you always have to go and say such romantic things?"

His answer was a grin, followed by a searing kiss that seemed to last for a thousand heartbeats.

Melissa and Jeff were strolling through Confederate Park at the edge of the bluff. They had just attended church and shared lunch with his mother.

Around them, the huge old trees were leafing out and the scent of spring was thick in the air. Below them, tourists swarmed over the River Walk area of Mud Island, and sailboats were gliding out of the marina.

As they paused before the statue of Jefferson Davis, Melissa found that the image of the President of the Confederacy brought home for her the reality of her situation.

"I met him once, you know," she murmured to Jeff.

He glanced at her in astonishment. "You met Jefferson Davis?"

She nodded. "It was several years ago—in the past, that is. Mr. Davis and his wife, Varina,

"But why?"

He nodded toward a nearby bench. "Darling, please sit down."

She complied, while he paced with his hands shoved in his pockets and his expression deeply abstracted. After a moment, he turned to her and said resignedly, "You don't need to do any research, Melissa. I've already seen to that."

She paled. "You've what? What do you mean?"

He drew a heavy breath. "As soon as you convinced me you were from another time, I hired a local genealogist, Mildred Reed, to research anything she could find out regarding your family history. She's been doing extensive work for me on the project for several weeks now."

Melissa's expression was stunned. "And what has she discovered?"

All at once, he avoided her eye. "Very little, actually. It seems your mother was right when she told you few records were kept on your family. As a matter of fact, finding out any information at all has been quite frustrating for Mildred. But when I last spoke with her, she felt certain she was getting closer. She mentioned having contacted some county and state agencies, as well as the Family History Library of the Mormon Church. The upshot is, she has promised to give me a full report within a week."

Melissa rose, her expression a mixture of confusion and hurt. "Jeff, why did you not tell me you were doing all this?"

His regretful gaze met hers. "I'm sorry to have kept it from you, darling. However, as you've already pointed out, I was afraid of what I might find out. Also, I didn't want to give you

just a partial report, which might only alarm you unnecessarily."

Her eyes widened in sudden realization. "Then you do already know something!"

He grasped her hands and spoke earnestly. "Melissa, please, don't press me on this. Telling you what little I know at this point would only create more problems than it would solve. Let's not get into this subject in depth until Mildred's report is complete. Can you trust me that much?"

"Very well, Jeffrey," she said reluctantly.

He leaned over, kissing her gently. "Darling, whatever we find out, we'll get through it together," he said fervently.

She forced a smile and kissed him back. "I'm sure we will."

Yet both their expressions were troubled as they strolled through the trees for a few more moments. Privately, each wondered whether Mildred Reed's report would spell triumph or disaster for their relationship. Jeff in particular felt guilty that he had not as yet told Melissa what he knew about her own—or Missy's—wedding date in the past. But he was still holding on to the hope that Mildred would ferret out some detail that would prove that Missy, and not Melissa, had stayed behind and had married Fabian Fontenot on May 15, 1852.

After a moment, Melissa cleared her throat. "Jeff, there's something else I need to tell you. . . ."

He paused, turning to her. "Yes?"

She stared at him with sadness and some embarrassment. "There's . . . there's no child. I found out this morning."

He managed a reassuring smile, even though his own heart was aching. "I'm glad, darling. Not that I don't feel a sense of loss. It's just that right

now, getting you pregnant would have been unfair to you."

She nodded. "It's not that I wouldn't adore having your children—"

He pressed his fingers to her mouth. "I know, darling. You don't have to explain your feelings."

Her expression grew wistful as she stared off at the river. "I was thinking of what the minister said in church today—about living each day to the fullest, since we never know what may happen tomorrow."

He caught her close with a groan. "Oh, Lord, darling. Every time I look at you, every time I hold you . . ." His voice broke as he finished, "I wonder if it will be the last time."

She looked up at him with eyes brimming with love. "Then we must make the most of this moment, mustn't we?"

Her words were rewarded with a tender smile and a kiss that seemed to last for a thousand heartbeats.

Chapter Thirty-five

The following week, Fabian took Missy on a carriage ride through town. They had lunch at the Commercial Hotel, and afterward, he drove them over to Front Street, to the area known as "Cotton Row," with its many two-storied cotton warehouses. A spring shower began to pelt their bodies as Fabian parked the barouche in front of one of the looming buildings.

Missy glanced askance at him as he hopped out of the conveyance and hurried around it to offer her his hand. "What are we doing here?"

He winked at her as he helped her climb out. "Oh, I think we'll just duck in here and wait out the storm."

Missy groaned and held on to her hat as she and Fabian rushed toward the building, with its two-story brick facade and rows of tall windows on the upper level. He unlocked the wide front door and they entered the dusty warehouse. Pul-

ling off her feathered hat and shaking raindrops from her hair and clothing, Missy looked around at high ceilings and sturdy brick walls. The entire downstairs was vacant, except for a scarred old desk at the center of the building and a forlorn bale of cotton sagging against one wall. Upstairs, across the front of the building, stretched a loft with tables arranged near the windows for cotton classing.

Removing his hat and tossing it onto the desk, Fabian looked about with a proud grin. "Well, darling, what do you think?"

She glanced at him, astonished. "What do *I* think?"

"That's what I asked."

She rolled her eyes. "What exactly is on your mind, Fabian?"

"Do you really want to know?" he asked wickedly.

"Other than that!" she gritted.

He strolled about and gestured expansively. "Well, didn't you tell me you wanted me to have goals?"

She glanced about the empty building, then snorted derisively. "*This* is a goal?"

His eyes danced with merriment. "Truth to tell, my love, I'm thinking of becoming a cotton factor, and this establishment is available."

"Oh—I see," she murmured with a frown. "That does put a different spin on things."

"And I wanted your advice," he went on innocently.

She laughed. "Fabian, you don't have to indulge me like some precocious child."

He came over and took her hand, staring at her solemnly. "Missy, I'm not indulging you. I really

387

would like to know what you think."

She harrumphed.

"You see, I have been giving much thought to your recent remarks about my lack of—er—productive endeavors. You're right that my duties at the plantation hardly monopolize my time, and after we're married, I would like us to live in town for much of each year. Since I am about to become—well, a family man—I've decided I need to establish an enterprise in my own right."

Missy's expression remained skeptical. "Do you have enough capital to start your own cotton commission house?"

"Indeed, I do."

She shrugged. "Then I suppose it makes sense. Cotton prices should go through the roof after the war."

"Missy, when will you cease this ludicrous talk of the war?" he scolded exasperatedly.

She ground her jaw in frustrated silence. Ever since she had tried to tell him the truth about where she'd come from, it had been an ongoing battle of wills between them. He steadfastly refused to believe she had come from the year 1992, and she adamantly insisted that she had.

He cleared his throat. "So, Missy—do you think my plan will work?"

"Yes, but—"

"But?"

She glanced about with a calculating gleam in her eye. "This is quite a solidly built warehouse. If I were you, I'd turn it into a textile factory."

He appeared amazed. "Textiles?"

"Yes." Stepping toward him, she continued eagerly, "Look at all the cotton produced in this region—and yet I've seen only one cotton

388

manufacturing plant since I've been here."

He appeared taken aback. "Since you've been here? You mean, during your lifetime?"

She waved him off. "Whatever. The fact of the matter is, there is virtually no textile industry in Memphis. Think of all the money that could be saved if the cotton doesn't have to be shipped off to the east or England and could be made into fabric right here—and then sold on local and national markets."

He whistled. "You know, that's a splendid idea."

"If you also broker your own product, you could make a killing," she went on. "You can even set up your own spinning mill to feed your plant." She paused, laying her index finger alongside her jaw. "But I do wonder where we could get the best machinery—power looms, dyeing vats, and so forth—in this day and age. . . . Probably New York or Birmingham. Yes, we'd definitely have to travel to buy our capital equipment."

"*We'd* have to travel to buy our capital equipment?" he repeated, raising an eyebrow meaningfully.

She regarded him steadily. "That's what I said."

He stared at her with a mixture of admiration and caution. "It seems you have quite a head for business, my love."

She drew herself up proudly. "I've told you repeatedly that I'd never be happy here as just someone's wife."

"So you have," he murmured.

She hesitated a moment, then added nonchalantly, "As a matter of fact, I was recently discussing just such an enterprise with Robert Brinkley, and he all but agreed to finance it for me."

He appeared stunned. "And you did not come to me? Or to your father?"

She laughed scornfully. "Fabian, you—and my father—would not have been the least bit interested in helping me establish my own business. Indeed, ever since I've been here, the only thing that has interested either of you is showing me my *place*."

Now his gaze shone with a glint of devilishness. "So far, it does not appear to have worked."

"Hah!" she cried. "If you started a factory here, can you honestly tell me you would want to make me a part of the enterprise?"

He sighed. "Missy, that's asking a lot."

"But I'll never settle for less."

He stepped closer and flashed her his most persuasive smile. "Tell you what, darling. We'll go to New York and Birmingham to look into the machinery—on our honeymoon."

"And then what, Fabian?" she challenged.

He offered her a supplicating gesture. "Give me some time, woman. You're flouting every convention of our society. I cannot adjust to all of this immediately."

Far from mollified, she stalked off, then turned to confront him with jaw clenched. "I'm afraid it takes a little more than just, 'Marry me, angel, and I'll let you see my equipment.'"

He advanced on her, fighting a grin at her double entendre. "Missy, you know I'm determined that you wed me."

"And I've told you, I won't—"

He grabbed her and hauled her close. "Which brings me to my second—and most important—goal in bringing you here today—showing you my—er—equipment." His head ducked down and

he claimed her lips passionately.

A protesting cry was strangled in Missy's throat as the heat of Fabian's lips swamped her. She mused ruefully that it was as if he hadn't kissed her in weeks, she was suddenly so hot for him.

With a supreme effort, she managed to push him away. "Not so fast, Romeo! I want an answer—now!"

"Kiss me and I promise to think about it," he said, swooping down again, prying her lips apart with his own, and ramming his tongue into her mouth. His fingers yanked the pins from her hair, then plunged deeply into her golden locks, holding her head firmly to his.

Missy lost it then, surrendering to his kiss and clutching him tightly. All at once, it didn't seem to matter that she hadn't gotten her answer. She couldn't even remember what her question was! Oh, why did Fabian have to taste so wonderful and smell so good? She ran her fingers through his silky hair as their tongues vied and the kiss deepened. Outside, thunder boomed and rain pelted the roof, the turbulence only adding to the tempestuous, romantic mood.

"You're damp," he whispered, kissing her moist cheek, her hair, even as she panted for her breath. His hand reached lower, his fingers stroking her boldly through her dress, his gaze piercing her own and demanding honesty. "Where else are you wet, darling?"

"Oh, God," she moaned, sagging against him.

They stood there kissing each other with voracious hunger. Fabian stroked her aroused breasts through her dress; Missy caressed the delicious hard bulge at the front of his trousers. The near-agonized sounds of his response only heightened

the sweet aching between her thighs.

A moment later, he stared down at her intensely. "Take off your clothes," he said urgently.

"Here?" she gasped.

He stalked off to the front door, threw the bolt, then turned back to her with eyes burning with desire. "Yes, here, in the full light of day. This time I want to see you, angel."

Her entire being seemed to twist with lust at his provocative words. Nonetheless, she managed to protest weakly, "But, in a public warehouse—"

"I assure you, no one will see us. That lock is stout, and the windows on the second floor are much too high."

"But—where—"

He grinned wickedly. "There's a bale of cotton against the far wall."

"But then I'll go home with tufts of cotton in my hair—and elsewhere," she pointed out in a mortified squeak.

He drew closer. "Not if you sit on my lap."

Her knees buckled beneath her, and she would have fallen had he not hauled her against him. He laughed and kissed her soundly.

He was still chuckling as he released her and began undoing his cravat. He removed his coat and walked over to the desk, spreading it out. "This surface is splintery—only the best for my lady."

She gulped. "But I thought you said—the bale of cotton—"

"That will be later," he murmured, advancing on her.

Missy would have collapsed again, but Fabian caught her. For a few moments, they stood kissing and tearing at each other's clothes. Soon, her

dress and corset, as well as his shirt, lay discarded on the gravel floor. He wore only his trousers and boots, she only her underclothes, when he carried her to the desk and lifted her onto it. Pressing her back, he pulled off her stockings, garters, and pantalets, untied her chemise, and bared her breasts. Missy panted in rapture as his eyes devoured her and his skilled fingers kneaded her breasts. He looked like a god standing above her, with his magnificent chest bare, his hair sensually mussed, and his dark eyes focused on her.

Then, with a sensual grin, he pulled her hips to the edge of the table, spread her legs and buried his face in the cleft between her thighs.

"Fabian!" Electrified, she tried to arch away.

He pinned her back firmly. "Do you know how long I've wanted to do this?" he whispered huskily. He drew back and teased the folds of her femininity with his fingers as his eyes devoured her most intimate recesses. He kissed the birthmark on her inner thigh and murmured, "To look at you, so beautiful, with all those laces and ribbons undone and you so open to me . . . To love you until you beg for mercy . . ."

Indeed, she cried out, but not for mercy, as he buried his tormenting lips in her moistness again. He teased her with his tongue until she went quite mad, clawing his shoulders and tossing her head violently.

She was sobbing with frustration by the time he carried her across the building to the bale of cotton. He sat down with her on his lap, locking his fervid gaze with hers. Before he could join their bodies, she surged downward, taking his erection greedily, uttering a hoarse cry of delight. He felt hot, hard, unyielding inside her, and the

pressure was acute and sense-shattering. At her sob of ecstasy, he made a sound of feral satisfaction and latched his mouth on her breast. Missy couldn't bear the pleasure. She moaned and moved with him eagerly, crying out as she soared from one climax to another. He held her tightly and sought his own release with deep, riveting strokes that sent her hurtling over the pinnacle again. With a ragged cry, she sagged against him, totally limp, her face resting against his strong neck.

"Oh, God, Fabian, you're going to make me pregnant," she moaned.

His hands tightened at her bottom. "I've already told you, woman, that I want you pregnant." He pressed her away from him slightly and stared at her solemnly. "I want us to marry."

"Damn it, Fabian, don't do this to me!" she cried wretchedly. "Not now."

She felt him throbbing to life inside her again as he whispered, "What better time is there, my love?"

A whimper of desire escaped her. Her fingernails dug into his strong arms as she laid her face against his shoulder and fought tears at the sweetness of being with him.

She felt his arms stiffening about her. "You're still enamored of this Jeff person, aren't you?" he asked.

She straightened to face him. "No. Fabian, how many times do I have to tell you that I never loved him!"

He nipped at her shoulder as his fingers caressed her tender nipple. "But you can't let go of him, can you?"

The hurt in his voice, combined with the intima-

cy of their position, shattered her resolve. "That's not true." Leaning over to kiss him achingly, she finished in a breaking voice, "You know that no man has ever made me feel what you do."

He groaned. "You shouldn't say things like that to a man, Missy."

"I shouldn't?"

Abruptly, he pivoted, withdrawing from her body and laying her down on her back on the bale of cotton. "No, you shouldn't. It makes a man want to take you home with tufts of cotton in your hair—and elsewhere."

"Fabian!" As she watched, electrified, he knelt between her spread thighs. Her eyes grew huge and longing flooded her anew as she studied his manhood, fully aroused again, rigid with desire for her.

A gasp of shocked pleasure escaped her as he wrapped her legs high about his waist. The ardor and determination in his eyes quite took her breath away.

"And furthermore, we're not leaving this building, woman, until you promise me your hand in marriage," he said fervidly.

Missy's next protest was drowned out in a cry of agonized eroticism.

As Fabian drove her home, Missy plucked tufts of cotton from her hair and glanced at her fiancé with grudging admiration. True to his threat, Fabian had kept her with him at the warehouse until she had given herself to him in every way possible. Now, she had promised to marry the bumpkin, and even her own normally intrepid soul cringed at his imagined response if she went back on her word.

Damn it all, she felt so torn! Physically and emotionally, she was totally in love with this man, even if intellectually, she still felt they were wrong for each other and that she belonged back in her own time.

But what if that wasn't possible? What if she were indeed stuck here forever?

Studying the devastating devil seated beside her, all at once, she felt that it no longer seemed a fate worse than death.

Still, if she were destined to remain here, perhaps she should get some things straight with Fabian before they married. Thinking of the coming years that they might pass together, she felt a shudder gripping her spine. Whether or not she'd have a career no longer seemed the most critical issue. How would they escape the coming disasters—the years of war and epidemic?

"We'll marry on May 15," Fabian now said. "That will give you several weeks to prepare."

She glanced at him, then said through gritted teeth, "Yes, Fabian." She bit her lip. "But there's a condition—"

"What?"

"I won't allow you to fight in the Civil War."

He laughed heartily. "Are you back to that nonsense again?"

"Just indulge me and promise me you won't fight with the Confederacy."

He scowled a moment. "If there is eventually a war over the slavery issue, I would have to side with the South."

She set her arms akimbo and stared moodily ahead. "Then I won't marry you."

"Missy!"

She turned to him, gesturing vehemently. "I tell

396

you I won't! Hundreds of thousands of men will be slaughtered, families will be torn apart, and I won't sacrifice you to a war that never should be and will all but destroy this country."

He frowned fiercely. "Missy, we don't even know if there will be a war."

"Trust me, there will be."

"In such circumstances, a gentleman with honor has no choice but to—"

"Oh, you and your honor!" she scoffed. When he glowered back murderously, she quickly held up a hand. "Very well, you can be a blockade runner like Rhett Butler—"

"Rhett who?"

"Never mind! I won't allow you to be a soldier. Furthermore, your family and mine—all of us—will have to find a safe place to ride out the war. We'll need to free all the slaves—Dad's being a real chump on the issue, but he'll come around eventually. And before the end of this decade, we'll all need to move—oh, I don't know, to Nevada or some other place out west—"

"Missy, there's no such place as Nevada."

"Believe me, there will be." She snapped her fingers. "I know, we can all become gold miners! That's it! You know, I once had to do a term paper on the Comstock Lode! We can beat everyone else to Virginia City!"

He rolled his eyes.

"Well, Fabian, what's your answer?"

"What am I going to do with my textile plant if we move away to this imaginary Nevada?"

"You mean *our* textile plant?"

He grinned. "For the sake of argument, call it ours."

She shrugged. "We'll simply make it successful

first and sell out." She gazed at him narrowly. "Do we have a deal?"

"Do I have a wife?"

"Do I have a blockade runner?"

"You are unbelievable, woman!"

"Well?"

"All right!"

Missy turned away, unable to believe the conversation she had just had with Fabian. Not only had she agreed to become his wife, she was now intent on saving him from the Civil War and making him filthy rich—

Damn it all, she was coming to care for him far too much!

What the hell, she was doomed. She was probably right that she might never escape back to her own time. Surely Melissa was about to marry Jeff, too—

Suddenly, Missy sat bolt upright in the seat as a momentus realization dawned. Of course! Why hadn't she thought of it before! She and Melissa had switched places during the marriage ceremonies before—why couldn't it happen again?

But wouldn't that mean they'd both have to fall down the stairs again? And were there any guarantees that this wild scheme would even work?

It had to work! she thought fiercely. Furthermore, she had to take the risk. If she stayed here, she would lose her own identity, lose herself to feelings for Fabian that she couldn't control, and she'd end up giving her entire self over to him. As nice as he had been lately, cleverly claiming that he valued her opinions, she still strongly suspected he would never be content until he had her completely subjugated to him.

That was it, then. She would stage the wedding

ceremony again, and then, with any luck, she and Melissa would switch places—

She paused, totally stumped. How could she ensure that Melissa would also marry Jeff on May 15? This would surely never work unless the ceremonies were staged simultaneously, just like the last time. How could she get a message through to her cousin?

"We'll make our announcement in the newspaper," Fabian was saying. "I'll arrange for a new marriage license—"

"Of course!" Missy cried. "The newspaper! The library! The court house!" She turned to Fabian and gripped his sleeve. "There will be records of our wedding, won't there?"

He glanced at her as if she'd lost her mind. "But of course. Otherwise, it would not be legal."

"Oh, this is wonderful!" Missy cried, clapping her hands.

Fabian nodded, although his expression remained bemused. "I'm glad to see you're coming around."

But Missy barely heard him, so lost was she in her own thoughts. Surely, sooner or later, Melissa and Jeff would think to study records to see if she had remained in the past, or if she and Melissa had switched places again. If Melissa found the date of her wedding, she might even assume that she and Jeff should marry on the same day.

She shook her head grimly. That was much too chancy. Somehow, through the newel button or something, she would get her message through to Cousin Melissa. In the meantime, she would proceed with her own wedding plans.

Now, the critical question was, who would really marry Fabian Fontenot—Missy Monroe or

Melissa Montgomery? And an even more daunting question plagued her—could she really bear to leave Fabian, her parents, and her new life here?

Chapter Thirty-six

Jeff and Melissa stood on the main deck of a jaunty excursion steamboat. Both wore deeply abstracted expressions as they held hands and stared out at the churning gray waters of the Mississippi. The afternoon had turned cool and drizzly, the covering of the promenade deck above them protecting them from the light rain.

Melissa felt a bit awkward today, wearing "jeans," a polo shirt, athletic shoes, and a windbreaker, an outfit quite similar to the one Jeff wore. This was the first time since she'd arrived in the present that she'd dared to don the denim trousers so many women here considered a staple of their wardrobes. While she couldn't help but feel rather scandalous, she had to admit that she liked the feeling of freedom the casual attire provided.

She stared at Jeff, so solemn beside her, and felt the tension of his fingers clutching hers. She knew he had received his report from Mildred Reed, and ever since he'd picked her up for their

date, she'd been struggling to get up the nerve to ask him what he'd found out. Finally, she decided she could not stand the suspense for a single moment more.

"Jeffrey, you've been so quiet all afternoon," she began tentatively. "I know you wish to protect me, but you mustn't be afraid to tell me what Mrs. Reed said."

"I know." He turned to her resignedly. "I'm not sure that what she found out will be of that much comfort to either of us."

She regarded him bravely. "Jeffrey, we must face up to this thing. We've both been avoiding the truth for far too long."

"You're right," he admitted. "Well, to begin with . . ." He glanced away, then said hoarsely, "By looking through the county records, Mrs. Reed was able to determine that Fabian Fontenot and Melissa Montgomery were married on May 15, 1852."

"Oh, my!" Melissa cried, even as her heart thudded in despair at the pronouncement. With forlorn hope, she added, "Only, we still don't know for certain whether it was I who married Fabian, or Missy, masquerading as me."

Jeff gripped her shoulders and spoke with forlorn hope. "That's true. It's quite possible Missy is the one who married Fabian."

"And it's also quite possible Missy and I will switch places again before the marriage is performed," she added fatalistically.

"Don't say that, darling," he begged, hugging her quickly.

She sighed. "Please—go on."

He nodded, staring out at a passing barge. "Well, it seems that, just as you thought, both

your family, the Montgomerys, and the Fontenots remained in Memphis until the late 1850s. Then both families moved west, to the area we now know as Nevada."

"Everyone left Memphis?" Melissa asked with keen interest. "Then what Mother told me was true!"

"Indeed. Out in Nevada, both families became quite wealthy through various gold strikes. The details are somewhat sketchy, although Mildred was able to determine that you—or Missy—and this Fabian Fontenot had seven children—"

"Seven children!" she gasped.

"Yes," he confirmed grimly. "Mildred also discovered that your parents, John and Lavinia, had another child fairly late in life—a boy, John Jr., who arrived during the years before they moved west."

"My gracious! I have—had—a brother."

"Indeed, darling. Out in Nevada, John Jr. grew up, married, and continued the Montgomery family name. Eventually, his family re-settled in Alabama, and it was during the third generation thereafter that there was only one child, a girl, who married a Mr. Monroe."

"Ahah! So that's how the family name was changed!"

"Yes. Then, as you know, in the late 1960s, Missy's parents, Howard and Charlotte Monroe, moved back to Memphis, established their business, and bought back the old family home."

"I see," Melissa murmured, her eyes filled with awe. "So Howard and Charlotte are indeed distant relatives of mine."

"Yes—very distant relatives, I'd say."

"This is all so fascinating," she murmured with

a thoughtful frown. "Do you know when my parents—when any of us—died?" At his look of sudden hesitation, she held up a hand. "On second thought, I don't think I want to know."

He smiled kindly. "That's probably best, dear. But I can tell you that you all lived long, happy lives."

"I'm so glad," she said feelingly. "What else did Mrs. Reed find out?"

He sighed. "Those are the basics. Mildred did prepare a complete history and genealogical table, which you can look at if you want. However, as we just decided, it may be best that you not learn too much."

"I agree. So where do we go from here?"

He gestured in frustration. "That's why I told you I wasn't sure the information would be of much benefit. It would help tremendously if we knew which one of you married Fabian Fontenot. However, I have a theory—"

"Yes?"

He stared at her, his eyes alive with hope. "I think it was Missy who stayed behind."

"Why?"

He continued with growing fervor. "It's as we concluded before—Missy would have warned both families about the coming war. And this business about moving everyone to Nevada and capitalizing on what she would have known about the gold strikes there. That sounds just like her."

But Melissa only shook her head, her eyes filled with terrible sadness and resignation. "You don't understand, Jeff."

"What don't I understand?"

Her troubled gaze met his. "Just as I told you before, if I went back, I doubtless would have done

exactly the same thing as Missy would have—warning my family about the war and the coming epidemics."

"Would you have sent both families gold hunting out west?" he demanded, his expression quite skeptical. "That doesn't sound like you at all—but it would have been totally in character for Missy."

"I disagree again," she said sadly.

"Why?" he cried exasperatedly.

She bit her lip. "Well . . . now that I know how the family history is to be written, wouldn't I be duty-bound to follow this same course if I went back?"

He threw up his hands in despair. "Damn it! You're right! I shouldn't have told you any of this!"

"But how can we possibly search for the truth if you don't tell me what you know?" she pointed out patiently.

Jeff slammed a fist against the railing. "You're right again—but it's so frustrating! The past is like a maze, with every possible clue leading to a dead end—and I'm afraid we'll never find our way out of it!" He turned to her and gripped her hands. "But one thing I do know—"

"Yes?"

"Melissa, I absolutely, categorically refuse to allow you to go back and have seven children by that abominable man!"

Melissa laughed ruefully and rolled her eyes. "Perhaps I wouldn't hate Fabian quite so much—not after having seven children by him." Observing Jeff's stunned expression, she touched his arm and quickly added, "Jeffrey, I was only trying to make a joke."

He hauled her into his arms and spoke fiercely. "It isn't funny, Melissa. Not at all."

"I know, darling."

He stroked her hair. "Lord, what will we do?"

She pulled back and stared at him soberly. "I think we should also plan to marry on May 15, and see what happens."

All at once, his eyes grew bright with suspicion and he shook a finger at her. "You're thinking of switching places with Missy again, aren't you?"

With terrible resignation, she said, "I think if Missy and I are meant to switch again, there may be nothing we can do to stop it."

"No!" he cried. "And yes, there's something we can do about it! We won't marry on May 15, I tell you!" He caught her face in his hands and continued in a voice edged with desperation, "Melissa, marry me *now*, today. We'll hop a plane to Vegas and—"

"No, Jeffrey."

"No? But don't you understand? If you marry me now, you can't possibly marry Fabian Fontenot on May 15!"

She shook her head in resignation. "I think it would be both wrong and naive of us to assume we can change time or destiny. Nor can we run away from our honor. If Missy truly wants her life back again, I must relinquish it. Anything else would be unconscionable."

His eyes were crazed with pain and fear. "Tell me you're not saying this!"

"But I am—I must. We must schedule our wedding for May 15, and then let destiny take its course. It could be that we're meant to remain together. Or it could be—"

He caught her to him tightly. "Don't say it,

woman. I tell you, I won't lose you. I'm going to keep you here if it takes every ounce of strength in my body."

Jeff kissed her hungrily, pinning her softness against his hard, aroused body. She kissed him back with all her being and clung to him as poignant tears filled her eyes.

That night, as Missy Monroe lay in bed, she concentrated fiercely, willing a message to her cousin one hundred and forty years away. Over and over, she repeated the words in her mind, praying that Melissa would somehow hear her plea and follow her critical instructions. Otherwise, she would never be free—she would never escape Fabian.

Melissa slept fitfully. In her dreams, she kept seeing Missy's determined face, and hearing the words, "May 15 . . . schedule the wedding again . . . fall down the stairs again . . . Promise me . . . don't forget."

The message replayed itself endlessly through her dreams, until she awakened with a ragged cry, knowing in her heart what she must now do—and that the heartbreaking conclusion she had reached with Jeff today had been absolutely right. The forces of destiny were at play, and, whatever the outcome might be, there was nothing she could really do to change things.

"I promise you," she whispered convulsively.

She turned into her pillow and sobbed.

In the past, Missy awakened with a cry of realization. Her message had gotten through! Somehow, she knew it had gotten through! She had

even seen Melissa's face in her dreams and heard her respond, "I promise you."

Missy knew a moment of deepest triumph, then she turned into her pillow and, illogically, wept her heart out.

Chapter Thirty-seven

Morning found Melissa sitting at her dressing table, staring into the mirror, red-eyed and puffy-faced. She knew now what she must do, after having received her "message"—her instructions—from Missy last night. She must plan to marry Jeff on May 15, and on that date, she must fake a new tumble down the stairs; at that point, she and Missy would switch back again—and she would lose everything that mattered to her!

At the very thought, wrenching sobs burst from her anew. She hated the thought of leaving Jeff and her lovely new parents, or of returning to her old parents and that beastly Fabian. She knew she'd always been a disappointment to those she'd left behind in the past, and that, while she'd bloomed briefly here, when she returned to the year 1852, she would regress to her former self again, becoming a shrinking violet, downtrodden and overshadowed once more by her parents and Fabian.

Still, what was right was right, so she would remain true to her promise. This wonderful life she had lived had only been "borrowed," and had never truly been hers. She must give Missy back the life that ultimately belonged only to her.

And there was no way she could admit to Jeff what he already suspected, for he was certain to stand in her way. . . .

Missy sat at her dressing table, wondering why she didn't feel ecstatic and relieved. She knew now that her message had finally gotten through to Cousin Melissa, in her dream last night. Now, both of them would reschedule their marriages for May 15, both would fake a new tumble down the stairs, and they would switch places again. She was certain Melissa would faithfully follow through on the instructions; indeed, she had seen Melissa's face in her dream, had watched her nod back in assent with a terrible resignation.

It was the memory of that tortured face that haunted Missy now. Dear Cousin Melissa had agreed so readily to follow her orders and relinquish the life—Missy's life—that she was now living in the present—and quite happily so, from all indications. Moreover, from everything Missy had learned, Melissa couldn't have been anything but miserable when she had lived in the past. Both Fabian and her new "parents" had spoken frequently of how insipid and spiritless they'd found the "old" Melissa; once Melissa returned here, the three of them would chew her up and spit her out, their good intentions notwithstanding.

As for Fabian . . . ! Oh, Lord, how miserable he must have been with Melissa before! And how

disappointed he would be when he discovered that his former, meek little fiancée had somehow been resurrected! He'd still feel duty-bound to honor the marriage contract, of course, but ultimately, both he and Melissa would be wretchedly unhappy in their marriage.

Could she do this to Fabian? To Melissa?

To herself?

With a groan, Missy got up and began to pace. She remembered the day when she had looked into the newel button and had seen Jeff and Melissa kissing. Lord, they had looked so happy, so right together. If she went back to the present again, she would make Jeff miserable—and ditto, her parents. Indeed, she had a gut feeling that her folks back in the present were much more content with Melissa as their daughter than they'd ever been with her.

Furthermore, once she returned to the present, she would miss Fabian and her new parents terribly. . . .

"But damn it, it's my life and I want it back!" she cried, trying desperately to hold on to her convictions. She was still convinced that ultimately, Fabian would never be satisfied until he dominated her totally. If she remained here, surely she would be doomed.

Yet, the irony of it was, she could no longer just think selfishly of herself—she had to consider the feelings of the others she had come to care for—Fabian, her new parents, and the four people back in the present whose future happiness depended on her own decision. Just as she had recently concluded, falling in love with Fabian must have changed something elemental inside her. She had gone soft—another reason to fight

411

to get back her old life—and her old self—before it was too late!

Missy threw herself down on her bed. She felt so tormented and torn. Maybe she had found her own hell, but Melissa had also found her heaven. Now, could she truly sacrifice Melissa's happiness for the sake of her own?

At breakfast with her parents, Melissa said, "I have an announcement to make."

Charlotte looked up from her coffee, while Howard peered up from his newspaper. "Yes, dear?" they queried in smiling unison.

Melissa smiled back tremulously. "Jeff and I have decided to marry on May 15."

"Oh, how wonderful!" Charlotte cried. .

"I'm thrilled for you both," Howard added.

Indeed, both parents sprang up and hurried over to embrace their daughter. Melissa eagerly hugged both parents, smiling stiffly. Once all the congratulations and happy tears had been exhausted, the three resumed their seats.

"Oh, we're going to be so busy," Charlotte continued eagerly. "May 15 is only a few weeks away. Perhaps we can get a rush order through on invitations, or maybe just call people this time. And, of course, we'll have to arrange for the caterers—"

"Before you continue, there's something else I wish to tell you both," Melissa cut in solemnly.

"Yes, dear?" Charlotte asked.

Staring from one dear parent to the other, she fought tears. "I must tell you how wonderful it has been to be here with you—how greatly you have both enriched my life—and how proud I've been to be your daughter."

Both parents beamed with pride. "Thank you, dear," Charlotte said, blinking at tears.

"We feel the same way, darling," Howard added with a catch in his voice.

Melissa twisted her linen napkin in her fingers. "And—I want you both to promise me you'll never forget me," she went on in a choked voice.

Now her parents' blissful facades faded into expressions of bewilderment.

"But, dear," Howard put in worriedly, "you sound almost as if you're planning to leave us."

"She is leaving us, Howie," Charlotte pointed out, wiping a tear. "She's taking a husband."

"But won't we still always be a family?" Howard asked, reaching across the table to take his daughter's hand and staring at her with utter devotion.

"Indeed, we will," Charlotte concurred, reaching out to take Melissa's other hand. "Although we'll understand, darling, that Jeff must come first with you from now on. Still, we'll always be together in our hearts, won't we?"

Melissa managed a quivery nod. "Yes! Oh, you're both so wonderful!"

"And you're going to be so happy with Jeff," Charlotte added.

For a moment, Melissa stared back at her mother, her lower lip trembling. Then she stunned both parents by bursting into a torrent of violent weeping and fleeing the room.

"I suppose she's simply overcome with her happiness," Charlotte murmured perplexedly.

"I wonder," Howard added skeptically.

At breakfast with her parents, Missy said, "I have an announcement to make."

Lavinia looked up from her tea, while John

peered up from his newspaper. "Yes, dear?" they queried in unison.

Missy smiled bravely. "Fabian and I have decided to marry on May 15."

"What splendid news!" John exclaimed.

"And about time!" Lavinia added, clapping her hands.

"Oh, this is so exciting," Lavinia continued gaily. "We'll need to send out invitations, of course, and arrange for the minister—"

"Before you get too deeply into this, there's something else we must discuss," Missy cut in firmly.

"Yes, dear?" Lavinia asked.

Lifting her chin, she looked from one parent to the other, then announced, "Before I marry Fabian, I must ask you both to promise me something."

Her parents exchanged confused glances. "Speak your mind, daughter," John said.

Missy nodded to her father. "I want you to promise me that you and Mother will leave Memphis—and before the 1860s."

Missy might as well have asked them both to dance through the downtown streets naked.

"Leave Memphis?" John cried, his expression thunderstruck.

"Desert our home?" Lavinia echoed in astonishment.

"Please," Missy implored, "you truly must leave Memphis. It's for your own good. I want you both to give me your word that you'll move farther west—and by 1860 at the very latest."

"But why?" Lavinia cried.

"Yes, why?" John demanded.

Missy shook her head ruefully. "If I told you,

you'd never believe me. Please, just say you'll do it. You'll make me so happy if you do." Leaning forward and lacing her fingers together, she added to her father, "And there's another promise I must have—"

"Yes?" John asked, his brow deeply furrowed.

She stared him in the eye. "I want you to free the slaves, Dad."

He threw up his hands. "That again!"

"Dad, please," she urged. "Make it your wedding gift to me. That, and give me your promise you'll sell out your property and move west."

"Daughter, these are most bizarre requests," Lavinia remarked sternly.

Missy swung around toward her mother. "You want to see me married to Fabian, don't you?"

"Are you making an ultimatum, my dear?" John asked ominously.

She pivoted back toward him, suddenly blinking at tears. "No," she replied, surprising even herself. "I'm asking you . . ." As her words grew choked, she paused. "I'm begging you, as someone who loves you, to please do as I ask."

Now, both parents were too mystified to comment.

At last, Lavinia reached over, cupping her daughter's chin in her hand and staring at the girl with deep concern. "Missy, dear, why these tears? Why this tragic tone and all these strange demands? You sound almost as if you're planning to leave us."

"She is leaving us," John pointed out. "She's taking a husband."

"But won't we all still be a family?" Lavinia said wisely. "Won't we all always be together in our hearts?"

Both parents stared at Missy questioningly.

"Of course we will," she replied brokenly, feeling about a hair's breadth away from a disgraceful crying jag. Beseechingly, she stared from one dear parent to the other. "Will you both at least promise me you'll think about my requests?"

Lavinia looked to John for guidance. After a moment's hesitation, he nodded to his daughter. "Yes, Missy we'll promise that much."

She expelled a ragged breath. "Thanks, Dad." Biting her lip, she added, "And there's one more thing. I want you both to know how happy I've been to be your daughter."

Both parents appeared deeply touched. John squeezed his daughter's hand. "My dear, your pride and joy cannot possibly be equal to your mother's and mine in having you as our daughter."

"Amen," Lavinia added.

"Thanks, Mom, Dad." Missy smiled wanly from one to the other. "I—I do hope you'll both never forget me."

"Forget you?" Lavinia cried. "How can we possibly forget you, darling, when we're all going to share each other's lives for many years to come?" She patted Missy's hand. "Now, no more tears. Why don't you think instead of how happy you're going to be once you're married to Fabian?"

Chapter Thirty-eight

Melissa's parents invited about a dozen of the family's best friends, as well as Aunt Agnes, over for a buffet dinner party to announce the rescheduled wedding. Lisa, Michelle, and Jennifer attended with their boyfriends; all three women buzzed about Melissa excitedly. Reverend and Mrs. White were present, as were George Schmidt and Jeff's mother.

Once all were present in the living room with champagne cocktails, Howard and Charlotte pulled Jeff and Melissa to the center of the room, and Howard proudly made their announcement. "Friends, I'm delighted to inform you that Melissa is now completely recovered from her fall, and that she and Jeff have decided to reschedule their wedding for May 15. A toast, to Melissa and Jeff! Happiness always!"

As several guests called out their own cheers or fond wishes, Jeff clinked his glass against Melissa's, and the two silently toasted each oth-

er. As she smiled at him shyly, he winked at her tenderly and feasted his eyes on the woman he loved. How he adored her! She looked exquisitely lovely tonight in her sapphire blue dress and gold jewelry. Her beautiful face was flushed from all the attention, and yet he could see a certain sadness in her eyes. When her three friends rushed up to congratulate her, her smile seemed strangely hollow.

Fear chilled his heart. There was something she wasn't telling him—and he had a good idea just what that something was. She planned to leave him. As to just how, the possibility he had in mind was so frightening that it pained him to think about it.

Should he confront her, demand to know what her plans were, demand that they change their wedding date at once? He shook his head grimly. No, if he forced her hand, she'd only feel duty-bound to deceive him—it wouldn't be fair to place her in such a moral dilemma. He could try more subtle persuasions, but a power play would never work.

If he were to save her, then, to save their love, he could count only on his own resources. Should he speak with her father?

Anxiety lanced him anew. Would it do any good to try to stop her, or had she already spoken the truth—that the forces of destiny were stronger than either of them?

Missy's parents invited about a dozen of the family's best friends over for a buffet dinner party to celebrate the rescheduled wedding. Fabian's grandparents attended, as did Lucy, Antoinette, and Philippa, with their husbands. The three

women buzzed excitedly around Missy, Philippa in particular regaling the others with tales of hers and Charles's sojourn to Kentucky, from which they had returned only a week earlier.

Once all were present in the parlor with cups of punch, John and Lavinia pulled Missy and Fabian to the center of the room, and John proudly made their announcement. As Fabian clinked his cup against Missy's, he could see a certain sadness in her eyes. Fear chilled his heart. Why was it, just as she had finally consented to marry him, he sensed instead that he was losing her?

He thought of the dramatic change in her over the past months, and of all the joy and love she had brought him. He grinned as he recalled her absurd assertions that she was from another time—that she had been switched with the "real" Melissa. This little spitfire had certainly gone to great lengths to ward him off! Now, if they could just get through their wedding day, she would be his forever. . . .

Their wedding day! Suddenly, Fabian felt all color draining from his face as he recalled that the changes in Missy had occurred immediately after she'd taken that bad fall on their previous wedding day. She had been like a different person ever since. What if what she said were true—what if she were truly from the future and had been switched with the real Melissa?

But that was preposterous, impossible! Still, he felt an irrational, almost superstitious fear of the wedding day to come.

Should he speak with her father?

After dinner, Jeff turned on the stereo, and the younger guests danced gaily in the double par-

lors, while the older generation sipped coffee, visited, and watched. Much later, after all the guests had left, Jeff asked Melissa to go for a walk by the pool.

As soon as they were out of earshot of the house, he pulled her into his arms. "It's time for our own celebration, darling," he murmured intensely, and kissed her.

Melissa poured all her own emotions into the kiss, thinking of how she must relish every second she and Jeff had left together. She inhaled his spicy scent, ran her fingers through his silky hair, and savored the drugging taste of his kiss, as if to imprint him on her own senses forever.

He pulled back, staring at her with the eyes of a drowning man. "You look so beautiful tonight. Lord, I can't wait until you're mine."

"Me, too," she whispered, though she buried her face against his shirtfront to hide the guilt in her own eyes.

"Melissa, you wouldn't try to leave me, would you?" he asked urgently.

Feeling wretched, she replied in a small voice, "Jeff, I would never want to leave you."

His arms tightened around her. "Before you even consider it, there's something I want you to remember."

"What?"

"This."

With a groan, he caught her hand, pulled her into the nearby cabana, and shut and locked the door behind them. His lips claimed hers, his tongue ravishing her mouth deeply and thoroughly. Then he nipped at her ears and throat, his breathing urgent and rough. She shivered with pleasure and kneaded his back with her fingertips.

When he undid the buttons on the back of her silk dress and then unhooked her bra, she realized he had far more on his mind than just a few kisses.

"Jeffrey, please," she implored, shuddering in delight as he pulled down her dress, slip and bra, and then stroked her bare breasts. "Someone will find us!"

"No they won't," he assured her, holding her firm breasts in his hands as he stared into her eyes. "Come with me, darling?"

The stark need in his eyes sent desire surging and spiraling within her. "Anywhere!"

He pulled her to the chaise longue, sat down and pulled her on top of him, then latched his mouth on her breast and sucked hard.

"Jeff!" Melissa felt scandalized and electrified to be straddling him this way, with his hot tongue flicking over her nipple and driving her insane. She pressed her hand to his face and confessed in a mortified hiss, "I'm not wearing the device!"

She heard his throaty chuckle as he took her hand and kissed each of her fingers, lingering on the one that bore his ring. "Don't worry, darling, I've brought along protection tonight," he soothed huskily, and reached into his pocket.

She stiffened, suddenly intensely curious. "Does that mean we're going to practice safe sex?"

Now he laughed ribaldly. "God, I love it when you talk dirty."

"Jeffrey, be serious!"

She heard more amused rumblings, followed by a crinkling sound, and then he murmured, "Yes, my darling, I intend to introduce you to all the vices and devices of the twentieth century."

Now even she smiled as she leaned over to kiss the firm line of his jaw.

421

Shoving the empty foil wrapper back into his pocket, he caught her closer and whispered, "I'll be so glad when we're married and I don't have to use these. I want a child right away—don't you?"

Emotion choked Melissa at the sweetness of his words—and the guilty secret only she knew. She was about to reply when she felt her pantyhose being ripped. "Jeffrey!"

"Sorry, darling, but you're dealing with a man in pain." He lifted her and settled her onto his hard erection. She heard him groan ecstatically. "Lord, angel, you feel so good," he said, thrusting himself into her. "I don't know what I'd do if I ever lost you."

Even as Melissa gasped at the wonder of his filling her, his poignant words seared her very soul. As she thought of how she would soon lose forever such glorious, loving moments with him, her tears came, tears of exquisite pleasure and bitter regret. . . .

After dinner, everyone waltzed to the piano music of Lucy Sergeant. Once all the guests had departed, Fabian maneuvered Missy out the back door and onto the veranda. He kissed her there, deeply, druggingly, and she was breathless by the time he pulled her deeper into the shadows of the night.

"Where are you taking me?" she panted.

"Time for our own celebration," came his husky, enigmatic reply.

He tugged her farther into the dusky trees, until they arrived at a bench swing suspended from the sturdy limb of a large oak. He pulled her down onto the swing with him and kissed her again, passionately.

"My, you're ardent tonight," she said with a shaky laugh.

He drew back, the moonlight gleaming in his intense eyes. "Do you have any idea how absolutely gorgeous you look?"

She managed a crooked smile. "You're looking pretty spiffy yourself, I must confess."

He took her hand and lovingly kissed each tapered finger. "Lord, I can't wait until you're mine." As she shivered in delight, he looked deeply into her eyes and asked, "You're not going to try to leave me, are you, Missy?"

Her features blanched, and her guilty gaze darted away from his. "Leave you? Don't be silly! Why would I leave you?"

He shook his head slowly. "I just had this strange feeling come over me tonight—like a chill—right as your parents were announcing the new wedding date."

"Well, your chill was no doubt caused by a draft," she said with more bravado than conviction. "Haven't I promised to marry you?"

Grasping her chin, he tilted her face toward his and stared at her solemnly. "Why do I sense there's something you're not telling me? Why do I fear I'm losing you?"

She gulped, gazing back at him with anguish and love. "You're not losing me," she murmured, her words sounding unconvincing, even to her own ears.

He sighed and pulled her onto his lap. As his teeth nibbled at her ear, he began pulling up her skirts.

"Fabian! What on earth are you doing?"

"I have to feel you're mine tonight," he whis-

pered urgently, reaching for the tie on her pantalets.

"Good Lord! Here?" she cried, feeling scandalized, and yet so electrified with desire that she was trembling violently.

"No one will see us—and even if they do, they'll just assume we're swinging."

She laughed squeakily at the twentieth-century meaning of that, only to gasp as she felt herself being lifted onto to him. His feet pushed them off the ground, and the next thing she knew, she slid deeply onto his erect phallus with a cry of exquisite pleasure. The tightness of their position created a wondrous friction and heat within her womanhood, and made her desires escalate to a fever pitch, until she could have devoured him alive.

"Swinging is rather fun, isn't it, darling?" he murmured as they rocked to and fro.

She nodded violently, between frantic gulps for air.

"Would you like a boy or a girl first?" he went on.

"Oh, my God!" she cried.

"Don't worry—we've plenty of time to decide," he murmured as he nipped her neck and tightened his hands at her waist.

Indeed, he kept her there until his boots had worn a groove in the ground.

Chapter Thirty-nine

The next few weeks passed all too quickly for Missy as she prepared for her wedding day and for the return flight through time that only she knew about. She saw Fabian frequently, and she continued to feel bewilderingly torn at the prospect of leaving him and her parents. For a time, she even feared she might be pregnant, and she knew of no way she could follow through on her scheme to leave him if she were indeed carrying his child—she had to credit herself with having at least that much honor and conscience. Then, when her period came a week before the scheduled wedding, she didn't know whether to feel relieved or disappointed. Now, there was nothing to keep her here—except her own free will and her love for Fabian.

She was still agonizing over her dilemma on the eve of the wedding itself. That afternoon, she and Fabian, as well as the Sargeants and the McGees,

were invited out to the racetrack just off Hernando Road for an impromptu horse race. It seemed that a couple of Charles Mercers' former business associates had passed through Memphis on their way to race horses in Natchez—and Philippa, now the proud owner of two Kentucky thoroughbreds—had promptly challenged both men to a race. Philippa had even insisted that the course be run among the principals themselves, denouncing the usual custom of having jockeys race the thoroughbreds.

It was a somber group that sat on benches at the side of the track—Missy and Fabian, Lucy and Jeremy, Antoinette and Brent, as well as a glum-faced Charles Mercer, seated between the wives of his two former associates. Down the track a way beneath a tree were seated several slaves who had been brought along to tend the horses.

Missy tried her best not to smirk as she observed her friend Philippa on the starting line, looking quite regal in her riding habit and perched on her magnificent chestnut thoroughbred. On either side of her were the two men she had challenged, one on a smaller black Arabian and the other on a taller gray racer.

At a signal from Philippa, Fabian rose, ambled out toward the riders, and pulled out a pistol. Counting down from five to one, he fired a shot, and the horses sprang forward.

Missy sat on the edge of her seat as she watched the riders race each other around the track. All three horses were grace personified, their muscles rippling as they seemed to fly down the dirt course. The action was neck-in-neck, and soon Missy could not resist egging her friend on.

426

Lunging to her feet, she waved her handkerchief and yelled, "Come on, Philippa! Beat the everlasting daylights out of them!"

The men glowered, while Lucy and Antoinette, also caught up in the mood, jumped to their feet and yelled out encouragements of their own.

"You can do it, Philippa!" Antoinette cried.

"Make us proud!" Lucy added.

The men continued to glare.

The race was extremely close, but Philippa pulled out all the stops at the end. When her mighty thoroughbred leaped over the finish line a good length before the others, her three friends along the sidelines screamed themselves hoarse and huddled together joyously. Moments later, after Philippa's groom had led off her horse, she triumphantly rejoined the other women.

"Didn't I tell you all that I could do it?" she cried, grinning widely and waving her crop in victory.

"A woman can do anything!" Missy replied.

"Amen," Lucy added.

As the women hugged and congratulated Philippa, the red-faced losers quickly retrieved their wives, their servants, and their horses, and left. Visiting with her friends, Missy thought of how proud she felt for changing all their lives and freeing them from the shackles imposed by their stodgy husbands. Indeed, she was still smiling from ear to ear as the foursome walked, arm-in-arm, to rejoin the men. Then her smile faded as she observed the grim-faced males waiting for them.

"I hope you're satisfied," Charles snapped at Philippa as he extended his arm.

Philippa accepted her husband's arm, tossed her head high, and swept off with him.

"Have you uttered enough blasphemies for one afternoon?" Jeremy added sanctimoniously to Lucy.

She rolled her eyes and headed off for their carriage without a word to him.

"Next, you'll want to race one of your stupid hats," Brent carped to Antoinette.

She batted him soundly with her bonnet as the two stormed off together.

Fabian stepped forward, smiled cynically, and offered his arm. "Shall we go?"

She stared murder at him. "By all means!"

Missy was still fuming as Fabian drove her home in his barouche. "You men certainly are sore losers!" she declared.

He laughed humorlessly. "And you've certainly done your three friends a lot of good."

"What do you mean by that crack?" she demanded.

He clenched his jaw as he worked the reins. "All you've done is to create dissention in three marriages and make all the couples miserable."

"That's not true! How do you think my friends felt being the doormats of those obnoxious men for so many years? I've merely taught them to assert their rights."

"Because men and women are equal?" he sneered.

"Darn tooting!"

"But you don't want us to be equal!" he argued hotly. "You'll never be happy until we all admit that you're better than us."

"Well, maybe we are!"

"See what I mean?"

"Oh, you're impossible! You'll never change! I'm so glad that I'm not—"

Abruptly, he pulled the horse to a halt. "Glad that you're not what, Missy?" he asked in a deadly serious tone.

She gulped. "I'm glad I'm not entering into this marriage under any delusions," she quickly fabricated.

He laughed derisively. "What kind of double-talk is that?" He pulled her close and scowled down into her eyes. "I'll tell you what you're doing, my love."

"What am I doing, Mr. Fontenot?" she asked with consummate sarcasm.

"You're picking a fight with me so you won't have to marry me tomorrow. And it's not going to work!"

Sensing that he was about to kiss her into submission—and that it was going to work—she shoved him away. "Fabian, take me home. I've got a lot to do before tomorrow, and frankly, I'm not in the mood for your caveman tactics."

With a curse, he turned to snap the reins.

Melissa emerged shyly from the cabana at the Monroe home. She was wearing a very skimpy bikini, and her long hair was caught up in a ponytail. She stared at Jeff, standing across from her on the patio in his swim trunks, his body so tanned, magnificent, and sexy.

He whistled, devouring her with his eyes. "I told you I'd get you into a bikini."

She blushed vividly as she glanced down at the two strips of blue and white fabric that were all she wore. "Jeffrey, I feel naked!"

He winked at her solemnly. "We'll get to that next."

She moved closer and shoved him playfully. "You sex fiend!"

He caught her close and howled with laughter. "Who taught you that particular expression?"

"It is how Lisa always describes her boy friend," she responded primly.

He chuckled. "Speaking of which, when are the three giggly debutantes and their boy friends descending on us?"

"I told everyone we would begin the pool party at five."

"Good. That gives me an entire hour alone with you." He tugged her toward a nearby table and picked up a plastic bottle. "First, we'll coat you with sunscreen—"

"Sunscreen?"

He was already carefully dabbing the lotion on her cheeks, forehead, and nose. "It keeps you from burning, darling. I'm taking no chances with that delectable skin of yours, since I'm determined to bite and devour you to pieces tomorrow night."

She giggled, loving the feel of his hands as they applied the lotion to her neck, shoulders, and the rest of her body.

He recapped the bottle and set it aside. "Now, we must water test that bikini—"

"But Jeffrey, I need to put out the food for the party," she protested. "You see, Mother and I agreed that we should give Mrs. Jackson and her daughter the day off today. They're going to be so busy during the wedding tomorrow."

"You're always so thoughtful." Determinedly, he tugged her toward the pool. "Last one in's a rotten egg!"

"But I don't know how to swim!"

"You'll be at my mercy then."

Both were laughing as they went down the steps into the shallow end. The water felt cool and delicious against Melissa's skin. She lovingly perused Jeff's muscled body in the navy trunks that fit him so perfectly; he stared avidly at her lush curves, which the bikini displayed so enticingly.

Once they were in up to their waists, he pulled her close. "Thinking about tomorrow, darling?"

She avoided his gaze. "Er—yes."

"I can't think of anything else," he said intensely. "I can't wait to get you alone on our honeymoon—and to begin the rest of our lives together."

She ran her fingers through the water and nodded, afraid her voice would betray her.

"Do you like it here?" he continued tenderly.

"Here?" She smiled.

His hand massaged the small of her back. "Here in the pool, of course—but especially here in the twentieth century."

While she didn't hesitate, her gaze was sad. "Oh, yes, I love it here. I was frightened at first, but now I feel—well, such a sense of belonging."

"That's because you belong to me!" he said fervently. "There's so much I want to teach you— how to swim, to country western dance—"

"Country western dance?" she cut with a quizzical smile.

"Sure, there are some places in town that I enjoy. And I'll teach you how to ride in a plane, how to drive, how to spend all my money—"

"Now you're teasing me, Jeffrey!"

"Am I?" Caressing the soft skin of her back, he added solemnly, "Do you realize how much you've changed since you've been here?"

She gazed at him quickly. "Changed how?"

"You've bloomed, my love. When you first arrived here, you were a bewildered, terrified young woman. Now, you've grown into a person in your own right, confident and brave, someone who's ready for this century and all its challenges."

She bit her lip, feeling miserably torn. Hadn't she made these same realizations herself recently? "What are you saying, Jeff?"

"I'm saying it would be a sin for you to regress to your former self."

"Why—why would I do that?"

He caught her to him fiercely. "Don't take my love—my life—away from me, Melissa," he whispered poignantly. "I can try to hold you here, but ultimately, the decision is all yours."

Tears welled in her eyes as she gazed back at him soulfully. "I love you, Jeffrey. Please, always remember that."

His eyes were strangely bright, as well. "I know, darling. And I love you, too."

Melissa clutched Jeff close. She wanted with all her heart to reassure him more—yet she had no further words of comfort to offer him, except for the love that would burn in her heart for the rest of her life. Stretching on tiptoe, she kissed him with all that love, desperately hoping the memory of her kiss would be enough to last him a lifetime.

Late that night, as Missy stood in her nightgown, brushing her hair, she heard a rumbling at the door to her balcony. As she turned, wide-eyed, the French door swung open and Fabian stepped in, wearing a flowing white shirt and dark trousers and carrying a bouquet of flowers.

"Fabian!" she gasped, dropping her brush. "How did you get in here?"

Grinning, he bowed. "I climbed a tree to your veranda, my love."

"But—why?"

He strode over to her and handed her the flowers. "A peace offering."

Feeling very touched, Missy took the bouquet, sniffed the fragrance of the lovely mixed blooms, then gently laid the flowers down on her dresser. "Thank you," she murmured. "They're quite lovely."

For a moment they stared at each other awkwardly.

He shifted from one foot to the other. "Missy, I wish to apologize for today—"

"*You* wish to apologize?" she repeated incredulously.

He nodded. "I had a drink with Charles, Brent, and Jeremy late today, and the funny thing is—"

"Yes?"

He grinned sheepishly. "Well, with the exception of Jeremy, who is a hopeless prig, all of us men agreed that we like you women even better now that you've changed."

"You—you do?" she gasped.

He nodded solemnly. "You're all so much more lively and fun. Only sometimes, your spirit, combined with our determination, puts us at odds with one another. We all need to find a common ground, a point of compromise." He stepped closer, touching her shoulder. "Do you suppose there's such a place for us?"

"I—I don't know," she muttered.

"Can we try?" he asked, staring at her with his heart in his eyes.

433

Her gaze suddenly could not meet his. "Well, I suppose . . ."

"I think I know a good place for us to begin," he added huskily, advancing on her with a lusty gleam in his eye.

"Fabian, no!" she cried, pressing a hand to his chest to hold him at bay. "As much as I love what we have in bed, we can't solve everything with just sex."

Undaunted, he removed her hand from his chest and began to kiss each soft finger. "I didn't say we could. Let me ravish you thoroughly, and then we'll talk."

Panic and lust seized her, a dizzying combination. "I—I can't."

Now he appeared mystified and hurt. "But why?"

Because I can't leave you if I'm carrying your child. The words she could never say to him clogged her throat with tears.

"Are you afraid your parents will find us?" he asked.

She shook her head in anguish. "No, that's not it. I just . . . can't make love with you again."

"Can't make love with me again? Not ever?" he cried.

She twisted her fingers together. "I mean, not until we're married. I—I'm superstitious about it all, you see." In a breaking voice, she finished, "I want to make tomorrow night very special."

"Ah, I see," he murmured. "You know, that's really very sweet, angel."

Yet he continued to stare at her with intense longing.

"Damn it, Fabian, please don't look at me that way!"

They stood there gazing at each other, desire seeming to ignite the very air between them. Missy stared at the man she loved, taking in every chiseled line of his face, every contour of his magnificent body, and the blazing depths of his dark eyes. As the reality hit her that she would never see him again after tomorrow, never again know his sweet loving, she suddenly knew what she must to do, what she yearned to do.

"But I can do something for you," she whispered.

"You can?"

With tears in her eyes, she said, "Fabian, no matter what happens, please, always remember that I love you."

"I love you, too, darling," he said, though his expression was bemused.

She sank to her knees before him and began unbuttoning his trousers.

"Missy, what are you—"

Before she could lose her nerve, she took him in her mouth.

Fabian was as stunned as he was agonizingly aroused. "Woman, where on earth did you learn to—"

"I didn't," she gritted back. "Believe me, Fabian, this is going to be 'learn by doing' for us both." Glancing up at him in suspicion, she finished primly, "At least, I hope so."

"Oh, yes," he assured her in a rough, trembling voice. "That is, I've never—"

The rest of his words became lost in sounds of tortured ecstasy.

Chapter Forty

On the morning of her wedding, Melissa sniffed at tears as she sat at her dressing table, applying her makeup. Her heart was breaking at the thought of leaving Jeff and her parents later today, even if she knew she was doing the only honorable thing as far as Missy was concerned. Nonetheless, she was giving up not only the three people she had come to love dearly, but the new identity and the confident new person she'd become here in the present. As she stared at Jeff's lovely ring on her finger, it was all she could do not to fall apart as she thought achingly of the wedding band he would never place on her finger and the anguish he would know when he found out he'd lost her. She said a silent prayer for strength to help her get through the coming ordeal.

"Melissa, dear, may I come in?"

Hearing her mother's voice at the door, Melissa called out, "Of course, Mother."

Attired in a lovely lavender silk dress, Charlotte swept inside, smiling from ear to ear and carrying a huge arrangement of yellow roses. "Look what Jeff just sent over for you," she announced gaily. "Aren't these lovely, darling?"

Melissa looked at the flowers and burst into tears.

"There, dear," Charlotte said, setting down the arrangement and patting her daughter's heaving shoulders. "I knew you'd be simply ecstatic."

Missy sat at the dressing table, sniffing at tears as she styled her hair. She hated the thought of leaving Fabian and her new parents today, even though she still felt this was the only solution for her as an individual. Of course, Fabian had acted very sweet, very conciliatory, when he came to her room last night. But the memory of his chauvinistic behavior yesterday at the race track still haunted her. He could be a persuasive devil when he wanted to, but she was still far from convinced that he had really changed. Would he ever truly respect her as an individual?

Still, could she desert him and the others forever? Anxiety stabbed her anew as she considered the coming years of war and epidemic. Would her parents move west, as she had pleaded with them to do? Would Fabian stay out of the Civil War conflict, or make his contribution only as a blockade runner, as she had begged him to do? Or would all of them remain here in Memphis and succumb to the coming disasters?

A bittersweet smile curved her lips as she thought of how she'd changed since she'd come here. For the first time in her life, she was feeling responsible for someone besides herself. She'd

437

developed a heart and a conscience; she had come to really care about the feelings of others. In a way, though, she feared this transformation in herself as much as she feared eventually becoming Fabian Fontenot's doormat.

Who, then, would she save today—herself, or those she had come to love?

"Missy, dear, may I come in?"

Hearing Lavinia's voice, Missy called out, "Sure, Mom."

Attired in a lovely mauve silk frock, Lavinia swept inside and quickly crossed over to the dressing table, laying down an envelope in front of her daughter. "Fabian just sent this over for you."

Frowning, Missy opened the envelope. She gasped as she pulled out the deed to the warehouse she and Fabian had recently toured. A note from Fabian was also included: "Missy, darling, we shall establish your factory. I have booked us passage to England on our honeymoon, and there we shall look into the necessary equipment— when I'm not too busy showing you mine. Love, Fabian."

Staring down at the note, Missy burst into tears. At last Fabian had acknowledged her independence. How could she possibly leave him now? Yet how could she halt the events she'd put into motion?

"There, dear," Lavinia soothed, patting her daughter's heaving shoulders. "I knew you'd be overcome with happiness."

Half an hour later, Missy stood at the top of the staircase in her wedding gown, with her hand on her father's arm. Downstairs, the guests, Fabian, and the minister awaited her.

"Ready, dear?" John asked.

"Sure, Dad," she replied tremulously.

"By the way, there's something I've been meaning to tell you," he added.

"Yes?"

He grinned. "I'm going to free all the slaves. It's my wedding present to you, darling."

Feeling deeply touched, she hugged him quickly. "Oh, Dad! I'm so happy—and so proud of you!"

"I must say, my feelings are precisely the same on this joyous day," he added in a voice hoarse with emotion.

Missy had to glance away to hide the tears in her eyes. As the strains of the wedding march drifted up from the parlor, panic set her pulse to raging and twisted her gut. Here, at last, was her one chance to escape, her golden opportunity to regain her independence. Why, then, wasn't she eager to take the leap?

"Missy?" came her father's perplexed voice.

With the tip of her foot poised to take her tumble, she stared at the father who regarded her with love and concern. Then she glanced downward at the parlor. She spotted Fabian, thought about the deed lying on her dressing table upstairs, and considered how he had finally met her halfway. She glimpsed the love and vulnerability reflected on his face and she froze.

Suddenly, nothing in the world seemed to exist for Missy but the love and need reflected on that dear face. Fabian Fontenot was the man she loved with all her heart, she thought. She couldn't do this to him. She didn't want to do this to him. At last she knew what truly mattered to her, and that was not asserting her own independence,

but loving Fabian, being with him—and knowing she would make Jeff and Melissa happy in another time.

In her heart, she felt Melissa would know. . . .

Feeling a sublime peacefulness, Missy glided down the stairs to join the man she loved.

"Ready, dear?"

Standing at the top of the stairs in her wedding gown, with her hand on her father's arm, Melissa nodded tremulously. Below them, the guests, Jeff, and the minister were waiting for her. She heard the strains of the wedding march drift up, and feelings of panic accelerated her pulse and twisted her stomach.

"Melissa?" came her father's perplexed voice.

With the tip of her foot poised to fake her fall, Melissa stared at the father who regarded her with love and concern. Then she glanced downward at the parlor and spotted Jeff, stared at his dear face, and lost herself in his adoring eyes.

Good-bye, my darling, her heart cried out to him. *Please forgive me. I'll love you always.*

Choking back tears, Melissa stepped forward, bracing herself to take her terrible plunge.

Then her father pulled her back almost violently, clamping a hand over her arm. "Oh, no, my dear," Howard said firmly. "We can't have you taking another tumble today."

"But you don't understand," Melissa whispered back, beseeching him with frantic eyes. "I must."

But Howard only chuckled and tightened his grip on her arm. "Don't be silly. Come on now, my dear—steady as we go."

Melissa had no choice but to proceed with her father down the stairs. He was holding on to

her so firmly that, if she did attempt a tumble, she would likely take him hurtling off with her— and that was, of course, an unthinkable prospect.

I'm sorry, Missy, she thought guiltily. *So sorry . . .*

At the bottom of the steps, Melissa dug in her heels and turned, staring frantically into the newel button for the answers she so desperately needed. Then, as if by a miracle, the circles began to ripple and part, and she saw an image of Fabian and Missy standing before the minister and staring at each other with utter love and devotion in their eyes.

As tears of joy flooded Melissa's vision, suddenly, she was at peace. Smiling radiantly, she glided to join the man she loved.

"Why did you want to stay here tonight?" Fabian asked Missy.

The wedding celebration had been over for many hours. Mr. and Mrs. Fabian Fontenot were lying upstairs in her bed, kissing and caressing, their bodies outlined in the burnished glow of a lamp.

"Oh, I don't know," she murmured, running her fingers over his bare chest. "It seemed appropriate for us to spend our wedding night here."

"Tomorrow we'll board that steamer for New Orleans," he murmured, nipping at her throat. "And from there, it's on to England, my pet."

"Where you'll show me your equipment?" she teased.

He chuckled huskily. "Indeed."

She smiled at him adoringly. "So you're really going to let me run the factory with you?"

"I will," he promised solemnly. "As long as you give me—and our children—sufficient attention."

She caressed his muscled back. "Believe me, I will."

Fabian was pulling at the ties on her diaphanous gown. "God, woman, I'm so glad you're mine! You know, it's funny, but—"

"Yes?"

He gazed at her starkly. "I had this uncanny fear that I was going to lose you today."

She curled her arms around his neck and stared at him with total love. "You're never going to lose me, Fabian." Wistfully, she added, "You know, I've learned so much in the past two and a half months."

"Such as?" he queried.

She gazed at him solemnly. "I've learned not to be afraid of the changes in myself. I've learned to love you and trust you, without fearing that you'll swallow me up as a person."

He grinned. "There's only one way I want to swallow you up."

"By all means, gorge yourself," she purred back.

He nibbled at her breast. "Indeed, I may never even let you out of this bed. I'm going to strip you naked and kiss every delectable inch of you."

"Don't forget to get me pregnant," she added in a sultry purr, touching his delicious hardness through his pajama bottom. "I want a baby right away."

"Count on at least one each year," he promised in a sensual growl.

She chuckled. "So, when do I get to strip you naked and kiss every delectable inch of you, Mr. Fontenot?"

"Actually, Mrs. Fontenot, I thought you already did that last night," he teased back. "However, I've no objection to an encore performance. . . ."

Later, after many glorious encore performances, Missy sat up in bed, donned her negligee, and handed Fabian his robe. As he glanced at her questioningly, she kissed him quickly and said, "Come downstairs with me, my darling. There's something I must show you."

"Why did you want to stay here tonight, darling?" Jeff asked Melissa.

The wedding celebration had been over for many hours. Mr. and Mrs. Jeffrey Dalton lay upstairs in her bed, kissing and caressing, their bodies outlined in the burnished glow of a lamp.

"I really love this house," Melissa replied. "I've had so many wonderful times here—with you, and with my parents."

"I understand," he said. "I'm glad we're here tonight. And tomorrow, we'll leave for our honeymoon in Paris."

"I can't believe we're actually flying there on an airplane," she murmured in awe.

"Does the prospect make you uneasy?" he asked with concern.

She smiled and kissed his hand. "Not if you're with me, my love."

His eyes lit with joy. "Lord, I'm so glad you're mine!" Solemnly, he added, "I was so afraid that I was going to lose you today."

She curled her arms around his neck and stared at him with utter love. "You're never going to lose me, Jeff."

"I've been dying to ask . . ."

"Yes?"

He stared into her eyes. "What changed your mind about staying here with me?"

She sighed. "You knew I planned to switch with Missy today?"

"Yes, I knew. I even warned your father to keep a careful eye on you."

She snapped her fingers. "So that's why he was holding on to me for dear life!"

He nodded. "Still, like you, I was so afraid we might not be able to control the forces of destiny." He smiled quizzically. "What made you stay, love?"

She squeezed his hand and smiled radiantly. "I simply found out that Missy is happy in the past with Fabian."

"You did? Thank God!" He frowned. "How do you know?"

"Oh, it was something I saw today."

"You saw?"

She kissed the strong line of his jaw and ran her fingertips over his bare chest. "Why don't I explain everything later?" she asked in a sexy whisper.

"Fine with me." He grinned. "Indeed, I may never even let you out of this bed! I'm going to strip you naked and kiss every inch of you—"

"And will you give me a baby?" she asked tenderly.

"Will I ever!" He lifted her gown and buried his face against her satiny stomach. "No more devices, my love. I'm going to do my best to get you pregnant this very night. If Fabian and Missy are going to have seven children, then we must outdo them by having at least ten!"

"I'm with you, darling," she purred.

Later, long after they made glorious love, Melissa sat up in bed, donned her negligee, and handed Jeff his robe. As he glanced at her questioningly, she kissed him quickly and murmured, "Come downstairs with me, darling. There's something I must show you."

Jeff and Melissa stood next to the newel post, gazing into the newel stone. As the circles began to waver, they saw another couple reflected there.

"I'll be damned!" Jeff cried. "It's Missy. And is that Fabian with her?"

"It is, indeed."

Jeff shook his head wonderingly.

Smiling with great joy, Melissa added, "We've so much to discuss, darling. But first I think it's time for us to say good-bye to Missy and Fabian. Something tells me we won't be seeing them again."

Holding each other close, the lovers turned to stare into the newel stone.

In the past, Missy and Fabian stood at the newel post, gazing into the same stone. As the circles began to waver, both saw another couple reflected there.

"I'll be deuced!" Fabian cried. "It's Melissa!" He turned to Missy incredulously. "Then you must have been telling me the truth all along—"

"Indeed, I was, my love."

He was still shaking his head. "But—who on earth is she with?"

"Jeff."

"Jeff?" He raised an eyebrow meaningfully.

Laughing her joy, Missy pulled Fabian into her arms. "I've a very long story to tell you, my darling. But first, we must say good-bye to Melissa

and Jeff. Something tells me we won't be seeing them again."

Holding each other close, the lovers turned to stare into the newel stone.

As both couples smiled at each other, the images flickered and and then faded away forever. . . .

Dear Reader:

I wish to take this opportunity to thank you, my wonderful readers, for your enthusiasm and support for my time travel stories!

At the back of my first time travel romance, *A Tryst In Time*, I asked you to write and let me know what you thought of my book, and whether you'd like to see additional time travel stories by me. The results have exceeded my wildest dreams! As I write this, I have received almost 500 enthusiastic fan letters on *A Tryst In Time*, and mail continues to arrive! I can't tell you how touched I have felt to have you share not only your feelings on my book, but also your lives with me.

Bless all of you for encouraging me to continue writing time travel stories! *Tempest In Time* is, of course, the result. I do hope that you've had as much fun in reading about the "star-crossed" lives of Missy and Fabian, Melissa and Jeff, as I have had in writing this book.

I do, of course, continue to welcome your feedback. For those wishing a free bookmark and a copy of my latest newsletter, a long-sized SASE is appreciated.

Please write to:

Eugenia Riley
P.O. Box 840526
Houston, TX 77284-0526

The author extends special thanks to Virginia Brown and Linda Kichline of Memphis, Tennessee.

*This book is dedicated, with love,
from my daughter, Noelle, to the memory of
Brian—*

Heaven will never be the same.

LOVE SPELL®

December 1996

Published by

Dorchester Publishing Co., Inc.
276 Fifth Avenue
New York, NY 10001

TEMPEST IN TIME

EUGENIA RILEY

LEISURE BOOKS **NEW YORK CITY**

Other *Leisure* and *Love Spell* books by
Eugenia Riley:
A TRYST IN TIME

IN HER PLACE

"So," Missy taunted, "are you going to sweep me off up those stairs and ravish me, now that you've abducted me?"

"Don't tempt me!" Fabian snapped.

She expelled an exasperated sigh and crossed her arms over her chest. "All right. Why don't we just have it out, now that I've stepped all over your silly macho pride?"

He took a menacing step toward her, and, even in the scant light, the hard glitter in his eyes was unnerving to her. "You really like to provoke me, don't you, Missy?"

"So what if I do?" She shrugged with bravado. "Now, aren't you going to follow suit like every other bumpkin tonight and tell me I've forgotten my place?"

"Oh, I've a place in mind for you," he said in a soft voice that sent a chill coursing through her.

"And where is that, *pray tell?*" she mocked.

He stared her straight in the eye. "In my bed."

D0964370

us of the birth of baby Jesus in Bethlehem.'

Hope looked at me blankly. 'Who is baby Jesus?'

'Blimey, you really *do* have a lot to learn, don't you?'

Smirking, Clover said, 'Baby Jesus was born a long, long time ago. His mother and father followed a star to a place called Bethlehem, and baby Jesus was born in a stable on Christmas Day, and that's why we celebrate Christmas.' Under her breath she murmured, 'Or so the story goes.'

Hope frowned. As she involuntarily flexed the muscles in the stump of her skinny right arm the metal pistons and pulleys in the artificial limb began to creak and move, causing the pincer-like claw that served as her hand to open and close.

'Why do you decorate the tree?' she asked.

'To make it look pretty. Don't you think it's pretty?' said Clover.

Another moment's thought, then Hope nodded. 'Yes, but not as pretty as you.'

Clover laughed. 'What a little charmer you've become.' She shook a tiny bell, which she'd been about to hang on the tree, making it tinkle. 'So – *do* you want to help?'

This time Hope nodded eagerly.

As Clover lifted Hope up so she could hang decorations on the higher branches, I reflected, not for the first time, what an open book this little girl was, and how much her naivety and lack of knowledge shocked me.

It wasn't her fault, of course. For as long as Hope could remember – or was prepared to remember – she had lived in a tiny cage in a basement laboratory beneath a hospital, her existence as a living subject for the vile experiments of a surgeon called Dr Tallarian dominated by misery, pain and fear.

When I'd rescued her and brought her home (though in truth it had been Hawkins who'd done that; I'd been overcome by smoke inhalation, having attacked Tallarian's henchman with an oil lamp and inadvertently set the laboratory on fire), she'd been all but feral, tearing up sheets and clothing to build nests in cupboards and under the bed we'd provided for her, and using the corner of her room, instead of the chamber pot, as a toilet. She couldn't dress herself, had barely been able to speak, and had gone crazy at the feel of soap and water on her skin. She'd been terrified and mistrustful, spitting and snarling and lashing out at anyone who came near.

But in the three months since then her progress had been remarkable. Hope was like a sponge, absorbing knowledge, responding to the kindness and patience shown to her not only by Clover and me, but by the rest of the household staff (particularly Mrs Peake, the housekeeper, and Polly, one of the maidservants), and latching on quickly to whatever was required of her. She'd learned to speak, or at least had found her voice, since when she had barely stopped asking questions. She had begun to dress herself, to wash regularly, to sleep in her bed instead of under it, and to use a fork or a spoon to eat with – which, of course, she held in her left hand, as her right, the pincer-like claw, was little more than an encumbrance.

But it wasn't the claw's inefficiency that bothered me. The real concern was the artificial arm to which the claw was attached, and not only because it was heavy and impractical. Where the metal was grafted into Hope's flesh, halfway between her shoulder and elbow, the skin was red and inflamed, prone to infection. Mrs Peake and her staff fought a constant battle to keep the wound clean, though there was a danger in that too, because we were all aware that if the metal became too wet too often it would start to corrode, which could, if the rust seeped into Hope's bloodstream, cause septicaemia.

In my view, Hope's metal arm was therefore not all that different to having a bomb attached to her body – one that was currently dormant, but that might start ticking at any time. The obvious solution would be to have it amputated, but in this day and age such an operation was too risky. Anaesthesia, in the form of ether, chloroform, even cocaine, was hit and miss, and the body trauma to patients was often considerable. It was still common for patients to die of shock or blood loss or of later infections contracted during surgery. Of course, if we'd had twenty-first century techniques at our disposal it would have been a doddle. But we didn't.

I watched Hope opening the largest of the Christmas presents we'd bought for her – to be honest, we'd spoiled her, but if there was ever a child who deserved to be spoiled, it was her – and tried to put my anxieties out of my head, at least for today. Admittedly it wasn't easy. It wasn't just Hope I was worried about, but my youngest daughter, Kate. Kate had been abducted by an individual or group who were after an artefact in the form of a small obsidian heart, which until recently had been in my possession. If I didn't recover the heart, which I'd last seen in the hands of DI Jensen, the detective leading the enquiry into my daughter's disappearance – or, more likely, a shape-shifter in the form of Jensen – I would never be able to get back to my own time. And if I didn't get back, then the likelihood was that I would never see Kate again.

But even if I *did* recover the heart, I knew it would still be only the first step on the long road towards a reunion with my daughter. Of course, the fact that the heart was no longer in my hands could mean that, in the twenty-first century, Kate had been released by her captors. On the other hand it could be an entirely different group that had snatched the heart – but I had no way of even beginning the process of finding that out until the thing was back in my possession. But who was to say the heart was still even in this time period? Whoever possessed it now had the potential to use it to travel in time, in which case it could already be permanently beyond my reach. There'd been periods in the past few months when my problems had seemed so insurmountable that I'd sunk into despair. It was at these times when Clover's calm, reassuring presence had been invaluable.

'Forget about the bigger picture,' she'd said to me more than once. 'Take it one step at a time.'

The first time she'd said that I'd lost my rag with her, had accused her of being insensitive. 'It's not your daughter who's missing,' I'd snapped. 'Every day that passes feels like a day where she's getting further away from me.'

'Except she isn't, is she?' Clover said calmly. 'Think about it, Alex. Just because time's passing here doesn't mean it's passing at the same rate for Kate. If you get the heart back, even if it takes six months, you could theoretically use it to travel back to the moment after you left.'

It was true, and her words were a comfort. The knowledge that the heart could make the passage of time irrelevant, that somewhere, in the future, Kate's existence was not necessarily continuing without me, but was, to all intents and purposes, suspended, was, I think, the only thing that kept me from going mad.

Using both her real hand and her metal claw, Hope was now tearing the paper from the parcel. Beneath was a doll's house, a real beauty, lovingly hand-carved and painted, breathtaking in its attention to detail.

'Do you like it?' Clover asked. The doll's house had been her idea.

'Yes,' said Hope automatically. Her nose wrinkled. 'What is it?'

'What does it look like?' I said.

'A house. Like this one. But little. Too little to live in.'

Clover knelt on the carpet beside her and leaned forward, dragging another couple of smaller parcels out from beneath the tree. 'Open these.'

Obediently Hope tore the paper from one parcel, and then the other. The first contained miniature items of furniture – tables and chairs, beds and wardrobes, a bath on four tiny clawed feet, a dressing table, a foot stool, a writing desk, a pair of washstands – and a bunch of even smaller items, all carved out of wood: bottles, hairbrushes, a joint of meat, ornaments, paintings, chamber pots, houseplants. The second parcel contained the house's occupants: a mother, a father and three children (one boy, one girl, one indeterminately gendered baby), plus a number of servants, including a chauffeur and a gardener.

'It's your very own house,' Clover said. 'And all these things are for you to put in it. You've even got your own family, look.' She held up the little girl and jiggled her from side to side. 'Hello, Hope,' she said in a squeaky voice.

Hope was fascinated. She reached for the wooden figure Clover was holding, but then paused, her hand hovering in the air. Uncertainly she said, 'Aren't *you* my family?'

'Well... yes, of course,' said Clover. 'We're your *real* family. But this is a pretend family for you to play with.'

'But what do I do with them?'

'Whatever you like. You're in control, so you can give them names and decide who they are. You can use your voice to make them speak to each other, and your imagination to make up stories about them and send them off on wild adventures.'

'Remember what we said about imagination?' I prompted.

'It's when you make up things that aren't real. Not lies,' Hope added hastily. 'Lies are different. They're bad.'

'That's right,' said Clover. 'But imagination is good. Because making up stories is fun. And it forces you to think.'

'It exercises the little grey cells,' said Hope solemnly, repeating something I'd told her, making both of us laugh.

'Exactly,' said Clover. 'And the more you think the quicker your mind works and the cleverer you become. Because you need to think to make decisions, to decide what's right and wrong. You see?'

Hope nodded slowly, looking at the doll's house. 'So do *I* decide where all these things go in the house?'

Clover nodded. 'You can put things where you like. And if you decide afterwards you don't like them where they are, you can move them around.'

'Same with the people,' I said. 'You can decide what sort of people they are. You can decide whether they're happy or sad, or nice or nasty, or...' I floundered.

'Brave or cowardly,' Clover offered.

Thoughtfully Hope picked up the father and brought him up close to her face, staring at him as if trying to read his personality in his painted eyes.

'Can he be an explorer?' she asked.

I smiled. 'If that's what you want.'

'What are you going to call him?' asked Clover.

Hope looked at me. 'I shall call him... Alex.'

My smile widened. 'And what about the mother?'

'Clover,' Hope said without hesitation.

Clover glanced my way, raising her eyebrows in amusement. Since finding ourselves here, we had decided, for the sake of decorum, that it would be best if we posed as husband and wife. To live together under any other circumstances would have been regarded as dubious at best, scandalous at worst. It would have led to adverse attention, unneeded hostility, maybe even a downturn in my business interests and investments – all of which had been set up before I got here, and which thankfully managed to tick over quite nicely with the minimum of involvement from me.

But even having established a veneer of respectability, Clover and I still occasionally caused eyebrows to be raised. I'd known vaguely before finding myself here that the Victorian era was an age when gender equality was still in its infancy, when women didn't yet have the right to vote, and when Emmeline Pankhurst and her suffragettes, their movement still very much in its earliest days, spent most of their time battling against an overwhelmingly hostile tide of public opinion. But it wasn't until I was actually living *among* the Victorians that I realised just *how* chauvinistic a society it was, and how entrenched was the notion that women were second-class citizens in all departments. It was honestly believed among the majority of men – or at least the ones I'd encountered – that women who refused to conform to the expected role of being a demure housewife were thought to be suffering from an 'affliction of the brain'.

Clover had adapted to Victorian society quickly and was well aware of the need to rein in her usual garrulousness, but even so, she could not exactly be described as demure, at least not by the standards of the day. Several of my business colleagues who had visited the house had been shocked when she had answered questions directed at me. One of them, the managing director of a shipping company in which I had shares, had even taken me aside and suggested I encourage my wife to make house calls on other ladies in the neighbourhood, or perhaps become involved in charitable work, in order to curb what he described as her 'tendency towards vulgarity'.

Clover had laughed when I'd told her this, but it had annoyed her too. 'If he thinks it's vulgar just for a woman to express an opinion,' she said, 'maybe we ought to take him back with us when we find the heart. It would blow his tiny mind.'

Clover had been here when I'd arrived, installed

apparently by an older version of me, who had been in possession of the heart I was currently searching for. He had explained just enough of the situation to prepare her for my arrival, and this had helped to cement my trust in her. Before her appearance, despite all we'd been through together, I'd harboured a lingering thread of doubt – in fact, if I was honest with myself, I still did, but it was now gossamer thin, and appeared only when I was overly stressed or tired, which in turn tended to bring out the paranoia in me. I reasoned that if a *future* version of me had brought her here to help, then she *must* be trustworthy – at least according to my older self. It followed, therefore, that if Clover *did* have a hidden agenda, she must be playing a long game – a *very* long game, in fact.

This, of course, was assuming that Clover's claim to have been transported here by an older me was true. However, as Hawkins had confirmed her story, I was inclined to believe it. Now and again it did occur to me to wonder whether *both* of them might be in league with my enemies, and were protecting me only to preserve me for an even bigger fall somewhere down the line. But that was a ridiculous and destructive way to think, wasn't it? I mean, what, for them, would be the point?

And believing Clover's story gave me a reason to be optimistic about my own personal future, and that was something I was loath to relinquish. The idea that an older me had brought her here, together with evidence that future versions of me had used the heart to perform other deeds – not least buy this house and set up an entire portfolio of business interests – enabled me to cling to the hope that, whatever happened, eventually everything would turn out okay.

Was it really that simple, though? Was my fate already mapped out? I'd seen dozens of movies where the hero or villain went back in time and changed history, thus altering the future they'd come from. But in truth I had no idea how time really worked, how flexible it was. Whenever I tried to think it through, it tied my head in knots. It always came back to variations on that age-old conundrum: what if you travelled back in time and killed your grandfather – would you cease to exist? The impossibility of that suggested that time travel was a nonsense, that it couldn't be feasible. Yet it *was* feasible; I was proof of it. But maybe time had its own rules that couldn't be broken? Maybe the person who *tried* to kill their grandfather would find themselves constantly thwarted for one reason or another?

The fact that I didn't know, *couldn't* know, meant that I couldn't afford to be blasé about my future. I couldn't assume that just because I had 'evidence' that my future self was in possession of the heart it automatically meant I was destined to find it.

Once Hope had opened her other presents – a doll; a stuffed horse; a drawing set comprising paper, pencils and an India rubber; a toy theatre with cardboard figures on sticks; a music box; a magic lantern with slides of animals and famous buildings – she sat in a kind of stupor, her eyes dazzled and dreamy. For a girl who'd had nothing her whole life, who had no concept of the notion of 'Christmas', and didn't even know how old she was, this was probably too much. Yet Clover and I had wanted to treat her, had wanted to try to roll all the Christmases she'd missed into one glorious celebration. Of course, material things didn't bring happiness, they didn't heal a scarred soul, but we were doing our best to deal with that too. We were providing Hope with love and kindness and security, and hoping it would be enough.

Clover, still kneeling beside Hope, said brightly, 'Right, what shall we play with first?' She reached for the magic lantern, her eyes shining, as though showing Hope how to play the role of Eager Child on Christmas Morning. 'How about this?'

With something to focus on, Hope blinked and nodded, a smile creeping across her face. Watching her I was hit with a sudden, unexpected wave of sadness. Although I wasn't missing out on Christmas morning with Kate – that was a different time, a different world, away – it felt as though I was. I couldn't shake the notion that Christmas was a time for family, and that Kate should be here with me, with us, opening presents and joining in the celebrations. For a moment I saw her, sitting on the carpet with Hope, squinting adorably behind her pink-framed spectacles. I remembered last Christmas morning – or at least, *my* last Christmas morning: Kate's excitement; her squeals of delight as she opened her presents. I'd made us both pancakes for breakfast, and then we'd sat on the settee in our pyjamas, my daughter burrowing into the gap between my arm and my hip like a warm puppy as we watched – for about the hundredth time – *Toy Story* on the telly.

My eyes blurred with tears; my head went stuffy and hot. I sniffed and Clover glanced at me. Her eyes flashed a question: *Are you all right?*

I stood up as unobtrusively as possible. Hope was still

preoccupied with the magic lantern, gazing with awe as the first image – a springing tiger, mouth open in a snarl – appeared in faint, broken patches on furniture and the wall beyond.

'I... er... just have to deal with something,' I muttered. 'I'll be back soon.'

Clover nodded her understanding as I crossed the room and slipped out of the door.

In the corridor, I leaned against the wall, pressed my cool fingers to my closed eyelids and took a shuddering breath. I exhaled hard, opening my eyes in time to glimpse my breath as a faint curl of mist in the air. This house on the edge of Kensington Gardens, which I had suddenly found myself rich enough to own, was big and high-ceilinged, its walls adorned with paintings, mirrors and stuffed animal heads, its many rooms crammed with furniture, fabrics and artefacts from China and the Far East. Sumptuous as it was, though, like the majority of homes at this time it didn't have central heating. Hot running water, yes – that was heated from the kitchen range. But for now we lived, as Clover had put it, 'like cavemen', Mrs Peake and her staff having to stoke up the fires in every room each morning to stave off the biting winter cold.

Twitching my nose at the smell of slowly roasting turkey drifting up from the basement kitchen, I crossed the icy hall, bypassing the foot of the wide staircase, which faced the front door across an expanse of patterned floor tiles. The first door I came to on the opposite side of the hallway opened into the morning room, but I ignored that and continued along the corridor leading to the rear of the house. Wall-mounted gas lamps, whose paraffin-like fumes overwhelmed the delectable aroma of our Christmas dinner, dispelled the deepening gloom here. Gaslight might look pretty in films and TV dramas, but as well as being whiffy it gobbled up huge amounts of oxygen, which meant that unless the room you were in was well ventilated (and who wants a well ventilated room in the dead of winter?) you invariably ended up with a stinker of a headache. I'd told Hawkins and the household staff that as soon as electricity became domestically available I'd be signing up for it. Mrs Peake was dubious; she thought electricity was dangerous and unreliable, that it would never catch on. When I tried to assure her that it was the way forward she gave me pitying looks.

Pushing open the solid oak door into the library, I was met with a billow of warmth. It enfolded me like an arm around the shoulders, drawing me towards the log fire, which danced and crackled behind the dark mesh of the fireguard. Although real fires were cosy, they left a thin layer of sooty grime on every surface – not good for the hundreds of leather-bound books lining the floor-to-ceiling shelves. This had been one of the things that had most surprised me about Victorian London – how horribly *dirty* it was. I'd known about the Industrial Revolution, the dark, satanic mills, the growth of mechanisation, all that. I'd even known about the rookeries, the workhouses, the terrible poverty – and yet there had still been a part of my brain that associated the Victorian era with elegance and innocence and romanticism.

Not so. Victorian London was *filthy*. And it wasn't just the poor areas of London that were bad, it was *everywhere*. Coal was used not only in industry, but to heat virtually every household in the city. This meant that every day thousands of fires belched out soot and fumes, as a result of which the stonework of most of the buildings was black, the pavements muddy underfoot, the air itself not only gritty and hazy, but often so smoky it was sometimes hard to breathe. On days when the air was particularly damp, the smog was so brown and dense you couldn't see more than a couple of feet in any direction. Also there was shit everywhere – dog shit on the pavements, horse shit in the road. And the people smelled. Because there was no deodorant, few showers, or bathrooms even, and clothes were hand-washed and often hung out to dry in smoky environments, even those who were lucky enough (or scrupulous enough) to wash regularly had a slightly musty, sweaty, smoky odour about them. It wasn't nice, but it was something you had to accept and get used to.

And I *had* got used to it in many ways. It's amazing how quickly you can adapt to a new environment. Which didn't mean I wasn't still often struck by how amazing and terrifying and disorientating this situation was. I had *travelled in time*. I was *living in history*. Queen Victoria was on the throne (and next year would become the longest-reigning monarch in British history); the Jack the Ripper murders had happened only seven years ago, which meant that the killer, whoever he was, could still be alive. Arthur Conan Doyle was on hiatus from writing his Sherlock Holmes stories, but was yet to write his most famous, *The Hound of the Baskervilles*. Elsewhere in the world, the likes of Monet, Lenin, H.G. Wells, Oscar Wilde, Sigmund Freud and Joseph Lister were going about their business. The

Eiffel Tower was a mere six years old; last year the Lumière brothers had invented the cinematograph; somewhere in Germany X-rays had just been discovered.

Sometimes I would literally get the shakes thinking about it all. I thought about it now as I walked slowly across to the windows that overlooked the stretch of lawn at the side of the house. I was a man who could see into the future. If I wanted I could use my foreknowledge in all sorts of ways to earn myself a fortune – or rather, a greater fortune than the one I had *already* earned.

The snow outside was a foot deep, even deeper where it had banked up against the trees and bushes at the perimeter of my property. Though I couldn't see anyone, I knew there were people watching the house; people patrolling the area *around* the house, on the lookout for anything suspicious. They constituted a small fraction of the vast army I employed, or at least paid, not only to guard my interests but to keep their eyes and ears open for any news of the heart. It was an army that had been recruited from all walks of life.

Those who guarded the house did so on a rotational basis, and had instructions to be as circumspect as possible. They'd been handpicked by Hawkins – tough men who would otherwise be working on the docks or the railways, or even keeping themselves afloat by nefarious means. In view of the weather, I'd instructed Mrs Peake to keep them supplied with bread and cheese and beef tea. I'd even told Hawkins to make sure they took turns to come inside now and again to warm themselves by the kitchen range.

How effective the guard would be if the Wolves of

London decided to launch an attack I had no idea, but their presence gave me some peace of mind. I watched the snow drift lazily down from a sky so colourless it was as if God had forgotten to fill it in. The snow formed spirals, helixes; it was mesmerising. After a while I wondered if the patterns were trying to tell me something.

I felt calmer now, less friable. *White Christmas*, I thought, and smiled at the idea of becoming an internationally renowned songwriter. I wondered what would happen if I were to 'write' songs I knew from the future – songs by Burt Bacharach, Irving Berlin, say – and claim them as my own. Would time warp and crack and shatter? Would reality unravel?

Something popped in the fire – a rusty nail, a knot of wood. I turned away from the window and went back to spend Christmas with my 'family'.

Later, after turkey and plum pudding had been eaten, after charades had been played, after Hope had collapsed into bed, exhausted but happy, after Mrs Peake and the girls – Polly, Florence and Hattie – had retired to their rooms at the top of the house, and Clover and Hawkins were in the drawing room, sharing a bottle of port and chatting in front of the fire, I went outside.

I did this most nights. It had become a habit. I was like a crusty old colonel in some far-flung outpost, patrolling the perimeter of his domain to check on the morale of his men and ensure that all was well before sealing the lid on another day.

I went armed. Both Hawkins and Clover insisted on it. I

carried a howdah pistol, a large-calibre handgun, which had been designed for use against the lions, tigers and other dangerous animals in colonial Africa and India. Hawkins had acquired it for me – I didn't ask from where. Again I had no idea how useful it would be against the Wolves of London – Tallarian and his mechanical army, the shape-shifter – but at least it *felt* reassuring, and it allowed Clover and Hawkins to convince themselves I was as well-protected as I could be.

As it was Christmas night I went out armed not only with my trusty pistol, but with a hamper of goodies – turkey sandwiches, a quarter wheel of cheese, mince pies, Christmas cake, a bottle of good brandy – with which to feed the troops. Although it had stopped snowing it was still bitterly cold and my breath hung on the air like a Yuletide apparition. My feet made soft crumping sounds as I plodded through the snow, the shadows in the depressions I left behind shimmering blue in the moonlight. From the front door I turned left, trudging parallel to the front of the house, before turning left again into deeper shadow when I reached the first corner. As I plodded along the side of the house, taking exaggerated, clown-like steps, I scanned the black, jagged screen of trees and bushes at the edge of the property, but all was still.

Then something shifted, black on black. I peered harder, my right hand slipping inside my fur-collared topcoat – all my coats and jackets had been fitted with a special pocket in which I could carry my pistol. Like a globule of oil breaking free from a slick, a shape detached itself from the larger clump of blackness behind it. As it moved towards me the snow creaked like polystyrene.

'Name yourself,' I challenged.

'Frith, sir.' The voice was gruff and phlegmy, with a pronounced Scottish accent. 'Donald Frith.'

I relaxed, though not entirely. The shape-shifter could adopt the guise of anyone so perfectly it was impossible to tell the fake from the real thing. Already I had seen it in the forms of Clover, Barnaby McCallum and DI Jensen. Who was to say it couldn't catch me off-guard by taking on the form of one of my protectors?

'Tell me today's word, Mr Frith.'

I heard the man clear his throat in the darkness, as if about to make an important proclamation. 'Crackerjack.'

I smiled. My hand slipped from beneath my coat. 'Do you have a lantern?'

'I do, sir.'

'Then light it, by all means.'

It hadn't taken me long to adopt the Victorian speech patterns I heard around me every day, though I sometimes wondered whether the idioms and rhythms I found myself slipping into had more to do with Sherlock Holmes movies and TV period dramas than actual reality. If the natives ever thought I spoke a bit oddly they didn't mention it. Perhaps they were too polite. Or perhaps they thought I was a foreigner and that English was my second language. I was purposely vague about my origins.

After a few seconds of fumbling, a Lucifer flared in the darkness and next moment a brass lantern in Frith's other hand was glowing brightly. Frith held it up, as if to emphasise that he'd complied with my suggestion, his black form acquiring a flickering orange definition, which gave the snow around him the appearance of softly glowing lava. When he grinned, his craggy, bewhiskered face crumpled up like an old leather shoe, full of pits and grooves.

'There you are, sir,' he said. 'A very Merry Christmas to you.'

'And to you, Mr Frith. Though I'm afraid that yours can't have been as merry as all that. I'm sorry that you drew the short straw today.'

'The short straw, sir?'

'What I mean is, I'm sorry that you're out here alone on Christmas night.'

Frith shook his grizzled, leonine head. Like the rest of the men that Hawkins had selected, he was tall and bulky, though some of his bulk could be attributed to the fact that in order to keep warm he wore numerous layers of clothing. Much of it, in common with the majority of London's population, was baggy, colourless, patched, threadbare, ragged at the edges. The cap on his head, from which his badly cut hair jabbed like dark straw, resembled a cowpat with a brim; the scarf around his neck was not much more than a length of grey rag. The pockets of his brownish jacket sagged and gaped, as though full of stones, and his boots were wrapped with cloth and twine to prevent them from falling apart.

'Not at all, sir, not at all,' he said amiably. 'I've little else to do. And gainful employment keeps me from indulging in certain devilish temptations, if you get my drift.' He tilted a hand towards his mouth in a drinking gesture.

I thought of the brandy in my hamper, and wondered whether it might be best to keep it there. 'I hope I'm not depriving your family of your company, though, Mr Frith?'

'All gone, sir,' he said bluntly. 'My wife was a good woman – too good for me. Took to her heels some years back and my bairns with her...' He wafted a hand, as though scattering seed to the wind.

'I'm sorry.'

Frith raised his bushy eyebrows in surprise. 'Nothing for you to be sorry about, sir. Nothing at all.'

'Even so,' I said. Then in order to avoid awkwardness I patted the hamper. 'I've brought you some sustenance. Thought you might be hungry.'

'That's powerful kind of you, sir. And I won't deny that some wittles would be most welcome.'

I opened the hamper and told Frith to help himself. Before I could think about what I was saying, I added, 'There's plenty more where that came from.'

As soon as the words were out of my mouth I winced at the insinuation that my resources were bountiful when so many were starving, but Frith made no comment. After I'd watched him eat his fill, cramming the food into his mouth and swallowing almost without chewing, as if afraid I might suddenly withdraw the offer, I hesitantly offered him a nip of the brandy 'to keep out the cold'.

'I'd best not, sir, if you don't mind,' Frith said. 'Not if I desire to keep my wits.'

Once we'd wished each other goodnight, Frith blew out his lantern and melted back into the shadows. There were six men guarding the house, and I encountered them all as I performed my nightly circuit. They were all more or less like Frith – shabby and gruff, but polite, deferential. They were inordinately grateful for the food I'd brought, and they never ceased to be surprised by my concern for their welfare, though they tried not to show it. Their diffidence made me uncomfortable; this was one of the things I'd found hardest to come to terms with since arriving here. I wanted to tell them I was a fraud, that I was no more a gentleman than they were. But I didn't. I couldn't. The borders between the haves and the have-nots were too rigid. I knew if I'd tried to get closer to any of them, they would have regarded me with confusion and suspicion. The Victorian attitude, so alien to me, was that the rich and the poor held on to their pride by knowing their place in the scheme of things and sticking to it. There was little ambition among the working classes; the prevailing mood of aspiration, of attainment, hadn't yet filtered down to the lower stratas of society. There were exceptions, but based on my experience over the past three months the general consensus seemed to be that the poor and downtrodden were where they were simply because God had decided that was to be their lot in life.

None of the men had anything to report. All was quiet. I reached the last corner, having done almost a full circuit of the house, when something caught my eye. Across the white blanket of snow leading from the dark mass of the hedge at the front of the house to the now-dormant flowerbed beneath the drawing room's bay window, was a set of animal tracks. This wasn't unusual in itself, but it was the nature of the tracks that bothered me.

Placing the now almost empty hamper on the snowy ground, I approached the line of tracks cautiously, wary that whatever had made them might be lurking nearby. My hand crept again to the pistol in my jacket as I followed the tracks to their source, the hedge at the edge of my property.

The tracks by the hedge were those of a small bird, like a sparrow, with three toes at the front and a clawed spur at the back. These tracks made just enough of an impression to be picked out by the moonlight, a series of regular, icy-blue scratches on the otherwise pristine blanket of snow.

What was unusual was that as the tracks got closer to the house, they *changed*. The twig-like toes became thicker and less defined, and the tracks themselves deeper. Within the space of half a dozen steps, the markings altered shape completely, the toes becoming broader, more rounded, the rear spur expanding and flattening out.

It was as though a bird had landed on the lawn, and then, as it approached the house, had changed into a cat or a dog. The creature had walked up to the house, hung around by the bay window for a while (there was a mess of footprints here to indicate it had moved around a bit) and then had padded back towards the hedge, where its tracks had transformed once again into a bird's. The returning tracks then ended abruptly a few metres from the hedge, as if the bird had flown away.

Instinctively I peered into the moonlit winter sky, but saw nothing moving up there.

Nothing, that is, except a few random snowflakes spiralling lazily from the heavens to settle upon the earth.

TWO

ACROBATS

Good shot, sir.'

It was Boxing Day evening, creeping towards midnight, twenty-four hours since I'd found the tracks in the snow. Hawkins and I were in the snooker room on the second floor (I'd always loved the idea of a snooker room and now I had one!), potting a few balls, smoking fat cigars and demolishing another bottle of port. It should have been a relaxing, even mildly decadent end to the day, but as with almost everything I did here I felt like I was marking time. My overriding sense was one not of pleasure but of guilt. I carried it inside me like an ulcer. However much I rationalised it, however often I told myself the matter was in hand and there was nothing I could usefully do but wait, I couldn't help feeling I should be *out there*, scouring the streets, asking questions, tearing London apart in my search for the obsidian heart.

I took another gulp of port – I'd end up with bloody gout at this rate! – and watched the white ball roll sedately back down the table to nestle against the bottom cushion. I'd become pretty decent at snooker over the past three months

– no doubt partly due to my misspent youth playing endless games of pool in seedy clubs and pubs as a teenager. It had been years since I'd picked up a cue, but since arriving here I'd found that knocking a few balls around at the end of the day was often a good way of untangling the turmoil in my head, helping me to think.

Squinting at Hawkins through ropy veils of blue smoke, I sighed and said, 'Are you *ever* going to call me by name, Hawkins?'

Hawkins paused, smiled. When he did so it transformed his austere, hook-nosed face. His smile was full of warmth, but there was sadness there too. I didn't know why. Although he was fiercely loyal to me, he was also proud, secretive; he revealed his true self only in increments. It was another characteristic of this age. It wasn't seemly to gush, to pour out your heart, to lay yourself open. Personal information had to be earned, eked out, like flecks of gold from hard rock.

'It wouldn't feel right, sir,' he said. 'You are the master of this house and I am the butler.'

I snorted. 'Come on, Hawkins, you know I don't hold with all that subservience crap. You know more about me than anyone here, except Clover. We're friends, aren't we?'

He inclined his head. 'I like to think so, sir.'

'Well, then.'

He regarded me a moment with his sky-blue eyes and then turned his attention back to the table. I'd partly snookered him behind the yellow. I could see him assessing the angles, wondering which red to go for. He strolled around the table, chalking his queue. He was around sixty, silver-haired, but he moved with the grace of a ballet dancer. Clover had a theory that he'd once been a cat burglar. 'He's *like* a cat,' she'd said. 'Or a panther. Silent and sort of sleek.'

He crouched, played the shot. A smooth, precise action. The white ball travelled up the table, kissing the side cushion, nudging the outermost red towards the top right-hand pocket. The angle wasn't quite right; the red wiped its feet, but didn't go in. But it was a speculative shot anyway. The white came back off the top cushion and rolled down the table unimpeded, stopping just short of the brown.

'Nice,' I said. 'Haven't left me much to go at there. You play a very cagey game, Hawkins.'

Once again a smile played on his lips. 'I'm a very cagey man, sir.'

I had no idea whether the word 'cagey' was an anachronism, though Hawkins spoke it as though it was. I matched his smile with a wider one of my own.

'I'll say. I've been here three months now and I still don't know all that much about you.'

'There isn't much *to* know,' he said, but the way his eyes slid away from me belied his words.

Before replying I took another sip of my drink, another puff on my cigar. Then I said, 'Oh, I think there is. I think you've got quite a story to tell.' I approached the table, chalking my cue. 'No pressure, of course, Hawkins, but you do realise that you'll have to spill the beans sooner or later? Otherwise how will I find you to employ you in the future?'

I bent to take my shot. Before I could, Hawkins murmured, 'It is a fair question, sir, to which the answer is that you would doubtless find the search a difficult one.'

'Oh?' I said. 'And why's that?'

'Because Hawkins is not my real name.'

I tried not to react in case it unsettled or embarrassed him, tried to pretend I was still focused on the table. 'Really?' I said airily.

'My real name is Abel Benczik.' He said this bluntly, as if it was something he didn't want to linger over, a bad tooth that needed to be extracted quickly to minimise the pain.

Still I took my time, my eyes fixed on the arrangement of balls on the table. I chalked my cue, then tilted the blue tip towards my mouth and blew off the excess dust. Crouching low, lining up my shot, I asked, 'What is that? Russian?'

'Hungarian.'

I played the shot, made a mess of it. Too much weight, not the right angle. Instead of potting the red that Hawkins had left close to the pocket and screwing back, the cue ball cannoned into it, sending it ricocheting around the table, before bouncing off the top pocket and smashing into the rest of the tightly packed triangle, scattering red balls over the green-baize surface.

'Bollocks,' I said. 'Made a pig's ear of that.'

I straightened up and glanced at Hawkins. His face was impassive, eyes fixed on the table.

'I wouldn't have guessed you were foreign,' I said. 'From your accent, I mean.'

His features barely flickered. 'I have endeavoured to conceal it.'

I didn't ask why. Having pried open the clam shell, I didn't want to force matters. If Hawkins wanted to explain himself he would do so in his own time. I drank more port and puffed on my cigar as I watched him pot a red, the pink, another red, the black, another red, the pink again, another red, before finally coming a cropper on the blue, which drifted away from its intended destination, the middle pocket.

'Mm,' he said contemplatively as he stepped back from the table. I had never seen him unruffled, had never seen him express anger or disappointment or disapproval. The only time he'd appeared even mildly shaken had been during his recollection of the horrors he'd seen in Tallarian's laboratory after he'd rescued me from the burning hospital. Even though I'd been known to describe Hawkins as uptight, he wasn't really – he was too open-minded for that – but he was certainly self-contained.

As I approached the table again, I was hyper aware of him behind me, lifting his port, taking a sip, setting the glass down with a gentle clink.

All at once he said, 'I am not ashamed of my homeland, sir. Far from it. Adopting a new identity was simply a matter of expediency. For your sake and my own it is best that I attract as little attention as possible whilst I remain in your employ. I have much to thank you for, not least of all my life, and I would never forgive myself if my... ah, *colourful* past were to become the beacon that brings your enemies flocking.'

'You don't have to worry about that, Hawkins,' I said, thinking of the tracks in the snow. 'I'm pretty sure my enemies are flocking already.'

'Even so.'

I played my shot, potting a red that was hanging over the top left-hand pocket. For a few seconds there was no sound in the room but the click of snooker balls, the gentle crackle of the fire and the muted ticking of the clock in its glass case on the mantelpiece. As I stepped back from potting the blue, Hawkins spoke again.

'My family and I were known as the Flying Bencziks. We were one of the foremost acrobatic troupes in the whole of Europe. Ours was a family tradition stretching back several centuries. Not only my immediate family – myself, my wife and my children – but also my parents, my grandparents and my great grandparents. We travelled many thousands of miles around the world, displaying our skills. Indeed, during the past two centuries members of my family have performed before most of the crowned heads of Europe.'

He broke off. This time I sensed he was eager to tell me more, to unburden himself.

'What happened?' I asked quietly.

He took a long, slow breath. 'A little over two years ago my family and I arrived in London as members of a prominent and sizeable travelling ensemble known as Langorini's Circus. Our one-week engagement in the city was to have been our first of a four-month tour, which would have seen us perform in over forty locations across the length and breadth of Great Britain. We had recently completed a similar and successful tour of France, and were feeling buoyant and optimistic. On our first day in the capital we set up camp in Bethnal Green and divided ourselves into small groups to traverse the local area and sell tickets prior to our first performance, which was to have taken place four days hence.'

Briefly he raised a hand and let it fall, a gesture of

weary regret. 'Sadly we were ill-fated. Even now I am not fully conversant with what occurred, and I doubt that I ever shall be. All I know is that one of our groups, which included our strongman, a Danish fellow called Jakobsen, became involved in a fracas with a gang of local toughs after entering a tavern in the hope of drumming up business. At the time we regarded the incident as trivial – an unsavoury but minor disagreement. Such happenings, though not frequent, tended to be common enough.

'Unfortunately the local men did not view the incident so lightly. Or perhaps they simply took umbrage at our presence and would have acted whatever the provocation. The English, in general, are a tolerant race, though there are always exceptions to the rule. Whatever the reason, I was awoken in the early hours of the morning by a terrible uproar.

'A large mob of men had surrounded our camp and were shouting out threats and insults, using the most appalling language. My wife, Marta, and my children – I had four, sir, three daughters and a son...'

He faltered, his voice falling away, his face twitching, crumpling. Then he pulled himself together, his features smoothing out, becoming impassive once more.

'My apologies, sir. I am afraid—'

'No!' I said, raising a hand. 'I won't hear an apology, Hawkins. You've nothing to be sorry for.' I crossed the room, topped up his glass and carried it back to him. 'Drink this,' I ordered, 'and sit down.'

He hesitated a moment, then did as I suggested.

'You don't have to tell me any more if you don't want to,' I said. 'It can wait. Forever if needs be.'

Hawkins shook his head. 'No, sir. I have waited long enough to tell my story. I have carried it within me these past two years like... like Jacob Marley's chain.'

'I know the feeling. Tell me the rest of your story then, if you feel up to it.'

I leaned my snooker cue against the table and sat down opposite him, the fire crackling between us. I topped up our glasses and took another drag on my cigar as he continued.

'Marta, my wife, and my children were terrified. Even with the blinds covering the windows in our wagon, there was sufficient play of light and shadow in the gaps around the edges for us to ascertain that the men were armed with burning firebrands.

'Against Marta's wishes I pulled aside one of the blinds and looked out. There was a furious tumult of noise – banging and thumping – which reverberated like thunder, and I realised that the mob were striking the wagons with their fists in an attempt to goad the inhabitants to emerge.

'I am not a coward, sir, but concern for my family was uppermost in my mind. As such, I will admit that I prayed no one would rise to the provocation, that my fellows would sit tight in the hope that eventually the mob would become bored and disperse, or even that members of the constabulary would arrive to dispense justice.

'But it was not to be. Among our number was a small contingent of hotheads – not least the strongman, Jakobsen. He was a giant of a fellow, with long, flowing, yellow locks and a great beard to match.

'My heart sank when I saw Jakobsen's door fly open and the man emerge, roaring and swinging his fists. Some of the invaders, surprised by the attack and intimidated by Jakobsen's size and deportment, took to their heels – though many did not. Emboldened by their sheer numbers, and by the burning firebrands they held, these men advanced on Jakobsen, thrusting their flames into his face, driving him back.

'I saw his beard catch afire and then his clothing. The mob pressed forward, screaming with bloodlust – it was a terrible thing to see. Jakobsen fought like a bear, but eventually he fell, whereupon the mob, regardless of the flames that were rapidly consuming him, began to stamp and kick at his body, as well as to beat at him with clubs and lengths of metal.

'This was too much for many of the men of our company, myself included. Marta implored me to stay where I was, but I couldn't stand meekly by and watch one of our number be slaughtered like an animal. And so I ran outside, as did many of my friends and colleagues, and within moments battle was joined. Our company comprised a multitude of nationalities, but the mob, in its ignorance, began to chant anti-Semite slogans – which I suppose was their simplistic way of expressing their hatred for anyone born beyond these shores.

'The conflict was brutal and bloody. We were hopelessly outnumbered. We fought against the mob with all our strength, but we couldn't prevent them from...'

Hawkins' voice abruptly cracked again and I saw his head dip. I tensed, thinking he was about to slide from his chair on to the floor, but then he cleared his throat and carried on.

'...we could not prevent them from setting our camp

afire. I was so intent on defending myself from the blows and kicks raining down on me that I didn't realise at first what was happening. I was only vaguely aware of flames leaping higher all around me, and of a ferocious roaring.

'I slipped, or perhaps I was pushed, and I fell down. I thought my time had come, but then I heard a cry, which I only realised afterwards must have been an order to the mob to retreat. All at once men were running past me, departing from the camp, disappearing into the shadows and the darkness beyond the flames like sewer rats.

'I was dazed and bleeding and bruised. I felt myself being hauled to my feet, and at first I thought my assailants had come again. But then I realised the hands belonged to my fellows, and that they were every bit as beaten as I was. But we had no time to dwell upon our injuries, because our homes were aflame. Every wagon within our camp was burning. And our families... our families...'

'Oh, God,' I breathed.

'I tried to fight the flames, sir. We all did. But it was hopeless. Insensible with fury and grief, I targeted the last of the mob, turning to confront those who had remained behind on the periphery of our camp to watch, perhaps to gloat. As I ran towards the men they scattered before me, but I pursued one of them along several streets and finally into an alleyway. The man was swift, but I was an acrobat, in the peak of condition, despite the beating I had suffered – added to which, the alleyway ended in a brick wall that was twice the man's height.

'I caught the fellow trying in vain to scale the wall, and I dragged him back to the ground. And then I... there is no pretty way to say this, sir... I put my hands around his neck and I strangled the life out of him. I was like a man possessed. I wanted nothing more than to make him suffer as my poor family had suffered... my wife, Marta, and my four children...

'When the deed was done, I felt the strength drain out of me. I cast the man's body aside, and I sat on the ground and wept. I had lost everything in a single night... my wife, my beautiful children... I felt as though my life was over just as surely as theirs was.

'I was still sitting beside my victim's body when the police found me. There is little more to tell. I was arrested, thrown into Newgate Prison, condemned to hang. It transpired that my victim was not a ruffian, but a more "superior" type of fellow – the son of an aristocrat no less!' He smiled grimly. 'I was resigned to my fate, sir. I cared not a jot for my own life. And then, the night before my execution, I awoke, and miraculously there you were, standing beside my cot in my stinking cell, the cockroaches and rats scuttling around your feet. At first I thought I was dreaming. Then I wondered whether you were an angel – or a devil. You were holding the obsidian heart, sir. And it was... moving in your fist, perhaps glowing... yes, I believe it was glowing...'

His voice had dropped to a murmur.

'You said, "You must come with me, Abel. It's time." Those were your exact words.'

I filed them away in my mind for future use. Later I would write them down.

'Before I could respond, you reached out and took my hand. And suddenly... here we were. And my life began anew.'

He fell silent. Lifted his glass and took a sip. His hand was completely steady. The story had been a hard one for him to tell, but he was calm again now, composed.

'Hawkins,' I said, leaning forward, elbows on knees, 'I'm so sorry, I had no idea...'

He turned his head aside to stare into the flames, raising a hand as I had done earlier.

'Please, sir,' he said quietly. 'Let us speak no more about it.'

It was hard, but I swallowed the sympathy, the compassion I was feeling, and leaned back in my chair, the leather creaking beneath me. 'All right,' I said, 'if that's what you want. But you'll have to give me the date I appeared in your cell, so that I can make it happen. You realise that, don't you?'

He nodded. 'I do, sir.'

The circularity of time. Cause and effect. The chicken and the egg. Hawkins was only able to tell me his story because two years ago a future version of me had rescued him from his condemned cell on the eve of his execution. But the only reason I was able to appear in his condemned cell, the only reason I knew of his plight, was because he was telling me this story now.

I snatched up my glass and threw more port down my throat. Dulling the senses with alcohol was sometimes the only way to cope with it. I was about to suggest we continue with our game when, from below, came the rat-tat-tat of the door knocker. I glanced at the clock on the mantel, then at Hawkins, my heart leaping.

A midnight caller! Surely that could mean only one thing? As Conan Doyle might have said, the game was afoot!

THREE

BLACK DOG ALLEY

One thing (among many) that had surprised me about Victorian London was how many theatres and music halls there were. Even in the poorer areas you could barely walk three streets without stumbling across some establishment dedicated to providing entertainment for the masses.

Thinking about it, I suppose it was understandable. TV had yet to be invented, the rise of commercial cinema was still a few years around the corner, and there were only so many nights a family could sit indoors reading by candlelight or singing songs around the piano before going stark staring mad.

Our midnight caller was a messenger boy, shivering in the cold, his feet frozen and wet from the snow, which had soaked through the holes in his battered boots. Clover, alerted by his knock, astonished him by opening the door and greeting him with a warm smile. The boy was even more astonished when she exchanged the scrap of paper he was clutching for one of Mrs Peake's rabbit pies from the kitchen. Eyes alight with joy, he scampered off as if he'd just received the best Christmas present he'd ever had.

The message was from Horace Lacey, owner and manager of the Maybury Theatre, which was tucked down a narrow road colloquially known as Black Dog Alley, just off Brewer Street in Soho. Brewer Street was close to Piccadilly Circus and its relatively new addition, the Statue of Eros, around which flower-sellers displayed their wilting blooms by day and prostitutes offered passing gentlemen the chance of a 'threepenny upright' by night.

Although Christmas Night had been clear, a brown, choking smog had descended over the city on Boxing Day afternoon and showed no signs of shifting as the day drifted into evening. At this time of night, and in these conditions, it was almost impossible to find a hansom cab – which was why I'd paid to have one at our constant beck and call from a nearby stable yard. As Hawkins hurried off to rouse the owner, a muffler over his mouth and nose keeping out the worst of the acrid fumes, Clover and I bundled ourselves up against the elements. Waiting in the entrance hall, listening for the slow clatter of the approaching cab, I looked at Lacey's message again. In sloping, crabbed handwriting it read:

My dear Mr Locke

Apologies for the lateness of the hour, but I am responding to instructions to inform you without delay of any unusual occurrences within the vicinity of my establishment, The Maybury Theatre (address supplied above). One such, which you may wish to investigate - a singularly grisly murder, no less! - has taken place this very evening in the small courtyard behind this building. I shall await your arrival for two hours beyond the stroke of midnight, though please do not feel obliged to attend if you adjudge the incident to be beneath your consideration. I have sundry tasks to occupy me upon these premises, and so shall not be inconvenienced if you decide to forego this invitation and remain at your domicile.

Your faithful servant
Horace Lacey (esq)

A *singularly* grisly murder? What did that mean? Poverty and desperation ensured that murders were ten a penny on the streets of Victorian London, so what was so different about this one that it had prompted Lacey to call me out at such a late hour on Boxing Day?

Although I felt a tingle of anticipation I tried not to get my hopes up. I had followed enough dud leads in the past few months to last me a lifetime. Although my 'watchers', as I called them, came from all walks of life, I did employ a large number of the dissolute and the dispossessed – vagrants and vagabonds, mudlarks, prostitutes, even pickpockets and cut-throats. There were a couple of reasons for this. One, the majority of them spent most of their time on the streets, and therefore tended to be the first to know what was going on. And two, because they operated below the radar of 'normal' society, they could keep their eyes and ears open without attracting undue attention.

I paid each of my watchers a small stipend – as much as

I could afford – for their services. But in order to motivate them to stay vigilant and pass on anything useful that came their way, I also promised a sizeable bonus to whoever might provide me with information that would ultimately lead to the recovery of the obsidian heart.

While this was a decent enough system, it did mean that, because many of my watchers were desperate for money, I received a lot of intel that was dubious at best and useless at worst. My problem, though, was that because I was paranoid of overlooking something that might turn out to be vital, I ended up following more of these leads than was probably good for me, which, as the weeks had turned into months, had become a demoralising and exhausting exercise.

What made me more hopeful about *this* particular lead, though, was not only that Lacey was one of the more affluent of my watchers, but also that, as far as I could remember, he hadn't contacted me before.

As if reading my mind, Clover put a hand on my arm and said, 'Try not to get your hopes up, Alex.'

I gave her a smile, which felt skewed and tight. 'I never do.'

'Yes you do. Every time. And it's eating you up.'

I knew she was right, but even so I couldn't prevent a hint of sharpness from creeping into my voice.

'Well, what do you expect?'

'Nothing less,' she said soothingly. 'But... look, I know it's pointless me saying this, but I'm going to say it anyway... try to stay calm. Focused. Try not to despair. We'll get there eventually. I honestly believe that.'

'Women's intuition?'

She locked my eyes with hers as if trying to instil some of her belief into me. 'I know we'll get the heart back because not getting it back is too horrible a prospect to contemplate.'

We'd talked about this already – about the implications of what might happen if we failed, of how things might unravel. I sometimes felt as though we talked about nothing else, as though our conversations just went round and round in a never-ending spiral, our own personal time loop.

I sighed wearily. 'Yeah, I know.'

We were saved from further conversation by the faint sound of the approaching carriage, the rumble of wheels and the clop of horse's hooves partly muffled by snow.

Clover briefly tightened her grip on my arm, giving me a reassuring squeeze, then she leaned forward and planted a kiss on my cheek. Her breath smelled warmly and sweetly of cloves, which I knew she chewed, along with mint, to keep her breath fresh.

'Once more unto the breach,' she said. 'You never know. Maybe you'll get a late Christmas present.'

'I thought you told me not to get my hopes up?'

'I also said I believed we'd find the heart sooner or later. Who's to say you won't get the breakthrough you've been looking for tonight?'

When we stepped outside we were met with a wall of smog. Instantly I felt it trying to crawl down my throat, and I pressed my scarf to my face as I trudged along the path of compacted snow towards the wrought-iron gate set into the high hedge. I knew the hansom was there only because we could hear the creak of its wooden frame and the snorting and shifting of the horse. The smog was so dense we couldn't even see the gates until we were almost upon them, beyond which the carriage was a vague patch of darkness in the murk. The soft clang of the gates as I closed them was answered with a creak as Hawkins pushed open the door of the hansom from within. I saw his hand emerge to help Clover climb aboard, then I stepped up into the carriage myself.

Hansom cabs were designed for two passengers, so it was a tight squeeze with three of us crammed in. What made it more uncomfortable was that, despite our best efforts, tendrils of smog continued to creep in through the crevices around the doors and windows, turning the air pungent. As the cab set off with a lurch, I thought of the poor driver on his sprung seat at the back of the vehicle, fully exposed to the elements. I thought too of the ever-present coterie of men watching the house (not that they'd be able to see more than a metre in front of their faces in these conditions), who were no doubt even now stamping their feet to ward off the cold and trying not to choke to death on the noxious fumes.

And they *were* noxious. That was no exaggeration. I'd known even before coming here that Victorian smog was basically a big ball of toxins – sulphur dioxide and soot particulates from the huge amount of coal that was burnt both domestically and industrially – that gathered together in the sky, became mixed in with low-lying clouds of water droplets, and were then squished back down onto the city as the air cooled, but I'd never realised quite *how* lethally pungent they were until I'd been given the dubious honour of experiencing them first-hand.

People died from inhaling London smog. Lots of people. In this age respiratory problems and cancers were rife – and here was I, putting lives at risk for my own selfish purposes. The driver of the hansom; the men guarding my house; every single person I employed as a watcher – they were all at risk because of me, for one reason or another. At risk from the elements; at risk from the Wolves of London...

Which made me what? A selfish bastard? Or something worse? Was I, in my own way, as ruthless as my enemies?

I continually told myself I was fighting the potential for chaos, that I was doing this for the greater good, that the end would justify the means – but did I really believe that? Was my battle *really* bigger than me? Would it *really* have far-reaching effects if I lost it? Or was it nothing but a personal skirmish? Something that would affect my timeline, but barely touch anyone else's?

Although it was less than three miles from my house in Kensington to the Maybury Theatre, the smog and snow meant that the horse could move at little more than a snail's pace. Yet even though the journey took well over an hour, we endured it mostly in silence. Admittedly the conversation was limited by the fact that we kept our mufflers over our faces, but I doubt we'd have talked much even if the air had been clear. I was too pensive to chat, Hawkins – never a big talker at the best of times – seemed lost in his own thoughts, and Clover, who was squashed between us and seemed to sense our joint mood, simply rested her head on my shoulder and took the opportunity to have a snooze.

Eventually we halted beneath the fuzzy orange glow of a street lamp. The driver rapped on the roof and we clambered out, Clover blinking sleepily. As Hawkins spoke to the cab driver, Clover and I, still holding our mufflers over our faces, climbed the short flight of wide, semicircular stone steps to the theatre's main entrance.

Although The Maybury was intended to be the proud centrepiece of a row of squat redbrick dwellings that stretched into the smog on either side, it wasn't a particularly impressive structure. The architecture was basic, devoid of elaboration, and the brickwork itself was blackened by a crust of soot. I rapped on the double doors, which were panelled in small, individual panes of glass – though they might as well have been painted black, so thick was the grime that coated them.

After a few seconds I heard the patter of approaching footsteps followed by the grating squeal of a key in a stiff lock. The right-hand door was plucked inwards, and a man all but leaped into the widening gap, brandishing a yellow-toothed scimitar grin.

It wasn't the grin that made me step back, however, but the smell that gusted from his body. It was eye-wateringly pungent – even more so than the yellow-brown smog, threads of which were now sliding around my feet, preceding me into the theatre's entrance lobby. I held my breath as the man's stench rolled over me like the first blast of heat from a steam room.

What he smelled of wasn't body odour, but perfume, which he obviously applied with wild abandon. Used sparingly it might have been pleasant – a welcome change from the sweaty stink that most people exuded – but his was a reek that clawed at the throat and stung the senses; it was like drowning in a vat of rotting lilies.

'Mr Locke, I presume!' the man exclaimed. 'This is a veritable honour, sir! Please! Come in! Come in!'

I cleared my throat and managed to croak, 'Thank you.' Then, bracing myself, I stepped past him, followed by Clover and Hawkins.

As the man turned his back on us to lock the door, I glanced at Clover. She responded by screwing her face into a squinty-eyed expression, like a dowager duchess presented with a dead mouse in a box. Trying to conceal a smile, I looked at Hawkins, who studiously avoided making eye contact with me.

Tugging the key from its lock and pocketing it with a theatrical flourish, the man swung to face us, side-swiping us with yet another waft of his cloying odour. Clover and I stepped back, and even Hawkins shuffled his feet. The man spread his arms, fingers extended as though he was cupping a pair of invisible crystal balls.

'Welcome to the Maybury Theatre!' he declared.

He was small and prissy, his black, wavy, slightly overlong hair and handlebar moustache carefully oiled and sculpted. He wore a red velvet tailcoat, floppy green cravat, silver waistcoat, striped trousers and gleaming, pointy-toed boots, complete with spats. He looked like Willy Wonka, or at least like someone trying too hard to be eccentric.

'Thank you,' I said again, and introduced my companions.

Once our host had finished simpering over her, Clover

glanced around the gas-lit lobby. 'Charming place you've got here.'

It wasn't. It was shabby and grubby, the woodwork chipped, the carpet threadbare, the wallpaper, once ruby and cream, now dulled to sludge brown and urine yellow. Even the sagging red rope, which stretched across the bottom of the stairs between the newel posts, resembled a skinned snake.

The little man beamed at Clover. 'Thank you, my dear. It is too sweet of you to say so. I do confess that I regard the Maybury as my own little corner of paradise, though I expect you shall think me a fool for doing so.'

'Not at all,' said Clover silkily; she hated being called 'my dear'. 'I think the theatre suits you very well.'

As the little man simpered, I stepped forward and extended my hand, glad I was wearing gloves.

'You *are* Mr Lacey, the manager?'

'Manager *and* owner, sir,' he corrected me, grabbing my hand like a bulldog snapping at a morsel of food and shaking it vigorously. He puffed out his silvery chest. 'Manager and *owner*.'

As I nodded, Clover prompted, 'You mentioned a murder, Mr Lacey?'

Lacey released my hand so that he could wave dramatically. 'Indeed I did. Although...' He gave me a meaningful look.

'Is there a problem?' I asked.

Lacey glanced quickly at Clover, then back at me. 'Not a problem as such. No, no, I wouldn't call it a problem. Only...'

Clover frowned. 'Only what?'

'I'm sorry, my dear. Perhaps I'm a little old-fashioned;

indeed, I'm certain that I am. But the fact is, the particulars of this matter may prove a little... distressing for delicate ears.'

Clover smiled, though her teeth were clenched.

'Oh, don't worry about me, Mr Lacey,' she muttered. 'I'm a lot tougher than I look.'

'She is, Mr Lacey,' I confirmed as he glanced at me dubiously. 'And the hour is late, and we're all eager for our beds. So if you could lead us to where the murder took place...?'

At once the theatre owner was all fluster and activity.

'Of course, of course! Please forgive me. This way...'

He skipped past us, liberating another waft of his nostril-stinging odour, and unhooked the rope barrier at the bottom of the stairs. He waved us through, re-hooked the rope, then darted ahead.

'This way, this way.'

He led us up the stairs and along a narrow corridor that skirted the left side of the auditorium. Evenly spaced arches along the right-hand wall led into the auditorium itself, which at this hour was nothing but a vast black space, whilst to our left were a series of doors, most of them marked: Private No Admittance.

Lacey ignored them all, stopping only when he reached the door at the far end. One of a set of keys was dangling from the lock. He grasped it and gave it a twist.

'This door allows one access to the back-stage area from the front of the theatre,' he explained breathlessly. 'One can also access the area via the stage, of course, not to mention through a door at the back of the theatre, which leads into the courtyard where tonight's deed occurred.'

'Is the victim's body still lying where it fell?' asked Hawkins.

Lacey looked shocked. 'Certainly not. I informed the local constabulary as soon as the matter was brought to my attention.'

'You intimated in your note that the murder was unusual, Mr Lacey?' I said.

'And so it was. Hideously so.'

'In what way?'

Lacey licked his lips and glanced worriedly at Clover, who said, 'It's all right, Mr Lacey. I'm a big girl.'

Nodding doubtfully, Lacey said, 'Although the unfortunate victim had been freshly despatched, her remains were... picked clean.'

'Picked clean?' I repeated.

'Of flesh, sir. The poor girl had been stripped to the bone. As if by an army of vermin. Or carrion.' He shuddered, causing fresh waves of perfume to waft over us. 'It was a singular sight. I wish never to view its like again.'

The way Clover looked at me I knew we were both thinking the same thing. Along with the tracks I had found last night, could this be evidence that the Wolves of London were nearby? Perhaps toying with us prior to closing in?

'How can you be certain that the murder was a recent one, Mr Lacey?' Hawkins asked. 'Is it not possible that the victim was slaughtered weeks or even months ago and her remains, for whatever reason, tonight transferred to the courtyard behind your premises?'

Lacey shook his head vigorously. 'No, no, it is quite

impossible. There was blood, you see... a great deal of fresh blood... on the ground and... and on the wall beside the body.'

He slumped against the door. Recounting the experience was clearly taking it out of him. I could see his legs shaking, as if they were struggling to keep him upright.

Sweetly Clover asked, 'Are you all right, Mr Lacey? Would you like a chair?'

I shot her a warning look, but Lacey seemed unaware she was teasing him.

'No, no, my dear, thank you. It's very kind, but... I'm sure I shall be well in a moment.'

'Forgive me, Mr Lacey,' I said, 'but is it possible that Mr Hawkins could be right and that the corpse may have decomposed before being brought here? I mean, how do you know the blood found close to the body belonged to the victim?'

Lacey pulled a handkerchief from his pocket and dabbed at his forehead. 'She was recognised, sir.'

I raised my eyebrows. 'Recognised by who?'

Again Lacey glanced at Clover, as if unsure how much he should reveal in her presence. 'The truth is, sir, certain young ladies frequent the courtyard – against my wishes, you understand – to... er... consort with... that is to say, *entertain*–'

'Prostitutes, you mean?' said Clover bluntly.

Lacey blanched. 'Quite so.'

'And the victim was a prostitute?' I asked.

'Not only the victim, sir, but the... um... young lady who discovered her remains. She made quite a racket, I can tell you. I felt certain her screams would rouse the entire neighbourhood. Naturally her client took to his heels the instant she began her caterwauling, and so I failed to set eyes—'

'Sorry to interrupt, Mr Lacey,' I said, raising my hand, 'but didn't you say the corpse was picked clean?'

'I did, sir.'

'So how was the victim identified?'

'By her head, sir. Her face, I should say. That was left quite untouched – aside from the fact that her features were contorted in the most terrible agony.' His eyes swivelled again to Clover as his hand flew to his mouth. 'I beg your forgiveness, my dear.'

She waved away the apology with a flick of the wrist.

'And when was the victim last seen alive?' I asked.

'Earlier this evening, sir. The... er... young lady who named the deceased informed the constables that the victim had been present this afternoon in a tavern called The Black Jack – a most unsavoury establishment – and that she had subsequently been observed plying her trade in Piccadilly Circus.'

'I don't suppose the girl mentioned seeing the victim with any particular client?'

'I'm afraid not, sir.'

'Hmm. Well, thank you for the information, Mr Lacey. Now, if you could show us the scene of the crime?'

Lacey nodded and opened the door he'd been slumped against. He led us down a set of thinly carpeted steps to a long corridor at the back of the stage. This part of the theatre, out of bounds to paying customers, was even shabbier than the public areas. The corridor's only illumination, a pair of guttering oil lamps, above which greasy black stains fanned across the walls like coagulated shadows, was evidence that the Maybury Theatre was in decline. Electricity, though still in its infancy, was becoming more prevalent in public buildings, and yet the Maybury had not yet even graduated from oil to gas lighting. I looked up at the thick cobwebs clumped like balls of fog in the corners of the high ceilings, and winced as the uneven and possibly worm-eaten floorboards creaked alarmingly underfoot. We passed several doors, which Lacey told us were dressing rooms for the actors, or rather 'actors', his plummy voice emphasising the second syllable as if to impress us. Clover asked what was currently playing at the theatre, and Lacey told her that a travelling company were rehearsing a tragedy entitled *The Fall of Oedipus*, which was booked for a two-week run early in the New Year.

'But you must come and see the production, my dear,' he gushed. 'I shall send you tickets.'

'Thank you,' said Clover heavily. 'That would be lovely.'

The instant Lacey opened the door into the courtyard at the back of the building a thick brown wall of smog pressed in, wispy tendrils exuding from the main mass and reaching out like the long fingers of forlorn ghosts. Clover started to cough and pulled her muffler over her face. Pressing his handkerchief to his mouth, Lacey wafted at the encroaching murk, as if it could be discouraged like a flock of birds.

Lifting his arm and breathing into his sleeve, Hawkins asked, 'Where was the body found, Mr Lacey?'

The theatre owner pointed, the smog so thick it immediately enveloped his hand. 'Against the wall on the far side, almost directly opposite this door.' He lit a lantern from a small shelf beside the door and handed it to Hawkins. 'You had better take this.'

Hawkins took the lantern, gave a curt nod, then stepped into the smog without hesitation. He was swallowed up immediately, as was the lantern glow, though I could hear the soft crump of his footsteps on the snow-coated cobbles. I eyed the swirling brown cloud warily for a moment, then plunged after him.

Behind me I heard Lacey say weakly, 'I think I shall remain here if you don't mind?'

Clover said something in reply, but by now I was already half a dozen steps ahead of her, and heard only the tone of her voice – understanding, soothing – and not her actual words. It was as if the smog was cramming my senses like cotton wool, muffling my hearing, distorting my vision. I tried to breathe as shallowly as possible and squeezed my eyes into slits to prevent the pollutants from stinging them. The client of the doxy who had discovered the body must have been desperate for a shag to brave these toxic conditions. As for the girls themselves... well, they were just desperate. Prepared to risk their health, their lives, everything, for the sake of a few coins to buy food and gin.

It was impossible to tell how big the courtyard was, or what was in front of me. I used my left hand to hold my muffler over my face and my right to probe the way ahead. The smog swirled around the fingertips of my outstretched arm, forming fleeting spirals in the murk. In these conditions you would have to virtually trip over a body to find one – which was possibly what had happened. In which case it was no wonder the girl who'd found her friend had screamed the place down.

I'd advanced fifteen, maybe twenty steps through slushy, gritty snow when the dimness in front of me suddenly darkened and shifted. I jerked back as a shape loomed from the smog, its head glowing yellow – but it was only Hawkins holding up the lantern.

'Careful, sir,' he murmured, lowering the lantern to knee-level.

I looked down to where he was indicating. Through the thick brown veil I could see that the off-white ground had suddenly become darker, slicker. I lowered myself into a squat and in the glow of lantern light the oily blackness staining the snow turned red.

Blood. Lots of it. I wafted vigorously at the veils of smog, trying to disperse them.

Vaguely I saw that the wall of the courtyard was no more than a metre in front of me, just beyond the range of my outstretched arm. As Lacey had said, there was blood not only pooled among the cobbles, but spattered up and across the mouldering bricks in jagged streaks. It was clear that whatever had killed the girl must have done so swiftly and frenziedly for her blood to jet out like that. Most of the injuries must have been inflicted while her heart was still beating. But what could strip a human body to the bone with such manic efficiency? A school of piranhas that swam through smog as easily as they swam through water?

If I hadn't already seen the Wolves of London in action the idea would have been ludicrous. But I'd reached the stage where I was prepared to believe anything. This could even be the work of the shape-shifter. Though what puzzled me—

'Why was she killed, do you think?'

Clover, emerging from the gloom and squatting beside me, seemed to pluck the question from my mind. I shrugged.

'Perhaps she knew too much?'

'Do you think she might have been one of yours?'

It was something I'd considered, but if the girl had information why hadn't she reported it immediately? Given her profession it seemed odd that she would have held back when a potential payday was in the offing.

'Who knows?' I said. 'I'd need to speak to Cargill, find out who she was.'

Inspector Cargill was my senior police contact – and another of my watchers. I'd discovered that in this period the Metropolitan Police Force was more of a loose and baggy monster than a coherent and organised body, with many of the modern protocols and procedures I was used to still to be implemented. Its officers, in general, were not averse to earning a bit of extra money on the side, and indeed saw no conflict of interest in doing so. For that reason I could number several dozen serving officers among my network of watchers.

Clover tugged her muffler down and briefly sniffed the air. 'Can you smell something?'

I raised my eyebrows. 'Apart from the delicate bouquet of carcinogens, you mean? Or is a whiff of Lacey's Chanel No 666 drifting this way?'

She smiled. 'I'm serious, Alex. There's something else.' She lowered her head, as if to lap at the blood-spattered snow. 'It's a musty sort of odour. Weird.'

Since warning me about the blood, Hawkins had been silent, but now he too crouched down and lowered his left arm from his face long enough to sniff tentatively at the air.

'Miss Clover is right, sir. There *is* an unusual odour. It smells like...'

'Mouldy bread!' said Clover suddenly. 'Or like when you leave wet washing in the machine for too long.'

Hawkins nodded in agreement – though as he'd never set eyes on a washing machine, I assumed it was the mouldy bread reference he identified with.

'Quite so. It's the smell of decomposition.'

'But not meat,' said Clover. 'Something less... animal than that.'

I removed my muffler and twitched my nose. They were both right. Beneath the choking, smoky odour of the smog, there *was* something. Stale and heavy, it was *like* mouldy bread... and yet it had a uniqueness and unpleasantness all its own.

The smell disturbed me. It seemed to hover above the blood-slick ground like marsh gas. Turning my head I sniffed left and right, then rose to my feet and sniffed again. I took a few steps back towards the theatre and took another sniff, this time stifling a cough as I swallowed a lungful of freezing smog. Pulling my muffler over my face, I walked back to where Clover and Hawkins were still squatting.

'Can you do me a favour?' I said. 'Go back inside, get Lacey and take him into the lobby?'

Clover looked puzzled. 'Why?'

'Because I want to test something. I think that smell might lead back to the theatre. But if Lacey's there—'

'His smell will drown it out,' she said.

'Exactly.'

She nodded and straightened. 'I'll try. Though as I'm a mere woman I may have to punch him unconscious before he'll listen to me.'

I smiled. 'Hawkins, will you go with Clover?'

Hawkins glanced uneasily at the swirling smog.

'Are you certain you'll be all right, sir?'

'I'm armed,' I said, patting the bulge in my overcoat. 'I'll be fine.'

With another glance at the smog, Hawkins nodded, then he and Clover moved away. I listened to the slushy crump of their receding footsteps, aware as the lantern light faded of the damp, miasmic chill closing in around me.

Just you and me now, buddy, I imagined the smog – or whatever was *in* the smog – whispering. *So how about I show you what I'm really made of?*

I squinted. Was the smog solidifying to my left? Was a shape forming from it?

No. Course not. I was being stupid.

Even so, I shuddered and wrapped my arms around my body in a self-protective hug. No doubt bullets would be useless against a smog monster – although, to be honest, bullets would probably be useless against many of the Wolves of London.

I wished it were the heart I was carrying in my pocket instead of a gun. Unconsciously I cupped my hand, imagining the heart in my fist so vividly I could almost feel its contours beneath my fingers. I tried not to wonder when I'd next feel the weight of it in my palm – or if I ever would.

I gave Clover and Hawkins two minutes, forcing myself to count off the seconds slowly and steadily, and then retraced my steps. All that filled my vision was thick, brown, swirling smog above a ghostly pall of snow. I did as I had done before, edging forward with one hand outstretched and the other holding my muffler up to my face. When I judged that I was halfway across the courtyard I removed the muffler and cautiously sniffed the air. At first all I could smell was the smoky sharpness of the smog, but then, remembering the smell had been strongest near the ground, I squatted and sniffed again.

And there it was, faint but undeniably present. I felt like a bloodhound following a trail. Within seconds the smog started scratching at my throat, so I pulled the muffler back over my nose and mouth, and straightened up. My coughs, even stifled by the muffler, seemed both too loud and oddly flat in the shrouded atmosphere. I glanced around, worried that I was drawing attention to myself. But there was no sign of movement in the thick gloom, and no sound of anything moving nearby.

Less than a dozen shuffling steps later I reached the back door of the theatre and slipped into the building. Even though the corridor was dimly lit it was a relief to see my surroundings again. I locked the door and leaned against it for a moment, stamping snow from my boots and sniffing the air. As I'd hoped, Lacey's overpowering perfume had dispersed, but the mouldy bread smell, which was more subtle yet more persistent, was still detectable.

In fact, it was stronger in this enclosed space than it had been in the courtyard. Bending almost double, I moved forward, sniffing the air. After a bit of trial and error, I decided the smell was strongest around the door of dressing room five, the number of which was painted on the scuffed and battered wood in white paint that had glazed and partly flaked away.

I tapped on the door and got no reply. When I put my ear to the wood all I heard was silence. I tried the handle, expecting the door to be locked, but to my surprise, it opened. Still holding the handle I stepped into the room.

The space in front of me was dark, the flickering light from the corridor giving the room's contents only the most basic definition. The mouldy bread smell was stronger here than it had been in the corridor. Blinking into the darkness, my hand crept beneath my overcoat and closed over my gun.

If whatever had killed the girl was hiding here, it was lying low for now. Could it be lurking in the shadows, silent and motionless, watching me? I felt vulnerable in the doorway, framed by the light at my back, but I held my ground. I didn't want to retreat before investigating further, but neither did I want to step into the room before my eyes had adjusted to the dark.

Wishing the Victorians would hurry up and equip all their buildings with electric light, I peered into the blackest of the shadows. When I'd satisfied myself as much as I could that nothing was moving, I turned my attention to the parts of the room I *could* see. On the right-hand wall, close enough to the open door that its basic shape was sketched out in yellowish light, was a make-up table beneath a large mirror. There were items cluttering the table, including several candles in brass holders and a small rectangular box that I guessed held lucifers.

Glancing again at the most impenetrable patches of darkness, I crossed quickly to the make-up table and picked up the box of matches. I took one out, lit it and seconds later candlelight was pushing back the shadows. Slipping my finger through the metal loop of the holder, I turned, the candle flame flapping as I swept it from left to right.

The room was small, boxy, and contained only two possible hiding places. One was a squat, battered wardrobe in the corner beside the left-hand wall, and the other was a large trunk pushed against the back wall.

I drew my gun, and then, candle in one hand and pistol in the other, crossed to the trunk. Noting there was no padlock through the loop of the hasp, I used my left foot to nudge the lid open.

My first impression was of something shiny and shapeless, which entirely filled the trunk's interior, heaving itself upright. It took less than a second – during which my heart gave a single alarmed jolt – to realise that what I'd taken for movement was simply the trunk's tightly packed contents bulging under the release of pressure.

The trunk was full of costumes, most of which looked bulky and garish. The top one, which my brain had registered as something reptilian, was made of shimmering green satin edged with gold braid. Beneath it I could see something yellow, something pink, something patterned with bright harlequin diamonds. The costumes looked like ones that the cast of a Gilbert and Sullivan opera might wear. Perhaps that's what they were. As far as I could remember, Gilbert and Sullivan were still knocking about in this era.

Kneeling on the floor, I put the candle down and

rummaged through the costumes with one hand to reassure myself there was nothing beneath the topmost layers of material. I didn't expect there to be, but I was cautious all the same. When I was happy the trunk contained no nasty surprises I straightened up and crossed to the wardrobe. The candle, which I'd left on the floor, didn't throw out much light, but there was enough for me to see by, even if the flickering flame did cause vast brown shadows to sway and lurch up the walls.

I listened at the door of the wardrobe, then pulled it open, stepping back and levelling my gun. But apart from a few more costumes on hangers, which jangled like unmusical wind chimes as they swayed from side to side, the wardrobe was empty.

I closed the wardrobe door and released a deep sigh, partly of relief. I might not have solved the mystery of the horrible smell, but neither had I had to defend myself against whatever had torn a girl to shreds out in the courtyard. Now I was convinced I was alone I realised I was shaking slightly; sweating too. I sniffed again. The mouldy bread smell still lingered; in fact, here in this room it had an almost muscular quality.

Wrinkling my nose, I took a last look round, blew out the candle, then exited the room, closing the door behind me. I hurried back to the foyer, slipping my gun back into my pocket so as not to alarm Lacey.

I smelled the theatre owner before I saw him. His overpowering scent curled along the corridor and clutched at my throat. Not for the first time I wished Victorian London didn't have to stink so much. If it wasn't the smog, it was the sewers or the people or the reek of horse sweat in the streets.

'Anything?' Clover asked as I appeared at the top of the stairs down to the foyer. From the way she jerked upright and took an eager step towards me, I could tell she'd been on tenterhooks.

'Maybe,' I said. 'Who's currently occupying dressing room five, Mr Lacey?'

Lacey looked puzzled. 'Five?'

'Yes.' I tried not to sound impatient. 'You told Mrs Locke earlier that a theatre company are rehearsing a play here. Is one of the actors using room five?'

'Why... yes,' Lacey said. 'That's my primary dressing room. It is currently at the disposal of my leading man, who also happens to be the head of the company.'

'I see. And what's his name?'

'Willoughby Willoughby,' replied Lacey, and then amended himself. '*Sir* Willoughby Willoughby.' He paled slightly. 'But why do you ask? There is nothing amiss, I hope.'

I forced a smile. 'I hope not too, Mr Lacey. In fact, I'm sure it's nothing. Tell me, what sort of man is Mr Willoughby?'

'Why, he's... cultured. Well bred. Well educated. He displays an enviable knowledge of the fine arts... and he is, of course, a consummate performer...'

'You don't like him, do you?' Clover said.

Lacey blanched. 'I beg your pardon?'

She gave him a conspiratorial smile. 'Come on, Mr Lacey, there's no need to be coy. You're among friends here. Naturally you're a gentlemen, and so you refuse to speak ill of your cast. But do I sense a certain... antipathy towards Mr Willoughby?'

Lacey smiled shakily, and I saw his body language change, his defences slipping as he succumbed to Clover's charms. In a hushed voice, as if afraid of being overheard, he said, 'I must admit, I do find Mr Willoughby's presence a little... disquieting.'

'Disquieting how?' I asked.

'There is... an aura about him that bothers me. Oh, admittedly he is pompous, perhaps one would even say overbearing, but it is not wholly that. There are... shadows about him.'

'Shadows?' Clover asked.

Lacey wafted a hand as though to dispel his own words.

'They are not literal shadows, they are...' he frowned. We waited silently for him to speak. Eventually he said, '... there is a darkness about the man. A sense of... danger.'

I'd heard and seen (and smelled) more than enough to set my spidey senses tingling.

'When are the company next rehearsing?'

'Tomorrow. They have been idle these past two days, celebrating the season, but tomorrow they shall be hard at it again.'

'Then we'll be back tomorrow to speak to Mr Willoughby. With your permission, of course.'

Lacey looked troubled, but nodded.

'You have it, sir. Gladly. I shall see you tomorrow.'

FOUR

NIGHT TERRORS

I was woken by screaming.

Almost before I was fully conscious I was throwing back my heavy blankets, grabbing my gun from the top drawer of the bedside cabinet, where I placed it every night, and leaping out of bed. Even when asleep my brain was on constant alert, half expecting an attack, and my reactions were both instant and instinctive.

As soon as my feet hit the floor I was running. The room was pitch black, but I knew its layout precisely, knew exactly how many paces it was to the door, how to grab the handle cleanly without fumbling in the dark.

The scream that had woken me bubbled and died. But the screamer was only drawing breath. As I wrenched the door open, only peripherally aware of freezing air washing over me from the unlit hallway, a second scream rose, louder and more piercing than before.

I now had enough of my wits about me to recognise who was screaming and where the sound was coming from. It was Hope. Her bedroom was at the far end of the long corridor, past the staircase on the left.

As I ran towards it a door opened in the right-hand wall ahead of me and a figure emerged. It was Clover in a long white nightdress, her hair hanging loose, her face a glowing, shocked mask, underlit by the candle in her hand. The bloom of light was welcome, coaxing the angles of the house to emerge dimly from the murk.

'Hope,' I gasped as she blinked at me, wide-eyed.

Her head jerked in acknowledgement. 'I know.'

Then I was past her, reaching the door at the end of the corridor, slamming into it, turning the handle. The door flew open and I catapulted into the room, raising my gun, not knowing what to expect.

By the dim glow of the nightlight burning on the desk beneath the window I saw Hope sitting up in bed, back pressed against the headboard, knees raised to her chest. Her hands – one flesh and blood, one mechanical – gripped the eiderdown, which she had drawn up to her chin. Her saucer eyes were fixed on something on the opposite side of the room.

I followed her gaze and saw nothing but shadows and furniture. I leaped across the room to the tall wardrobe – the only possible hiding place – and wrenched it open, aware that this was the second time I'd done this tonight.

And for the second time, thankfully, the wardrobe was empty of everything but clothing. Hope's dresses on hangers, her stockings and undergarments and petticoats neatly folded on shelves.

With a sense of déjà vu, I lowered my gun, breathed a sigh of relief, felt the tension leaving me. By the time I'd closed the wardrobe door and turned round, Clover was at

Hope's bedside, wrapping her arms around the little girl, kissing the top of her head, murmuring soothing words.

A nightmare, I thought. *Just a nightmare.* Hope had suffered plenty when she'd first come to us, had woken in the night frequently, crying and confused. But in the last month or so the bad dreams had begun to subside, and for the last two weeks, she had slept relatively soundly. Even on the nights when the infection had flared up and the fever had gripped her, she had not screamed like this.

Maybe this one had been building up. An accumulation. A final explosion, like a boil bursting. Maybe now that she'd screamed it all out the bad memories would be expunged forever. It was cod philosophy, but I clung to it as I crossed the room and perched on the edge of the bed. Hope had her back to me, her arms wrapped tightly around Clover, who was on the other side. Clover glanced at me over Hope's tousled head and raised her eyebrows. I shrugged and stroked Hope's back gently. Her flannel nightdress was damp with sweat; her body radiated heat.

'Hey, sweetie,' I murmured, 'it's all right. There's no one here. You had a bad dream, that's all.'

Hope's breath hitched. Face still pressed against Clover's chest, she shook her head.

'Wasn't a dream.'

I tensed, glanced once more about the room. It was a nice room. Yellow wallpaper with a floral design; pictures on the walls; books on the shelves; a brightly painted toy box; the doll's house we'd bought for Christmas...

'What was it then, honey?' Clover asked.

Hope unpeeled herself from Clover's body, turned her

head and stared again at the spot she'd been facing when I'd entered. Her face was red, flushed. She raised her good arm and pointed.

'He was there,' she whispered.

Her words, or perhaps the way she said them, sent a shiver down my spine. 'Who was?'

'The Sandman.'

Again Clover glanced at me, her eyes wider this time. 'The Sandman?'

Must be a story someone's read to her, I thought. *Polly or Mrs Peake*. I'd have words, tell them not to frighten the girl, impress upon them that she was still recovering...

'What did he look like? This Sandman?' asked Clover.

Hope's face crumpled. She buried it in Clover's bosom again.

'He was *horrible*.'

I didn't want to push her, but I had to know. Touching her back again, as if to anchor her somehow, I said, 'How do you know he was the Sandman?'

She didn't answer at first, and I began to think she wasn't going to. Then slowly she raised her head. She looked haunted.

'Because he told me,' she whispered.

FIVE

THE DEAR DEPARTED

Willoughby Willoughby's face reminded me of a sausage skin overstuffed with meat. I couldn't help thinking that if I pricked him with a pin he'd burst. Either that or a sticky, colourless fluid would ooze from him, like seepage from a blister. But despite his corpulence he didn't seem to sweat. The only wet parts of him were his eyes, so dark they looked almost black, which gleamed and squirmed in sockets made deep and shadowy by his bulging cheeks and overhanging brow.

Lacey had told us that Willoughby's company, the Guiding Light Players, would be rehearsing from ten a.m. until noon, and then again from two p.m. until five p.m. Clover and I turned up at the Maybury just after eleven, gritty-eyed and frayed around the edges after a night of broken sleep. We slipped into musty-smelling seats at the back of the auditorium and watched Willoughby and his colleagues strutting and fretting about the stage.

Willoughby was instantly recognisable from Lacey's description, though even if we hadn't been here specifically to see him he would have drawn our attention. With his intimidating bulk and stentorian voice he dominated proceedings. He was like a vast, dark planet around which lesser satellites orbited warily. He was clearly the driving force of the company, haranguing and bullying his fellow performers when they didn't meet his exacting standards, which seemed to be most of the time. After he'd reduced one trembling slip of a girl to tears for stumbling over a line, Clover leaned across and put her lips to my ear.

'When we talk to him, can I be the bad cop? I want to punch him right in the middle of his stupid, fat face.'

I smiled and stood up. 'I'm going to look around the yard again. You want to come along or stay here?'

'I'll come,' she said. 'If I stay here much longer I may not be responsible for my actions.'

We slipped out of our seats and went in search of Lacey, who we found trying to polish scratches out of the woodwork in the foyer. When I asked him if he could unlock the door into the yard, he scuttled to do our bidding as if we were on official business. Judging by the shabbiness of the Maybury, I guessed his obsequiousness was due to the fact that the money I was paying him was a lifeline he was terrified of losing. Added to which, like much of the Victorian middle class, he was probably a social climber, hoping to impress the 'gentlemen', as he no doubt assumed me to be (though in truth, the idea of me as a rich gentleman was something I was pretty sure I'd never get used to).

Although a haze lingered in the air, last night's smog had largely dissipated. The improved visibility, though, did the cobbled yard at the back of the Maybury no favours. The ground was slippery with muddy snow, which was rapidly turning to slush, and the crumbling brick walls were patched with green-black damp so slimy it looked gangrenous. In the twenty-first century the yard would have been closed off and a forensics team would be crawling over every square inch in their hunt for evidence. But in the nineteenth century, police interest in murder sites tended to be perfunctory. I knew from experience that once they'd taken the victim's body away, and spent half an hour grubbing listlessly around in the chilly murk, they invariably lost interest. In this case they hadn't even arranged for the gruesome evidence of last night's murder to be removed. Blood, blackened and congealing now, was still pooled around the area where the girl had died. And there was more blood spattered up and across the wall, the pattern of streaks it made so wild and jagged you could almost sense the violence that had liberated it from the victim's body.

I'd sent a message to Cargill first thing that morning, requesting as much information about the murder as he possessed, but so far had heard nothing back. Once again I stood with my toes a centimetre or two from the victim's spilled blood, and stared at the spatters on the wall as if they were a secret code I needed to decipher to identify the killer.

'The way I look at it there are two possibilities,' Clover said. 'Either this is a random killing or it was a calling card, maybe even a warning, aimed at you. Personally I favour the second option.'

I looked at her staring unflinchingly at a scene that many would have found distressing, and thought of how capable, how kick-ass, she'd become in the past few months. She'd never been a shrinking violet, of course, but even so it couldn't be denied that everything we'd been through, both in our own time and since we'd been here, had toughened her up.

'You think the girl *was* a watcher then?' I said.

'Not necessarily – but Lacey is. So if the killer knew that, he'd also know that Lacey would get word to you about this. So maybe this is just the Wolves' way of letting *you* know that *they* know about your network.'

'Yeah, but what would that achieve?'

She wrinkled her nose. 'Could just be mind games. Or maybe it's their way of telling you that you won't find out anything they don't want you to know.'

I thought about it. It was a depressing prospect, and one I was reluctant to accept. 'There's no way they could know about everyone. Besides, why not just kill Lacey? That would have got the message across just as effectively.'

She shrugged. 'Maybe because the girl was innocent? Make you feel doubly bad?'

It was a possibility, but my gut feeling was that Clover's theory was too vague, too woolly.

'I don't think I'm being manipulated,' I said. 'I think, if anything, this is proof that my system's working. I've got hundreds of watchers all over the city, primed to look out for stuff like this. It's been three months now. One of them was bound to come up trumps eventually.'

'So you think that's what's happened here?'

'Don't you?' I nodded again at the blood spatters. 'You really think this could be a straightforward murder?'

'I think...' She paused; I could almost see the cogs whirring in her head. 'I think we should take things one step at a time. I think we should keep an open mind.'

'I always do.'

It was almost noon and there was nothing more to learn in the yard. We re-entered the theatre and snuck into the back of the auditorium to watch the end of the rehearsal. Once it was over and the actors had left the stage we walked down to the dressing rooms and knocked on door five.

'Come!' called an imperious voice.

I pushed open the door and marched in, Clover at my shoulder. I had decided on a no-nonsense approach; there was no point being diffident with someone like Willoughby. He was the sort of man who would see politeness as a terrier would see a rabbit – as something to be pounced on and torn to shreds.

'Good afternoon, Mr Willoughby,' I said before the surprise on his face could turn to indignation. 'My name is Alex Locke and this is...' I'd been about to say 'my colleague, Miss Clover Monroe', but then remembered that Clover had been introduced to Lacey as my wife. Hoping that Willoughby wouldn't find my hesitation odd I said as smoothly as I could, '...Mrs Clover Locke, my wife. We're assisting the local constabulary with their investigation into the murder that took place here last night, and we'd be grateful if you would allow us to ask you a few questions.'

Willoughby's surprise *was* now turning to indignation – but that was fine. It was *de*fensive rather than *of*fensive; we had him on the back foot.

'Me?' he spluttered. 'What could *I* possibly tell you? I was nowhere within this vicinity last night.'

I showed my teeth in a smile. 'I don't doubt it, Mr

Willoughby. Even so, I'm sure you've been apprised of the details of the attack?'

The actor, wallowing in his chair before the mirror, looked suddenly wary, his currant eyes darting between Clover and me.

'Some of them,' he admitted.

'Then you'll know what a horrible crime it was,' Clover said. 'Brutal. Savage.' She paused. 'Cowardly.'

Willoughby's eyes fixed on her. 'Cowardly?'

'Very. The victim was a slip of a girl – young, helpless, innocent. She didn't stand a chance.'

Although he didn't sweat, a flush rose from Willoughby's collar, mottling his neck and cheeks.

'Innocent?' he scoffed. 'I was given to understand that this *unfortunate* was a mere drab?'

I felt Clover tense. 'Are you suggesting the girl deserved to die, Mr Willoughby?'

'I am suggesting, Mrs Locke, that the girl was fully cognisant of the dangers associated with her profession, and yet chose to defy them. I feel unable, therefore, to engender even the remotest scrap of sympathy for her.'

Clover said nothing to this. When I glanced at her I saw she was glaring at Willoughby, her lips pressed together.

Quickly I said, 'Have you set foot in the yard during your company's residency here, Mr Willoughby? Either before the murder or after it?'

'I have not.'

'Have any other members of your company been in the yard, to your knowledge?'

Willoughby scowled. 'I assure you that they too have not.'

'You seem very certain of that,' Clover muttered.

Willoughby's scowl curled into a sneer. 'My knowledge of my colleagues' movements within this establishment is absolute. It is my responsibility to ensure that decorum is maintained at all times.'

'Rule them with a rod of iron, do you?' she quipped.

Willoughby's black eyes receded to pinpricks. 'I am not sure I approve of your manner, Mrs Locke.'

If this had been the twenty-first century no doubt Willoughby would have been questioning our credentials, demanding documentation. There were times when I felt frustrated, even alarmed, by the flabby protocols and practices of the Victorian police force, yet there were other occasions, like now, when such flabbiness worked in our favour. Clover and I had found that if you *said* you were working with the police, most people tended to accept it without question.

'I'm sure Mrs Locke meant nothing by her query, Mr Willoughby,' I said smoothly. 'Isn't that right, my dear?'

Clover's smile couldn't have been sweeter. 'Of *course* no offence was intended. I *do* apologise, Mr Willoughby, for any misunderstanding which may have occurred.'

Willoughby glowered, but said nothing.

Briskly, as if the matter had been swept aside, I said, 'Were you aware, Mr Willoughby, that the yard was being used for... *illicit* purposes?'

Willoughby remained silent for a moment. Then he huffed a bullish breath from his nostrils. 'I was not.'

I gave a short nod, as if I accepted his statement without question. 'Nevertheless you strike me as both a perceptive and observant man. Perhaps you can recall witnessing the recent presence of unsavoury or unusual characters within the vicinity?'

My attempt to butter him up made no impression. The chair beneath Willoughby creaked as he shifted to look pointedly at Clover.

'Present company excepted, you mean?'

Clover's response was a girlish laugh.

'Oh, you are a card, Mr Willoughby. Have you ever done comedy? You would be a wonder at it.'

Willoughby said nothing. I wondered if Clover's antipathy towards him was as obvious to him as it was to me. His stillness as he continued to regard her (and she continued to grin at him) was unnerving.

Could he be our killer? Could this heaving mountain of a man be one of the Wolves of London? If so, what was his aim? Had it been his intention to draw us here, as Clover had suggested? But for what reason?

What no one had mentioned since we had entered the dressing room was the mouldy bread smell, which I had tracked from the murder scene last night, and which was still detectable.

The elephant in the room, I thought, and had to stifle a smirk as the double meaning struck me. I cleared my throat and decided to plunge in.

'Mr Willoughby, have you been aware of a peculiar odour in the theatre these past few days? A smell reminiscent of... mould? Of damp perhaps?'

Willoughby's shiny red face was inscrutable. 'An odour?'

'Yes. It was prevalent around the murder scene – and in this corridor last night.'

Willoughby's round shoulders raised in a shrug.

'This is an old building, Mr Locke, and ill maintained. Such odours as you describe are commonplace. Rotting wood, damp plaster, burning oil, sweat-stained seats; even the malodorous breath of an attentive audience tends to linger... It is all part and parcel of the profession. If you find it offensive, I suggest you retire to your country parks and perfumed boudoirs, where the air is fresher, but perhaps less redolent of life.'

He spoke wearily, though the spikiness underlying his words was obvious.

Clover's response was just as measured – and just as spiky.

'Redolent of life? An unusual phrase for an odour that lingers around a murder site.'

Willoughby's eyebrows, as black and slick and carefully sculpted as his wavy hair, inched upwards.

'You think so? But violence and murder is the *stuff* of life, is it not? It is life lived on the edge. It is the threat of sudden death which gives life its danger, its thrill, its *flavour*. The meat of an animal that knows it is soon for the chop is said to be more succulent than one that has lived a life of indolence and meets its maker without fear.'

'People are not animals,' Clover muttered.

Willoughby's black eyes shone as he leaned forward.

'Oh, but they *are*, Mrs Locke. We are *all* animals. All of us ripe for the slaughter.'

'Including yourself?' I asked, wondering where this was leading.

'Of course. All actors are slaughtered by their audience

at one time or another. Did you not know that, Mr Locke?'

I was startled to hear him chuckle. There was such an air of haughtiness and constrained hostility about him that he'd seemed incapable of humour. The laughter churned and rumbled inside him, and then, as the sound belched from his mouth, the air seemed to grow suddenly thicker with the stench of mouldy bread.

No, not mouldy bread, I thought now; not exactly. In hindsight the smell was more like mulch, or rotting fungi; it made me think of poisonous mushrooms tumescing in the dark. I felt an urge to gag; to run across the room, pull the door wide and gulp at the fresher air in the corridor. The building was draughty, unheated, the temperature outside hovering around zero, but even so I felt sweat beading my forehead.

I decided to call time on the interview, but Willoughby beat me to it. As his laughter dribbled into silence he consulted his pocket watch.

'And now if you'll excuse me, I have a prior engagement.'

I nodded, too nauseated to feel indignant.

'Of course, Mr Willoughby. Thank you for your time.'

He wafted a hand and turned away from us, the chair again creaking alarmingly beneath him. I would have loved it to break and spill him to the ground – though I didn't much love the image that accompanied the thought: of his clothes bursting open and his unrestrained flesh oozing out like barely set jelly.

As soon as the dressing-room door had closed behind us, the nausea I'd been keeping at bay rose up and I leaned against the wall, feeling sweaty and weak-kneed.

'You all right?' Clover asked – though she too looked a bit green.

'Did you smell that?'

'When he laughed, yes. It's him, I know it. And he *knows* we know. And he doesn't care.'

I glanced again at the door to Willoughby's dressing room and slowly straightened up. 'Come on, let's go. I don't want to still be here when he comes out.'

Our hansom was waiting outside the theatre. We climbed aboard, and I gave instructions to the driver to take us to the end of the road and conceal himself around the corner, out of sight of the Maybury. Less than a minute later, as soon as the cab was in position behind the high side wall of the house at the end of the terrace, Clover and I alighted and hurried towards the shelter of the low, snow-topped wall which enclosed the same house's front yard. From here we could keep watch on the front of the theatre, which was about two hundred metres away.

Although the neighbourhood was not exactly salubrious, it was quiet, tucked away like an afterthought. The redbrick buildings, edged with snow, looked festive despite their lack of Christmas decoration. The sharp, cold air was refreshing too, despite the hazy hint of smog that still softened the angles of walls and roofs.

'Wonder what the Maybury is back in our time?' Clover murmured.

It was a game we often played. Clover had lists of places and people she vowed to look up online once we got back to the twenty-first century.

I shrugged. 'Offices maybe. Or a phone shop.'

'Too big for a phone shop.'

'Carpet warehouse then.'

'My guess is this area was flattened in the Blitz.'

'Cheery soul, aren't you?'

She grinned and hummed the opening bars to Monty Python's 'Always Look on the Bright Side of Life'.

'Shh,' I said, putting a hand on her arm. 'This could be it.'

A brougham had rounded the corner and come to a stop outside the theatre. Seconds later one of the double doors opened and Willoughby appeared, his bulk swathed in a thick black overcoat, a stovepipe hat perched on his head. He reminded me of Dr Caligari from the silent film. He waddled down the steps and climbed aboard the brougham, his weight causing it to creak and tilt on its springs. We were too far away to hear the instructions he gave the driver, but as soon as the vehicle began to move with a wet clatter of wheels we scuttled back to our hansom and leaped aboard.

It wasn't hard to follow Willoughby's cab without being detected. Once on the main thoroughfares the thronging London streets provided plenty of cover. I'd never ceased to be amazed at how vibrant and varied Central London really was compared to Victorian street scenes reconstructed for TV dramas. The pavements were a constantly moving tide of people, the roads a clattering cacophony of omnibuses, hansoms, carts, broughams, trams, victorias... even the occasional early car chugged past, causing consternation and wonder. Small ragged boys weaved and dodged between the vehicles, scooping horse dung from the snow-slushy cobbles. Crammed together on street corners and against walls were stalls selling everything from candles and cloth to stewed eels and sheep's trotters. Here and there knots of people gathered around musicians and street performers, which caused other pedestrians to spill on to the roads, slowing the traffic.

What was perhaps most amazing was how multi-racial and multi-cultural the city was, even in this day and age. From the windows of the hansom, I saw Chinese men and women in brightly coloured silks, Indian gentlemen in turbans, straight-backed and beautiful African women whose dark skin contrasted with their white muslin gowns. In my business dealings I'd met Swedes, Russians, French, Germans and Spanish. Plus I'd encountered Malays and Lascars and Tartars, and once, at Hungerford Bridge pier, I'd even seen an American Indian in a dapper grey suit, feathers and beads woven into his long black hair.

We trailed Willoughby's cab north, through Camden – which at this time was nothing like the fashionable and bohemian enclave it would later become, but a grim little neighbourhood crammed with cheap lodging houses to serve the canal and railway workers. From there we moved into the more genteel commuter district of Stoke Newington, which, although the area had been absorbed into the seamless expansion of London in the past few decades, still retained something of the atmosphere of the village it had once been. With fewer people and less traffic to conceal our presence, I instructed our driver to fall back to avoid being detected, and was both relieved and intrigued when, at the top of Stoke Newington High Street,

Willoughby's brougham came to a halt outside the pillared entrance of Abney Park Cemetery.

Judging by the black carriage and black, plumed horse waiting patiently on the snow-streaked cobbles outside the main gates, there was a funeral taking place inside. The carriage driver perched in his high seat, his top hat adorned with a silk mourning band, appeared to be snoozing, though behind him the drivers of a small procession of more conventional cabs were chatting quietly as they waited for their passengers – presumably the attendant mourners.

Was Willoughby a mourner too? If so, it looked as though he was late. Perhaps his lateness was deliberate to enable him to make a dramatic entrance? Although I'd only spent a short time in his company, he seemed the sort of man who would want to be the centre of attention even at someone else's funeral.

Shielding my face with my hand, and hoping that Willoughby wouldn't glance my way, I murmured to our driver to stop a little further along the road, out of sight of the main gates. This he did, whereupon Clover and I alighted from the cab and swiftly retraced our steps on foot.

By the time we arrived back at the gates, Willoughby was a couple of hundred metres ahead of us, still visible on the main path leading towards the chapel. I'd been afraid we might already have lost him – Abney Park is a big, rambling bone yard, comprising a nature reserve and arboretum, with dozens of routes sprawling across thirty acres – but the actor, although he appeared agile enough on stage, moved like a vast black slug through the snowy landscape, a cane gripped in his meaty right fist.

Due to the abundant cover – snow-draped trees and bushes, gravestones and other monuments edged in white – it was easy to keep out of sight as we sneaked along behind him. As it turned out, Clover and I need hardly have bothered trying to conceal ourselves; Willoughby didn't look round once.

Maybe it was my imagination, but even here in the open air and some two hundred metres downwind, I fancied I caught an occasional whiff of the mulchy smell that clung to him.

Perhaps he's ill, I thought. *Perhaps he's got some sort of infection – or worse.*

I swallowed and licked my lips, trying to put all thoughts of his fleshy bulk, of his unwashed folds and crevices, out of my mind.

Moving as silently as we could across the slushy ground, Clover and I tailed Willoughby for ten minutes, maybe longer, until eventually, just as I was beginning to think the funeral might be over before we got there, we arrived at our destination.

This was the first Victorian funeral I'd witnessed since arriving in 1890s London, but it was exactly the kind of thing I'd been expecting. It was, in fact, like watching the opening scene of a Hammer horror movie, or a Dickens' adaptation.

In a dip below us, within a natural amphitheatre surrounded by pine trees and studded with grey headstones, twenty or so black-clad mourners were clustered, heads bowed, around an open grave. The men wore black suits, gloves and tall hats; the women wore long dresses in black wool or silk, their heads covered in hoods or mourning bonnets. Standing at the edge of the grave in a central position, as if about to jump in, was a middle-aged woman wearing a voluminous black crepe dress and a widow's bonnet with a half-face veil. Weeping quietly, she was clinging to the arm of a young man, who I guessed must be her son. He wore a troubled but stoical expression beneath a bushy moustache that he might have grown in an attempt to look older and more authoritative than he really was.

At the head of the grave, swaying slightly like a small tree in a high wind, was a priest in black and white robes, strands of wispy grey hair twisting in cobwebby zigzags around his head. A prayer book bound in black leather was clutched in hands so gnarled they looked like pale roots, though it seemed the book was only for show; the priest's eyes were fixed on the black rectangle of the grave as he intoned what I presumed was the burial service in a muttering drone.

I expected Willoughby to trudge down the hill to join the mourners, and so was surprised when he first came to a halt, then shuffled sideways to take shelter behind a thick clump of pine trees bordering the burial area. I glanced back at Clover, who raised her eyebrows, and then gestured towards a patch of trees about thirty metres behind Willoughby that would enable us to observe him side-on and still see what was going on at the graveside.

As we crept towards our hiding place, I kept expecting Willoughby to turn and spot us, but he was intent on the funeral below. I wondered what it was that fascinated him – and more especially, why he was staying out of sight. Was the dead man a family member he was estranged from? An old enemy? A rival? Was Willoughby here to gloat? Or could this have something to do with the Wolves of London?

It was only when Clover and I had reached the cover of the clump of trees that I was able to see Willoughby's face for the first time. I was shocked. Though I could only see him in profile, he looked avid; no, more than that, he looked *lascivious*. His expression was almost sexual, his cheeks flushed and quivering, his eyes wide, his mouth open to release a wet, fat tongue, which roamed restlessly across his engorged lips. He looked like a man on the verge of orgasm. He looked as if he was eagerly drinking in the desolate scene below, as if he was getting off on the grief and misery of it.

What was going on? I glanced again at Clover and saw that she'd scrunched up her face in distaste. I turned my attention back to Willoughby, and then again to the funeral below, trying to make sense of what I was seeing. I peered at the mourners more closely, scanning each of their faces, searching for clues. And then suddenly I felt a shock go through me so fierce it felt like a spear of ice slicing down through my brain and heart and guts and shattering outwards, in cold shards, into my limbs.

I thought I'd frozen into immobility, that the shock I'd experienced was purely internal, but then Clover grabbed my arm, her fingers digging in.

I turned to face her. My body didn't feel quite like my own.

Her eyes, wide and fearful, darted across my face.

'What's wrong, Alex? You're shaking all over. You've gone as white as a sheet.'

I managed to move my lips, to dredge a voice up from somewhere.

'Look there,' I rasped.

She glanced at Willoughby, then back at me. 'Where?'

I swallowed, tried again. 'At the grave. The mourners. The young couple to the right of the widow.'

Clover looked across at where I had described, confusion on her face. 'What about them?'

'I know them.' Suddenly I felt a weird sort of laughter bubbling up inside me. I fought it down with an effort. 'They're the Sherwoods. Adam and Paula. My old next-door neighbours. They're the people who kidnapped Kate!'

SIX

STRATEGY

Clover gaped at me. 'They can't be!'

I felt anger born of impatience rising in me. Even though my instinct was to confront the couple, demand to know where my daughter was, there was still a rational part of me urging me to stay hidden, think this through, work out the most effective plan of action. I wanted to get Kate back more than anything, but I couldn't afford to let my heart rule my head. Even so, my reply to Clover's comment was a rasping snap.

'They *are*! I should know! I lived next door to them for a year! I spoke to them *every day*!'

Clover gritted her teeth and raised her hands in a placatory gesture. From the way she glanced anxiously at Willoughby it was clear my voice was too loud.

Luckily the actor was still engrossed in the funeral, his eyes now bulging as if about to pop from their sockets, his body heaving and writhing obscenely...

'Okay, okay,' she whispered, 'I believe you.' She bit her lip. 'Let's just think this through.'

I'd already thought it through – or at least my buzzing

brain had done, independently of me.

'It's obvious what's happened. Whoever's got the heart has brought the Sherwoods back through time so no one can find them.'

'Or sent them forward – or is going to,' she countered.

I blinked at her, not understanding – and then suddenly realised what she meant. Despite all I'd been through it was still sometimes hard to think of time as anything but linear. But Clover was right. Just because I'd encountered the Sherwoods in my past didn't mean that had been the past for them too. Maybe their journey into the twenty-first century was in their future. Maybe they had yet to be corrupted – in which case, what I did now might have an impact on their forthcoming actions.

Oddly it was this that made me indecisive – that incapacitated me, in fact.

'What should I do?'

I felt as if I was about to cross a minefield with no idea where the mines were buried. However careful I was, there was no way of predicting whether my next step would seal my fate. What if it was only because of meeting me that the Sherwoods were targeted by the Wolves of London? It was horrible to think my own actions might somehow provide the catalyst for Kate's abduction – or rather, *have* somehow provided it, as it had already happened, as far as I was concerned.

'We,' Clover said.

I'd already lost the thread of our conversation. 'What?'

'It's what should *we* do, not what should *I* do. We're in this together, Alex. We work as a team, remember.'

I wafted a hand irritably. 'Whatever. I'm not quibbling over semantics.'

'It's not semantics. It's strategy.'

From the way she said it I knew she had something in mind.

'Go on,' I grunted, still struggling to stay calm. 'Tell me your plan.'

She glanced again at the mourners standing stoically in the cold, listening as the priest droned his way through the burial service.

'If the Sherwoods have already abducted Kate, then they'll know who you are. In which case, if you confront them and start throwing accusations about, they'll clam up, deny everything – added to which, the other mourners will be outraged by your intrusion. This *is* a funeral, after all.'

I nodded. I could already envisage the scene. I'd come across like a madman. And my antics would be deemed doubly unacceptable because of the occasion. No doubt I'd be pounced on by some of the more able-bodied male mourners, dragged away, perhaps even roughed up a bit, given the way friable emotions like grief can so easily find an outlet in anger if the right buttons are pressed. And in the confusion the Sherwoods would slip away, and all that would have been achieved would be that they would now be alerted to my presence, which would make them ultra-cautious, ultra-discreet – or might well prompt them to go into hiding, even leave London altogether.

All this flashed through my mind in the second or two it took for Clover to draw breath.

'So what I reckon,' she continued, 'is that I should handle

the Sherwoods and you should stick with Willoughby, see what he does next. As far as I'm aware the Sherwoods have no idea who I am. I'll mingle with the mourners once the service is over, get the Sherwoods talking.'

I must have looked dubious, because she poked me in the chest.

'Don't worry. I'll work my magic on them. You don't spend three years as the owner-manager of a pole-dancing club without learning a bit of charm and diplomacy. I'm good at wheedling information out of people. I can be very persuasive when I put my mind to it.'

I held up my hands in surrender. 'You don't have to tell me.' I hesitated a moment longer, then said, 'Okay. I suppose that makes sense. Where shall we meet?'

'Is your mobile charged up?' She gave a cheeky smile at the face I pulled. 'Nah, mine either. So I guess we'll just have to meet back at the house. See you later.'

I touched her arm as she began to move away and she glanced back at me.

'Be careful.'

'Always am,' she replied, and cocked her head towards Willoughby, who was still crouched behind his clump of trees, shuddering in what appeared to be sexual ecstasy. 'You be carefuller. He looks frisky.'

SEVEN

HEART OF DARKNESS

Charles Dickens once described Victorian London as the 'magic lantern' which fired his imagination. It was a phrase that had stuck in my mind since I'd read it, and one I often recalled when I was clattering through the streets in a hansom, or weaving in and out of the ripe-smelling crowds on the pavements.

I'd always thought of Dickens' description as a positive, even joyous, one. Yet while it was true that the city was potent, colourful, clamorous, and driven by the twin engines of industry and prosperity, it was only after living here for a while that I began to truly appreciate the irony and darkness behind his words. Because under its brassy, gleaming surface, Victorian London was not just dirty and rundown; it was a stinking, black cesspool, an unbelievable Hell that you had to experience first-hand to truly believe in.

I realised that the real reason why Dickens had used the phrase was not because the city was full of wonders, but because to a writer as skilful and philanthropically minded as he was it was the perfect environment to foment ideas and hone opinions.

The Victorian London I knew was maybe ninety-five per cent poor. And when I say poor, I don't mean living-on-the-breadline-and-scrimping-to-pay-the-rent poor – I mean dying-from-malnutrition-and-freezing-to-death-in-the-streets poor. From my watchers I'd heard horrific tales about the bodies of children lying in gutters for days on end, being gradually eaten by rats or scrawny, wolfish dogs. I'd heard too, from my police contacts, of the rotting corpses – many of them babies – which washed up in their dozens on the banks of the Thames, day after day. My search for the heart had led me to filthy, reeking hovels in dilapidated rookeries, where I'd seen as many as thirty or forty people living, eating and sleeping in a single room no bigger than the average modern kitchen. In such neighbourhoods privies were often nothing but pits at the ends of narrow alleyways shared by up to four hundred people, where the air was often black with flies and gave off a reek so foul it could stun you into unconsciousness as effectively as a billy club. Or alternatively you might find houses clustered around a yard six inches deep in shit (or 'night soil'), into which bricks had been tossed as stepping stones.

I was surprised to find myself trailing Willoughby into just such a neighbourhood. Once Clover had slipped away to find a vantage point where she could 'casually' and 'accidentally' intercept the mourners as they filed from the graveside, I watched the actor writhing in orgasmic glee for a while longer, until eventually his body relaxed, the intensity left his face, and he began to look around sleepily, as if he'd just woken from an afternoon nap and was re-acquainting himself with his surroundings.

Leaving the mourners standing by the graveside, he turned and retraced his steps. Hidden behind my own clump of trees, I waited until he'd passed by and then followed him.

I tailed him all the way to the cemetery gates, then watched from the shelter of a stone angel as he climbed back into his brougham. As soon as he'd closed the door and the carriage had pulled ponderously away, I slipped out of the gates, using the other cab drivers as cover, and sprinted round the corner to where my hansom was waiting. I told the driver to follow Willoughby's carriage, and then for the next half hour or so we meandered back towards the city, our carriages rattling through the mean streets of Shacklewell, Hackney, and round the western edge of Bethnal Green, before eventually arriving in Spitalfields.

Like much of East London, Spitalfields was a labyrinth of rat-infested alleyways, narrow passages and cobbled yards, its sagging slums crammed with immigrants, sailors and destitute families. Because of its association with the tailoring industry, there were over a hundred thousand Jews here and in Whitechapel, many of whom lived in abject poverty and were shunned, often abused, by the native population. Some of my watchers had told me that during the time of the Ripper murders the Jews had been targeted as scapegoats, as a result of which dozens had been kicked or beaten or hacked to death in the streets. If that was true, then the information had never been officially recorded.

Travelling through Spitalfields now, where the snow piled in the gutters and against the sides of the buildings was so black it looked like mounds of soil, I felt nervous, open to attack. Hansom cabs were an unusual sight here, and as we rattled deeper into the heart of darkness, I became increasingly aware of eyes glinting from the shadows of windows and doorways – though some who watched me pass were more blatant, more visible. A pack of skinny, ragged kids perched on a flight of crumbling stone steps turned their sharp, fox-like features in my direction; a fat woman with a red, bloated face, who was squatting on an upturned tub, shouted something incomprehensible around the short pipe clamped between her remaining teeth; at one point a spindly human scarecrow with long, uncombed hair stepped in front of the hansom and made a series of complex, esoteric gestures with his long, skinny fingers before scuttling back into the darkness from which he'd come.

I wondered whether Willoughby's brougham was getting the same level of scrutiny, the same kind of treatment. The streets soon became so short and narrow we found ourselves following the sound rather than the sight of it. When its clattering progress up ahead slowed and stopped, I told the driver of my cab to halt too. He did so reluctantly, his eyes darting back and forth, obviously scared of being ambushed. Taking a deep breath to steady my nerves – a bad idea, the air stank of sewage and decay – I disembarked from the hansom and stepped out on to filthy cobbles. I paid the driver, who snatched the money out of my hand and pocketed it in a flash, as if he was afraid the mere smell of it would bring the predators flocking.

'I 'ope yer not wanting me to await yer return, sir?' he muttered, his flickering eyes so wide I could see the whites around his pupils.

I shook my head. 'No, you get along. Thank you – and good luck.'

'It's you what'll need the luck I reckon, sir,' he said.

Before I could reply, he was hauling on the reins, forcing the horse to drag the cab around in a tight U-turn. I watched him go, but it wasn't until he'd turned the corner that I felt suddenly profoundly alone.

My hand slipped beneath my coat and closed around the handle of my howdah in its concealed pocket. Even in the daylight, places like Spitalfields, with their narrow streets and high, cramped, leaning buildings, seemed oppressive with shadows. I squared my shoulders and straightened my back to make myself look less of a victim. I thought of Benny Magee, the gangland boss who'd sold me out to the Wolves of London, and tried to channel some of his aggressive self-confidence.

Keeping a watchful eye on every side alley and gaping doorway, I hurried in the direction taken by Willoughby's brougham. The fact that I hadn't heard it move off suggested it was still parked no more than a street or two away. I imagined Willoughby engaged in the laborious process – for him – of clambering out and paying the driver. There was always the possibility the carriage might have been waylaid, that Willoughby might have come to harm, but I didn't think so. If that had happened I'd have heard some sort of commotion – shouts or screams, the sounds of a struggle.

Aware I was within spitting distance of what had once been Dorset Street (now demolished), where only a few years ago Jack the Ripper had murdered and mutilated

Mary Kelly in her lodgings, I reached the intersection at the end of the street and peered around the corner. Beyond a soot-blackened, drab-fronted building that had the look of a workhouse or an abandoned factory, Willoughby's brougham was standing motionless. I could see Willoughby – or at least the dark, uncompromising bulk of him – speaking to the driver. I heard the faint chink of coins and then the brougham moved off, leaving Willoughby standing alone.

Feeling exposed, I drew back behind the corner of the wall, but Willoughby was already turning away. I watched him step on to the kerb and shuffle towards the doorway of a grime-coated tenement with cracked walls and windows so caked with soot (those few that had glass in them) they couldn't possibly admit more than a glimmer of light. A couple of skinny men in ragged clothes, one wearing a tall, crooked stovepipe hat that made me think of Dr Seuss's Cat in the Hat, were standing sentinel, one each side of the doorway. I watched with interest as Willoughby waddled towards them.

Even from thirty metres away I could hear Willoughby's wheezing breath, his cane tapping the ground. What was he doing in this neighbourhood? I wondered. Surely he didn't live here? The man with the stovepipe hat touched a finger to its brim and stepped back as Willoughby took a key from his overcoat pocket. Clearly then they knew him, were even showing him deference. I watched as the actor unlocked the door of the tenement and went inside.

Maybe he was the landlord, here to collect rent? But if so, why dismiss the brougham? And why come alone – or even at all? Surely men of means employed others to do their dirty work?

Perhaps he was visiting someone then? A friend or relative? Could the two men standing by the door be *related* to him in some way? It seemed inconceivable. Perhaps they worked for him then? Could they be his enforcers, his bodyguards?

I had plenty of questions, but no answers. And no way of *getting* answers either without approaching the two men and asking them directly.

I considered doing just that. After all, I had a gun, and it was unlikely that they'd be similarly armed. But what at this point would it achieve? I'd spoken to Willoughby already today. Turning up again here now would only make him more wary of me; it might even scare him off. If he *was* our killer, and if he *was* associated with the Wolves of London, then the priority had to be to get him to lead me to the heart and take it from there. Which meant playing it cool, not going in with all guns blazing. With a sigh, I made a mental note of the address and slipped away.

Moving quickly, head down, hand still clutching the howdah in my coat, I followed a meandering course along various side streets and back alleys. In my decent clobber I attracted plenty of scrutiny along the way, some of it clearly hostile, but I wasn't attacked or even challenged.

Eventually I reached Commercial Street, which was wider and more crowded than those around it, and headed north towards Shoreditch, ignoring the shouts of the doxies, who sounded both plaintive and aggressive as they touted for business. Prostitution was the most common profession among the women in this area, with many girls being put to work by their families as young as eleven or twelve – as a result of which they were more often than not riddled with syphilis by their teenage years.

It wasn't the prostitutes I was worried about, though, even if a lot of them did carry shivs on the off chance of sticking a rich client and stealing his purse. The real threat came from the gangs, which spilled like rats from the slums of 'Old Nichol', not far from here; or even the swarms of feral children known as 'little Arabs', who would slash a man to death if they thought there was something useful to be had from him.

I'd turned off Old Street, close to where the railway station would open for business in a few years' time, and was moving along yet another stinking, high-walled alleyway, when I sensed movement behind me. I turned, my fist tightening on the butt of the howdah – and saw a small, hunched, ragged figure silhouetted in the glimmer of murky light at the end of the alleyway.

I narrowed my eyes, trying to make out the figure more clearly. There was something wrong with the lower half of its face. It appeared almost exaggeratedly lantern-jawed, and above the filthy scarf wrapped around its neck, I detected a dull gleam of metal.

'Well, well, look who it is,' rasped a voice behind me. 'You're a bit far from 'ome, ain'tcha?'

I whirled round again. A man had appeared at the other end of the alley, more dark figures crowding behind him. In the murky December light they appeared almost simian, their hunched bodies bulked out by the layers of ragged clothing they wore to combat the winter cold.

The man who'd spoken walked forward slowly, his thick, scabby lips stretched wide in a grin that revealed a mouthful of black and rotten teeth. His face was craggy, its deep grooves ingrained with dirt, and one of his eyes was milky and bloodshot. He wore a battered bowler hat pushed back on his head and a long, grey, woollen coat that looked and smelled as if it had been trampled by pigs in a sty.

I knew this man. I'd first encountered him in my own time when he'd stepped from a newly formed cloud of yellow smog on the platform at Bank Tube Station and had cut the throat of the person I'd thought was Clover, but who'd turned out to be a shape-shifter working for the Wolves of London.

'Mr Hulse,' I said. 'I was on my way to see you.'

Hulse's grin widened. 'Oh, I knows it. Nothing escapes my notice round these parts. Me and the boys thought we'd come and meet yer, save yer shoe leather. Save yer throat too, more than likely. These are perilous streets fer gentlemen such as yerself. There are some shocking coves about.'

I chuckled. 'How goes it?'

'Oh, we has had a bountiful Christmas. Bountiful indeed. Ain't that right, boys?'

His cronies hooted and chortled.

'Glad to hear it,' I said, stepping forward to meet Hulse as he swaggered towards me, his hand outstretched.

The hand in question, scarred and filthy, the fingernails either black or missing entirely, was often to be seen wielding a vicious rusty-bladed knife. It was a hand which I knew had committed murder on more than one occasion – yet I grasped it now without hesitation and gave it a firm shake.

One of my first tasks after recovering from the smoke inhalation which had laid me low after arriving here had been to seek out Hulse and offer him a deal. It was a massive risk, but I'd thought about it a lot, and had spent hours talking it through with Clover and Hawkins, discussing all the angles and pitfalls.

I had a theory, you see; a theory to do with the mutability of time. As I've said, when I first encountered Hulse he appeared from a cloud of smog at Bank Tube Station and cut the throat of a shape-shifter which had been impersonating Clover, presumably in the hope of catching me unawares and stealing the obsidian heart. The second time I'd met him had been the first time I'd found myself in Victorian London, immediately after what I'd thought was Clover's murder. On that occasion I'd sought Hulse out, confronted him on his own turf, and received a beating for my troubles. The third time we'd met had been back in my own time, when Hulse had appeared in a police interview room and slashed DI Jensen's throat, minutes after I'd been forced to hand the heart over as evidence relating to the inquiry into the murder of its original owner, Barnaby McCallum...

Here was where it got complicated.

What if (I'd thought to myself) my first encounter with Hulse had not been *his* first encounter with me? What if *his* first encounter with me was my *second* encounter with him? I remembered how he'd denied all knowledge of Clover's murder, how he'd responded to my accusations as though he'd never seen or heard of either of us before. He and his cronies had chased me, and when they'd caught me they'd given me a pounding, and might even have killed me if the heart hadn't zapped me back to the twenty-first century.

But what if, on that occasion, they'd been acting on impulse rather than carrying out the orders of the Wolves of London? Hulse and his men were thieves and cut-throats, and to them my appearance would have instantly identified me as a fish out of water – and probably a rich one at that.

Perhaps, then, they'd merely seen me as easy pickings, and had acted accordingly. It was only because of 'Clover's' murder that I'd assumed they were working for the Wolves of London – but what if they weren't? What if the Hulse who had slashed the false Clover's throat was from a later time period?

And if *that* was the case, then who was to say that I *myself* hadn't sent him forward through time to kill the false Clover before she – or rather, *it* – could kill *me*? What if Hulse was *my* agent? On *my* payroll? His later murder of DI Jensen was harder to explain, but I had a few theories about that as well.

What if the Jensen who Hulse had killed was not the real Jensen? What if he too was a shape-shifter – or the *same* shape-shifter? I'd already seen evidence that the shape-shifter could survive the physical death of offshoots of itself without suffering any apparent ill effects. So what if the Jensen who had interviewed me (and the one I'd encountered in Jensen's office stealing the obsidian heart minutes later) had been an offshoot of the shape-shifter whose task had been to procure the heart? If so, then it was possible that Hulse was following *my* orders. After all, without his intervention I would have been too late to catch Jensen number two in the act of stealing the heart, and therefore wouldn't have leaped at him, grappled with him, crashed through the window, and ended up here.

The implications made my head spin, but ultimately it was all about cause and effect. It was also about making what I *did* know work for me as best I could.

'So what brings a refined gent like yerself to such a lowly quarter as this?' Hulse leered. 'Tired of living, is yer?'

Before I could reply I felt something nudge me from behind. I turned to find the figure that had followed me into the alley had now crept forward and was standing right behind me. He was bent over like a hunchbacked old man, gently bumping his head against my thigh.

Hulse laughed. 'Likes yer, does little Tom. One of his favourites, you are.'

I smiled and placed my hand on the boy's shoulder. His bones were as thin as a sparrow's beneath his ragged clothes.

'Hello, Tom,' I said.

Tom wasn't the name the boy had been given at birth, but it was as good as any. In fact, the boy hadn't been named at all – not as far as any of us knew. It was Hulse who had started calling him 'Tom' after Tom Thumb, on account of him being so scrawny.

Tom never spoke, but when he was happy he made a huffing noise that seemed to come from deep inside his lungs. He was making the noise now, and at the same time tilting his head up in little jerks to peer shyly at me. His eyes were a velvety black beneath his long, matted fringe, and I tried to focus my attention on them, even though my gaze, as always, was drawn to the lower half of his face.

Like Hope, Tom had been one of Tallarian's experiments

– one of only two I'd managed to release from the doctor's laboratory before the place had gone up in smoke. Tallarian had removed Tom's lower jaw and replaced it with a large, ugly, hinged contraption inset with jagged metal teeth, like the scoop of a digger. The flesh, where the metal had fused into it, was horribly infected, though the same doctor who I'd employed to treat Hope had done his best – and was *still* doing his best – to keep the infection at bay.

Personally I would have preferred Tom, like Hope, to have moved permanently into my house in Ranskill Gardens, where it was clean and warm, and where he could have received round-the-clock care. But after finding him – thanks to my watchers – living rough in the East End, we'd tried that and it hadn't worked. The boy had been so unsettled that he'd refused point-blank to eat and had kept running away, despite the kindness shown him by Mrs Peake and her staff. In fact, he had been *so* unsettled (though never violent; despite my first encounter with him, Tom was a timid soul) that eventually, reluctantly, I'd had to let him return to the filthy streets of the East End, where he seemed happiest. I couldn't leave him to fend for himself, though, and so I'd paid Hulse to watch out for him and keep him safe. I'd also insisted he bring Tom to a pre-arranged rendezvous point for regular medical check-ups.

Hulse might not have been the ideal guardian and role model, but Tom seemed to be doing okay. He seemed to be thriving, in fact, despite his skinny frame and the infection eating away at his face. As he nuzzled into me, Hulse said, 'Scratch him behind the ears, mister. He likes that.'

Perhaps it was the way the men behind Hulse snickered

that made me feel a sudden stab of anger. Looking at Hulse, I said coldly, 'He's a human being, not a dog.'

Instantly Hulse stiffened and his grin disappeared. Suddenly I was reminded that for all his rough-hewn amiability, this man could be volatile, unpredictable. I might be his current meal ticket, but I always got the impression that I had to tread carefully around him, that he was capable of lashing out on impulse if someone rubbed him up the wrong way.

'I knows that,' he said, his voice flat, 'and we treats him like one. Young Tom does well by us. Don't you worry yourself about that, mister.'

I raised a hand in apology. 'I know he does, Mr Hulse. And I'm grateful to you for taking care of him. I worry about him, that's all. I worry about...' I briefly patted my own jaw, not wanting Tom to see; I was never sure how much he understood of his condition.

Hulse gave a brief nod, but said. 'He does very well – don't you, Tom, my boy?'

Tom huffed happily in response.

Hulse's one good eye flickered from the boy and fixed its beady attention on me. 'Now, mister, what say you tells us why you're wandering these streets like a spring lamb in search of the butcher? Or is you just here to take tea and buttered muffins with your dearest chums?'

EIGHT

FINGERPRINTS

I went to bed shattered that night, but I couldn't sleep. My brain was like a nest full of angry wasps. After weeks of inactivity, during which, despite all the evidence to the contrary, I'd begun to worry I might *never* find the obsidian heart, suddenly things had started to move.

What was ironic was that it had come at a time when I'd least expected it. I'd more or less given up on Christmas week, had resigned myself to the fact that many of my watchers would be too preoccupied with the obligations of the season between Christmas and New Year, and that my best bet would be to start the search again, with a new impetus, at the start of January. But in the course of a breathtaking twenty-four hours we'd had the odd footprints outside the house, and the even odder murder behind the Maybury Theatre. And now our prime suspect for that murder had led us, unbelievably, to Kate's abductors.

Wheels within wheels. Cause and effect. I couldn't help but think it was because of my imminent contact with them that the Sherwoods had become (or were *about* to become) involved in the topsy-turvy craziness of my life. But how and why? And more importantly, was there any way of dissuading or preventing them from taking my daughter?

If I *did* dissuade or prevent them, though, how would that affect what, as far as I was concerned, had already happened? How much of my past would alter accordingly – or would it unravel altogether? Because if Kate had never been abducted, there would never have been a reason for me to get involved in *any* of this. I would never have had to steal the heart, which meant I would never have had to kill McCallum, which meant I would never have ended up being pursued by the Wolves of London and living in a time that wasn't my own...

Which meant I would never have been in the position to dissuade or prevent the Sherwoods from abducting Kate.

As ever, the knot of complexities just seemed to get tighter the more I thought about them, to the point at which it became impossible to unpick the different strands. After giving up and going to bed, my limbs aching with tiredness, I lay sleepless for what seemed an eternity, my thoughts multiplying exponentially, questions branching into yet further questions, until eventually it seemed they were overflowing my head and filling the darkness around me, stifling and souring the air.

In the end, gasping for breath, I lit a candle and threw back my eiderdown. At first I was sweating, but then the sweat turned cold and I started to shake. Out of habit I got dressed – when I was awake I liked to be ready for immediate action – and then, holding the candle to light my way, I went downstairs.

Although the stairs creaked seemingly at every step, no

one woke up. And that was fine, because I wanted to be alone. In the drawing room I stoked up the fire, lit a couple of lamps and sat in one of the leather armchairs, breathing in the calming Christmas scents of pine and orange and cloves. I realised there was a part of me that was almost *afraid* of going to sleep; afraid of losing the momentum gained over the past twenty-four hours; afraid of waking up to find that the previous day's promise had eluded me again, dissipated like a phantom.

It was a daft idea, but the early hours of the morning are a haven for daft ideas. The reason it was daft was because this afternoon Clover had returned to the house, arriving an hour or so after me, smiling like the cat that got the cream. She told me the Sherwoods were charming, that they were struggling to make ends meet, and that their son was three years old, which meant that – as she'd suggested – they were yet to travel into the future and move into the flat opposite mine. She also told me she'd used her 'womanly wiles', as she grinningly called them, to wangle us a dinner invitation for the following evening – which meant, as it was now something like 3:30 a.m., *this* evening.

It was all a bit surreal. I'd always got on well with Adam and Paula Sherwood – right up until the morning they'd kidnapped my youngest daughter. How I'd respond to them when I spoke to them again I couldn't say. Would the fact they weren't yet Kate's abductors make me feel differently towards them? As Victorians, would they even seem like the same people I'd known? Perhaps I'd feel guilty for imposing myself on their world – and possibly, therefore, drawing them into mine; perhaps I'd feel responsible for them in some way. All I knew for sure was that I'd prefer to meet them with my wits about me, but that the way things were going it was more likely that by this evening my brain would be like cement and I'd be all but dead on my feet.

Not even the thought I was potentially letting Kate down by not getting a proper night's sleep could make a difference. Maybe a whisky in front of the fire would relax me enough to allow me to slip into a state of unconsciousness? With a groan I hauled myself to my feet, crossed the room to the decanter and poured myself a healthy measure. I was raising the tumbler to my lips when I heard a soft pattering sound, like someone lightly drumming their fingers on the window.

I froze, then turned my head slowly to the left. The sound had come from behind the heavy damask drapes that covered the window closest to me. But had the noise been inside the room or outside? Having faced Tallarian's army of clockwork horrors and seen what the shape-shifter was capable of, I was primed to expect almost anything. It wouldn't have surprised me to find a spider the size of a cat perched on the windowsill behind the curtains. Or a squatting, red-eyed goblin. Or even a bubbling tide of green slime oozing its way through the hair-thin gaps around the frame.

I swallowed the whisky in one gulp, blinking at the alcohol burn in my belly. Grateful I was never complacent when it came to carrying my howdah, I put the tumbler down on the velvet cloth draped across the top of the piano and moved as silently as I could to the window. I stood beside the drapes for a moment, alert for the slightest sign of movement. Then, drawing my gun, I stretched out a hand and whipped the drape aside.

Instinctively I stepped to one side, my heart drumming. If this had been a horror movie a cat would have darted out from behind the curtain and gone yowling across the room – but there was nothing. Nothing on the windowsill; nothing attached to the inside of the tall sash window. But as I looked out at the snow-coated ground and the dark white-topped mass of trees and bushes beyond it, I suddenly realised that dotted and daubed on the lacy coating of frost on the outside of the glass were dozens of fingerprints.

I re-focused, staring at them. They reached from the bottom of the window to face height, and covered the area in a haphazard pattern, as if a child had dabbled its fingers over the frosty surface. In daylight such marks would simply have been curious, but now, in a silent house in the dead of night, they were eerie, and I felt a cold shudder ripple through me, negating the heat of the whisky.

What did the fingerprints mean? Were they a message? Or had something been trying – albeit feebly – to get into the house?

Before I had time to think I heard the same soft, rapid patter I'd heard moments earlier – only this time the sounds came from behind the drapes covering the *next* window.

Something was circling the house, tapping on the windows as it went. My already drumming heart leaped as a thrill of fear gripped me. But that didn't stop me from darting to the next window and yanking the drape back.

Nothing here either, except for more fingerprints. Whatever was making the marks had already moved on. I wondered what had happened to the men watching the house. Had this thing, whatever it was, slipped through their cordon unnoticed? Was it invisible? Insubstantial like a ghost?

The now-familiar tapping started at the next window. A rapid, flickering sound like a flurry of raindrops. This time I ran not to that window, but to the one beyond it. With a sense of triumph, mingled with a cold, sharp spasm of fear, I wrenched the drape back and stepped forward, raising my pistol.

And saw her.

She was standing in the snow, not close to the house as I'd expected, but further back, beside the hedge. She was wearing what she had worn every other time I'd seen her – a thin white nightshirt printed with a cherry design, the short sleeves edged in lace. Yet despite her lack of clothing she didn't seem cold; she was smiling at me, her soft blonde hair blowing in the wind, her delicate hands interlaced over her bulging belly. This was Lyn, my ex-partner, as I'd known her over five years ago when she'd been pregnant with Kate. She'd been beautiful then, and sane. Now she was not. Lyn was still alive – or at least, she had been on the day I'd left the twenty-first century. But this version of Lyn was a ghost of happier times.

It was only my reluctance to wake up the rest of the house that stopped me banging on the window, calling her name. I raised a hand – *Wait there!* – then ran out of the room and across the hallway to the front door.

My hands were all thumbs as I fumbled at the locks. As soon as the door was open I catapulted outside, the cold hitting me like a slap. My instinct was to veer immediately left and keep running, through the snow and around to where I hoped Lyn would be waiting. However, I knew I had to be careful. This might be a trick, designed to draw me out, or destabilise me into leaving the house open to attack.

Feverishly I tugged the door closed behind me, trying not to bang it, and twisted the key in the lock. Then, ignoring the instinct to sprint, I moved swiftly but cautiously around the side of the house, keeping close to the wall, my head darting back and forth as I peered in to the shadows that clustered around and beneath each clump of foliage, trying to cover every angle at once.

Reaching the corner of the house, I sidled around the wall, clutching my howdah. Although I was pointing the pistol at the ground – she might have been an apparition, but I didn't want Lyn to see me aiming a gun at her – I was more than prepared to jerk it into a shooting position if need be.

As soon as I rounded the corner, I looked across to where Lyn had been standing, and a plume of breath jetted from my mouth as I groaned in despair. She had gone, slipped away, before I could fully connect with her. It was as if she wasn't properly anchored to this world. As if she was an errant radio signal, elusive, easily lost.

But then, out of the corner of my eye, I saw a flash of movement, white against the grey-white of the snow. My head snapped round, and the lurch that my heart gave this time was one of joy, because there she was, drifting around the next corner like a winter spirit.

I hurried after her, half expecting one of the men

watching the house to emerge from hiding to check I was okay. I wondered, if they did, whether they'd be able to see what I was seeing, or whether Lyn was visible only to me, my own personal phantom.

Again I wondered whether this was a trap. Since my first encounter with the shape-shifter I'd lived in a world of suspicion. I rounded the second corner, aware I was at the back of the house now, where it was darkest. The glow of the streetlamps, which filtered through the trees and bushes that bordered my property, was so dim it was almost negligible. For a moment I couldn't see anything but blurred grey shapes on a dark background. I narrowed my eyes, hoping it would bring things into focus, and partially it did.

Lyn was standing two-thirds along the length of the back wall, close to the house. Her head was a pale oval blur above the paler, more voluminous glimmer of her nightshirt. She was facing me, though her right arm seemed to be pointing at the house. Even though I was wary, even though I was clutching the howdah in an icy grip that made my hand ache, I felt a sudden, unexpected pang of longing. At that moment I wished more than anything that I could turn back time, return to that blissful period when Lyn had been sane and beautiful and radiant with life. Back then the two of us had been completely in love, completely happy, and our life together had seemed so simple, untroubled, full of promise.

And then *he* had come. The Dark Man. Lyn's personal demon. He had stepped into our perfect world and torn it apart.

Less than six years ago that had been. And yet from this vantage point it seemed like forever. Lyn wasn't dead, not physically, and yet the Lyn that I had known was dead. She'd been my one true chance of happiness, and she'd been taken from me. Everything else was damage limitation.

At once I felt angry, resentful. I stepped forward, more than prepared to fight, if a fight was what was coming.

'Why are you here?' I said gruffly. 'Why do you keep tormenting me?'

She said nothing. I couldn't see her face. After a moment she seemed to drift backwards, to melt into the darkness.

'No you don't,' I said, rushing forward, but it was already too late. I knew I was being rash. Hurtling onwards with no notion of what might be waiting for me.

Yet I kept going. Pushing through the darkness. Until eventually I was standing where she had stood moments before. There was no evidence she'd even been there. No footsteps in the snow, no lingering scent on the air. All was silent and still.

So *why* had she come?

Then I remembered how she had been standing, her right arm extended outwards from her body. I looked at the window she'd been standing beside – and my breath caught in my throat. There were not just fingerprints covering the rime of frost coating the glass this time, but words.

I tilted my head, trying to make them out in the gloom. The light that filtered through was the faintest of gleams, yet by moving my head back and forth, I could just make out what Lyn had etched into the frost with her finger.

Like a child learning to read I spelled out each letter, whispering to myself as I formed them into words.

'T... E... M... P...'

By the time I'd deciphered the entire message, I'd given up all hope of sleep.

handle should have been and shoved. At first I thought the door was locked, but then it juddered inwards, as though scraping across a carpet of rubble. As soon as the gap was wide enough I slipped through it, at which point I noticed my hands and realised the door wasn't painted black, after all; it was simply coated in soot.

Hawkins followed me into the building, the door making the same juddering scrape as he pushed it closed behind him. As I wiped my sooty hands on a handkerchief, I peered into the gloom, trying to make sense of the shop's interior. The filth coating the bay window, which looked out on to the street, was as effective as a blackout curtain. Neither did it help that the darkness inside the shop was teeming with dust. I sneezed twice, and then, because my handkerchief was black with soot, wiped my nose on my sleeve.

'Look out, sir!' Hawkins shouted as I was lowering my arm.

I tensed, then something huge and black swooped at me out of the darkness. I flailed at it blindly, and was aware of Hawkins at my shoulder swinging his cane in a defensive arc above our heads. There was a passage of air, a faint musty smell, and then, with a raucous screech, our attacker – which I realised must have been a bird – was gone.

But where? Was it readying itself for another attack? In a half crouch, my arm held defensively in front of me, I peered around, searching for the creature in the gloom.

My vision was adjusting enough now for me to see that the room was long, narrow and very cluttered. Sideboards, chairs, tables, trunks, lamps, paintings, ornaments and other paraphernalia were stacked against the walls on both sides in tottering, seemingly haphazard piles. If there was any order to the place it was difficult to work out what it was because of the gloom, and the fact that the air was grainy with swirling dust motes.

At the far end of a narrow passage snaking between the room's stacked contents came a rasping chuckle. I flapped at the dust and narrowed my eyes to make sense of what I was seeing. Admittedly I wasn't at my best. Although I'd finally managed a couple of hours of pre-dawn sleep in the armchair before the fire, my eyes were gritty and I felt as though a tight steel band around my head was constraining my thoughts. The impression I had now was of staring through the wrong end of a telescope, of watching distant shapes at the end of a dark tunnel. I could see what looked like the glow of a lantern and a shadowy form half concealed by what might have been books stacked on a desk. I rubbed my face as though my tiredness was a brittle glaze that could be removed like old varnish.

Behind me, Hawkins called out, 'Who's there? Show yourself!'

The dry cackle came again, sharp-edged and mocking, before evolving into a voice. 'Show myself, is it? And who are you to give me orders in my own establishment?'

Hawkins stepped in front of me. 'This may be your establishment, sir, but when you attacked us you forfeited your entitlement to our respect.'

'I, attack?' said the voice in astonishment. 'I attacked no one.'

'Your creature then.'

'My "creature", as you call her, is old like me, and

merely curious. Tell me, did she wound you?'

'She did not. Though she might have done, and my master too, had I not used my cane to deflect the possibility of such an outcome.'

The shop owner made a dismissive sound. 'You are a stranger here, are you not?'

'What has that to do with it?'

'Oh, a great deal, I should say. If you were from hereabouts, you would know of old Satan and her ways.'

'Satan?' I muttered.

'My crow, sir. Named for her plumage, not her demeanour. If I was to name her for her demeanour I would have to call her Saint, for she is the sweetest natured bird that ever took wing. The folk around these parts love her, sir, the nippers especially. Takes tit-bits out of their hands, she does, and never scratches nor pecks the skin. Gentle as a lamb is old Satan.'

The man's voice was getting closer, as was his bobbing lantern. I stepped up beside Hawkins and touched him briefly on the arm, tacitly instructing him to stand at ease.

Eventually the shop owner was close enough for us to make him out. They say that people grow to resemble their pets, which was certainly true in his case. Peering at us from behind the glow of his lantern was an old man. He was tall, scrawny, hunch-shouldered, his threadbare layers of clothing wrapped around him like a suit of matted black feathers. His hands, encased in fingerless black gloves, were long and talon-like, and his face was long too, the chin sharp, the cheeks hollow, the eyes a watery greyish yellow in the lantern light. His grey hair was sparse, straggling across a domed forehead that resembled a scaly egg, and drifting in cobwebby wisps about his narrow shoulders. The most remarkable thing about him was that his crow, Satan, was perched on top of his head like a bizarre hat.

The bird itself was large and sleek, though her feathers were tattered and dusty at the edges. The old man had described her as sweet natured, but she regarded us with arrogance, even hostility – which I suppose wasn't surprising, considering that Hawkins had tried to whack her with his cane.

I stepped forward. 'Good morning, Mr...'

The old man narrowed his eyes, as though weighing up the consequences of revealing the information. Then he muttered, 'The name's Hayles, sir.'

'Pleased to make your acquaintance, Mr Hayles. I apologise for the misunderstanding. My friend and I were startled, you see.'

The old man peered at us a moment longer, then his expression softened.

'I do see, sir,' he conceded. 'I see very well. I suppose it *is* queer to have a bird flying around the place, but the folks round here is used to her.'

'She's a fine specimen,' I said. 'Where did you get her?'

'I found her on my doorstep, sir,' said the old man. 'She was lying there, like a gift from the heavens. A mere scrap of a thing back then, she was. And her left wing was broke something grievous. I think it must have been a cat what done for her, sir. Vicious brutes they are round here. I took her in and fed her on beetles and grubs, and nursed her back to health. And she hasn't left my side since.'

I smiled. The shop and the old man might have been

grotty, but it was a heart-warming story.

'Mr Hayles, my name is Alex Locke. Am I familiar to you in any way?'

The old man scratched the side of his head. 'Can't say you are, sir. *Should* you be?'

'I don't know,' I admitted. 'Your address was... given to me in unusual circumstances. May we look around?'

'Be my guests,' said Hayles. 'Everything here is for sale, and all of it the finest quality.' He threw up his left hand in a flourish that startled the crow and sent it flapping into the air with an indignant squawk. It circled the room and came to rest on a battered writing bureau perched atop a pile of other furniture, where it glared at us like the raven in Poe's poem.

For the next ten minutes Hawkins and I moved around the dim and dusty room, examining the haphazard stacks of furniture. We peered under and over and around the backs of things. We looked inside cupboards, and pulled open drawers, and rooted through boxes of depressing, worthless junk. We disturbed mice and spiders, one of the latter of which, swelled by a coating of dust, scuttled across my hand, making me jerk in fright. This startled Satan from her perch again and set her swooping and gliding around the room like a small, dark ghost.

It would have helped if Lyn could have told me what was so significant about this address before doing her vanishing act. Could it be that the heart was hidden somewhere amongst this clutter? Or was Hayles himself the focus? Perhaps the shop owner, or even his bird, were more than they appeared?

Eventually, coated in dust and dirt, I asked, 'Where do you come by your stock, Mr Hayles?'

The old man frowned suspiciously. 'Here and there.' He seemed to consider his own words for a moment. 'Yes, I would say here and there just about covers it.'

'And how often do you come by new items?' Looking around it wouldn't have surprised me to learn that the contents had not altered for the past ten, even twenty years.

'There is what I would call a "steady flow" coming in and going out. I buys 'em and sells 'em cheap, purely to keep things moving, you understand.'

'Though not without some profit for yourself, I'll be bound?' said Hawkins drily.

The old man, who had put the lantern down on a nearby table, spread his black-gloved hands. 'A small one, sir. Though it's barely a profit at all. Just enough to pay the rent and buy a few wittles for Satan and me. We has modest needs. But we all has to live, sir.'

'Indeed we do,' I said. I put my hand into the pocket of my trousers and jangled the coins in there.

The old man's head jerked round. His eyes fixed on my pocket like a bird of prey homing in on a scuttling mouse.

'What would you say to the chance of adding a bit more to your profit, Mr Hayles?'

Hayles licked his lips, but did his best to sound casual. 'I would say that I might be interested, sir, if the circumstances was favourable. Is it a business proposition you is offering?'

'I simply seek information,' I said. 'But it would have to come with a guarantee of loyalty. Is that something you think you can provide?'

forgetting myself. My poor old brain must be addled by the excitement of our new business partnership.'

'Yes,' I said, reaching into the inside pocket of my overcoat. 'It must be.'

The way Hayles's eyes flickered once more into beady life and fastened on my wallet was almost like a physical sensation. I half expected to feel the wallet plucked from my hand by telekinesis; either that or Hayles would click his tongue and Satan would swoop down and snatch it from me.

Neither of those things happened, of course. I took three large white notes from my wallet – a ten and two fives – and a business card with my name and address on it. I expected Hayles to grab them from my hand, but he extricated them almost reverently, which reminded me of what he had said about Satan taking tit-bits from the fingers of local children. I glanced at the crow, still perched on top of the wardrobe, its head tilted as if observing the exchange with interest, its round eyes flashing like yellow gemstones in the gloom.

Twenty pounds wasn't a fortune – the average London labourer earned around a pound a week, maybe more – but it may have been the most money that a man like Hayles had ever earned in one go before. He gawped at the notes in disbelief, then raised them to his face with trembling hands to sniff them. Finally he rolled them deftly into a tube and concealed them somewhere within the ragged folds of his black clothing.

'That's what we call a down payment, Mr Hayles,' I said. 'I give you that money in the hope that you will serve me well and faithfully.'

'Oh, I will, sir,' Hayles replied, dipping his head and

touching his forelock. 'You can count on that. I am a man of my word.'

'I'm glad to hear it,' I said, and extended my hand. 'Let's shake on it, as you suggested.'

He eyed my hand warily, as if afraid I might have a mousetrap concealed in my palm, then tugged the fingerless glove off his own right hand and stretched out his arm. I clasped his dirt-ingrained hand in my cleaner one, expecting his skin to be dry and cool like a snake's, but finding instead that it was warm and damp, perhaps with nerves. He gave my hand a perfunctory shake and tried to release it, but I held on for a moment, fractionally tightening my grip.

'A word of friendly warning before we depart, Mr Hayles,' I said. 'Not for my sake, but your own.' I smiled, but my voice was as cold and precise as I could make it. 'Please remember what I have said. It is imperative that you speak to no one about me, about the item I'm seeking, or about the deal that we've struck today. There may be others seeking the heart, and if they find out that you are helping me, they will show no mercy. Do you understand?'

Hayles swallowed. The gulp was loud in the dust-filled room.

'I do, sir.'

'Excellent.' I released his hand and stepped back towards the door. 'Then our business for now is concluded. We'll bid you a very good day.'

TEN

TO THE BONE

'What do you mean, she's gone to the theatre?'

It was barely noon, but the day had darkened so much it felt like dusk. Just when it seemed a thaw might be on the way, the air had turned even colder and new flakes of snow had begun to drift from the leaden sky. Hawkins and I arrived back at the house shivering and stamping our boots. I'd been looking forward to a bowl of soup and perhaps an afternoon snooze before dinner with the Sherwoods – but Hope's news had scuppered those plans.

She'd been playing with her doll's house in her room when I'd stuck my head round the door. She and her new toy had been inseparable since she'd unwrapped it on Christmas Day. She was so engrossed in her game she didn't notice me enter. I watched her for thirty seconds or so with a mixture of affection and concern. The way she played with the little wooden figures, creating individual voices for each character, I found so touching that tears welled in my eyes. A couple of months ago she'd have been incapable of this. Creative play would have been incomprehensible to her. She'd come on in leaps and bounds since then, but

I was still reluctant to allow her to take that extra step of mixing with other children. It wasn't that I didn't think Hope wouldn't behave herself or know how to handle the situation; it was that I didn't trust other kids to accept her as we did. I didn't want her to be made fun of, or to be made to feel like a freak because of her mechanical arm. I didn't want her to feel she was something to be gossiped about, or feared, or stared at.

Eventually I cleared my throat, and she looked up. In the flat, dead light of the increasingly gloomy day her face looked grey and lifeless, her eyes a washed-out blue set deep in the hollows of their sockets. For a shocking instant I got the impression her skin had become translucent, that I could see the skull beneath it. I forced a smile.

'Having fun?'

She nodded and grinned, which, rather than dispelling the notion, made her face look even more skull-like.

Trying to push away the image, I sat on the bed and we chatted for a while. Just general stuff: how she was feeling, how she'd slept, what she'd been doing today. I asked her where Clover was, and felt my stomach clench when Hope told me she'd gone to the theatre. More sharply than I meant to, I asked her what she meant.

'What's the matter, Alex?' she asked in alarm, as if she felt she'd done something wrong.

I put a hand on her head to reassure her. Her hair felt damp, the skull beneath it radiating heat.

'Nothing,' I said. 'Sorry. I'm just... surprised, that's all.'

* * *

132

Ten minutes later Hawkins and I were again trundling through the snowy London streets in a hansom. It turned out a messenger boy had arrived forty minutes earlier, with a note from Horace Lacey saying that he wanted to see us as soon as possible.

The note had been waiting for us on the hall table when we'd come in, but I'd missed it. It was pinned beneath a glass paperweight, along with a scrawled note from Clover: *Thought I'd better pop along. See you there!* Once Mrs Peake had drawn Lacey's note to my attention, I compared it to the earlier one we'd received from the theatre manager. The handwriting was the same, but whereas the language in the first note was flamboyant, this second one was concise, even terse:

Dear Mr Locke
Please attend to me at the Maybury Theatre at your
earliest convenience.
I have urgent news to impart.
Yours
Horace Lacey

'What do you think?' I'd asked Hawkins as we were waiting for the cab.

Hawkins had peered at the note as intently as if he was willing a hidden message to reveal itself beneath the one on the paper.

'In my opinion this was written in haste, sir. Perhaps in a state of excitement.'

'Or fear?'

Hawkins' steely grey eyes regarded me. I could imagine

him wearing that same unflappable expression as he prepared to perform death-defying stunts with the Flying Bencziks every night. 'Possibly.'

Despite my anxiety, the rocking of the cab and the shushing of the wheels through the snowy streets lulled me to sleep. I was so exhausted it was like being anaesthetised. For a good thirty seconds after Hawkins shook me awake I had no idea where I was.

'We're here, sir,' he said as I blinked in confusion.

'Where?'

'The Maybury Theatre.'

I peered out of the cab window, but all I could see was a fresh layer of snow on the glass. As my senses returned I realised I could hear snow pattering on the roof above us.

'Is it night?' I asked.

'Early afternoon, sir,' replied Hawkins, pushing the door open. 'The weather is closing in again, I fear.'

He wasn't wrong. But at least the cold air and swirling snow helped blow the cobwebs away. Asking the cab driver to wait (he peered at us mournfully from beneath the brim of a hat topped with an inch-thick layer of snow), we ran up the snowy steps to the main doors.

'Should we knock, sir?' asked Hawkins, raising his cane.

Noting that the doors weren't quite flush with one another, I leaned my weight against the left-hand one and it opened immediately.

'No need.'

'Perhaps Miss Clover left it open to allow us easy access?'

'Perhaps,' I said. 'Though in my time we'd call that a best-case scenario.'

Despite my fluttering stomach, there was no immediate sign that anything bad had happened. The lobby with its threadbare carpet and wide steps looked the same as it had the last time I'd been here. What *was* perhaps odd was that there was no sound coming from the auditorium. Shouldn't the Guiding Light Players be rehearsing? Wasn't their play due to start in a week or so? Then again, maybe this was their lunch break. Or maybe today's rehearsal had been postponed due to the snow.

There was no reason why we shouldn't have called out in the hope of attracting attention, but I was cautious. There was something not right about that note. If Lacey *had* written it out of fear – if he'd thought himself in danger, for instance – wouldn't he have vacated the premises, even jumped in a cab and come to see *us* rather than sitting tight and waiting for *us* to go to *him*? And if the situation wasn't urgent, why had his note been so curt? He was an obsequious man, he liked to make a good impression – so why had he dispensed with the sycophantic language he'd used previously?

'Let's take it slowly and quietly,' I murmured to Hawkins, and pointed to the left-hand turning at the top of the wide steps. 'We'll go round the outside of the auditorium to the back, check out the dressing rooms and the yard.'

'Understood, sir.'

I drew my howdah and led the way. I'd feel a fool if it turned out I was overreacting, and ended up scaring Lacey half to death, but better that than be caught unawares.

I ascended the stairs and edged through the arched opening. Only around half the wall lamps were lit along the curved corridor ahead, presumably to save money, which meant the interior of the theatre was gloomy. Patches of darkness quivered between the evenly spaced oases of light cast by the flickering gas flames. Most of the doors lining the left-hand wall were murky rectangles, whereas the openings on the right, leading into the main auditorium, resembled gaping black mouths.

I stopped at the first of these and peered through. The auditorium was dark and utterly silent. The stage at the far end was not visible at all. All I could see of the interior were the vague, shadowy outlines of seats in the two or three rows closest to where I was standing. I was aware that anything could be lurking in that darkness, no more than a few metres away, and I wouldn't be aware of it until it moved or made a sound. Gripping the howdah more tightly I moved on, Hawkins panther-silent behind me.

After a few more steps I halted and sniffed the air. 'Can you smell that?'

'I can, sir,' Hawkins replied. 'A stale odour, like old mushrooms.'

I nodded, my heart beating faster, and peered into the shadows. Was he here waiting for us? Willoughby? Was this a trap?

Maybe it wasn't only him. Maybe, despite the silence, we were surrounded by the Wolves of London. I tried to swallow, but my throat felt like it was filled with tissue paper. My muscles slowly tightened as I anticipated an eruption of movement, pictured nightmarish creatures swarming from every nook and crevice, every opening, every clot of darkness.

Should I shout? Call out a challenge? Bring them into the open?

At least I didn't feel tired any more. *Adrenaline overload*, I thought. I'd probably crash like a KO'd boxer later.

If there *was* a later.

There was nothing to do but keep moving forward. At each doorway I came to, each opening on my right, I paused, tensing, half anticipating an attack.

The theatre stayed silent. If there *was* anything here it was biding its time.

The mulchy smell grew stronger. My stomach coiled in response. I tried to breathe through my mouth, but that was almost as bad. It felt as though a bitter sort of dampness, a cluster of microscopic spoors or particles, was settling on my lips. Perhaps I was being poisoned.

'Sir?' Hawkins' voice was a hiss in the dimness.

I glanced at him, and saw that he was indicating a door on our left.

A door that was standing ajar.

Was it significant? An invitation? A challenge? I raised my left hand, urging caution, and steadied my right hand with the gun in it. I crept towards the door, and as I did so the mushroom stench grew stronger until it was almost overwhelming.

Blinking, hoping my eyes wouldn't water and blur my vision, I pushed the door slowly open.

Nothing moved. A wedge of feeble light crept into the room, dimly illuminating a small section of it. I stood on the threshold, peering, trying to make sense of what I could see. A table? No, a desk. Solid and heavy, like much of the furniture from this period. Probably mahogany.

But what was propped *behind* the desk? I got the impression of something spindly but top-heavy. A tangle of sticks? An effigy of some kind? A scarecrow?

'One moment, sir,' Hawkins whispered. 'I have a box of lucifers...'

He leaned his cane against the wall and reached into his pocket. Seconds later there came the scrape and flare of a match. The sharp, sulphurous tang of it was far preferable to the sour, mushroomy stench that hung heavily in the air. But sadly it was all too brief, quickly swamped by the more dominant odour.

Hawkins stepped up beside me and raised the match. Orange light swelled into the room, pushing back the dark, revealing what was slumped behind the desk...

'Fuck!' I blurted and took an instinctive step back, bumping into Hawkins. He dropped the match and the light winked out. As he fumbled for another, I bent double, pressing a hand to my stomach, and released a long gasp of air.

Although I'd only seen it for a split second, the terrible image of Horace Lacey lolling in the chair behind his desk was already branded on my mind. Even if I never saw it again – which wasn't likely, as already I could hear the soft rattling of matches as Hawkins extracted another from the box – I doubted I'd ever forget the sight. The theatre manager was dead, his glazed eyes staring out at different angles beneath half-closed lids, his mouth hanging open. But it wasn't this that had shocked me; it was the fact that beneath his head, which was intact, he had been nothing but a skeleton. His clothes and flesh – every layer of muscle and fat, every internal organ – had simply gone. Below the bloody stump of his neck Lacey had quite literally been stripped to the bone.

As a second match rasped and flared, I braced myself to

look again. I vowed to examine the body as clinically as I could, to concentrate on the fact that Clover might need our help (I tried not to dwell on the fear that what had happened to Lacey might have happened to her too), and that any information we could arm ourselves with might prove useful.

I managed it... more or less. The most astonishing thing about Lacey's corpse was how thoroughly the meat had been removed. There were a few errant shreds of flesh clinging to the skeleton, but for the most part the bones were perfectly white, almost gleaming, as if they had been sucked clean.

There was also very little blood. That was the other surprising thing. In the split second before I'd knocked Hawkins' first match from his hand, my impression had been that there was blood everywhere. But when I looked again, I realised that although the walls and desk were spattered with it, there was nothing like the eight pints that the average human body contained.

So whatever had killed and presumably devoured Lacey had done so with astonishing speed and ferocity. We'd come to the same conclusion about the prostitute's death, of course, but in that instance we hadn't seen the body. *Witnessing* the damage rather than just being told about it was a whole different ball game. It made the impossible real – more so when it was likely the killer was still close.

Or killers. Because yet again what Lacey's corpse made me think of was a school of savage airborne piranhas. As the light from Hawkins' second Lucifer guttered out, I stepped back out of the room.

'There's nothing we can do for the poor sod,' I said. 'We need to find Clover.'

It was a relief to pull the door shut and trap some of that mushroomy stench inside. Not all of it, though. It trailed us down the corridor like tendrils of fog – or tenacious vines that had latched on to us and wouldn't let go. Its persistence made me wonder whether the stench itself, or some invisible thing within it, was the killer. If so, was it sentient or merely a weapon? Was it at this moment sizing us up, waiting for the right moment to attack, to unravel us in an instant? I imagined a kind of mutant Ebola, its power, its voracity, magnified to inconceivable proportions. If that was what we were up against there was nothing we could do. Our fate was sealed.

We reached the end of the curving corridor. In front of us was the door that led to the dingy, oil-lit area lined with dressing rooms. Was that where we'd find Clover? And maybe Willoughby too? Sprawled like some vast, gluttonous king on his throne, awaiting our arrival?

I tried the door. It was locked. I glanced at Hawkins, raising my eyebrows in surprise. If this *was* a trap, I would have expected our route to be unimpeded. I opened my mouth to speak – but just as I did so the dark openings on our right, which led into the auditorium, bloomed with light.

I jerked and spun round, pointing my howdah at the nearest opening. I expected *things* to pour from them: Tallarian's nightmarish conglomerations of flesh and metal; flying piranhas with vast mouths and jagged teeth; monsters with tentacles and wings and too many eyes.

But nothing happened. Nothing but the fact that somewhere in the auditorium someone had turned on the lights.

From the angle and the subdued glow I guessed the illumination was coming from the stage. I moved silently towards the nearest opening, Hawkins behind me. Pressing myself against the wall beside the wide arch, I took a peek around the corner. The stage was down on my left, faced by sloping rows of seats. From here, with the rest of the auditorium in darkness, it reminded me of the mouth of a furnace fed by a wide conical chute.

There was a wooden chair in the centre of the stage and Clover was sitting in it, slumped forward. She wasn't moving. I hoped she was simply unconscious. The fact she hadn't fallen off the chair suggested she was tied to it, but from where I stood it was impossible to tell. I couldn't see anyone else, but the message was clear:

Come and get her if you dare.

My stomach clenched to see her so exposed and vulnerable, but I felt a measure of relief too. Although I couldn't say for certain whether she was alive, at least she hadn't suffered the same fate as Lacey, who had clearly been deemed surplus to requirements.

My prime suspect for Lacey's murder and Clover's capture was, of course, Willoughby, though perhaps I was jumping to conclusions and there was more to this situation than met the eye? Whoever he, she or it turned out to be, however, I wondered how effective my howdah would be against them.

Turning to Hawkins I said, 'We should approach the stage from opposite sides of the auditorium. I'll go in this side and crawl down using the seats for cover, and you can do the same from the other side. What do you think?'

Hawkins was as imperturbable as ever. Nodding slowly he said, 'I don't suppose that we've arrived here undetected, but it's as workable a plan as any. May I make one suggestion, though, sir?'

'Go for it.'

'Please allow me to draw the attention of our enemy while you remain concealed. With luck my presence will be sufficient to entice the blackguard from hiding, which may allow you to take a potshot at him.'

'You really think he'll be that gullible?'

'Frankly? No. But I still believe it's worth a try. Is it not better to make a heroic stand whilst endeavouring to rescue a maiden fair than to sneak away with one's tail between one's legs and leave said maiden to a grisly fate?'

There were times when I didn't know whether Hawkins was being entirely serious; times when his choice of words seemed a parody of the ultra-English persona he had adopted, and at the same time to hint at a gallows humour so black it was impenetrable. I looked at him quizzically.

'Are you *sure* you're Hungarian?'

He responded with a stream of guttural, Eastern European sounding words.

'That's easy for you to say,' I muttered. 'What does it mean?'

'It is the beginning of my country's national anthem. The poetic translation, as opposed to the literal one, is thus:

O, my God, the Magyar bless
With thy plenty and good cheer!
With thine aid his just cause press,
Where his foes to fight appear.'

'Very nice,' I said. 'Very appropriate.'

A thin smile appeared on his face. 'Ours is a just cause, sir. Let us hope that it is enough to win the day.'

He turned and hurried back along the corridor. I gave him a couple of minutes to get into position, then I bent low and slipped through the arched opening. I scuttled across to the seat closest to me – the last one on row R – and crouched beside it. As I paused, looking around, even craning my neck to peer into the shadows above to make sure nothing on the balcony or in one of the boxes was about to drop on me, I was suddenly struck by how totally and crazily my life had changed in the space of a few months. At the beginning of September I'd been gearing up for another year of teaching, of looking after my youngest daughter, of hoping I'd be able to juggle work and home and keep everyone I cared about happy. And now my life had flipped upside down and inside out, and I was a completely different person. I barely recognised the man I'd once been, and that saddened me more than I could say. *His* life, his simple ambitions, seemed unattainable to me now. Even though I was straining every sinew to become that man again, in my heart of hearts I doubted it would ever happen. How could it? I'd come too far, seen too much. I was a murderer, and a marked man, and however this whole crazy business worked out I would never be safe and normal again. Yet I still clung to that hope, because... well, because there wasn't anything else I *could* cling to. I had to believe I would get the obsidian heart back, and then Kate, and then my life. If I *didn't* believe that, then nothing would be worth anything ever again.

I shook the thought free and began to crawl towards the stage. I was pretty sure I was shielded by the rows of seats, but it was so quiet in the auditorium I had no guarantee my scuffling progress couldn't be heard from one end of the room to the other.

Although adrenaline was racing through my system, by the time I reached row H I was knackered. I was tense and scared, my heart was pounding, and even though the temperature inside the theatre wasn't much higher than it was in the streets, I was sweating, my skin crawling with an almost feverish heat.

I paused, took several deep breaths, and decided that perhaps now was a good time to raise my head above the parapet, check what was going on. When I did so, nothing seemed to have changed. Clover was still slumped on her chair and her attacker (Lacey's killer?) was still out of sight. I glanced to my right, along the row of seats to the other side of the auditorium, but there was no sign of Hawkins. Neither could I hear anything, which I told myself was a good thing – because if *I* couldn't hear Hawkins, then maybe our enemy couldn't hear *me*.

I knew if I was going to rescue Clover I'd have to venture into the open sooner or later, but I was determined to put that off for as long as possible. Or maybe I *wouldn't* need to show myself. Maybe Hawkins' plan would work and by using himself as a decoy we'd be able to turn the tables. I wondered, if the opportunity arose to pull the trigger, whether I'd actually be able to shoot someone, and what it would feel like if I did. I might only get a split second to think about it and do it – in which case, could I be decisive enough, clinical enough?

After a few moments I felt able to carry on. I crawled down to row A, and once I was there, facing the left-hand corner of the stage, I eased myself into as comfortable a position as I could and waited for Hawkins to make the first move. I pointed the gun vaguely at the stage, though not at Clover. Now that I was close enough, I was relieved to see that, although she was unconscious, she was definitely breathing.

A minute passed. I shifted position, my left foot starting to go numb. Had something happened to Hawkins? It sickened me to think he might have encountered Lacey's killer.

Shuffling back slightly, I peered along the narrow aisle between the first two rows, trying to make out any movement at the far end. I guessed that would be where Hawkins was hiding if he'd made it. *Could* I see something? The dark bulk of a figure, crouched out of sight as I was? Or was my mind playing tricks? Was I only seeing what I wanted to see?

'The game is up, Mr Locke. Please rise to your feet without delay, and then throw your weapon into the darkness behind you. If you fail to do so, your pretty wife will be slaughtered where she sits.'

Though I froze, it didn't surprise me that it was Willoughby's voice that rang out through the auditorium. Even though I was pressed into the shadows of the seats on my right, and there was no way I could be seen from the stage, I felt like a rabbit in the headlights. I was about to obey when it struck me that Willoughby might have spotted Hawkins and mistaken him for me – in which case, if Hawkins could keep his face concealed...

'Without delay, Mr Locke,' Willoughby repeated, his voice hardening. 'And the same goes for your companion.

I shall count up to three, and if, by that time, you have not risen to your feet, Mrs Locke will die. One...'

I scrambled upright.

'Stop!'

On the far side of the auditorium, I was aware of another dark shape rising too.

'The weapon, Mr Locke,' Willoughby reminded me. I quickly scanned the stage, wondering if a quick shot fired in his direction might send him scrambling for cover, allowing us to grab Clover. But there was no sign of him. If he was standing in the wings he was taking care to remain out of sight. With a sinking heart I turned and flung the howdah into the dark mass of seats behind me. I heard it hit something with a thump and clatter to the floor.

'And *your* cane, sir,' Willoughby said.

Hawkins was still a dark blur on the far side of the auditorium. My eyes registered no more than a rapid suggestion of movement, which was followed by the hollow rattling clatter of his cane falling among the empty seats.

'Excellent. Now, gentlemen, if you would both take your places in the front row the performance can begin. Seats fifteen and sixteen will suffice, I think.'

Willoughby sounded confident and mocking – and why not? Feeling vulnerable, I stepped out in front of row A and walked along it until I found seat fifteen. I sat down, and a moment later Hawkins sat down beside me, a resigned almost weary look on his face.

For a few seconds nothing happened, and then Willoughby emerged from the wings on our right.

He appeared to be unarmed. Moving smoothly, even

delicately, for a man of his bulk, he sauntered to the front of the stage and peered down at us. He looked smug and calculating. He looked like a performer in full command of his audience.

'Now, gentlemen,' he said, 'perhaps you will enlighten me as to who exactly you are, and why you are taking such a singular interest in my affairs?'

I tried to bluff it out. 'You know who we are. We're helping the police. We're investigating the murder that—'

'Poppycock!' boomed Willoughby. 'You are no more a peeler than I, Mr Locke. From our mutual friend Mr Lacey I gleaned that you may more accurately be termed a man of business, though it appears that even in this sphere you are little more than a lucky investor, who makes a comfortable living by skimming the cream of profit from an admittedly impressive array of providers. But who are you really? *What* are you? Why have you been paying our Mr Lacey to remain alert for, as he termed it, "unusual occurrences"?'

So Lacey *had* been interrogated before he died. And tortured too? I didn't want to know.

Sighing I said, 'There's no need to play games, Mr Willoughby. You know who I am.'

Willoughby was silent for a moment. Then, a little less confidently, he said, 'So it's true? The Society has tracked me down?'

I blinked. 'What Society?'

His face twisted in anger. '*Now* who is playing games, Mr Locke? Please do not provoke me. It is far too late to profess ignorance.'

He stepped across to Clover's chair, grabbed her hair in

one meaty fist and yanked her head back. She groaned, but remained unconscious. I jumped to my feet.

'Leave her alone! There's no need for that!'

'*Sit down!*' screamed Willoughby. 'Sit down or I swear I shall snap this whore's neck and damn the consequences!'

I raised my hands and lowered myself back into my seat.

'All right, take it easy. Let's just talk like reasonable human beings.'

'Human beings!' he snorted. 'Is that what we still are?'

I wasn't sure how to respond to that, and he didn't look as though he expected me to. Flapping a hand dismissively, he said, 'So talk, Mr Locke. Talk for your lives and for my own. Tell me all that you know.'

I frowned. This wasn't working out the way I'd imagined. Willoughby wasn't behaving how I'd expect one of the Wolves of London to behave. He didn't sound as though he'd lured us into a trap on their behalf, but as though he was running scared. I wondered what this mysterious 'Society' was. A rival group to the Wolves of London? There was only one way to find out.

I started to talk. I told Willoughby I didn't want trouble; that all I wanted was to find the obsidian heart. I expected a reaction to that, but all he did was stare at me with bafflement and growing impatience on his face.

'What nonsense is this?' he growled, his fist tightening in Clover's hair.

'It's not nonsense, I promise you.' Choosing my words carefully, I said, 'I didn't come here looking for you, Mr Willoughby. I came because of what happened to the girl in the yard. Her death was... unusual. Impossible. The way she was killed was... beyond the means of any normal person.'

I held up my hands, as though pressing home my point.

'The group I'm looking for is the only one I'm aware of capable of such things. They call themselves the Wolves of London, and they have something I want... something I need...'

'This "obsidian heart" you spoke of?'

'Yes. It's the only thing that will allow me to find my daughter again. I've been scouring London for it, employing people to act as my eyes and ears. So you see, Mr Willoughby, I have nothing to do with this "Society" of yours. I've never even heard of them.'

'Why don't you tell us about them?' suggested Hawkins. 'Perhaps we can aid each other?'

Willoughby was silent, his eyes flickering from me to Hawkins and back again. I could tell he was wavering. I could tell that beneath his bluster and arrogance, he was scared shitless.

With a silent apology to Horace Lacey, and to the young girl slaughtered in the yard, I said, 'Hawkins is right, Mr Willoughby. Perhaps we *can* help each other. I can't believe that the Wolves and the Society are unrelated. So why don't we trade our information? You look as though you could do with someone to talk to.'

Willoughby licked his lips. Untangling his fist from Clover's hair, he took a couple of small, tottering steps backward. For a moment I thought we'd got through to him, thought that Hawkins and I had achieved – for the time being, at least – an uneasy truce.

I was shocked, therefore, when he muttered, 'No, I can't risk it. I will have to kill you – all of you. I will have to change my identity once more, start again elsewhere...'

With surprising spryness – or perhaps not so surprising, considering his background – Hawkins leaped to his feet.

'Kill us?' he scoffed. 'And how do you propose to do that, sir? You are not even armed. I suggest that your energy would be better served in flight.'

'Careful, Hawkins,' I said, jumping up too and putting a hand on his arm. 'I think there's more to him than meets the eye.'

But Willoughby seemed to be having problems. He tottered back a couple more steps, swaying slightly, as if about to faint. His mouth dropped open, his eyes rolled up in their sockets, and he started to shake violently. His face turned red and he began to make guttural, choking sounds. His huge body spasmed violently with each ratcheting bark. He sounded like a cat coughing up fur balls.

'He's having a seizure,' I said, thinking the stress must have been too much for him. 'Maybe even a heart attack.'

Grabbing our chance, Hawkins and I rushed forward and clambered on to the stage. Although he was a good twenty years older than me, my butler was a damn sight more agile than I was. While I was still hauling myself up and over the wooden lip, Hawkins, having vaulted past me, was rising smoothly to his feet and striding towards Clover. She was coming round now, groaning, trying to raise her head. Behind her, having retreated almost to the back of the stage, Willoughby was shaking like a volcano about to erupt, his head a crimson balloon, his mouth yawning open.

Hawkins reached Clover at the same moment that something oozed from between Willoughby's widely stretched jaws and hit the stage with a splat. I was clambering to my feet, and so only caught a glimpse of the thing as it emerged, but when it hit the wooden boards my head snapped up.

What the hell was it? My first thought was that Willoughby had coughed up one of his internal organs. I stared at him, expecting to see blood on his chin and waistcoat, his body crumpling to the floor like a downed zeppelin.

But he was still standing, his eyes rolled back so that only the whites showed. He was still making that awful furball noise too, his body heaving with each retching expulsion.

I looked at the thing that had come out of him. Hawkins had frozen in the process of untying the rope that secured Clover to the chair and was staring at it too. It was blue-grey and as smooth, wet and gleaming as a fresh liver. About the size of a clenched fist, it was roughly spherical in shape. At first it was inert – and then it moved! I felt a jolt go through me; I might even have cried out.

I guess what the thing really looked like was an ocean creature, a sea slug or something, but in that moment I thought of it only as a living, breathing tumour. Something nasty, poisonous, that might invade a human body and make its host ill, and have to be cut out before it could grow and spread.

It moved again, its gelid mass giving a weird lurching spasm, like a newborn taking its first gulp of air. Then it began to pulse and shudder, its blue-grey flesh rippling as thick, dark veins bulged on its surface.

And then, as if that wasn't repulsive enough, a mass of spines suddenly sprang from its slick flesh like porcupine quills.

'Fuck!' I blurted, and even Hawkins cried out in surprise.

At the back of the stage Willoughby gave another choking heave, and a second blue-grey lump surged out of his mouth. Even as this one plopped wetly to the ground like a puppy in a placental sac, he heaved again, disgorging a third creature, and then, in quick succession, a fourth and a fifth.

I thought of the heart, of the way it could change form, become fluid. I thought of the spike that had extruded from its surface like the eyestalk of a snail, but which had turned instantly hard enough to puncture Barnaby McCallum's skull as easily as if it were an egg.

Were these... *things* akin to that? Or were they the heart's antitheses? Its nemeses even?

And then I thought of Horace Lacey and my original notion of airborne piranhas.

'Fuck!' I shouted again, stumbling forward and grabbing Hawkins' arm. 'It's them! They're the things that killed Lacey!'

Maybe I should have made the connection immediately, but connections are easy to spot when you're observing events from afar. When you're in the thick of it, with no time to do anything but react, it's different. The obvious isn't so obvious then.

Clawing at the knots securing Clover to the chair, and despairing that there were so fucking many of them, I yelled, 'We've got to get her free! We've got to get out of here!'

I heard Willoughby cough up another of the creatures, and then another. My fingers were starting to bleed from my attempts to pick the knots apart. Beside me, Hawkins was working just as urgently, but with less panic. I heard another wet splat, then two more. I stole a quick glance at Willoughby. What I saw yanked a gasp out of me.

He had *deflated*. He'd become thin. But it wasn't a healthy thinness. It was not only his clothes that now hung grotesquely loose on his bones, but his skin. His face looked as though it was melting, wattles and dewlaps of flesh swinging pendulously from his jawline, his mouth and eyes sagging at the corners. He looked like a waxwork under a heat lamp, or a child clothed in the flesh of an adult.

Appalling as this was, it didn't horrify me as much as the creatures milling around his feet. There must have been two dozen of them now, maybe thirty. They were quivering and pulsing, as if girding themselves for action. Around half were bristling with porcupine-like spines; the rest still seemed to be acclimatising.

I renewed my attempts to untie Clover, but the knots were tight and many. I tried to focus on my task, but I was aware that half a dozen metres away the things that had killed Lacey and the girl in the yard were massing for attack.

Several possible courses of action spiralled through my head. Should Hawkins and I pick up Clover, chair and all, and carry her out between us? No, we'd be too slow, too hampered by our burden. Should we attack the creatures then? But how? By kicking them? Stamping on them? But what if that just invigorated them? Goaded them into retaliation?

Perhaps my best option was to look for my gun? I knew roughly where it had landed – or thought I did.

But no, I couldn't abandon Hawkins and Clover, not even temporarily. If they were attacked while I was poking about in the dark, I'd never forgive myself.

The only thing to do, therefore, was stand shoulder to shoulder with my friends against whatever horror we were about to face. Whether we lived or died, the three of us would do it together.

Then another possibility occurred to me: what if I attacked Willoughby? Punched him senseless? Maybe the creatures were mentally linked to him in some way, and maybe, by knocking him out, it would neutralise them?

Much as the prospect of approaching the spiny, pulsing monstrosities repulsed me I decided it had to be worth a try. I blurted my intentions to Hawkins, but he shook his head.

'Let me do it, sir. I'm more dispensable than you.'

'Bollocks! Besides, it was me who got you into this. I should be the one to try and put it right.'

'I wouldn't be here at all if you hadn't rescued me, sir. I owe you my life.'

'No, you don't!' I said, appalled. 'Don't ever—'

'Too late!'

The cry, shrill but slurred, came from Clover. Though still groggy, she was recovering quickly now. I glanced at her and saw her looking in Willoughby's direction. I followed her gaze.

'Oh, shit!'

While Hawkins and I had been arguing – swinging our dicks at each other, Clover would have said – Willoughby's army of spiny, man-eating tumours had continued to rally themselves. Now, bristling with spines, they were turning in our direction. Or, considering they had no faces, they at least gave the impression they were.

'Leave me,' Clover muttered. 'Just go.'

'No way,' I said.

She shoved at me angrily. 'Don't be a dick, Alex. There's no point us all dying.'

'We're not leaving,' I said. 'We'll fucking carry you if we have to.'

But then there was no more time to debate. With a horrible slithering sound Willoughby's creatures surged towards us.

'*Call them off!*'

The voice, harsh and rasping, echoed round the auditorium. At first I had no idea where it had come from, and then, as the advancing mass came to a sudden halt, I realised that Willoughby had the point of a large rusty knife pressed into his baggy-skinned throat. Standing behind him, holding the knife, his other hand clamped around the actor's now bony shoulder, was a filthy figure in a ragged overcoat and battered bowler hat.

'Mr Hulse,' I said, almost laughing with relief. 'Where did you spring from?'

'Come in round the back, didn't I? Been keeping my beady eye on him, just like you told me. I followed him here, then waited outside to see if he come out again. When he didn't I took myself off for a pie; the snow was coming down fierce, and I was in need of something hot to keep me tripes from perishing. I got back in time to see you arrive in yer hansom. The way you run up them steps I thought: aye-aye. So instead of following through the front, I decides to go round the back. That way, I thought, if it comes to it, we can attack the problem from two sides, maybe catch our little fishy unawares.' He winked. 'And there you has it. Worked a treat.'

Although we weren't out of the woods, I couldn't help but grin. 'Mr Hulse, you may have just saved our lives.'

'Worth a bonus, I reckon.'

'A big bonus,' I agreed.

Hawkins was still working at Clover's ropes. With a sudden yank he finally succeeded in loosening what must have been a major knot. The rope sagged around her middle, allowing her to tug her arms free. Moments later she manoeuvred her way out of the chair and stood up, then immediately staggered to one side. I grabbed her before she could fall.

'Whoa,' she said, clutching at Hawkins and me for support. 'Still a bit punch drunk. The bastard chloroformed me just after I found Lacey. Caught me with my pants down. Not literally.'

Now that Clover was free, Hawkins had turned his attention to the mass of spiny tumour-creatures, which had flowed halfway across the stage and then stopped. They were poised, quivering, as though awaiting further instructions.

'Clearly the creatures are beholden to Mr Willoughby,' he muttered.

'Which makes *him* the murderer,' I said.

'Please,' Willoughby's voice was almost as rusty as the knife at his throat, 'let me explain.'

'Explain murder? This'll be good,' said Clover.

'Not murder,' protested Willoughby. 'Survival.'

Perhaps it was simply the knife, but along with his corpulence had gone the bluster and arrogance we'd become used to. The transformation from the man we'd seen bullying his fellow actors at yesterday's rehearsal to the pitiful wreck before us now was startling. I wondered whether the creatures had something to do with that, whether they acted as storehouses for Willoughby's viciousness – or, more to the point, whether they were living, breathing distillations of the more vile aspects of his character.

'The Society did this to me,' he wheedled. 'In fear of my life, I joined their number, and was transformed into a... a ghoul, forced to gorge on misery, grief and terror, base emotions which in turn manifest as these vile forms that feed on human flesh. It is the only way I can be provided with the sustenance I need, the only way I can survive. It's a miserable existence, but don't you see? I have no option but to kill, and to keep on killing. I don't *wish* to do it, but I *must!*'

He looked abject, but Clover sneered. 'Oh, boo hoo! My heart bleeds. Who are you to think your life is worth more than the lives of the people you've killed? Of *course* you've got another option, you selfish bastard. You've *always* had another option. You should have killed *yourself!*'

Livid with fury, she took a lurching step towards him, as if intending to take a swing at him. I grabbed her arm.

'Careful. Don't get too close to those things.'

She glared at me – then almost instantly nodded and I felt her muscles relax.

'Sorry, it's just... he makes me sick.'

'I know,' I said. 'Me too.'

Although I shared Clover's revulsion, I didn't want this to turn into a slanging match. All I wanted was information that might give us a possible route back to the heart and Kate.

'Tell me about the Society, Mr Willoughby,' I said.

'Who are they? Where do they come from?'

Willoughby looked drained; his voice rose barely above a mumble. 'I know precious little about them – and that, I swear, is true. Their full title is the Society of Blood. They are a clandestine organisation, and an itinerant one. They have no meeting house, no set location in which to conduct their affairs.'

'How did you encounter them?' asked Hawkins.

Willoughby began to shake his head, and then, with Hulse's knife jabbing his throat, thought better of it.

'I remember nothing of the encounter. I regret to say I was drunk and high on opium. Before becoming an actor I lived the life of a libertine, a lotus eater. Mine was a debauched existence. I sought no goal but my own gratification...'

'So what's new?' muttered Clover.

'There is an opium den in Limehouse, the Thousand Sorrows in Floral Court. It was there that I made the acquaintance of a man named Darnley, who spoke of the Society as if it were a paradise on Earth – a place in which a man might discover all the sinful pleasures he could imagine, as well as many that he could not. It was Darnley who enticed me to accompany him to one of the Society's gatherings, which was where I encountered an individual known as the Dark Man, who transformed me into the lowly creature I am now.'

I gasped as if punched in the stomach.

'The Dark Man? Who is he? What did he look like?'

Willoughby – as well as he was able with Hulse's hand on his shoulder – shrugged.

'I recall nothing of the encounter, nor of the process by

158

which he changed me.' His voice, already a mumble, became even more hushed. 'But some claim he is the very Devil.'

Thrown by Willoughby's mention of the Dark Man, who I had only ever previously heard referred to by Kate's mother, Lyn, and who I had always assumed was simply her way of personalising her own psychosis, I tried to keep on track.

'A while ago you accused Hawkins and me of being members of the Society. You said you were worried they had finally tracked you down. So does that mean you're on the run from them, that you and the Dark Man don't see eye to eye?'

Willoughby sighed. 'The reason that the Dark Man altered me – the reason he alters anybody – was to make me an acolyte, one of a group whose numbers grow by the day. But I did not wish for that to become my fate, Mr Locke. I may be wicked, but I am not half so wicked as my pursuers.'

My mind was racing. The Society of Blood and the Wolves of London. Were they one and the same, a slippery, ever-shifting organisation with as many names as the Devil? And the Dark Man: who or what was he? Their leader? The spider at the centre of their web? Or were there many 'dark men'? Was it simply a nominal title, a catch-all term?

'What else can you tell me?'

Willoughby spread his hands, the skin on them wrinkled, ill fitting. 'Nothing. That is all I know.'

'What shall we do with him, Alex?' Clover said.

Why ask me? I wanted to snap. *I'm not your boss!* But that would have been unfair.

'He's a murderer. We should hand him over to the police.'

'No! I beg of you!' Willoughby made a half-hearted attempt to pull away from Hulse, then squawked in pain as Hulse jabbed the knife harder into his scrawny throat, drawing blood.

Trying to stay calm, Willoughby said, 'If I am in custody the Dark Man will find me. I beg you to let me go. If you do, I will disappear, go about my business quietly. You will never hear from me again, I sw—'

He was still speaking when Hulse slashed his throat. The cut was deep and swift and savage, and made a noise like serrated metal tearing through cardboard. Blood sprayed everywhere, jetting over the wooden boards of the stage and over Willoughby's creatures, which instantly began to shrivel, to dissolve into powder, giving off a high, sickening, mushroomy stench. In less than the time it took for Willoughby's emaciated body to hit the floor with all the grace of a sack of rocks, the creatures had become nothing but blue decay.

Shocked by the suddenness of Willoughby's death, I could only stare at Hulse, who sniffed.

'Pardon me,' he said, 'but it struck me that a feller like him ought not to be out and about in this world. Unnatural, he is. Fierce unnatural.' He leaned over and wiped his blood-smeared knife on Willoughby's jacket. 'Besides which, my poor old ears had had enough of his whining. Getting on my nerves something rotten he was.'

ELEVEN

GOOSE AND BACON PIE

The snow fell steadily through the afternoon, settling on the ground like a pristine carpet laid directly over one that was old and filthy. Although it had stopped by the time Clover and I arrived at the Sherwoods' modest terrace in Gloucester Square, the air was still dense with ice crystals and wraith-like tendrils of freezing fog.

I wouldn't exactly say I'd *recovered* from the events earlier that day, but a couple of hours' solid sleep when I arrived home at least meant I wouldn't spend the evening acting like a zombie. Despite the hum of exhaustion in my muscles and guts, my brain had been so wired with stress and trauma that when I'd lowered my head to the pillow I'd thought there was no way I'd ever sleep again. But as soon as I shut my eyes my head felt like a boulder sinking into the depths of a deep, dark sea. The sensation was so blissful I felt my muscles instantly relax. I inhaled the darkness, happy to drown.

Perhaps I wouldn't have slept so easily if I hadn't known that the information Willoughby had given us wasn't already being acted upon. There had been a part of me –

a *big* part – that had wanted to rush over to Limehouse immediately, even though I was almost dead on my feet, but Hawkins, Clover and even Hulse had persuaded me not to. They'd said the wisest thing to do would be not only to re-charge my batteries first, but also to arm myself with as much information as possible before rushing anywhere.

I knew they were talking sense, and yet I *also* knew (and I'm pretty sure *they* did too) that even if I gleaned a whole *dossier* of information about the Society of Blood and the Thousand Sorrows, chances are the outcome – whether good or bad – would ultimately be the same. Because the simple fact was that now the heart was no longer in my possession, I had nothing to fight my enemies with. All I could rely on was my gun and my wits, but I doubted whether either of them would be much use if the Wolves' (or the Society's) only intention was to squash me like a troublesome bug.

I was kind of relying on the fact that it wasn't, though; that the reason they hadn't already killed me was because I was somehow important to them. Although nothing was certain, including my enemies' motives, they seemed to have gone to a lot of trouble to draw me into their world, inveigle me into their affairs. So maybe I was as wrapped up in *their* destiny as they were in *mine*?

In the end I agreed to hold off visiting the Thousand Sorrows until later that night – specifically, until after Clover and I had fulfilled our dinner invitation with the Sherwoods. The clincher came when Hulse promised me he'd employ a couple of men to keep an eye on the place until then. And in truth, dinner with the Sherwoods might turn out to be equally important, if not more so, than my proposed visit to Limehouse. Whatever transpired, it looked as though it was going to be a busy evening, and an interesting one.

Our knock on the Sherwoods' door was answered by a stout, grey-haired woman wearing a neat, black pinafore dress. From what Clover had told me about the Sherwoods, I guessed she was their only servant – a combination butler, housekeeper, nursemaid and cook. Adam Sherwood (if that was his real name) was a clerk, one of thousands who, due to the new businesses springing up almost daily in London, either lived in modest accommodation in the city or commuted from the suburbs. Clerks were generally young, either single or recently married, and they earned an average wage of around one-fifty, two hundred pounds a year. This placed them in the relatively new social strata of what was increasingly being called the 'lower middle class' – though in the social-climbing environment of Victorian London it didn't stop them from trying to impress their friends and neighbours by living as grandly as they could.

The grey-haired woman appraised us coolly, then inclined her head. 'Good evening, sir, madam.'

'Good evening,' I said, handing her my card. 'Mr and Mrs Alex Locke. I believe Mr and Mrs Sherwood are expecting us?'

She glanced at the card. 'They are, sir. Won't you come in?'

'Thank you.'

I deferred to Clover – the polite thing to do – then stamped the snow off my shoes and stepped into the house behind her. As we took off our coats and hats, I looked around, thinking of the Sherwoods' flat in twenty-first century London and wondering if I'd see anything I recognised.

I didn't. The only similarity between that flat and this house was that they both had a narrow hallway. But whereas the flat's had been carpeted and made even narrower with a slim, Ikea-style bookcase, this one was tiled and tastefully, if sparsely, furnished. I draped my coat over the servant's outstretched arms and was about to put my hat on top when I said, 'Oh, I almost forgot.'

I slipped my hand into the pocket of the now-dangling coat and pulled out a package wrapped in patterned paper and tied with a red ribbon.

'A little Christmas present,' I said. 'For... Master Sherwood.'

I'd been about to say 'Hamish', but I had no idea whether that was his actual name or the name the Sherwoods had adopted for him (or *would* adopt) for their twenty-first century personas.

The servant nodded, her face deadpan. 'Very kind, sir, I'm sure.'

She hung our coats and hats on a set of hooks by the front door, then padded up the hall to a door on the left.

'Mr and Mrs Sherwood will receive you in the drawing room,' she said, reaching for a knob fashioned in honey-coloured glass. She opened the door and stepped aside to let us enter.

Clover went first. She usually wore skirts and jackets, but tonight she was wearing a mint-coloured satin evening gown with lacy ruffles on the sleeves and bodice and a darker green sash around her waist. She'd pulled her hair up into an elaborate mass of braids and curls, which showed off her long neck, and had topped the whole thing off with a little jewelled tiara. With her wide-set eyes and generous, smiling mouth she looked stunning, and with her straight back and natural grace, she had an almost regal air. When she stepped into the Sherwoods' drawing room, she seemed to shimmer and flow like liquid, the light catching her jewellery, making her sparkle.

Adam Sherwood was standing by the mantelpiece, facing the door, side-on to a fire that was crackling in the grate. He was smoking a cigarette, and although he had clearly been awaiting our arrival, he jerked as if startled when the door opened. He seemed to freeze when he saw us, and my first thought was that he was so captivated by Clover's beauty that he couldn't move. Then I glanced at Paula, sitting stiffly behind her husband in a mauve evening dress with puffed sleeves, and noticed that she too looked pensive, almost fearful.

My God! I thought. *They know me! They know who I am!*

Despite what Clover had said – that the Sherwoods' son was only three, whereas when I'd known them he'd been the same age as Kate – for a few seconds I felt sure I was right. I braced myself, half expecting them to... I don't know, try to escape through a window, or attack us, or collapse into a gibbering heap and confess all.

But then Adam Sherwood seemed to collect himself. Planting a smile on his face, he flicked his cigarette into the fire and stepped smartly forward, thrusting out a hand.

'Mr and Mrs Locke! Welcome! Welcome!' He grasped my hand and shook it warmly. 'This is an honour, sir! A veritable honour! You do my wife and I a great service by gracing us with your presence – and on such a night too! I only hope we can repay you with a passable meal and a... a warm fire.'

As he stuttered and reddened, I realised he didn't recognise me, after all. He was nervous not because he was scared of confronting the man whose daughter he'd abducted in the twenty-first century, but because of my social standing in this one.

It was another example of the obsequiousness of the Victorian 'lower' classes towards their 'betters', and as ever my instinct was to break down the barriers, treat Adam as an equal. I knew, though, that that would have only freaked him out. Even so, considering what the Sherwoods were destined to become, I knew I had to play this one carefully. I had to make them view me, if not as a friend, than certainly as a positive influence, a benefactor.

'Not at all,' I said, offering what I hoped was a friendly but not over-familiar smile. 'Thank you for the invitation.'

From his flushed expression and fixed grin I could see he was beginning to realise how much he'd overdone his welcome. He released my hand and stepped back.

'Please,' he babbled, gesturing a little wildly, 'come inside, sit down.'

Like the hallway, the Sherwoods' drawing room was tastefully furnished. For the Victorian era it was fairly modern, relying not on rich, dark colours and heavy fabrics, but on lighter shades – pale grey, sage, delicate olive greens. A tall mirror above the mantelpiece made the room seem larger than it was, as did the fact that it was less cluttered than your average Victorian drawing room.

'What a lovely tree!' Clover said, as if matching Adam's gushing enthusiasm with her own. Eyes sparkling wickedly, she dabbled the tips of her fingers on the lapel of my dinner jacket. 'And don't you just adore the decoration on the mantelpiece, Alex? Isn't it wonderfully festive?'

The Christmas tree in the corner was small but pretty, and the 'decoration' she'd referred to was an interwoven tangle of thin branches, pine cones and holly leaves with red berries, which stretched from one side of the marble mantelpiece to the other. The pine cones had been painted white and green, and the whole thing smelled as if it had been infused with cloves or cinnamon.

'It's charming,' I said, and waved a hand. 'This entire room is charming.'

'A little smaller than you're used to, I expect, Mr Locke?' Adam said. Out of the corner of my eye I noticed Paula wince.

Mischievously Clover said, 'Size isn't everything, Mr Sherwood.'

'Oh, I quite agree, Mrs Locke,' Adam said hastily. 'I hope you don't think I'm bemoaning my lot in life. No, Maude and I are very happy here – for the time being, at least. My wife is an excellent homemaker, and I – oh! But I'm forgetting! You haven't been formally introduced! Please forgive me!'

'There's nothing to forgive,' I said, thinking: *Maude?* Moving across to where she (*Maude?*) was sitting I said, 'I'm not a man who likes to stand on ceremony. Formality is tedious, don't you agree?'

'Er... yes!' Adam said, sounding both surprised and pleased. 'Yes, I *do* agree!'

I reached Paula (*Maude*) and bowed, holding out my hand. She put her hand in mine and I kissed the back of it.

'I'm very pleased to meet you, Mrs Sherwood. Thank you for inviting us to your lovely home. I hope you don't mind, but I took the liberty of purchasing a small Christmas gift for your son. He's three, I believe?'

I handed her the present. She seemed genuinely touched. 'He is, Mr Locke. Thank you. This is most generous.'

'Not at all. It's nothing much – just a small tin drum, which I thought would amuse him. Small boys do enjoy hitting things, don't they?'

Paula's (*Maude's*) lips twitched in a wry smile, and for a split-second I caught a flash of the woman I would get to know and like, and who would eventually betray me.

'I can't speak for all small boys, Mr Locke, but the one who lives here certainly does.'

We all laughed, and Adam started to thank me again. Perhaps to ward off a second wave of enthusiasm, Clover said, 'Give it a day or two, Mr Sherwood, and you'll be cursing us for bringing your son such a noisy gift.'

Formalities over, we sat down and the Sherwoods offered us sherry. Normally I didn't touch the stuff, but I accepted the glass that Adam handed to me with a show of enthusiasm. For the next twenty minutes the four of us chatted politely. Though Clover had become pretty adept at the weird formality of Victorian conversation – everyone deferring to everyone else, listening intently to what was being said and never butting in – I still found that I had to concentrate to stop myself speaking out of turn. Whenever

I found myself in a social gathering like this one (which wasn't often; I tried to avoid them like the plague), I felt as if I was playing a role in some genteel drawing-room drama. The fact that this particular conversation involved the Sherwoods, who I'd known in the twenty-first century, only emphasised that feeling, to the extent that I kept half expecting someone to crack, to break out of character.

As we were talking I kept trying to equate *these* Sherwoods, the Victorian Sherwoods (Paula/Maude referred to her husband not as Adam but as 'Linley') with the Sherwoods I'd known in my old life. They had the same faces, even some of the same characteristics, but they were so different in character I couldn't imagine the amount of training that would be needed to turn them into a convincing twenty-first century couple.

How long would such a process take? Six months? A year? It might even be longer, in which case were the Sherwoods on the brink of being snatched away to begin their 'programming'? Could it be that the Wolves, or the Society, were watching the house at this moment?

I wondered again whether the Sherwoods were being targeted purely because of me. If so, then I was currently contributing to my own destiny. Was this how the Wolves operated? Did they undermine you by taking your friends (or potential friends) and turning them into your enemies?

The Sherwoods might have been financially stretched, but they'd certainly put on a good spread for us. I felt guilty watching their servant, Mrs Mackeson, heaping enough food on the table to feed a large family. Although I knew these people would eventually abduct my daughter, at this point I couldn't help thinking of them as victims, and hoped they weren't planning on going hungry for the rest of the week just to push the boat out for us tonight. We were served hare soup and oyster patties as a starter, followed by a main course of goose and bacon pie, pork chops, two different types of potatoes, a savoury rice dish, devilled eggs, various cheeses and a huge steaming tureen of vegetables.

Like most Victorian meals, the food was meaty, starchy and filling. We ate slowly, and washed it down with a red wine that was eye-wateringly acidic. As the drink flowed and the Sherwoods became more relaxed, I gently probed them for information. I asked about their backgrounds, and gathered – though neither of them admitted it outright – that Maude's family were more well-to-do than Linley's, and that there had been some resistance to the marriage from her parents.

The fact that the marriage had gone ahead regardless showed a strength and depth of character to Maude that she kept relatively well hidden. On the surface she seemed a typical young Victorian wife – demure, reserved, naïve – but there was clearly steel behind her long-lashed, pale grey eyes. Although Linley did most of the talking she was the one I found most interesting. In the twenty-first century she'd been the more outgoing of the pair, whereas Linley, although pleasant enough, had always struck me as shy and quiet – even, in retrospect, a bit uncertain.

Perhaps, then, she'd become the driving force, the one who would jump at the opportunity, when it came along, to cast off her Victorian shackles and adopt a newer, freer persona. But how far would she go to acquire her freedom?

Was she so corruptible she would be prepared to abduct a child for her new... what? Employers? Guardians? Allies? Captors? Or would she and Linley become victims of a force too powerful to resist? Were they fated to be tricked, or threatened, or brainwashed in some way? When I'd first met them, the Sherwoods had seemed a normal, friendly, happy couple – but had that all been a sham? Had they just been puppets? Had they had any free will of their own or were they – despite appearances – completely under the control of their new masters?

As usual, there were more questions than answers. All I could do was gently prod and poke in the hope of unearthing some clue.

Wondering whether the Wolves might use subtle means to ingratiate themselves with the Sherwoods, rather than launching a full-scale attack, I asked, 'Who do you work for, Linley – if you don't mind me asking?'

Linley flushed, though whether that was because he felt embarrassed by my question or had just had too much wine, I wasn't sure. In a tone that fell somewhere between pride and justification he said, 'I am employed by Masterson and Company. Their offices are based at St Katharine's Dock by Tower Bridge. They import foodstuffs from overseas – in particular, sugar from the Americas. Perhaps you have heard of them?'

He asked this with a wheedling sort of hope. I nodded encouragingly. 'I'm certain that I have.' I paused, wondering how to phrase the next question. 'Tell me, have you made any acquaintances of an... unusual nature in the course of your work?'

He frowned. 'Unusual?'

'What I mean is… have you been approached, or perhaps targeted for friendship, by a… work colleague or business associate? Have you been invited to join any clubs or societies? Has anyone made a request that you consider… out of the ordinary?'

To my own ears I sounded like a concerned parent trying to quiz a child about a dodgy character seen hanging around the schoolyard.

Sure enough, Linley looked puzzled.

'I don't believe so, sir. Why do you ask?'

I took a sip of wine, wondering how best to climb out of the hole I'd dug for myself. Before I could speak, Clover asked, 'Have you ever heard the phrase "headhunting", Mr Sherwood?'

He blinked, more baffled than ever. 'In relation to African savages, do you mean?'

Clover laughed. 'That is the more grisly connotation. But no, my meaning is different. It's a modern business phrase meaning to seek out promising recruits from rival companies for potential employment. A headhunter's job is to identify those recruits and either inform his employer about them or approach them directly.'

'I see,' said Linley, who clearly didn't. He looked from Clover to me, hoping for enlightenment.

Maude, though, had clearly twigged what Clover was getting at.

'I think…' she said, and paused, either because she didn't want to presume or because she was hoping her husband would grab the baton and run with it.

He looked at her, still bemused. 'What, my dear? What do you think?'

She took a deep breath, then shook her head.

'It doesn't matter. I am being presumptuous.'

'Oh, I don't think you are, Mrs Sherwood,' Clover said, and looked pointedly at me. 'Is she, Alex?'

I knew what Clover was getting at, even if Linley didn't, and thanked her silently for it.

What was that old phrase? Keep your friends close and your enemies closer?

'No,' I said, 'she isn't. In fact, she is being very perceptive.' I placed my knife and fork either side of my plate, laced the fingers of my hands together and fixed Linley with an unblinking stare. 'I hope you won't think me impertinent, Linley,' I said, playing the 'Victorian benefactor' for all I was worth, 'but what is your current weekly wage?'

'My...' Linley blanched and swallowed. 'I'm not sure I... that is to say...'

'Just answer Mr Locke's question, my dear,' said Maude quietly.

Linley glanced at her, and then, as if taking strength from her calm resolve, sat up a little straighter in his seat. With almost defiant pride he said, 'I earn three pounds and ten shillings a week, sir. It is not a fortune, I grant you, but—'

'How would you like to earn double that amount?'

He froze, his mouth still open. Then he made a little choking noise. 'I beg your pardon?'

I smiled benignly. 'I admit to a little subterfuge, Linley. You may have wondered why my wife was so insistent on procuring a dinner invitation when she met you in the cemetery yesterday?'

Linley still looked shell-shocked. 'Well, no... I...' but his wife cut across him.

'I must admit, we *were* surprised by Mrs Locke's friendliness, sir. But we simply assumed her to be possessed of a warm and generous disposition.'

'As indeed she is!' added Linley hastily.

'Just so,' I replied, 'although I readily admit to you now that her intentions – *our* intentions, I should say – were a little... underhand. You see, I have recently been receiving very good reports about you, Linley. *Exceptional* reports, in fact.'

Linley looked flabbergasted. 'You have?'

'I have. Indeed, the reports have been *so* good that I am prepared to double your wages in order to procure your services.' I paused to let this sink in, then I leaned towards him.

'So, what do you think? How would you like to come and work for me?'

TWELVE

FEVER

Eviscerated?' I exclaimed.

The man who'd delivered the news twirled his cap in his hands, looking as shame-faced as if he'd done the deed himself. His face was so lumpy and bleached of colour it looked as though a child had moulded it from clay. The reek of his body odour, which rolled over us in waves, made me want to throw open the windows.

It was 11:40 p.m. and Clover and I had been home for less than twenty minutes. The man, his shapeless layers of clothing coated in a crust of icy snow, had arrived ten minutes later with a message from Hulse. When I invited him in to warm himself by the drawing-room fire he looked at me with wary alarm, as if he thought I was leading him into a trap.

For a few moments he'd been able to do nothing but gape at the grandeur around him. It was Hawkins who'd snapped him from his stupor by coldly reminding him why he was here. The man's message was grim: one of the two watchers who'd been assigned to keep tabs on the Thousand Sorrows had been found in the Thames, his body hacked open and his innards removed, and the other was missing. Hulse's messenger had said the word 'eviscerated' with great care, pronouncing it with a hard 'c' instead of a silent one.

'That was what Mr 'ulse said to tell you, sir,' he mumbled now, staring at the cap in his hands. 'Them's were his exact words.'

'I see,' I said. 'Well... thank you for letting me know. Here's something for your trouble.' I blindly handed him a couple of coins.

'Perhaps you'd like a cup of beef tea before you go,' said Clover, 'to warm you on your way?'

The man's muddy eyes lit up. 'I wouldn't say no, madam. Thank you kindly. Only there is one more thing...'

'Then tell us quickly,' growled Hawkins.

'It's more by way of an askin' than a tellin'. Mr 'ulse wanted to know whether he should send two more fellows to keep watch in Floral Court, then two more after 'em, if needs be.'

I shuddered. It was bad enough having the blood of even one man on my hands, never mind a steady stream of them.

'On no account. Please tell Mr Hulse that I'll be taking direct charge of the situation from now on.'

The man nodded. 'Very good, sir.'

As soon as he'd gone Clover said, 'Don't tell me you're still planning on your little excursion to Limehouse after this?'

I looked at her, surprised. 'Why not? I don't see that it changes anything. In fact, it just confirms that we're getting closer.'

'Closer to the grave maybe.'

I scowled. 'We always knew what we were doing was dangerous. What did you think? That once we tracked down the Wolves they'd meekly hand the heart over?'

'No, of course not. It's just...'

'Just what?'

'Well, is it wise facing them in these circumstances? On their own territory? On their own terms?'

Frustration made me snappish. 'We've waited three months for a lead like this, Clover. We can't afford to let it slip through our fingers now. Or I can't, at least.'

Clover looked at me, then at Hawkins. She sighed. 'So what's the plan?'

I shrugged. 'There isn't one. Apart from the fact that I go there and play it by ear.'

'*We* go there, you mean.' She gestured at all three of us. Hawkins nodded.

I shook my head. 'No, just me. I'm not risking your lives as well as my own.'

Clover scowled. 'Bollocks to that! Those fuckers destroyed my club! They killed Mary, and half my customers, and maybe even some of my girls! This is just as personal for me as it is for you, Alex. Those bastards deserve some payback.'

I laughed bitterly. 'And how are we going to give that to them? I'm prepared to go along because... well, because I'm not convinced that they want me dead. And because you've given me faith.'

'I have?' said Clover, surprised.

'Well, not you personally. But the fact that you've seen me when I'm older – and that you wouldn't be here, *couldn't* be here, if I hadn't survived. You've seen me with the heart. You've seen me *controlling* the heart. That must count for something?'

She looked uneasy. 'I don't know if it proves anything. And neither do you. We've talked about this, remember? We've talked about it until we're blue in the face. What if history *can* be changed?'

'Yeah, but what if it can't?'

As Clover had said, we'd had this conversation, or variations on it, many times before, and as such I knew full well that I was on very shaky ground.

Angrily she said, 'So what you're saying now is that you're impervious to harm just because I've seen you in the future? You're saying that if I were to put a bullet through your head at this moment nothing would happen?'

I shrugged. 'Not in so many words. But you've got to admit, evidence of an older me is at least *kind* of reassuring. And it goes without saying that we won't get anywhere by running away from danger whenever it rears its head. He who dares and all that.'

Clover rolled her eyes. 'For fuck's sake! Who do—'

Then, from upstairs, Hope screamed, and our conversation ended instantly.

A look flashed between us. I guessed we were all thinking the same thing: *What if they're here? What if they've got in?*

Clover jumped to her feet. 'It'll just be another bad dream,' she said, as if trying to convince herself. 'I'll go.'

'I'm coming too.'

'Perhaps we should all go,' suggested Hawkins, but Clover shook her head.

'We don't want to terrify the poor mite by crowding her.

She'll be confused enough as it is.' She touched Hawkins on the arm. 'We'll call you if we need you.'

Like a heroine in a Gothic melodrama, she swept from the room, across the hallway and up the stairs in her satin gown. I followed, but as we reached the upper landing I put a warning hand on her arm and moved ahead. Hurrying along the corridor, I noticed that Hope's door was ajar and leaking a line of flickering light.

Clover and I entered the room more or less simultaneously, my gaze immediately drawn to the wardrobe opposite the bed against the far wall. I'm not sure what I expected to see: the door hanging open, something monstrous and spindly emerging from it – or perhaps even dragging Hope through the rack of clothes into some dark Narnia beyond?

But the wardrobe doors were firmly shut, so my head snapped in the other direction, fixing on the bed towards which Clover was already moving. Her gown was so voluminous it all but blotted out the lamp on the bedside table, throwing the bed into shadow. My first impression was of something bulky, back humped like a huge caterpillar, at the end of the bed. Above that a dim figure seemed not only to be oddly twisted, but to have two heads and too many limbs.

Then my perception shifted, and I realised I was looking at Mrs Peake, in a long white nightgown, leaning over Hope, her back so arched that her grey head and Hope's blond one seemed almost to be touching. Hope was on her back, shuddering with cold or shock. She had kicked her eiderdown off, so it was hunched at her feet. Mrs Peake was gently stroking Hope's arms and making shushing noises to try and calm her.

'Oh, Mr Locke, Miss Monroe,' she said, turning towards us as we entered, 'thank goodness you're here. I was shocked awake by the poor girl's scream. I had no idea what time it was.'

Mrs Peake was a slim, rangy Irish woman in her late fifties, with flat feet and big hands. I'd always secretly thought she resembled a startled tortoise: she had deep bags under protuberant eyes, a wrinkled little mouth and virtually no chin. Despite her naturally dour expression, though, she possessed a heart of gold and bags of patience, and she doted on Hope.

She shuffled aside to let Clover kneel at the bedside. Placing a hand on Hope's forehead, Clover said, 'She's burning up.'

I moved to the other side of the bed. Hope, flushed and sweaty despite the chilly night air, was wriggling and moaning.

'It's that bloody infection,' I said, ignoring Mrs Peake's frown of disapproval at my potty-mouth. 'If only we had some antibiotics.'

'I have my Beecham's Pills, Mr Locke,' Mrs Peake said. 'Shall I fetch one?'

I shook my head. Knowing how much Mrs Peake swore by her Beecham's Pills I'd asked the doctor who regularly attended Hope what was in them and he'd told me they contained little more than aloes, ginger and soap. What this meant was that they made you sweat and they made you vomit, which to the average Victorian was as good a cure as you could expect from modern medicine. If you were ill and you couldn't puke it up or sweat it out you were buggered.

'I don't think they'll do any good,' I said, anxiety making me more blunt than I'd intended.

Mrs Peake looked offended, as if I'd insulted a cherished family recipe. 'A bread poultice then? To draw the poison out?'

Clover touched Mrs Peake gently on the arm. 'You're a darling, Mrs Peake, but why don't you go back to bed and let Alex and I deal with this? It's not fair depriving you of sleep when you have to be up so early.'

Mrs Peake slid a glance at Hope, still shivering and twitching on the bed. 'But I do so worry about the poor scrap.'

'As do we all. But really, Alex and I will attend to her. We'll sit up all night if we have to.'

'Well, if you're sure...'

'I am. Goodnight, Mrs Peake.'

We didn't sit up with Hope all night, but we sat up with her for the best part of the next hour. Clover wiped her face with a damp cloth to bring her fever down, while I examined her arm as best I could by lamplight.

The flesh around the metal graft was discoloured and leaking a trickle of foul-smelling discharge, but it looked no worse than it had on previous occasions. There was no doubt, though, that Hope's condition was deteriorating. Whether that would continue as a gradual decline or whether the infection would suddenly take hold and irreparably poison her system was impossible to say. Dr Pasco, who had given me the lowdown on Mrs Peake's Beecham's Pills, thought that Hope's only chance of survival was through immediate surgery – a suggestion I'd so far resisted. Without surgery, Pasco believed, Hope would die within months, if not weeks, whereas if he were to amputate the infected limb she would have a twenty per cent chance of surviving the operation and making a full recovery.

I had no doubt that Pasco knew his stuff – he was an experienced police pathologist with an excellent reputation – but Clover and I had decided the odds were unacceptable. We knew we were playing Russian roulette with a little girl's life (and if she died we'd never forgive ourselves), but we also knew that if we could find the heart and get Hope treated in the twenty-first century, her survival chances would leap from twenty per cent to near one hundred per cent.

At last we managed to get her fever down and she started to settle. I lifted her out of bed and into an armchair so that I could change her damp bedding. While I was doing that Clover carefully peeled Hope's sweat-soaked nightie over her head and replaced it with a fresh one. Hope stayed asleep and compliant throughout the process, but as Clover lifted her back into bed she opened her eyes.

'Hey, sweetie,' Clover murmured, kissing her forehead while I pulled the eiderdown back over her.

Hope blinked sleepily, and for a moment I wondered whether she was properly awake. Then she asked, 'Has he gone?'

'Who, honey?'

'The Sandman. I don't like him. He frightens me.'

Clover and I exchanged a glance. The Sandman again. Something crawled in my gut.

'There's no one here,' I said. 'It was just a dream.'

'No.' She raised her good arm and pointed into the far corner of the room, to the left of the wardrobe. 'He was there. Sand came out of his eyes. Then he opened his mouth and sand came out of that too. Then I screamed and Mrs Peake came in and he went away.'

I felt so unsettled I had to fight down an urge to argue with her, to get her to admit she'd been dreaming.

Softly Clover said, 'And he's not coming back, I promise. Now close your eyes and go to sleep.'

'That's what he wants me to do...' But Hope's voice was drowsy; she was already drifting away.

Clover smoothed the ruckled edges of the eiderdown over Hope's chest and gently pushed away a few errant strands of hair.

'Don't make promises you might not be able to keep,' I whispered.

Clover looked at me, surprised. 'What do you mean?'

I crossed to the corner Hope had pointed at and knelt down. I was disturbed enough to want to prove to myself that she *had* been dreaming. But when I touched the carpet my fingers came into contact with something gritty. I clenched my hand into a fist and stood up.

Clover rose slowly from the bed when I turned towards her. A little fearfully she asked, 'What have you got there?'

I crossed to the lamp that Mrs Peake had left on the bedside table. Slowly I opened my hand.

Clover gasped as she saw what I'd picked up, and what was now trickling through my fingers.

Grains of fine black sand.

THIRTEEN

THE THOUSAND SORROWS

It wasn't quite a 'London Particular', but the fog that rolled in from the Thames in billows and swags, bringing the stink of effluvia with it, was clammy and dense. Combined with the snow, it spared us the foulest details of Limehouse's mean streets, transforming the area – packed with sailors' lodging houses, pubs, marine stores, oyster shops and shipyards – into a maze that you might encounter in a dream. The fog blurred every outline, smeared every surface, muffled and distorted every sound. It seemed to turn our surroundings into a realm of ghosts, a place where time had slipped its moorings, and echoes from the past haemorrhaged into the present.

Although the fog compromised our senses, I had to admit I was grateful for it. Not only did it keep the majority of people indoors, but it also meant Hawkins and I could go about our business shrouded in a blanket of invisibility.

That worked both ways, of course. We might have been able to use the fog to cloak ourselves, but then so could our enemies – or any other threat that might come our way.

We stumbled across the gamblers just as we were

beginning to lose our bearings; just as the fog was beginning to seem less a boon and more a hindrance.

We heard what was happening a few minutes before we saw it. Drifting from the fog came the high, crazed squealing of animals, the guttural cries and low, nasty laughter of men. Reverberating through the thick, white soup that swirled around us, the sound seemed – quite literally – hellish.

I halted and grabbed the sleeve of Hawkins' overcoat.

'Christ! What's that?'

Unflappable as ever, Hawkins cocked his head one way and then the other, trying to tune in.

'Something to be avoided,' he murmured.

The sounds rose and fell again like a bad radio signal.

'Where's it coming from?'

It was impossible to tell. One moment the cries seemed to swoop down from above, the next they seemed to sneak up from behind. It was as if the billows of fog formed a series of reflective surfaces that bounced noise in all directions.

We had no option but to keep moving cautiously forward, keeping close to the walls, looking out for street signs. Even so, we were still surprised when we rounded a corner and suddenly a dozen men manifested in front of us, hunched forward, facing the wall in a rough semicircle. Their voices – all at once shockingly clear – barked encouragement or brayed laughter at something which the dark wall of their bodies concealed from view, but which squealed like an animal, or several, maddened with rage and pain.

Hawkins, a few paces in front of me, came to an abrupt stop, stretching a warning arm out across the front of my body. I stopped too, the snow crunching and scuffing beneath my feet. But it was too late. We'd been spotted.

The wall of bodies broke apart as the men turned towards us. Through the gap, dimly, I saw what their attention had been focused upon. Within a makeshift arena of wooden fruit boxes, a pair of rats had been set against one another. Squealing and thrashing, they were still locked together, claws and teeth sunk in one another's flesh. On the ground by the men's feet coins were dull, brassy pockmarks in the snow.

'Well, well,' one of the gamblers said. 'And who might you fine gentlemen be?'

'No one who need concern you,' Hawkins replied, his voice considerably more cultured than the man who'd asked the question. 'We wish only to pass along this street. Return to your sport.'

'*This* street?' said the man in mock surprise. He was a bulky silhouette threaded with tendrils of white fog. 'Why, this street is *our* street. And there's a fee to be paid for setting foot upon it.'

'Then we'll find an alternate route,' Hawkins said, but before we could turn away the man sprang forward, arm upraised, the dull gleam of a blade in his hand.

'I'm afraid the damage is already done, gentlemen.' His cronies grunted assent behind him. 'So I suggest you hand over your purses without further ado.'

I drew my howdah from my pocket and pointed it at the man's head. 'And *I* suggest you put that knife back in your pocket, chum, unless you want to be paid in bullets.'

Immediately the crowd of men shrank back, muttering. Their leader froze, then slowly lowered the knife.

'No need for that, shipmate,' he said. 'We was only joshing with yer.'

Behind him the rats, ignored now, continued to tear one another apart. I kept my gun trained on the man's head as he put the knife away, then raised his hands in a placatory gesture.

'As you seem to know these streets so well, perhaps you can help us find our way through them,' I said.

The man dipped his head in a half-bow. 'I'm sure nothing would give me greater pleasure.'

'We're looking for an establishment somewhere near here – the Thousand Sorrows. Have you heard of it?'

The man's head snapped up. His cronies froze, as if playing Statues.

'I can see you have,' I murmured.

'Tell us what you know of the place,' ordered Hawkins. 'Quickly now!'

Despite Hawkins' tone the knifeman chose his words carefully. 'I'm not familiar with the establishment in person, you understand, and I have no interest in the business what's conducted there – but if it's the pleasures of the pipe you're after I'd advise you to seek them under a different roof.'

'Why do you say that?' I asked. 'What have you heard about the Thousand Sorrows?'

'Stories. Rumours. No more than that.'

'What stories?'

I could almost hear the man's grim smile in his reply. 'Stories that would make your flesh creep, shipmate. Stories that would turn your hair white.'

'Don't be obtuse, man,' snapped Hawkins. 'Give us particulars.'

The knifeman paused. Then he said, 'Neither I nor the good fellows you see here would go within a mile of that place at night, and we're not what you would call lily-livered. We shrink from no man, but it's said there's more than men walk the streets around the Thousand Sorrows after dark. People I know – reliable people – have heard things, seen things.'

'Like what?' I asked.

'As for the hearing – clanks and groans and creaks; voices speaking in ways that ain't human. And as for the seeing – nightmares come to life: machines that walk; rats as big as horses; men that turn into shadows; a beast that moves from roof to roof, stalking its prey.'

I looked at Hawkins, who returned my gaze steadily. We were definitely on the right track.

'We'll take our chances,' I said. 'So if you'll just point us in the right direction, we'll leave you to your amusements.'

The knifeman shrugged, as if to say, *It's your funeral*, then gave me the information I asked for. I thanked him curtly, then Hawkins and I went on our way, though I kept my gun trained on the dark, motionless shapes of the gamblers until the fog had swallowed them up. Bit by bit the shrieks of the rats grew fainter. We were about to turn the corner at the end of the street when the knifeman's parting shot drifted out of the fog. Now he was no longer staring down the barrel of my gun his voice was again full of bravado.

'May your God go with you, gentlemen, 'cos it's a stone-cold certainty you'll bleedin' well need him before this night is out.'

His cackling laughter, and that of the other men, pursued us for the next twenty paces before dwindling to silence. When the only sound was again the soft crunch of our footsteps in the snow, I stopped and turned to Hawkins.

'I really think I should go on alone. Like I said earlier, I have a feeling the Wolves want me alive for some reason – if they didn't they'd have killed me by now. But I can't say the same about you.'

Hawkins' raised eyebrow was like a teacher's response to a tiresome pupil.

'Forgive my insubordination, sir, but the only way you'll force me to leave your side would be if you were to shoot me.'

I was touched by his loyalty, but frustrated too.

'That's not fair, Hawkins. I don't want your death on my conscience.'

Hawkins pursed his lips – another teacherly expression.

'I believe I'm currently outside the contracted hours of my employment, am I not, sir?'

I sighed. 'Yes you are.'

'In that case, there is no reason why your conscience should be troubled. I am a responsible adult, and am accompanying you of my own free will. If I choose to place myself in danger, surely it is my own concern?'

'You're incorrigible,' I said. 'You're as bad as Clover.'

The twitch of a smile appeared briefly on Hawkins' beaky-nosed face.

'Thank you, sir. I shall take that as a compliment.'

It had been a hell of a struggle getting Clover to stay behind. The only way I'd been able to dissuade her from coming with us was by convincing her that after what had happened that night there was no way we should leave Hope with only Mrs Peake and the girls to protect her.

Clover hadn't been happy, but she had seen the logic of my argument. As we'd left the house she'd put her hands on my shoulders, thrust her face into mine and said fiercely, 'Don't go getting yourself killed, you prat. If you do I'll never speak to you again.'

The knifeman's directions proved accurate, and twenty minutes after leaving him and his cronies behind us in the fog, Hawkins and I were standing across the street from what I guessed was the Thousand Sorrows. It was exactly as the knifeman had described it: the last house on the left at the end of a narrow dead-end street, opposite a Chinese restaurant with a lantern-festooned display window, whose brick facade had been painted white and emblazoned with red Chinese characters beside a black and gold dragon design.

It was the gaudiness of the restaurant – now closed and dark – which drew the attention. The small doorway in the scabrous brick wall on the opposite side of the street, illuminated by a single yellow lantern, was hardly noticeable by comparison. There was no sign above the door, and no number painted on the brickwork. Hawkins and I scrunched up to it through the snow. Even up close it was impossible to tell what colour the door was in the foggy darkness: grey maybe, or muddy brown.

Standing there made me think of the first time I'd stood in front of the door of Incognito, the pole-dancing club which Clover had owned in Soho before the Wolves of London had burned it down. Remembering what the knifeman had told us, I looked up, half expecting to glimpse a vast dark shape leaping silently from one rooftop to another.

But there was nothing. Nothing to see, nothing to hear. The fog was like soundproofing, the silence so dense that the only sounds I *could* hear were internal: the crackle of my neck muscles when I turned my head, the faint rush of blood in my ears. Reluctant to break the silence, I looked at Hawkins and raised my eyebrows in an unspoken question: *ready?*

He nodded and I tapped on the door.

It opened immediately, as if whoever was on the other side had been expecting my knock. A hollow-cheeked Chinese man in his seventies or eighties peered out of the three-inch gap between door and frame, his thin, drooping moustache giving him a mournful expression. He wore a traditional Chinese-style shirt in blue silk over a pair of black silk trousers and slippers, a black satin beanie hat perched on his head. I wondered if he'd adopted the clichéd appearance purely for the benefit of the punters who came here. His gaze fixed on me, but he said nothing. Was he waiting for a password?

'We're looking for the Dark Man,' I said.

There was no flicker of reaction on the Chinese man's face, but after a moment he stepped back, pulling the door open behind him. Was he letting us in because I'd spoken the magic words, or because he'd assessed us and found us acceptable?

He turned and ambled away along a narrow, dimly lit corridor, whose walls, floor and ceiling were painted black. It was almost as if he'd forgotten about us, or as if, by opening the door, he'd done his job and couldn't care less what happened next. I wondered what he'd do if we didn't follow him, though as the only alternative was to hang around in the hallway, that wasn't really much of an option. At the end of the corridor was a flimsy barrier, made of thin cloth or perhaps even paper, behind which burned a red light. As we followed the Chinese man, who I wasn't surprised to see had a tightly knotted pigtail dangling down his back, the impression was of being inside a vast throat.

The smell of opium, sweet and pungent, grew stronger as we approached what I could now see was a thin curtain of white cloth. When the Chinese man pushed the curtain aside, his shirt turning a shimmering purple as he was bathed in red light, a smoky haze drifted out towards us.

I didn't want to stick around long if we could help it, didn't want to breathe in too much opium smoke and become too lethargic to do what we'd come here to do. Grabbing the flimsy cloth barrier as it swung back into place behind the Chinese man, I ducked into the next room, my hand reaching for the howdah in my pocket as I looked around.

The room was larger than I'd expected, and my initial impression was of people moving and breathing and moaning around me. Apart from the Chinese man, no one was standing up. They were lying on a haphazard arrangement of thin, low, cot-like beds, separated by diaphanous and slightly ragged drapes, which gave the place the look of a makeshift hospital ward – although lit like a bordello.

Almost at once I realised two things: one was that the occupants of the beds offered no immediate threat, and two was that they were moaning not in pain but satisfaction. My gun hand drifted to my side as I saw that each of them was either smoking an opium pipe or had one on a tray of paraphernalia beside them. Most of the men – all of whom, although they were in their shirtsleeves, looked reasonably well-to-do – were out of it, their eyes glazed, their mouths half open, though a couple were propped up by cushions, groggily drinking black tea out of delicate china cups.

The Chinese man halted beside an unoccupied bed and turned to face us. He looked at me and indicated the bed, and although he didn't speak the gesture was obvious: *you take this one.*

I stepped towards him, shaking my head, my hand slipping inside my overcoat once more. I wasn't reaching for my howdah this time, but my wallet. I opened it and took out a ten-pound note. The Chinese man looked at the money, his thin dark eyebrows coming together in a frown.

Aware that Hawkins was standing behind me, watching my back, I said, 'We don't want opium. We want information.'

The Chinese man's face hardened. Did he understand me or was he just reacting to my refusal to take the bed? I held the money out to him. He stared at it, but didn't reach for it.

'We're looking for the Dark Man,' I said. 'The Society of Blood. You understand?'

No reaction, though I sensed hostility coming off him in waves. The opium eaters around us seemed oblivious. Even the tea drinkers just stared into space, locked in their own worlds.

'Sir,' Hawkins murmured, and gave my left elbow a tap

to indicate I should turn that way. When I did I saw that two more Chinese men, one in red, the other in black, had appeared from behind a set of filmy, overlapping drapes in a shadowy area on the far side of the room. They carried no weapons – in fact, they had their hands crossed almost demurely in front of them – but from the way they stood, legs apart like policemen, and the intensity with which they regarded us, their intentions were clear.

I held up both hands, the big white ten-pound note still clutched in my right like a flag of surrender.

'We don't want trouble. We just want to know where we can find the Dark Man. I can pay you for the information. Even more than this, if you like.'

I extended the note towards the man in the blue shirt, but he scowled and wafted his hands at me: *go, go.*

As if my gesture had been provocative, the two men on the far side of the room began to move towards us, weaving almost casually between the maze of beds.

I briefly considered drawing my howdah, forcing them to talk to me – but I rejected the idea just as quickly. I had no argument with these men. They weren't my enemies. I wasn't even sure whether they understood what I was here for. Maybe they just thought I was a troublemaker who needed ejecting as swiftly and efficiently as possible.

'All right,' I said, 'all right.' I held out my palms to the two men and wondered whether it was too late to take the empty bed that the Chinese man had offered me, whether sticking around and indulging in the 'pipe of poppy' was the price I ought to pay for getting what I wanted.

No. Desperate as I was to get Kate back, I wasn't prepared

to put myself in such a vulnerable position. I was already feeling lightheaded. If I fell under the spell of the opium who knows where I'd end up? Okay, so maybe by coming here I was willingly, even foolishly, walking into the lions' den, but at least I was doing it with my wits about me, and I wanted things to stay that way.

Hawkins was obviously thinking along similar lines.

'I believe our wisest course of action might be to make a dignified exit, sir.'

I nodded and we backed away, me with my hands still raised. The Chinese men came to a halt, their arms folded; they clearly wanted nothing more than for us to leave with as little fuss as possible.

I wondered what our next move should be. We'd learned nothing here. Despite looking promising, it seemed this lead might now peter out like all the others I'd followed in the past three months. I felt the familiar despair creeping over me. I thought about making one last plea, calling out to the room in general, asking whether anyone had heard of the Dark Man or the Society of Blood. I was still thinking about it when I felt my trouser leg snag on something. I looked down, expecting to see a stray jag of wood or metal sticking out of some low item of furniture – but instead I saw a hand had snaked out from the bed I was passing and had clutched the material of my left trouser leg just above the knee.

The hand was attached to an arm, which belonged to a sweaty-haired man with a plump, shiny face. The man was staring at me avidly with bloodshot eyes. Beads of sweat glittered in his rust-coloured moustache.

'Outside. Ten minutes,' he hissed.

Before I could reply, he released my trouser leg and rolled away from me. Was he aware of what he had said or had it been the drugs talking? There was only one way to find out.

Hawkins and I were standing in the doorway of the Chinese restaurant, stamping our feet against the cold, when the door of the Thousand Sorrows opened ten minutes later. The top-hatted figure that emerged, blurred by the fog, was clothed entirely in black: astrakhan coat, sharply creased trousers, boots with spats. Once the door had closed behind him, he paused to light a cigarette with his black-gloved hands and then he looked around. It was only when we moved out of the shadows of the restaurant doorway that he spotted us. He stiffened warily, then relaxed.

'Fifty pounds,' he said. His voice was husky, but with a clipped, upper-class accent.

Sometimes you only need a moment to form an opinion about someone. The instant this man spoke I detected a sneering arrogance about him, an untrustworthiness, which made my skin crawl. It was there not only in his voice, but in his glittering bloodshot eyes, in his plump whiskery cheeks, in the curve of his fleshy lips. It was there in his bearing – the set of his shoulders, the position of his feet, the lazy, almost dismissive way he held his cigarette.

'What do you know?' I asked.

He waggled his fingers. 'The money first.'

I paused, held his gaze. He looked raddled with over-indulgence, his face pockmarked and pouchy. I'd have guessed him to be an unhealthy forty, but he might have been even younger than that.

'How do I know you won't run off with it?' I said – a joke but with a hard edge.

He rolled his eyes. 'Please! Do I look like a common footpad?'

'More to the point, how can we be sure the information you possess is worth such an amount?' Hawkins asked.

His tone was mild, courteous, but I'd known Hawkins long enough to detect the undercurrent of distaste in his voice. I wondered if the man could detect it too. He appraised Hawkins with guarded disdain.

'You're looking for the Society of Blood, are you not?'

'What do you know of them?' I asked.

The man smiled. Instead of improving his appearance it made him look even more repellent.

'I know where they are. I can take you to them.'

'If this is true, Mr...'

'No names,' said the man. 'It's less complicated that way.'

'All right. That suits me very well.'

The man took a drag of his cigarette and blew smoke out the side of his mouth.

'So? Do we have a deal?'

'Perhaps. But first answer me this: how do you know about the Society? Are you one of their number?'

The man barked a contemptuous laugh. 'If I was, do you think I'd be speaking to you?'

'Perhaps,' said Hawkins. 'If the Society wished to bait a hook with a wriggling maggot.'

The man glared at Hawkins, then at me. 'I'm not sure I like your *retainer's* tone.'

I shrugged. 'It was just a turn of phrase. I'm sure he meant nothing by it.'

Hawkins said nothing.

The man scowled. Now he looked like the sulky, pouting schoolboy he must once have been.

'If you don't trust me, then don't accept my offer. I really couldn't care less. It means little to me one way or the other.'

'It means fifty pounds to you,' Hawkins said drily.

'Fifty pounds?' The man snorted. 'Loose change to a man in my position.'

But the way his gaze flickered away belied his words.

My guess was that he was a young man from a good family who had fallen into bad company, or perhaps simply bad habits, and was now struggling to make ends meet. Perhaps he'd been disinherited by a disappointed father. Or maybe he'd already inherited the family fortune, and then had promptly pissed it away on opium, gambling, women and booze. There might already be no way back for him; he might be hopelessly addicted, or crippled by debt, or riddled with syphilis – or all three. I'd seen desperation in that eye flicker; desperation and hopelessness. Our new friend might *claim* that fifty pounds was nothing but loose change, but I doubted that very much. What I reckoned was that, to him, fifty pounds constituted a much-needed lifeline.

Did that make him less or more trustworthy, though? Impossible to say. It certainly made him someone to be wary of – but I'd already decided that about him anyway.

'Let's stop fannying about, shall we?' I said and handed him thirty pounds.

He took it from me, but curled his lip. 'What's this? I said fifty.'

'You get the other twenty when we reach our destination.'

He looked about to argue, but then with a childish 'hmpf' he turned and stomped away. In the fog and the snow, which was beginning to swirl lazily around us again, his back view made me think of old Jack the Ripper movies: the looming, top-hatted silhouette.

For the next ten minutes no one spoke. Our nameless guide trudged ahead of us through the deepening snow and Hawkins and I followed. I tried to keep track of where we were, but the snow, coming down more thickly with each passing second, blew in our faces, obscuring our surroundings and making it impossible to memorise the route.

After a while, beneath the polystyrene creak of our feet in the freshly fallen snow and the whistling moan of the wind, I started to hear another sound, faint at first but gradually getting louder. Feeling uneasy, I strained my ears. Was it breathing? The deep, liquid respiration of something vast and inhuman?

Then I almost laughed out loud. Of *course* not; it was *water*. Waves slapping gently against what I guessed was a harbour wall. Which meant we were close to the Thames.

Over the next couple of minutes the gradual thickening of the fog, rolling in with the chill from the river, confirmed that fact, as did the garbage, oil and briny mud stink of the river itself.

The ground beneath our feet changed, the pavements giving way to cobbles, the bumpiness of which I could feel beneath their covering of snow. I looked around uneasily, but could make out even less of my surroundings now than ever. Even so, I got the impression the buildings around us were vast and, at this time of night, unoccupied. I guessed they must be factories or warehouses. One of them we trudged past seemed to possess a huge set of gates barring its entrance; another stank of fish.

We passed through a stone tunnel beneath a bridge or viaduct, the slimy walls, half obscured by fog, giving us a couple of minutes' shelter from the snow. When we emerged from the other end the slapping of waves and the stink of the Thames ambushed us. But despite being close to the river, we still couldn't see it. Ahead of us was simply a solid wall of fog, across which swirling snow twitched and flickered like static.

Halfway between us and the river our guide came to a halt and started peering about. There was a crust of snow on his shoulders and the brim of his top hat.

'Where are we?' I asked.

He answered without looking at me. 'Blyth's Wharf.'

I was none the wiser. This wasn't an area of London I knew well, not even in my own time.

'For what purpose?'

He turned and strode back towards me, holding out his hand.

'The rest of my money, if you please.'

I scoffed at him. 'For what? You've brought us to the middle of nowhere. You said you'd lead us to the Society of Blood. So where are they? In a secret base beneath the Thames?'

'They're here,' he said. 'This is where they... congregate.' He glanced about nervously.

'Have a caution, sir,' Hawkins said, making no attempt to lower his voice. 'I smell a rat.'

Agitated now, the man pointed to his left.

'Twenty paces that way you will come upon a docking bay, from which a ramp ascends to a manufacturing warehouse. Ascend that ramp and you will find what you are looking for.'

I shook my head, as much in pity as denial.

'You expect us to believe that?'

'It's true!'

'Then lead the way.'

Our guide looked not just nervous now, but scared.

'Why should I? I have no wish to become involved in your dispute.'

'Who said anything about a dispute? For all you know, we and the Society are the best of friends.'

'Clearly he knows we are not,' Hawkins said conversationally, then he turned to fix the man with one of his penetrating stares. 'How much did they pay you to bring us here?'

A few moments ago Hawkins had said he smelt a rat; now the man looked like a trapped one. His eyes darted about as if looking for an escape route. Then he changed tactics, gave a sudden cringing smile.

'I'm sure I don't know what you mean.'

Hawkins sighed. 'Then the opium must have addled your brain. Did you believe we didn't mark you as a wolf in the fold from the outset? And know that you were leading us into a trap?'

For a moment our guide seemed caught out; then he began to bluster.

'If you suspected a trap, why did you follow so willingly?'

'Because sometimes,' I said, 'to get what you want you have to take risks.'

I gave him the biggest, craziest grin I could muster. I'm a tall, thin, moody-looking bloke, and I've been told in the past that when I flash my teeth in a smile it can sometimes be alarming. The man standing in front of us certainly seemed to think it was. He took a couple of stumbling steps back, his expression suggesting it was starting to dawn on him that maybe he was out of his depth.

'You're mad,' he muttered. 'Stark staring mad. I want no further part in this.' He rooted in his pocket, pulled out the three ten pound notes I'd given him and tossed them on the snowy ground. 'Keep your money. I don't want it. I don't n—'

The attack came without warning. It was so brutal, so swift, it was nothing but a blur.

What I saw – what I *thought* I saw – was a huge black tentacle, attached to something above and behind us, come lashing out of the murky sky with the speed and ferocity of a whip. It must have been ten or fifteen metres long, and thick too – thicker than a man; too thick for my hands to have met if I'd wrapped my arms around it. Although I only caught a glimpse of it, I got the impression the tentacle was tipped by a flat diamond-shaped appendage edged with long, curved spines. Before our guide could finish what he was saying, even before he could scream or widen his eyes in alarm, the razored appendage had sliced him clean through.

The top half of his body, his hat still attached to his head, was scooped into the air by the force of the blow and flung to one side, trailing a streamer of blood and innards and the tattered remains of the astrakhan coat.

Even after the fog had swallowed the top half of the body,

the lower half, the legs, remained standing for a moment, as if startled to find themselves left behind. Then they folded at the knees and collapsed like a faulty deckchair, a bright red froth of blood and guts spilling from the waist and fanning out across the virgin white snow.

I was so stunned by the abrupt, savage death of a man I'd been speaking to only a moment before, that for maybe ten seconds I couldn't move, think, even breathe. All I could do was gape at the grotesque sight in front of me while my mind replayed what I'd just seen. If I'd had to defend myself at that moment I wouldn't have been able to do it. I was like a bird I'd once seen on a garden wall with a cat stalking towards it, so immobilised by terror it looked like it had been frozen into place.

I don't remember seeing the tentacle retract; don't remember anything else until Hawkins touched my arm and said, 'Sir.'

It was his touch and his voice that snapped me back to myself. I turned my head to blink at him, and that was when I heard *them*.

All at once I realised they were all around us, closing in, clicking and whirring and buzzing, slithering and scuttling and blowing out steam.

I whirled, looking around, but I couldn't see them in the fog and the snow, not clearly anyway. They were smears of approaching darkness, suggestions of nightmarish forms. They were coming from all directions; there was no escape.

Surely, though, this was what I'd wanted? To find the Wolves, confront them? It's ironic, isn't it? I spend all my time and energy trying to track my enemies down, and when

I do finally manage it my shock and horror kicks in, and my only instinct is to turn tail and run. Maybe it would have been different if I hadn't seen a man killed in front of me as casually as anyone else might kill a fly. Or maybe it's just human nature to blunder blindly into a potentially lethal situation and not think about the possible consequences until it's too late.

Although I'd previously convinced myself that, for whatever reason, the Wolves, or the Society, or whatever they called themselves, wanted me alive, right now, with the guts of a dead man steaming in the snow at my feet and monsters coming at me out of the fog, that theory seemed as flimsy as tissue paper.

It was for this reason that instead of waiting to confront the Wolves I grabbed Hawkins' sleeve and screamed, 'Run!' It was for this reason too that I ran in the only direction it was possible *to* run – towards the impenetrable blanket of fog on the far side of the quay, from beyond which came the rhythmic slap of water against stone.

With Hawkins beside me, I ran as fast as I could, until suddenly, sickeningly, the ground was no longer beneath my feet. Arms and legs pedalling frantically, I felt myself plunging into fog and blackness. If I hadn't known primal terror before that moment, I knew it then: the sense of being out of control, of feeling I might fall forever – or worse, that my fall might be broken not by water, but by stone or steel, by something that might smash and rip my body apart.

But my fall wasn't broken; it was simply cancelled, mid-plunge. I was plucked from the air like a cricket ball – though at first, when the vine-like tentacles curled around my chest and limbs like a dozen writhing fingers, I thought it was the tightness and coldness of my own fear; thought it was my nerves, my thoughts, my consciousness, shrivelling inwards, retreating into themselves, bracing themselves for impact, for pain.

Then I was rising, going backwards, and I realised with a new horror that something – presumably the same monstrous creature that had killed our guide – had snatched me from the sky, and I was now being pulled back into the nightmare.

However much I writhed and screamed, there was no escape. I had been captured by the Wolves of London, by the Society of Blood, and nothing and no one could save me.

Even as I was being reeled in, I spared a thought for Hawkins, my friend and companion – and faintly (although it might have been my imagination) I heard a distant splash. Then the air was rushing past me with such speed and force I couldn't breathe. And the next thing I knew I was lying on the hard, cold, wet ground, and the tentacles around me were loosening, retracting, snaking away.

So they did *want me alive.*

But for what?

I was aware of movement around me. Sound. I had a vague, horrifying sense of being in the middle of a web as monstrous creatures scuttled around me. Then my jangling senses started to stabilise. I realised snow was falling into my eyes. I blinked it away and looked up.

A face loomed over me. Long and white, puckered with scar tissue, its hair burned away. Its eyes were glass discs that seemed to reflect nothing but fog. Its lipless mouth was wide and red and wet.

Tallarian.

The doctor who'd given Hope her metal arm; who'd created a menagerie of sickening horrors in his basement. As a man he'd held me captive three months ago, until, with Hawkins' help, I'd managed to overcome him. And as a part man, part machine – perhaps a product of his own hideous experiments – I'd encountered him twice in the future, once in Incognito, and once in Queens Road Cemetery, when Benny Magee had betrayed me and Frank Martin had rescued me from his clutches.

This was a different Tallarian again now, though. This was a Tallarian who was partway between the two. He'd clearly been rescued from the fire that had destroyed his laboratory, although not without cost.

We can rebuild him, I thought crazily. *We have the technology.*

I heard a ratcheting whirr and something moved into my field of vision. It bisected Tallarian's ruin of a face as he held it up to show me.

I realised it was one of his fingers, from the tip of which projected a syringe full of some yellowy-orange liquid.

'You see what I've become, thanks to you?' he said, a hissing buzz underpinning his voice, as though it was a recording on an answerphone.

'Fuck you,' I said – or tried to. I'm not sure the words actually left my mouth.

Before I could say it again I felt a sharp, quick pain in the side of my neck, and that was the last I knew for a while.

FOURTEEN

THE SANDMAN

I'm somewhere in the room watching, though I have no sense of myself. It's as if I'm paralysed. As if I exist as consciousness only.

Clover's sitting beside Hope on the bed, reading a storybook. It's a big one with a bright cloth cover, but I can't make out the title or image. The room's lit by yellow light from the lamp on Hope's bedside table. It's a shadowy scene, but cosy. The light gives the impression of warmth, and the girls look relaxed.

Clover's sitting on top of the eiderdown, her stockinged feet crossed at the ankles, whilst the lower half of Hope's body is under the covers. They're both propped up by plump white pillows, which are stacked against the headboard behind them. I can hear Clover's voice, but I can't hear what she's saying. Her voice is a soft, soothing burr.

I want to speak to them, attract their attention, but I can't. Even though I'm in the room – or feel I am – I'm as distant from them as if I'm watching them on TV. Despite the domesticity of the scene, I have a sense of foreboding. When the wardrobe door on the other side of the room creaks open I feel dread, and also guilt, as if just by being here I've caused what's about to occur.

Hope presses into Clover's side, looking scared, and points at the wardrobe with her good arm. Clover pauses in her reading and follows Hope's pointing finger. I see her smile and tilt her head towards the girl. She speaks to her, and even though I can't tell what she's saying I know from her tone and the expression on her face that she's offering words of reassurance.

Hope's voice when she replies is jagged, slightly shrill, but I still can't make out what she's saying. Clover redoubles her efforts to soothe Hope's fears. She strokes her hair gently, then leans to the side and plants a kiss on the top of Hope's head. There's a quick exchange of conversation, then Clover closes the book and lays it aside. When she stands up and walks over to the wardrobe I follow her progress as if I'm turning my head, or at least swivelling my eyes. I feel tense as she reaches the wardrobe, grabs the handle and pulls the door wide. But the wardrobe is empty, and my tension eases.

Then Hope screams, and as Clover turns, so my vision swivels back to the bed. Sliding out from the shadows beneath it, its movements nightmarishly fluid, as if I'm watching a film in reverse, is a figure in a patchy, dusty harlequin costume. Streams of black sand pour from the empty sockets in its withered grey face and from between the long, rotted teeth in its gaping mouth. As Clover cries out and moves towards the figure, it cups a skeletal hand beneath its chin and then with a flick of its arm hurls the sand it has caught into Clover's face.

She staggers, chokes, throws up a hand as a belated defence. Then her eyes widen in horror as her body starts to stiffen. Within seconds she is paralysed.

Hope is still screaming, but the harlequin figure, the Sandman, throws a handful of sand into her face too. Her screams become splutters and then dwindle to silence, as she too stiffens with paralysis. Unchallenged now, the Sandman moves across to Clover and examines her, tilting his head this way and that, the bells on his three-pointed hat tinkling. From the way Clover's eyes bulge and glare I know she's straining every sinew in an effort to move.

The Sandman raises his hand and I see he's holding a large needle, through the eye of which trails a line of thick black thread. He pushes the point of the needle into Clover's flesh just beneath her bottom lip and, as blood trickles down her chin and tears of agony leak from her eyes, unhurriedly sews her lips together.

When he's done he admires his handiwork, nodding in satisfaction, then turns back to Hope. Although she can't move, her terror of the Sandman, her overwhelming desire to shrink away from him, to run, to scream, is evident on her face. The Sandman slides up the length of the bed until he's standing right beside her, leaving a trail of black sand in his wake. Once again he holds up his right hand, except this time it's not a needle and thread pinched between his twig-like fingers but a scalpel, the blade dull and dirty.

I want to scream, to fly at him, to stop him, but I'm as immobile, as helpless, as the two girls.

I can only watch as the Sandman uses the scalpel to cut deep into the flesh around Hope's eye.

FIFTEEN

BROKEN HEART

My scream of denial ripped me out of there and back into my body. I was aware of my eyelids tearing apart, of the taste of blood, coppery and raw, at the back of my throat. I was breathing too fast, hyperventilating; I squeezed my eyes shut again to stop my vision from spinning, and tried to calm myself, to regulate my breathing. After ten or fifteen seconds my heartbeat, which had been pounding in my ears, began to slow, to quieten. This, though, only made me realise I was surrounded by a mass of stealthy clicks and rustlings. Once again, more cautiously this time, I opened my eyes.

The darkness that enveloped me was bone-chillingly cold and stank of the river. Although I couldn't see anything, I could tell by the acoustics that I was in a large, empty, high-ceilinged room. For a moment my mind was filled with the terrible images from my... premonition? Dream? Vision? Then I remembered Tallarian and his syringe and I reached instinctively for my gun.

Or I tried to. Because it was only when my shoulder muscles twinged as my arm failed to obey what my brain was telling it that I realised I'd been sat in a chair and hog-tied, my arms pulled behind me and my wrists and ankles lashed together with the same rope. I moaned in pain, suddenly aware that my back was aching, and that the muscles in my arms and legs were so taut they were on the verge of cramping. I tried to relax, to fight down the panic that threatened to rise up out of my gut like bile. There was a part of me that wanted to call out, but there was a greater part too scared to draw attention to myself.

I couldn't decide what was worse – seeing or not seeing the room's occupants. The prospect of Tallarian's army emerging from the shadows and revealing themselves in all their grotesque and horrifying detail was terrifying, but so too were the workings of my imagination as it tried, almost against my will, to give form to the insectile whirrings and clickings around me. Even the fact I'd encountered Tallarian's army twice before didn't help; if anything it increased my apprehension. Tallarian's creations were an affront to nature, and the thought of confronting them again was like the prospect of having the still-tender scar of an old wound reopened.

How long I sat there I don't know, but it was long enough for the collective gaze of the unseen things around me to feel like a physical sensation, as if beetles were crawling over my skin. Although I was terrified, I was nevertheless almost grateful when something stirred in the darkness in front of me.

When the darkness suddenly gave voice to a tortured, metallic creak, though, my balls tightened and goosebumps broke out on my arms and back. The first creak was followed by another, and then another, each new sound accompanied by a clank that made me think of Frankenstein's monster taking its first steps, its weighted boots thumping the floor.

The creaks and thumps were accompanied by other sounds too, none I could easily identify, but which gave me the impression of a kind of metallic shifting. I imagined some long-disused machine slowly stirring into life. A machine that for now was still hidden in the darkness, but that was creeping inexorably closer.

My eyes ached as I stared into the black. Was it my imagination or could I now see movement: a shape blacker and more solid than the darkness around it? I was staring so hard my eyes started to water. I blinked to clear them, and through the swimming blur of tears I saw the approaching shape suddenly pull free of the shadows, acquire a more definite form.

It was a huge metal spider – or at least that was my first impression. Its legs, jointed at the knees, resembled curved, upside-down Vs. The creature's main 'body', centred in its mass of clanking, creaking limbs, seemed to ripple and shimmer, as if made of some glossy, net-like material.

The thing came closer, its legs moving slowly. As it did so I realised it was less a mechanical insect and more a sort of self-propelling sedan chair. Its occupant, perched on a kind of dais in the centre, was draped in what looked like a mosquito net – maybe for protection, or maybe simply because he or she wanted to remain anonymous.

The machine came to a halt about five metres in front of my chair, and for a few seconds the shrouded figure regarded me – or at least that's what I imagined it was doing. I stared back, trying to look defiant. Tension brimmed in the air like strange, dark energy. There was a part of me that wanted to jabber to fill the silence, but I kept my mouth shut. As a kid I'd been conditioned not to tell the enemy – which back then had mostly been the police – anything more than I needed to.

The net-like shroud rustled as the occupant of what I already thought of as the 'spider-chair' tilted its head to one side. The movement made me think of a quizzical cat confronted with something new.

Finally the figure spoke, its voice an ancient rasp, like the whisper of withered leaves blowing across a dusty stone floor.

'Do you know me?'

My throat felt almost as parched as the figure's sounded. The croak I dredged from it made me sound like I was trying to imitate it.

'Should I?'

The thing in the chair paused. I wondered whether it was offended or just gathering strength to speak. Certainly every syllable it uttered sounded like an effort to produce.

'You've been... looking for me... for a long time.'

My heart jolted into thumping life again.

'You're the Dark Man?'

The creature sighed; a rattling breath of what sounded like satisfaction. Could this really be him? The man, the creature, which had sent Lyn mad? That had been behind the abduction of Kate?

Perilous situation or not, rage rushed through me.

'If you're him... if you...' I was so furious I could hardly speak. I took a couple of deep breaths and tried again. 'You ruined my life! What fucking right have you got... what possible fucking motive...?'

The emotion flowing through me, combined with my dry throat, overwhelmed me again and I began to cough, great hacking barks that doubled me over, wrenching at the muscles in my bound arms and legs, sending hot threads of agony through me. I clenched my teeth, trying to feed on the fury pulsing like hot coals in my head. When I next looked up I felt feverish, as if my skin was sizzling. The dryness in my throat had gone, and suddenly I was all bile and phlegm.

'Answer me!' I shouted. 'Fucking answer me, you bastard!' I remembered the dream (the vision) I'd had just before waking up. My saliva sprayed the air as I screamed at him. *'What have you done to Clover and Hope? If you've hurt them, I'll fucking kill you!'*

I was in no position to make threats, but I made them all the same – and I meant them too. I *would* kill this cunt. Somehow I'd find a way.

I realised the Dark Man was speaking. I tried to still the pounding in my head so I could listen.

'What you saw... was one possible future... a future you can prevent...'

Despite the rage I felt hope leap inside me.

'Prevent? So Clover and Hope are still safe? Unharmed?'

'For the moment...'

Fuck your moment! I wanted to scream it at him, but instead I gulped down my rage with an effort. The Dark Man's words had suggested not only a way out for Clover and Hope, but me too.

'How?' I asked. 'How can I change the future?'

The net-like shroud rustled. For a moment I wondered whether the Dark Man was about to reveal himself. What would I see if he did? The Devil? But what did the Devil look like? Would he have horns and a pointy beard? Perhaps his face would be so terrible that seeing it would drive me mad? Almost unconsciously I found myself gritting my teeth, narrowing my eyes, like a child watching a scary movie, bracing itself for a shock.

But the Dark Man didn't reveal himself. Instead his arms rose up behind the veil, his hands coming together. As the net-like material slid away from them I saw that the arms, though human, were as thin as twigs, and that the hands were hideously claw-like, the skin stretched tightly over the bones, the fingernails dark as bruises. In fact, the flesh of the Dark Man's arms and hands, yellow and wrinkled, was livid with either bruises or patches of rot. Hideous wart-like tumours clung to them like fungi, black and seeping.

It wasn't the hands, though, but what was cupped in them that drew my attention. It seemed to be a fossilised egg, black and dusty and scored with countless cracks, ash-like flakes sloughing away from its brittle surface.

The 'spider-chair' creaked a couple of steps closer, the Dark Man extending his scrawny, cancerous arms as though presenting the egg to me like an offering. I wondered if he expected me to dip my head and kiss it. My instinct was to do the opposite: rear back, turn my face aside, like a child refusing a spoonful of food. I was about to tell him to get the filthy thing away from me – and then I saw that the object wasn't an egg but a carving. My stomach gave a sickening, weighty lurch.

'Oh fuck. Please tell me that's not...'

But it was. There was no mistaking it. Cupped in the Dark Man's hands were the crumbling remains of the obsidian heart.

I wanted to cry; I wanted to be sick. This couldn't be happening. It *couldn't*!

I tore my gaze from the decaying husk in the Dark Man's hands and stared at where I estimated his eyes would be underneath the shroud.

'That isn't real. It's a trick. Tell me it's a trick. It *can't* be real...'

Even as I pleaded, an inner voice was yammering in my head. Of *course* it wasn't real. If the heart was dead, there was no way that Clover and Hawkins could be here. They were here because of a future me – a me who had had the heart. And what about Frank? How could he have rescued me from Tallarian's army back at Queens Road Cemetery? I hadn't met him yet, hadn't brought him back from the dead. So how could he have appeared in my life if I'd never been in his?

A rasp came from beneath the shroud. 'No trick.'

'Fuck off!' I shouted. 'Of *course* it's a trick! I get the heart back! I *know* I do!'

But I knew no such thing. I had no idea how time worked. Perhaps we jumped parallel tracks all the time without knowing it. Perhaps, while I'd been unconscious, I'd lurched into a world where Clover was still in the twenty-first century, where Hawkins had been executed for murder, where Private Frank Martin was destined to become one of thousands of white gravestones in a French field. Perhaps my memories of them were false. Perhaps the only reason I still retained those memories was because of my proximity to the heart, or of my previous contact with it.

Perhaps I'd never see Kate again. Perhaps she was lost forever.

Bitterness welled up in me. I spat it out in words.

'*What the fuck have you done? Why are you showing me this?*'

The Dark Man took a long, rattling breath.

'This heart... was taken from you... centuries ago. There was a policeman... Jensen... my soldier took his form...'

'Your soldier? The shape-shifter?'

'The heart brought you both here... it fell into my possession...'

I scowled. 'But that was only three months ago. Not centuries.'

And then it clicked. If my hands hadn't been tied behind my back I might even have slapped my forehead in realisation.

'Oh, shit. You've been using it to time travel, haven't you? You've used it and used it and now you've worn it out. So all the time I was looking for it, it wasn't here, because you were off on your travels.' I recalled the effect the heart had had on me on the few occasions that *I'd* used it. With bitter satisfaction I said, 'And not only have you worn *it* out, but it's worn *you* out. Well, *good*. I hope it's really fucked you up. I hope you're suffering.'

'I'm dying...' the Dark Man hissed.

'Even better.'

Another long, rasping breath. 'But you will help me...'

I laughed. I meant it to sound derisory, but it came out shrill, almost hysterical.

'Help you? How *can* I help you? Why would I even

want to? You've fucked things up for both of us! Maybe for everyone! God only knows what'll happen now!'

I *was* becoming hysterical. I controlled myself with an effort. The Dark Man waited until I'd slumped into silence, and then he spoke again.

'Somewhere here, in London... is an earlier heart... a younger heart... it is your destiny to find it...'

An earlier heart? Did he mean another heart? A prototype? And then, as before, I realised what he meant.

'You mean the same heart as that one?' I nodded at the crumbling thing in his hands. 'You mean a version of the heart that existed before you stole it? Before McCallum owned it even?'

I remembered how the old man, McCallum, had appeared to me after his death, having used the heart to travel forward in time from a point before I'd murdered him. On that day he'd been in possession of a heart and so had I. But it had been the same heart. Two versions of the same object existing simultaneously.

'Yes,' rasped the Dark Man. 'You will find it...'

I had a horrible suspicion where this was leading.

'And if I do? *When* I do? What then?'

'You will bring it to me... and all will be restored...'

'All?' I said. 'What do you mean, *all?*'

'All...' he repeated, emphasising the word. 'Your life will be restored to you... you and your companion will be returned to your own time... you will be reunited with your daughter...'

'And Lyn?' I said. 'What about Lyn? You drove her mad, you corrupted her mind!'

'She will also be returned just as she was...'

'Before you fucked her up, you mean?'

Again the Dark Man gave a single nod beneath the veil.

'I will go back through the timelines... withdraw my influence from your lives...'

'Well, that's fucking big of you. But why did you have to fuck up my life – all our lives – in the first place?'

'It was necessary...'

'*Not for me it wasn't!*'

My voice rang in the vast room. In the shadows around me I heard things creaking and rustling, as though disturbed by my outburst. Again I tried to put a lid on my fury, to clamp it inside myself. What the Dark Man was offering was a golden ticket, a chance to erase the misery and heartbreak of my past. But could it really be that easy? Wouldn't such an action have consequences? And even if it *were* that easy, could I trust the Dark Man? He'd already proved himself to be ruthless, murderous. What was to stop him killing me once I'd fulfilled my part of the deal?

'How do I know you're telling the truth?'

'You don't...'

'So why should I do what you say?'

'Because you have no choice...'

Something stung the back of my neck. I hissed in pain. An insect? Then I thought of Tallarian, the fire-ravaged muscles and sinews in his limbs enhanced by cogs and levers, by mechanics. I imagined his elongated body folded into the shadows behind me, stretching out an arm, his fingertip peeling back like the petals of a flower, releasing a hypodermic needle.

All at once I felt woozy, as if I was leaving my physical body behind, drifting away. *Hey, no, wait* I wanted to say, but I no longer had a mouth or a tongue. And then it didn't matter; nothing mattered; anxiety, pain, fear, regret, anger, it all sloughed away from me like dead skin.

The Dark Man shimmered, smeared, was reclaimed by the dark.

An instant later so was I.

SIXTEEN

PRIMAL SOURCES

I'm walking in the desert. The pure white sun in the heat-bleached sky is so intense it will burn out my eyes if I gaze at it. I'm an insect under the concentrated glare of a magnifying lens. If the rippling, colourless sand beneath my feet were any hotter, it would liquefy to glass.

I stop and peer about me, turning in a slow circle, but there's nothing to see for miles. The desert is flat – no wind, and therefore no dunes. I feel as if I'm the only man in the world, and maybe I am, but the thought doesn't alarm me. On the contrary, I feel calm, unburdened. My mind, for once, is unfettered.

Even the fact that the sun is beating down mercilessly, and that I have no food or water, is not a problem. I can leave here whenever I like. I don't know how I know this, but the knowledge reassures me all the same. Although the landscape is featureless, I seem to be walking *towards* something, though I don't know what it is. Perhaps I'll know it when I find it, but for now I'm simply enjoying the tightening and relaxing of muscles in my legs as I walk, the sense of freedom. My shadow stretches out long and dark in front of me. Does that mean it's morning or afternoon? I don't know, and I don't really care.

Then I'm on my knees and I get the feeling I've found what I'm looking for. I push my hands into the sand, forcing my fingers in all the way up to the third knuckle – and then deeper still, until both of my hands are engulfed to the wrist.

I close my eyes and concentrate. Like a plug in a socket, I'm connected to the earth, drawing out its energy. Primal sources are involved here; you might even call it magic, if magic wasn't simply a power source that we don't understand, and therefore can't explain.

My fingers wiggle beneath the earth, like bait to attract prey. Eventually I have what I need and I grasp it and begin to pull at it, hauling it from the ground.

It's wet, and at first it writhes, but as the sun hits it, it transforms, adapting to its surroundings, becoming clay and stone and root matter. But that's fine, because its energy is in my hands now, and I can forge it, shape it to my will. My fingers move deftly as the heart takes shape beneath them, each valve, each vein rendered in the minutest detail. Once I've finished, the heart responds, feeding off my energy and its own, which are now one and the same, adopting yet another disguise, forming a shell around itself.

A shell of blackest obsidian.

There's a gap then, a sense not of time passing, but of nothingness, of oblivion. When I next become aware I'm drifting upwards, or at least I get the impression that I am. There's a world beyond the surface and I'm rising towards it, I'm being reborn. I feel... regret.

Someone speaks my name, and I open my eyes.

I see blurs of light and dark, which my brain tells me is a face. But isn't that always the way? Aren't our brains conditioned to – what's the word? – anthropomorphise the random patterns in trees and clouds and rocks? I remember the curtains in the room in my gran's house that I sometimes slept in as a kid, whose pattern was a busy psychedelic riot of leaves and flowers, stalks and vines. My mind conjured so many faces from those brightly coloured swirls and shapes that after a while the curtains began to scare me so much I couldn't look at them. Lying in bed I'd sense all the secret faces peering out, all the eyes staring at me. Sometimes I'd cover my ears to block out the sound of breathing from the faces in the curtains.

The dark blur of the mouth in the face hovering above me widens, grows blacker, as it speaks my name again. I blink and suddenly the face comes into focus, and I'm surprised to discover it's one I recognise.

'Clover,' I say.

She smiles. 'Back with us, are you?'

SEVENTEEN

BESIDE MYSELF

As soon as I heard Clover speak it was as if a line had been drawn, as if all at once I'd been rooted back into a world of rigid rules, hard edges. I stared up at her, trying to put the past few hours together. Where had I been? What had I done? My mind was a fug, my thoughts disconnected.

'Where am I?' My voice sounded mushy in my ears; the inside of my mouth, my tongue, felt weirdly soft, misshapen. I had the alarming sensation that I was dissolving, melting. I gripped the edges of the bed to anchor myself.

Clover frowned. 'What's the matter, Alex?'

'Coming apart,' I said, or tried to. 'Got to hold myself together.'

She put a hand on my forehead. I flinched, thinking her fingers would sink into doughy flesh, leaving circular depressions.

'You're fine, Alex,' she said. 'They gave you a drug, which is fucking with your perceptions. The Wolves must have brought you home, although nobody saw a thing. All that security and... nothing. Talk about taking the piss. First thing we knew there was a knock on the door, and when we answered it we found you unconscious on the doorstep. You've been asleep now for... five hours? Six maybe? What do you remember?'

I thought about the Dark Man, the crumbling heart, the proposition he had presented to me.

Maybe the connections took longer than they seemed to, or maybe I looked bewildered, because Clover's face receded from me as she straightened up.

'Never mind, you can tell me later. For now, I think, you need to rest.'

Her words were like a hypnotist's suggestion. I closed my eyes and within seconds I was gone again.

The next thing I remember is feeling uncomfortably hot, pushing my bedclothes away with arms that felt too weak for the task. I heard someone say, 'He's burning up,' in a booming, hollow voice. Then some more time must have passed, because when I next bobbed to the surface I was aware of something soft and cool and damp on my cheeks and forehead. I put my hand up to see what it was, and another hand intercepted my own, squeezing gently.

'He's coming round,' someone said.

Clover? No, it was a male voice this time.

Suddenly I realised who the voice belonged to, and felt a lurch of excitement, which gave me the impetus to open my eyes.

And there he was, as austere and immaculate as ever.

'Hawkins!' I croaked.

Hawkins' lips twitched in a smile. 'Correct, sir. I'm relieved to find that you appear to be in full possession of your faculties.'

I struggled to sit up. Clover, on the other side of the bed, who had been dabbing my face with a cold cloth, leaned forward to help. She supported my back with one hand while plumping up the cushions behind me with the other.

'I was worried,' I said. 'I didn't know what had happened to you.'

The words, coming in a rush, were scratchy in my throat and ended in a coughing fit. Clover passed me a glass of water, before hurrying out on to the landing to find one of the maids and ask her to bring me something more substantial. When my coughing had subsided Hawkins told me his story.

'The instant I leaped from the Wharf, the Society's interest in me, such as it was, ended. It was you they wanted, sir, and you only. When I landed in the river – a somewhat bracing experience, I must admit – I had no inkling of your whereabouts. I called out your name, but, receiving no reply and knowing that remaining in the water and searching for you would be a futile exercise, I struck out immediately for shore. I reached the harbour wall, but it was too sheer and slippery to ascend. I therefore made my way along it until I came to a set of stone steps, whereupon I climbed out and hurried back to Blyth's Wharf.

'By the time I arrived, the place was deserted. Even the remains of our unfortunate guide had gone. Still unsure whether you had been captured or lost in the river, I searched the surrounding premises as best I could, by which time my wet clothes and the inclement weather were beginning to take their toll. Much as it pained me to abandon my search, I made my way back to where I hoped I might find a cab, but collapsed in the street, overcome with the cold. I was fortunate that within a very short time I was discovered by a Chinese lady, who was on her way home after completing her nightly toil waiting tables in a nearby restaurant. She ran to fetch her husband, and together the two of them carried me back to their living quarters, where they kindly revived me with a warm brazier and a bowl of excellent fish soup.

'As soon as I was well enough and dry enough to take my leave I thanked them for their hospitality and made my way back here, hoping that you might somehow have preceded me. It was not to be, of course – but then, not half an hour after my return, a knock came on the door, whereupon you were discovered lying on the doorstep, deeply unconscious but otherwise none the worse for your ordeal.'

Clover, who had come back halfway through Hawkins' story, leaned forward when he had finished and murmured in my ear, 'As usual Mr Hawkins is doing his stiff upper lip routine. Fact is, he thought you were dead. He was very upset.'

Hawkins frowned. 'Well, naturally I was concerned—'

'*Very* upset,' Clover repeated. Looking at me meaningfully, she pulled a sad face and trailed a finger from the corner of her eye down her cheek.

Hawkins harrumphed and flared his nostrils. It was such a haughty gesture that Clover giggled.

'I hardly think this is the time for flippancy, Miss Monroe,' he said, which only made her giggle all the more. Dismissing her with a toss of the head, he turned back to me. 'As I said, sir, I *was* concerned. I still am. What happened to you after we lost touch with one another? I assume you fell into the Society's clutches?'

'I did,' I said, and told them my story. Clover's laughter dwindled into a smile, which, by the time I'd finished, had hardened into a frown.

'Well, he can fuck right off for a start,' she said, referring to the Dark Man's proposition. 'There's no way he'd ever honour that agreement.'

I shrugged. Clover's frown deepened into a scowl.

'Come on, Alex, don't tell me you're actually giving this load of bollocks some serious consideration?'

I was saved from having to answer by the arrival of Hattie carrying a tray loaded with tea things, a couple of boiled eggs in eggcups, and a plate stacked high with hot buttered toast.

'Hattie, you're a life saver,' I said.

She blushed and muttered her thanks.

Clover took the tray and placed it across my lap, before transferring the teapot, milk jug and cup and saucer to the washstand beside the door, where she could pour the tea on a more stable surface. I bit into a slice of toast, then lopped the top off an egg with a knife.

'Well?' said Clover, putting one cup down with a rattle of china on my bedside cabinet and handing another to Hawkins.

I shot her a sidelong look. 'Delicious.'

'You know what I'm talking about!'

I sighed and rested my head back against the pillows, still chewing.

'I haven't really had time to think about it. But I'm not sure I've got much of a choice.'

She scowled. 'You've always got a choice.'

'Do I, though?'

'Of course you do! I mean, all right, without the heart you've got nothing to fight the Wolves with – your gun and all this security are just so much window dressing – but, and this is a big "but", Alex, we now know that the Wolves think you're the only person who can find the heart for them, which means they definitely want you alive.'

I pulled an expression of general agreement, but she hadn't yet finished.

'The way I see it, that means it's a pretty dodgy game they're playing. Because the heart makes you strong. And as soon as you *do* find it, you've got a weapon to fight them with. At the very least you've got a way of getting out of here.'

I raised my right hand, which now held a knife smeared with butter and egg yolk.

'Correction: I would have if I knew how to use it properly. Plus you're forgetting, they've still got Kate. I'm not going to put her at risk by defying them.'

'I'm not forgetting,' she said. 'It's just... well, the heart is your only asset. Your only weapon. Your only bargaining chip. What's to stop the Dark Man from killing you when you hand it over?'

'Nothing,' I said. 'But if I don't hand it over he'll kill Kate – or at least hurt her.'

'But will he? Isn't she *his* only bargaining chip?'

'Are you suggesting I take a risk with my daughter's life?'

She threw up her hands. 'No! I don't know! Oh, for fuck's sake, there must be *some* way we can turn this situation to our advantage!'

Silence fell in the room. I took a sip of tea and stared into the fire.

'What do *you* think, Hawkins?' I asked.

'I think we should do as we *have* done, sir. We should continue to concentrate our efforts on finding the heart. Once it is back in your hands, perhaps a solution will present itself.'

'It'll be too late then,' Clover said.

'Maybe so,' I said, 'but I don't know what else we *can* do.'

Once I'd eaten, Clover and Hawkins left me alone to get some rest. I lay back, still groggy after last night's ordeal. I wondered what I'd been injected with: laudanum? Opium? Of course, it needn't have been a contemporary sedative. Tallarian had turned up in my own time too. Then again the Tallarian I'd seen last night, though his body had been modified, had been fire-scarred, which presumably meant he was still healing from the burns he'd suffered three months ago.

Exhausted, I closed my eyes, and immediately my thoughts began to spin away like water down a plughole. I didn't realise I'd swirled with them, back into sleep, until I felt myself jolting awake again.

For a moment I couldn't work out why the room was dark, why the fire had guttered down to glowing embers. I felt so disorientated I wasn't sure whether I'd been shaken awake or shocked from a dream. Then someone on the other side of me spoke my name.

I twisted round, but before I could turn all the way, a hand grabbed my shoulder.

'Brace yourself,' said a voice that sent an immediate thrill of fear through me. 'This is going to be a shock.'

The hand on my shoulder relaxed and I spun all the way round, my heart pumping.

The man sitting beside my bed, illuminated by the fire's glow, was myself.

He looked – *I* looked – done in: haggard, haunted, hair tousled, eyes dark-rimmed in a pale, waxen face. It was one thing seeing yourself in a mirror, but being confronted with a physical, three-dimensional representation – no, not just a representation, but an *exact* double, and one that you instinctively knew wasn't *just* a double, but was actually *you* – was... well, there are no words that can do justice to the experience.

The phrase that immediately occurs to me is 'mind-bending'. And yes, although the experience *was* mind-bending, it was also much, much more. Would it sound strange to say that I was scared? Because I was. Deeply and profoundly. In fact, I wasn't *just* scared, I was bloody terrified.

It wasn't that I thought I'd hurt myself, or that the other me was some kind of evil twin, or anything like that. The whole experience just felt deeply, intrinsically *wrong*. It felt as if what was happening was against the laws of nature and time and... well, everything. It felt, at that moment, as if two mes being in the same room together – the same person occupying twice as much space as they should, possessing two brains, two hearts – was enough to make everything fall apart, to make reality shatter. I know that sounds stupid, and I know it's difficult to grasp, but I could almost sense chaos trying to push its way in through the rift we'd created – *I'd* created. I could almost hear the approaching howl of the void.

For this reason – because I was so taken aback, so

affronted – my first response was angry, almost petulant:

'What are *you* doing here?'

The other me leaned forward. His face was etched with anguish, with horror. His eyes widened, and I waited for him to say something.

But then he turned his head to one side, leaned over and puked.

It was as he was puking, filling the room with the hot stink of vomit, that I noticed what the simple shock of seeing myself had stopped me from registering immediately. Firstly the other me was wearing trousers and a jacket which he had pulled on over the very nightshirt I was currently wearing. And secondly, and far more importantly, I noticed that clutched in the other me's right hand was the obsidian heart!

I gaped at it, dumbstruck. Slowly I raised a hand and pointed at the heart like a very small child pointing at a toy it wanted. As the other me straightened up, looking wretched (*using the heart made me sick again*, I thought, and felt a wriggle of concern at the potential damage being done on my future body), I rediscovered my voice.

'Where did you find it?'

The other me scowled and flapped a dismissive hand.

'It doesn't matter. The only thing that matters is what I'm here to say. Are you listening?'

I nodded, wondering whether the other me was remembering my responses and thoughts from his own past. 'Go on.'

'I'm you about... five minutes from now. You're just about to get the heart back. And when you do – *as soon as you do* – the Dark Man will arrive and he'll ask you for it.'

The other me suddenly clutched my arm and I realised he was trembling.

'As soon as he does you have to give it to him. Don't think about it, don't hesitate. Just give it to him, okay?'

As I frowned, I saw an expression cross his face. Perhaps it was a realisation of how weird and intense he was being, or maybe a memory of how he'd felt at this precise moment, just a few minutes earlier. He let go of my arm, muttering an apology.

'Why *should* I give it to him?' I asked.

I could see he was traumatised, trying to hold himself together long enough to explain.

'Because if you don't he'll kill Kate.'

I jerked, as if he'd suddenly grabbed my balls. Now it was my turn to shoot out a hand and grip *his* arm.

'What do you mean? Where *is* Kate?'

'She's with the Dark Man. He'll have her with him. And if you hesitate, even for a second, he'll kill her. I know! I've seen it! He did it right in front of me...' His voice suddenly broke into sobs; with an almighty effort he pulled himself together. He leaned forward, wild-eyed and distraught. I could smell the vomit on his breath.

'Promise me! Promise me you'll do what I say!'

I had no idea how to respond. My thoughts were pinballing inside my head. As well as the sheer shock of meeting myself, I felt horrified at the prospect of seeing Kate killed in front of me. Yet at the same time I also felt a wriggle of suspicion.

I'd seen the shape-shifter turn itself into perfect replicas of Clover and McCallum and DI Jensen, so how did I know this really *was* me five minutes from now? Instinctively I *felt* as though it was – but could I trust my instincts? This *was* an extraordinary situation, after all.

Was it another of the Dark Man's tricks? Was he just trying to panic me into doing what he wanted? But how could I make a decision one way or the other? I couldn't gamble on Kate's life.

Stalling simply because I didn't know what else to do, I said, 'But won't that change the future?'

The other Alex stared at me, astounded and furious. *Why is he angry?* I thought. *Why didn't he know I'd ask this question when he must have asked it himself five minutes ago? Then again, if he was also visited by his future self, why didn't he obey his own instructions and hand the heart over before Kate could be killed?*

Before I had chance to even *begin* to think this through, the other me barked, 'Fuck the future! Who wants a future where Kate's dead? Anything would be better than that!' The anger slipped, became desperation again. 'Say you'll do it, Alex! Promise me! For both our sakes!'

Still I hesitated.

'*Please!*' he wailed. 'Believe me, you don't want to see what I've seen. You don't want to feel what I'm feeling right now!'

From below there came a frantic pounding on the front door. I leaped in shock, my nerves already stretched to breaking point, my head snapping round, as if I expected the bedroom door to burst open.

'What's—' I said breathlessly, turning back to the other me – but the words died in my throat.

The chair beside my bed was empty. The other me had gone.

EIGHTEEN

A SHADOW ACROSS THE MOON

My initial thought on hearing the pounding downstairs had been that the Wolves were at the door. But then I realised how unlikely that was: firstly because I didn't think the Wolves would knock; and secondly because how could I give the obsidian heart to the Dark Man if I didn't yet have it?

Clearly, though, if the future me had given an accurate account of what was about to happen, things were coming to a head. In which case, I didn't want to have to face the Wolves barefoot, unarmed and wearing only a nightshirt. It wasn't a question of vanity, but practicality – what if we had to leave the house at a moment's notice? For this reason, instead of racing immediately downstairs, I decided to prepare myself.

Yanking open the top drawer of my bedside cabinet, I reached in to grab my gun – and then remembered that the last time I'd seen it had been when I'd pulled it on the knifeman in Limehouse. For a moment I thought it wasn't going to be there, and felt relief wash through me when my hand closed around its familiar shape. It must have still been in my jacket when I'd been dumped unconscious on the doorstep, and Hawkins, knowing my habits, must have transferred it to the drawer – though probably not before drying and cleaning it first. I checked the weapon was loaded, then threw back the blankets and leaped out of bed, taking care not to step in the puke that the future me had left on the carpet and that was now stinking out the room. I ran across to the wardrobe, grabbed a jacket and trousers and pulled them on over my nightshirt (I assumed they were the same ones the future me had been wearing), then I pulled my boots on over my bare feet and swiftly laced them up.

By the time I reached the top of the staircase, which overlooked the hall, Clover had already answered the door. The girl who'd entered looked agitated, scared. She had skin like polished mahogany, a thin face, big dark eyes and masses of curly black hair. I suspected the rest of her was thin too, though it was hard to tell; like many of the poor she kept as warm as she could by wearing as many threadbare layers of clothing as possible. I knew this girl. She was a prostitute, who lived and worked around Covent Garden. She was also one of my watchers. She had an exotic name, something like Mayla, and on the few occasions she'd seen me she'd been cheerful, even cheeky.

She wasn't cheerful or cheeky now, though. Her fear was making her aggressive. I heard her voice – strident and weirdly accented, somewhere between Cockney and African – insisting she'd speak to no one but me.

Clover, facing the girl, was holding up her hands as if to placate a dangerous animal.

'I've told you, Mr Locke is sleeping. Can't you just—'

'No, I'm not,' I called, whereupon Mayla, Clover and Hawkins, who was hovering silently at Clover's shoulder, all swivelled their heads in my direction.

It was only as I descended the stairs that I realised Mrs Peake and the girls were there too, lurking in the shadows further back along the corridor to the left of the staircase. All of them were staring in wonder and trepidation (and in Mrs Peake's case, disapproval) at the new arrival. Hattie in particular was gaping at Mayla as if she was some rare and exotic creature.

As soon as she saw me, Mayla rushed forward, and was only prevented from ascending the stairs by Hawkins, who stepped in front of her and raised a hand. Tilting her head to peer around him she said, 'I got something for you, Mr Locke. And mighty glad I'll be to get rid of it too.'

I saw Hawkins tense, even take a half step forward, as she lifted the outer layer of her voluminous skirts and began to root among the folds.

'It's all right, Hawkins,' I said, knowing what she was going to produce and thinking how ironic it was that, having looked for the heart for so long, all I could feel at this moment was anxiety, trepidation.

As expected, Mayla's hand emerged clutching the obsidian heart. Clover gasped and I saw Hawkins' shoulders stiffen in surprise. As if she couldn't bear to possess it any longer than she had to, Mayla gave a flick of her wrist and suddenly the heart was arcing through the air towards me.

I knew I would catch it, and I did. In fact, I'm pretty sure I could have done it with my eyes closed. The heart smacked snugly into my palm as if connected to me by a length of elastic. The instant I closed my fingers around it I felt something I hadn't felt for the past three months, but which all the same was as familiar and comfortable and natural to me as breathing. It was a sense of completeness, affinity. It was the unshakable notion that I was part of the heart, and it was part of me.

My *drug*, I thought, and wondered if the feeling was unique to me or whether *anyone* with a prolonged connection to the heart would feel the same. Did it exude an influence, maybe even a chemical, which linked you to it? Was this, for the heart, a symbiosis of convenience? Maybe the thing was just a kind of vampire that intoxicated its chosen victim and created dependence within them?

All I knew for sure was that as soon as the heart was back in my possession I felt strong again, full of energy. Descending the last few steps into the hallway I held up the object as though it was a holy relic.

'Where did you get this?'

Hawkins moved aside so that Mayla and I were face to face. Eyeing the heart warily, she said, 'Mr Hulse gave it to me.'

'Hulse?' said Clover. 'And where did *he* get it from?'

All at once it came to me. 'The crowman's shop,' I said. 'Tempting Treats. My guess is that it's just come into his possession. Am I right?'

Mayla nodded.

Clover looked at me curiously. 'How did you know that?'

'Stands to reason. What would have been the point of Lyn drawing the place to my attention otherwise?'

The face that Clover pulled showed she didn't know

how to even *begin* to answer that question. I could hardly blame her. None of us knew who or what the version of Lyn that sometimes appeared to me was. She couldn't be a ghost, because the real Lyn was still alive. All I could say for sure was that she was some kind of guide, one who occasionally popped up to point me where I needed to go.

I wondered how the heart had found its way to Hayles' shop, and from where and who it had come. Had it simply turned up in a load of house-clearance junk, or could it be that a future version of me had left it there knowing that that was where I'd find it?

Could that even work? It seemed like an impossible loop. A chain of events in which the heart was basically conjured into being from nothing, or at least from not much more than the mind-boggling machinations of time. And even if such a thing *could* work, where did that leave my future self? Wouldn't leaving the heart in Tempting Treats for me to find mean that the future me would be stranded in this time period?

'Why didn't Mr Hulse deliver the heart to Mr Locke in person?' asked Hawkins, breaking in on my thoughts.

Mayla was still looking at me, as if I was the only one who was speaking. 'He said there were dogs on his tail, but that he'd try to draw them off.'

'Dogs?' said Clover, alarmed.

Hawkins' voice was stern. 'Were you followed here, girl?'

For the first time Mayla looked away from me, her dark eyes fixing on Hawkins. 'Maybe. I don't know. There was a shadow...'

'What shadow?' said Hawkins irritably. 'What do you mean?'

Mayla gave an almost sulky shrug. 'A half-dozen times on my way here I thought there was someone behind me. But when I turned to look all I saw was the moon above the rooftops. Twice, though... I don't expect you'll believe me, but twice I saw a shadow pass across the face of it.'

Clover and I glanced at each other, but Hawkins, still scowling, said, 'A cloud, you mean?'

The look that Mayla flashed him was impudent and contemptuous.

'Weren't no cloud. I know what a bleedin' cloud looks like, don't I?'

One of the girls – Florence, I think – gave a gasp at Mayla's language.

Keeping my voice low so that neither Mrs Peake nor the girls could hear, I said, 'The Wolves are coming. We need to get the innocent out of harm's way.'

The innocent. Although I'd never used it before, the phrase slipped easily off my tongue. It spoke volumes about what I thought of myself. I wasn't 'innocent'. On the contrary, I was riven with guilt. Some might have said I was a victim of circumstance, but I couldn't forgive myself quite so easily. Not only was I guilty of killing McCallum, for all that he'd engineered his own demise, but I also had the blood of others on my hands: Horace Lacey; all those who'd been in Incognito on the night of Tallarian's attack; the two men who Hulse had assigned to keep watch on the Thousand Sorrows – all of them people whose lives wouldn't have been cut so brutally short if they hadn't intersected with mine.

I didn't want Mrs Peake, the girls and Mayla to likewise

become collateral damage. And neither did I want anything to happen to Clover and Hawkins, for all that they saw this as their battle too.

Mayla's eyes narrowed at my words.

'The Wolves?' she repeated. 'Who the bleedin' hell are they?'

'Bad people,' I said shortly, and turned to the group huddled in the corridor. 'Mrs Peake, will you take Mayla and the girls to the kitchen and give Mayla a hot meal? Lock yourselves in and don't come out until I tell you it's safe.'

Mrs Peake opened her mouth to protest, but I held up a hand.

'Please don't argue, there isn't time. Just believe me when I tell you that this is for your own good.'

Mrs Peake pursed her lips, then nodded. Stepping forward she beckoned Mayla with a crooked finger.

'Come along, girl.'

Mayla, though, stood firm. Tossing her head contemptuously, making her black curls tumble and ripple about her shoulders, she said, 'Don't "come along" me, missis. I ain't one of your serving girls.' She jabbed a finger in the direction of the heart. 'That thing attracts trouble, I know it. And I ain't sticking around to face it when it comes.'

'It's a bit late for that,' I said. 'Step out of this house and you'll be dead for sure.'

Mayla looked defiant, but I saw fear in her eyes.

'And if I stay here I'll live. Is that it?'

I hesitated, then lowered my voice so that only she could hear.

'I can't promise anything. But if you stay out of sight and keep quiet, you've got more of a chance. Please, Mayla.'

She looked me in the eyes for a long moment, and then nodded. It was a relief to watch Mrs Peake and her entourage disappear along the corridor. I could only hope that by staying out of sight they'd be beneath the Wolves' consideration and would therefore remain safe.

I also hoped, although with less confidence, that I'd likewise be able to persuade Clover and Hawkins to make themselves scarce before the Wolves arrived. Predictably, though, as soon as I suggested to Clover that she take Hope up to the attic and hide there, she shook her head.

'No way. I'm not leaving you and Hawkins to face them alone. Look what a mess you got into when you went off to Limehouse without me. This time we'll do it together. We're a team.'

'You really think they'll give a shit about that?' I said. 'Besides, I'm not suggesting that Hawkins and I face them without you. I want you *both* to be out of the way when they arrive. They've come for the heart and I'm going to give it to them – I'm not going to fight them.'

Their protests were immediate and loud – or at least Clover's were. Hawkins made his point with a shake of the head and a curt refusal to leave my side.

I told them, as briefly as I could, what had happened upstairs, and tried to convince them yet again that I was the only one the Wolves might not kill. Clover, though, argued that the second the Wolves had the heart they'd have no further use for me.

'All the more reason to keep casualties to a minimum,' I said in frustration, but Clover shook her head.

'Why do you think I was brought to this time period?'

She jabbed a finger at me. 'It was to help you, you idiot, not to hide as soon as the going got tough.'

Before I could reply, Hawkins added, 'Miss Clover is right, sir. I can't believe that your future self rescued me from the gallows for no reason.'

'But maybe that reason was just to look after me when I got here,' I said. 'To rescue me from the fire, install me here, nurse me back to health. Or maybe he did it – I did it – just because I had you in my memory and didn't want to risk changing the past.'

Clover scowled almost aggressively. 'It doesn't matter what you say, Alex. You can't get rid of us. Whatever happens, we're staying right by your side.'

Under other circumstances I might have laughed, but at that moment I just felt pissed off. 'You're being childish. Not to mention selfish.'

Her eyes widened. 'Selfish? How do you work *that* out?'

'What if the Wolves turn up and Hope hears them and comes down and walks right into the middle of... whatever it is?'

She was silent for a moment, clearly deciding how to respond. Finally she conceded, 'Okay, fair point. But what if I—'

But all at once the time for discussion was over. Before she could finish her sentence there was an almighty thud and a sharp, splintering crack from the direction of the drawing room.

A split-second glance ricocheted between us, then we were running towards the source of the sound, me in the lead, Clover and Hawkins just behind me. As I entered the drawing room, I subconsciously raised the heart as though it was a shield or a weapon, my eyes darting this way and that as I tried to cover every corner, every angle.

All seemed normal and undisturbed: the Christmas tree untouched in the corner, the ornaments intact on the shelves and tables, the pictures still hanging on the walls. My brain was already replaying the sound I'd heard – it had reminded me of something, and as I glanced towards the thick red curtains I realised what.

One Saturday morning, a year or so ago, a bird had flown into the glass doors of the balcony of my Chiswick flat. It hadn't broken the glass, but it had made a hell of a bang – loud enough to make me jump and Kate to burst into spontaneous tears. The bird hadn't injured itself (when I investigated, expecting to find it dead or stunned, there was no sign of it), but it had left a ghostly smear of itself on the glass. The noise I'd heard half a minute ago had sounded like that – except whatever had hit the window this time had been much heavier than a bird.

I crossed the room quickly, aware of how vulnerable Victorian houses were compared to their twenty-first century counterparts. There was no double glazing here, no elaborate locking systems, no burglar alarms. I knew such things wouldn't have proved a barrier to the Wolves of London in any case, but that was hardly a comfort.

Choosing a window at random – it was one of the central ones – I grabbed one of the heavy damask drapes that kept out the cold, and yanked it aside. The snow that blanketed the land glowed a deep minty blue in the moonlight. There was no fog this evening; in fact, I couldn't remember when I had last seen the sky so clear.

I'd chosen the right window. The glass was bisected top to bottom by a crack that looked as if it had been drawn on by a black marker pen. In the centre of the crack was a silvery star ringed with concentric circles, where the glass, absorbing the impact of whatever had hit it, had splintered along myriad tiny fissures, but held.

I leaned over the windowsill, looking out. Clover, beside me, did the same. Lying on the snowy ground under the window was a dark spherical object, like an out-of-shape football. I realised what it was just as Clover gasped.

It was a human head, the mouth open in a slack yawn, the eyes like grey, glazed marbles. The face, thin and bony, was that of an old man or woman – death had rendered it sexless, and the sparse hair, clumped with snow, which straggled across the features, made it even more difficult to identify. Although I couldn't see it clearly, one side of the face looked dented and discoloured, I guessed by its impact with the window. As my stomach curdled in shock and revulsion, I found myself wondering if the head belonged to one of the men who were supposed to be watching the house, and who were conspicuous by their absence. And then Hawkins, who had ghosted in to stand on my right, murmured, 'Poor Mr Hayles.'

As soon as he said the name I recognised the dead face, and felt ashamed I hadn't done so straight away. Of course! This was the old man from Tempting Treats, who Hawkins and I had visited only a couple of days before. Although I wasn't the one who had killed him, I couldn't help feeling that his death was yet another I was responsible for, another splash of blood on my hands.

'Bastards,' I muttered, reeling away from the window and letting the drape fall back into place. Cutting off the man's head and using it as a projectile was a barbaric act, one designed to intimidate and destabilise us. Although it was hard, I knew I had to try and detach myself from my own guilt and horror. I had to focus my mind and be ready for whatever might happen next.

What *did* happen was that we heard a scratching sound, like claws on stone, from somewhere above us. I went cold, my eyes turning instinctively up to the ceiling.

Had the fuckers got inside while our attention was diverted? Were they in Hope's room even now? Was the Sandman looming over her bed, sand pouring from his mouth and eye sockets as she gaped up at him, too terrified to scream?

I could see that Clover had had the same idea. Her eyes widened and she went rigid, like a deer in the forest sensing danger, then she swung towards the door.

Hawkins, though, turned the other way. I saw him take a step towards the fireplace, tilting his head. We could still hear the scratching, echoing and ghostly. Then there came a softer sound and the fire crackled as soot trickled into it from above.

'It's in the chimney,' Hawkins said.

It was true. The scratching wasn't above our heads – it was coming from behind the wall above the fireplace. It was getting louder and closer as it descended. And accompanying it was a gentler but no less ominous sound: a beating or fluttering.

I jerked forward towards the metal fireguard that stood

loosely on the hearth as a barrier against sparks or chunks of dislodged coal.

'We need to block—'

But before I could act, or even finish my sentence, a wild, flapping shape burst out of the chimney in a cloudy cascade of soot and erupted into the room like a phoenix rising from the flames.

The new arrival was no radiant mythological creature, though. It was a ragged, tattered, squawking thing, black and trailing soot as if moulded from the grime of London itself. It was a crow, I realised. But was it *the* crow? Satan? The one that had belonged to the old man? Was it so attached to its owner that it had followed his killers all the way here? And if so, what did it want? Revenge? Help?

If I'd been thinking rationally, I'd have realised how ridiculous those questions were. But I wasn't. I was reacting to the situation, my thoughts pinging randomly in my head. The crow rose above us, screeching and darting. Each time it flapped its wings more soot sifted down like fine black snow. I'd never been scared of birds, but it struck me, even more than it had in the old man's shop, how much bigger and more primal a crow seemed in a confined space; how you couldn't help but flinch whenever it came near you; how much more wary you were of its stabbing beak and sharp claws.

Maybe I should have put two and two together. Maybe I should have realised there was more to this than met the eye. But the bird's appearance had caught me off guard – had caught *all* of us off guard – and it never occurred to me that the bloody thing was anything but what it appeared until Hawkins reached up towards it, as though to snatch it out of thin air, and it *changed*.

The transformation was lightning quick – *so* quick it was more an impression than anything; a vague after-image that lingered in the memory like an imprint of a childhood nightmare.

When I recall the incident now, what I 'see' is the bird expanding, stretching like a piece of elastic. But that makes the creature, and the shape it became, sound more solid than it actually was. Because what it *really* seemed like was an *absence*, as if reality had suddenly become two-dimensional; as if it had become nothing but a screen with an image of the room on it, and someone had slit that screen open and allowed the blackness behind it to come pouring through.

The microsecond it took for the slit to change again and to converge, to descend, on Hawkins, is even more of a blur in my memory. Trying to access it now is like trying to make sense of a distorted image in an out-of-focus photograph. What I 'see' in my mind's eye is the slit becoming a huge, black, guillotine-like blade, which sweeps down across Hawkins' body and then just as quickly withdraws from him. The next thing I'm aware of is Hawkins lying on the ground, several feet away from his right arm, which has somehow, impossibly, become detached from his body.

For several seconds after the attack I could do nothing but stare down at my friend in disbelief. Although his mouth was open and twisted in agony, his eyes bulging, his face so drained of colour he looked monochrome, he made no sound whatsoever. I can only suppose it was the enormity of what had happened that had silenced him. The pain and shock must have been so great they had overwhelmed his senses, his ability to think.

Blood gushed from the stump of his shoulder and spread across the carpet with such force it was like a living thing. Like some gelid, shimmering organism that seemed desperate to reach the limb lying inert several feet away, in the mistaken belief it might somehow find a way to reattach it to the host body.

Clover screamed and dropped to her knees beside Hawkins as if her legs had been cut from under her. She looked wildly around for a moment, then grabbed a cushion from the nearest armchair and pressed it against the gushing wound.

Whether at the pressure of the cushion or not, Hawkins' body went rigid, his back arcing like a bow, his heels digging into the carpet. He let out a gurgling gasp and his legs began to kick. Then his bulging eyes rolled back in his head and his chalk-white face went slack.

The black shape, meanwhile, flowed across the room like smoke or oil, shrinking and solidifying as it went. Tearing my gaze from Hawkins' body and Clover's frantic efforts to staunch the blood, I turned to see it compact down into a roughly human shape. When it moved to the half-open door of the drawing room and slid out into the hallway, panic spiked inside me, breaking through the numbness that had caused me to freeze and finally enabling me to move. I imagined the thing slithering like a vast black slug up the stairs to Hope's room, oozing under her door. Although I was desperate to help Hawkins, I knew my priority was to protect Hope, and so, after giving my friend one last agonised glance, I turned and ran after the creature.

Stumbling across the room, I tried to draw strength and comfort from the heart in my hand. I wondered if it would spring to life to defend Hope if the creature (and I could only imagine this was the shape-shifter I'd encountered in my own time) attacked her. Still half a dozen steps from the door into the hallway, I heard the familiar groan and creak of another door opening, and instantly I realised what the shape-shifter was doing. It hadn't left the room to find and threaten Hope at all. It had left the room in order to open the front door and let the other Wolves into the house.

I came to a halt, suddenly unsure what to do. I knew if I followed the shape-shifter into the hallway, the likelihood was that the Dark Man would demand I hand over the heart immediately. However, if I stayed here and waited for them to come to me, might there first be time to use the heart to somehow save Hawkins' life, as it had apparently saved Frank Martin after he was shot during the battle of Passchendaele – or would the delay put Kate at risk?

I may well have stood there like an idiot until the Wolves entered the room, unable to decide, if Clover hadn't barked my name. I turned to see her kneeling in Hawkins' blood, which now covered not only the bottom of her dress, but also gloved her hands and arms in slick, drooling redness almost up to her elbows. There were further smears and spatters on her white blouse, plus she had a blob on her chin and a thick streak on her forehead where she must have pushed a strand of hair out of her face. The cushion she'd been using was now so saturated it looked like an engorged and dripping internal organ.

As for Hawkins, he looked worse than ever, grey and

limp, his mouth hanging open. It was hard to believe he wasn't already dead.

Perhaps he was, but even so, Clover scowled and barked, 'Help me!'

I ran over and dropped to my knees beside her.

'Use the heart!' she shouted, letting go of the cushion with one hand to jab at it, flecks of blood flying from the tip of her finger.

'I don't know how,' I said.

'Just try!'

Before I could the door flew back, and with a grinding creak the Dark Man's spider-like conveyance edged sideways into the room.

I jumped to my feet and turned to face him, stepping in front of Clover and Hawkins to shield them. As the spider-chair advanced, it knocked over a small table, home to a Chinese vase, which toppled to the floor, breaking into pieces.

A couple of metres from me the spider-chair came to a halt, its limbs settling with a pneumatic wheeze. The thing sitting upright beneath the shroud of dark netting stirred feebly, like a sickly, newborn creature unable to break free of its placental sac.

I had no idea how the Dark Man had got here, but he hadn't come alone. As well as the oily, vaguely humanoid form of the shape-shifter, which oozed into the room behind him, he'd also brought Tallarian, who had to dip low to fold himself through the doorway, and whose fire-scarred flesh resembled a wax mask that had partly melted, then solidified.

It was none of these three, though, that grabbed my

attention. It was the smallest, most ordinary-looking member of the group that made me gasp.

It was Kate. My Kate. My little girl. Looking just as she had on the day she'd disappeared. She was even wearing the same clothes: green and red duffel coat buttoned up to her throat, jeans, white trainers with pink flashes. And of course she was also wearing her pink-framed spectacles – although her eyes, behind the lenses, were wide and teary with fear.

I fell to my knees, all strength, all resistance, draining out of me. I felt as though I was crumbling, as though my heart was melting. Tears shimmered in my eyes and I blinked them away, desperate not to lose sight of her even for a second.

'Kate,' I whispered. 'Kate.'

She was standing in front of Tallarian, whose long-fingered hand was clamped over her shoulder. It was this that prevented her from running to me when I raised my arms towards her; this and the fact that Tallarian's other hand was poised above her, glinting hypodermic needles projecting from the tips of his fingers.

I could see that my daughter's bottom lip was trembling. I could see that her fear and bewilderment were far outweighing any joy she might have felt at seeing me. I wondered how long it had been for her since her abduction. Months? Weeks? Days? Hours? The fact that she looked no older, no different, suggested the latter.

'Daddy,' she whispered. 'I don't like these people. I'm scared.'

Fury rushed through me then. Fury combined with an aching, overwhelming love, and an instinctive, primal desire to protect my beautiful daughter.

I wanted to rage at the Dark Man. Wanted to turn the full, destructive force of the heart upon him. But I couldn't let Kate see that. It would terrify her, scar her. I forced myself to smile, to speak softly.

'It's all right, sweetheart,' I said. 'There's no need to be scared. It'll all be over soon.'

The thing beneath the shroud stirred. The front of the black, net-like material bulged outwards, forming a point, and then the material slid away with a whisper from the Dark Man's blackened, mummy-like hand.

'Give it to me,' the creature rasped.

'No, Alex!' Clover said, but the future me's voice was louder and more compelling. Somehow, in some alternate future, this had already happened, and I had hesitated and Kate had died.

Perhaps she still would. Perhaps, once the Dark Man had the heart, he would simply kill us all. But it was a risk I had to take.

Stepping forward I placed the heart in his outstretched hand.

He gave a long, gurgling gasp of satisfaction and his fingers closed around the heart. He grasped it tightly as if he expected it to squirm and wriggle and try to escape. Behind me I heard Clover groan in despair. My eyes flickered towards Tallarian. He hadn't moved. Was he waiting for an order from his master? In my mind I heard the Dark Man hiss, *Kill her. Kill them all.*

'Now fulfil your side of the bargain,' I shouted. 'Give me back my daughter!'

I waited, breath held. What would he do?

His hand, still curled around the heart like a bird's claw, snaked back beneath the shroud, the black netting closing over it. Even now, with Kate only an arm's length away, I felt a pang of dismay at the knowledge that the heart was again slipping from my grasp.

And then, beneath the Dark Man's shroud, the heart came alive.

Without warning there was a sudden blaze of light – or maybe, more accurately, of energy that my mind interpreted as light. Certainly it wasn't light as you'd normally define it, but a kind of... purple-black effulgence. An eruption of unearthly, blistering power.

I staggered back from it. Felt it buffeting me, changing the air around me. This was the first time since I'd come into contact with the heart that it had acted independently of me, and oddly, mixed in with the wonder, the terror, even the exhilaration at what was happening, was a sliver of... envy, of jealousy. In that moment, stupidly and inappropriately, a tiny part of me felt like a husband who has just watched his wife kiss another man on the lips.

Even the fact that the heart was *attacking* the Dark Man rather than obeying him didn't entirely temper the feeling. And there was no doubt that it *was* attacking him, because the instant it came to life he released an appalling, piteous scream.

I had no reason to feel anything but hatred for the Dark Man, yet the sound he made was so gut-wrenchingly awful I found it almost unbearable to listen to. My instinct was to try to intervene, to implore the heart to stop, to show its victim some mercy.

But I didn't. Fists and teeth clenched, I stood by and endured it, and watched.

After bursting into life, the energy emanating from the heart didn't continue to radiate outwards, but instead seemed to turn back in on itself – or rather, back in on the Dark Man. It engulfed him like a swarm of devouring insects. His screams grew shriller, more inhuman, as the dark energy of the heart lit the shroud from within, turning it semi-transparent. Beneath it I could see his emaciated form, already twisted by age or illness, writhing and thrashing in agony.

Tearing my eyes away, I looked at Tallarian, alarmed by the prospect of how he might respond to the torture being inflicted on his master. Would he panic and kill Kate? Would he be distracted enough for me to snatch her from him? But even if I *could* snatch her, how would I be able to defend her and myself if he lunged at us, syringe fingers extended?

Within seconds I realised my questions were irrelevant. Horrified, I saw that both the Surgeon and my daughter were becoming indistinct, losing shape, their outlines blurring and running together like a watercolour left in the rain. What was this? Some visual distortion caused by the energy pulsing from the heart? Or was leakage from the heart affecting them even as it destroyed the Dark Man?

'No!' I shouted, and leaped forward, intent on yanking Kate out of harm's way. Clover, though, grabbed the jacket I'd put on over my nightshirt and pulled me back.

'No, Alex!' she yelled. 'Don't! It's not her!'

My impulse was to swing round, lash out, try to break

free of her grip – then I realised what she was saying. I froze, took another look at Tallarian and Kate. Clover took advantage of my indecision and wrapped her bloody arms tightly around me.

'It's a trick, Alex,' she said. 'Don't you see? That's not Kate, it's the shape-shifter. In fact, it's not even the real Tallarian. They're both part of the same thing.'

At once I realised what Clover was telling me was true. Exposed to the heart energy the two forms were losing integrity, running into one another like melting tallow. It was like watching a detailed waxwork display exposed to the heat of a blast furnace. Kate and Tallarian were losing texture, colour, reducing to a kind of black, primordial gloop, which in turn was shuddering, squirming, as it became increasingly shapeless, like a salted slug in its death-throes.

I didn't know whether to feel relieved that this wasn't Kate or dismayed that she was as far away from me as ever. I didn't know how to feel about the Dark Man's plight either. Subject to the full force of the heart's power, the death of this creature, who for whatever reason had invaded my life and picked it apart piece by piece, now seemed imminent, inevitable.

Given all he had put me through, it hardly seemed possible. Was I *really* watching his last moments, or could this be a trick too? The Dark Man had been my (often anonymous) nemesis for so long it was hard to believe I was watching him die. And yet here he was, his screams having dwindled to gasps and whimpers, his body beneath the illuminated shroud crumbling, collapsing like ancient bones.

Less than ten seconds later he was even less than that. The shroud sunk in on his ashen remains as the dark and terrible effulgence from the heart, having done its work, faded and died.

The gloop on the floor, like a patch of oil given rudimentary life, continued to shudder and spasm as if in pain, or in a vain attempt to reform itself. There was no sign whatsoever now of the black, almost primordial form of whatever off-shoot of the shape-shifter had let the Dark Man into the house and that had been standing on the other side of the spider-chair. Distracted by everything else that had been going on in the last few minutes I'd lost sight of it. Perhaps it had broken down more quickly than the more elaborate forms of Tallarian and Kate, and been absorbed into the larger form?

Clover's arms around me loosened, but they tightened again as I took a step forward.

'Careful, Alex,' she said. 'It might still be dangerous.'

I realised she thought I was about to tackle what remained of the shape-shifter, though what she expected me to do to it I have no idea.

'It's all right,' I said. 'I'm not going near that thing. I've seen what it can do.'

The shape-shifter shuddered again, as though it had heard me, then its body suddenly elongated, stretching out like a snake. Clover yelled in surprise and jumped back, almost pulling me off balance, as the thing flexed, then shot past us. I caught a glimpse of it flowing across the floor, past Hawkins' motionless body, up the wall and into the flue of the chimney above the still crackling fire. Then it was gone.

'Shitting thing,' Clover said. 'Good riddance.'

Although her words were defiant, her voice was shaky. Feeling shaky myself, I stepped forward, grabbed the edge of the Dark Man's shroud, and, wary of the possibility that he may have one last, unpleasant surprise for me (maybe the spider-chair was booby-trapped?) I pulled it away.

Nothing happened. The Dark Man was nothing but ash and a few brittle, grey bones, in the middle of which, like a black bomb, sat the heart. Grimacing, I reached across and picked it up, holding it gingerly between my thumb and forefinger as I wiped the dust of its latest victim, which dulled its surface, on my jacket sleeve.

'Alex,' Clover said from behind me, her voice urgent but still shaky.

I turned. She was kneeling beside Hawkins again, one hand resting lightly on his chest.

'Use the heart. Now that they're gone.'

'How?'

'I don't know.'

I dropped down beside her, my knees squelching in blood.

'Is he dead?' I asked, looking into Hawkins' face, into his glazed, half-open eyes.

'I don't know. I think so. But you can bring him back, can't you? You brought Frank back. He told me.'

I had no idea what to do, but I had to try. Tentatively I put the heart against Hawkins' chest, against his own heart. Nothing happened. Both hearts remained silent, inactive.

'Come on,' I muttered. 'Come on.'

'Hit him with it,' suggested Clover.

'What?'

'Hit him with it. Like you're giving him CPR. Like you're trying to get his heart started again.'

'I can't hit him with this. I'll break his ribs.'

Her voice splintered. 'What does it matter? He's dead. You have to try, Alex. You have to fucking *try*!'

I tried. I hit Hawkins in the chest. Then I did it again. Again. Something cracked.

'Come on,' I muttered. 'Come on.'

I tried again. Again. Again.

'Come on.' I started to chant it. 'Come on. Come on. Come on.'

Bitter tears of rage, frustration and grief welled up in me, spilled out of my eyes, down my cheeks.

'Come on. Come on. Come on.'

Clover was crying now too, her face wet and red, her body hitching.

'Come on. Come on. Come on.'

I don't know how long I tried for. Twenty minutes. Half an hour. But nothing happened. The heart didn't respond. Hawkins stayed dead.

In the end, the strength draining out of me, I slumped forward over my friend, the man whose life I had once saved, and who had saved mine in return. I opened my hand and the heart, nothing but a black stone now, heavy and inert, rolled out of it and into Hawkins' blood on the floor.

'You can't give up,' Clover said, but I could tell by her voice that she knew it was hopeless. 'Alex, you *can't*!'

'It's too late, Clover,' I said. 'He's dead. We've lost him.'

She reached for me, and, clinging together, we wept.

NINETEEN

HEART TO HEART

Hawkins' funeral was a small affair. To reduce the risk of being identified in public as a convicted murderer who'd mysteriously absconded from a condemned cell the night before his execution, he was a man who had kept a low profile, and so for that reason the only mourners gathered around his graveside five days into the New Year were me, Clover, Hope, Mrs Peake and the three girls. Mrs Peake surprised me by weeping bitterly throughout the ceremony. After it was over we trundled silently back to the house in a couple of carriages through wet, muddy streets still streaked with dwindling patches of grey snow.

The house had been like a mausoleum since Hawkins had died, cold and mostly silent, the adults drifting around one another like ghosts. For the first few days I'd busied myself by examining and then – with the aid of Frith and a couple of others, all of whom had been paid a handsome bonus to keep schtum – dismantling the Dark Man's spider-chair. I'd hoped to learn something of his nature, something that might give me an advantage over the existing Wolves, or an insight into Kate's true whereabouts, but the conveyance turned out to be simply a machine composed of steel and pistons and cogs. Ingenious, yes, but nothing that couldn't have been conceived and knocked up by a forward-thinking engineer or mechanic.

Once the spider-chair had been broken down and taken away I'd had the carpet – which had been saturated with Hawkins' blood right through to the floorboards – ripped up and replaced. Though even after the floorboards had been scrubbed and the new carpet laid I'd still caught the occasional coppery whiff of blood on the air.

It was all in my imagination, of course. What I was really smelling was my own guilt. I felt wretched about the fact that I'd been unable to save Hawkins, or bring him back. I blamed myself, told myself he was dead because I hadn't cared enough about him. Clover, during one of our rare murmured exchanges, told me that that was bollocks, said that maybe nothing had been able to save Hawkins, and that maybe it was simply his time. I couldn't be swayed, though. I was haunted by the thought that he was dead because of me. And the fact that a future version of me had rescued him from his condemned cell and gifted him a few extra years of life did sod all to ease that conviction.

Foregoing the tea and sandwiches and little cakes that Mrs Peake had laid on for after the funeral, I sloped away and installed myself in the armchair before the fire in the drawing room. It was here where I'd been spending most of my time, brooding and thinking, since all trace of the Dark Man's visit had been eradicated. The Christmas tree in the corner was like a mockery of happier times; it turned my stomach just to look at it. But we'd left it up for

Hope's benefit, thinking, rightly or wrongly, that if it had disappeared along with Hawkins, she might subsequently associate Christmas with death – assuming, of course, she was still with us twelve months from now.

After stoking up the fire I sat back, staring into the flames. Now and then my eyes strayed to where the shape-shifter had slithered around the upper lip of the fireplace and up the flue like an oily snake. Several times over the past few days I'd wondered whether the thing was still up there, licking its wounds, biding its time. I'd become so obsessed by the idea that yesterday I'd got down on my hands and knees, lit a match and stuck my head up the chimney. As I'd done it I'd thought about how people in horror films always seemed such dicks when they did stuff like this. If I was a viewer I'm sure I'd feel I *deserved* to have some monstrous, tentacled thing rush at me out of the darkness, piranha jaws stretched wide to devour my face.

In my defence I did grip the heart tight in my left hand while raising the match in my right, hoping that if the shape-shifter *was* up there, either it would sense the heart's proximity and keep its distance or it would attack and the heart would protect me. As it happened, the chimney seemed empty of everything but soot – not that I found that reassuring. What if the shape-shifter was higher up than I could see, hidden in the darkness? Or what if it had crawled back out of the fireplace while the room was empty and was now somewhere else in the house, disguised as a lamp or a pot plant or one of Hope's dolls?

Obsessive thoughts, I know, but I couldn't help myself. The irony that the Dark Man's death had made me more paranoid than ever wasn't lost on me. Slumped and introspective in front of the fireplace by day I'd taken to prowling the house by night. I carried the heart with me at all times, in the hope it would alert me to danger. Although I'd known the Wolves had been capable of it, the ease with which they'd invaded my home and killed Hawkins had shaken me to the core. And the fact that their leader (I *assumed* he was their leader) was dead – or at least, the decrepit version I'd met in *this* timeline, which didn't mean there couldn't be younger, more vigorous versions in other timelines – proved to be no consolation at all. In fact, it made me more afraid for Kate's welfare than ever. If the Wolves were leaderless, in disarray, would that improve her chances of being released or put her into greater danger? What if the Wolves wanted revenge for the Dark Man's death? Or what if his immolation had finally proved to them that they and the heart were incompatible, that any further attempt to seize ownership of it was futile, and that Kate was no longer of any use to them?

I wasn't exactly a stranger to dark thoughts, but the ones that swirled in my head in the days after Hawkins' death were among the blackest I'd ever known. I felt rudderless, unsure what to do next. I felt as if I was becoming obsessed by my own fears, and as a result was isolating myself from the world around me.

There was a knock on the drawing-room door. I scowled into the fire, hoping that if I ignored it, whoever was there would get the hint and go away.

The door opened and I sighed, but still I didn't look up. Footsteps came towards me, soft on the carpet. I hunched down further into my armchair, focusing on the dancing flames. Then I pictured the shape-shifter in its most basic form – black and oily and vaguely humanoid – moving across the room towards me, intent on revenge, and that was enough to make me turn and look up.

'I come bearing gifts,' said Clover.

She had a cup of tea in one hand and a slice of cake in the other.

'I'm not hungry.'

Undeterred, she crossed the rest of the distance between us and placed the tea and cake, with a tinkle of bone china, on the hearth. Then she lowered herself with a rustle of bombazine (she was still wearing her floor-length mourning dress) into the armchair opposite me and gave a dismissive flap of her hand.

'Whatever. I'm not really here to feed you. We need to talk, Alex.'

'I'm not in the mood.'

'So you've given up on finding Kate, have you?'

She paused, and when I didn't reply she said airily, 'Yeah, you're right, it's probably a waste of time. Might as well just forget about her and get on with your life.'

That stung. I gripped the arms of the armchair, digging my fingers in.

'Fuck off! Do you honestly believe I don't think about her every minute of the day? But I can't see a way forward. Can't see a way of finding out where she is.'

'You could use the heart.'

'How?'

'I don't know, do I? I'm not its keeper. But we know

271

that in certain circumstances it responds to you. Maybe you should be putting your energies into trying to... I don't know... communicate with it, get it to show you the way.'

'It didn't respond to me when I wanted it to save Hawkins.'

'No,' she conceded. 'But like I said, maybe it couldn't. Maybe Hawkins is no longer part of the story.'

'Story?' I scoffed. 'This isn't a story, Clover. These are *lives*. Messy, complicated, unpredictable lives.'

'But everyone's life is a story. Everyone has a beginning, a middle and an end.'

I grunted.

Leaning forward, she fixed me with an intent look, as if she was trying to hypnotise me, impose her will on mine.

'I would have thought you, of all people, would concede to the notion of destiny, Alex. Don't you think it's at least possible our lives are mapped out for us?'

I stared back at her. 'If they are, then who's to say it isn't the will of God, or Allah, or old Father Time, or whoever, that I sit here and...'

'Sulk?' she said.

I scowled. 'Don't try to goad me, Clover. My point is that, going by your argument, we can do no wrong, because whatever we do is only what we're *meant* to do. According to that way of thinking, our thoughts, our decisions, our mistakes, aren't *ours* – they're just planted there by... by fate, or a higher force.'

Now it was me who wafted a hand dismissively.

'But seeing as you're asking, then no, I *don't* believe that. I don't believe in destiny. Maybe once I might have considered it as a possibility, but not any more. Life is too much of a fuck up. Which means this conversation is irrelevant.'

She responded with a half-smile, as though pleased with herself for drawing even this much out of me.

'Go on.'

'Go on where?'

'Let's talk about this properly. Destiny versus free will.'

'Why?'

'Because I think it's important.'

I sighed, though in truth it was something I'd been thinking about a lot over the past few days. Although we'd discussed the circularity and inconsistency of time travel numerous times before, most of our previous conversations on the subject had been sketchy, guarded, hypothetical. For various reasons we hadn't yet discussed the circumstances surrounding Hawkins' death – partly because we were too shell-shocked by what had happened; partly because I hadn't been willing to externalise what I saw as my guilt (despite Clover's insistence that I was blameless) any more than I had to... and partly, I admit, because, purely and simply, I was scared of digging too deep.

The fear I had of voicing the wildly veering thoughts in my head was almost superstitious. I had the notion that if I could keep those thoughts contained, all would be fine, but that once I started to give vent to them, to bring them into the open, it would be like... I don't know... like unleashing a swarm of voracious insects or a deadly virus.

I know how crazy that sounds, but what you have to grasp is that whereas time travel is a fun and exciting idea in books and movies, in reality it's terrifying. It shouldn't work. It *can't* work. It's impossible. And yet the fact that, regardless of that, it *did* work meant that I either had to accept and try to come to terms with a concept no human mind was designed and equipped to cope with, or go completely insane.

'All right,' I said, and promptly passed the buck to Clover. 'You first.'

I saw her draw herself in, saw her adopt the focused expression of a sportswoman about to run a race, or throw a javelin, or perform a high dive.

'Okay,' she said carefully. 'Well, we know, don't we, from what happened the other night, that small things can be changed? We know that a reality existed in which the Dark Man asked for the heart, and when you hesitated, or refused to give it to him, he had what you thought was Kate killed, which then created the... the emotional charge, I suppose, that the future you needed to travel back in time and warn the you of a few minutes earlier not to make the same mistake. But because you – the you that's sitting here now – was given that information, you *didn't* hesitate, and so the future was changed. You gave the Dark Man the heart and it killed him – and here we are.'

She paused, looking breathless, even fearful, which made me suspect, despite her goading, that she was also wary of stirring up whatever might be lurking in the pool of time. Already I felt as if my mind was bending and hurting, as I contemplated how, by changing the future, I'd created a paradox, an impossible situation, whereby, because the events that had forced the future me to travel back in time had subsequently been altered due to the future me's warning, it meant that the future me had no longer experienced them, and therefore had no reason to travel back in time to warn his/my past self to change them.

'So,' Clover continued, 'let's think about what this means. Is this reality now the *only* reality, or is there a reality running parallel to this one where you *don't* hand over the heart to the dark man and he carries on living?

'*Or* are there not just two realities, but lots of them? Are there, in fact, a multiverse of possibilities, where circumstances are constantly changing? Is reality like a tree, branching off in all directions, infinitely splitting into smaller and smaller shoots?'

Almost grudgingly I said, 'Even with what we know it sounds mad to say it, but... yeah, maybe. But that's not even the question we should be asking. What we *should* be asking is whether, because of what the heart can do, it's possible to travel *between* these alternate realities, if they exist, skip from one to the next like... like moving between lanes on a motorway.'

Both of us were silent for a moment, digesting the concept.

Then I said, 'Personally I think we can. Or at least I think whoever has the heart can.'

'Because of the crumbling heart that the Dark Man showed you, you mean?'

I nodded. 'Unless the Dark Man stole the heart from a future version of me, and was lying about owning it ever since the shape-shifter took it from me at the police station, he must be from an alternate timeline, one where I never got the heart back after ending up here and probably spent the rest of my life looking for it. In that timeline I might even have died in Tallarian's laboratory because Hawkins wasn't there to rescue me. But if that's true, then I'd never have *been* in Tallarian's laboratory in the first place, would I, because the future me would never have been able to resurrect Frank Martin, who would never have rescued me from the crypt in Queens Road Cemetery that Benny took me to? And so it goes. Take away the future and the past collapses like a pack of cards. *Unless*, as you say, there are a ton of alternate realities – what did you call them?'

'A multiverse.'

'Multiverse, yeah. If there's a multiverse, and if whoever has the heart can jump between them, then literally anything is possible, isn't it? It'd mean that different versions of this story could be played out over an infinite number of timelines, each of which could affect any of the others.'

I paused, my mind again boggled by the concept. Was this really the only way to make sense of things, to fit all the misshapen pieces of the puzzle together?

Certainly it was the only explanation *I* could think of, crazy though it seemed. The idea of an infinite number of mes living an infinite number of separate but interrelated lives was almost too massive an idea for me to get my head round. Yet at the same time it was an explanation, of sorts, for the impossible and contradictory tangle that my life had become. It was something, at least, to cling to.

Clover looked as though she was clinging to it too. Face pale above her high-necked mourning dress, she said, 'So where does that leave us?'

I shrugged. 'I don't see that it changes anything. However

many versions of us there might be, it doesn't alter the fact that *we're* still us, and that here, now, in this reality, we still have to do whatever we can to get Kate back and put things right.'

Clover turned away, staring into the fire.

'Or we could just mooch around and do nothing, let all the other versions of us from all the other realities, if they exist, take responsibility and do all the stuff the future you has set up.'

Frowning, I said, 'But if all the different versions of us thought the same way, nothing would get done anywhere, would it?' Then I realised she was having another dig at me for spending the last few days brooding, and gave her a wry smile. 'All right, point taken.'

She smiled back, then looked thoughtful again.

'If the multiverse *does* exist, do you think all the other versions of us are as clueless as we are?' Before I could respond she amended her question. 'Well, not clueless. Maybe that's a bit harsh. But do you think they're all winging it like we are? Or do you think there are other Alexes out there, future Alexes maybe, who've cracked how the heart works, and who can use it at will, zipping from one reality to another, shoring things up, papering over the cracks?'

I took the heart out of my pocket and hefted it in my palm. It was an interesting question. I'd always assumed *I'd* be the one to pay off Candice's debt, and buy this house, and rescue Hawkins, and befriend and resurrect Frank (I even carried a notebook with me in which I kept a To Do list of all the things I needed to set in motion in the future) – but what if it wasn't me? Or rather, what if it was a *version* of me from an alternate reality? Did that mean that all bets were off where not only my future actions but also my personal safety were concerned? Might that mean I could die here without it adversely affecting what had already happened, because an alternate version of me would take up the slack?

I didn't know. Again it was too mind-boggling a concept to take in.

Shrugging I said, 'I think we have to assume that we're *it*, because if we assume anything else we'll start to believe in superhero versions of ourselves who can cross realities at will, clearing up anomalies and righting wrongs, and that'll make us complacent.'

Clover narrowed her eyes and nodded slowly.

'Agreed. Because even if there *are* versions of you who are more adept with the heart than you are, it doesn't necessarily mean they've got an overview of the multiverse, and that they can hop about through time, from one reality to another, changing things at will, does it? Because if they *are* constantly changing things, then they become part of the reality, don't they? So they can't have an overview of something that's constantly in flux, because the particular timelines they're setting out to change won't actually exist until they go in there and change them...' She paused. 'Does that make any sense? It kind of did when I was thinking about it, but now I've said out loud what was in my head, I feel like it's kind of got away from me.'

I laughed. It was the first time I'd laughed since... well, since before Hawkins and I had set out to investigate the Thousand Sorrows in Limehouse over a week ago. I can't exactly say it felt good to laugh, but it was a step forward, I suppose.

'Tell me about it,' I said, jabbing at the fire with a poker and stirring the smouldering logs into life. 'Talking about this stuff feels like opening a safety valve and releasing the pressure that's been building in our heads. Now the pressure's *been* released I reckon our best bet is to shut the valve off again and just concentrate on our immediate problems, and on how to move forward.'

Clover gave me an appraising look.

'So you're ready for that now? To move forward?'

I felt a bit ashamed under her scrutiny.

'Yeah, I think so... Sorry for being such a selfish prick these past few days...'

She raised her hands. 'We all need a bit of space now and again. I haven't exactly been proactive myself.' She grimaced. 'There is one thing we've been neglectful of, though. Or one person rather.'

I felt another pang of shame. 'Hope?'

She nodded.

'Yeah, you're right. I need to spend more time with her. I'll take her to the park this afternoon. A walk in the fresh air will do both of us the world of good.'

Clover shook her head. 'I'm not sure she'll be up to that, Alex.'

'Why not? What's wrong with her?'

'Didn't you see her at the funeral? How sick and weak she was? She's getting worse. If she doesn't get proper treatment soon...'

She let the sentence hang, but it was obvious what she meant. If she didn't get proper treatment soon we'd lose her.

'I'll *have* to get the heart operational then, won't I?'

I said, aware that I was speaking as though the task was achievable through application alone; as though the heart was nothing but an old jalopy I was doing up for a trip to the coast.

'Do you think you'll be able to?'

'I *have* to. I've got no choice. I've already lost Hawkins. There's no way I'm going to lose Hope as well.'

TWENTY

SICK GIRL

Sitting at Hope's bedside I said, 'Do you remember when I told you about science, Hope? About what it was?'

Lying in bed, her eyes almost cartoonishly big in her hollow-cheeked face, she wrinkled her nose. Clover was right – her health *had* deteriorated. I hated myself for having taken my eye off the ball after Hawkins' death, for not having noticed that Hope had become increasingly listless and feverish. She had no energy to play with her toys, and no appetite, and though she bore it well she was clearly in pain. The flesh around the stump where the metal arm had been grafted on to her body was now looking not only red and inflamed, but alarmingly discoloured. The wound itself was crusted with a dried seepage that was part blood, part pus, and that had to be carefully cleaned several times a day. The seepage had a bad smell, which made me fear that gangrene might be setting in. I desperately hoped that we weren't already too late.

Hope's voice was weak and slightly husky. 'Yes. Science is when men find out things.'

I smiled and gently pushed aside several strands of her

damp fringe, which were stuck to her forehead.

'That's more or less right. Though it's not just men, it's women too. Science is all about discovery, about the advancement of human knowledge. For instance, inventing new machines to make it easier for us to do things – that's science. And inventing new medicines, and new ways of making us better if we're poorly – that's science too.'

She shifted in bed, trying to get comfortable, and I caught another whiff of the rotten odour emanating from her wound.

Quietly I said, 'For instance, if we could find a place where there were lots of men and lady doctors who had done so much science they could make your arm better, would you like to go there?'

Her eyes sparkled with eagerness or fever. 'Yes please.'

I felt a pang of disquiet, but tried not to let it show on my face. The reason I had given this little girl, who I had rescued from Tallarian's laboratory, the name Hope was because she had been the most positive thing to come out of that awful experience. The last thing I wanted, therefore, was to build her hopes up only to dash them again. But the truth was, I had no idea whether the heart would do my bidding or whether it would simply ignore me. *If*, however, I could get it to take us back to the twenty-first century, I wanted Hope to be as ready as she could be for the brave new world she would suddenly find herself thrown into.

'Good girl,' I said. 'I knew you'd be brave. So even if the place was very different to what you're used to, even if it was full of really bright lights and lots of strange and sometimes scary-looking machines that made funny noises, do you think that would be all right?'

Uncertainly she nodded. 'Of course. If the machines made me better.'

I held her hand. It was like a warm, damp rag full of fragile twigs.

'They *will* make you better, I promise.'

Trying to ignore the yammering voice telling me I had no right to make such a promise, I continued, 'Now, is there anything *you* want to ask *me* about this place before we go there? Anything you'd like to know?'

Her voice was tiny. 'Will you and Clover be there with me? I'm not sure I'd like to go on my own.'

I squeezed her hand as hard as I dared.

'Of *course* we will. We'll be there whenever you need us.'

Clover and I had briefly discussed whether to explain the concept of time travel to Hope, and had almost immediately discarded the idea. It would be hard enough for the girl to get her head round the dazzling and terrifying new environment she would suddenly find herself in, without having to take on board the fact that she'd travelled over a century forward in time as well.

Before coming to us, Hope had had no concept of numbers whatsoever, and bright, curious and quick though she was to latch on, it had taken her a good while to grasp the concept of time – of how seconds led to minutes, minutes to hours, hours to days, days to weeks, weeks to months, months to years. She'd been unable to understand how each month had a name, and how each day within that month had a name *and* a number that was unique to itself, and that, once it was over, would never reoccur.

It had been two days since Hawkins' funeral, two days since Clover and I had had our fireside chat. Since then I'd been locked away with the heart; I'd been, for want of a better word, *communing* with it. Not sure how else to go about it, I'd sat with the heart cupped in my palms and tried to impose my will on it, to let it know what I wanted, what I needed it to do.

Had it responded? I'm not sure. If it had it hadn't done so overtly. It hadn't burst into life, or changed shape, or communicated with me telepathically. On the other hand I'd been so intent on trying to communicate my desires that on a few occasions – and more often as time had gone on – I'd found myself slipping into a meditative, even trance-like state.

And on those occasions I'd dreamed.

I say 'dreamed', though in truth the experiences had felt more like visions. Maybe some of them had just been wish-fulfilment fantasies. It could even be that they'd all come from my subconscious, and not from the heart at all – but it had been encouraging, even so. If nothing else, it had at least *felt* like progress.

In some of the dreams (or visions) I'd found myself back in the desert. The heart, the one I'd forged – or dreamed I'd forged – with my hands from the vital stuff of the earth, from life and energy and something so primal, so unknowable, that the only word I can think of for it is 'magic', was a black speck on the white sand, an object so tiny that it seemed destined to sink back under the ground from where it had come, to be overlooked, ignored, even less than forgotten, having never been owned and treasured and lost and remembered in the first place.

In these dreams, or visions, I'd observed the heart, but I'd also *been* the heart. I was its spirit, linked to it eternally. I was aware of the centuries passing, of the world turning. I was aware of life evolving, adapting, of simple organisms becoming more complex and diverse with each generation. I was aware of life spreading from the sea on to the land, expanding to populate the planet. I was aware of the rise and fall of the reptiles, of cataclysmic climatic change, of continual death and rebirth.

And throughout it all I was aware of the heart, of how impervious and constant and infinitely patient it was, as it waited to be discovered.

Then finally, inevitably, it *was* discovered, and I was aware of it passing from hand to hand, of time slipping across it like a breath, like a soft breeze, impregnating it but never eroding or destroying it. Indeed, it was time that *strengthened* the heart, that stirred up the stuff it was made from and bonded with it. And I was aware that time was not set, not linear, not constant, that it was not a single fixed point across which events shifted constantly and evenly.

No, time was mutable, ever-changing; it was a world unto itself. A world in which the heart and its dependents could travel at will.

Oddly, I emerged from these dreams, or visions, both reassured and terrified. Reassured because they gave the heart a context of sorts, a history, something solid to cling to. But terrified because they suggested the heart was the most ancient, incredible, dangerous artefact ever created; even more, that it was a dispassionate and primal force, which attracted acolytes as a planet's orbit might attract minute particles of space dust.

But was *any* of this stuff actually true? I had no way of knowing. It could be that the heart was giving me an insight into its nature, as it had given a similar insight to million of guardians, or acolytes, that had gone before me. Or it could be that the whole thing was a load of flannel dredged up by my subconscious as a way of trying to come to terms with all the crazy, impossible things I'd seen and heard these past few months.

Whatever the answer, it didn't change the fact that the most important aspect, as far as I was concerned, was how the heart affected me – and *could* affect me – here and now.

Hope was still holding my hand, and now she squeezed it with all her strength, which admittedly wasn't much.

'I'll never be scared of anything ever again if you and Clover are with me. Not even the Sandman. When can we go to the place?'

I smiled to hide the nervousness, even the dread, I was feeling.

'There's no time like the present. Wait here and I'll get Clover.'

As I slipped my hand from hers and rose from the bed with a squeak of springs, I felt as if I was leaving my stomach behind. Would this work? And if it did work, how would it affect me? Using the heart had never failed to fuck me up physically; in fact, the effect had been accumulative. How many more times could I link myself to the heart before it killed me? Before it sucked so much out of me that my brain ruptured or my heart gave out?

Anxious as I was, I tried to console myself with the thought that *if* the 'evidence' was to be believed, and *if* the me that would later buy this house, rescue Hawkins, meet Frank Martin and pay off Candice's debts *was* actually me and not a visitor from the multiverse, then I'd still be around to use the heart in the future, and not just once or twice but lots of times. So did that mean I'd eventually get used to the heart's power? That it only made you sick until you'd acclimatised to it? Might it even mean that maybe, like a drug, you started to crave the buzz of it after a while?

As well as being worried for myself, I was also worried about whether Hope, in her weakened state, would be able to survive the trip. Again, though, I consoled myself with the apparent evidence I'd received so far that it only seemed to be the person directly linked to the heart, the 'driver' if you like, that was affected by its power. The last time the heart had brought me here, when I'd been clinging to the shape-shifter in the form of DI Jensen as the two of us had smashed out of the police station window, I'd lost consciousness, but hadn't suffered the same ill-effects I'd suffered on previous occasions. I could only guess this was because in this instance the shape-shifter had been the 'driver', whereas I'd just been along for the ride. As to *why* the heart had obeyed the shape-shifter and not me – and then later, presumably, the Dark Man – when, by killing McCallum, I'd apparently taken on the role of its new guardian, I had no idea. But that wasn't a question that concerned me right now.

I opened the door and stepped out into the darkened corridor, to find Clover sitting on the floor a few feet away, her back against the wall, her apprehensive face glowing with yellow light from the wall-lamp above her.

'We all set?'

I gave a brief nod.

She rose to her feet and puffed out a quick, hard breath, as though bracing herself for the ordeal to come. She was wearing jeans and a blue short-sleeved top beneath a black, hooded jacket – after all this time it was weird to see her in modern clothes again.

She reached out and clasped my hand. 'Okay, let's do this thing. Let's make like Marty McFly and head back to the future.'

There was stuff we were leaving behind, loose ends left dangling – my various business concerns; the Sherwoods – and at first that had bothered me. With Hawkins dead, who would look after things while I was away? Who would keep the Sherwoods out of the clutches of the Wolves? How would I build my relationship with them?

But then I realised that with the heart I needn't worry about such things. Because once I learned how to use it, and to control or even allay the side effects, I would have mastery over time. Time wouldn't carry on without me. My life wouldn't unravel while I was gone. Because I *wouldn't* be gone. As long as I made a note of the date I could travel back here whenever I liked, simply pick up where I had left off.

Forcing my facial muscles into a smile, I led the way back into Hope's room. I saw Clover flinch at the smell, then she became brisk, business-like.

'Right then. Where do you want us?'

I sat on the bed beside Hope, who was looking at me

with dulled, unquestioning eyes, and clasped her limp left hand in my right one.

'I want you to hold on to my hand as tightly as you can, Hope, okay?' I said – though I had no intention of relinquishing my grip on her if I could help it. 'Hold tight, and whatever happens, don't let go.'

I half expected her to ask why, but even in the minute or so I'd been out of the room she seemed to have become too sleepy or feverish to care. She gave a woozy nod and I felt the pressure of her hand increase a tiny bit in mine, which at least showed she understood what I'd told her.

As I drew the heart from my pocket I told Clover to sit on the bed to my left and hold on to my arm. She did so, pressing herself tightly against me and wrapping both of her arms around my upper arm, as if we were about to take a ride on a roller coaster.

'Now what?' she said.

'Now I need you to be quiet so I can concentrate.'

Nervousness made my response more brusque than I'd intended, but she didn't take offence. She nodded and closed her eyes and pressed her face into my shoulder.

The light in the room was dim. The house was silent. Beyond it, faintly, I could hear the static-like ebb and flow of wind through the upper branches of the leafless trees in the garden. The sound was not distracting but soothing; it helped my concentration rather than disturbing it. It made me think of a mother's blood coursing through her body, of nutrients rushing through her system, feeding the baby in the womb. But who was the baby? Me or the heart? Or were the two of us entwined, indistinguishable from one another?

I held the heart loosely in my palm and stared at it. I stared until my eyes became unfocused, until the black object seemed to lose solidity, to become a mass of darkness, its edges blurring into shadow, its surface swirling like oil. As my concentration deepened, turned inward, I became aware of my breathing, slow and steady, and of the weighty, sonorous thump of my pulse in my arm, my hand, my eyes. As I continued to stare at the obsidian heart, it seemed not only to pulse in time with my own heart, but to become warm in my hand.

I communicated my thoughts to it, told it what I wanted, what I needed. I ordered it to obey me; I begged it to obey me; I pleaded with it to help me. My surroundings darkened. I narrowed my eyes to close out everything but the heart. I hunched forward, aware of nothing but the pulsing mass of darkness in my hand. The heart seemed to be drawing shadows to it as a flue draws smoke. I hunched over until I was bent almost double, losing myself in the darkness. If Hope and Clover were still beside me, still connected to me, I wasn't aware of them. I closed my eyes, pressed my forehead against the heart.

Please, I thought. I might even have whispered it. *Please. Please.*

There was no sense of displacement. No sense of the world shimmering or shifting around me. The first indication that things had changed was when I heard Clover gasp. I was still hunched forward, my eyes tightly shut. When I eased them open, they became flooded with red – the effect of sunlight shining through my eyelids, illuminating the blood vessels. The next thing I knew, my mobile phone, which I'd retrieved from beneath a pile of underwear in my chest of drawers, where it had been lying inert for the past three months, came alive in my inside jacket pocket, vibrating like crazy as messages started to come through.

'We're back,' Clover breathed, her grip on my arm tightening. Her voice became louder, more excitable. 'Oh my God, we're back! You've done it, Alex!'

I could hear traffic now, coming from outside. Slowly I felt my senses returning, my body settling back into itself. I tried to fully open my eyes, but the light was too harsh. I squinted, trying to acclimatise.

'Back?' I said, and felt a spasm of alarm. 'What about Hope? Is she—?'

'She's here too! We're all here!' Clover laughed. 'I think you've cracked it, Alex! How are you feeling?'

How *was* I feeling? I was feeling... okay. No, better than okay. I felt euphoric. Triumphant.

My phone stopped vibrating. I opened my eyes, saw Clover's face shimmering in the sudden daylight.

I grinned at her. 'I feel—' I said – and that's when it hit me.

A colossal, crushing force of sickness and pain. It smashed down on me like a wave, engulfing me completely.

Somewhere within it I was vaguely aware of falling, of Clover screaming my name.

Then the world convulsed, as if the ground had given way, and I was swallowed by blackness.

TWENTY-ONE

THE VISITOR

I came to suddenly, as if I'd been switched back on. The period between the crushing pain that had caused me to pass out and the moment when I'd snapped back awake was nothing, a void; it was like I'd been cut from reality for a while, then pasted back in. Even so, I woke gripped by a sense of urgency, and with a name on my lips, as if my subconscious had been beavering away behind the scenes while I'd been gone.

'Kate.'

My voice was clogged and muddy, as if dredged from my throat by metal hooks. The pain made me grimace, made my body shift slightly as my muscles tensed. This in turn gave me a sense of where I was – lying on a firm mattress, my head supported by pillows – and also made me realise it wasn't just my throat that hurt; it was all of me.

I winced and groaned as multiple aches awakened in my body. I felt as if I'd been through an almighty workout; there wasn't a bit of me that wasn't affected. My throbbing head felt like a boulder I couldn't raise. My chest ached as if I'd been punched repeatedly in the sternum and ribs.

I became aware of movement to my left: a rustle of fabric, a shifting of light.

I tried to turn my head, but pain crackled in my neck and lanced up through the back of my skull. When the pale blandness of the ceiling above me was obscured by a creeping smear of shadow, I at first thought it was unconsciousness reaching for me again. If it wasn't for my anxiety about Kate, I might have welcomed it. But not only did I remain fully aware, my mind actually grew sharper as the dark smear became a solid, clear-edged oval. As I continued to stare my vision adjusted, like the contrast and brightness dials on my mum's old TV, and the oval resolved itself into a face arranged into an expression of relief and concern.

'Back with us, are you?' the face said, and offered a shaky laugh. 'You gave us a right shock, you bastard. We thought we'd lost you.'

'Kate,' I repeated, but speaking was so difficult that my throat spasmed with pain again, preventing me from saying more.

The face widened, then narrowed its eyes. The alarm that appeared on it made me realise its owner must be thinking I'd woken up with brain damage or something.

'I'm Clover. Not Kate,' the face said carefully. 'Do you remember what happened?'

I swallowed, clenched my fists and braced myself, determined this time to get the words out.

'Yes,' I croaked. 'I know... you're Clover. Where's Kate?'

The coolness of Clover's hand on my arm – as if she was trying to anchor me, stop my thoughts from drifting – made me realise how hot I was.

Still in that same careful voice, enunciating each word as though I was hard of hearing, she said, 'We haven't found her yet. But we will. What's the last thing *you* remember, Alex?'

I couldn't answer immediately. After forcing out over a dozen words my throat was burning.

'Water,' I rasped, then realised this might only baffle her. 'Need drink.'

'Oh,' she said. 'Yeah, course.'

She moved out of my range of vision and I got the impression she was twisting around, reaching for something. A moment later I felt something pressing gently against my bottom lip. When I tried to open my mouth my lips resisted for a moment, then peeled apart. As soon as the thing slipped between them, I tasted soft plastic and realised that it was a straw.

I sucked and cool water flooded my mouth. I grunted in near ecstasy. In that moment I swear it was the greatest physical sensation I'd ever experienced. Swallowing was even better. It was like a downpour of much-needed rain on a parched desert. I imagined it flooding through the desiccated channels of my body, soothing my internal wounds like a balm, restoring me to life.

'Careful,' Clover said. 'Not too much.' Pinching the straw between thumb and forefinger she tugged it from between my lips. I groaned in complaint, puckering my lips like a child offering a kiss.

'I know you're thirsty,' she said. 'The nurse said you would be. But she also said you'd be sick if you drank too much. So let that settle and you can have a bit more.'

Nurse. My eyes flickered to look beyond her, but all I could see was a white ceiling, a patch of white wall.

'Am I in hospital?'

'Private hospital,' Clover confirmed. 'Very posh.'

Private? I realised I had a lot to catch up on. The water had smoothed over the rough edges in my throat. It was still sore, but at least I could talk without feeling as though I was coughing up barbed wire.

'What happened?'

'We got back four days ago. That's how long you've been out. You were spot on with the date, by the way, or the heart was. We arrived back only a day after we left, all those months ago. From where I was sitting it seemed like a really smooth transition. One moment we were in 1896 and the next we were back in our own time. You seemed fine for about thirty seconds, then suddenly – wham! You keeled over and started having some sort of fit. It was horrible, Alex. Your arms and legs were jerking, your face went blue; I thought you'd had it. I got my phone out to call an ambulance, but before I could, one had already arrived. I thought it was a trick at first – something the Dark Man had maybe set up – but then I realised it could have been you – a future you, I mean, or an alternate one, who knew this would happen. The thing is, we had nothing to lose, or you didn't. If I hadn't let the paramedics in, if they hadn't treated you straight away, stabilised you, you'd have died. Me and Hope came with you in the ambulance, and they brought us straight here. As soon as we walked in they knew who you were, who Hope was. Everything was organised, and it's all been paid for.'

'By me?' I said, trying to get my head round it all.

Clover shrugged. 'Maybe. I'm guessing so.' She glanced at her wrist. 'But we'll know soon enough. One of the doctors told me this morning that someone was coming to see us – me and you – at 1 p.m. I said you were still unconscious, but the doctor said that whoever had given him the message had said that everything would be fine.' She pulled a face. 'So I guess whoever's coming knew you'd be awake by then.'

I stared at her. Could it be true? Could a future version of me really be coming to speak to us? In which case, what would he do? Give me instructions? A pep talk? Make sure I knew enough about what was ahead of me to fulfil my obligations?

Again the impossible circularity of time, its apparently infinite recursion of events, made my head reel. Had I really survived because a future version of me had provided immediate medical assistance, which had saved my life? A future version who had presumably himself once been in my situation and had been saved by the actions of *his* future self, who had in turn been saved by *his*, and so on?

'What time is it?' I asked, more to anchor myself in the here and now than anything else.

'Twenty past eleven.'

A hundred minutes. Just enough time to get my head together, to be brought fully up to date on everything that had happened since my collapse. I remembered what Clover had said about the staff here knowing who Hope and I were when we arrived.

'So what about Hope? How's she? Is she okay?'

I clenched my fists, dreading the expression that might

appear on Clover's face, knowing that within a split-second I'd know Hope's fate.

Relief flooded through me when Clover smiled.

'She is! She's fighting fit and bright as a button. They operated on her the day we got here. They took off that horrible metal arm, cleaned up the area around it and dosed her up with so many antibiotics they pretty much killed the infection stone dead. The wound itself was a bit of a state, but there was no gangrene, which is a massive relief. She spent most of the day after the op asleep, but now she's bouncing all over the place, driving the nurses crazy – though I think they love her really. You should see her, Alex – in fact, you *will* see her soon. She's been to visit you a few times, and each time she's come in she's given you a kiss on the forehead and told you to wake up. The surgeon who did her op, Dr Shah, has been talking to her about getting a prosthetic arm, which she's really excited about. Oh, and she's taken to the twenty-first century like a duck to water. One of the nurses has been showing her how to use a computer, and she's gone mad for it! God knows what'll happen when she discovers Facebook and Twitter.'

I've never considered myself a particularly sentimental bloke, but as Clover talked about how much Hope was thriving, I felt myself welling up – my sore throat thickening, my eyes growing hot and stuffy. At least, I thought, *something* good has come out of this. Despite the blood on my hands, at least I'd made *one* person's life better.

The fact I'd nearly killed myself doing it made me even prouder in a way. On the other hand it worried the hell out of me too. If I'd only just escaped death this time, what would happen *next* time I used the heart? I couldn't imagine being able to do it without it killing me for sure. So what about all the future mes who kept popping up? How would I do all the things I was still supposed to do, all the things I'd benefited from? Even if the other mes *were* from alternate futures – from the multiverse as Clover had called it – the question remained as to why the heart hadn't had the same effect on *them* as it had had on me. Did it have different properties in each separate dimension? No, that didn't make sense. Then again, did *any* of this make sense? Was it even a problem that could be approached logically?

I sniffed and blinked away the tears in my eyes and tried to speak, but I still felt too emotional to force any words out. Clover could see how affected I'd been by her news, but she didn't make a thing of it. She just smiled and gave my arm a brief, vigorous rub.

'You did good, Alex. Brilliant, in fact. I'll tell the nurses you're awake.'

She went out – more to give me a few moments alone than anything else, I guessed – and came back a minute or so later with a tall, broad-shouldered, smiling nurse, whose rust-coloured, corkscrew-curly hair had been pulled back in a loose ponytail.

'Back in the land of the living, are you, Mr Locke?' she said cheerfully. She took some readings – blood pressure, heart rate – and then, at my request, she and Clover took an arm each and helped me sit up, an ordeal of back-crackling, teeth-clenching agony, which I was determined to endure if it meant ending up with a more interesting view than a ceiling and a section of wall.

Once I was in position and pillows had been bunched up behind me, the pain in my spine receded to a dull throb. I had more water and a couple of painkillers, and properly took in my surroundings for the first time. The room I was in was spacious, nicely furnished and occupied by no one but me. To be honest, it didn't look like a hospital room at all; it looked like a hotel room with a few added extras. Although the autumnal sky beyond the tall, rain-speckled windows was murky, the view was a restful one. From where I sat I could see a rising green bank covered by bushes and topped with a row of slim trees whose largely leafless branches grasped at the sky.

Not only did the place not look like a hospital, it didn't sound like one either. There was no clanking of trolleys, no echo of footsteps or voices from the corridors. It was quiet – and not *just* quiet, but quiet in that plush, refined, dignified way you only seem to get in exclusive (by which I mean expensive) establishments.

Now that I was sitting upright and properly conscious, it was only just dawning on me how thoroughly I ached and how exhausted I was. I was hungry too, and told the nurse so.

'I'll bring you some soup,' she said. 'Throat's still a bit sore for solids, I expect?'

It turned out the reason my throat was sore was because I'd had a plastic tube down it to keep my airways open. I'd also been catheterised, had cannulas inserted into both arms and another into the back of my right hand – for medication, and also to take constant readings – and I had suction pads on my chest, attached to leads which were hooked up to a heart monitor. The staff had been feeding me intravenously, and for the first couple of days they'd been giving me oxygen too because I'd been unable to breathe properly. When I asked the nurse what exactly had happened to me, she told me a doctor would be along soon to explain everything.

Sure enough, the doctor arrived as I was finishing my soup. He wore a dark grey suit and a blue bow tie, and with his large, wide, bespectacled eyes, pert mouth and white tufts of hair sprouting from the sides of his freckled, bald head, he looked like a tanned owl.

'Ah ha! The sleeper awakes!' he said, and approached my bed, holding out his hand. 'Good afternoon, Mr Locke, I'm Dr Wheeler.' He held my hand lightly as he shook it, so as to cause me the minimum discomfort from the cannula. 'How are you feeling?'

'Tired,' I said. 'A bit rough. What happened to me?'

'Don't you remember?'

I glanced at Clover. 'I remember collapsing. It came out of the blue.'

Wheeler's big eyes appraised me and he nodded. 'Of course.'

Maybe it was the way he said it, or the expression on his face, but all at once I understood. There wouldn't be any awkward questions from him, or from any of the staff here. Not about me, and not about Hope, whose metal arm must have raised some eyebrows. Whoever our benefactor was, he, she or they had paid handsomely to ensure complete discretion.

'So what's the damage, Doctor? To my body, I mean.'

Wheeler puffed out his cheeks and raised his hands, moving them as if weighing up two objects of equal weight.

'The exact cause of the episode is still a mystery,' he said. 'I can tell you *what* happened, but not *why* it did. Have you heard of anaphylaxis?'

I frowned. 'I've heard of anaphylactic shock. It's what happens when you suffer an extreme allergic reaction, isn't it?'

He nodded, pursing his lips in a half smile as if pleased with me.

'Precisely. What you suffered appears to be a form of anaphylaxis – or at least, your condition shared many common factors with it. But at the same time you appear to have been hit by a series of transient ischemic attacks – or mini-strokes, as they're more commonly known. We're still not entirely sure whether one of these conditions led to the other, though at this stage we have to say that's a strong possibility. At any rate these two factors, in turn, appear to have caused a further series of chain reactions within your body –' he swirled his hands around to indicate a maelstrom of symptoms '– to the extent that for a while there it looked as though your system was about to go into complete shutdown. Frankly, Mr Locke, we genuinely feared we might lose you.'

'Shit,' I said. 'So what does that mean in the long term?' I thought of how exhausted I felt, how immobile. 'Am I an invalid? Will there be permanent damage?'

Wheeler cocked his head to one side, downturning the edges of his little mouth as if pulling a sad clown face. I couldn't help thinking he was acting pretty nonchalant about what sounded to me like a drastic health scare.

'It's a happy no to your first question. Though as to the second, only time will tell. The prompt treatment given to you at the scene will certainly work in your favour, and it goes without saying that the care you've received since you've been with us has been second to none. Your system has received an almighty shake-up, Mr Locke, but you've responded well to treatment, and your heart, at least, appears to be sound. We'll continue to monitor your progress, of course, and at some point in the next day or two, when you feel up to it, I'd like to send you for a full body scan. But for now it's simply a case of plenty of rest, plenty of fluids and keep taking the medication.'

He beamed, as if it were really that simple. All I could think of was Kate, of the fact that while I was stuck here in bed she was still out there somewhere.

'How long will I have to stay here?'

Wheeler pulled the sad clown face again. 'How long is a piece of string? It entirely depends on how your body responds to the trauma it's been subjected to, and how you respond to the treatment we're administering *for* that trauma. Think of the attack like an earthquake. The whole frightening episode may be over in one fell swoop – and let us all sincerely hope that it is – but we mustn't discount the possibility that there may be one or two aftershocks to contend with. Personally I would recommend a minimum of ten to fourteen days complete bed rest, after which we'll reassess your situation.' He brought his hands together in a soundless slow motion clap. 'And now I understand that you are to receive a visitor very soon. In which case, I shall take my leave and allow you to titivate yourself.'

When he was gone Clover said, 'I'm not sure he's entirely human.'

I tensed, reawakening the gnarly aches in my shoulders, limbs and chest.

'You think he's one of them? One of the Wolves?'

She laughed. 'No. Sorry. Joke. I just meant... he's an oddball.'

'Oh, right.' I relaxed back into my pillows. 'I must have had a sense of humour bypass along with everything else.'

Neither of us spoke for a moment, then Clover said, 'You know you can't risk using the heart again?'

I frowned. She was only voicing what I'd been thinking, but I felt myself bridling all the same.

'What's the point of me having it if I can't use it?'

She answered my frown with an even fiercer one.

'Alex, you *can't*! It'll kill you!'

'But if I don't use it, what'll happen to all this?' I waved my hand around the well-appointed room. 'If I don't set up all the stuff I'm supposed to set up in the future, who's to say it won't collapse about our ears?'

She raised her hands. 'I know, I know. It's a conundrum.'

If I hadn't felt so miserable and frustrated I might have smiled at her choice of language.

'It's more than a conundrum, it's a fucking... disaster. There must be *some* way round it. Something we haven't thought about.'

'Maybe we *have* thought about it.'

'The multiverse, you mean?' I shook my head. 'Fuck that. I'm not going to lie back and let those other mes do all the work – if the buggers even exist, that is. Why should *I* be the weak link in the chain? Why hasn't the heart affected them like it's affected me?'

'Maybe you were just unlucky. Maybe...'

'Maybe what?'

She shrugged. 'I don't know. Maybe life's a lottery.'

I snorted softly. 'Look at us. We're just as much in the dark as we ever were. We're just prawns in the game.'

'Pawns, you mean.'

'No, prawns. Little, pink, wriggling things that could get eaten at any moment.'

She laughed, but the humour was hollow, a bit desperate. I looked out of the window at the gently waving trees, black against the dingy sky.

'Where are you, Kate?' I muttered. Then I looked at Clover, surprised I hadn't thought of it before now. 'And where's the heart, for that matter?'

She held up a hand as if to stop me leaping out of bed.

'Don't worry, it's safe.'

'Safe where?'

Her eyes flickered to the door, and her voice dropped an octave.

'It's back at the house. It's well hidden.' She leaned forward, put her mouth to my ear. 'There's a box of muesli in the kitchen cupboard. It's at the bottom of that.'

I had to concede it was a pretty good hiding place, but now that I'd finally got the heart back I felt nervous being so far away from it. Even if I couldn't use it, it still remained a bargaining tool – though how useful was that in reality? Surely whoever was holding Kate held the *real* winning hand? I'd give up the heart for her like a shot, and I'm sure my enemies knew that.

In which case why didn't they just come right out and offer me a straight swap? Kate for the heart? No strings attached, no messing about, just a clean transaction. Despite what I'd said about the world collapsing around our ears if I didn't set up all I was supposed to, I was pretty sure that if push came to shove I'd be more than willing to risk everything if it meant the resumption of a quiet, normal life with my daughter.

Not that our life *would* be quiet and normal, of course. There would still be loose ends to tie up. Including...

'Oh shit.'

'What?' asked Clover, alarmed.

'I've just remembered – Jensen. Hulse cut his throat. But the police'll think I did it. They'll be after me for murder. And they found the heart on me, so they must already suspect me of killing McCallum.'

Although the door was closed, Clover again glanced towards it, putting a finger to her lips.

'You don't have to worry about that. You're in the clear.'

'What? What do you mean? How do you know?'

'I checked your phone after you collapsed – well, not *straight* after, obviously, but, y'know, once you were here and they'd got you stabilised – and there was a voicemail message from Jensen asking where the hell you were, where you'd disappeared to.'

I gaped at her, the implications of this whirling through my head.

'You're sure it was Jensen?'

'Yep. I called him back. Spoke to him.'

'What did he say? What did *you* say?'

'Like I said, he wanted to know where you were. He wanted to know how you'd managed to walk out of a locked interview room, and how and why you'd absconded from police custody. I told him you were in hospital. I said you'd collapsed with stress and that you weren't to be disturbed. I said I didn't know anything about you absconding from police custody. All I knew was that you'd been found wandering in the street not far from the police station in a distressed and confused state.'

'Fuck,' I started to grin. 'And what did *he* say?'

'He wanted to know if you had any physical injuries, and when I said no and asked him why he said it didn't matter.'

'It must be because of the broken window in his office. Christ, did he honestly think I'd jumped through that, landed on the ground in one piece and walked away?'

'Well, you *did* jump through it,' Clover said.

She started to smile, and I smiled along with her, though it was more out of relief than anything. Did this mean I was in the clear – at least as far as Jensen was concerned? That it wasn't Jensen that Hulse had killed in the interview room but simply another manifestation of the shape-shifter? Presumably this meant that when the real Jensen had eventually turned up to speak to me he'd found no body, no blood – nothing but an empty room. It also meant that if *both* Jensens I'd seen at the police station were the shape-shifter, then the real Jensen had no knowledge of the obsidian heart.

Unless, of course, the Jensen who Clover had spoken to had been the shape-shifter and the real Jensen *was* dead, after all. I asked her whether this was possible, but she shook her head.

'There would have been something on the news. Your face would have been all over the papers. But there's been nothing. You're off the hook, Alex – well, apart from the fact that Jensen is very cross with you for doing a runner.'

'So did you tell him where I was?'

She gave me a look, clearly disappointed with the dumbness of my question.

'What do *you* think? Admittedly he did start to get quite insistent, so I'm afraid I had to cut the poor lamb off in his prime.'

I hooted, and then regretted it as pain crackled through me.

'He's not going to like that.'

'He *doesn't* like it. He's left several messages expressing that very fact.'

Despite the fact that Jensen was angry with me, and no doubt still suspicious of my part in Kate's disappearance, I felt a weight had been lifted off my shoulders. Maybe things *did* have a way of sorting themselves out. Maybe, if the future we'd been led to believe was ahead of us was compromised, time had a way of compensating, of shifting the pieces around, papering over the cracks.

'You look tired,' Clover said. 'Too much brain overload.'

'Thanks,' I said. 'I love you too.'

She smiled and glanced at her watch. 'It's half twelve. Why don't you get some rest, recharge your batteries in preparation for this mysterious visitor at one o'clock? I'll check up on Hope and be back here at five to.'

My instinct was to protest that I was fine, that I didn't need to rest, but in truth, ridiculous though it was, I felt zapped.

'Yes, nurse,' I said, and closed my eyes. For a moment my head was full of everything we'd talked about, and then it wasn't. Next thing I knew Clover was prodding my arm.

'Come on, sleepy head. It's nearly time.'

She helped me shuffle upright and for the next few minutes we sat, barely speaking, as we waited for our visitor. Though I tried to give the impression I was relaxed, I felt increasingly apprehensive. My eyes kept straying to the watch on Clover's wrist, which I couldn't quite see. Was I really about to meet myself again? An older version this time? If I was, how much would the future me reveal about what was ahead? Presumably as much as he remembered *his* future self revealing when *he* was *me*?

What I'd really want to know, of course, was whether he had any news of Kate. And also whether he could tell me the secret of how to keep using the heart without it killing me. But what if he was ten or twenty years older than I am now and he *still* hadn't found Kate? The prospect of that – the *fear* of that – made my stomach curl into itself like a snail retreating into its shell.

Clover glanced at her watch.

'What time is it?'

'Two minutes past.'

Maybe he's not coming, I thought, and felt a surge of hope, of impending relief, rather than disappointment.

There was a knock on the door.

Clover and I looked at each other. She seemed pensive. My guts were doing slow cartwheels. I imagined our visitor entering the room and me greeting him by abruptly and spectacularly throwing up. I cleared my throat.

'Come in,' I called, my voice wavering slightly.

The door opened and a man in a pale grey suit entered. I stared at him, surprised by the sense of anticlimax. It wasn't me. It wasn't anyone I knew. The man looked at us and his smile of greeting became stiff and a little uncertain, I guess because of the intensity with which we were staring at him.

'Mr Locke?' he ventured. He was young and wiry with prematurely thinning hair cropped close to his skull, and a neatly trimmed stubble of beard. He looked as though he ran marathons or went on very long bike rides at the weekend.

'Yes,' I said warily.

He turned his attention to Clover. 'And Miss Monroe?' She nodded.

Suddenly I had an impression of this neat, young, unassuming man unravelling, erupting into a maelstrom of birds or bats or snakes or deadly insects. The Wolves of London, the Society of Blood: they could be anywhere; they could include anyone among their number. The shape-shifter could adopt whatever form it chose to gain access to wherever it wished, to bypass even the most stringent security. And even though we had seen the Dark Man die, that didn't necessarily mean he was dead *now*. In one timeline he had apparently owned and used the heart for centuries. So who was to say a younger version of him wasn't still running things here in the twenty-first century?

'My name is Daniel Worth,' the man said, approaching the bed. 'I work for Coulthard, Harvey and Glenn. We represent Mr Barnaby McCallum's estate.'

All I heard – or registered at that moment – was the name of the man I'd murdered, and debilitated though I was I immediately felt my defensive hackles rising. Bracing myself to deny whatever accusation the visitor might be about to throw at me, I only vaguely heard Clover say, 'You're a solicitor?'

The young man nodded. 'I am.' He held up the case he was carrying and beamed at me. 'And I have good news for you, Mr Locke.'

'For me?' I said, surprised.

'Indeed. May I?'

He indicated that he'd like to put his case down on the end of the bed. I nodded and he laid the case flat just below where my feet made hummocks in the bedclothes, and clicked the catches aside with his thumbs.

The lid of the case sprang open and he reached inside. Another little mind movie danced through my head: his hand would emerge brandishing a gun with a silencer, which he would use to shoot first Clover, then me.

From the case he pulled out a sheaf of papers.

'Mr Locke,' he said, still beaming, 'it is my happy duty to inform you that you have been named as a major beneficiary in Mr McCallum's will. Specifically, Mr McCallum has set up a private bank account in your name, into which will be paid a monthly sum of £10,000 for the first year, starting on the first day of next month, with this sum then rising by a further ten per cent at the beginning of each subsequent calendar year. What this means in practice is that next year's monthly sum will total £11,000, the following year it will rise to £12,100 and so on and so forth. This sum, with its annual adjustments, will be paid into the account each month for as long as you live. I have all the paperwork here, including a copy of the original will. All I require from you is your signature on several documents.'

I gaped at him. For a moment I couldn't take in what he'd said.

'I... don't know what to say,' I muttered.

A smiling Clover said, 'You could try "thank you".'

'Yes. I mean... wow!' I fixed my attention on the young man and tried to pull my thoughts together. 'Why me? I mean... did Mr McCallum give a reason?'

Daniel Worth was beaming with satisfaction. He was clearly delighted to be the bearer of good news. Cheerfully he said, 'The motives of our clients are not our concern, Mr Locke. Our job is simply to carry out their wishes and instructions.'

'Yes,' I said. 'Of course. Sorry.'

Why was I apologising? I guess because I wasn't thinking straight. The fact is, I knew why McCallum was giving me the money. It was because I was now the heart's guardian, and because McCallum felt, rightly or wrongly, that the least he could do to ease my burden was to provide for me, enable me to live comfortably while the heart was in my possession.

The question was, was McCallum doing this for my benefit, for his own (by which I mean was it his way of assuaging his guilt for passing his burden on to me?) or for the heart's, which he perhaps mistakenly thought could be protected, at least to some extent, by wealth?

The fact I'd been named in McCallum's will again made me wonder *why*, and also *when*, he'd picked me. Had I been carefully or randomly selected? Or had the heart itself, and not McCallum, made the choice? Had McCallum merely used the heart to travel into the future and suss things out, after which he'd carefully manipulated events to ensure that the pieces fell into place as he clearly thought they were supposed to? But what had motivated him? Duty? The fear that some catastrophe might occur if things didn't happen exactly as he'd been shown they would? And what about *my* future? Would I have to do the same thing when my time came? But how would I know? Would the heart somehow inform me? And what if I refused to do what it wanted? Would it find a way of making me? Or would it seek an alternate route, go off at a tangent in order to reach the same destination?

Questions, questions, more fucking questions. And really, at the end of the day, they all boiled down to *one* big question, to that same circling 'conundrum', as Clover had called it:

Were our actions the result of free will, or was everything we did preordained and therefore inescapable?

Incredible though the heart was, it was also a burden, a poisoned chalice. It might be the dream of many to hop about in time like *Doctor Who*, but if there was one thing I'd learned since all this had begun it was that time was a trap, a sticky, clinging web that tightened around you the more you tried to struggle against it.

TWENTY-TWO

A WHOLE NEW WORLD

Knock, knock,' I said, sticking my head round the door.

The room was in semi-darkness, though Hope, sitting cross-legged on the bed, was not. Her face and yellow pyjamas were illuminated by flickering light from the little TV on the wheeled trolley beside her. Her lips were stretched back in a grin of wonder, and her eyes were wide and shone like liquid. Even before entering the room I'd recognised the soundtrack of what she was watching: Disney's *Aladdin*, with Robin Williams giving it his all as the genie.

Hope's head turned slowly and with obvious reluctance towards me. I could hardly blame her. Moving images on a glass screen must genuinely seem like magic to her, cartoons even more so. The difficulty she had tearing herself away from them gave me time to see that the right sleeve of her pyjama top was empty, and that it had been pinned up to stop it trailing loosely by her side. When she finally focused on me her face wore a stupefied expression. Then her smile reappeared, wider than before.

'Alex!' she yelled.

She leaped off the bed and ran towards me. 'Oof!' I said

as she threw her left arm around my waist and turned her head to thump her cheek into my belly. It hadn't exactly been a full body slam, but even the impact of her slight frame sent shockwaves through my aching bones and muscles. I'd needed a stick, which I was clutching in my right hand, to hobble here along the two corridors I'd negotiated to and from the lift, so we were both effectively one-armed. I wrapped my own left arm around her and bent forward with a teeth-gritted wince of pain to kiss the top of her head.

She smelled... modern. That was the only way I could think of to describe it. The Victorian odour of carbolic soap and rose water, which partially masked the faint sooty sourness that clung to even the most scrupulously clean inhabitant of the nineteenth century, was gone, and in its place was the fresh fruity-floral smell of bath gel, shampoo and talcum powder.

She was a new girl, facing a new life, a new beginning. Despite the fact that she had no official identity – which would be someone else's problem, not hers – the vista of possibility before her was breathtaking. If she'd been older, even by six or seven years, she might have found the twenty-first century bewildering to the point of being overwhelmed, even traumatised by it. But she was young and infinitely adaptable. Based on what I'd heard about how she'd coped so far, and judging by the enthusiasm with which she'd greeted me, I had a feeling she'd be fine.

She stepped back from me, took my big left hand in her smaller, daintier one and gave it a tug.

'Come and look at this.'

I allowed her to lead me to the bed. When we got there,

she let go of my hand, scrabbled up on to the mattress, shuffled over and half twisted to pat the space beside her.

'Sit here, Alex.'

I grinned at her confidence, her new-found energy. Even in the dimly lit room I could see how pink and rosy her skin was now; I'd never seen her so healthy.

I plonked myself on the bed beside her, grunting with relief. It was frustrating to be so lacking in energy. Even walking forty or fifty steps up a couple of hospital corridors had knackered me.

'Look!' she said, pointing at the screen.

I nodded. 'It's called a cartoon. Great, isn't it?'

She looked at me as though I was deluded.

'It's called *Aladdin*. He's a boy and he loves Princess Jasmine. He has a lamp, which has a genie in it, and he's blue and funny. And there are *songs!*' Her eyes lit up, and the joy on her face was so pure, so unadulterated, that I felt my heart clench.

'And look, Alex! Jackie brought me these.'

'Who's Jackie?' I asked, but she had already leaped forward on to all fours and scrambled across the bed to the TV. Despite her missing arm she was as swift and agile as a monkey. She dropped on to her stomach and leaned forward, her upper half hanging over the edge of the bed, her left arm reaching out to grab something from the lower shelf of the wheeled trolley supporting the TV.

Her voice muffled, she said, 'Jackie's a nurse. She's really nice. She's got a boy called Ed, who's eight, and a dog called Jasper, and she likes swimming and she comes to work on a bicycle.'

She re-emerged, her hair awry and her face flushed, clutching a handful of DVD cases.

'Look at these, Alex. They've got silver circles inside.' She dropped them on the bed and pointed at the slim black DVD player tucked into its own little slot beneath the TV. 'You press that button there and a drawer comes out and you put the circle in and then you press that other button with the little triangle on it and the story comes up on there.' She pointed at the screen. 'That's called a *Tee Vee*,' she added proudly, emphasising each letter. 'It stands for t-t—' she wrinkled her nose, trying to remember. 'Taller Vision?'

'Television,' I said softly.

'Yes,' she said with a happy grin. 'It's like a story book that moves. And look, I've got all these stories to choose from.'

She scooped up the DVDs in her left hand and dropped them in my lap. I started to browse through them – *Cinderella*, *The Jungle Book*, *Madagascar* – and then I froze.

Toy Story 2. Kate's favourite. I glanced at Hope, and suddenly, for a split second, it was as though Kate was back with me, as though the last three months had been nothing but a strange and vivid dream.

Then the moment passed, and it took part of me with it. I felt suddenly hollow, empty, and into that emptiness, like poison into an abscess, came a fresh surge of anguish and sorrow and loss.

Hope looked up at me, her little face etched with concern.

'What's the matter, Alex?'

I hadn't realised I was so transparent. I tried to smile. 'Nothing.'

'Then why are you crying?'

'I'm not crying.' I swiped at my cheek and realised that I was. 'They're happy tears, that's all. I'm happy that you're happy. I'm happy that you're better.'

But she was too bright to be fobbed off so easily.

'You're not happy, you're sad. Are you sad about Kate? Because you don't know where she is?'

'A little bit,' I admitted, trying to stop my voice from cracking.

'You'll find her,' Hope said confidently. 'I know you will.' She twitched her right shoulder to draw attention to her missing arm.

'It's because you were so brave and clever that I'm going to get better, and I'm going to get a new arm. I know because Clover told me.' With a curiously adult gesture she reached out with her left hand and wiped my tears from my stubbled cheek. 'Don't worry, Alex. You can do anything.'

TWENTY-THREE

DIRTY MONEY

'Let me speak to him first,' Clover said. 'We don't know how he'll react.'

Ten to fourteen days' bed rest, Dr Wheeler had said, but less than a week after his recommendation I discharged myself from Oak Hill Hospital. During the short time I'd been there I'd discovered it was a former stately home in the Hampshire countryside, not far from Farnborough. I'd also discovered that my stay and treatment, and that of Hope's, was being paid for out of McCallum's estate.

When the solicitor, Daniel Worth, had first appeared and told me about the bank account that McCallum had arranged for me, and about the monthly allowance that would be paid into it for as long as I lived, I'd been gobsmacked. My overwhelming emotion had been relief at the knowledge that I wouldn't have to worry about money while I continued my search for Kate.

Once Worth had gone, though, and I'd started to think more deeply about the implications of McCallum's gesture, my attitude had changed. I'd started to feel uneasy, and then increasingly angry and resentful. And the more I thought about it, the more I realised that the wheels McCallum had set in motion to ease my task as the heart's new guardian were not for my benefit, but the heart's. My wishes were irrelevant; my life was irrelevant. I existed simply to be moulded, manipulated, and if my loved ones happened to suffer because of that, then tough luck.

Whether McCallum himself had chosen me as the heart's guardian or whether it had been determined by the heart, or even by a greater power – Fate maybe – was irrelevant. The point was, I felt belittled, beholden. I felt like calling up Daniel Worth and telling him to stuff the money, to donate the lot to charity.

I didn't, though. Because of Kate. McCallum's money might have been dirty money, blood money – or at least that was what it felt like to me – but so what, fuck it. Principles were all very well, but the only thing that *really* mattered was getting my daughter back, and at the end of the day the more resources I had to do that the better.

Sitting around for a week with nothing to do but think about my daughter damn near drove me mental. However, I didn't have much choice in the matter. Physically I was fucked, and as desperate as I was to be out there, continuing the search, I was warned that trying to do too much too soon would almost certainly have resulted in a relapse, setting me back even further. Even so, I might still have been pig-headed enough to take the risk if Clover hadn't been there to stop me. She helped me with my exercises, she encouraged me and monitored my progress, but she also reined me in when I reached my limit. Most importantly she kept me from going completely insane by convincing me that we needed a proper plan of action, and that we should use this period of enforced inactivity to concoct one.

'I mean, what are you going to do if they let you out right this minute, Alex?' she said. 'You'll run around like a headless chicken and get nowhere.'

She was probably right, but it was tough all the same. Aside from Clover and my eldest daughter Candice, who I chatted with on the phone a few times, the only other person who made that week bearable was Hope. She was a bundle of energy and enthusiasm. In contrast to me, each day was a new adventure to her. On the evening of the day when I'd decided I was going to discharge myself (Clover had tried to persuade me to stay for the full ten days, but I'd been adamant), I'd dreaded telling Hope I wouldn't be around to play board games or watch cartoons with her any more. But she was fine about it, especially once I promised we'd still be visiting regularly. In fact, as soon as I told her I'd be heading back to London, her eyes lit up and she said, 'Alex, do you have a mobile phone?'

I smiled. She was steadily breaking out of her Victorian cocoon and adopting the mannerisms and speech patterns of the twenty-first century.

'I have,' I said.

'Jackie's got one too,' she said innocently. 'And so has Ed. He was showing me how to use it. It's cool.'

Clover's favourite nurse, Jackie, had brought her son Ed in for a visit, thinking Hope might be bored with no one of her own age to talk to. Hope hadn't been bored, but she and Ed had hit it off nonetheless.

'Is that so?' I said, trying to keep a straight face.

'Mm,' she said, 'and I was thinking, well if I had one too I could ring you up and talk to you on the days when you might be too busy to visit me. And did you also know that you can use a mobile phone to write messages to people? You just press a button and the message flies through the air to the other person's mobile phone? And then they can read your message and send you one back?'

'Really?' I said. 'Fancy that!'

'So *could* I have a mobile phone, Alex?' she asked. 'I know you bought me lots of presents for Christmas, but it would be ever so useful, wouldn't it?'

I thought of those presents, and of how unreachable they were now. I smiled again.

'We'll see.'

The next day, after kissing Hope goodbye after breakfast, Clover and I put the first part of our plan into action.

I say 'plan', though 'strategy' might be a better word for it. The first part had been to get ourselves mobile and hire a car, which Clover had done the previous day from a place in Farnborough. With me strapped into the passenger seat, she'd then driven the fifteen miles or so from Oak Hill to Guildford. Pulling up to the kerb outside Benny Magee's house, Clover had asked me to let her go ahead, speak to Benny first.

'No way,' I said, fumbling with my seatbelt. 'I'm not letting you put your neck on the chopping block. We'll go together.'

She rolled her eyes. 'Lord save me from working-class chivalry.'

I must have looked stung, because her gaze immediately softened.

'I don't need protection from Benny, Alex – never have, never will. Whatever's happened in the past between the two of you, there's no way he'd ever harm a hair on my head.'

'Yeah, but what if he's been got at?' I said. 'The last time I saw him he was surrounded by Tallarian and his freaks. What if he's become one of them? Or what if what looks like him answers the door, but it's really the shape-shifter?'

'What if, what if,' she said. 'We can't base everything we do on what ifs. What if *I'm* the shape-shifter? After all, I was once, wasn't I? What if I'm leading you into a trap?'

I scowled. 'I'm just saying we should be careful, that's all.'

'But that's exactly what I *am* doing by suggesting that I speak to Benny first, before you show your ugly mug. Or do you still think Benny and I might be in cahoots?'

'Course not,' I said, thinking back to the last time I'd been here, when I'd been unsure how much I could trust the woman I'd ended up on the run with. A lot of filthy water had flowed under London Bridge since then. 'It's just... oh, all right, go ahead. I suppose you're right. I don't suppose it'll make much difference in the long run. I mean I haven't even got the heart on me to protect us if we *do* get attacked.'

'Exactly,' she said cheerfully. 'So we'd be buggered whatever happens.' She unclipped her seatbelt and opened the car door. 'I'll tell Benny to leave the gate open, if that makes you feel better. That way I can make a quick getaway if I need to.'

'If you get into trouble, just holler and I'll come hobbling.'

'No you bloody well won't. You'll start the engine and hightail it out of here. No point both of us getting got.'

She jumped out of the car, shutting the door firmly behind her, then strode up to the black iron gates in the high wall fronting Benny's house. Wearing skinny black jeans, black high-heeled boots and a black fur-trimmed jacket she reminded me of Emma Peel from *The Avengers*. She was certainly a different proposition from the girl I'd met over three months before, who'd been too nervous to get directly involved in the burglary of McCallum's house.

She took out her phone, made a call, and a minute later the gates opened. Once she'd gone through, I got out of the car on my side, grunting and wincing with effort. I felt much better than I had when I'd woken up in Oak Hill a week ago, but I was still nowhere near fighting fit. At least I didn't need a stick any more, though. Those first few days in hospital had given me an insight into what it must be like to be eighty. Where would I be when I reached that age, *if* I reached that age, I wondered. Hopefully sitting in front of a blazing fire with my slippers on and Kate bringing me cups of tea.

I moved round the front of the car to the driver's side and leaned against the door with my arms folded. From here, even at hobbling pace, I was close enough to the gates to slip between them if they started to close. The street was quiet and peaceful, the big houses tucked away behind high hedges and tall trees, as if politely but firmly discouraging visitors. I wondered how many of Benny's neighbours knew about his background. I wondered how many of them had equally dodgy pasts. It was a cold autumn morning, the air so brittle it felt as though you could reach out and snap it with your fingers. The sky was the colour of despondency and the ground was covered in withered brown leaves.

Clover must have gone into the house. I certainly couldn't hear the sound of voices from beyond the hedge. The big reunion must have come when I was struggling to get out of the car, my own wheezing and grunting having drowned out the ringing of the doorbell and Benny's surprised exclamation at seeing Clover standing there. As I waited I breathed in air so icily sharp it stung my sinuses, then blew it out in long white plumes. Glimpsing movement high to my left I twisted round so quickly that my aching ribs and stomach muscles sang briefly with pain, but it was only a squirrel, slipping with quicksilver swiftness from branch to branch.

'It's okay,' said a voice, as if assuring me that the squirrel was no threat. 'You can come in now.'

I turned to face front again, twisting my body more cautiously this time. Clover had reappeared in the gap between the open gates and was looking at me. I couldn't tell from her face what sort of encounter she'd had with Benny; I got the feeling she was keeping her expression deliberately neutral.

Jerking my head in the direction of the house, I asked, 'How is he?'

'Come and see for yourself.'

I followed her up to the house. The door into the front porch stood ajar. I felt annoyed for being nervous, but that didn't stop the fluttering in my stomach. I couldn't work out whether it was the prospect of seeing Benny again that unsettled me or the possibility that he might have been got at by the Wolves. How many times could I walk knowingly into danger and escape with my life? Then again, what other choice did I have if I wanted to see Kate again?

Entering the porch, I heard a whirr and a faint rattle behind me, and turned to see the gates in the high wall sliding slowly closed. There was nothing sinister in that, I told myself. Benny simply valued his privacy; besides which, with his background, he couldn't be too careful when it came to security. I pulled the porch door closed behind me as Clover opened the one that led into the hallway. I followed her through and there was Benny, standing with his arms folded in the centre of his sumptuous domain, slight but somehow solid, indomitable. The hallway was just as I remembered it – the grandfather clock, the artwork on the walls. There was no sign of his wife, Lesley, or their little dog. Benny was staring at me, his expression as unreadable as Clover's had been at the gate.

'Alex,' he said.

I gave a nod of greeting. 'Hello, Benny.'

Now that I was in his presence I realised how little the wariness I was feeling had to do with Benny himself. The awe he'd previously inspired in me, the dark glamour that had seemed to cling to him, had now largely vanished, and not only because he had betrayed me. Since meeting up with Benny in the Hair of the Dog (months ago for me, only a week or two for him), I'd seen such wonders and terrors, had had my horizons expanded to such an extent, that he and his concerns now seemed petty in comparison. For the first time he seemed to me like a little man who wanted to be a big one. A man with delusions of grandeur who couldn't see beyond the high walls he'd built around himself.

He narrowed his eyes, as if he knew what I was thinking. In a cagey voice he said, 'You look different.'

'I'm older,' I said with a shrug, but he shook his head.

'That's not it. It's something else.' For a moment we stood, appraising each other. Then he said, 'Never mind. Monroe said you wanted to talk, so let's talk. Come through.'

He turned and stalked away, leading us not left to the conservatory at the back of the house – which I guessed was either too cold to sit in now that the weather had turned chilly or was still in a state of disrepair after being partially crushed by the sinewy darkness that Frank had unleashed upon it – but along a corridor to the right of the staircase. He stopped at the first door, glanced back to ensure we were still following (or perhaps to check I hadn't pulled a gun on him), then pushed the door open and entered the room.

The decor of the spacious sitting room beyond was cream coloured and made me think of desserts – meringues and white-chocolate parfaits and swirls of white icing on wedding cakes. There were cream rugs on a blonde wood floor, three white leather sofas so pristine they looked as if they'd been carved out of fresh snow and a gleaming white grand piano in the corner. My instinct was to squint against the glare, even though the light filtering through the long, narrow windows that overlooked the front drive was murky.

As he turned towards a sideboard crowded with bottles of spirits on the back wall, Benny swept a hand towards the bulky sofas, which surrounded a glass coffee table like a trio of school bullies closing in on a smaller, weaker victim.

'Take a seat,' he said, making it sound like an order. 'Drink?'

'Whatever you're having,' Clover said, and I nodded.

'Same here.'

Two minutes later he handed each of us a thick glass tumbler full of Scotch and soda, the latter having come from a siphon that resembled a mini fire extinguisher. Instinctively I'd seated myself on the right-hand sofa so that I could keep him in my sights while he was preparing the drinks.

Benny perched on the sofa directly opposite me (Clover was sitting back, apparently relaxed, on the one between us and at right angles to us both, like the bottom bar of a squared-off 'U') and after taking a sip of his Scotch, leaned forward to place his tumbler on the table with a glassy clunk. He stared at me for a moment and I stared back unflinchingly. Although I'd been aware of how much Clover had been changed by her recent experiences, of how much tougher and more resourceful she'd become, I hadn't been particularly aware of any significant change in my own attitude and capabilities until now. But confronting Benny like this, realising I no longer felt even remotely intimidated by him, was a revealing yardstick, to me at least.

Eventually he spoke.

'Who the fuck *are* you, Alex?'

I took a sip of my drink as I considered his question. Who was I? I was the guardian of the obsidian heart. But what did that even mean?

Snorting with quiet humour, I said, 'I'm not anyone. I'm just a normal bloke who's been caught up in... extraordinary circumstances. I'm just a dad who wants his daughter back.'

Now it was Benny's turn to sip his drink and look thoughtful. It struck me that the conversation was like a chess game, each player contemplating the board before making his next move. I was so focused on his pale blue eyes staring into mine that when Clover flapped a hand in front of her face I jerked in surprise, thinking for a moment there was a bird in the room, remembering how the shape-shifter had burst from the chimney in a cloud of soot.

'Whew,' she said, 'I can hardly breathe for the testosterone in here.'

I smiled, but Benny frowned in irritation. Gesturing at me with his glass, he said, 'Don't give me that. If you're no one how come so many people are interested in your welfare? And when I say people, I mean powerful people, people with money.' I saw him grimace, almost shudder. 'People who aren't even people at all.'

'You know why,' I said. 'It's because of the heart, the one I stole from Barnaby McCallum. It's not me they want, it's—'

But Benny was wagging a finger rapidly from side to side, as if erasing my words as they emerged.

'No, that isn't it. I don't buy that. It's not just the heart. It's you *and* the heart. I've been giving this plenty of thought since that... since what happened in that fucking crypt. And you and that fucking thing are tied together somehow. I don't know how, but you are.'

I suddenly realised that what had happened in the crypt (and also, presumably, before that, in this very house, when Frank's darkness had engulfed us) had shaken Benny to the core. He'd tried to maintain his tough exterior, was trying even now to keep his fear contained, but the more his mouth ran away with him, the more the cracks in his façade

331

widened. His drink clattered against the table when he put it down, a sign of how much his hand was shaking. I almost felt sorry for him. But there was a part of me too that felt a secret satisfaction at the way his hubris had been punctured.

Before I could speak, Clover said coldly, 'I hope you got your blood money, Benny, for trying to turn Alex in. I hope it was worth it.'

He slid her a glance, and for a moment I felt sure she'd been mistaken when she'd told me that Benny would never harm her.

Then he sighed and looked down at his glass. In a softer voice he said, 'Tell you the truth, I was just glad to get out of that place in one piece. Once those things turned up, money was the last thing on my mind.'

'How *did* you get out?' I asked him.

Benny shook his head. 'You tell me. One minute I was surrounded by those things, the next – nothing. I guess I must have blacked out. When I came to I was alone. I tried to tell myself I was going mad, that I'd imagined the whole thing.' He barked a laugh. 'Believe me, that felt like the preferable option.'

'You were so insignificant they didn't even bother to kill you,' Clover said spitefully.

Benny shrugged off the jibe. 'I'll take that any day of the week if it means I get to carry on breathing.' He spread his hands. 'Look, I fucking admit it. I got into something I couldn't handle. Does that make you feel better?'

'A bit,' Clover said, and scowled at him. 'How could you, Benny? Betraying your friends? That's beneath even you. That's *really* low.'

His head snapped up and for a moment I thought he was actually going to snarl at her like a dog. But I detected a suggestion of shame in his expression too.

'Don't give me that! You know who I am, *what* I am. I was offered a fucking big payday to hand him over – and he's no friend of mine, I don't owe him a fucking thing. It's no skin off my nose what happens to him.'

'What a charmer you are,' Clover said.

'What do you want me to say? Grow up, girl. I've got nothing against the boy – at least I didn't until he pulled that weird voodoo shit in my house – but I'm a businessman.'

'You're a crook.'

I thought that might sting a reaction out of him, but he just laughed.

'We all know that, don't we? That's not even an insult. In fact, it's justification for what I did. But, you know, the money wasn't the only reason I handed him over. I also did it for you.'

Clover recoiled. 'Oh, *pur-leeze!*'

'Think what you like. But I'm telling the truth. When that... thing came to my house, when *he* brought it here, I wanted him out of it. Gone. I wanted him to fuck off and never come back. But when you went with him it nearly broke my heart.'

'Yeah, right. I'd believe you if I thought you had a heart to break.'

'Like I say, believe what you like. I don't care. But when I got that phone call, asking me to deliver Alex to that crypt... well, it wasn't a hard decision to make.'

He went silent, as if simply mentioning the crypt had

brought the full horror of what we'd encountered there rushing back into his mind. Clover stared at him with grim satisfaction.

'Except you got a bit more than you bargained for, didn't you?'

He took another gulp of his drink. He had a haunted look in his eyes. He tried to tough it out with a smile, but it flickered and didn't catch. At last in a low rumble he said, 'What were those things, Alex? I mean, what the fuck...'

He shook his head, his words drying up.

He wasn't quite broken, but it was clear he'd never view the world in the same way again.

Quietly I said, 'Believe it or not, Benny, they were the Wolves of London.'

A flash of anger. 'Don't take the piss, boy.'

'I'm not. That's not what I'm here for.'

'So why *are* you here?' All at once on his guard, his eyes danced quickly from me, to Clover, then back again. 'Revenge? Is that it?'

Clover gave a snort of disgust. 'Don't judge us by your standards, Benny.'

'So what then?'

'Believe it or not,' I said, 'I'm here because I want your help.'

He stared at me for five, ten seconds.

At last he said, 'You're bullshitting me, right?'

'No,' I said. 'I'm just trying to find my daughter, and I want you to use your connections to help me do it. It's a business proposition, that's all. Whatever the Wolves of London offered to pay you to hand me over, I'll pay you more to keep you on my side. I'm not asking you to put yourself at risk for me. You can do what I'm asking from the comfort of your armchair. All I want is for you to put the word out, set up an information network. I just want people to keep their ears to the ground, and if anyone hears anything, anything at all, I want to know about it.'

'And that's it?'

'That's it.'

'And what if I don't help you find her? What if she's never found?'

'At least I'll know people are looking, keeping their ears and eyes open, and that's the important thing.'

Benny looked thoughtful. 'So where's this money coming from?'

'Inheritance,' I said. 'It's not something you have to worry about.'

He shrugged. 'Fair enough.'

'So are you in?' asked Clover.

'I'm prepared to discuss terms.'

'One more thing,' I said. 'If the Wolves contact you, I want to know about it. Whatever they might offer you to do the dirty on me, I'll give you more. Okay?'

Benny nodded. 'Sounds reasonable.'

'I *would* like to say that by making you this offer we're giving you a chance to redeem yourself,' Clover said, 'but we all know that's idealistic bullshit. If you really *do* care about me, though, you'll help Alex as much as you can. No more throwing him to the Wolves, okay?'

Benny slid his lizard-like gaze in her direction. 'I've *said* the offer's a reasonable one. What more do you want from me? Blood?'

335

'A handshake'll do,' I said, standing up and extending my hand across the glass table. 'To seal the agreement.'

For a moment I thought Benny was going to leave me standing there like a lemon, but then he rose to his feet and offered his hand in return. The moment our palms touched it was as though an electrical connection had been made – or perhaps broken. There was a sense of... *shifting*. As though I'd inadvertently stumbled. Or as if the walls of the building were re-aligning themselves around me.

And all of a sudden I was somewhere else.

It wasn't far away, though. I came to in another room in the house. I recognised it immediately. It was the conservatory. I felt as though I'd fallen asleep without realising it, then had sleepwalked in here and jerked awake.

Except suddenly it was night. So what had happened? Had I fallen asleep or passed out? Had I been unconscious for hours? Perhaps Benny had put something in my drink? And where was Clover?

Even as I asked myself this last question I realised there were two other people in the room. With relief I saw that the closest, sitting in an armchair to my left, illuminated by the rosy glow of a table lamp with a red shade, was Clover. She was wearing a long white nightshirt, which she'd pulled down over her bare legs, having tucked her feet underneath her. In the lamplight her glossy hair seemed to be the deep maroon colour it had been when I'd first met her.

Looking beyond her, I focused on the person she was talking to, who was standing with his back to the glass wall of the conservatory that overlooked the garden – not that a single detail of the outside world could be seen through the glass. The panes were nothing but a series of black screens imprinted with a faint reflection of the room.

The second person raised a mug to his mouth and took a sip. I froze. I'd assumed it would be Benny, but it wasn't.

It was me.

Suddenly I knew not only where I was, but *when*. This was the night when Frank had first appeared, when his darkness had enveloped Benny's house before eventually breaking in and smothering us. He'd done it not to harm us, but to drive us out before our real enemies, the Dark Man and his cohorts, showed up. I'd saved Frank's life and he'd returned the favour – though, of course, I hadn't known that until later.

But what was I doing back here now? Had I somehow slipped through a gap in time as easily as I might slip on a wet pavement? But I didn't have the heart with me. I hadn't yet been back to the house to retrieve it from its hiding place. Could it be that I didn't need it now, that I had absorbed enough of its power to operate without it? Or perhaps it was influencing me from afar?

Clover was talking, telling the other me about her family, about how Benny had helped her buy Incognito so she could set herself up in business. Neither past Clover nor past me seemed aware that I was there. I was clearly a ghostly observer, invisible and undetectable.

'He thought it would be a nice little starter business for me,' Clover was saying.

I heard myself ask, 'And has it been?'

Curled in the armchair she shrugged. 'I was doing all right – until all this stuff with McCallum and the heart. I wish I'd never got involved now.'

Over by the window I saw myself give a stiff smile. 'Crime doesn't pay.'

'Benny doesn't seem to have done too badly out of it,' Clover said, wafting a hand, her brow furrowed in a frown.

I saw myself glance around the room, shrug, pull a laconic face. 'Suppose so. Unless you count the fifteen, twenty years he's spent in prison. Not sure I'd consider that a worthy trade-off. Even for this little lot.'

Hang on. Had I really said that? Maybe, at the time, I'd been thinking it, but I'm pretty sure the words hadn't left my mouth.

Baffled, I saw Clover stretch, yawn. 'Horses for courses. I'm sure Benny's prison experiences were a lot different to yours.'

The other me snorted. 'I'm sure they were. When I was in Pentonville he ran that place like it was his own personal hotel. He even had the governor and the screws in his back pocket.'

'Screws,' she said with a mischievous smirk. 'You still speak the lingo then, Alex? Once a lag always a lag? Is that it?'

The me that was standing by the window laughed, and she laughed along with me. The me that was standing apart and undetected, however, was feeling uneasy. Wasn't it before now that the conversation had been interrupted by the darkness that Frank carried within him? Hadn't Clover's eyes widened just after her remark about Benny having done okay out of crime, and hadn't I turned to see blackness squirming across the outside of the glass like a mass of writhing black snakes made of smoke or oil?

I was certain I had. So where *was* Frank? Why wasn't he

here? My sense of unease grew as I watched the past versions of Clover and me obliviously conducting a conversation I was sure we'd never had. She asked the other me about my background, and I then proceeded to tell her more than I'd told her previously about Kate and Lyn. Standing apart, I listened, incredulous (it was like watching a deleted scene from my own life), and as the conversation wore on, continuing for another five minutes, then ten, then fifteen, and still Frank failed to appear, my unease slowly blossomed into fear, and then into a heart-clenching sense of dread so awful that I found I could no longer take in what Clover and the other me were saying.

I wanted to scream at them, tell them to run, but all I could do was observe. The fact that they continued to chat blithely away, with no inkling that anything was wrong, was agonising. Even the fact that one of these two people was me, and that I knew this was not what had happened, made no difference to how I was feeling. The terror I felt was like being tied to a railway track with a train advancing through the darkness.

I heard a sound behind me – a fumbling at the door, a scuff of movement. My heart leaped. The fact that I was nothing but an invisible observer seemed at that moment irrelevant. I swung round. Benny was standing in the doorway. He was wearing a black, silky dressing gown, black leather slippers on his bare feet. He looked past me, at Clover in the armchair, at the other me still standing by the glass wall of the conservatory.

'What's this then?' he growled. 'Mothers' meeting?'

The other me raised an apologetic hand. 'Sorry, Benny, my fault. I couldn't sleep, came down to make myself a cuppa. I didn't mean to disturb anyone.'

Benny sniffed. He looked sceptical. 'That right?' He nodded at Clover. 'What about you, Monroe? You suffering from insomnia too?'

Before Clover could answer the other me said, 'That's my fault again. She heard me moving about and woke up.'

Benny shot the other me a sharp look. I expected him to say he'd been speaking to Clover, not me. But instead he said, 'Not sure how I feel about people sneaking round my house in the middle of the night.'

'Oh, come on, Benny,' said Clover. 'You're not serious? You honestly expect us to stay in our rooms during the hours of darkness?'

Benny moved into the room, all but brushing against me as he passed by. I didn't know why, but I was starting to get a very bad vibe about this situation; you might even have called it presentiment. But surely Benny wasn't the danger here? He was volatile, unpredictable even, but he wouldn't seriously do anything to endanger either of us, would he? Not at this point anyway.

He approached Clover, came to a halt beside her chair. Watching him I tensed, but Clover seemed relaxed in his presence.

'When people are in my house, I expect them to observe my rules,' he said quietly.

Clover gave him a quizzical look. 'I wasn't aware that there *were* any rules.'

'There are now,' Benny said, whereupon his hand shot out with incredible speed and grabbed her throat.

The other me by the window sprang forward, but almost

immediately came to an abrupt halt, a look of horror on his face. It wasn't because Benny had barked, 'I wouldn't do that, Alex.' No, it was because Benny was changing.

The hand he'd used to grab Clover was transforming into a black, ropey tentacle. It was winding round and round her throat, stretching her neck, forcing her chin higher. Her face was already puffing up, turning red; her eyes were bulging. Awful choking sounds were coming from her mouth; her swollen tongue twitched.

'Let her go!' the other me roared, and suddenly the obsidian heart was in his (my) hand. He (I) brandished it like a grenade.

The shape-shifter in the guise of Benny merely smiled.

'Well done, Alex. You've saved me the bother of asking you to take that out of your pocket. Now look behind you.'

I could see something coming out of the darkness on the other side of the glass. Not Frank, but a huge, spider-like shape: the Dark Man's mechanical conveyance.

The other me ignored the shape-shifter's words. He refused to turn to see what was creeping up behind him.

'Let her go now or I'll fucking use this!' he (I) shouted.

The shape-shifter sniggered. 'I don't think you will. Because first, you don't really know how to. And second, I'll kill her the instant you try anything. How confident are you that the heart will stop me before I end her life?'

Clover's face was turning purple. Her eyes were flickering. The other me cast an agonised glance from the shape-shifter to Clover, torn by indecision.

The shape-shifter smiled. It was a warm smile. Friendly. It looked completely alien on Benny's face. It transformed his features into a grotesque mask.

'Sensible boy,' the shape-shifter said. 'Now, as I was saying, if you turn and look behind you, you'll see—'

And that was when Clover struck.

I thought she was on the verge of unconsciousness. Maybe she was. Maybe her action was instinctive, a final desperate attempt to survive before blackness claimed her.

The sequence of events happened quickly. It took everyone by surprise, including the shape-shifter. One moment Clover's hands were hanging limply by her side, the next she'd grabbed the red-shaded table lamp from beside her and had thrust it like a glowing red sword directly into the shape-shifter's face.

The red lampshade crumpled, the bulb beneath it exploded. There was a bang and a white flash and the shape-shifter let out a roar of pain or rage.

Almost simultaneously, as the shape-shifter lurched backwards, there was a crack sound, like a whiplash, and suddenly Clover's head separated from her body. It seemed to leap upwards from her shoulders as though on a spring, to spin through the air, trailing a flowing ripple of hair and a scatter of droplets that looked black in the sudden murk. I saw her headless body slump to one side, saw the other me's face expand with horror, eyes and mouth opening wide.

Was it me or the other me who screamed? Or did we scream together? All I know is that the jolting shock pulled me out of the moment. This time there was a sense not of shifting, but of being wrenched, physically and spiritually, from an intolerable situation. I felt momentarily like a bungee jumper who, having reached the end of his elasticated rope, is snapped back up into the air again.

The world rushed by. Dark became light. I was disorientated. Was I shouting or was someone shouting at me? I struggled, felt a weight on me, holding me down.

My body was stinging all over. When I moved, something crunched.

Then I heard Clover's voice: 'Hold still, Alex. Stop wriggling. You'll make it worse.'

I was so overjoyed to hear her, to know she was alive, that I obeyed without question. I stopped struggling. I opened my eyes.

There were two faces above me. In between them was part of a white ceiling. The faces belonged to Benny and Clover. Benny was scowling; Clover looked scared.

'Back with us, are you?' Benny said.

I blinked up at him. 'What happened?'

It was Clover who answered. 'You fell, Alex. You just collapsed.'

'Right on to my glass table,' Benny growled. 'Smashed it to fucking bits.'

TWENTY-FOUR

HEALING

I stood by the window, my left hand resting on one of the three horizontal bars that prevented suicidal residents from diving through the glass on to the gravel below. I could see beads of moisture, reflecting the autumn sunlight, glittering on the huge, wet expanse of lawn, creating a gentle green shimmer that soothed my busy mind and gave me a rare and welcome moment of calm. It was so peaceful here, but then I suppose it had to be to counteract the frantic chatter of agitated minds contained within these walls. I'd always thought that being crazy must be like living inside your own private hell – unless, of course, you were too crazy to realise that that's where you were.

Eventually I turned from the window and looked across the room at Lyn. She was sitting in the chair by the dressing table, cupping the obsidian heart in her hands. She was motionless, her eyes half closed, a blissful expression on her face.

'Are you all right?' I asked her.

Without looking at me she murmured, 'I'm more than all right. I can feel myself healing.'

I didn't know if that was true, though I couldn't deny that the improvement in her since the last time I'd seen her was amazing. She still did everything slowly, cautiously, as if afraid of upsetting some delicate internal balance, but there was a brightness about her, a spark of understanding, of intelligence, that I hadn't seen in... years.

When I'd first walked into her room that morning, she'd not only smiled and said, 'Hello, Alex,' but had stood up from her chair and crossed the carpet to greet me, even reaching out to take both of my hands in hers. The genuine warmth she'd shown had made me so immediately choked up I'd been unable to speak. It had been a long time since Lyn had been so self-aware, since she'd truly been able to read and respond to the emotions of others. When she saw the way I was gaping at her she laughed.

'I know what you're thinking,' she said, 'and I can't believe it either. I've been drowning for such a long time, Alex. Drowning in the dark. I've been so scared. I didn't know where I was. But since you sent the Dark Man away I've been much better.'

I'd glanced at Dr Bruce, who was eyeing me watchfully, waiting for my reaction.

'Could you give us some privacy?' I asked her, smiling.

She hadn't liked it, but she'd nodded curtly and left. It was Dr Bruce who'd told me of Lyn's dramatic and continuing improvement when I'd arrived, but hearing about it second-hand and actually witnessing it were two different things.

As soon as Dr Bruce had gone, Lyn asked me, 'Did you bring it?'

I nodded.

She gave a sort of shudder. 'Can I hold it? I won't damage it. I know how important it is. But just knowing it's contained, that it's trapped...' she shuddered again '... you can't know how happy, how *free*, that makes me feel.'

So I gave the heart to her, and immediately she let out a deep sigh and sank back into her chair, half closing her eyes. I watched her for a moment, wondering whether I should talk to her, ask her the questions I'd come to ask, wondering how responsive she'd be. But after a few seconds I decided to leave it until she'd finished her meditations and had handed the heart back to me, and I went and stood by the window and looked out over the rolling lawns and gardens that surrounded Darby Hall.

It was two days since I'd collapsed in Benny's house and demolished his glass coffee table. Miraculously, apart from a couple of minor nicks and a bruise on my hip, I hadn't been injured in the fall. Clover had driven me straight back to Oak Hill, where I'd been checked over by Dr Wheeler, who'd pronounced me fit and well but still very much in need of rest. If it had been up to me I'd have made the trip down to Brighton to see Lyn the next day, but Clover had insisted I put my feet up and take it easy for another twenty-four hours. So I'd sat in the house at Ranskill Gardens swaddled in blankets and watching an old Gary Cooper Western on TV. It had been weird sitting in the room where Hawkins had died, and still feeling raw over his death, even though, in linear terms, it had happened over a century before.

Although the decor and contents of the room had

altered drastically since the 1890s, one thing that had survived was the fireplace from which the shape-shifter had emerged, complete with its original tiled surround – though the tiles were now crazed and faded. Even though the house now had central heating I'd insisted on building a real fire, which I'd spent a good portion of the rest of the day alternately gazing in to and dozing in front of. At one point I'd seen Kate's face in the flames, only to jerk forward so violently I'd woken myself up. I'd wondered what would happen if I simply dropped the heart into the fire and had done with it. I'd wondered too, watching the smoke spiral up the flue, whether the shape-shifter, or a piece of it, was still up there somewhere, embedded in the fabric of the house, biding its time.

Although what had happened to me at Benny's house had disturbed me I kept it to myself. I don't know why. Perhaps because I didn't want to risk Clover using it as proof that I wasn't yet well enough to press on with our strategy. Or perhaps because I was worried about what it might signify and didn't want to hear her put it into words – not yet anyway.

Strategy. It was a highfalutin word for what we were really doing, which was simply clearing the decks and setting out our stall. Visiting Lyn had been my idea, but Clover had been wary about it. It wasn't the fact that I wanted to see Lyn and gauge her progress that bothered her; it was that by 'interrogating' Lyn (her word, not mine), Clover thought I might be on a hiding to nothing.

'I can't see anything coming of it, Alex,' she'd said. 'Added to which you might only end up upsetting her even more.'

'How do *you* know nothing will come of it?' I retorted.

'Because if something *does*, then it already would have, and we wouldn't be having this conversation. I just don't think it's possible to change the past to such an extent. I think it might be dangerous to even try.'

I was silent for a moment, then I said, 'You think, but you don't know. Neither of us knows.'

'No, I *don't* know. But that's my theory all the same. Since Hawkins died, I've started to think that...' she paused, trying to order her thoughts '...well, that small changes might be possible, but not big ones. I think big ones might disrupt the... the *time stream*, or whatever you want to call it, too much.'

'But what about the multiverse?' I said. 'All those alternate pasts and futures?'

At which point she'd thrown up her hands in exasperation.

'Oh, I don't know! I just... don't know!'

That had settled it. We'd agreed – or at least, sort of agreed – that if something *couldn't* be changed then maybe it *wouldn't* be; that Time or Fate or whatever would simply intervene and disallow it. But we'd also agreed that there was no harm in trying – or rather, we hadn't agreed, but I'd argued the toss until Clover had become ground down enough to accept that I was going to try regardless. Secretly I knew as well as she did that we didn't know enough about the possible consequences of our actions, and that there might, therefore, actually be a *great deal* of harm in trying. But from where *I* was standing, I felt it was worth the risk.

When Lyn said she could feel herself healing I crossed

the room and perched myself on the edge of the bed, facing her.

'That's the best news I've heard all year.' Without thinking I added, 'I'd give anything in the world to get the old you back.'

She cast her eyes downwards, and there followed a moment not only of awkwardness between us, but of sadness, of regret, for the years we'd lost.

'Don't raise your hopes too much, Alex,' she said quietly. 'I'm not sure *that's* going to happen.'

I tried to be encouraging, but it ended up sounding like empty bluster – to my ears anyway. 'You never know. I mean, I know a lot's changed, and that we're both different people now. And I know there's still a long way to go before we could even think of—'

'Stop. Just... stop.'

I did. She was frowning, breathing hard, her eyes still staring down at the heart in her hand. For a moment I thought I'd pushed it too hard, that because of me the dark clouds were going to move in again and blot out the light of what was still a very fragile sun.

When she next spoke, though, I was relieved to hear that her voice was calm. A little trembly, but calm.

'I can't even begin to think of anything beyond getting better just now. It's just... it's too much. Sorry, Alex.'

'Hey,' I said gently. 'No need to apologise. I'm the one who should be saying sorry. I'm an idiot.'

'Let's neither of us say it,' she said. 'Let's just... relish what we've got right now.'

'Suits me.'

She held out the heart. 'Here, take it. Keep it safe. Keep it *contained*.'

'I will. I promise.'

She raised her eyes and looked at me. 'How's our daughter, Alex? How's Kate?'

To say the question was like a punch in the face was an understatement, though perhaps I should have expected it. In fact, I definitely should have. I should have realised that once Lyn's mind started to clear, Kate's welfare would be one of the first things she'd think about. She was the child's mother, after all. It was only natural. Yet for a second or two after she asked me the question, I felt she already knew everything, and was accusing me, or trying to catch me out. I felt an urge to throw myself on her mercy, apologise for letting her down, for not looking after our daughter well enough.

Then she frowned, and I realised she knew nothing at all.

'What's the matter?' she asked, alarm creeping into her voice. 'Kate *is* all right, isn't she?'

I laughed. Probably too brashly, but it seemed to undo the knot of concern forming between her eyes.

'Course she is,' I said. 'She's fine. She's flourishing.' It killed me to keep smiling. 'I was just surprised, that's all. To hear you ask about her, I mean.'

'I've been thinking about her a lot. Since I last saw you, I've been thinking about a lot of things I haven't thought about in...' She wafted a hand.

Terrified she might suggest I could bring Kate along with me next time I came for a visit, I asked quickly, 'Do you know how long you've been in here, Lyn?'

She looked at me even more searchingly, a trace of fearful wonder in her eyes.

'They tell me... they tell me it's been five years.' I could see she wanted me to laugh, to poo-poo the idea. Her voice dropped to a murmur. 'It hasn't been *that* long, has it, Alex? It *can't* have been that long.'

Her hands, empty of the heart, were now resting limply in her lap. After a moment's hesitation I reached out and took them. They were cold.

'How long do *you* feel it's been?'

She shook her head. 'A day? Forever? I honestly don't know.' She looked out of the window, as if she could gauge time by the clouds, the sky. 'How old is Kate now, Alex? Is she all grown up?'

'Of course not,' I said. 'She's five.'

'Five,' she repeated, a whispering echo. 'So it's true.'

I squeezed her hands tighter, as if to keep her with me.

'What would you say if I told you I'd found a way of turning back time? What if I said I could change all of this, everything that's happened since you met the Dark Man, by going back and stopping him from ever meeting you? What if I said I could get our future, the future we were meant to have together, back for us?'

She was looking at me as if I was some strange and wonderful creature she had never seen before. When she smiled I saw the old Lyn appear behind her ravaged features – just for an instant. A fleeting glimpse, and then gone.

'I'd say you were as mad as me,' she replied, her voice warm with affection and humour. 'I'd say you needed to book yourself a room here.'

I smiled along with her. 'Ordinarily you'd be right. But I vanquished the Dark Man, didn't I? I took his darkness.'

'What are you saying?'

I gave her hands another squeeze. 'I'm saying you should never give up hope. I'm saying that miracles happen. There's something I need you to do for me, Lyn. It may be the most important thing you've *ever* done.'

'What is it?' she whispered.

'I need you to think back to when you first met the Dark Man. I need you to remember the exact date.'

TWENTY-FIVE

WHAT MIGHT HAVE HAPPENED

Over the next couple of days I had three more visions. That's to say, I had three more episodes like the one I'd had in Benny's house. Given that I found myself revisiting specific events in my past rather than having premonitions of the future, I'm not sure 'visions' is the right word to describe the experiences – but that's what they felt like all the same. I'd be going about my business when all of a sudden that weird sensation of *shifting* would wash over me, and the next moment I'd find myself in another place, another time.

Although the vision I'd had in Benny's house had started off by tallying with the exact memory of the conversation I'd had with Clover in the conservatory, only one of the subsequent visions (the second of the three) followed the same pattern. In the first I *did* find myself in familiar surroundings, though my memory of what had happened there deviated pretty much from the get-go. In the most recent – which was also the most disorientating, and in some ways the most horrible – I found myself in a place and a situation I'd never been in before, and never wanted to be in again. I emerged from this one not just shocked and horrified, but shaking and crying.

One factor that each vision *did* share was that I was never part of the action, but merely an observer. In the first I found myself back in my cell in Pentonville with my twenty-year-old self. The past me was sitting cross-legged on his (my) bunk, head bowed over a book, which was open in his (my) lap, forefingers pressed into his (my) ears to muffle the ever-present prison din. The current me had a strong feeling that the book, a thick and hefty tome, was *Psychology of Behaviour*, which I'd been reading when Benny had first paid me a visit.

So was this the same day? Was I about to witness a reenactment of that meeting? I stared at my past self in the familiar grey prison sweatshirt and marvelled at how skinny and callow I looked, even whilst feeling a sense of deep apprehension at what might be about to happen. The past me was engrossed in the book, and the present me was engrossed in the sight of my past self, narcissistic though that might sound. Both our heads snapped up when the cell door closed with a bang.

The present me, standing with my back to the wall opposite the door, saw that three men had entered the cell. In my split-second assessment of them I registered that they were big, meaty, mean looking. One had slick black hair and dark stubble and one was a squat, round-shouldered skinhead with blue tattoos on the backs of his hands and up the sides of his neck. The third man didn't make much of an impression except as a threatening presence, the reason being that what happened next happened so quickly, without any words being exchanged, that it seemed hardly more than a blur.

As I might have said before, violence in prison is swift, shocking and brutal. There's rarely any preamble, rarely any name-calling or squaring up. It's almost a functional thing, a way of subduing and incapacitating your opponent as quickly and efficiently as possible. Before the past me could move, except to look up from his book, the three men had crossed the cell.

The past me was still sitting cross-legged when the first man – the skinhead – swung a haymaker into the side of his (my) face. The blow connected with such a sickening crunch I felt sure my cheekbone must have shattered. I watched my past self fall back, the book sliding from his lap and hitting the floor. One of the other assailants – the one whose appearance had barely registered – swept the book up and started battering him about the head and body with it. I saw his (my) hands flapping ineffectually in an attempt to fight the men off. The guy with the slick black hair grabbed my past self's feet and ran backwards a few steps, yanking him off his bunk. The present me winced as the past me landed with a thump, cracking his skull on the stone floor. Immediately the men started to kick and punch and stamp on him (me). There was the meaty crack of flesh impacting on flesh. There was the sound of crunching bone. There was a lot of blood.

Throughout the attack, which lasted maybe a minute but seemed much longer, my past self – barely conscious now – just lay there. Now and again, through the melee, I saw his (my) head and feet jerk up, in the way the opposite ends of a cushion will jerk up if you hit it in the middle. My past self looked less like a person than a thing, a punch bag that was being pummelled even though it had snapped from its supports and was now prone on the floor.

Finally one of the men – the skinhead, I think – spoke the only three words I heard any of them use during the attack: 'Roll him over.'

Mercifully I jerked from the scene just as they were yanking down my trousers and underpants.

In the second vision I *shifted* from sitting at the kitchen table in Ranskill Gardens, where I was eating a tuna salad sandwich and talking to Clover, to standing beneath an arch looking out on what appeared to be a candlelit stone cavern. At first my mind reeled as I tried to work out how Clover had gone from emptying a dishwasher to being chained inside a large cage in the blink of an eye.

Then I realised. These were the stone tunnels beneath Commer House in the Isle of Dogs. The ones to which I'd been lured to rescue what turned out to be a splinter of the shape-shifter in the form of Clover – who, you'll no doubt remember, had later been taken by surprise and despatched by Hulse whilst in her vulnerable human form, very likely on the orders of my future self.

The past me, who was currently pressed up against the bars of the cage, obsidian heart in hand, urging it in vain to do its stuff, knew none of that, of course. I wished I could tell him (me), but I couldn't. I couldn't do anything. As before, I was little more than a ghost.

I heard the unreal Clover say, 'It's no good, Alex. You've got to go, before he comes back.'

outburst was over I was ashamed of it. I knew Clover was only showing concern, and I wasn't angry with *her* specifically. It was just that I was worried and confused about what might be happening and why, and frustrated by the simple fact that I didn't *need* this, that I had to find Kate and couldn't afford to let anything hamper me.

I apologised to her as humbly as I could, and reminded her that the last time she'd taken me back to Oak Hill, after my blackout at Benny's, Dr Wheeler had found nothing wrong with me.

'I can't afford for them to keep me in,' I said. 'I can't afford to waste any more time having tests.'

'You can't afford to drop dead of a fucking stroke or brain haemorrhage either!'

'It won't come to that.'

'How do you know?'

'I just do. This is… different. Look, just trust me, okay? I'll be fine.'

Finally she agreed to let me be – not that she could have made me go back to Oak Hill without bludgeoning me unconscious and dragging me physically out to the car – but she did make me promise that if I had another blackout I would go, not only for my own sake, but for Kate's.

I agreed, keeping my fingers crossed that either my visions were finally over or that if I *did* have another one it would happen when I was alone, and she would therefore hear nothing about it.

I was bang out of luck on both accounts.

The next time I *shifted*, only a matter of hours after my argument with Clover, I found myself in a small,

You're only saying that because you know there's no way I'll abandon you, I thought bitterly, before the past me replied, 'Don't worry. If I can get the heart to work, it'll protect us from that freak who attacked us in Incognito – him *and* his army.'

I frowned. Hang on. Was that what I'd originally said? It didn't sound right somehow.

Before I had time to ponder on it, the unreal Clover said, 'That wasn't who took me.'

The past me looked surprised. 'Who was it then?'

'It was me!'

I turned my head, already knowing what I would see. Barnaby McCallum was stepping from the shadow of one of the arched openings about fifty metres away.

It wasn't the real McCallum, of course. It was yet another splinter of the shape-shifter.

The past me gaped at him. 'But you're dead. I killed you.'

'Appearances can be deceptive.' The shape-shifter in McCallum's form pointed at the heart in my hand. 'Now, I believe you have some property of mine. Perhaps you should give it back before someone gets seriously hurt.'

I frowned again. *What's wrong with this picture?* I thought. Then, as the false McCallum took a lurching step forward, I realised.

No Frank.

Again. He hadn't appeared in my earlier vision and now he wasn't here either.

The past me stood with the heart held above his (my) head, as if it was a rock he was intending to lob at the old man.

'Hang on a minute,' I heard my past self say. 'Don't come any closer. I want to know what's going on. I want to know why you aren't dead. Most of all, I want to know where my daughter is.'

The shape-shifter smiled. It was a warm smile. Reassuring.

'So many questions. Though I can hardly blame you, I suppose. As regards what's going on and why I'm not dead, it's... complicated, Alex. Let's leave it at that. As regards your daughter, I'm pleased to say I have information that will lead to her recovery. Rest assured, I simply want what's best for all of us. What's *right*.'

The past me looked uncertain, suspicious, though I could see that he was desperate to believe the old man.

'How do I know you're telling the truth?' he said.

McCallum rolled his eyes. 'Oh, for goodness' sake.'

And then he came apart.

It was like before – one second he was standing there, the next he became a mass of slithering snakes; of insects, both flying and scuttling, that erupted outwards in all directions. The big difference this time, though, was that Frank wasn't there to throw up a wall of darkness against them. They swarmed, unimpeded, towards the past me in a crackling, rustling, buzzing wave.

I saw the past me swing back to the cage, saw him begin once again to bash the heart against the bars. Although his (my) voice was muffled by the rush of creatures, I could hear him frantically muttering, 'Come on, come on, *come on*.'

Last time this had happened, Frank had stopped a good ninety-nine per cent of the advancing wave of creatures in their tracks. The heart had finally erupted into life only when a weakened shred of the shape-shifter, in the form of a huge moth, had stung me on the back of the neck.

This time was different. This time the creatures me before the heart could respond – or at least, be *did* respond. Watching from the sidelines I was shock only by the sight of the creatures swarming over my p and literally taking him apart (once again there was a *lot* of blood), but also because I had previously ass or at least hoped, that with the heart in my posses was more or less invulnerable; that if ever I was phy threatened, it would respond immediately and prote

Not so. Not in this vision anyway.

I came to lying on the kitchen floor, with Clover be over me. When I'd had the vision where I'd found in Pentonville I'd woken up alone in the sitting hunched in an armchair in front of the fire, slun one side with drool leaking out of the side of my n hadn't said anything to Clover about that vision, hadn't mentioned the first one to her either, and as she was concerned, this was the second occasio for no discernible reason, I'd phased out.

'I'm fine,' I said as she helped me sit up, 'I sli

'You didn't slip,' she said. 'You passed out. Just

'No I didn't. I'm still a bit wobbly, that's a stand up – I was going to get myself a drink couldn't take the weight. My knee buckled down. But I'm fine, honestly. It wasn't like b

'It *was* like before. You didn't just fall, completely out. I'm taking you back to Oak Something's wrong with you. It might be s

'Oh, *for fuck's sake!*' I bellowed, shocking

My anger was out of proportion, an

rectangular room with a brown carpet and white walls. The room was featureless except for two chairs, which were upholstered in olive-green PVC and positioned side by side against one of the long walls. The chairs faced what I guessed was a screen or a window or perhaps a large painting, concealed behind a pair of pale blue curtains with a pull cord at one side. Although the room could not have been plainer, I immediately felt an unfocused but acute dread mounting inside me – not because I necessarily felt that bad things had happened here, but more from a sense that bad memories *could be*, and *had been*, made here – the kind that could become embedded in the mind like sharp stones and forever cause pain.

Please, I thought, without knowing who or what I was appealing to, *take me away from here. I don't want this.*

But it was no good. I couldn't move, couldn't leave, couldn't even close my eyes.

All I could do was watch as the door in the narrow wall at the far end of the room opened and two people came through.

One was a man in a suit – balding, glasses; I barely registered him.

The other was me.

If I could have gasped I would have done. I looked dreadful. Not only ill, not only haggard, but *haunted* – my face etched with such pain, such despair, that I felt terribly, instantly afraid. Even though I couldn't move I felt my soul, my essence, if such a thing exists, shrinking away from this appalling representation of what I had, or could, become. It was as if the other me had an infection so virulent it could spread through the multiverse, affecting each and every one of my alternate selves.

The other me stumbled and the man in the suit reached out to grab his arm.

'Are you all right, Mr Locke?'

Of course I'm not fucking all right! I retorted silently, and saw a flash of that thought echoed on the other me's face.

But he simply nodded. 'I'll manage.'

'Would you like to sit for a few minutes to gather yourself? Perhaps a glass of water?'

The other me shook his head curtly. 'Let's just get it over with.'

The man in the suit nodded solicitously. Indicating the curtains he said, 'Behind here is a window. Through it you will see a brightly lit room containing a trolley on which the deceased will be lying. The deceased will be covered in a sheet. As soon as you're ready, Mr Locke, and not a moment before, a colleague of mine, who will be standing beside the trolley, will fold back the sheet, revealing the face of the deceased. You will then be required to confirm the deceased's identity – or not, as the case may be. Do you understand?'

The other me gave another curt nod and barely whispered, 'Yes.'

The man in the suit reached for the curtain cord. 'Very well. If you could step a little closer to the curtain? That's it... Now, if you're ready?'

I saw the past me's hands clench at the ends of ramrod-straight arms. Another papery whisper: 'Ready.'

With a faint grinding swish the curtains peeled back. Beyond them was exactly what the man had promised:

a brightly lit room, a trolley, a body beneath a sheet. On the far side of the trolley, his face carefully neutral, stood a burly man with close-cropped ginger hair, wearing a blue V-neck surgical top over a white T-shirt.

The other me gave a low moan. The man in the suit glanced at him, but said nothing. A moment went by. The other me shuddered. Then he (I) turned to the suited man, his head moving so slowly it made me think of a rusty automaton coming to life after years of inactivity.

'Okay.'

The suited man's lips twitched in sympathy and support. He turned to the ginger man in the surgical top and nodded. The ginger man reached out, his hands encased in latex gloves, and almost daintily folded back the top of the sheet. The other me moaned again and seemed to sag. Between the other me and the man in the suit I saw the waxy face of the deceased, who the other me had come here to identify.

It was my eldest daughter, Candice.

The shock jolted me back to my own reality. I came to, flailing, screaming out denials, as if that alone would enable me to unsee what I'd seen. I felt a weight on me, holding me down, clamps tightening on my arms. My vision was a blur, a confused smear of colour and movement. I struggled, blinked, and realised that the reason I couldn't see was because my eyes were full of tears. I blinked more rapidly to clear them. My eyes focused.

Déjà vu. Here was Clover again. Bending over me. Hair falling around her face. Large, widely spaced eyes full of fear, alarm... and anger too. Anger at me for point-blank refusing to go back to Oak Hill. Anger at herself for allowing me to persuade her I was okay.

'Alex!' she was saying, and from the way she was saying it I guessed it wasn't the first time. 'Alex, can you hear me?'

I forced myself to stop screaming, to stop saying *no*. I tried to nod and realised I was shaking so much I could barely control my movements. When I tried to speak I couldn't stop my teeth from chattering.

'Alex!' she repeated. 'Are you with me or not? Do you know where you are?'

With an almighty effort I wrestled free of the involuntary spasms racing through my body. I clamped my mouth shut and closed my eyes tight, then opened them again.

'Yes,' I whispered, and this time felt only a slight judder in my jawbone, as though a low electrical charge was running through me. 'Yes, I know where I am. I'm back. I'm fine. I had another one, didn't I?'

'Yes, you fucking did.' Anxiety was making her cross. 'And you are definitely *not* fine. This time you're going back to Oak Hill. I don't care *what* you say. In fact, you promised, so that's that.'

My faculties were slowly returning. Glancing around I realised where I was – in the bathroom on the second floor – and what I'd been doing when I'd blacked out: washing my hands.

Things could have been worse. If the vision had come a couple of minutes earlier I'd have toppled off the toilet where I'd been sitting, and would now be lying on the bathroom floor covered in my own shit with my jeans and boxer shorts round my ankles.

I moved my head and winced as a throb of pain went

through my temple. I put my hand up to the sore spot and winced again. There was a lump there and it hurt like hell. I must have caught it a whack on the sink or the side of the bath when I went down.

'It's not what you think,' I said.

Clover rolled her eyes. 'Don't give me that crap.'

Still lying on my back, I raised my hands, as if warding off an attack from a wild animal.

'No, listen. I'll go to Oak Hill if you want me to. But I want to talk to you first. I want to explain. I should have told you straight away.'

'Told me what?'

'These... episodes. They're not strokes or fits. I don't think they're physical at all. They're... mental attacks. Well, maybe not even attacks. Warnings.'

She shook her head. 'You're not making sense.'

'Help me up and I'll explain.'

When she did I discovered that I'd caught my knee a good one too, probably on the floor when I went down. It was now throbbing like a bastard, and made me cry out when I tried to put my weight on it. With my arm around Clover's shoulders I limped into my bedroom – the one I'd woken up in after taking a pounding from Hulse and his cronies the first time I'd found myself in Victorian London; the one where a future version of me had appeared on the night Hawkins had died and persuaded me to change history, and because of that had then never had cause to exist.

'So?' Clover said, hands on hips, after I'd flopped with a grunt onto the bed.

I shuffled up the mattress until my back was against the

headboard and I could stretch out my injured leg. Then I gestured towards the chair where the future me had once sat.

'Sit down a minute.'

She sighed, but did as I asked.

'Every time I blacked out I went somewhere,' I said. 'I revisited my past – except I didn't. Because on each occasion something had changed.'

She frowned, but before she could say anything I launched into an explanation of what had happened during each of my visions. The longer I spoke the more thoughtful and worried-looking she became. Finally I told her about the latest vision; about how I'd found myself in a morgue or a coroner's office, or wherever it was that someone went to identify a relative's body (I hoped I'd never have to find out, never have to go through the experience for real) and what I'd seen there.

'It was awful, Clover.' My voice had started to shake again. 'I mean, they were *all* awful, but that was the worst. No offence. It's just...'

'I know,' Clover said almost bluntly. 'Candice is your daughter. Your own flesh and blood. Her death – her *perceived* death – is bound to affect you more than... well, more than anyone else's.'

I fell silent. She was frowning, almost scowling. Despite what she'd said I wondered whether I *had* offended her by saying that seeing Candice lying dead in the morgue had been worse than seeing Clover beheaded by the shape-shifter.

I was about to say something, if only to break the silence, when she muttered, 'You say you thought these visions might be warnings?'

I nodded.

'Of what might happen if you don't use the heart again?'

'Yeah.' I used my fingers to count off each specific future action. 'If I don't save Frank; if I don't pay Benny to protect me in prison; if I don't pay off Candice's boyfriend's debt...'

Still frowning she said, 'Except these... scenes you've been shown, these visions... they don't quite tally, do they?'

'What do you mean?'

'Well, take the first vision at Benny's house, and then the third one in the tunnels. If you don't meet Frank, and I die in Benny's conservatory as a result, then you'd never have been lured to the Isle of Dogs to save me, would you? I mean, I'd already be dead, so that future would never happen.'

'So what are you saying? That the visions are false?'

'I think they're... I don't know... fabrications? Dramatic fictions?'

I thought about it. 'You mean they're not *really* real? They're not alternate bits of this multiverse of yours I'm being shown? They're just... what? Dreams?'

'More than dreams, maybe. Worst-case scenarios. But fictions all the same.'

'But they're still warnings? They're still examples of the kinds of things that *might* happen if I don't do what I'm supposed to do – if I miss an appointment, as it were?'

Clover shrugged. 'Maybe. But I'm not sure how it works. I mean, we're *here*, aren't we? We've arrived at this point in our lives. I *wasn't* killed by the shape-shifter in Benny's conservatory.'

'But time is flexible,' I said, thinking again of the future me who had appeared at my bedside on the night Hawkins had been killed, the one whose warning had caused me to change what I might otherwise had done, thus negating the need for me to go back in time and issue the warning to my past self in the first place. 'It's not solid. If things change in the future, then maybe the past can be... I don't know... rolled back. Reshaped. The multiverse, remember. Maybe if I don't do what I'm supposed to do, this present, the one we're living in now, will disappear, or be shunted into another reality or something.'

'And I'll die,' said Clover. 'And Candice will die. And maybe even you'll die too.'

I shrugged. 'Maybe.'

She threw up her hands. 'But how *can* you use the heart again? We've already established that it's killing you. There's no way you'd survive another...' she groped for the appropriate word '...blast!'

'Maybe not,' I said. 'But I have to try. I don't think I've got a choice. I have to find a way.'

'*What* way?' she said, and this time it was her frustration that was making her angry. 'What way could there possibly be?'

'I've no idea,' I admitted.

TWENTY-SIX

PROVING IT

I've always loved the sea.

Even as a kid, spending odd days or holidays in Brighton or Margate, Southend or Selsey Bill, the sea meant more to me than ice creams and sandcastles and fish and chips. There'd be a part of me, even back then, that would respond to it on an instinctive level, that would recognise, in comparison to its dispassionate, eternal vastness, how tiny and insignificant we were, and how petty were our cares and concerns. I might not have been able to articulate those feelings back then, but I felt them all the same. It didn't frighten me or make me sad; on the contrary, it soothed me. Even as young as seven or eight I'd find a place on the beach to be by myself – if there were rocks, where I could hide myself away in a crevice, so much the better – and I'd happily sit and watch the tide coming in and out for hours. I loved its ceaseless rhythmic shushing; I loved the way the sea looked – glossy and dimpled on the surface, like beaten tin, white and foamy and fizzing at the edges, where it crashed against the jagged black rocks. And I loved the way it moved – sinewy and rippling, like something alive. I'd watch it and I'd forget who I was; I'd become mesmerised by it. I'd imagine the breeze blowing in to shore was its breath ruffling my hair. I'd lick my lips and taste a delicious fishy saltiness.

Once, I remember, I was gone so long that my parents thought I'd either been snatched by a kiddie fiddler or swept out to sea. They had people scouring the area, looking for me. They'd been on the verge of calling out the coastguard, alerting the local lifeboat station, when I turned up, drowsy and smiling, all my worries washed away by the tide. My dad ruined my mood by giving me a clip round the ear, which I felt I didn't deserve, and my mum was weepy for the rest of the day – not because of what had happened, but at the thought of what *might* have.

Even that didn't stop me going off by myself, though, seeking solace in the sea whenever I got the chance. I liked my own company. Always have. If I'd had brothers or sisters it might have been different, but I can't remember ever feeling alone, ever envying friends who came from larger families.

Standing on the beach, staring at the sea now, dark grey and choppy, like churning chunks of slate, I was reminded of those bygone days. Back then, of course, it had always been summer; now it was autumn and the sky looked murky and charred, and the wind flying in off the crashing waves felt like blades of ice that sliced the skin but left no marks.

Bygone days. Innocent ones too. The sea still made me feel insignificant, but it no longer had the ability to shrink my problems.

I looked at my watch. It was almost 10:20 a.m. I'd arranged the meeting for 10:30, but had wanted to get here early, to suss out the territory and work out exactly what I was going to say.

Turning my head quickly left and right, I scanned the beach in both directions. The bay was enclosed – backed by cliffs, from the top of which a footpath zigzagged down like a scar, and bordered to left and right by promontories of jagged black rock, against which waves crashed with tremendous force at high tide.

I'd selected the location carefully. I'd wanted somewhere remote, somewhere I'd be more likely to be listened to, where it wouldn't be easy for the other person to just stand up and walk away. There was a café on the cliff top – a rectangular flat-roofed building that was virtually all glass on the seaward side so that customers could enjoy the ocean view whilst sitting in the warmth, sipping their lattes and hot chocolates – but even though it was little used at this time of year it had still been too public for my purposes. I knew the meeting was likely to be difficult. I knew too that if the other person broke his word it was likely to be over before it had even begun. There was nowhere for me to run to here, nowhere to hide.

'I'll tell you everything,' I'd said to him on the phone. 'But only if you come alone.'

He hadn't liked it, but I'd stuck to my guns. And in the end, he'd agreed.

I looked out to sea again. I'd hoped it would clear my mind, but all it did was reflect my thoughts: dark, churning, never still. Its vastness didn't soothe me now; if anything, it emphasised how hopeless my quest was, how impossible it would be to find Kate without help.

'Where are you?' I murmured. '*When* are you?'

The sea roared and the wind howled in reply.

I glanced at my watch again. 10:26. I continued to stare doggedly out to sea, trying to settle myself. There was an imaginary itch between my shoulder blades, and the bruise on my temple throbbed where the cold wind flailed against it, but I refused to turn round. There was no point in it. No point in anxiously scouring the cliff path to see whether he would come, whether he would be alone. For now, at least, my immediate future was in the hands of fate.

Although my senses were attuned I didn't hear his footsteps on the sand, not even when he was right behind me. I only knew he was standing there when he spoke. Even then the wind snatched at his voice, shaving off the sharp edges, making it seem further away than it was.

'Who the fuck do you think you are? Pissing me about like this?'

I turned to face him, the wind buffeting me from behind, as if trying to push us together. Whether DI Jensen's long, knobbly face was white with anger or simply scoured bloodless by the elements I couldn't tell. There was no mistaking his expression, though. He looked seriously pissed off. His lips were pressed tightly together, his eyes so wide and glaring you could see the whites all the way round his pupils. Even his sparse hair, as colourless as the rest of him, looked angry as it whipped about in the wind.

'Thanks for coming,' I said, glancing behind him and seeing that he had, indeed, seemed to have kept his word.

His face curled in a snarl. 'Bollocks to that.'

I didn't respond to his anger. He was entitled to it. Since

reporting Kate's disappearance I'd fucked him about big time.

He took an almost aggressive step towards me, half raised a hand as if to punch me in the face. I was wary, but still I tried not to react, and he ended up slashing at the air.

'So what the fuck is this?'

My own hands were in the pockets of my coat, my tension, my nervousness, centred in them, out of sight. My left hand was balled into a fist, my right clenched around the obsidian heart.

'I'm sorry,' I said. 'I know it's unorthodox—'

'*Unorthodox!*' He snorted.

'But I needed to meet you somewhere... neutral. Out of the way. I've got a long, crazy, complicated, ridiculous story to tell, but it also happens to be the truth, which is what I thought you deserved. I'm just... I'm sick of lying. Sick of running. I thought it was time to... confess all. Get everything out in the open.'

He glanced around, as if sensing a trap.

'What are you involved in, Mr Locke? Are you in danger? Is someone threatening you?'

I almost barked a laugh, but managed to turn it into a half snort, half shrug.

'Yes and yes. But it's not as simple as that.'

Before I could elaborate he was at me again, snapping like a terrier.

'Do you know who's holding Kate? Do you know where she is? Is that why you've been so evasive? Because of what her abductors have threatened to do to her if you talk?'

I half closed my eyes, as though his words were sand blowing into my face.

'Please, Inspector,' I said. 'Let me tell this in my own way. From the beginning. If I start to answer your questions, it'll only lead to more questions, and we'll never get anywhere.'

His face scrunched up as if he'd tasted something sour, but he gave an abrupt nod.

'All right then. Go on.'

I took a deep breath.

'Before I start, I need you to promise you won't interrupt, or ask questions, until I've finished. Whatever you think of what I'm about to tell you, I just want you to hear me out. And I want you to know that this story is... well, it's mental, it's like nothing you've ever heard before. It's the sort of story where, at the end of it, you'll say "Do you honestly expect me to believe that?" or "What the fuck do you take me for?" But before you get angry I want you to ask yourself *why* I'm telling you such a crazy story; what I could hope to gain from it.' I grimaced. The words had sounded better in my head. More slick, more polished. 'And... well, that's it really,' I finished lamely.

He stared at me. Then he sighed.

'I'm listening.'

I started to talk. Right there on the beach, as we stood facing each other like a couple of spies in a John Le Carré novel, I told him everything. I held nothing back. I told him about meeting up with Benny, about killing McCallum, about the attack on Incognito, about Lyn, about Frank, about Tallarian, the Dark Man, the Wolves of London. I told it all as quickly and concisely as I could. I offered no opinions, no theories; I just gave him the facts.

How long it took I'm not sure. Half an hour? Forty-five

minutes? The whole time the wind blew and the sea roared and the grey beach on which we stood remained deserted. It felt like my own little pocket in time and space. A micro-universe, containing nothing but this location, these two people. God knows what anyone watching from the café above would have thought, to see two men, huddled in overcoats, simply standing, facing each other, for half an hour or more. We must have looked like tiny black flecks on a restless grey landscape. But no one came to see what we were doing. No one intervened. The only other signs of life were the gulls wheeling overhead calling mournfully.

Throughout the telling, DI Jensen barely moved. He just stood there, expressionless, lips pressed together, eyes fixed on me. I told him about Hope, about returning to the present day, about Oak Hill, about the visions I'd been having.

'Whoever sent that email to Clover – the Dark Man, his representative – told me not to tell anyone, that Kate would die if I did. But we've gone way beyond that now. So I decided it was time to wipe the slate clean. Start afresh. That's why I called you.'

The silence when I finished speaking was almost painful. It wasn't really silence, of course, not with the sea and the wind and the screeching gulls, but that was what it felt like.

My throat was raw and dry. I swallowed and winced, tasting salt. I still couldn't read Jensen's expression. The way he stared at me was unsettling, but it was impossible to tell what he was thinking.

'Well?' I eventually said with a half laugh. 'Aren't you going to say anything?'

His lips parted, but he didn't speak straight away.

Then, quietly, he said, 'What do you *expect* me to say?'

I shrugged. 'I don't know. How about: Do you honestly expect me to believe that?'

He seemed to harden – his face, his muscles.

'Are you taking the piss, Mr Locke?'

'I wish I was.'

His face twisted then, and I realised he was trying to maintain control, to hold his anger in check.

'I can't decide whether you're fucking me about or genuinely deranged. I'm going to give you the benefit of the doubt and assume the latter. There is one part of your story I *do* believe, though.'

Heart sinking, I said, 'And what's that?'

'I believe you're responsible for the death of Barnaby McCallum. You know too much about the specific injury that killed him not to be. Alex Locke, I'm therefore arresting you on suspicion of the murder of Mr Barnaby McCallum. You do not have to say anything, but what you do say—'

'He's telling the truth,' said a voice from my left. '*I'm* telling the truth.'

Both Jensen and I turned. The man standing a little further up the beach, about twenty metres away from us, had appeared from nowhere. He had something in his hand, was holding it up to show us. At first, with a lurch of alarm, I thought it was a grenade – and then my eyes widened.

It was the obsidian heart!

I looked at the man again. His hair was grey, almost white. He looked to be in his fifties, maybe older.

Then the scales fell from my eyes and I saw him anew. My entire body went weak and watery. My head swam, and for a moment I thought I was going to faint.

'Fuck,' I breathed. 'Oh, fuck.'

'Who the hell are you?' Jensen barked as the man took a few steps closer.

The newcomer smiled. I couldn't get over the wrinkles that framed his mouth like brackets, the crow's feet that radiated out from the corners of his eyes.

'Don't you know, Inspector?' the man said. 'Don't you recognise me?'

Jensen narrowed his eyes, but I saw something cross his face: a glimmer of understanding – and fear.

'Should I?'

The man nodded at me. His voice was gentle. 'I'm him. He's me. A younger me.' He waggled the obsidian heart from side to side in his hand. 'Show him, Alex.'

I withdrew the obsidian heart from my pocket, held it up as the older me was holding his up. I was fascinated by him (by me), by how he (I) had aged. I wanted to stare at him; I found it difficult to tear my gaze away. But I wanted to see how Jensen would react too.

The DI was trembling, his eyes darting wildly from the older me's face to my own.

'No,' he said, sounding scared. 'It's not possible. It's a trick.'

'It's not, you know,' the older me said, his voice still gentle, sympathetic. 'And I'm going to prove it to you now. Brace yourself.'

He disappeared.

I can't describe how it happened. He didn't shimmer out of existence. He didn't instantaneously vanish like a ghost in a seventies kids' show. If anything, it was a perception thing, perhaps the mind's way of coping with the impossible. It was almost as if, for a split second, I'd lost concentration, phased out, been distracted, and that when I looked back at where the older me had been standing he simply wasn't there any more.

Jensen gave a sort of sobbing groan, and then he fell to his knees in the sand. Clamping a hand over his eyes in an almost child-like way, as if to deny what he had seen, he began to shudder.

TWENTY-SEVEN

COFFEE AND CAKE

Why do I have to be so bloody enigmatic? Why couldn't I just come back from the future, sit myself down and tell myself everything?

It was a weird feeling, being pissed off at yourself as though you were another person, but that was how I felt all the same. The only customer in the Cliff Top Café I looked glumly out through the clear patch of window I'd wiped free of condensation, whilst the owner busied herself behind the counter and hummed along to 10CC's 'I'm Not In Love', which was playing quietly on some Golden Oldies radio station. Because all our footprints were still visible on the otherwise smooth grey sand, it was easy to pick out not only the spot, close to the sea's edge, where Jensen and I had been standing, but also the places where the older me had appeared and disappeared.

I stared at the marks left by the older me, a line of footprints maybe ten metres long, like a thin black scar. *Footprints from the future*, I thought. It should have filled me with wonder, but all I felt was frustration and resentment.

At least the older me had saved me from a tricky

situation – though not without giving poor old Jensen a mental breakdown in the process. Actually, Jensen had been all right (well, sort of) once he'd recovered from his trauma. Shell-shocked and dazed, he'd decided not to arrest me, had said he was going to go away and think about things for a while; specifically, about how to proceed with McCallum's murder investigation.

'I killed him, but I didn't murder him,' I said. 'It was an accident. And he *arranged* for it to happen. He *wanted* it to happen.'

He flapped my words away like troublesome flies. 'Yes, yes, so you told me. I just...' He shook his head, defeated. 'I don't know, Mr Locke. For the first time in my career I honestly *do not know* what to do.'

In the end he'd driven away, still undecided. It was the best I could have hoped for, I suppose. Had I been right to tell him everything? It was an impossible question to answer. All I could cling to was that at that time, in that moment, it had *felt* right. It had felt as though I was ridding myself of baggage, preparing myself for action. What form that action would take, and how I'd respond to and cope with it, I had no idea. As always, what awaited me, despite the hints I'd received from the future, was the unknown, and no amount of strategy or planning could prepare me for that.

Open on the table in front of me, between my cappuccino and my slice of carrot cake, was my notebook. I'd started to carry it everywhere with me now, and to jot down everything I 'knew' about the future. Contained in the book were not only reminders of things I apparently needed to do to maintain my timeline – pay off Candice's boyfriend's debt, meet Frank and save his life, that sort of thing – but also thoughts, theories, musings. I picked up the pen lying next to the book, and wrote:

Older me – fifty-five? Sixty? Looking fine, healthy. So does this mean I'll definitely live for at least another twenty years or so? How do I use the heart without it affecting me?

I paused, then wrote down the location, the date, the time that the older me had appeared. Maybe I'd need that at some point in the future to remind myself to come back. Maybe this notepad would become the single most important thing I owned – as important as the obsidian heart itself.

I took a sip of my cappuccino and stared down at the beach again. In a few hours the tide would wash away all evidence of our meeting. But with the heart the past never really went away, did it? It was weird to think that in twenty years or so, if the older me was the me who was sitting here now, I'd revisit this day. I'd pop back into my own past as easily as if I was popping down to the shops for a pint of milk.

But *how?* How would I do it? After the increasingly devastating physical effects that the heart had been having on me whenever I'd used it, how could I risk using it even *once* more? *Was* it simply a case of getting used to it? *Did* it make you sick for a while until you'd acclimatised? Maybe the answer was to take a full medical team with me next time, who could pull me back from the brink if I went into meltdown? Was that even remotely feasible? I thought again about the older me, and it suddenly struck me that if *he* was *me*, he'd know I was having these thoughts right now; he'd *remember*. So maybe...

I looked eagerly towards the door, half expecting it to open and the older me to appear on the threshold. But nothing happened; the door remained closed. I stared at it until the song on the radio changed to 'Virginia Plain' by Roxy Music. Then I sighed and looked back out of the window again.

There was a ghost on the beach.

That was my first impression. There was something out there on the grey sand in almost exactly the same place as the older me had appeared, something white and billowing. I blinked, my eyes readjusting. The patch on the glass that I'd wiped free of condensation was greying up again. I wiped it with the cuff of my sweater.

The ghost was looking up at me. Only it wasn't a ghost.

It was Lyn.

As far away as she was, her features nothing but a dark blur, I knew I was right. Lyn looked just as she had on the other occasions I'd seen her – bare feet, white nightshirt, heavily pregnant. Her blonde hair flapped like a flag in the wind. I imagined her flimsy nightshirt snapping around her tiny body.

I stared at her and she stared back at me, and then she gave a single, decisive nod.

It was all the answer I needed.

TWENTY-EIGHT

WAR

Clover and I sat on the settee in the room where, over a hundred years earlier, Hawkins had bled to death, and FaceTimed Hope.

Using a small fraction of my new-found wealth, Clover had been out to buy the iPad while I'd headed to the coast to meet Jensen, and had set everything up while I'd been away. Hope was using one of the computers at Oak Hill to contact us. She really had taken to twenty-first century technology like a duck to water.

When her face appeared on screen, grinning and happy and even healthier than the last time I'd seen it, I felt so moved that my throat closed up and I couldn't speak. For a moment, ridiculously, I thought I was going to start weeping.

'Wow!' Clover said. 'You've had your hair cut. You look amazing!'

Hope's grin became a little shy, self-conscious. She patted her new, stylish bob uncertainly.

'Is it okay?' she asked. 'It isn't too short, is it? It doesn't make me look like a boy?'

I was wondering whether this was the first time I'd heard

Hope use the word 'okay' when Clover laughed.

'Of course not! It's fantastic! It really suits you. Doesn't it, Alex?'

I knew she was prompting me because up to now I'd said nothing. I swallowed to clear the lump in my throat, and nodded, overcompensating for my silence with a grin.

'Totally. You look beautiful.'

Hope's grin widened to match my own. 'Jackie's hairdresser came to see me. She's called Cheryl, she's really nice.' She leaned forward conspiratorially, eyes sparkling. 'She's got a *tattoo* on her hand. It's a flower. And she's got *three earrings in each ear!*'

Clover smiled. 'Ladies in this time are a bit different to how they were in your day. How do you feel about that?'

'It's cool. That means good.'

'Are you okay over there on your own?' I asked.

Hope's expression suggested it hadn't even occurred to her to wonder why she shouldn't be.

'I'm not on my own. I've got lots of friends here. Ed comes to see me nearly every day. We play SIMS. But guess what?'

'What?' I said, her exuberance starting to turn my forced grin into a genuine one.

'Look!' She leaned back so we could see more of her upper body and lifted her right arm into view. It no longer ended in a stump just below the shoulder. Sticking out of the cuff of her now-full pyjama sleeve was a pale pink hand. It was only when she held it up to the screen that it became obvious it was prosthetic. She flexed the fingers, making the hand open and close.

'That's terrific,' Clover said. 'How does it feel?'

Hope lowered her arm, her face filling the screen again.

'It feels like a real arm, except lighter. I've been practising with it. Do you want to see what I can do?'

'Yes!' Clover and I said in unison, as if competing to see who could be the most enthusiastic.

Hope looked down at something beneath the lower edge of the screen. Her arm reached out and she appeared to be fumbling with something. Unconsciously she bit her bottom lip, face pensive as she concentrated.

We waited patiently. A moment later the tension left Hope's face and she beamed; it was like watching the sun come out from behind clouds.

'Ta da!' she said, and this time when she raised her prosthetic hand it was clutching an apple.

Clover whooped and clapped.

'That's fantastic,' I said.

'Hold on,' Hope said. A little jerkily she raised the apple to her mouth, tilting her head down to take a bite. She managed to sink her teeth in, but the contact dislodged the apple, which tumbled from her grasp.

'Whoops!' she said, but she wasn't upset. 'I think I need a bit more practise.'

'You're doing brilliantly,' Clover said.

'This time next week you'll be able to pick your nose with that new hand of yours,' I told her.

Hope giggled. 'Jackie says I might be able to come home next week. Ed asked if he could come and visit me when I was home. Can he? *Please?*'

From her beseeching expression and tone of voice you might have thought I'd already said no – though if truth be known, I *was* wary. This was what my encounters with the Wolves of London had done – made me suspicious of everyone, including Hope's new friend, Ed, and his mother, Jackie. But we couldn't wrap Hope up in cotton wool forever. Besides which, Clover was already saying, 'Of *course* he can! Tell him he's welcome any time.'

'Yay!' Hope said, waving her arms – her real one and her prosthetic one.

When the time came to say goodbye I suddenly found my throat tightening up again, my emotions threatening to spill over. Hope might be coming home next week, but if what I was planning to do later today worked out it might be months before I saw her again – and if things *didn't* work out there was the possibility I might *never* see her again.

But I couldn't give an inkling, either to Hope or Clover, of what was going through my mind. I had to hold it together, stay casual.

'You keep practising with that hand,' Clover said.

'Yeah,' I said. 'And by this time next week I want to see you...' I thought for a moment '...catch a ball with it.'

'If I do, can I have my ears pierced?' Hope asked quickly.

Clover laughed. 'We'll see. Though not till you're at least twelve.'

Hope wrinkled her nose. 'When's that?'

'In about five years.'

'*Five years?* That's *forever!*'

Still laughing, Clover said, 'Tell you what, I'll take you shopping for some new clothes. How's that?'

Hope's dismay quickly evaporated. 'Can I choose them?'

'You can. But I have to like them too. Deal?'

'Deal.'

I wanted to add that I'd take us all out for the best meal we'd ever had when she was home, but I couldn't bring myself to promise something I might not be around to deliver – besides which, the thought of a celebration, though God knows Hope deserved one after all she'd been through, seemed like a betrayal of Kate somehow. Daft as it was, it suggested to me it would be a sign I was forgetting my youngest daughter, abandoning her.

Instead, therefore, I said, 'We can't wait for you to come home.' I hesitated, then added, 'We love you and miss you.'

Clover gave me a curious look, though whether that was because my words made it sound as if we were a couple, or because I'd never actually told Hope I loved her before, I had no idea.

'Are you all right?' she asked me after we'd said our goodbyes and Hope had gone.

I nodded. 'Fine. It just... it gets to me now and again, you know?'

I felt sure she'd guess my intentions from my tone of voice or the expression on my face, but she simply nodded, then leaned across and kissed me quickly on the cheek.

'Don't beat yourself up about it. All you can do is your best. Do you fancy ordering out for pizza?'

I shrugged. 'Yeah, whatever.' But I felt guilty, knowing that if things worked out the way I wanted them to, I wouldn't be here to eat it. 'Do you mind ordering it? I'm going to lie down for a bit.'

I expected her eyes to narrow, expected her to ask: *What are you up to?* But she just nodded, smiled.

'Sure. What do you fancy?'

'Anything. Hawaiian?'

'Hawaiian it is. Coleslaw?'

'Sounds good.'

It was a relief to trudge upstairs, to be on my own. I thought if I'd stayed with Clover any longer she'd have heard how hard and fast my heart was thudding and would have asked me what was wrong. As it was, I was panting raspingly by the time I got to my room. Mostly stress, I supposed; despite my aching knee I felt more exhausted now than I'd done after plodding back up the cliff path to the café that morning. I tried not to think about what might happen when I used the heart, based on what had happened so far. I tried instead to focus on the positive – on how fit and healthy the older version of me who had appeared on the beach had looked; on the encouraging nod that Lyn (who up to now had been nothing but a help and a guide) had given me.

It had been that nod that had finally decided me; that nod that, both at the time and now, seemed like the best vindication I could hope for.

I had to use the heart. *Had* to. There were no two ways about it. I couldn't sit back and wait for fate to intervene, if it ever would. I had to see the visions I'd had as a warning, however inaccurate, of what would happen if I did nothing. What was that saying? Faint heart never won fair maiden? I felt strongly that if I was ever going to see Kate again, I had to gamble with the most precious thing I had: my life.

I felt bad about keeping Clover in the dark, but I couldn't risk her muddying the waters with her protestations, not now my mind was made up. I closed the door of my room and crossed to the bed. Lifting the edge of the mattress, I pulled out the sheaf of papers I'd secreted there, glancing guiltily at the door as I did so. I felt as if I was thirteen again and afraid my mum would discover my stash of dog-eared *Fiestas* and *Knaves*. The memory gave me a pang of nostalgia for a time when life was simple and relatively carefree.

Sitting on the edge of the bed, I began to look through the loose sheets of paper. They were all copies of the front pages of British newspapers on the outbreak of World War One. I'd found them on the internet yesterday and printed them out. Here was the stark declaration on the August 5th 1914 edition of *The Times*: BRITAIN AT WAR; here was the *Daily Herald*: WAR DECLARED BY BRITAIN AND FRANCE; and here the *Birmingham Gazette*: ENGLAND AND GERMANY AT WAR.

There were more – all conveying, in slightly different terminology, the same grim news. I stared at them, tried to absorb them, in the hope they would get me into the right mind set, help make my journey easier.

Knowing I didn't have much time, that all too soon Clover would be shouting up the stairs to say that the pizzas had arrived, I spent no more than five minutes looking at the papers. It wasn't ideal, but it would have to do – though perhaps I wouldn't need even this amount of preparation; perhaps, if all this was truly meant to be, simply picturing the date in my head would be enough to allow me to arrive at my chosen destination.

Standing up, I crossed to the desk against the wall on which my computer stood, and grabbed a pen from the plastic desk tidy just beyond the mouse mat. At some point in the future I'd have to travel back to buy all this stuff for the house – a house which, simultaneously, I had yet to purchase but which I'd owned for at least the past one and a quarter centuries.

Such thoughts, mind-boggling though they were, were a comfort. Surely my mere presence in this house, combined with the fact that I owned all this stuff I was yet to buy, was proof that I would survive the coming journey; otherwise, how could it exist?

Trying not to think beyond the logic of that, I scribbled Clover a note on the back of the sheet of A4 printed with the front page of *The Times* from almost a century before:

Dear Clover

I'm really sorry, but I've had to go. I know you'll think I'm stupid and reckless, but I don't think I've got a choice. And I've seen enough evidence to make me confident I'll survive using the heart again – how I don't know, but I'm sure that somehow I will. And if I don't, then it's possible that this reality will dissolve, and you'll be a completely different person, and you may never even read this note in the first place. But if you <u>do</u> read this note, I hope you won't be <u>too</u> angry with me (though I suspect you will).

Look after Hope, and hopefully I'll see you again.

Sorry about the extra pizza.

Lots of love
Alex xxx
PS If I don't see you again, let me just say that you've been a brilliant friend, and that I feel privileged to have known you. I couldn't have got this far without your amazing help and support.

Dropping the note on the bed, where Clover would see it as soon as she walked in, I took a deep breath, then put my hand into the pocket of my hoodie and wrapped my fingers around the heart. What I was wearing was entirely unsuitable for where, or rather when, I was going, but I was banking on the fact that if all went to plan I'd arrive in this house – in this exact spot, hopefully – as the owner, and so (courtesy of a future me, who would have fixed it up for his past self) would have a full set of clothes and a full identity, appropriate to the era, all ready and waiting.

Would I have servants? Would anyone else be in the house? Would a 1914 version of Clover be waiting for me, as she'd been waiting for me in 1895?

Fuck it, I thought. No more questions. Just do it.

I held the heart up in front of my face.

August 5th 1914, I thought. *August 5th 1914.*

Last time I'd closed my eyes and pressed the heart to my forehead. Should I do that again?

But last time I'd nearly died, so why follow the same pattern? Why—

The shift was effortless. I was aware only of the room momentarily darkening and blurring around me, as if with

393

the onset of night. What I *wasn't* aware of were things moving around, of the decor changing. And yet after I'd blinked, as if to rid my vision of a smeary clot of matter, my eyes refocused and I realised that the room *had* changed.

The walls were now covered with a dark green, patterned wallpaper. The furniture was darker and heavier too, though many of the pieces I recognised from the three months I'd spent here at the end of 1895. There were more pictures on the walls – mostly landscapes in oil. Again, I recognised some of them from my previous occupation, whereas others were new.

The radiators had been added since 1895, but although they resembled the heavy, cast-iron ones with the embossed Art Deco-like design, which warmed the house in the twenty-first century, they weren't the same.

What else? The house seemed quiet, and the dimness outside the window suggested it was either dusk or a particularly murky summer's day.

But what about me? How had *I* fared this time? Tentatively I flexed my muscles, took several breaths in and out. I felt fine, but then last time I'd initially felt fine too. I looked at the heart in my hand. It hadn't changed. Moving slowly, as if what I held was unstable, I placed the heart in the pocket of my hoodie.

The instant my fingers broke contact with the heart my body was wracked with the most excruciating agony. I collapsed to my knees, unable even to scream. Wave after wave of pain flowed through me, as if I was being struck again and again by lightning. I felt as if my limbs, my organs, my blood was on fire. As my muscles spasmed and cramped, I fell forward onto my face.

I started to vomit, and just before my vision faded I saw that the vomit was bright red, that I was puking up nothing but blood. It was happening again, except this time it was worse, and I was alone, and even if the emergency services *were* to magically appear, as they had done before, I doubted they would have the resources, the technology, to save me.

Although the pain was so terrible I could barely think, deep down inside I was nevertheless aware I had made the most appalling mistake, and that I would never see either of my daughters again.

A terrible numbing coldness crept through me, superseding even the pain. I knew without a doubt that the coldness was death, and that its advent was now undeniable, inescapable.

Kate, I thought as the coldness opened up like a vast maw, rimed with black frost, below me. I felt myself unravelling like a thread as I tumbled into it.

I was dying...

I was dying...

I was dead.

ACKNOWLEDGEMENTS

In January 2015 our daughter Polly was diagnosed with Hodgkin's lymphoma, which was naturally a massive shock for us all. As I write these words she is two days away from completing a six-month course of chemotherapy, with three weeks of radiotherapy to follow in September. I can't express how grateful I am – indeed, how grateful we all are – to our many, many friends and work colleagues for their incredible love, support and understanding these past six months. I don't want to name names for fear of leaving anyone out, but we have been inundated with so many gifts and good wishes and offers of help that not only has it been wondrously overwhelming, but it has also made us realise how amazingly blessed we are. Thank you to the medical staff in the Oncology Dept at St James's Hospital in Leeds, and particularly to the nurses in the Teenage Cancer Unit, all of who are lovely. Huge thanks also to everyone who sponsored my wife Nel on her 10k Race For Life run and enabled her to raise over £6,000 for Cancer Research.